娄底年鉴

LOUDI YEARBOOK

2019

娄底市地方志编纂室 编

方志出版社
Publishing House of Local Records

图书在版编目（CIP）数据

娄底年鉴. 2019 / 娄底市地方志编纂室编.-- 北京：方志出版社，2021.11

ISBN 978-7-5144-4948-8

Ⅰ. ①娄… Ⅱ. ①娄… Ⅲ. ①娄底 -2019- 年鉴 Ⅳ. ①Z526.43

中国版本图书馆 CIP 数据核字(2022)第 043760 号

娄底年鉴（2019）

编　　者：娄底市地方志编纂室
责任编辑：刘　芳

出 版 者： 方志出版社
地址　北京市朝阳区潘家园东里 9 号（国家方志馆 4 层）
邮编　100021
网址　http: //www.zgfzcb.cn
发　　行： 方志出版社图书营销中心
电话（010）67110500
经　　销： 各地新华书店
印　　刷： 娄底市娄星区学院印刷厂

开　　本： 889 × 1194　　1/16
印　　张： 25.5
字　　数： 849 千字
版　　次： 2021 年 11 月第 1 版　2021 年 11 月第 1 次印刷
印　　数： 0001~1000 册

ISBN　978-7-5144-4948-8　　　　**定价：** 220.00 元

《娄底年鉴（2019）》编辑部

主　　编　陈劲松

副 主 编　江六阳

编　　辑　梁雪梅

《娄底年鉴(2019)》总纂稿人名单

万清兴	马幸华	王旭光	王　琛	王纯芳	王　辉	王爱平	王威涛
王操良	邓　冶	邓　杰	邓沙琦	邓要东	邓荣华	邓　姣	左忠伟
宁　谨	龙略滔	龙田泗	卢宋玉	江映贵	刘　才	刘　瑜	刘跃春
刘雄业	刘清乾	刘俊霞	刘曙辉	刘绍昌	刘　鸥	刘慧燕	刘长庚
刘宇飞	刘　健	刘让华	刘劲姿	伍　晖	伍　鸣	伍建飞	伍清玲
成　翥	成丽辉	向　建	孙　慧	孙洪波	朱伟志	朱司权	朱吾健
关　熹	李　路	李隽武	李　倩	李　祥	李　刚	李一心	李海军
李丽文	李文韬	李广明	李雅静	严望舒	张长青	张永红	张　群
张　滔	张福利	张杰军	张　伟	汪伯雄	吴迪江	吴志奇	吴　苗
苏　璞	苏倩男	苏　旺	杜东义	何晓琳	杨　红	杨　军	杨俊霞
杨晓春	邹　强	肖　波	肖　凯	肖　晶	肖　敏	肖　瑶	肖治华
闵艳红	陈正杰	陈恩来	陈　瑞	陈新颖	陈婷婷	陈天骏	陈　辉
周成喜	周　红	周　敏	周　逸	周乐元	周小畅	周向娟	周林珠
易志军	欧　芳	欧阳婧	欧阳建华	罗　浩	胡君归	胡方良	胡　俊
胡林卫	胡　伟	胡　军	段劲洪	钟青峰	钟　森	钟佳汝	姚丽智
赵检群	赵维力	赵　炜	贺建良	贺石松	莫小燕	唐红辉	唐伟军
袁益华	卿星星	殷　钰	郭超兵	梁　霜	梁　巍	康跃辉	康利民
康　森	黄修斌	黄小红	黄　卉	黄　俊	黄漓滨	黄　彬	黄东升
黄荣强	曹阿乔	曹晓晓	龚细军	龚刚强	彭　伟	彭旭军	彭木兰
彭爱平	彭　姝	彭　芳	傅罗蛟	曾冠兰	曾　翠	曾琼阳	曾　舜
蒋　兰	蒋　媛	蒋红霞	谢远丽	谢建胜	谢正华	谢钢金	谢军红
葛旭华	鄢　婷	廖建梅	谭建平	熊　泉	潘文武	潘震球	魏仁义
魏立伟							

编 辑 说 明

一、《娄底年鉴》系统记述年度内娄底市自然、政治、经济、文化、社会等方面的情况。

二、《娄底年鉴》以马克思列宁主义、毛泽东思想、邓小平理论、“三个代表”重要思想、科学发展观、习近平新时代中国特色社会主义思想为指导，坚持辩证唯物主义和历史唯物主义的立场、观点和方法。

三、《娄底年鉴(2019)》从2018年娄底市经济社会发展和改革开放的实际出发进行编辑，注重反映地方特色和年度特点，突出经济社会发展和改革开放的新情况。全书共29个类目，依次是：特载，大事记，娄底概览，中国共产党娄底市委员会，娄底市人民代表大会，娄底市人民政府，中国人民政治协商会议娄底市委员会，纪检监察，民主党派，群众团体，法治，军事，经济综合监督管理，园区，农业，工业，城乡建设·环境保护，交通，通信·邮政，金融，商贸·旅游，教育·科技，文化，医疗卫生，社会生活，县(市、区)概况，人物，附录，索引。对部分类目的框架结构进行了适当调整。

四、《娄底年鉴》所载稿件，均由各单位撰稿人提供，并经供稿单位领导审核。文中的基本数据以统计局公布的数据为准。统计局未有统计的则用部门或行业的数据。

五、《娄底年鉴》采取类目、分目、条目的编辑体例，以字体、字号等版式设计区别不同层次；少数分目在下面增设子分目层次。

六、为了方便读者查阅，《娄底年鉴》配备双重检索系统：书前刊有详细目录，书后配有主题索引。

七、《娄底年鉴》中的彩图一般由撰稿单位提供，由拍摄者提供的则标明拍摄者姓名。《娄底市行政区划图》由娄底市自然资源和规划局提供。《统计示意图》由娄底市统计局提供。

八、《大事记》记述的是娄底的大事要事特事新事。领导名字在文中第一次出现时标明职务，相同职务后面不再表述，直呼其名。

娄底市城区图

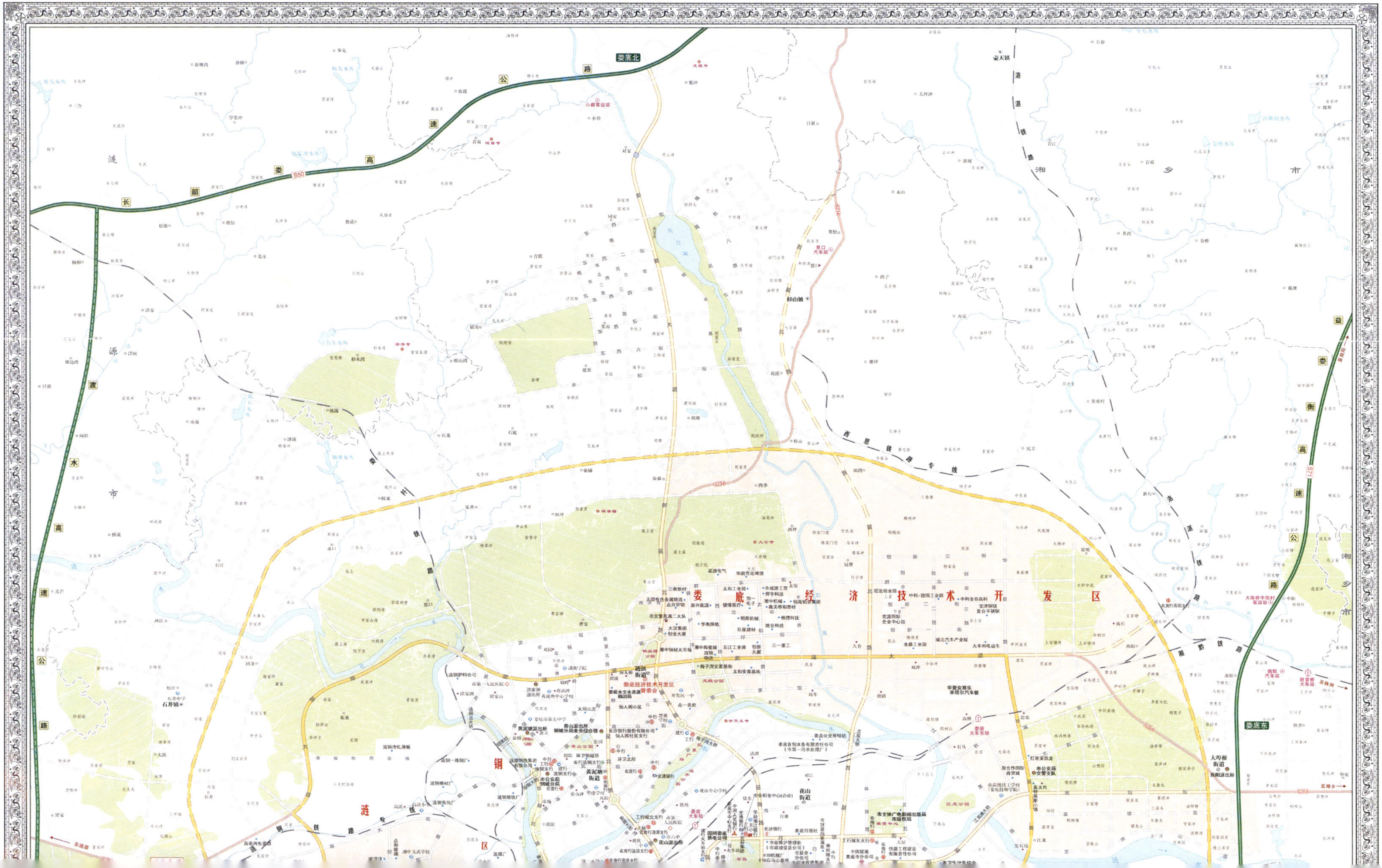
娄底北
娄底东
娄底经济技术开发区
杉山镇
石井镇
花山街道
黄泥塘街道
大埠桥街道
洛湛铁路
湘黔铁路
西邵铁路专线
长韶娄高速公路
娄衡高速公路
S50
S71
G234
G354
钢铁路专线
涟钢区
涟源市
湘乡市
水府

市 地 图

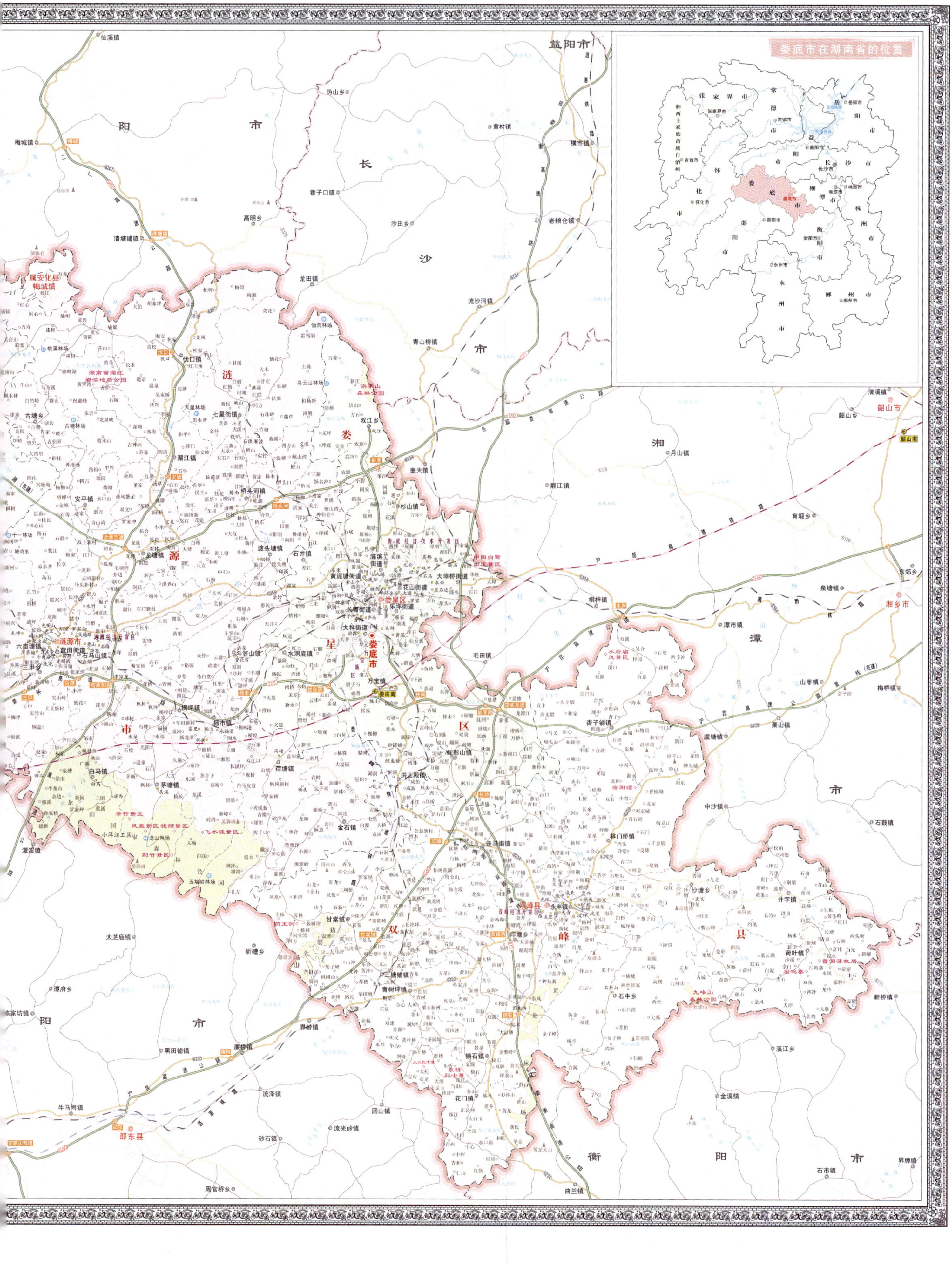
娄底市在湖南省的位置
益阳市
长沙市
湘潭市
邵阳市
衡阳市
涟源市
娄星区
双峰县
娄底市
冷水江市
新化县
湘乡市
韶山市
邵东县
属安化县梅城镇
仙溪镇
梅城镇
清塘铺镇
高明乡
巷子口镇
沙田乡
龙田镇
黄材镇
横市镇
老粮仓镇
流沙河镇
青山桥镇
月山镇
翻江镇
育塅乡
泉塘镇
东郊乡
潭市镇
山枣镇
梅桥镇
虞塘镇
棠山镇
中沙镇
石鼓镇
杉山镇
茅塘镇
荷塘镇
白马镇
金石镇
甘棠镇
永丰镇
井字镇
沙塘乡
荷叶镇
青树坪镇
三塘铺镇
印塘乡
石牛乡
锁石镇
花门镇
界岭镇
廉桥镇
黑田铺镇
牛马司镇
流泽镇
团山镇
流光岭镇
砂石镇
周官桥乡
曲兰镇
石市镇
界牌镇
溪江乡
金溪镇
新桥镇
太芝庙镇
斫曹乡
潭府乡
陈家坊镇
潭溪镇
安平镇
古塘乡
伏口镇
七星街镇
渡头塘镇
石井镇
桥头河镇
万宝镇
毛田镇
横铺镇
杏子铺镇
梓门桥镇
洪山殿镇
走马街镇
蛇形山镇
杨市镇
水洞底镇
龙塘镇
六亩塘镇
湖南省湄江岩溶地质公园
洪家山森林公园
九峰山森林公园
五娟岭林场
双峰县

娄底

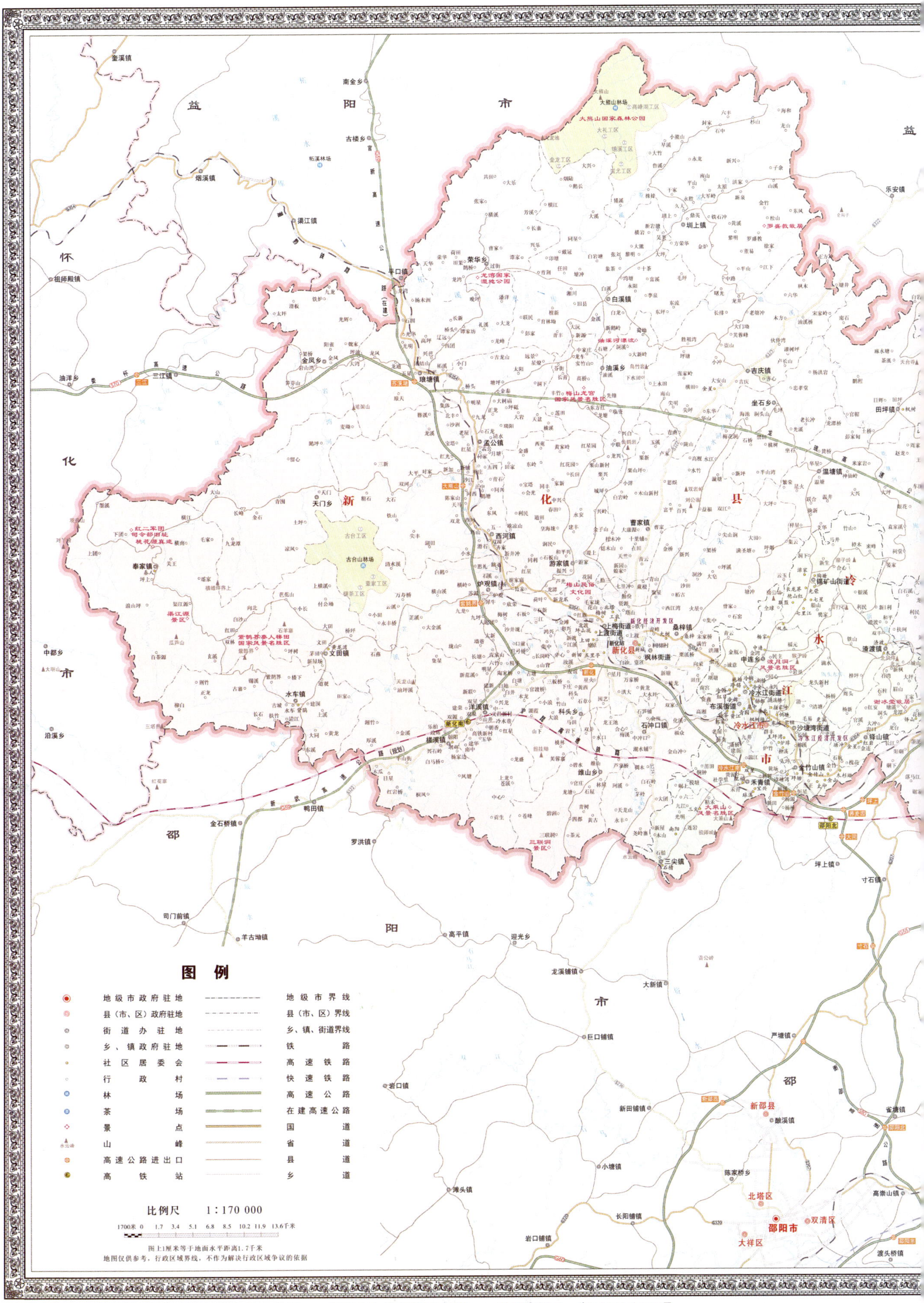

娄底市国土资源局、湖南地图出版社 联合编制 湖南省自然资源厅 监制 地图审图号：湘S（2018）227号

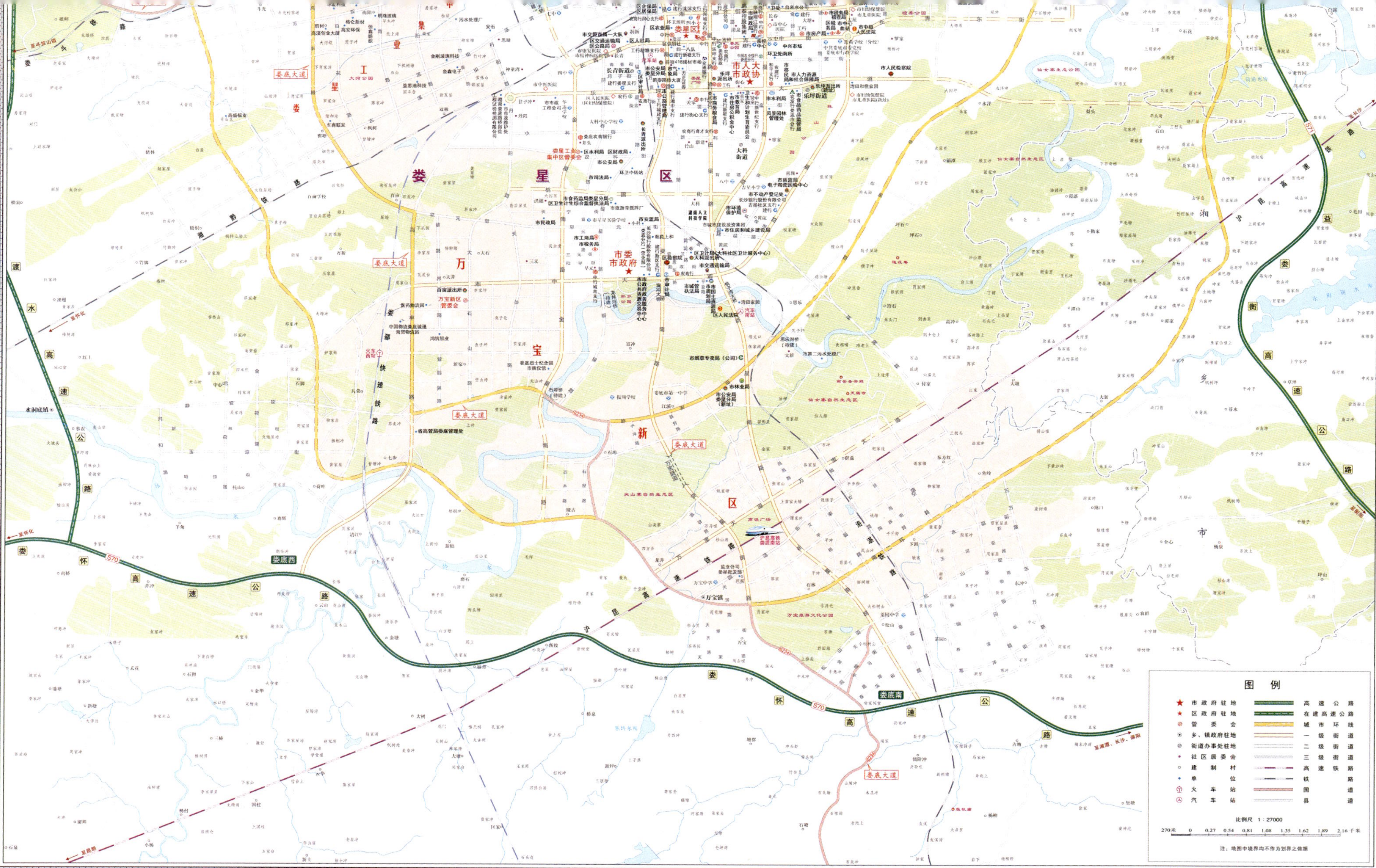

娄底市国土资源局、湖南地图出版社 联合编制 湖南省自然资源厅 监制 审图号：湘S（2018）224号

目　录

特　载

大事记

娄底概览

中国共产党娄底市委员会

交　通

综　述

交通建设质量安全监督

道路运输管理

公路管理

农村公路管理

水　运

通信·邮政

电　信

移动通信

联合通信

铁塔建设

金　融

商贸·旅游

附　录

索　引

特　载

市委常委会向市委五届六次全体会议的工作报告

（2018年12月19日）

今年以来，市委常委会坚持以习近平新时代中国特色社会主义思想为指引，全面贯彻落实党中央、国务院和省委、省政府的各项决策部署，认真践行新发展理念和以人民为中心的发展思想，深入实施创新引领开放崛起战略，紧紧围绕加速转型、奋力赶超的目标要求，团结和带领全市人民，求真务实，埋头苦干，坚决守底线，奋力争上游，推动全市经济社会高质量发展，城乡面貌大幅改善，人民生活水平持续提高，全面从严治党向纵深推进，娄底大地呈现出迎难而上、奋发向上、蒸蒸日上的新气象，续写了稳定向好、稳固提质、“稳步上楼”的新篇章。

一年来，市委常委会充分发挥统揽全局、协调各方的作用，推动中央和省委、省政府重大决策部署在娄底落地见效。

一是深学笃用习近平新时代中国特色社会主义思想，从党的最新理论成果中找思路、找方法、找钥匙。始终把学懂弄通做实习近平新时代中国特色社会主义思想和党的十九大精神作为一项重要政治任务。市委理论中心组集中学习17次，其中13次专题学习习近平新时代中国特色社会主义思想和总书记今年以来的重要讲话精神，并邀请专家进行授课；及时传达学习总书记在湖南考察时的重要讲话，系统梳理总书记近年来对湖南工作的重要指示精神，对标对表，推动落实。市委常委班子成员带头读原著、学原文、悟原理，原原本本学习习近平总书记的重要讲话、《习近平谈治国理政》《习近平扶贫论述摘编》等文献，熟记重要观点，认真撰写心得体会，努力学深悟透、融会贯通。把总书记的《在纪念马克思诞辰200周年大会上的讲话》《谈谈调查研究》《深入实施“八八战略” 全面落实科学发展观》等重要文章编印成《娄底工作简报（学习版）》，发给全市处以上干部学习领会；继续组织县处级以上领导干部学习贯彻十九大精神的集中培训班，专门组织政治理论应知应会知识考试，以考促学，以学促干。市委市政府所有文件的制定、主要负责人在各种全市性工作会议上的讲话，都自觉坚持以习近平新时代中国特色社会主义思想为指引，自觉从中找依据、找思路、找方法、找钥匙，确保了全市经济社会发展和现代化建设方向正确、目标明确、路径对头、成效显著。

二是坚持以政治建设为统领，积极探索政治建设量化考核办法，不断优化政治生态。坚持把党的政治建设摆在首位，坚定执行党的政治路线，严格遵守政治纪律和政治规矩，在思想上政治上行动上同以习近平同志为核心的党中央保持高度一致。探索出台《关于加强政治建设优化政治生态量化考核办法（试行）》，聚焦市管领导班子及成员，重点考核政治忠诚、政治定力、政治担当、政治能力、政治自律，从10个方面进行量化考核，不断提高领导干部政治素质，不断加强各级领导班子政治建设。以“强化责任心、提高落实力”为着力点，进一步深化“有事请找我”责任担当机制，持续深入推进“两学一做”学习教育常态化制度化，把政治建设与责任心教育有机结合起来，督促和引导各级领导干部旗帜鲜明讲政治，牢固树立“四个意识”，坚决做到“两个维护”，履职尽责、攻坚克难、争先创优，不折不扣将中央、省委省政府决策部署落到实处。

三是把巡视问题整改作为自我革命性锻造的重要契机，不断增强自我净化、自我完善、自我革新、自我提高的能力。坚持把巡视问题整改作为重大政治任务和政治责任，按照“当下改”“长久立”的要求，不打折扣、不留尾巴、不搞变通，立行立改。对中央第八巡视组点到的涉及娄底的两个具体问题，迅速研究制定整改方案，从严落实、督查督办，全部整改到位。对省委第七巡视组反馈的问题，第一时间召开市委常委会议，逐个进行研究，逐一制定整改方案，明确整改时限、整改要求和整改责任。截至目前，3 大类 36 个问题 93 个问题表现，已完成的 75 个，基本完成的 16 个，正在整改的 2 个；移交信访件办结率 97.4%。着眼“长久立”，共建章立制 406 个。特别是针对巡视反馈意见最突出的五个问题，制定“五个规定”，从“进一步学懂弄通做实习近平新时代中国特色社会主义思想”“规范思路口号提法狠抓工作落实”“破除狭隘地域观念营造良好政治生态”“严格落实三重一大决策制度”“配优训强稳定村支部书记加强农村基层党组织建设”等方面，明确了可操作、可落地的规范规矩，划出了“红线”“底线”。

四是持续开展项目建设大比拼，推动产业项目快上、快进、快成。以“产业项目建设年”活动为契机，持续推进“项目建设大比拼”，围绕项目“比规模、比进度、比效益、比后劲、比机制、比资金争取”，开展项目集中签约、集中开工竣工。积极开展“进村庄社区、进项目工地、进实体企业”的“三进”春天行动；继续开展产业项目建设观摩讲评推进会，只看新项目，不看老项目，重点看产业项目，进一步推动产业项目快上、快进、快成。市委常委会成员率领小分队上门招商；筛选确定 12 条产业链，分别由一名市领导担任“链长”，联系相关特色产业园，推动产业链、资金链、创新链、人才链、服务链深度对接。“项目建设大比拼”比出了干劲、比出了效益、比出了能力，今年呈现出项目更实、结构更优、推进更快、质量更高的好势头，一大批谋项目、懂项目、富有责任心和落实力的好干部不断涌现、茁壮成长。

五是着眼三十年，大干头三年，制定并实施“乡村振兴 15 条”。按照中央、省委省政府关于乡村振兴的部署要求，结合娄底实际，出台《关于推动乡村振兴战略在娄底落地见效的 15 条具体措施》，按照“盯住能人、发动群众、面向市场、科学奖补”的思路全力实施。农产品品牌建设、农村宽带网络建设、乡镇机关大院治理、移风易俗、新时代乡村业余文艺宣传队、乡村教师“安心工程”、平安乡村、健康乡村、村级组织建设等工作成效明显。比如，今年又有“新化红茶”“新化黄精”获国家地理标志认证；所有乡镇机关大院干净、整洁、清爽，干部职工纷纷点赞；“娄底乡村好人家”不断涌现，“好山好水好人家”正成为娄底乡村一道亮丽的风景。可以讲，这 15 条具体举措，对实施乡村振兴战略起到了“四两拨千斤”的作用，产生了立竿见影的效果，推动了乡村产业振兴、人才振兴、文化振兴、生态振兴、组织振兴。

市委常委会牢牢抓住上述五个方面的工作，对全局工作起到了举旗定向、提纲挈领、统筹兼顾的作用，有力推动了全市经济社会发展和党的建设不断开创新局面、取得新成就。

一、经济社会高质量发展的态势初步形成

市委常委会认为，高质量发展是党的十九大作出的重大决策部署，是新时代经济建设的根本要求和鲜明导向，高质量发展的前提是发展，必须坚持发展第一要务，坚持稳中求进总基调，认真贯彻新发展理念，加速转型升级，推动提质增效，努力实现娄底经济社会发展凤凰涅槃、浴火重生。

我们牢固树立和贯彻落实新发展理念，坚定不移走高质量发展之路，全面加强对经济工作的领导，召开市委常委会会议、市委常委（扩大）会议、市委经济工作会议，作出工作部署，牢牢把握经济工作主动权；开展“抓重点、补短板、强弱项”大调研，加强经济工作调度、督查和考核，着力稳就业、稳金融、稳外贸、稳外资、稳投资、稳预期，不断推动全市经济加速转型、奋力赶超。预计全年地区生产总值增长 8%左右，固定资产投资增长 8%左右，规模工业增加值增长 7.5%左右；1-11 月，全市一般公共预算收入增长 14.58%；税收占地方财政收入比重达到 70.52%，居全省第 2 位，发展的质量和效益进一步提升。

我们坚定不移推动经济转型升级。着力改造提升传统优势产业，做好“补链”“延链”“强链”工作，加速新旧动能转换，前三季度技改投资增长 57.6%，规模工业增加值增速保持全省前列；加快推进国家循环经济示范城市建设，新产生的工业废弃物利用率达到 100%；立足“钢”优势、做好“钢”文章，重点骨干企业生产稳定，上下游产业链条不断完善，特别是

GONVVAMA 二期竣工投产，标志着娄底已经拥有汽车钢板生产的完整链条，具备提供世界先进的汽车用钢解决方案的能力，“钢铁新城”支撑力、辐射力增强。大力培育新兴产业，新能源电池及储能产业加快推进，作为标志性项目的电将军第一条年产 1 亿瓦时锂电池生产线竣工投产，三迅、安地亚斯、三一中源、艾威尔、五江高科等企业快速成长；移动互联网产业园初具规模，吸引陌陌、谷歌、顺德造、颐高等 70 余家企业入驻；商贸物流、文化旅游和健康养老等现代服务业来势较好。

我们大力实施创新引领开放崛起战略。前三季度，全市高新技术产业同比增长 20.2%；1—11 月，新增国家级创新研发平台 2 家、院士工作站 2 家、产业技术联盟 10 家，高新技术企业达到 100 家。高举开放大旗，紧盯 12 条重点产业链和“三类 500 强”企业，招大引强，成功举办第九届“湘博会”、第五届“娄商大会”，与广州市黄埔区（经开区）签订友好市区合作框架协议。1—11 月，全市共引进“三类 500 强”企业及重大项目 112 个，总投资 612 亿元。湘村高科、味菇坊、农友、兴昂鞋业、闪星锑业、鑫星电陶等企业的产品出口到 30 多个国家和地区。

二、“三大攻坚战”扎实推进

市委常委会认为，在全面建成小康社会决胜时期，要突出抓重点、补短板、强弱项，特别是要坚决打好防范化解重大风险、精准脱贫、污染防治三大攻坚战，使决胜全面建成小康社会的成果得到人民认可、经得起历史检验。

我们坚决打好防范化解重大风险攻坚战。严控政府性债务风险，对全市政府性债务进行全面清理核实，调减政府投资计划项目 141 个，压减投资 383.7 亿元，清理规范 PPP 及政府购买服务项目 59 个，压减投资 387.47 亿元，政府性债务风险总体处于绿色安全区域。加快处置化解民间融资风险，果断采取“稳控企业主、引导债权人、打击违法者、救助特困户、核查违纪违规公职人员、帮助支持有希望的企业”等 6 项措施，加大对非法集资的打击力度，以法治化方式推进九龙集团司法重整，集中办理了一批大案要案，形势总体保持稳定。

我们坚决打好精准脱贫攻坚战。紧扣“两不愁、三保障”，严格落实“三走访、三签字”“四跟四走”“五个一批”“六个精准”等工作要求，用心用情、精准精细推进脱贫攻坚工作。深入推进“脱贫攻坚三年行动计划”和市委“四个意见”落实见效，不断调动方方面面的扶贫积极性、主动性，激发群众内生动力，倡导贫困群众自觉开展“治惰”“治懒”“治脏”“治赌”“治愚”的“五治”行动，涌现了一大批“脱贫致富带头人”“自强自立先进个人”。截至目前，产业扶贫、易地扶贫搬迁等主要行业指标任务全面完成，预计 2018 年减少建档立卡贫困人口 11.3 万人，223 个贫困村退出，双峰县脱贫摘帽。

我们坚决打好污染防治攻坚战。抓实中央、省环保督察反馈问题整改，解决了一批突出环境问题。召开市委五届五次全会，审议通过《深学笃行习近平生态文明思想 坚持生态优先绿色发展 推动娄底生态文明建设迈上新台阶的决议》。深入实施“天蓝水净地绿三年行动计划”和“湘江保护治理第二个三年行动计划”，持续推进大气、水、土壤污染防治工作。召开锡矿山区域环境综合治理攻坚战誓师大会，成立市级总指挥部和冷水江市、新化县两个前线指挥部，集中三年时间，打一场覆盖“矿内矿外、山上山下、城区乡村”的环境综合治理攻坚战和人民战争，让百年老矿换新颜、展新姿。全面落实河长制，积极开展巡河工作和环保执法“零点行动”，河长制工作获全国先进。

三、全面深化改革蹄疾步稳

市委常委会认为，因循守旧绝对没有出路，畏缩不前必然坐失良机，对改革开放 40 周年最好的庆祝，是再创辉煌；对改革开放 40 周年最好的纪念，是接续奋斗，我们要发扬连续作战、一往无前的精神，逢山开路，遇水架桥，将改革进行到底。

我们坚持以供给侧结构性改革为主线，深入推进“三去一降一补”。关闭煤矿 22 处、淘汰落后产能 133 万吨。商品房去化周期缩短为 11 个月。14 家省级金融机构与我市签订战略合作协议，授信金额超过 2365 亿元。持续深化商事制度改革，全面实施企业登记“37 证合一”，55 项企业登记服务事项实现“最多跑一次”，企业登记时间压缩为 5 个工作日，全市新登记市场主体同比增长近30%。加快推进“一区多园”建设，园区体制机制更加灵活。

我们严格落实中央、省委改革工作要求，稳妥推进经济、行政机构、农村、生态、文化、司法、社会体制、民主政治、党的建设、纪律检查等十大领域35大类106项改革任务。一批好的改革经验做法得到推广，“村级小微权力+互联网+监督”改革被中纪委、中央深改办、新华社推介；市本级精准扶贫机制建设、市税务局机构改革、娄星区网上服务投诉机制建设和被征地农民“养老贷”、涟源市易地扶贫搬迁、新化县“文旅（上市）小镇”平台创建、双峰县产业扶贫工作和“四联”机制建设等8项改革经验，在《省委改革简报》或《省委工作情况交流》推介，数量居全省各市州前列。严格按照中央和省委部署开展市县机构改革，加强与省委有关部门衔接，借鉴其他市州改革做法，通盘考虑、整体谋划，确保明年3月基本完成。

四、宣传思想文化工作特色鲜明、成效实在

市委常委会认为，奋进新时代、夺取新胜利，必须进一步唱响主旋律，壮大正能量，把全市人民士气鼓舞起来、精神振奋起来，万众一心，朝着市第五次党代会描绘的美好蓝图前进。

我们牢牢把握意识形态工作的领导权主动权，深入推进习近平新时代中国特色社会主义思想和党的十九大精神的学习教育、宣传宣讲、研究阐释工作，让党的创新理论“飞入寻常百姓家”。相继召开网络安全和信息化、宗教工作、宣传思想工作会议，研究部署新形势下的宣传思想文化和意识形态工作。扎实抓好市委理论学习中心组专题集中学习；编印《娄底工作简报（学习版）》，及时将中央、省委领导的重要文章和外地的好经验推介给领导干部学习；出台硬性规定，要求全市党员干部主动及时读党报、看（听）党台、学党刊、上党网，做合格的“宣传委员”。

我们坚持团结鼓劲、正面宣传为主。讲好娄底故事，刷新娄底形象，在中央、省级主流媒体发稿3000多篇（条），央视《新闻联播》报道我市工作14次，8家中央媒体集中报道我市脱贫攻坚的经验做法和典型事例，新华社《国内动态清样》专门发文介绍我市村级“小微权力”治理工作，“新春走基层·直播奉嘎山”在中央电视台、湖南卫视、芒果TV播出。深入开展纪念改革开放40周年系列活动，全面回顾各行各业取得的巨大成就，不断激发改革动力。推出“楼迪新”评论员文章20期，深度宣传、解读市委、市政府的重大决策部署，引导社会舆论，凝聚广泛共识。开展网络综合治理专项整治行动和“清网”专项行动，旗帜鲜明与网络大V陈杰人进行斗争，他向市委书面申请要当市人大代表，要求恢复公务员身份，承包“娄底发布”等，我们都逐一予以否决，坚持了原则，守住了阵地。

我们积极推进文明创建工作。6月份，我们召开6000人参加的创建全国文明城市誓师大会，发出“坚定信心、下定决心、排除万难，力争2020年成功创建全国文明城市”动员令，倡导做通情达理、文明有礼的娄底人，文明城市共创共建共享的氛围更加浓厚；以乡镇为单位组建87支新时代乡村业余文艺宣传队，逐村巡回演出，把农村搞热闹了，把乡亲们搞开心了，深受社会好评。积极培育和践行社会主义核心价值观，深入实施公民道德建设工程，推出“中国好人”2名、“湖南好人”27名、“娄底好人”26名。积极推动文化事业和文化产业，深入实施文化惠民工程，6家文化企业获中国第九届西部文博会“优秀创意产品奖”。

五、社会主义民主政治建设全面加强

市委常委会认为，推进社会主义民主政治建设，必须坚定“四个自信”，坚持党的领导、人民当家作主、依法治国有机统一。

市委常委会高度重视市人大常委会、市政府、市政协党组以及市“两院”党组工作，专门听取汇报，研究解决具体问题，大力支持其依法依章程履行职能、开展工作、发挥作用。市人大及其常委会坚持把党的领导作为人大工作的根本原则，在市委的领导下，紧扣市委决策部署决定重大事项。坚持党管干部与人大依法任免的一致性，保证了省委、市委人事意图圆满实现；加强和改进地方立法工作，《娄底市湄江风景名胜区保护条例》经省十三届人大常委会第八次会议审查批准；启动对市政府副市长所分管工作的评议，坚持了“积极健康、加油鼓劲”的基调，达到了改进工作、推动发展的效果。市政协始终坚持党的领导，围绕团结和民主两大主题，聚焦全市中心任务，开展深入调

研，精心组织政治协商，有序实施民主监督，积极推动参政议政，组织提案178件，编报《社情民意专报》40期，指导成立上海市娄底商会，开展“三进三助”聚力行动，利用“政协云”收集办理政协委员“微建议”，广泛凝聚智慧力量。扎实开展统战工作，统筹做好民主党派、无党派、党外知识分子和新的社会阶层人士、民族、宗教、港澳台等各领域工作；发挥统战优势，积极助力脱贫攻坚、乡村振兴。坚持“亲”“清”新型政商关系，促进非公经济健康发展和非公经济代表人士健康成长，成功举办第五届娄商创业创新成果交流分享会。高度重视党管武装工作，统筹推动军民融合深度发展，充分发挥驻娄部队、民兵预备役在服务地方发展、应急维稳、抢险救灾、脱贫攻坚等工作中的重要作用。加强和改进党对群团工作的领导，深化工青妇等群团改革，市总工会、市妇联、市残联、市计生协成功换届，团市委即将换届。

六、民生持续改善，社会大局稳定祥和

市委常委会认为，民心是最大的政治，民生是最大的政绩，必须始终坚持以人民为中心的发展思想，不断满足人民群众对美好生活的向往，让广大人民群众有更多的安全感、获得感、幸福感。

我们着力解决好人民最关心、最直接、最现实的利益问题。加大民生支出力度，1—11月，全市涉及民生支出占一般公共预算支出的74%，14项重点民生实事已完成10项，4项正有序推进。认真落实各项就业创业政策，做好大学生、农民工、贫困户等重点群体的就业工作，新增城镇就业、农村劳动力就业各3.61万人。优先发展教育事业，推进城乡义务教育一体化发展，着力化解大班额，全市新增学位3.18万个，义务教育基本消除66人以上的超大班额。农村建制村全科医生或助理全科医生驻村全覆盖，农村适龄妇女“两癌”免费检查、困难残疾人生活补贴等工作有效落实，社会保障体系更加完善。坚持防汛抗旱两手抓，全力做好非洲猪瘟疫情防控工作，坚决维护好人民群众的生命财产安全。加强食品药品安全监管，突出源头管理，严格执法检查，确保人民群众“舌尖上的安全”。我们着力提高人民群众的舒适度、满意度、幸福感。大力开展品质中心城区、秀美县城、特色小镇和美丽乡村建设，深入推进创文管卫，扎实抓好城市“双修”，在中心城区着力打通“断头路”、改造城中村、修建小游园、整治背街小巷，修缮老旧小区，努力办好群众“家门口”的民生实事。持续深入开展安全生产专项整治行动，坚决打好安全生产“十大战役”，全市安全生产形势总体平稳。加强和创新社会治理，坚持抓源头、抓苗头、抓“头头”，扎实开展“三无”创建活动，落实“三到位一处理”，化解了一大批信访积案和重大信访案件，全市共创建“无上访乡镇（街道）”23个，“无上访村（社区）”676个。深入推进扫黑除恶专项斗争，严厉打击黑恶势力及其保护伞，社会大局保持和谐稳定。

七、全面从严治党向纵深推进

市委常委会认为，党的建设是做好各项工作的根本保障，必须按照新时代党的建设总要求和党的组织路线，以永远在路上的执着把全面从严治党不断引向深入，营造山清水秀、正气充盈的政治生态。

我们坚持把党的政治建设摆在首位，持续强化管党治党政治责任。探索出台《加强政治建设优化政治生态量化考核办法（试行）》，把政治建设考核作为绩效评定、干部任免的重要依据。忠实践行新时代党的组织路线，紧密结合娄底实际，部署抓好政治建设、基层组织建设、高素质干部队伍建设、人才队伍建设、干事创业的环境建设等“五大建设”，出台优秀年轻干部源头建设和培养管理、加强村干部队伍建设、市管领导干部交流、人才聚集计划等一系列制度文件，打出了一套制度“组合拳”。全面强化基层党建责任，落实基本队伍、基本活动、基本阵地、基本制度、基本保障，将村支书人选“上提一级”把关，举办万名村干专题培训班，选派1586名市县机关干部到软弱涣散村、贫困村、集体经济薄弱村担任“第一书记”，村级综合服务平台实现“清零”，基层组织“人”“钱”“窝”等问题有效解决，所有机关支部全部完成换届。落实正向激励实施办法，首次在全市表彰85名“最具责任心公职人员”，评定91名退休处级干部为“爱岗敬业人民公仆”；对230余名受到不实举报的干部在一定范围内进行澄清，做到了“给群众一个明白、还干部一个清白”。

我们坚决落实党风廉政建设主体责任。认真学习

贯彻新修订的《中国共产党纪律处分条例》，市委常委带头开展谈心谈话，带动全市各级广泛开展谈心谈话，起到了咬耳扯袖、加油鼓劲的作用。出台防止和克服形式主义、官僚主义“十条”规定，全面加强作风建设，截至 11 月底，全市共查处“四风”问题 416 起，处理 735 人。强化巡察“利剑”作用，突出政治巡察，开展 3 轮对 20 家单位的常规巡察和 4 个专项巡察。坚持用身边事教育身边人，召开全市警示教育大会，组织全市在职市级领导和市管干部共 1200 多人集中观看警示片《警钟》，严防“看片人”沦为“片中人”。坚持有腐必反，有贪必肃，坚决查处贪腐案件，始终保持反腐败斗争的高压态势。

市委常委会坚持不懈加强自身建设。坚持旗帜鲜明讲政治，把践行“两个维护”作为最大政治，带头增强“四个意识”，始终做到“三个坚决”，及时学习贯彻中央精神和省委、省政府决策部署并抓好落地落实。自觉遵守民主集中制原则，带头严肃党内政治生活，带头参加组织生活会和主题党日活动，带头开展谈心谈话，为全市党员干部做表率、立标杆。践行“五个过硬”，提高“八种本领”，坚持做到“一身正气、一心为民、一专多能、一鼓作气、一抓到底、一往无前”，增强执政能力，带头强化执行力、落实力，响亮提出“坚决守底线、奋力争上游”，要求“多想新办法，多下实功夫”。大兴调查研究之风，深入基层一线，着力查实情、出实策、求实效，实打实推动工作。坚持抓好党建，带动全盘，以全面从严治党的强大正能量，推动经济社会高质量发展。

在总结工作的同时，市委常委会结合中央、省委巡视组反馈意见，深入分析了工作中存在的问题和面临的挑战。主要是：学习习近平新时代中国特色社会主义思想和党的十九大精神不够深入；一些领导干部的思想观念、能力素质与高质量发展的要求不相适应；经济总量不大的矛盾较为明显，新旧动能转换尚未完成，结构调整任重道远；发展不平衡不充分的状态仍未根本改观，“三大攻坚战”任务十分艰巨；影响稳定的各种风险依然存在；基层党建还存在一些薄弱环节，形式主义、官僚主义时有冒头，等等。对此，市委常委会将认真研究，采取有力措施切实加以解决。

一年来所取得的工作成绩，是党中央、国务院和省委、省政府坚强领导的结果，是全市人民团结奋斗的结果，是各级党组织和广大党员干部担当作为的结果。各位市委委员在各自岗位上尽心尽力、尽职尽责，对市委常委会的工作给予了大力支持。在此，我代表市委常委会，向同志们表示衷心感谢！同时，请同志们对市委常委会的工作多提意见和建议，我们将认真听取、积极改进。

政府工作报告

——在娄底市第五届人民代表大会第三次会议上

（2019年1月8日）

现在，我代表市人民政府，向大会作工作报告，请予审查，并请各位政协委员和列席人员提出意见。

一、2018年工作回顾

过去一年，全市上下坚持以习近平新时代中国特色社会主义思想为指导，深入贯彻党的十九大精神，认真落实党中央国务院、省委省政府和市委的决策部署，按照高质量发展要求，大力实施创新引领开放崛起战略，加速转型，奋力赶超，完成了全年各项目标任务。

主要经济指标稳中有进。地区生产总值增长8%（预计数，下同），其中一、二、三产业分别增长3.5%、7.7%、9.5%；固定资产投资增长10%；规模工业增加值增长7.5%；社会消费品零售总额增长10.5%；一般公共预算收入增长13.98%；城乡居民人均可支配收入分别增长8.5%、11%；居民消费价格指数上涨2%；节能降耗超额完成省定任务。

十件民生实事总体完成。完成年度任务的有8件，驻村服务全科医生或助理全科医生达到1227名；79个易地扶贫集中

安置项目基本完成，搬迁24341人；垃圾分类试点村达到946个；义务教育班额基本控制在65人以下；1900个自然村通水泥（沥青）路，建设里程1691千米；湘江资江娄底流域截污和水体治理完成12千米；山塘清淤完成4800口；中心城区小游园建成9个。没完成时序进度的有2件，娄底大道冷新段建设，完成投资计划的97%；背街小巷第一期改造，完成投资计划的95%。

七个“三年行动计划”基本完成。工业提振实现规模工业增加值年均增长7.6%，规模工业企业达到857户。文化旅游及健康养老产业完成投资360亿元，年均增长35%，总收入达到1395亿元，年均增长24%。中心城区提质扩容完成总投资247.6亿元，娄星南路、吉星路、甘桂路等12条“断头路”全部打通。脱贫攻坚减少建档立卡贫困人口30.62万，退出贫困村397个，易地扶贫搬迁68544人。财源培植实现一般公共预算收入年均增长11.33%。天蓝水净地绿行动初见成效，城区细颗粒物年均浓度下降44%，县以上城镇污水处理率达到95.33%，中心城区建成区绿地率达到35.48%。综合交通大为提升，二广、娄衡、益娄高速公路建成通车，娄底大道娄涟段等10个国省干线公路项目竣工，行政村全部开通客运班线。七个“三年行动计划”的实施，为决胜全面小康、完成“十三五”规划奠定了坚实基础。

2018年，我们坚决守底线，奋力争上游，在七个方面取得了好的成绩：

（一）三大攻坚战扎实推进。全面清理核实政府性债务，调减政府投资项目141个，压减投资483.72亿元，清理规范PPP及政府购买服务项目59个，压减投资387.47亿元，政府性债务风险总体可控。采取“6项措施”，加快推进民间融资风险处置，集中办理了一批大案要案，平稳化解了九龙集团“6·30”风险。建立地方金融风险监测预警联动机制，14家省级金融机构与我市签订了战略合作协议，授信2365亿元。

深入推进脱贫攻坚“七大行动”和“七大扶贫工程”，全年减少建档立卡贫困人口11.34万，223个贫困村退出，双峰县可以脱贫摘帽。狠抓扶贫领域作风

建设，召回不合格工作队2个，追究派出单位领导责任14人。推进市委“四个意见”落地见效，激发群众内生动力，16名村支部书记被评为“脱贫致富带头人”，29名脱贫对象被评为“自强自立先进个人”。

抓实中央、省环保督察反馈问题整改，积极配合开展“回头看”，中央环保督察交办的245个信访件全部办结，反馈的9个问题5个办结销号，其余4个正在加快整改。有效实施“湘江保护和治理第二个三年行动计划”“锡矿山区域环境综合治理三年行动计划”，成功申报全国第三批山水林田湖草生态修复试点工程。市级饮用水水源地整治全面完成，畜禽规模养殖污染防治、城市黑臭水体整治、土壤与重金属污染治理、采(碎)石场规范化整治全面推进。中心城区空气质量优良天数比例为90%，全市集中饮用水水源地水质达到或优于Ⅲ类。

(二)项目建设成效明显。扎实开展“产业项目建设年”活动和“项目建设大比拼”，全年推进各类项目1670个，其中重大产业项目328个，完成投资445亿元。列入省“五个100”的项目13个，完成投资41.8亿元，三迅新能源高能量动力电池产品研发项目获评省重大科技创新优秀项目。先后在长沙、北京、杭州开展了互联网+装配式建筑、军民融合、特色小城镇等产业链专题招商，签约项目61个，总投资268.77亿元。园区项目集聚能力增强，园区规模工业增加值增长8.8%，占全部规模工业的比重达到70.2%，娄底经开区获批全国大中小企业融通型特色载体，娄星工业集中区成功创建湖南省军民融合产业示范园区、创新创业示范基地，新化县经开区获批省级高新区。娄底高新区创建国家级高新区有序推进。

(三)转型发展步伐加快。株潭娄国家产业转型升级示范区建设初见成效，围绕建设“钢铁新城”、打造新材料新能源基地，重点推进了12条产业链建设。薄板深加工及汽车零部件千亿产业链基本完成布局，已规划入园项目4个，华安钢宝利二期竣工投产；新能源动力电池及储能产业链已有电将军第一条生产线等8个项目投产，3个项目在建；产业链已聚集28家企业，其中15家企业获得军工证；装配式建筑等其他9条产业链加快布局推进。农业与二、三产业加快融合，新增规模以上农产品加工企业49家、休闲农业企业492家，建成乡、村电子商务服务站点1829个，农产品加工销售收入、经营收入分别增长16%、17%。新增中国驰名商标3个、国家地理标志登记注册3个、农业产业化国家重点龙头企业1家，3个产品获第十六届中国国际农产品交易会金奖，“月光红”获评中国“茶王”。双峰县被授予“中国农业机械之乡”称号，涟源市桥头河镇入选全国现代农业强镇。商贸物流、文化旅游、健康养老等现代服务业来势较好，娄底旅游成功纳入湖南旅游中部崛起战略，旅游收入和人数分别增长18%、19.3%。互联网经济、总部经济、赛事经济等新业态新模式加快发展，万宝移动互联网产业园已吸引陌陌、谷歌等企业70余家，新化县上市小镇已有34家准上市企业入驻。科技创新力度加大，财政科技支出增长98%，引进科技创新人才8名，新增国家级创新研发平台2家、院士工作站2家、产业技术联盟10家。

(四)改革开放继续深化。有力有序推进35大类106项改革举措。“放管服”改革梳理“只跑一次”事项1007项，完成91.9%。“互联网+政务服务”一体化平台上线运行，信息共享交换平台投入使用，我市获“2018中国智慧城市创新奖”。全面实施企业登记“37证合一”，实行“一网通办”“一窗核发”，企业登记压缩至8.5个工作日，不动产登记压缩至5个工作日。农村土地承包经营权确权登记颁证全面完成，农村集体产权制度改革全面推进。坚持招大引强，签约落户500强企业项目9个，总投资179亿元。成功举办第九届“湘博会”和第五届娄商大会，签约项目50个，总投资351.5亿元。全年实际利用外资5.5亿美元，增长19%；内联引资700亿元，增长15.4%。海关总署批准设立娄底海关，获批外贸综合服务中心5家，新增外贸进出口资质企业83家，全市进出口总额增长25%，冷水江市获评全省发展开放型经济优秀县市。

(五)城乡面貌大幅改观。中心城区创文管卫工作制度化常态化，交通秩序、超限超载、控违拆违等专项整治成效明显。城市“双修”有力推进，完成投资19.2亿元，5个背街小巷片区、9条城市道路(18.5千米)完成提质改造，12条城市道路加快建设，一批群众反映强烈的城市基础设施得到改善，城区品质和形象得到提升。秀美县城、特色小城镇、美丽乡村建设深入推进，“乡村振兴15条”初见成效，娄星区、冷水江市获评“全省美丽乡村建设工作先进县市区”，双峰县三塘铺镇入选“中国最具魅力乡镇”，新化县土坪村获评“中国美丽休闲乡村”。完成干线公路改造114千米、农村公路提质改造303千米，娄底大道双峰段基本完工，龙琅高速公路建设进展顺利。

（六）社会民生全面进步。全市民生支出占到一般公共预算支出的74.8%，省定重点民生实事项目全面完成。城镇新增就业3.84万人，新增农村劳动力转移就业3.96万人，城镇登记失业率为3%。补充教师2641名，新增学位31820个，双峰县、涟源市被认定为全国义务教育发展基本均衡县（市）。完成农村危房改造12951户、保障性住房?18211套，中心城区老旧小区改造2856户。城乡低保月人均救助水平分别提高7.04%、36.7%。公立医院药占比降至31.34%。建成村级综合文化服务中心1391个，组建新时代乡村业余文艺宣传队87支，6家文化企业获第九届西部文博会“优秀创意产品奖”。深入开展安全生产“十大战役”，强化“打非治违”“强执法防事故”，事故起数、死亡人数分别下降6%、9%，全年没发生较大及以上安全生产事故，获评全省安全生产先进市。重要工业产品、食品抽检合格率分别为97.3%、98.71%。非洲猪瘟疫情得到有效防控。深入推进扫黑除恶专项斗争，摧毁黑社会性质犯罪组织5个，打掉恶势力团伙59个。创建全国禁毒示范城市成功入榜，1235个行政村建立了治安队，无上访乡镇（街道）达到23个、无上访村（社区）达到676个。

（七）自身建设不断加强。坚持和加强党的全面领导，深入推进“两学一做”学习教育常态化制度化，落实市政府党组理论学习中心组学习制度，切实提高推动高质量发展的能力和水平。主动接受人大及其常委会的法律监督、工作监督，3位副市长和8个政府工作部门接受了人大评议。自觉接受政协民主监督，及时通报政府工作情况。全年办结人大代表议案1件、建议116件、政协委员提案162件，所提问题得到解决或基本解决的148件、列入计划逐步解决的118件、暂时难以解决做出解释说明的13件。办理市长信箱来信1010件、红网留言521件，接听12345市民来电17009件、登记事项11789件，办结率、满意率分别为98.5%、98.3%。推进立法、普法、执法工作全面加强，《孙水河保护条例》正式实施，《娄底市湄江风景名胜区条例》已经省人大常委会审查批准，《仙女寨生态公园保护条例》完成第一次审议，在全省首次组织政府行政执法监督员对环保系统开展专项检查，推动行政机关负责人出庭应诉45次。出台了市政府党组关于加强党风廉政建设的十条规定，坚持“零容忍”惩治腐败。加强审计监督，查出违法违纪金额8.8亿元，经审计上缴财政4.2亿元，移送案件线索43起。严格落实中央八项规定及实施细则，整合减少各类考核评比，有效精简会议和文件，清理整改超标办公用房3.91万平方米，党政机关、市属国有企业公车改革顺利完成。

国防动员和后备力量建设全面加强，军民融合深度发展。统计、消防、人防、地震、气象、移民、供销、公共资源交易、档案、机要、保密、方志、对台、贸促、外事侨务、港澳、民族宗教、工商联、工会、共青团、妇联、老龄、关工委、老促会、文联、科协、侨联、社科联、红十字会、慈善、残联、计生协等各项工作，均取得了新的进步。

一年来，我们坚持工作高标准、严要求，涌现出了不少特色和亮点。一是聚精会神搞建设、抓发展，主要经济指标完成较好，13项主要经济指标中，10项指标增速进入全省前列，赶超态势得到巩固。二是突出项目建设主抓手，引进新上了湖南利钢、益盛新材、三一路机、博盛新材、杭萧钢构、新印科技等一批大项目、好项目，新增规模以上企业363家，其中规模工业企业150家、高新技术企业40家，为发展增强了后劲、提供了支撑。三是以质量和效益为核心，加快产业转型与结构优化，三次产业结构调整为10:46.4:43.6，第三产业贡献率达到46.9%；产业投资增长26.2%，占全部投资的60.9%，其中工业投资增长25.7%，工业技改投资增长31.1%，高新技术投资增长137.7%；纳税过亿元的企业从上年的6家增加到13家，全市税收占比达到68%，高质量发展的态势初步形成。四是抓重点、补短板、强弱项，全力打好了三大攻坚战，守住了安全生产、信访等工作底线，解决了民生领域的一些突出问题，人民群众有了更多获得感。五是创造性地开展了一些工作，“村级小微权力+互联网+监督”改革探索被中纪委、新华社推介，新化县油溪桥村积分制管理被评为全国乡村治理十大经典案例之一，成立全省首个区块链产业园区、发放了全国首张不动产区块链电子凭证，河长制工作获全国先进，冷水江市进入全国小康百强县市行列，等等。这些特色和亮点工作，体现了娄底智慧，增强了娄底自信，铸就了娄底荣誉！

刚刚过去的2018年，是改革开放40周年，是贯彻落实党的十九大精神的第一年，也是我市推进七个“三年行动计划”的收官之年。40年来，全市人民高举开放大旗，锐意改革，开拓创新，砥砺奋进，推动了娄底的快速发展，成就了“湘中巨变”。尤其是近几年，全市上下主动扛起全面建成小康社会的历史重任，紧紧围绕建设富饶美丽健康祥和新娄底的目标，履职尽责，攻坚克难，争先创优，用实际行动向改革开放40周年，交出了一份娄底答卷，从2016年的“合格答卷”，到2017年的“优异答卷”，再到2018年的“好”成绩单。娄底大地呈现出迎难而上、奋发向上、蒸蒸日上的新气象，续写了稳中有进、稳定向好、稳步提质的新篇章。我们可以自豪地说，今天的娄底，已不再“垫底”，正在稳步“上楼”！

2018年各项成绩的取得，是市委总揽全局、坚强领导的结果，是市人大、市政协有力监督、鼎力支持的结果，是各级各部门迎难而上、团结奋进的结果，凝聚了全市人民和社会各界的智慧和力量，倾注了广大干部职工的心血和汗水。在此，我谨代表市人民政府，向全市人民，向各民主党派、人民团体，向驻娄人民解放军和武警部队指战员、政法干警，向中央、省驻娄单位，向所有关心支持我市发展的各界人士，表示衷心的感谢并致以崇高的敬意！

与此同时，我们也深切感受到，经济社会发展中还存在一些短板和弱项，工作推进中还存在一些不足和问题。一是部分经济指标增速虽然在全省排名靠前，但离年初目标有差距，经济发展还面临较大的下行压力。二是经济总量不大、结构不优的状况尚未根本转变，新项目、大项目、好项目还不够多。三是三大攻坚战的任务还很重，基础设施、公共服务、生态治理、社会民生等领域的欠账较多，区域协调发展难度较大。四是审批难、征拆难、融资难、推进难等问题较为突出，营商环境不够优，安全生产、信访维稳、基层治理压力较大，阻碍发展的制约因素依然存在。五是少数干部思想观念保守、担当意识不强、工作作风不实，抓经济工作、项目建设的精力不够集中，与高质量发展的要求不适应，等等。我们将始终坚持问题导向，一个一个地加以解决。

二、2019年目标任务和工作重点

2019年，是新中国成立70周年，是全面建成小康社会关键之年，是娄底建市20周年。面对复杂严峻的外部环境和经济下行压力，我们一定要坚定信心，把握主动，危中求机，化危为机，坚定不移地办好自己的事情，切实将中央、省委和市委的决策部署落细落实。

2019年政府工作的总体要求是：以习近平新时代中国特色社会主义思想为指导，认真贯彻习近平总书记关于湖南工作的重要指示精神，坚持稳中求进工作总基调，贯彻新发展理念，坚持以供给侧结构性改革为主线，深化市场化改革，扩大高水平开放，实施创新引领开放崛起战略，继续打好三大攻坚战，继续开展项目建设大比拼，进一步稳就业、稳金融、稳外贸、稳外资、稳投资、稳预期，推动高质量发展，实现加速转型、奋力赶超，保持经济持续健康发展和社会大局稳定，为全面建成小康社会收官打下决定性基础，以优异成绩庆祝中华人民共和国成立70周年。

2019年的主要预期目标是：地区生产总值增长7.7%以上，其中一、二、三产业分别增长3%、7.3%、9.5%以上；一般公共预算收入增长8%以上；固定资产投资增长10.5%以上，其中产业投资增长13%以上，工业投资增长15%以上，高新技术投资增长20%以上，工业技改投资增长16%以上；研发投入增长25%以上；申报高新技术企业30家以上；城乡居民人均可支配收入分别增长8%、10.5%以上；居民消费价格涨幅3%左右；金融财政风险有效防控；节能降耗完成省定目标。

围绕上述目标，重点抓好六个方面的工作：

(一)继续打好三大攻坚战，补齐高质量发展短板

防范化解重大风险。加强政府债务限额管理，推动政府平台公司市场化转型，妥善化解债务存量，确保不增加债务总量。加强财政预算绩效管理，强化预算约束，提高使用效益。抓好“6项措施”落实，运用法治化、市场化手段，稳妥处置民间融资风险。健全完善金融风险防范处置机制，严厉打击逃废金融债务行为，加大互联网金融监管力度，积极创建金融生态良

好城市和省级金融安全区,坚决守住不发生区域性金融风险底线。

大力推进精准脱贫。聚焦深度贫困村和特定贫困人群,重点解决好“两不愁三保障”问题,扎实推进产业、就业、教育、健康扶贫,以及易地扶贫搬迁、农村危房改造、兜底保障等工作,确保减少8万以上建档立卡贫困人口、90个以上贫困村脱贫出列、涟源市和新化县脱贫摘帽。贯彻落实好市委“四个意见”,加大驻村、结对、社会、企业联村帮扶力度,继续开展“五治行动”和“脱贫致富带头人”“自强自立先进个人”评比活动,形成更大脱贫合力。深入推进扶贫领域作风建设,加强资金监管,严惩扶贫领域形式主义、官僚主义、数字脱贫、虚假脱贫等突出问题,着力提升脱贫质量。开展脱贫对象回头看、回头查、回头帮,加大易地扶贫搬迁后续扶持力度,减少和防止贫困人口返贫,进一步巩固脱贫成果。

着力抓好污染防治。强化政治担当,不折不扣抓好中央环保督察“回头看”、省环保督察反馈问题整改落实,着力解决群众身边的突出环保问题。继续实施“湘江保护治理第二个三年行动计划”“锡矿山区域环境综合治理三年行动计划”,加强锡矿山地区、水府庙库区、采煤沉陷区、废弃矿山等重点区域集中治理,实施涟钢、冷钢环保达标提质行动,强力推进煤矿废水、煤矸石、采(碎)石场、石灰窑、黏土砖厂及城市规划区烧结砖厂等专项整治,全面完成“清四乱”专项整治任务。统筹山水林田湖草整体保护、系统修复、综合治理,加大黑臭水体治理、建筑垃圾处理力度,完成中心城区第一、二污水处理厂提标改造(扩建),推进乡镇污水处理厂建设和运营机制改革。进一步强化河长制责任落实,继续抓好农业面源污染防治,开展沿河排污口专项整治,持续开展零碳区域创建,建设孙水、涟水、资水和侧水生态长廊。推动资源综合循环利用,开展重点企业环保示范创建和重点用能企业“百千万”行动,推进国家第三批增量配电业务改革试点,加快“气化娄底”天然气管道建设,全面完成燃煤锅炉及经营性小煤炉淘汰整治任务。

(二)全力稳增长促转型,强化高质量发展支撑

推动工业提质升级。以国家产业转型升级示范区建设为总揽,加快建设“钢铁新城”。深度对接“中国制造2025”“湖南制造强省五年行动计划”,瞄准“湖南工业新兴优势产业链行动计划”,做大做强薄板深加工、新能源新材料、汽车及汽车零部件、生物医药、节能环保、电力安装等重点产业,全力推进薄板深加工产业园、新能源动力电池及储能产业园、光电子产业园、电力科技园、汽车产业配套基地等战略性新兴产业项目建设。全面开展中小企业“上云”行动,推动互联网、大数据、人工智能与实体经济深度融合,全面提升产业装备智能化水平。确保规模工业增加值增长7.6%以上、新增规模工业企业100家以上。

加快服务业创新发展。推进服务业提升“三大工程”,创建一批国、省级服务业集聚区,重点培育一批服务业龙头企业。加快通往主要景区公路建设,完善接待体系,打造以娄底城区为中心的1小时休闲度假旅游圈。推进曾国藩故居、紫鹊界梯田创建5A级景区,发展以锡矿山、涟钢为重点的工业旅游,支持新化县创建国家全域旅游示范区,确保旅游接待人次、旅游总收入两项指标均增长18%以上。做好湘军文化和梅山文化文章,推进“五名工程”,打造曾国藩家教文化、梅山傩戏等文化品牌。支持湘中国际物流园和诚通现代物流园做大做强,抓好各类专业市场培育,加快构建与高质量发展相匹配的现代物流体系,降低综合物流成本,提高物流效率。深入推进家政服务、文化体育、健康养老等消费提质提档,增强消费拉动能力,确保社会消费品零售总额增长10.5%以上。

培育壮大新兴优势产业。大力培育“小巨人”“独角兽”企业。做好顶层设计,制定扶持政策,做大做强移动互联网产业园,立足区块链、大数据,全力引进人工智能、量子信息、物联网、移动通信项目,推动数字经济快速发展。加强与异地商会联系,千方百计引进更多总部经济项目。加快足球新城、美食文化街建设,大力发展赛事、会展和夜游经济,培育新的经济增长点。

大力支持民营经济发展。进一步优化环境,任何政府部门都不得随意干扰企业,让企业安心生产、放手发展。引导民营企业讲正气、走正道,诚实守信,合法经营,回报社会。充分尊重民营企业家,构建亲清政商关系,弘扬优秀企业家精神,培育发展更多优质企业。全面落实中央减税降费等6个方面政策、湖南促进民营经济高质量发展的“25条意见”,确保民营企业应享尽享。全国其他地级以上城市出台的政策,只

要符合娄底实际,没有禁止性、限制性条款,在娄底都可落地执行。

(三)大力抓项目优投资,增强高质量发展动能

加快项目推进。以省"五个100"、市"五个一批"项目为重点,继续开展"产业项目建设年"活动和"项目建设大比拼",建立完善产业项目建设推进落实机制。推进市级重点建设项目218个,总投资1828亿元,年度计划投资375亿元,其中产业项目112个,总投资949亿元,年度计划投资188亿元;基础设施项目48个,总投资640亿元,年度计划投资103亿元;社会民生及生态环保项目40个,总投资239亿元,年度计划投资84亿元。抓好项目谋划,以现代制造业、新型城镇化为重点,紧盯乡村振兴、基础建设、生态环保、社会民生等重点领域,谋划重大项目500个左右,其中产业项目200个左右。

夯实园区载体。着力打造园区"725"升级版,即立足7个省级以上园区、建成200万平方米标准厂房、入驻500个规模以上企业。以娄底经开区为龙头,继续推进"一区多园"建设,建好"飞地园区",引进"飞地产业",实现园区政策共享、错位发展、优势互补,力争娄底高新区升格为国家级高新区。全面推行园区项目全程代办、每月联审制度,探索推进制造业项目"先建后验""预审代办",激发园区发展活力。推进产城融合,适当提高工业用地中商住用地比例,鼓励建设多层厂房,完善水电路气运等配套设施,增强园区承载能力,提升园区综合效益。确保园区规模工业增加值增长10%以上,园区工业占全市规模工业的比重达到72%。

强化要素保障。积极争取中央和省预算内资金、乡村振兴和三大攻坚战专项资金、国家小城镇发展基金,创新投融资体制机制,组建政府产业引导基金,完善融资担保体系,切实缓解融资难题。坚守耕地红线,加大废弃工矿用地、易地扶贫搬迁户老宅基地复垦力度,加强"空心村"治理,建立重点项目用地市级统筹机制,切实解决用地难、推进难等问题。实施"娄底人才行动计划",将引进人才上升为娄底发展战略,有效解决人才瓶颈问题。铁腕整治阻碍娄底发展、影响娄底形象的人和事,坚决打掉各类黑恶势力及其"保护伞",积极营造法治化、国际化、便民化的营商环境。

(四)全面深化改革创新,激发高质量发展活力

加大改革力度。持续推进供给侧结构性改革,遵循"巩固、增强、提升、畅通"的方针,进一步淘汰不安全落后产能。深化"放管服"改革,全面推进"双随机、一公开""多证合一""证照联办"和"证照分离"等改革,加快"互联网+政务服务"深度融合,做到"马上办、网上办、就近办、一次办",努力实现"只跑一次"或"一次都不用跑"。大力推进国有企业、投融资平台、财税管理、农村集体产权等重点领域、关键环节改革,优化资源配置,增强微观主体活力。

扩大对外开放。坚定不移高举开放大旗,构建"面朝东南、多点支撑、全面开放"的新格局。围绕12条产业链,突出"三类500强"企业,紧盯沿海新一轮产业转移,继续推进产业链招商、小分队精准招商,确保内联引资增长15.5%以上、实际利用外资增长10.5%以上、进出口总额增长15.5%以上。持续实施"破零倍增""娄企出海"计划,加快推进海关、铁路口岸、外贸服务平台建设,办好第十届"湘博会"。

强化创新驱动。立足薄板、高端装备制造、新能源、新材料、生物医药等重点领域,加强新一代信息技术的引进与应用。设立"双创"引导基金,加快建设一批产业创新联盟、国家级省级企业技术中心、重点实验室、工程技术研究中心,以及创新创业产业孵化示范基地、众创空间、创新工场,增强企业的科技创新源动力。深化产学研合作,加快科技成果转化。

(五)统筹城乡融合发展,拓展高质量发展空间

全面提升城镇品质。抓好新一轮城市总体规划编制,推动多规合一。继续加强城市"双修",强力抓好控违拆违工作,开展违法建设专项整治,重点抓好中心城区道路通畅工程建设、旧城及老旧小区改造,加快推进供水供电供气管网设施、地下综合管廊建设、农贸市场分类提质改造,高标准推进高铁片区、涟钢片区、水洋片区、老街片区、华星路片区开发建设,打造城市新名片。加快县市城区提质扩容,推动要素快速集聚,完善城区服务功能,增强对周边发展的辐射力和带动力。进一步完善特色小城镇规划编制,加快高速公路沿线8个特色小城镇试点建设,培育一批工业强镇、商贸重镇、旅游名镇。加快推进龙琅高速建设,争取官新高速开工,进一步完善国、省干线公路网络。

大力推进乡村振兴。坚持农业农村优先发展,以"五个振兴"为目标,按照"盯住能人、发动群众、面向市场、

科学奖补”的思路，推进“乡村振兴15条”落实落地。调优农业产业结构，鼓励土地集中流转，确保粮食总产160万吨、蔬菜产量158万吨。抓好“一县一特”主导产业培育，持续开展品牌强农行动，发展村级集体经济，打造以精细农业为特色的优质农副产品供应基地。促进农民专业合作社提档升级，力争全市新增农民专业合作社兴办企业500家。支持新化县创建全国农村一、二、三产业融合发展先导区，支持涟源市、双峰县创建省级农业标准化示范县(市)，确保全年农产品加工销售收入、休闲农业企业经营收入分别增长12%、10%以上。实施“农村人居环境整治三年行动计划”，推进农村垃圾分类处置、厕所革命和村容村貌治理，抓好畜禽养殖场标准化改造，完成15个省定美丽乡村示范创建、6个市级美丽乡村建设任务。加强基层组织建设，选准配强村支两委班子，围绕解决“人、钱、窝”的问题，强化基本保障。做好科技特派员选送工作，支持市民下乡、能人回乡、娄商返乡、企业兴乡，鼓励社会各界人士投身乡村建设。

着力增强治理能力。巩固国家卫生城市创建成果，加快全国文明城市、国家森林城市创建。加快建设“智慧城市”，提高城市建设管理服务智能化、人性化水平。努力促进物业管理行业健康规范发展。发挥街道、社区作用，开展文明单位、文明村组、文明家庭创建，引导市民参与城市管理。做实“城市快警”“一村一辅警”，健全村民议事会制度，全面提升城市应急反应能力和农村自治能力，让全市人民更有归属感。

(六)着力保障改善民生，共享高质量发展成果

用心办好民生实事。继续推进湘江资江娄底流域截污和水体治理、易地扶贫搬迁、全科医生(助理全科医生)驻村全覆盖、农村垃圾分类处理、山塘清淤、化解“大班额”、背街小巷和老旧小区改造、自然村通水泥(沥青)路建设等8件实事。今年新增2件：中心城区停车场、停车位建设与管理，“公交都市”创建。

有效提升公共服务。落实教育优先发展战略，实施农村教师安心工程、农村学校饮水提标改造工程，深化新时代教师队伍建设改革，着力解决学前教育“入园难、入园贵”问题；促进教育均衡发展，中心城区新改扩建5所学校，启动4所学校建设，支持各县市新建或改扩建一批学校；积极发展面向市场的职业教育，支持娄底幼儿师范学校升专；推进集团化办学，做大做强本土名校，大力引进外地名校，打造一批知名教育品牌。全面推进“大众创业、万众创新”，积极开展“技能培训+创业培训”，推进人力资源市场建设，抓好高校毕业生、农民工、退役军人、贫困劳动力等重点群体就业创业，确保城镇新增就业3.6万人、新增农村劳动力转移就业3.5万人。深入推进分级诊疗，增强乡镇卫生机构服务能力，抓好村级卫生室标准化建设，全面提升全科医生驻村服务水平。加强公共文化服务，完成农村有线电视户户通惠民工程，市规划馆、科技馆、图书馆年内建成开馆。抓好殡葬领域突出问题整治，完成市殡仪馆就地扩容提质。

全面加强民生保障。完善社会保险制度，严厉打击骗取、套取社保基金违法行为。加快推进租购并举城市住房制度改革，全面推动以公租房、棚改房、安置房和农村危房改造为重点的保障性住房建设，全年新开工城镇棚户区住房改造5086套，完成农村危房改造3700套。大力发展健康养老产业，积极推进医养结合和公办养老服务机构建设，支持社会力量参与养老产业发展。做好社会救助兜底保障对象的调整、分类和归档工作，建立健全与经济社会发展相适应的低保标准调整机制，提高失能、半失能特困人员的集中供养率。推进福利慈善事业发展，落实残疾人“两项补贴”，完善农村留守儿童关爱保护体系。

切实维护社会稳定。以创建国家安全发展示范城市为抓手，严格落实安全生产责任，持续推进安全生产“十大战役”和“强执法防事故”行动，加强应急救援体系建设，坚决防范和遏制安全生产事故。落实“四个最严”要求，深入推进食用油整治等专项治理，抓好餐厨垃圾无害化处理，全面提升食品安全综合治理能力，维护人民群众“舌尖上的安全”。加快推进法治信访建设，打造网上阳光信访平台，深化信访工作“三无”创建。深入推进“平安娄底”“法治娄底”建设，更大力度开展“扫黑除恶”专项斗争，严厉打击严重刑事犯罪及黄赌毒黑拐骗等违法犯罪行为，进一步提升人民群众安全感。

加强国防动员后备力量建设，推进民兵编组和训练基地规范化建设。大力发展国防科技产业，加快打造省级以上军民融合产业园。做好退役军人安置保障工作。深入开展全国第二次污染源普查，做好第四次全国经济普查，抓好第二轮市志编纂。统筹抓好其它

各项工作，多出特色亮点，多创娄底经验。

三、加强政府自身建设

坚持党的全面领导，树牢“四个意识”，坚定“四个自信”，做到“两个维护”，把全面从严治党、依法行政贯穿于政府自身建设始终，以服务促发展，以高效抓落实，以廉洁树形象。

大力解放思想。自觉践行新发展理念，对标先进地区和先进城市，着力破除陈旧落后的思想观念，摆脱传统的思维惯性和路径依赖，鼓励大胆实践、勇于创造，以观念的变革和思想的更新，助推高质量发展。坚持干字当头。不务虚工、不唱高调，心无旁骛抓发展，真正把心思用到抓产业、优环境、强实体上来。切实改进作风，坚决反对形式主义、官僚主义，带头执行市委“十条规定”，重点整治慢作为、不作为，以“钉钉子”精神狠抓落实。关心关爱基层干部，树立真抓实干的导向，完善和落实激励约束、容错纠错机制，坚决落实“三个区分开来”，旗帜鲜明为担当者担当、为改革创新者撑腰。

严格依法行政。落实“三重一大”决策制度，做到依法、科学、民主决策。严格执行市人大及其常委会的决议决定，自觉接受人大法律监督与工作监督、政协民主监督和社会舆论监督，虚心接受人大评议，重大事项及时向人大报告、向政协通报，认真办理人大代表议案、建议和政协委员提案。深化行政执法体制改革，全面推进行政执法“三项制度”落实。加强政府诚信建设，说了就干，干就干成，做到言必信、行必果。

切实干净干事。把纪律和规矩挺在前面，贯彻执行中央八项规定及实施细则和省委“约法三章”，锲而不舍纠“四风”，严格落实“一岗双责”，坚持讲规矩、按制度办事，把廉洁从政贯穿到政府工作的各个环节，实现干部清正、政府清廉、政治清明。

使命呼唤担当，奋斗创造幸福。让我们高举习近平新时代中国特色社会主义思想伟大旗帜，在省委省政府和市委的坚强领导下，不忘初心、牢记使命，履职尽责、攻坚克难，为全面建成小康社会、加快建设富饶美丽健康祥和新娄底而努力奋斗。

大事记

1月

1日

△娄底市第一部地方性法规《娄底市孙水河保护条例》正式实施。河长制写入条例。

2—4日

△娄底市政协五届二次会议召开，会议通过《中国人民政治协商会议娄底市第五届委员会常务委员会工作报告的决议》《中国人民政治协商会议娄底市第五届委员会常务委员会提案工作情况报告的决议》《中国人民政治协商会议娄底市第五届委员会第二次会议政治决议》。

3—5日

△娄底市五届人大二次会议召开，会议通过《关于娄底市人民政府工作报告的决议》《关于娄底市2017年国民经济和社会发展计划执行情况与2018年国民经济和社会发展计划的决议》《关于娄底市2017年全市及市级财政预算执行情况与2018年全市及市级财政预算的决议》《关于娄底市人民代表大会常务委员会工作报告的决议》《关于娄底市中级人民法院工作报告的决议》《关于娄底市人民检察院工作报告的决议》。

5日

△娄底市人民政府第一次全体会议召开，安排部署2018年工作。

8日

△娄底市2017年县（市、区）及市直行业系统党（工）委书记抓基层党建述职评议会议和县市区委书记履行意识形态工作责任述职评议会议分别召开。华学健主持会议。

△娄底市监察委员会正式挂牌成立。

9日

△永州市委书记、市人大常委会主任李晖，永州市委副书记、市长赵应云率永州市党政代表团到娄考察项目建设情况。

11日

△娄底市委常委会会议召开，学习新华社长篇通讯《全党来一个大学习》，传达学习贯彻全省党员领导干部会议精神和中央、省委《关于加强新形势下党的督促检查工作的实施意见》精神以及中央政治局委员、中央书记处书记、中央办公厅主任丁薛祥的讲话精神，研究市委经济工作会议精神细化落实有关工作以及督查工作。

12日

△娄底军分区党委八届一次全会召开。李荐国、罗玉生、蔡德益、周仁友、王学军当选军分区第八届党委常委，李荐国、罗玉生、蔡德益分别当选第一书记、书记、副书记。会议审议通过军分区第八届纪委书记、副书记选举结果，周仁友当选军分区纪委书记。

△娄底市政府常务会议召开，传达全省党员领导干部会议精神和省委书记杜家毫在省委常委会议上听取长沙市经济社会发展汇报后的讲话精神；研究国家级产业转型升级示范区新材料新能源基地建设及其他工作。

15日

△娄底市政府常务会议召开，传达中央、省委有关会议精神，研究交通建设工作，分解2018年主要经济指标任务，审议相关表彰评选方案及2017年项目建设大比拼考核结果。

16日

△娄底市委常委会（扩大）会议召开，传达全省党员领导干部会议精神。

17日

△副省长陈飞到娄底调研检查工作并看望慰问困难群众。省政府副秘书长黎咸兴，省民政厅厅长唐白玉，省安监局局长李大剑，省煤炭局局长赵军参加调研检查。

18日

△娄底市召开“产业项目建设年”动员大会，表彰2017年度娄底市优秀企业家、十大纳税企业、十大纳税增长企业。

△娄底市召开全市安全生产工作暨“安全生产十大战役”攻坚会议。

31日

△娄底市委常委会会议召开，传达学习《中共湖南省委常委会关于坚决维护党中央集中统一领导的规定》精神、省委书记杜家毫对市委履行党建工作责任情况的点评和省委组织部综合评价反馈意见、中纪委和省纪委全会精神，审议《中共娄底市委关于进一步贯彻落实中央八项规定精神的实施办法》，研究基层党建、纪检监察等工作。

△娄底市传达学习省十三届人大一次会议和省政协十二届一次会议精神会议召开。

1月　娄底气温骤降，造成35条输配电线路不同程度覆冰，最厚覆冰30毫米，10千伏线路倒杆12基，断线24处，低压断线22处，倒杆29基。面对灾情娄底电力部门迅速反应，投入抢修队伍15支，车辆47台，320余人全力抢修，尽快复电保障全市的电力供应。

2月

1日

△娄底市委常委会会议召开，专题听取市委2017年度巡察工作汇报，督查问题整改。

2日

△娄底市五届纪委三次全会召开，传达十九届中央纪委二次全会和十一届省纪委三次全会精神，部署2018年纪委工作。

6日

△新化县部分行政区划调整工作总结暨新设街道成立大会召开，宣布上梅、上渡、枫林3个街道办事处成立。

7日

△省委常委、省委组织部部长王少峰到娄底调研基层党建、脱贫攻坚和乡村振兴工作，并赴冷水江市、涟源市走访慰问困难群众。省民政厅副厅长杨薇参加调研走访。

8日

△娄底市政府常务会议召开，传达省政府全会、全省深度贫困地区脱贫攻坚工作推进会、全省湘江治理和洞庭湖治理工作电视电话会议精神，安排部署春节期间有关工作，研究制定《娄底市深化职称制度改革实施方案》，审议《关于支持金融机构发展优化信用环境的意见》。

9日

△娄底市委常委会会议召开，传达贯彻全省市州委书记视频会议精神，全省湘江治理和洞庭湖治理工作视频会议精神，省委常委、省委组织部部长王少峰到娄调研走访慰问时的讲话精神，全国、全省组织部部长会议、统战部部长会议、宣传部部长会议精神，中央、省委政法工作会议和扫黑除恶专项斗争会议精神，研究组织、统战、政法、宣传思想文化等工作。

11日

△娄底机场项目建设推进会议召开。市委、市政府主要领导共同听取新化春田民用机场项目和涟源桥头河通用机场项目的前期工作情况汇报，研究下一阶段的有关工作。

18日

△中央电视台《新闻联播》头条《不放松不停顿不懈怠打赢脱贫攻坚战——习近平总书记在打好精准脱贫攻坚战座谈会上的重要讲话引起热烈反响》，报道娄底市新化县水车镇锡溪村易地扶贫搬迁安置小区里的村民们过幸福年的喜人场景。当晚，央视《新闻联播》报道《喜气洋洋度新春万紫千红中国年》时，又报道了新化的苗瑶特色古村落以及新化山歌、梅山武术等非物质文化遗产。

23日

△娄底市委常委会(扩大)会议召开，传达学习贯彻全省市州长视频会议精神，通报春节期间全市社会管理和民生情况，研究迎接省委第七巡视组抵娄巡视相关工作，安排部署有关工作。

26日

△娄底市委常委会会议召开，传达学习省委农村工作会议精神。

△娄底市扫黑除恶专项斗争誓师大会召开。

27日

△中央电视台《新闻联播》以《湖南娄底：人穷志不穷脱贫靠自身》为题，报道娄底市倡导开展“人穷志不穷、脱贫靠自身”自强自立行动，激发贫困群众脱贫内生动力的典型经验。

△娄底市政府常务会议召开，传达上级有关教育工作会议精神，研究一季度经济工作，审定娄底机场前期工作实施方案，审议《娄底市社会投资耕地开发项目管理办法》，研究仙女寨经水府庙至曾国藩故居全域旅游景观道路项目建设。

28日

△娄底市人民政府与人民银行长沙中心支行联合主办2018湖南金融服务实体经济·娄底早春行活动。

△省委第七巡视组巡视娄底市工作动员会召开。省委第七巡视组组长杨春林出席会议并讲话，省委巡视工作领导小组成员梁平就配合做好巡视工作提出要求。

3月

2日

△市委常委会(扩大)会议暨市委理论学习中心

组集中学习会议召开，传达学习党的十九届三中全会精神和省委关于传达学习党的十九届三中全会精神的会议精神。

6日

△娄底市政府常务会议召开，审议娄底市加快"互联网+政务服务"工作实施方案，研究审计工作，研究成立娄底高铁枢纽综合服务中心。

10日

△省委副书记乌兰到冷水江市铎山镇塘冲村、眉山村和金竹山镇正当村调研乡村振兴工作。省委副秘书长秦国文参加调研。

19日

△娄底市委常委会会议召开，传达学习贯彻习近平总书记在全国"两会"上的系列讲话精神、省委副书记乌兰到娄调研时的讲话精神和《中共中央办公厅关于严明纪律切实保证党和国家机构改革顺利进行的通知》精神，审议"深化责任心教育"有关文件。

23日

△娄底市深化责任心教育大会召开，推动责任心教育再深化、再升温、再做实。全体在家的市领导出席会议，省委第七巡视组有关领导到会指导。

△娄底市委常委会会议召开，传达学习贯彻全省党委秘书长会议精神、省委二规则一意见等文件精神，审议市委常委会工作规则、市委全会工作规则、关于加强常委会自身建设的意见、市委常委会2018年工作要点以及全市实施乡村振兴战略的有关文件，听取关于市人大常委会2018年工作要点和立法、监督工作计划的汇报。

25日

△中国光大集团党委书记、董事长李晓鹏率集团各部门、各下属企业负责人到新化县调研指导脱贫攻坚工作。

27日

△娄底市委农村工作会议召开，专题部署实施乡村振兴战略。

△娄底市政府常务会议召开，研究2018年市人大议案、重点建议和市政协重点提案办理，配合市人大开展立法等相关工作，审议《娄底市市属国有企业违规经营投资损失责任追究办法(试行)》等。

27—28日

△省委常委、省委统战部部长黄兰香就"统一战线参与乡村振兴战略实施"到娄调研。省委统战部副部长符俊根参加调研。

31日

△娄底市出台《推动乡村振兴战略在娄底落地见效的15条具体措施》，推动乡村振兴战略落地见效。

4月

4日

△娄底市委常委会会议召开，传达贯彻省委常委、省委统战部部长黄兰香在娄调研时的讲话精神及全省市州委书记视频会议精神，审议《娄底市综合交通运输发展规划(2016—2030年)》及子规划，听取市人民检察院党组工作汇报。

8日

△娄底市召开全市生态环境保护工作会议。

11日

△娄底市召开《推动乡村振兴战略在娄底落地见效的15条具体措施》责任落实专题会议。

12日

△娄底市政府常务会议召开，传达省里有关会议及文件精神，研究教育、信访、安全生产等工作。

13日

△娄底市委常委会会议召开，传达贯彻全省市州委书记会议精神，听取市中级人民法院党组工作汇报，听取全市离退休干部工作和关工委工作情况汇报，审议《关于加快推进"村级小微权利+互联网+监督"工作的实施方案》。

18日

△娄底市36个重点项目集中开工、竣工，总投资105亿元。市委、市政府主要领导分别出席娄底经开区和娄星区会场并宣布项目开工竣工。

19日

△娄底市委、市政府在冷水江市召开娄底市锡矿山区域环境综合治理攻坚战誓师大会，动员全市上下统一思想，众志成城，奋战三年，打一场锡矿山区域环境综合治理的攻坚战和人民战争。

△在联合国粮农组织总部召开的第五次全球重要农业文化遗产国际论坛上，包括新化紫鹊界梯田在内的中国南方稻作梯田等4个中国项目获得"全球重要农业文化遗产"的正式授牌。

△娄底市政府常务会议召开，研究娄底市优化经济发展环境整治"三强"行为的相关工作，审定《娄底

市扫黑除恶线索举报奖励办法》《娄底市城市地下管线建设管理办法》等。

22 日晚

△娄底市领导干部会议召开,动员部署开展违反中央八项规定精神突出问题专项治理工作。会议原原本本传达学习省委、省政府《关于开展违反中央八项规定精神突出问题专项治理的工作方案》的通知精神,并进行加强意识形态工作责任制落实情况监督检查测评。省委第七巡视组组长杨春林出席会议并讲话。省委第七巡视组副组长戴清及全体在职市级领导出席会议。

23 日

△娄底市文明委全体会议召开,学习贯彻中央和省里有关精神文明建设工作会议精神,研究部署2018年全市精神文明建设工作。会议审议通过《2018年娄底市精神文明建设工作要点》《2018年娄底市创建全国文明城市工作方案(讨论稿)》等系列文件。吴建平作工作汇报。

24—26 日

△省委常委、省军区政治委员冯毅到娄调研党管武装、脱贫攻坚、双带双促等工作。省军区动员局局长吴畏陪同调研。

25 日

△全国政协副主席、民盟中央常务副主席陈晓光率全国政协教科卫体委员会调研组到娄调研"解决中小学生课外负担重问题"。全国政协常委、教科卫体委员会主任袁贵仁,全国政协委员、教科卫体委员会驻会副主任丛兵,全国政协常委、省人大常委会副主任、民盟湖南省委主委杨维刚,全国政协委员、国防科技大学军事基础教育学院院长高志标,全国政协教科卫体委员会办公室副主任曹海鸥,教育部基础教育司二级巡视员王岱以及部分全国政协委员参加调研。省政协副主席、九三学社湖南省委主委张大方,省政协文教卫体和文史委员会主任毛学军陪同调研。

△娄底市委常委会会议召开,传达学习《中央办公厅关于加强调查研究提高研究实效的通知》《中共湖南省委办公厅关于认真学习贯彻中办发〔2018〕20号文件精神进一步增强调查研究实效的通知》文件精神、全省扶贫工作暨作风建设年动员大会精神、全省金融工作会议精神,研究娄底市贯彻落实意见;审议娄底"钢铁新城"概念规划。

26 日

△娄底市政府常务会议召开,研究食品安全、中心城区亮化工作,审议政府工作规则。

△娄底市中心医院投资200余万元引进全市首台世界最先进的新生儿眼底筛查设备——进口Retcam新生儿眼底照相机,可对新生儿进行清晰的眼底照相,对新生儿眼底病变如出血、肿瘤、早产儿视网膜病变(ROP)等进行早期精准筛查,降低儿童失明率,提高儿童生存质量。

27 日

△娄底市委、市政府召开"五一"表彰暨"千名工匠培养工程"推进会。

28 日

△娄底市委常委会(扩大)会议召开,传达学习省委常委会(扩大)会议、国务院第一次廉政工作会议精神,研究娄底市贯彻落实意见。

5月

4 日

△娄底市委常委会(扩大)会议召开,专题传达学习省委书记、省人大常委会主任杜家毫对娄底工作的指示精神。

△娄底市脱贫攻坚领导小组和扶贫开发领导小组会议召开,研究2018年娄底脱贫攻坚工作抓什么、怎么抓以及要解决哪些困难和问题。

8 日

△娄底市脱贫攻坚工作暨作风建设年动员大会召开。会议宣读《娄底市扶贫领域作风问题专项治理工作方案》,通报表彰2017年度全市脱贫攻坚工作先进县市区、行业扶贫先进单位、脱贫攻坚工作先进个人、帮助贫困群众增收致富先进单位、驻村帮扶先进单位和个人、"脱贫致富带头人"和"人穷志不穷、脱贫靠自身"自强自立行动先进个人。会议要求全市各级各部门脱贫攻坚不松劲,发扬连续作战精神,共同努力再创全省先进。省委第七巡视组副组长戴清,省委脱贫攻坚常态化联点督查第四十四组组长舒平、第四十三组组长徐发科到会指导。全体在职市级领导出席大会。

9 日

△省委副书记乌兰到双峰县调研防汛工作和产业发展情况。省委副秘书长秦国文,省科技厅党组副书记、副厅长贺修铭,省水利厅副厅长陈绍金参

加调研。

△娄底市政府常务会议召开，研究《娄底市2018年市本级政府投资计划》调整有关事项。审议《〈娄底市孙水河保护条例〉实施方案》《娄底市畜禽养殖废弃物资源化利用实施方案》和《关于促进产业兴旺的实施方案》。

10日

△娄底市委理论学习中心组集中学习（扩大）会议召开。省安委办主任、省安监局局长李大剑作安全生产专题辅导讲座。

14日

△娄底市委常委会会议召开，传达学习贯彻省委十一届五次全体会议、全省市（州）长视频会议精神和省委副书记乌兰到娄调研时的讲话精神，研究安全生产等事项。

15日

△娄底市国家级区块链研究和应用示范区暨娄底市区块链产业园在万宝新区正式成立。

17日

△娄底市委理论学习中心组（扩大）专题辅导报告会举行，会议深入学习习近平总书记在纪念马克思诞辰200周年大会上的重要讲话精神和关于学哲学用哲学、推进马克思主义中国化时代化大众化的重要思想。省社科院党组书记、院长刘建武受邀作辅导报告。

19日

△省政协副主席胡旭晟到挂点联系点娄底涟源市古塘乡古仙界村调研脱贫攻坚工作。

△娄底市人民政府和北京定荣家科技有限公司主办的2018年“中国互联网+装配式建筑创业创新大会”在长沙举行。建设部原副部长、国家土地管理局原局长、中国土地学会理事长邹玉川，国务院参事、国家能源局原局长徐锭明，以及全国各地1800余名装配式建筑产业相关厂家、经销商代表参加。

21日

△娄底市规划委员会2018年第一次专题会议召开，审议娄底2018年度城乡规划专项规划计划、娄底生态修复城市修补专项规划、高速公路沿线特色小镇发展整体规划（2017—2025）、万宝新区百亩组团控制性详细规划B—01—02地块规划修改等方案。

24日

△省委副书记、省长许达哲到娄调研，先后走访威嘉生物、农友集团、正佳特材3家企业，考察电商产业孵化园。省政府秘书长王群参加调研。

△娄底市委常委会会议召开，传达学习全省市州委书记会议精神和5月24日省委副书记、省长许达哲在娄调研时的讲话精神。

25日

△娄底市“抓重点、补短板、强弱项”大调研成果交流会召开。市主要领导带头发言，分别交流娄底转型升级、实施乡村振兴战略的调研成果。省委第七巡视组有关领导到会指导。

29—31日

△省政协副主席、省工商联主席张健率省政协“更好推进我省产业扶贫”调研组到新化县、涟源市开展产业扶贫工作调研。

6月

1日

△娄底市委常委会会议召开，学习贯彻《中共中央办公厅关于进一步激励广大干部新时代新担当新作为的意见》精神，研究创建全国文明城市、推进扫黑除恶专项斗争、办理中央和省委巡视组交办事项等工作。

4—5日

△省人大常委会副主任王柯敏率队到娄底调研人大代表联系人民群众工作站（点）建设情况，并走访部分国、省人大代表。省人大常委会联工委主任张云英、省人大常委会副秘书长刘伟志等陪同调研。

6日

△副省长吴桂英率队到娄调研文化、教育、卫生工作。省政府副秘书长彭翔、省教育厅副厅长夏智伦、省卫计委副主任龙开超参加调研。

7日

△副省长陈文浩到娄调研督导中央环保督察反馈问题整改情况。省环保厅总工程师张在峰陪同调研。

8日

△娄底市政府常务会议召开，研究分析上半年经济运行形势、农村集体产权制度改革、禁毒、“十三五”规划中期评估等工作。

9日

△娄底市档案局联合市人社局等12家单位在

孙水公园广场开展以“档案见证改革开放”为主题的“6·9”国际档案日宣传活动。

12日

△娄底市创建全国文明城市誓师大会召开，全体在职市级领导及全市各行各业代表6000人参加。

15日

△娄底市委常委会会议召开，传达学习贯彻省委书记杜家毫、省长许达哲在湖南省党政代表团浙江考察学习总结部署会上的讲话精神以及全省优化发展环境现场推进会、全省生态环境保护大会、全省纪检监察领导干部培训班精神。

△卢森堡驻华大使余博生一行到娄访问。

16日

△中央电视台新闻联播头条新闻大型系列报道“在习近平新时代中国特色社会主义思想指引下——新时代新作为新篇章”之“全面推进绿色发展 建设美丽中国”篇报道娄底市冷水江锡矿山。

21日

△娄底市政府常务会议召开，研究创新政府配置资源方式、防范和化解政府性债务风险工作、市政务服务第二批“只跑一次”公布事项、生态环保工作。

22日

△娄底市委常委会会议召开，传达学习杜家毫在全省市州委书记视频会议上的讲话精神，会议强调要坚决办好中央和省委巡视组交办事项，坚决打好“三大攻坚战”，坚决抓好“双过半”，推动娄底高质量发展。

25日

△娄底市残疾人联合会第四次代表大会召开。省残联党组书记、理事长肖红林到会指导。全体在职市领导参加会议。

△娄底市2018年上半年主要经济指标双过半暨第四次全国经济普查工作调度会召开，强调要坚定信心，明确责任，确保实现时间过半、任务过半的目标。

26日

△中国共产党娄底市第五届委员会第五次全体会议召开，深入贯彻落实习近平生态文明思想及长江经济带发展战略思想，审议通过《中共娄底市委关于深学笃行习近平生态文明思想坚持生态优先绿色发展推动娄底生态文明迈上新台阶的决议》。

27日

△娄底市召开大会表彰首届“最具责任心公职人员”。

29日

△娄底市委常委会会议召开，会议学习中共中央《关于适应新时代要求大力发现培养选拔优秀年轻干部的意见》精神，研究县市区重点工作绩效评估改革、中心城区亮化、加强优秀年轻干部源头建设和培养管理等工作，听取关于赴湘西自治州考察学习农村人居环境整治及美丽乡村建设情况汇报。

7月

3日

△2018年京湘（娄底）高端产业合作专题招商签约大会在北京举行。大会成功签约重点（意向）项目17个。

6日

△娄底市政府常务会议召开，研究PPP保留项目、高新区建设、就业创业、中心城区标定楼面地价、粮食工作。

11日

△娄底市委常委会会议召开，传达学习贯彻《中共中央国务院关于打赢脱贫攻坚战三年行动的指导意见》《中共中央办公厅关于加强公立医院党的建设工作的意见》以及全国组织工作会议精神，听取市总工会工作情况汇报。

11—12日

△省政协副主席贺安杰一行到娄调研娄底市政协深入开展习近平总书记关于加强和改进人民政协工作的重要思想学习研讨活动以及省政协“双助”活动开展情况、市政协机关党建、政协云运用等四项工作。

11—13日

△娄底市人社局、市总工会、市经信委等单位共同主办，娄底技师学院、湖南人文科技学院、娄底市建筑业协会具体承办的2018年娄底市就业创业服务年·全市职业技能大赛在娄底技师学院举行，各县市区和有关企业的160名一线职工及职业院校的学生参加比赛。12人获一等奖，8人被授予“娄底市技术能手”称号，30人被授予“娄底工匠”称号。

16日

△省委常委、省委秘书长谢建辉到娄调研重点信访件办理和涟水流域河长制工作落实情况。

17日

△娄底市政府常务会议召开，研究第九届“湘

博会”相关工作和市妇幼保健院整体搬迁项目有关工作。

19 日

△娄底市政府常务会议召开，研究综治考评、经济社会发展、财政决算和预算执行等工作。

21 日

△中央政法委副秘书长陈训秋到娄调研综治维稳工作。省委常委、省委政法委书记黄关春陪同调研。

△娄底市委常委会（扩大）会议召开，专题研究中央第八巡视组反馈意见整改落实工作。

23 日

△娄底市委常委会（扩大）会议召开，会议分析上半年经济运行形势，部署下半年经济工作。

25 日

△娄底市召开省第五环境保护督察组督察娄底市工作动员会。督察组组长张自银、副组长桂小杰就做好督察工作分别讲话。

27 日

△娄底市委理论学习中心组（扩大）集中学习会议召开，会议深入学习习近平生态文明思想、习近平总书记关于坚持党对一切工作的领导和坚持以人民为中心的重要论述精神。各县市区在分会场同步收听收看视频会议。

△娄底市政府常务会议召开，研究中央第八巡视组巡视湖南情况反馈意见中涉及娄底市问题整改落实等工作。

28 日

△娄底市政府第二次全体会议召开。

8 月

1 日

△娄底市委常委会会议召开，会议传达学习贯彻省委十一届六次全会、全省网络安全与信息化工作会议、全省扶贫领域作风问题专项治理工作武陵山片区座谈会、全省改善农村人居环境工作会议等省有关会议精神以及省委常委、省委秘书长谢建辉在娄调研时的讲话精神，研究巡视反馈问题整改落实、纪检监察等工作。

2 日

△娄底市安全生产工作调度会议召开，传达 7 月 27 日国务院、省政府相继召开的安全生产电视电话会议精神，研究调度安全生产工作。

6 日

△娄底市“三大攻坚战”网络舆情和信访问题处置工作会议召开。

8 日

△娄底市政府常务会议召开，研究兴办农业公司和“公交都市”建设项目推进等工作。

12 日

△娄底市召开省第五环保督察组督察娄底市工作反馈会。督察组组长张自银主持会议并提出整改要求，督察组副组长桂小杰通报初步督察意见。

13 日

△娄底市政府党组理论学习中心组集体（扩大）学习会议召开，学习贯彻中央关于化解政府性债务有关文件精神、《中华人民共和国预算法》及 8 月 12 日全省市（州）长座谈会精神。

14 日

△娄底市规委会 2018 年第二次专题会议召开，审议通过娄底国际风情小镇修建性详细规划和娄底市零碳经济发展规划暨 2013—2016 年度娄底市碳排放排查报告等。

15 日

△娄底市委常委会会议召开，会议研究省第五环保督察组初步反馈意见整改工作和市委党校（市行政学院）工作。

△娄底市政府常务会议召开，研究中央、省巡视督察娄底有关问题整改工作以及全市水利重点民生实事、“一村一治安队”建设等工作。

16 日

△娄底市庆祝首届“中国医师节”，表彰娄底“最美医师”100 名。

20 日

△省委常委、常务副省长陈向群到娄（双峰县）调研督导脱贫攻坚工作。省经信委副主任黄东红、省扶贫办副主任张智勇参加调研。

20 日

△省人大常委会副主任、省总工会主席周农一行到娄调研法院工作。

30 日

△娄底市委常委会会议召开，会议审议《市委常委班子巡视整改专题民主生活会对照检查材料》，研究部署专题民主生活会的有关工作，通报省委巡视组

反馈娄底市选人用人方面的问题整改情况。

△娄底市委理论学习中心组集中学习会议召开，会议深入学习领会中国特色社会主义进入新时代和中国社会主要矛盾发生历史性变化的重大政治判断、新修订的《中国共产党纪律处分条例》、省委办公厅通报的有关典型案例。

9月

1日

△娄底市委常委会会议召开，会议传达学习贯彻全省市州委书记座谈会精神、中央关于防范化解重大风险的有关文件精神、全国宣传思想工作会议精神、省委宣传部通报会议精神和省委常委、常务副省长陈向群在娄底调研督导脱贫攻坚工作时的讲话精神。

3日

△娄底市消除大班额工作专题会议召开。

6日

△娄底市政府常务会议召开，研究PPP项目财政承受能力调整数据问题，审定《娄底市七个三年行动计划微调方案》等。

7日

△娄底市庆祝第34个教师节大会召开，100名教育名师、50名优秀校长和100名优秀乡村教师获表彰。

10日

△娄底市控违拆违工作领导小组会议召开。

11日

△省政协副主席戴道晋一行到娄底，就《湖南省企业和企业家合法权益保护条例》立法协商课题进行调研。

3—12日

△应巴西圣高萨杜市商会、秘鲁利马市政府、阿根廷南美东亚商会邀请，经省委、省政府批准，娄底代表团赴巴西、秘鲁、阿根廷交流访问，与当地政府、商会、企业就互利合作、共同发展事宜进行深入探讨，达成广泛共识。

13日

△娄底市政府常务会议召开，传达省委、省政府视频会议关于衡东“9·12”案有关要求，研究娄底市产业项目建设年活动等工作。

14日

△副省长何报翔一行赴娄底市资江流域巡河。

△湖南省第十三届运动会在衡阳市体育中心体育馆落下帷幕。娄底市体育代表团青少年组获得73枚金牌(其中赛会金牌37枚、奖励金牌36枚)、32枚银牌、42枚铜牌，位列青少年组总金牌榜第六位，总分位列全省第八位，娄底市获湖南省第十三届运动会体育道德风尚奖、湖南省第十三届运动会运动员输送突出贡献奖。

17日

△娄底涟钢举行建厂60周年大会。

18日

△娄底市委常委会会议召开，会议传达学习《中共湖南省委关于下塞湖矮围问题责任追究的通报》精神，研究娄底市贯彻落实全国、全省组织工作会议精神具体措施以及宗教工作，传达学习全省市县两级人大常委会负责人学习班精神，审议七个三年行动计划微调方案、2018年市级预算调整方案。

△娄底市举行2018年“防治出生缺陷助力健康扶贫”主题宣传活动。国家卫健委妇幼司巡视员王巧梅、省卫计委副主任易露茜、中国出生缺陷干预救助基金会副秘书长薛敬洁出席活动。

20日

△娄底市召开全市领导干部警示教育大会。在职市级领导和全体市管干部1200余人参加会议，全体与会人员集中观看警示教育片《警钟》。

21日

△娄底市委常委会会议召开，会议传达学习习近平总书记在中央全面依法治国委员会第一次会议上的重要讲话精神，审议巡视整改有关报告和意见，研究全面建成小康社会推进工作。

△娄底市政府常务会议召开，研究娄底中心城区化解大班额工作，审议通过《娄底市人民政府办公室关于全面放开养老服务市场提升养老服务质量的实施办法》等。

26日

△湖南省第九届农业机械、矿山机械、电子陶瓷产品博览会(简称“湘博会”)在市体育中心开幕。副省长何报翔宣布博览会开幕。省政府副秘书长罗建军出席。

△在第九届“湘博会”上，娄底市举行钢铁薄板深加工产业链招商推介会暨高峰论坛。中国工程院

院士、钢铁材料专家翁宇庆,北京科技大学教授、博士生导师唐荻,湖南有色金属研究院院长陈伟受邀作专题讲座。

△娄底市人民政府市长会见几内亚共和国驻中国大使馆公使参赞巴·蒂埃诺·马德茹、泰国工业部督察长波尔特普·卡恩苏、马里能源部副部长贡塔·乌马尔、刚果(金)国际合作部委员长姆普图·薇姿·卡比安娜、孟加拉国农业部推广局官员阿米奴·拉希德等到娄底参加第九届“湘博会”的外国嘉宾。

25—26 日

△全国人大常委会副委员长、民进中央主席、民进中央脱贫攻坚民主监督工作领导小组组长蔡达峰率民进中央调研组赴新化开展脱贫攻坚民主监督调研。

26—28 日

△以“聚力创新创业,推动家乡发展”为主题的第五届娄商大会在娄底召开。200 余位娄商代表参会。会上,市委、市政府表彰梁稳根、周文对、刘定荣、李学元、颜新良、陈光阳、刘艳开、付冬文、肖业成、李迪初 10 位优秀娄商。陈代富等 9 位娄商代表作交流发言。

29 日

△娄底市委理论学习中心组举行集中学习研讨会,会议深入学习习近平总书记关于坚定文化自信的重要论述和中共中央纪委办公厅印发的《关于贯彻落实习近平总书记重要指示精神集中整治形式主义、官僚主义的工作意见》。

30 日

△湖南省国有企业基层党建现场推进会在华菱涟钢冷轧板厂生产车间召开。省委常委、省国资委党委书记张剑飞出席并讲话。省国资委主任、党委副书记从培模主持会议。省委组织部副部长刘越高到会指导。华菱集团党委副书记、总经理易佐致辞。

△娄底市政府常务会议召开,安排部署国庆期间工作,研究非洲猪瘟疫情防控工作和安全生产工作等。

10月

1 日

△娄底市举行升国旗仪式,庆祝中华人民共和国成立 69 周年。市级领导、干部职工、群众代表等 100 余名参加仪式。

8 日

△娄底市委常委会会议召开,传达学习贯彻省委办公厅省政府办公厅关于地方政府债务风险问题的通报精神、中央纪委办公厅印发《关于贯彻落实习近平总书记重要指示精神集中整治形式主义官僚主义的工作意见》的通知精神、全省国际追逃追赃培训班精神、全省国有企业基层党建工作现场推进会精神,研究省第五环境保护督察组督察娄底市反馈意见整改落实工作。

△娄底市脱贫攻坚领导小组会议召开,会议集中学习《习近平扶贫论述摘编》,研究解决全市脱贫攻坚工作存在的问题和短板。

9—11 日

△省政协副主席、九三学社省委主委张大方带队到娄底涟源、双峰、新化就扶贫政策落实、纠偏及脱贫成效开展监督调研,向中共娄底市委和有关部门反馈调研中发现的问题和相关意见建议。九三学社省委副主委王仁祥(专职)、李云才、金继承、朱修林参加督查调研。

10 日

△省扫黑除恶专项斗争第五督导组督导娄底市工作汇报会召开。督导组听取娄底市扫黑除恶专项斗争工作情况汇报。省督导组组长、省人民检察院副检察长印仕柏讲话。

15 日

△娄底市委常委会会议召开,传达学习全省深化机构改革动员大会、全省市州委书记座谈会、全省“互联网+政务服务”工作推进会议、全省司法体制改革推进会议等精神及省纪委关于违反中央八项规定有关问题的通报精神,研究扫黑除恶、教育和脱贫攻坚工作。

16 日

△娄底市政府常务会议召开,传达学习市州长视频会议精神、全省深化机构改革动员大会精神、全省“互联网+政务服务”工作推进会议精神、全省禁毒工作会议精神,并就相关工作进行安排部署。

△娄底市政府党组理论学习中心组集体(扩大)学习会议召开。

17—18 日

△省委常委、省纪委书记、省监委主任傅奎到娄底调研指导纪检监察工作。

18 日

△华安钢宝利高新汽车板加工有限公司

GONVVAMA 娄底分公司二期项目正式竣工投产。卢森堡驻华大使俞博生出席投产庆典仪式。

21 日

△省扫黑除恶专项斗争第五督导组与市委第二次工作对接会召开。省督导组组长、省人民检察院副检察长印仕柏向娄底市反馈县市区督导情况。

24 日

△副省长陈文浩到娄调研中央环保督察反馈问题整改及棚户区改造等工作。省国土资源厅总规划师申志军、省住建厅副厅长宁艳芳等分别陪同调研。

△娄底市委常委会会议召开，传达学习贯彻省委常委、省纪委书记、省监委主任傅奎到娄底调研时的讲话精神，研究党风廉政建设、人才等工作，审议有关工作规划和方案。

△娄底市委深化机构改革领导小组召开第一次会议，标志着娄底机构改革正式进入实际工作程序。

24—26 日

△副省长陈飞率调研组到娄调研工业经济运行和落后煤矿关闭退出工作。

25 日

△娄底市 2019 年重大项目策划与包装工作会议召开。

△从教育部基础教育质量监测中心了解，经评审，新化县人民政府教育督导室因在 2018 年国家义务教育质量监测工作中成绩出色被授予“2018 年国家义务教育质量监测优秀组织奖”。

30 日

△娄底市委常委会会议召开，传达学习贯彻习近平总书记在十九届中央政治局第八次集体学习时的重要讲话精神、习近平总书记关于信访工作的重要批示精神和中央、省委有关会议精神，研究脱贫攻坚、乡村振兴、宣传思想、信访法治化建设等工作。

31 日

△全国政协委员、省政协副主席胡旭晟到娄调研政协工作，并召开驻娄省政协委员座谈会。省政协常委、省政协社法委主任李微参加调研。

11 月

1 日

△娄底市政府常务会议召开，审议《娄底市人民政府鼓励医养结合型养老服务业发展的意见(试行)》《娄底市智慧娄底建设管理办法》《仙女寨生态公园保护条例(草案)》。

3 日

△湖南人文科技学院举行建校 40 周年纪念大会。省政协副主席张大方讲话，省人大常委会原副主任蔡力峰出席大会。

6 日

△娄底日报社成立暨《娄底日报》创刊 30 周年座谈会召开。

△涟源市桥头河镇石坪村发生非洲猪瘟疫情。娄底市立即召开全市非洲猪瘟防控工作紧急会议，启动《娄底市非洲猪瘟疫情Ⅰ级应急响应预案》。疫情处置过程中，扑杀疫点及周边 3 千米范围生猪 3725 头，设立临时检查消毒站 16 个，检查进出人员 21300 人次、车辆 14608 台次，对所有进出人员、车辆和总面积 858150 平方米的场所进行全面消毒。

△娄底召开全市质量工作暨第二届市长质量奖表彰大会。娄底市安地亚斯电子陶瓷有限公司、湖南省农友机械集团有限公司、湖南创一电子科技股份有限公司、娄底市中源新材料有限公司和娄底市第一人民医院烧伤整形外科主任周勇获“第二届娄底市市长质量奖”称号。

7 日

△娄底市政府性债务风险防控化解和市属投融资公司转型发展工作会议召开。

△娄底市扶贫开发领导小组产业扶贫推进工作会议召开，传达学习习近平总书记在第五个国家扶贫日对脱贫攻坚工作作出的重要指示精神。

8 日

△娄底市政府常务会议召开，研究推进娄底市党政专用通信二级网建设、安排财源三年行动计划 2017 年度奖金及工作经费工作、食品药品监管工作，审议《娄底市关于落实食品安全党政同责的实施细则》、全市商事制度改革工作，审议《关于全面推行跨部门“双随机、一公开”监管的实施意见》，调度经济工作。

9—10 日

△副省长隋忠诚到娄调研脱贫攻坚工作。省扶贫办主任王志群参加调研。

9—12 日

△第五届娄底市委第七轮巡察各组正式进驻市人防办等 8 个被巡察单位，并分别召开动员会议，传达中央、省委和市委关于巡视巡察工作的指示精神，安排部

署五届市委第七轮巡察工作，明确巡察工作的总体要求、基本步骤、工作方式及工作要点。第七轮巡察为期2个月，重点围绕党的政治建设、党的思想建设、党的组织建设、党的作风建设、党的纪律建设、领导干部廉洁自律和整治群众身边腐败问题情况以及加强对巡察整改情况的监督检查等七个方面，开展巡察监督。

13日

娄底市政府常务会议召开，研究娄底市“十三五”规划纲要中期评估、国家森林城市创建、农村道路交通安全“路长制”实施等工作。

△娄底市不动产区块链信息共享平台正式上线启用，并产生全国首张不动产区块链电子凭证。

14日

△“奋进改革路 建功新时代”娄底市纪念改革开放40周年系列新闻发布会之农业农村扶贫专场新闻发布会举行。至2017年年末，娄底市农林牧渔业总产值344.55亿元，比1978年增长60倍，全市农村居民人均可支配收入10530元，比1978年增长77倍。

15日晚

△娄底市举行“致敬好人德润湘中”2018身边好人颁奖典礼。省委宣传部副部长、省文明办主任刘进能出席颁奖典礼，并为娄底市“中国好人”代表颁奖。

16日

△娄底市委常委会会议召开，传达学习贯彻习近平总书记在民营企业座谈会上的重要讲话精神和习近平总书记在同中华全国总工会与全国妇联新一届领导班子成员集体谈话时的重要讲话精神及中国工会第十七次全国代表大会、中国妇女第十二次全国代表大会精神，以及全省党委秘书长会议精神，中央、省关于政协工作有关重要会议、文件精神，全国、全省扫黑除恶专项斗争推进会议精神。

△娄底市委、市政府邀请郴州钖涛环保科技有限公司董事长周德华到娄座谈，就贯彻落实省委书记、省人大常委会主任杜家毫11月7日在郴州专题会议上的讲话精神、推进锡矿山砷碱渣无害化处理进行交流对接。

19日

△湖南省首笔“云闪付”税款在娄底经开区办税服务大厅开出。

22日

△娄底市宣传思想工作会议召开。与会人员从11个方面原汁原味地学习习近平总书记关于宣传思想工作的一系列重要论述。

26日

△娄底市委常委会会议召开，学习习近平总书记关于对外开放的重要论述，学习《中国共产党支部工作条例(试行)》和全省开放强省暨湘南湘西承接产业转移示范区建设推进大会精神，研究中央第八巡视组巡视反馈意见整改及相关后续工作等内容。

27日

△娄底市工会第四次代表大会开幕。省总工会党组成员、副主席彭岘丹出席会议并致辞。

△在最高人民检察院召开庆祝检察机关恢复重建40周年暨全国检察机关第九次“双先”表彰大会上，娄星区人民检察院侦查监督科副科长谢新星获全国模范检察官，新化县人民检察院立集体一等功。

12月

4日

△“娄底(日本)投资促进恳谈会”在日本东京举行。日本和国内的55家知名企业参加会议。

9日

△娄底市委常委会会议召开，学习中纪委《关于贯彻落实习近平总书记重要讲话精神严肃整治领导干部利用名贵特产类特殊资源谋取私利问题的通知》，学习贯彻《省委办公厅省政府办公厅关于落实食品安全党政同责的意见》，听取全市食品药品安全监管工作汇报。

12日

△娄底市第四次妇女代表大会开幕。省妇联副主席卢妹香出席大会并讲话。

14日

△娄底市召开全市经济工作务虚会议，深入学习12月13日召开的中共中央政治局会议精神，回顾总结2018年全市经济工作，分析研判下阶段经济发展形势，讨论研究2019年全市经济发展主要目标和工作举措。

△娄底市政府常务会议召开，审议通过《娄底市2018—2020年全社会研发经费投入目标责任分解方案》《娄底市农村人居环境整治三年行动实施方案(2018—2020年)》等。

15日

△娄底市委常委会会议召开，传达学习贯彻《中

共中央国务院关于推动高质量发展的意见》、全省市州委书记会议精神、傅奎在第二次全省贫困县纪委书记例会上的讲话精神，研究娄底市贯彻落实意见；听取市人大常委会、市政协工作汇报，研究市五届人大三次会议、市政协五届三次会议有关事项；研究“农村辅警”“城市快警”建设工作。

17 日

△“湘中巨变——娄底市庆祝改革开放40周年纪实”图片展在孙水公园开展，1300张图片展现娄底改革开放40年的发展历程和取得的伟大成就，记录开拓进取的娄底人民在党的领导下艰苦奋斗创造美好生活的时代脚步。

17—18 日

△省委常委、省委宣传部部长蔡振红到娄调研宣传思想文化工作。

19 日

△中国共产党娄底市第五届委员会第六次全体会议召开，听取和审议市委常委会工作报告。出席全会的市委委员应到49人，实到48人；市委候补委员应到5人，实到5人。

20 日

△娄底市政府常务会议召开，研究调整国有资本收益收取比例、对真抓实干成效明显地区加大激励支持力度等工作，审议《娄底市市本级棚户区改造项目剩余土地开发利用方案》《娄底市地下空间开发利用管理暂行办法》等。

21 日

△娄底市委常委会会议召开，传达学习省委常委、省委宣传部部长蔡振红在娄底调研时的讲话精神及全省宣传系统有关会议精神，听取全市党管武装工作和国防后备力量建设情况汇报，审议《娄底市人大常委会2019年立法工作计划(审议稿)》。

22—23 日

△省纪委副书记、省监委副主任、省扫黑除恶专项斗争领导小组副组长汤军到娄底督查扫黑除恶监督执纪监察工作。

27 日

△娄底市委常委会会议召开，传达学习习近平总书记在中共中央政治局民主生活会上的重要讲话精神和中央、省委经济工作会议及全省教育大会精神，传达省扫黑除恶专项斗争第五督导组督导娄底市情况反馈意见，研究娄底市贯彻落实意见及整改工作。

△娄底市政府常务会议召开，审议通过《市政府工作报告(送审稿)》《2018年国民经济和社会发展计划执行情况与2019年国民经济和社会发展计划（草案)》《2019年市本级投资计划（草案)》《2018年全市及市级财政预算执行情况和2019年全市及市级财政预算(草案)》《娄底市房屋安全管理办法(试行)》，研究2018年度全市社会管理综合治理、计划生育、安全生产3项工作考评结果。

28 日

△娄底市委经济工作会议召开。会议全面贯彻落实党的十九大和中央、省委经济工作会议精神，总结2018年经济工作，部署2019年经济工作。

29 日

△娄底市消防救援支队举行迎旗、授衔和换装仪式。

娄底概览

◎自然地理
◎历史文化
◎建置·区划
◎人口·民族
◎经济社会发展

自然地理

【地理位置】娄底市位于北纬27°12′31″~28°14′27″，东经110°45′40″~112°31′07″。北接益阳市，南接邵阳市，西临怀化市，东临湘潭市。全市东西宽160千米，南北长102千米，辖区面积8109.58平方千米。

【地质地貌】娄底市境内地势西高东低，呈阶梯倾斜。在大地貌格局中，新化县、冷水江市、涟源市的西南部属湘西山地区，涟源市的中、东部和娄星区、双峰县属湘中丘陵区。属于云贵高原向江浙丘陵递降的过渡带。南起双峰县猪婆山，至涟源市龙山（海拔1513.6米），再到冷水江市的狮子岭（海拔591米）、癞子岭（海拔994米）、锡矿山（海拔825米），北至涟源市的参机山、红军寨（海拔893米），将区境分割成东、西两大地域。西部山体雄厚，大多为侵蚀、构造、溶蚀地貌，地势险峻，海拔较高；东部地势逐步降低，地形起伏平缓，丘冈延绵、平地宽敞，海拔较低。唯双峰县东部大多为溶蚀堆积的丘冈平地貌。因下古生代印支期和中生代燕山期地壳运动，花岗岩侵入体局部隆起，形成一线九峰山脉（属衡山山系）。

西部有新化、禾青盆地。其东部盆缘是金竹山、锡矿山至鹰嘴岩一线中低山地貌；西部及北部盆缘是由雪峰山所围成的弧形屏障，海拔高度平均在1000米以上，高于1500米的山峰有九龙池等10座；西南部盆缘由雪峰山余脉天龙山，板子山等组成，平均海拔800~1000米，资江在盆地内由南向北蜿蜒流过。中部北有伏口、四古至红军寨的中低山石灰岩地貌，南有龙山至猪婆山的中山地貌与之对峙，桥头河、娄底、杨家滩盆地，雷峰低山夹在其中，形成涟源、娄底向东敞开的“E”字形地貌。东部双峰盆地，盆东以九峰山脉为缘，南有花门丘陵群体，北有洪山殿丘陵带，西有山斗石灰岩低山，宽敞的龙田、吴湾、杏子平原岗地展布其中。

北有九龙池—大熊山—癞子岭—红军寨横亘的雄厚山体，组成以山地为主的山地地貌。南部有天龙山—大乘山—龙山—五脑岭—猪婆山—江大山并列的山体，同样以山地地貌为主，与北部山体对峙。西部由雪峰山脉封闭。中部地势低凹，堆积平原广布，溶蚀残丘成串，剥蚀岗地如波，以平丘冈地貌为主。从新化县的琅塘起，南下横阳、炉观、洋溪、燎原，至冷水江市的潘桥、禾青，穿透金竹山鼻梁东折至涟源市的六亩塘、杨家滩、桥头河，再到娄底市的涟滨、西阳、万宝，再转向双峰县的洪山、龙田、吴湾、杏子，呈“S”形带状盆地分布，是湘中盆地的重要部分。

娄底境内山脉纵横，群峰起伏，矗立大小山峰数百座。西部雪峰山脉从新化西部风车巷蜿蜒入境，斜亘西北，主要支脉有天龙山、桐凤山、奉家山、古台山、凤凰山、大熊山和冷水江境内的祖师岭等；东南部有坐落在双峰县的九峰山，是南岳七十二峰之一，为双峰、衡阳两县的天然分界线；西北部是雪峰山余脉，向涟源伸入，西起白竹山，东至洪家大山，逶迤起伏，峰峦重叠，最高峰寨子山为涟源与宁乡的天然界山；中部龙山山脉横亘，主要山峰有龙山、石坪山、杨材山、仙女寨等，延续40余千米。

【水文气候】娄底市境内溪水纵横，河库密布，水系完整，主要河流有东部涟水和西部资水。东部涟水为湘江中游一大支流，源于新邵观音山，自西向东，流经涟源市、娄星区、双峰县，经湘乡至湘潭县河口入湘江，境内全长108千米，沿途纳湄江、孙水、侧水等1~4级10平方千米以上的支流120条，控制面积3897平方千米，涓水10平方千米以上的支流4条，控制面积200平方千米，蒸水支流余田桥河9平方千米。西部资水，由南向北，流经冷水江、新化，经安化柘溪，过益阳注入洞庭湖，贯穿境内西半部，区内流程112千米，有1~4级10平方千米以上的支流128条，控制流域面积4011平方千米。

娄底地处湘中腹地，属欧亚大陆东部亚热带季风湿润气候区，气候具有显著的季风性与大陆性特点，冬季多为欧亚大陆干冷气团控制，北方寒流频频南下，造成雨雪冰冻，气候比较湿冷；夏季则多为低纬海洋暖湿气团影响，温高湿重；在春夏之交，正处在冷暖气团交替的过渡地带，锋面、切变线和气旋活动频繁，造成阴湿多雨，天气多变；而在盛夏期间，因副热带高压脊控制，酿成高温酷热。年平均气温16.9℃~17.6℃，1月最冷，月平均气温在4.9℃~5.4℃之间；极端最低气温-11.7℃；7月最热，月平均气温在28.0℃~29.1℃之间，极端最高气温41.2℃。无霜期在262~283天之间。年平均降水量在1382.8~1473毫米之间，主要降水集中在3—8月，降水量占全年的68.3%~70.2%，4—7月降水占全年降水的50.5%~

52.3%，全年降水日数为153~165天，日最大降水量达到290.2毫米；相对湿度在76%~81%之间；年平均日照时间在1406~1586小时之间；娄底国家气象站年平均气压在986.9~1003.8百帕之间。

2018年，娄底市年平均气温17.9℃，较常年偏高0.7℃，较2017年偏低0.1℃，属偏高年份。年总降水量为1137.3毫米，较常年偏少19.9%。各季降雨量分布不均，冬、春、夏三季偏少，秋季偏多，其中冬季降水是有观测记录以后第二低值，较常年同期显著偏少50%。平均年总日照时数为1454.1小时，相较于常年均偏少44.9小时，较2017年偏多102.6小时。2018年气候特点主要表现为：全市年平均气温偏高，冬季严寒期，春季较常年异常偏高，居1957年有观测记录以后同期第一高值；降水量较常年偏少，空间分布不均，年内各月降水差异明显，局地强降水突出，创历史新高；雨日基本持平，无大暴雨日，年内各月差异显著，2月异常偏少，居历史同期第一低值；年日照时数偏少；主导风为东北风，平均风力1~2级。年内低温雨雪冰冻过程增多，共出现四次低温雨雪冰冻天气过程。春季无春寒和倒春寒天气，高温日数显著增多，冬季降水少，发生冬春夏连旱。年末阴雨笼罩，全市普降暴雪。

2018年娄底地区灾害性天气具有明显的气候特征，主要出现的低温冰冻、干旱、暴雨等灾害性天气对人们生产和生活造成一定不利影响，气象灾害为偏轻年份。主要气候事件：

暴雨洪涝。6月19—24日，全市大部分县市出现暴雨洪涝，新化水车累计降水量超过300毫米出现重度气象洪涝。造成涟源、双峰和新化县部分乡镇山塘及渠道受损、房屋受损、农田蔬菜被淹等，局地因暴雨洪涝受灾较重，2.4万人不同程度受灾，转移217人；倒塌房屋数127间、损坏房屋数377间；农作物受灾面积1040公顷，其中农作物绝收面积149公顷，直接经济损失5662万元。8月15—16日，新化、娄星区普降暴雨和特大暴雨，出现局地洪涝，导致圳上、大熊山等乡镇出现严重山洪地质灾害，境内多处公路、河堤损毁、房屋受损，部分村交通、电力、通信中断。受灾人口3.68万人，转移102人；损坏房屋179间；农作物受灾面积1376公顷、成灾面积1239公顷、绝收面积825.7公顷，直接经济损失7350万元。

干旱。干旱形势较上年偏严重，干旱天数有78（娄底）至162天（新化），占全年的21.3%至44.4%。春季，仅娄底未出现春旱过程。截至5月，全市约1.9千公顷早稻田无水翻耕，50%左右的稻田作泥开裂，其中开白坼的20%左右，10%的禾苗青枯；夏季各县市均出现不同时段的夏旱过程，其中冷水江出现重度气象干旱，截至8月底，全市大部地区出现旱灾，38座小型水库干涸、124座水库水位在死水位以下、58条溪河断流，作物受旱面积10.45千公顷；秋季，新化、涟源干旱持续。其中新化干旱过程持续到9月16日结束，涟源持续到10月8日结束。

低温雨雪冰冻。1月25—30日，各县（市、区）相继出现冻雨、雨夹雪或雪、积雪、电线积冰、结冰、霜冻等相伴的低温雨雪冰冻天气。其冰冻范围为2000年以后第二高位，仅次于2008年，各县市日平均气温小于0℃日数达到极端事件标准，出现严寒期。

（马　琴　翟婧媛）

【自然资源】土地资源。娄底境内土地811.69千公顷，占全省土地总面积3.8%，人均0.2153公顷，比全省人均0.3713公顷少0.156公顷。土地利用构成为：耕地207.4千公顷，占总土地25.5%；园地17.28千公顷，占2.12%；有林地219.42千公顷，占27.03%；牧草地（含宜林地）128.96千公顷，占15.88%；城乡居民及工矿用地41.65千公顷，占5.13%；交通用地8.03千公顷，占1%；水域56.67千公顷，占6.98%，合计利用土地626.65千公顷，占77.2%。未利用地185.04千公顷，占22.79%。有待开发土地77.53千公顷，其中荒坡隙地73.92千公顷，农村废弃地490.93公顷，工矿废弃地195.53公顷，河洲滩地793.33公顷，荒芜水面2133.33公顷。按照自然条件可开发成耕地4.93千公顷，可开发成园地7.57千公顷，可开发为林地48.79千公顷，可开发为牧草地1.39千公顷，可开发为养殖水面2.05千公顷。

矿产资源。全市发现矿种56种，探明资源储量矿种28种，其中新能源矿产1种，金属矿产11种，非金属矿产16种，是湖南矿种较齐全地区之一。探明储量的矿产地58处，其中大中型矿床36个，以煤炭、建材、有色金属为主。保有储量占中国、全世界第一位的有锑，占湖南省第一位的有煤、白云石、石灰岩和大理石，占湖南省第二位的有石墨等，占第三位的有石膏和黄铁矿，其他如金、铅、锌、锰、钨等矿种的探明储量也在湖南省占有重要地位。钒、硅石等矿种，虽然尚未探明储量，但潜在远景较大。煤炭：娄底市内煤矿资源丰富，品种齐全，有无烟煤、贫煤、瘦煤、肥煤、焦煤等，品质好，发热量一般都在4000~5000千卡。铁：市内共有铁矿点58处，其中中型矿床2处，分沉积型、风化型和热液型3种类型。石灰石：分布极广，几乎随处可见，不仅储量大，而且质量好、品种齐，为全国少有。锑：境内有锑矿点25处，其中大型矿床2处，中型矿床2处。境内锰矿、铁锰矿、钒矿、石膏矿等金属和非金属矿的储量也很丰富。

水资源。娄底各河流水质较好，氢离子浓度指数在正常范围内，离子总量不高，中等矿化度，适合于工农业生产和人们生活之用。全市年平均降水量1222.8毫米，折合水量99.15亿立方米，且西部山区多于东部丘陵平地，直接形成地表水资源41.02亿立方米。外来水资源丰富，有82.84亿立方米，主要在西部，控制利用少；东部入境水虽不多，但利用较好。地下水资源量8.57亿立方米，年径流量23亿立方米，多年平均年径流量38.05亿立方米，主要分布在北、东、南部地区，水能理论蕴藏量32.5万千瓦，其中可开发利用的14.26万千瓦。具备人工养殖的水面18万亩。

动物资源。娄底境内适宜动物的栖息、生存和繁殖。属华南区系典型种类的动物有穿山甲、豪猪、花面狸、苦恶鸟（白胸秧鸡）、画眉、八哥、饰纹姬蛙、稻瘦蚊、红薯小象甲、橘吹绵蚧等，而属北方区系的代表性种类有狐、刺猬、蝮蛇、灰喜鹊、苜括盲蝽、潜叶蝇等。林栖鸟兽已少见，具有狩猎意义的仅有斑鸠、环颈雉、家雀、黄鼬、野兔、狐、獾和小鹿等中、小型动物。生活在水域、农田中的昆虫、鼠类和两栖类、爬行类等动物，种多量大。境内农户与少数城镇居民素有饲养家畜家禽的习惯。家畜中数量最大的是猪，双峰县是全国瘦肉型生猪基地。牛（含水牛、黄牛）以役用为主。但性状逐渐退化，亟待提纯复壮。马、骡、驴虽有饲养，但数量不多，主要用于拖拉板车。20世纪90年代曾在农村出现过养兔热（长毛兔、肉兔、猿兔等）。农村养狗、猫曾很普遍，后因预防狂犬病，狗数量有所减少。家禽中以养鸡为主，多由农户散养。80年代办有机械化养鸡场和规模较大的集中鸡场。鹅极少。养鸭除少数农户散养外，多为牧养。曾先后引进过樱桃鸭、康贝尔鸭等国外优良品种，但均未推广。近年，在城镇郊区有些农户和居民以饲养鹌鹑、肉鸽（含信鸽）、乌骨鸡等为业，有的还引进了牛蛙、火鸡、珍珠鸡、美国七彩野鸡等新种类。原是野生的乌龟、甲鱼、黄鳝、泥鳅，也改为人工养殖，以满足消费。

娄底市野生脊椎动物有412种，其中哺乳动物46种，鸟类168种，爬行动物54种，两栖动物43种，鱼类101种。饲养动物有牛、马、驴、骡、山羊、猪、兔、鸡、鸭、鹅、鸽、蜂等25种160多个品种。水产品有鱼类、贝类、甲壳类等32种150多个品种。国家Ⅰ、Ⅱ级重点保护野生动物18种。境内分布有湘中地区少见的国家Ⅰ级重点保护野生动物云豹；国家Ⅱ级重点保护野生动物虎纹蛙、鸢、赤腹鹰、雀鹰、松雀鹰、普通鵟、红隼、燕隼、草鸮、红角鸮、领角鸮、斑头鸺鹠、穿山甲、小灵猫、水獭、凹甲陆龟、大鲵（娃娃鱼）等17种；湖南省重点保护的有益的或者有重要经济、科学研究价值的陆生野生动物（简称“三有”动物）39种，如环颈雉（野鸡）、华南兔（野兔）、青鼬、黄鼬、红嘴相思鸟、啄木鸟、杜鹃、画眉、喜鹊、八哥、赤链蛇、中国水蛇、沼水蛙、泽陆蛙、黑斑侧褶蛙等，其中鸟类种类最多、分布最广。

植物资源。娄底市农作物和果树资源常见有78科，168属2500多个品种。水稻常规品种370多个，杂交水稻21个组合以及大小麦、高粱、玉米、粟、䅟子、红薯、马铃薯、豆类等30多种作物，有340多个品种，油料作物有油菜、花生、芝麻、蓖麻、向日葵、油沙豆等8科70多个品种；经济作物有茶叶、西瓜、百合、烤烟、黄花等30多个科360多个品种；蔬菜有瓜类、豆角、辣椒、茄子、白菜、萝卜、葱、蒜等58科180多个品种；饲料作物有水浮莲、水花生、聚合草、蕨菜、苏丹草等20多个品种；绿肥有兰花苕子、红花草子、回青、红萍等30多个品种；药材有丹皮、白芍、生地、尾参等150多个品种；树有柑橘、桐柚、桃、李、梨、葡萄、枣、柿、板栗、杨梅、枇杷、猕猴桃等30多科20多个品种。地方传统名牌特产有新化的薏米、板栗、烤烟、天麻、魔芋等。新化是唐宋贡品蒙洱茶的主产区，盛产玉竹、柑橘、金银花等。

娄底境内林地主要由两大山脉组成，西北部为雪峰山及其余脉，东南部为衡山山脉。根据地域差异、森林分布及林业发展方向，将娄底市林地划分为4个林业区：西北部中山商品用材林区，北部中低山坑木林经济林区，中部丘岗盆地经济防护风景林区，南部东部中低山楠竹用材、水土保持林区。截至2018年年底，娄底市林业用地412.11千公顷，其中有林地347.58千公顷。按林种用途划分：用材林152.51千公顷，经济林11.94千公顷，楠竹林58.34千公顷，防护林182.23千公顷，特种用途林39.35千公顷。按树种，杉木林95.6千公顷，马尾松林103.7千公顷，天然阔叶林 53.46 千公顷，柏木林 2.07 千公顷，其他 21.4 千公顷；娄底市楠竹 58.34 千公顷，蓄积 16926.4 万根；全市森林覆盖率 50.77%，活立木蓄积量 1634.4 万立方米，林地保持在 412.11 千公顷。娄底市有新化大熊山、涟源龙山 2 个国家级森林公园，省级森林公园有新化县古台山，涟源市包围山，双峰县猪婆山、黄龙山、九峰山及娄星区洪家山省级森林公园。树龄上百年、胸径在 100 厘米以上的珍稀大树有 36 种 192 株。

历史文化

【传统文化】娄底市共有非物质文化遗产代表性项目 50 个，其中国家级 4 个，省级 7 个，市级 39 个。非物质文化遗产代表性传承人 43 人，其中国家级 3 人、省级 6 人、市级 34 人。

【史迹遗存】第三次全国文物普查正式登记录入各类不可移动文物点 505 处。其中，全国重点文物保护单位 4 处、省级文物保护单位 30 处、市级文物保护单位 35 处、县级文物保护单位 38 处、其他不可移动文物点 398 处。

【文物】全市馆藏文物总数 8502 件/套，其中一级文物 11 件、二级文物 65 件、三级文物 423 件、一般 8003 件。

【旅游景区】2018 年，娄底市新增国家 A 级旅游景区 3 家，分别是：娄底市归古国际乡村旅游区、娄底市雅天门景区、娄底市洪家山森林公园景区。截至年底，全市 A 级旅游景区 18 家（其中 AAAA 级 4 家、AAA 级 13 家、AA 级 1 家），简介如下：

1.紫鹊界梯田景区：位于新化县水车镇，全球重要农业文化遗产、首批世界灌溉工程遗产、国家 AAAA 级旅游景区、国家自然与文化双遗产、国家级风景名胜区、国家水利风景区、湖南省“优秀涉外参观点”。20 余万亩梯田，层叠于海拔 500~1100 米山地之间，全由天然灌溉，清泉四季长流。

2.曾国藩故里旅游区：曾国藩故居富厚堂坐落在双峰县荷叶镇，全国重点文物保护单位、国家 AAAA 级旅游景区、新潇湘八景之一，湖南省“优秀涉外参观点”。始建于清咸丰七年（1857），是湘军发源地。曾国藩故里旅游区除包括富厚堂、白玉堂、黄金堂、大夫第（敦德堂、奖善堂）、万宜堂、修善堂、有恒堂、华祝堂、文吉堂等曾氏十堂、曾氏祖坟之外，还有秋瑾故居及蔡畅故居光甲堂。旅游区面积达 100 平方千米。富厚堂是曾国藩故里旅游区的核心景区，是全国保存无几的“乡间侯府”，其精华部分是藏书楼，曾藏书达 30 余万卷，为中国近代五大藏书楼之首。曾国藩是湖湘文化的代表人物，在立功、立德、立言和治身、治家、治学、治军、治国等方面对后人有重要影响。

3. 梅山龙宫：位于新化县油溪乡高桥村，国家 AAAA 级旅游景区、国家级风景名胜区、自然与文化双遗产、首届湖南大众最喜爱旅游目的地、新潇湘八景景区，湖南省“优秀涉外参观点”。梅山龙宫是一个大型溶洞群，有九层洞穴，拥有长 466 米世界罕见的神秘地下河。洞内景观丰富多彩，绝世景观举不胜举，水路神秘莫测，可乘船荡舟；旱路曲径通幽，沿途流石景观姿态各异美不胜收；石笋、石钟乳玲珑剔透、栩栩如生，其中峡谷云天、哪吒出世、玉皇天宫、天宫仙苑、远古河床等景观被誉为世界五大溶洞景观之绝，被专家称为“亚洲最美地质博物园”。

4.湄江旅游区：位于娄底市涟源市北部，跨越湄江镇、古塘乡、伏口镇、安平镇，国家 AAAA 级旅游景区、省级风景名胜区、国家地质公园，总面积 128 平方千米。景区内景观齐全，集山、水、洞、石、峰、涧、湖、桥、瀑布、峡谷、沙滩、绿洲、古寺于一体，可观一代帝陵、二湖秀水、三道岩门、四片绿洲、五座寺亩、六大飞瀑、七里峡谷、八百奇峰、九曲湄江、十处绝景，有着“三湘独秀”的美誉，是国内山水风光、诗画美学意境的经典代表。

5.蔡和森纪念馆：位于娄底市双峰县城复兴路与书院路交会处，国家 AAA 级旅游景区、湖南旅游红八景、湖南省红色旅游精品线路上的重要景点。蔡和森是中国共产党早期卓越的领导者之一，蔡和森纪念馆设有 6 个展厅，陈列了大批的历史文化和珍贵照片，详细介绍了蔡和森生平事迹；馆外有蔡和森光辉一家的群雕。

6. 大熊山国家森林公园：位于新化县大熊山林场，国家 AAA 级旅游景区、国家级森林公园、湖南生态旅游示范区、湖南省十大养生基地、湖南十佳避暑胜地。大熊山，森林覆盖率达 93%，负氧离子含量每立方厘米 6.8 万个，有 3 万亩原始次生林，有云豹、南方红豆杉、中华银杏王等 30 余种国家级保护动植物，是一幅天然的立体画卷。大熊山是蚩尤世居之地，被称为“苗瑶祖山”，《史记》记载黄帝“登熊湘”便是这里。乾隆皇帝南巡曾留下“十里屏开独标清胜、熊峰鼎峙半吐精华”的墨宝。气势恢宏的蚩尤屋场、掩映山中的熊山古寺，流传着许多神秘的故事……游大熊山，走乾隆帝道，登蚩尤寨，圆黄帝梦，神奇神秘就藏在林云深处。

7.三联峒景区：位于新化县维山乡，国家AAA级旅游景区。三联峒原始生态覆盖率达91%，负氧离子含量高，其龙脊峰旅游线路有高空镂空铁索桥、999级原木天梯、389米长悬崖传送上山“魔毯”及937米林中玻璃滑道等，景区集惊险刺激于一体，是户外极致体验爱好者的绝佳去处；其冰泉峡谷线路拥有7D高空全透“裂变”玻璃桥、呐喊喷泉、大型娃娃鱼养殖基地等，峡谷内溪水清澈、瀑布密集、步步有景，是美食养生、休闲度假之胜境。

8.波月洞景区：位于冷水江市北郊，国家AAA级旅游景区，是一座巨大的岩溶博物馆，洞内溶岩密布，石柱高耸，尤以鹅管之多、巨型石坝之高、网络石槽之深堪称“三大世界之最”，被中外岩溶专家和游客誉为“世界岩溶博物馆”和“天然的地下艺术宫殿”，电视剧1986年版《西游记》曾在此地取景拍摄，是颇为罕见的、具有重要价值的岩洞。

9.渠江源景区：位于新化县奉家镇渠江源村，国家AAA级旅游景区、中国绿色生态茶叶之乡、湖南十佳旅游休闲示范基地。这里是黑茶之源唐宋贡品——渠江贡茶的原产地。景区群峰叠翠，碧水长流，常年云雾缭绕，土地肥沃，所生产的渠江溪茶、渠江薄片、月芽茶、蒙洱冲等名茶，香气弥漫，味道醇厚鲜甜。渠江源里有原生态的古道，惊险刺激的崖、潭、河、桥、瀑布，令人流连忘返，是观光、休闲、品茶、摄影、清心洗肺消暑的最佳去处。

10.油溪河漂流景区：位于新化县吉庆镇油溪桥村，国家AAA级旅游景区、国家级风景名胜区、国家自然与文化双遗产。油溪河漂流全程8.6千米，两岸绿树成荫，危崖耸立，怪石嶙峋。落差300多米，沿途穿过28个峡谷，跨越36个潭。

11.龙山飞水涯景区：位于涟源市杨市镇，国家AAA级景区，飞水漂流河道长达4千米，处在湘中旅游板块中黄金地段，交通便利，离娄底市城区仅30千米，涟源城区20千米，长沙到景区不到3个小时的车程，是消夏避暑的绝好胜地。飞水漂流总落差达150余米，有多个8米的落差点，漂流过程中时而惊险，时而平缓，惊险刺激的飞水漂流让人享受飞一般的感觉。乘船飞流而下，但见两岸群峰巍峨，森林葱绿，竹海婆娑，风光无限，惬意万分。自2008年开漂以后，被很多专家和旅游界人士评为“湖南最惊险、最刺激的漂流”。

12.博盛生态体验园：位于涟源市桥头河镇，国家AAA级旅游景区、五星级乡村旅游区，湖南省最具创意生态农庄。有洞立子山风景区、博盛山地越野主题公园、休闲农业体验园、牡丹科技馆等10多个风格迥异的旅游景点对外开放，休闲娱乐体验项目30多项。融合农业、文化、体育、旅游，建成集文化艺术区、休闲度假区、激情体育区、旅游赏景区、农业示范区、扶贫产业区等多功能的现代农业生态文化园。

13.油溪桥村景区：位于新化县吉庆镇油溪桥村，国家AAA级旅游景区、全国文明村、全国民主法治示范村、省休闲农业特色产业园。景区自然人文资源丰富，为新型乡村旅游区，四季有花有果有养殖，是全省的脱贫攻坚代表村，发展经验和模式被《人民日报》、新华社、中央电视台等主流媒体相继报道。近年共接待省内外参观考察团1000余个。

14.资江旅游区：冷水江市金竹西路大湾里，国家AAA级旅游景区、五星级乡村旅游区，包含九井水世界、泽宏生态园、湍江立体水产养殖区、群丰印象资江广场、柳溪热气球基地、资江自驾游营地等多个项目，已开通15千米黄金水道航线，集演艺、山地养老、水上娱乐、生态休闲、沙滩运动等于一体，在这里能体验到湖南中部地区独具特色的、开放营地式、低碳节能型的慢速休闲方式。

15.雅天门景区：位于新化县天门乡，国家AAA级旅游景区，位于天门乡海拔1000多米的山顶，是水的源头，云的故乡，花的世界，林的海洋，珍禽异兽的天堂；是高山寒茶、药材、水果基地，风景优美的度假胜境。

16.归古国际乡村旅游区：位于娄底市双峰县青树坪镇，国家AAA级旅游景区、五星级乡村旅游区，景区分为仙山养生度假区、归古稻田体验区、三生桃花岛景区、十里观光农场区、美林湾水乡古镇、山水体育公园、魔法乐园、乡村民宿体验区等，是集观光农业、农产品开发销售、特色民宿、房车自驾游基地、农耕文化博物馆、农家乐、休闲餐饮、越野基地、CS野战基地、森林度假村等旅游产业于一体的“归古生态旅游区”。

17.洪家山森林公园景区：位于娄星区双江乡，距娄底城区仅20千米，国家AAA级旅游景区、国家森林公园。景区内环境优美，空气清新，由120多座大小山头组成，层叠起伏，林木苍翠。有以险、幽、奇、深而令人称奇叫绝的圣仙洞，有让人感叹大自然鬼斧神工的华池洞，还有山青水碧似人间仙境的青龙湖。沿着负氧离子步行登山游道登上山顶，去到洪山之巅的观景台，朝观日出、晚赏夕照，湖光山色一览无余，是登山休闲养性的好去处。

18.狮子山公园：位于新化县上梅镇，国家AA级旅游景区。狮子山公园山清水秀，环境优美，景色宜人，林中飞鼠，空中高架车，雄狮阁，穿风洞险道等数十个项目和亭台楼阁点缀山水之间、悬崖之上，使流连于自然景色的人们又能享受娱乐休闲的乐趣。

娄底市各级非物质文化遗产代表性项目一览表

表1

序号	名　称	级别	申报县市区	评定时间
1	新化山歌	国家级	新化县	2008年
2	傩戏（梅山傩戏）	国家级	冷水江市	2010年
3	梅山武术	国家级	新化县	2014年
4	抬阁（珠梅抬故事）	国家级	涟源市	2014年
5	枫坪傩狮舞	省级	涟源市	2008年
6	湘剧（湘剧）	省级	涟源市	2012年
7	永丰辣酱制作工艺	省级	双峰县	2012年
8	溪砚制作工艺	省级	双峰县	2012年
9	花鼓戏（长沙花鼓戏）	省级	娄底市地域文化传承保护中心	2012年
10	木偶戏（双峰杖头木偶戏）	省级	双峰县	2016年
11	水府席习俗	省级	娄星区	2016年
12	舞春牛	市级	冷水江市	2011年
13	娄底老街故事系列	市级	娄星区	2007年
14	烙画	市级	娄星区	2011年
15	划喜船	市级	娄星区	2016年
16	青云阁湘笔制作技艺	市级	娄星区	2016年
17	骨牌灯	市级	涟源市	2007年
18	涟源杖头木偶戏	市级	涟源市	2010年
19	扶王传说	市级	涟源市	2016年
20	涟源龙山药王传说	市级	涟源市	2016年
21	富田桥曾氏游浆豆腐制作技艺	市级	涟源市	2016年

续表 1

序号	名　称	级别	申报县(市、区)	评定时间
22	梅山棕编技艺	市级	涟源市	2016 年
23	梅山水火席礼仪	市级	涟源市	2016 年
24	药王三祭礼仪	市级	涟源市	2016 年
25	花鼓戏(桥头河花鼓戏)	市级	涟源市	2016 年
26	纸扎	市级	涟源市	2016 年
27	湘中剪纸	市级	涟源市	2016 年
28	米酒酿制技艺	市级	冷水江市	2016 年
29	冷水江杖头木偶戏	市级	冷水江市	2016 年
30	手狮舞	市级	双峰县	2007 年
31	走马街农民书画	市级	双峰县	2007 年
32	双峰民间剪纸	市级	双峰县	2011 年
33	蒋峰岭庙会	市级	双峰县	2011 年
34	长沙花鼓戏双峰特色	市级	双峰县	2011 年
35	龙灯故事	市级	双峰县	2011 年
36	梅山拳	市级	市直	2014 年
37	罗钠重“血性”教育故事	市级	娄底经济开发区	2007 年
38	梅山水师接骨疗法	市级	新化县	2014 年
39	紫鹊界傩狮	市级	新化县	2016 年
40	捉猫公	市级	新化县	2016 年
41	杖头木偶戏	市级	新化县	2011 年
42	陶澍的传说	市级	涟源市	2018 年
43	富田桥秆龙灯会	市级	涟源市	2018 年
44	涟源龙山过冬至	市级	涟源市	2018 年
45	梅山呷新节	市级	涟源市	2018 年
46	光厚堂点浆豆腐	市级	涟源市	2018 年
47	梅山传统木版画	市级	新化县	2018 年
48	松山水酒制作技艺	市级	新化县	2018 年
49	梅山九州舞	市级	新化县	2018 年
50	蚩尤传说	市级	新化县	2007 年

娄底市全国重点文物保护单位一览表

表 2

序号	文保单位名称	级别	年代	地点
1	富厚堂(曾国藩故居)	国家级	清	双峰县荷叶镇富托村
2	新化北塔	国家级	清	新化县北塔村
3	红二军团长征司令部旧址	国家级	中华民国	新化县奉家镇上团村
4	蔡和森、蔡畅故居	国家级	清	双峰县井字镇

建置 · 区划

【建置沿革】娄底境域春秋战国时属楚国。秦置湘南县，辖双峰、涟源部分地域，隶属长沙郡。西汉时属长沙国。汉高祖五年(前 202)，置连道，辖双峰县测水以西至涟源市蓝田等地。西汉建平四年(前 3)，析湘南县置湘乡县，连双峰、涟源大部分和娄底等县市，属长沙郡。三国时分属衡阳郡、昭陵郡。三国吴宝鼎元年(266)，析昭陵郡置高平县，今新化县西部属之。西晋、东晋、南朝(宋、齐、梁、陈)分属邵陵郡。隋属长沙郡。唐、五代、宋朝分属潭州、邵州。北宋熙宁五年(1072)，建置新化县。元代，分属天临路、宝庆路。明分属长沙府、宝庆府。清同明属。

新化县成为娄底境内最早的建制县，在北宋隶属邵阳郡，元代属宝庆路，明清属宝庆府。娄底境内的其他县市，双峰一带，秦时属长沙郡的湘南县，汉代以后长期属湘乡县地。涟源一带，秦至东晋时大部分地域分属湘南、连道、湘乡、昭陵等县。北宋以后，其全部地域便长期分属湘乡、邵阳、安化、新化 4 县。娄星区一带从汉代开始，就一直为湘乡辖地。冷水江一带在宋以前属“梅山蛮”地，宋以后长期属新化县地。

民国元年(1912)，属长宝道。民国 3 年(1914)，改为湘江道。民国 11 年(1922)，取消道制直属湖南省。民国 29 年(1940)，分属湖南省第五、第六行政督察区。

1949 年，中华人民共和国成立初期，境域隶属益阳专区和邵阳专区。1950 年 6 月，设立锡矿山矿区(县级)，直属邵阳专区。1951 年 8 月，筹建涟源县、双峰县。1952 年 2 月，经政务院批准，湘乡、安化、邵阳、新化 4 县部分行政区域置双峰县、蓝田县(7 月更名涟源县)。11 月，两县划属邵阳专区。同年 8 月，撤销锡矿山矿区，划归新化县管辖。1960 年 2 月，设立娄底市和冷水江市，隶属邵阳专区。1962 年 10 月，撤销冷水江市和娄底市，分别并入新化县和涟源县。1969 年 10 月，国务院批准恢复冷水江市。

1977 年 9 月，经国务院批准，将邵阳地区析置涟源、邵阳两个地区。涟源地区辖新化、新邵、邵东、双峰、涟源 5 县和冷水江市，地区机关驻涟源县娄底镇。同年 11 月，成立涟源地区。1980 年 7 月，国务院批准恢复娄底市，将涟源县的娄底镇和杉山公社的东风、民福大队及西阳公社的方石、水洋大队，百亩公社的思塘大队划入该市行政区域。1982 年 12 月，涟源地区更名为娄底地区。

1983 年 2 月 8 日，国务院批复，撤销娄底地区的娄底市，改设为湘潭市娄底区(县级)，双峰县、涟源县划归湘潭市管辖；撤销冷水江市，改设为邵阳市冷水江区(县级)，邵东县、新邵县、新化县归邵阳市管辖，但并未实施，娄底地区名撤实存。同年 7 月 13 日，国务院批准，恢复娄底地区及其行政公署，娄底市、冷水江市、双峰县、涟源县、新化县归娄底地区管辖，原所辖邵东、新邵两县划归邵阳市管辖。

1987 年 6 月，国务院批准，撤销涟源县，设立涟源市，所辖行政区域不变。

1999 年 1 月，经国务院批准，娄底撤地设市，原县级娄底市改名为娄星区。所辖娄星区、涟源市、冷水江市、双峰县、新化县行政区划不变。

2017 年 2 月，娄底市调整行政区划，双峰县蛇形山镇、涟源市水洞底镇调整至娄星区。

【行政区划】

2018年娄底市行政区划一览表

表3

地区	面积(平方千米)	乡(个)	镇(个)	街道办(个)	邮政编码	行政代码	政府驻地
娄底市	8109.58	21	55	15	417000	431300	娄星区
娄星区	628.23	1	5	7	417000	431302	长青街道
冷水江市	437.89	6	6	4	417500	431381	冷水江街道
涟源市	1830.06	4	14	1	417100	431382	蓝田街道
双峰县	1593.45	3	12	—	417700	431321	永丰街道
新化县	3619.95	7	18	3	417600	431322	上渡街道

人口·民族

【人口及基本情况】截至2018年末，娄底市总人口455.17万人，常住人口393.18万人，其中城镇人口189.16万人，乡村人口204.02万人，城镇化率为48.11%，比上年提高0.8个百分点。全年出生人口5.15万人，出生率为13.14‰；死亡人口2.70万人，死亡率为6.89‰。自然增长率为6.25‰。

2018年末全市常住人口数及构成一览表

表4

指　标	年末数(万人)	比重(%)
年末常住人口	393.18	100
其中：城镇人口	189.16	48.11
乡村人口	204.02	51.89
其中：男性人口	205.16	52.18
女性人口	188.02	47.82
其中：0~14岁人口(含不满15周岁)	77.86	19.80
15~59岁人口(含不满60周岁)	245.31	62.39
60岁及以上人口	70.01	17.81
其中：65岁及以上	48.38	12.30

【民族】娄底是一个以汉族为主体的多民族内陆市域。第五次全国人口普查登记有汉族、苗族、土家族、侗族、蒙古族、回族、藏族、维吾尔族、彝族、壮族、布依族、朝鲜族、满族、瑶族、白族、哈尼族、黎族、傈僳族、佤族、高山族、纳西族、土族、布朗族共23个民族。少数民族中，人口最多的是苗族。

经济社会发展

【概况】2018年，娄底市实现地区生产总值1540.41亿元，同比增长8.6%。其中第一产业增加值151.87亿元，同比增长3.8%；第二产业增加值698.26亿元，同比增长7.9%；第三产业增加值690.29亿元，同比增长10.8%。全市三次产业结构由上年的10.8:46.7:42.5调整为9.9:45.3:44.8，第三产业占比提高2.3个百分点，三次产业对全市经济增长贡献率分别为4.4%、46.2%和49.4%，分别拉动全市GDP增长0.4个百分点、4个百分点和4.2个百分点。全市非公有制经济增加值800.19亿元，增长8.7%，对全市经济增长的贡献率为53.5%。

全市公共财政预算收入131.78亿元，同比增长14.0%。其中地方财政收入70.3亿元，增长0.02%。全市公共财政预算支出303.29亿元，增长9.2%。其中，教育、科技、文化、交通、医疗卫生、节能环保、社会保障与就业、城乡社区事务、农林水、住房保障等民生支出226.86亿元，占全市财政支出的比重达74.8%，比上年提高0.5个百分点。

2018 年全市财政收入和支出一览表

表 5

指　标	绝对数(万元)	增长(%)
公共财政预算收入	1317840	14.0
地方财政收入	703006	0.02
其中:税收收入	476149	14.0
非税收入	226857	-20.5
上划中央级税收	496027	35.9
上划省级税收	118809	34.5
公共财政预算支出	3032858	9.2
其中:一般公共服务支出	389518	1.6
教育支出	513325	3.9
科学技术支出	25612	114.6
文化体育与传媒支出	36491	5.6
社会保障和就业支出	435462	-3.1
医疗卫生与计划生育支出	313465	5.1
节能环保支出	46547	-8.0
城乡社区事务支出	160940	-10.2
农林水事务支出	447867	29.4
住房保障支出	145416	50.2

全市居民消费价格比上年上涨 2.2%，其中食品烟酒类持平，衣着类上涨 4.1%，居住类上涨 5.2%，生活用品及服务类上涨 2%，交通和通信类上涨 3.5%，教育文化和娱乐类上涨 1.7%，医疗保健类上涨 0.5%，其他用品和服务类上涨 1.6%。全市工业生产者出厂价格上涨 3.2%，工业生产者购进价格上涨 3.5%。

对照全省高质量发展监测评价体系，全市高质量发展势头向好：按常住人口计算，全市人均 GDP 39249 元，为全省平均水平的 74.1%，高于上年 1.2 个百分点；同比增长 8.1%，增速高于全省 0.9 个百分点。全市文化及相关行业增加值 73.17 亿元，占 GDP 的比重为 4.75%，高于上年 0.36 个百分点。全市税收收入占地方财政收入的比重为 67.7%，高于上年 8.3 个百分点。投资结构中，民间投资占全部投资比重为 61.2%，高于上年 3.6 个百分点；产业投资占固定资产投资的比重为 61.1%，高于全省平均水平 8.7 个百分点，其中制造业投资占固定资产投资的比重为 35.7%。年末全市“四上企业”2048 个，其中规模以上工业企业 897 个，分别净增“四上企业”和规模以上工业企业 247 和 111 个，分别居全省第 5 和第 3 位。全市 R&D 经费支出 21.84 亿元，同比增长 37.3%，占 GDP 的比重提升到 1.42%。进出口总额占 GDP 的比重为 6.69%，高于上年 0.9 个百分点。城乡居民收入分别增长 8.9%和 10.7%，高于全省平均水平 0.8 个和 1.8 个百分点。

【农业】2018 年，娄底市农林牧渔业总产值 245.62 亿元，同比增长 3.8%。其中，农业产值 125.44 亿元，增长 5.7%；林业产值 7.63 亿元，增长 8.3%；牧业产值 87.67 亿元，增长 0.8%；渔业产值 15.25 亿元，增长 4.6%，农林牧渔服务业产值 9.64 亿元，增长 6.4%。

全市粮食种植面积 369.21 万亩，同比增长 0.2%；蔬菜种植面积 57.89 万亩，增长 7.8%；油料种植面积 53.49 万亩，增长 3.7%。全市粮食总产量 156.33 万吨，增长 2.9%；蔬菜产量 148.42 万吨，增长 10.0%；油料产量 6.0 万吨，增长 9.7%；肉类产量 30.85 万吨，增长 4.3%；禽蛋产量 2.71 万吨，增长 4.7%；水产品产量 9.28 万吨，增长 4.9%。生猪出栏 353.34 万头，减少 0.1%；牛出栏 11.82 万头，增长 4.6%；羊出栏 47.15 万头，增长 4.7%，家禽出笼 1464.63 万羽，增长 2.2%。

全市财政资金中农林水事务支出 44.79 亿元，增长 29.4%，占全市公共财政预算支出的 14.8%。全年开工水利建设工程 6.31 万处，投入资金 10.49 亿元，完成土石方 7950 万立方米，新增农田有效灌溉面积 5.69 万亩，新增节水灌溉面积 6.21 万亩，治理水土流失面积 21.02 平方千米。完成农村公路提质改造 303.2 千米，农村饮水安全巩固提升 9.59 万人。

【工业和建筑业】2018 年，娄底市实现全部工业增加值 597.04 亿元，同比增长 7.5%。规模以上工业增加值增长 7.8%，其中非公有制规模以上工业增加值增长 8.7%。在规模以上工业中，按经济类型分，国有企业增长 8.8%；集体企业下降 28.5%，股份制企业增长 8.3%，外商及港澳台投资企业增长 22.2%。按企业规模分,大中型企业增长8%,小微型企业增长7.6%。按行业分,农副食品加工业增长8.4%,医药制造业增长20%,非金属矿物制品业增长11.1%,石油加工、炼焦和核燃料加工业增长8.7%,黑色金属及压延加工业增长6.7%,有色金属及压延加工业基本持平,通用设备制造业增长25.7%,专用设备制造业增长2.9%。

全市省级及以上园区规模工业增加值同比增长9.1%,占全市规模以上工业增加值的比重为70.5%。全市高加工度工业增加值增长10.8%,高技术产业增加值增长9.2%。全市六大高耗能行业增加值增长7.8%,占规模以上工业增加值比重为40.5%。

全市重点监测的10种主要工业产品产量中,原煤产量641.4万吨,同比下降3.2%;生铁1015.6万吨,增长6.9%;粗钢1203.4万吨,增长14.2%;钢材1328.7万吨,增长6.2%;氮肥(折纯)4.56万吨,增长7.0%;发电量146.6亿千瓦时,增长19.7%;焦炭422.1万吨,增长3%;纯碱16.66万吨,增长7.1%;锑品5.72万吨,下降1.7%;水泥1265.4万吨,下降5.1%。

全市规模以上工业企业实现利润总额158.29亿元,同比增长38.9%。分经济类型看,国有企业盈利2964万元;集体企业盈利4843元;股份制企业盈利146.22亿元,增长39.3%;外商及港澳台投资企业盈利9.68亿元。全市规模以上工业企业资产负债率为49%,同比下降7个百分点;每一百元主营业务收入中营业成本为85.9元,同比下降1.5元。

全市建筑业增加值101.69亿元,增长11.2%;全市具有建筑资质等级的总承包和专业承包建筑业企业135家,完成建筑业总产值351.92亿元,增长18.8%。房屋建筑施工面积1372.9万平方米,增长6.8%,房屋建筑竣工面积698.37万平方米,增长2.9%。

【固定资产投资】2018年,娄底市施工项目个数同比增长14.9%,新开工项目个数下降7.7%,投产项目个数增长9.9%。全市固定资产投资增长9.5%,分类型看,国有投资下降10.6%,非国有投资增长25.6%,其中民间投资增长27.8%。分产业看,第一产业投资下降17.4%,第二产业投资增长35.6%,第三产业投资下降1.8%,第三产业投资占全市投资的比重为55.2%,超过第二产业占比14.8个百分点。

全市采矿业投资同比下降15.5%,制造业投资增长50.8%,工业投资增长37.3%,工业技改投资增长45.0%,基础设施投资下降6.1%,高新技术产业投资增长137.8%,生态环境投资增长40%。

全市房地产开发投资86.8亿元,同比增长18.9%。其中住宅投资63.14亿元,增长18.3%,办公楼投资3845万元,下降31.4%,商业营业用房投资14.38亿元,增长19.7%。商品房销售面积325.2万平方米,增长11.2%;商品房销售额154.5亿元,增长31.5%;商品房待售面积37.76万平方米,下降37.9%。

【贸易外经】2018年,娄底市完成社会消费品零售总额568.29亿元,增长10.4%。按经营地分,城镇消费品零售额479.33亿元,增长10.2%,乡村消费品零售额88.96亿元,增长11.1%。按消费类型分,商品零售额522.13亿元,增长10.8%,餐饮收入额46.16亿元,增长5.7%。按限额类别分,限额以上单位零售额238.63亿元,增长12.0%;限额以下零售额329.65亿元,增长10.4%。限额以上批零企业商品零售额中,粮油、食品类30.19亿元,增长19.0%;服装鞋帽针纺织品类8.69亿元,增长23.1%;化妆品类1.28亿元,增长5.3%;金银珠宝类1.08亿元,增长21.2%;日用品类4.78亿元,增长13.9%;家用电器和音像器材类23.75亿元,增长14.2%;五金电料类8.99亿元,增长7.6%;石油及制品类39.66亿元,增长23.5%;汽车类71.28亿元,增长8.3%。

全市实现进出口总额103.07亿元,同比增长26.2%,其中,出口额41.13亿元,增长101.5%,进口额61.94亿元,增长1.1%。在出口货物中,从贸易方式看,一般贸易出口36.29亿元,加工贸易出口4.84亿元;从重点商品看,机电产品出口4.15亿元,高新技术产品出口5.12亿元,农产品出口0.71亿元。全市规模工业企业出口交货值29.6亿元,增长67.2%。

全市实际利用外资5.39亿美元,增长16.7%,全市内联引资到位资金700.39亿元,增长15.5%。

【交通、邮电和旅游】2018年,娄底市公路货运量11404万吨,同比增长10.1%;货物周转量125.23亿吨千米,增长14.7%;公路客运量4816万人,减少11.7%;旅客周转量15.39亿人千米,下降8.9%。年末全市公路(不含高速公路)线路里程14793千米,高速公路里程319.8千米。全市民用汽车保有量36.37万辆,增长15.8%,其中私人汽车保有量34.39万辆,增长16.6%。

全市完成电信业务总量114.77亿元(按2015年不变价计算),增长188.2%,邮政业务总量7.38亿元(按2010年不变价计算),增长28.3%。年末全市固定电话用户22.6万户,减少11.1%;移动电话用户353.76万户,增长7.7%;互联网宽带用户209.59万户。

全年旅游者总人数4355.7万人次,增长33.4%,其中国内旅游者4352.1万人次,增长33.3%。实现旅游总收入331亿元,增长31.7%,其中国内旅游收入330.3亿元,增长31.7%。

【金融】截至2018年年末,娄底市金融机构各项存款余额1909.58亿元,比年初增加193.39亿元,其中住户存款余额1302.09亿元,比年初增加123.38亿元,非金融企业存款余额253.17亿元,比年初增加10.4亿元;年末金融机构各项贷款余额994.34亿元,比年初增加104.11亿元,其中住户贷款370.08亿元,比年初增加38.12亿元,非金融企业及机关团体贷款624.23亿元,比年初增加65.98亿元。

全市10家证券公司营业部完成证券交易额1340.57亿元,同比下降23.7%;2家期货公司完成成交金额1690.83亿元,增长28.5%。28家保险公司实现原保险保费收入53.77亿元,增长6.7%,其中财产保险收入15.59亿元,增长13.3%,寿险收入29.66亿元,下降2.7%,健康险收入7.72亿元,增长43%,意外伤害险收入0.8亿元,增长8.6%;各项赔款与给付支出16.63亿元,增长0.3%,其中财产保险赔付8.04亿元,增长8%,寿险赔付6.63亿元,下降11.9%,健康险赔付1亿元,增长28.5%,意外伤害险赔付0.26亿元,增长35.5%。

【教育和科学技术】全年普通高等教育招生1.07万人,在校生3.43万人,毕业生0.81万人;各类中等职业教育招生1.24万人,在校生3.43万人,毕业生1.12万人;37所普通高中招生2.73万人,在校生8万人,毕业生2.62万人;248所初中学校招生5.51万人,在校生15.49万人,毕业生4.55万人;738所普通小学招生6.61万人,在校生35.16万人,毕业生5.47万人;特殊教育招生97人,在校生698人,毕业生14人;幼儿园在园幼儿13.24万人;各类民办学校736所,在校学生15.27万人。

全市完成高新技术产业总产值1150.7亿元,同比增长20.1%;高新技术产业增加值244.9亿元,增长18.2%。全市申请专利2730件,其中发明专利申请453件;全市专利授权1679件,同比增长46.9%,其中发明专利授权110件,同比增长3.8%。

【文化、卫生和体育】截至2018年年末,娄底市有艺术表演团体5个,群众艺术馆和文化馆6个,博物馆和纪念馆4个,公共图书馆6个,国家级非物质文化遗产保护目录4个,省级非物质文化遗产保护目录7个。出版报纸4种,报纸总印数1295.17万份,出版期刊1种,期刊出版总印数0.6万册。放映农村公益电影3.92万场。全市共有广播电台5座,电视台5座,有线电视用户52.93万户,电视综合人口覆盖率99.67%,广播综合人口覆盖率99.79%。

全市医疗卫生机构3872个,其中医院112个,乡镇卫生院73个,社区卫生服务中心17个,村卫生室3385个,诊所、卫生室、医务室262个,妇幼保健机构6个,疾病预防控制中心6个。卫生技术人员21202人,其中执业医师及执业助理医师9553人,注册护士8139人。医疗卫生机构床位25033张,其中医院17779张,乡镇卫生院5423张,妇幼保健机构1088张,社区卫生服务中心678张。

全市各类体育场地5140个,其中体育馆15座,运动场386个,游泳池30个,各种训练房299个。开展全民健身项目170项次,经常参加体育锻炼人数达到188万人次,新建农民体育健身工程的行政村100个。获亚运冠军1个,实现了娄底市亚运冠军零的突破。

【资源、环境和应急管理】截至2018年,娄底市发现矿种56种,已探明资源储量的矿种28种,其中能源矿产4种,金属矿产11种,非金属矿产13种。实施地质勘查项目(含续作项目)3个。

全年完成造林面积1万公顷,全市活立木蓄积量1636.91万立方米,森林覆盖率为50.25%。实际监测的地表水断面中,满足Ⅲ类标准及以上的断面比例

100%；全年中心城区环境空气质量优良天数达到324天，优良率为88.8%；中心城区污水处理率达97.13%，城市生活垃圾无害化处理率100%。中心城区建成区面积51.3平方千米，城市人均公园绿地面积9.62平方米。

全年能源消费总量同比增长2.17%，万元地区生产总值能源消耗量同比下降5.92%。全年规模工业综合能源消费量同比增长5.42%，万元规模工业增加值能耗同比下降2.18%。

全年发生各类生产经营性安全事故30起，死亡39人，其中道路交通事故9起，死亡15人。亿元GDP事故死亡人数为0.0253人，工矿商贸从业人员十万人事故死亡人数1.14人，煤矿百万吨煤死亡人数2.98人，道路交通万车死亡人数0.2994人。

【人民生活和社会保障】2018年，娄底市居民人均可支配收入18544元，同比增长10.3%，扣除价格因素影响实际增长7.9%；其中城镇居民人均可支配收入27916元，增长8.9%，扣除价格因素影响实际增长6.6%。城镇居民收入中，工资性收入16400元，经营净收入2336元，转移净收入7568元，财产净收入1612元。农民人均可支配收入11657元，增长10.7%，扣除价格因素影响实际增长8.3%，其中工资性收入5383元，经营净收入2433元，转移净收入3741元，财产净收入100元。

全市居民人均消费支出14886元，同比增长11.5%，其中城镇居民人均消费支出19593元，增长10.5%；农民人均消费支出11426元，增长11.8%。

全市新增城镇就业人员3.85万人，帮助失业人员实现再就业1.84万人，城镇登记失业率为2.94%。年末参加企业职工基本养老保险人数57.78万人，参加机关事业单位基本养老保险人数14.66万人，参加城乡居民基本养老保险人数187.89万人；参加基本医疗保险人数387.1万人，其中城乡居民基本医疗保险349.64万人，城镇职工基本医疗保险37.46万人；参加失业保险职工人数33.5万人，全年领取失业保险金职工人次为2.47万人。参加工伤保险职工人数40.85万人。参加生育保险职工人数20.89万人。全市共有2.3万人享受城镇居民最低生活保障，发放城镇居民最低生活保障经费1.52亿元；8.78万人享受农村居民最低生活保障，发放农村居民最低生活保障经费1.7亿元。年末各类收养性福利单位床位数490张，各类收养性社会福利单位收养人员数348人。建有综合服务社区的城市社区264个，建有综合服务社区的农村社区1089个。全年销售社会福利彩票38047万元，筹集福彩公益金10456万元，直接接收社会捐赠200万元。

中国共产党娄底市委员会

◎综述
◎市委办公室工作
◎组织工作
◎宣传工作
◎统一战线
◎机关党建
◎机构编制工作
◎党校工作
◎保密工作
◎政策研究
◎督查工作
◎接待工作
◎老干部工作
◎网信办工作
◎社会主义学院工作
◎对台工作

综 述

【概况】2018 年，中国共产党娄底市委员会(简称中共娄底市委)践行新发展理念，深入实施创新引领开放崛起战略，加速转型、奋力赶超，推动全市经济社会高质量发展。全年地区生产总值增长 8.6%，规模工业增加值增长 7.8%，固定资产投资增长 9.5%，全市社会消费品零售总额增长 10.4%，一般公共预算收入增长 14%，城乡居民人均可支配收入分别增长 8.9%、10.7%左右，税占比 68%，主要经济指标增幅位居全省前列。规模工业企业、“四上”企业分别新增 150 家、363 家。规模工业增加值增速保持全省前列，三次产业结构调整为 10:46.4:43.6。全市高新技术产业同比增长 20.2%；新增国家级创新研发平台 2 家、院士工作站 2 家、产业技术联盟 10 家，高新技术企业达到 100 家。

【党的建设】2018 年，中共娄底市委把党的政治建设摆在首位，把政治建设作为党的根本性建设。市委理论学习中心组集中学习 18 次，其中 13 次专题学习习近平新时代中国特色社会主义思想和总书记 2018 年以来的重要讲话精神。及时传达学习总书记在湖南考察时的重要讲话精神，贯彻落实总书记近年来对湖南工作提出的“一带一部”“三个着力”“守护好一江碧水”等重要指示精神。探索出台《关于加强政治建设优化政治生态量化考核办法(试行)》，从 10 个方面对县市区四大家和市直县处级单位班子成员特别是主要负责人进行量化考核。坚持把巡视问题整改作为重大政治任务和政治责任，对中央第八巡视组点到的涉及娄底的两个具体问题，迅速研究制定整改方案，从严落实、督查督办，全部整改到位；对省委第七巡视组反馈的问题，第一时间召开市委常委会会议，逐个研究，逐一整改，建章立制 406 个。认真贯彻全国、全省组织工作会议精神，出台《关于切实加强优秀年轻干部源头建设和培养管理的办法（试行)》《关于进一步加强村干部队伍建设的指导意见》《娄底市市管领导干部交流办法》《娄底市人才行动计划》等制度。全域推开党支部“五化”建设，分别制定农村、社区、学校、医院、机关事业单位、国有企业等 9 个板块的“五化”建设“口袋书”，发给全市所有党支部，督促按标准操作。选派 1586 名市县机关干部到软弱涣散村、贫困村、集体经济薄弱村担任“第一书记”，将村支书的人选上提到县一级常委会研究把关，明确合并村党总支书记必须兼任其中一个支部书记，各支部只能用序数冠名、不能用原村(地)名冠名。深化“有事请找我”责任担当机制，为群众“解心结”“解忧愁”“解难题”。认真落实省委《关于进一步激励广大干部新时代新担当新作为的实施意见》和《娄底市正向激励实施办法(试行)》，在全市表彰 85 名“最具责任心公职人员”，评定 91 名退休处级干部为“爱岗敬业人民公仆”，为 230 余名受到不实举报的干部进行澄清。

【全面深化改革】2018 年，中共娄底市委坚持以改革破难题、增活力、促发展，激发市域发展活力。供给侧结构性改革继续深化，“三去一降一补” 深入推进，年内关闭煤矿 22 处、淘汰落后产能 133 万吨。与 14 家省级金融机构签订战略合作协议，授信金额超过 2365 亿元。持续深化商事制度改革，全面实施企业登记“37 证合一”，55 项企业登记服务事项实现“最多跑一次”，企业登记时间压缩为 5 个工作日，全市新登记市场主体同比增长近 30%。加快推进“一区多园”建设，园区体制机制更加灵活。严格落实中央、省委改革工作要求，稳妥推进经济、行政机构、农村、生态、文化、司法、社会体制、民主政治、党的建设、纪律检查等十大领域 35 大类 106 项改革任务，全部按时序进度完成。“村级小微权力+互联网+监督”改革于 2018 年 1 月被评为“2017 中国十大改革年度案例”之一，为全省唯一一个获此殊荣的改革项目，并被中纪委、新华社、国务院扶贫办推介；村级事务积分考评管理，被中央农村工作领导小组作为乡村治理典型案例在全国推广，也是全省唯一上报的该类改革案例。还有 9 项改革经验在《省委改革简报》或《省委工作情况交流》推介，数量居全省 14 个市州第 2 位。严格按照中央和省委部署稳步推进市县机构改革，10 月 24 日、11 月 26 日，两次召开市委深化机构改革领导小组会议，传达学习中央、省委有关会议和文件精神，审议《娄底市深化机构改革工作方案》，研究相关具体事项，整体谋划，稳妥推进。

【党风廉政建设】2018 年，中共娄底市委坚决落实“两个责任”，出台《娄底市运用监督执纪第一种形态开展党内谈话的实施办法(试行)》，开展经常性谈心谈话。

市委书记带头示范，带动全市上下广泛开展谈心谈话。加强警示教育，全年发出典型案例通报138期，把娄底违规违纪典型案例制作成警示片《警钟》，召开全市警示教育大会，组织全市在职市级领导和市管干部共1200多人集中观看。深入贯彻执行中央八项规定实施细则精神和省委“约法三章”，结合娄底实际出台《关于防止和克服形式主义、官僚主义的具体规定》，进一步优化作风。组织开展专项巡察，坚决查处贪腐案件。全市立案1878件，给予党纪政务处分1828人，其中县处级34人，移送司法机关14人，挽回经济损失1.8亿余元。

【三大攻坚战】2018年，中共娄底市委严控政府性债务风险，对全市政府性债务进行全面清理核实，调减政府投资计划项目141个，压减投资483.7亿元，清理规范PPP及政府购买服务项目59个，压减投资387.47亿元。加快处置化解民间融资风险，加大对非法集资的打击力度，集中办理一批大案要案，形势总体保持稳定。扎实推进脱贫攻坚工作，倡导贫困群众自觉开展“治惰”“治懒”“治脏”“治赌”“治愚”的“五治”行动，激发群众内生动力，范信恒等16名村党支部书记被评为“脱贫致富带头人”，肖子少等29名贫困群众被评为“人穷志不穷、脱贫靠自身”自强自立行动先进个人。产业扶贫、易地扶贫搬迁等主要行业指标任务全面完成，2018年减少建档立卡贫困人口11.3万，223个贫困村退出。抓实中央、省环保督察反馈问题整改，解决了一批突出环境问题。召开市委五届五次全会，审议通过《关于深学笃行习近平生态文明思想坚持生态优先绿色发展推动娄底生态文明建设迈上新台阶的决议》。深入实施“天蓝水净地绿三年行动计划”和“湘江保护治理第二个三年行动计划”，持续推进大气、水、土壤污染防治工作。召开锡矿山区域环境综合治理攻坚战誓师大会，成立市级总指挥部和冷水江市、新化县两个前线指挥部，覆盖“矿内矿外、山上山下、城区乡村”的环境综合治理攻坚战全面铺开。河长制工作获全国先进。城市空气环境质量达到国家二级标准。

【乡村振兴】2018年，中共娄底市委按照中央和省委、省政府关于乡村振兴的部署要求，立足娄底实际，出台《关于推动乡村振兴战略在娄底落地见效的15条具体措施》，按照“盯住能人、发动群众、面向市场、科学奖补”的思路全力实施。农产品品牌建设、农村宽带网络建设、乡镇机关大院治理、移风易俗、新时代乡村业余文艺宣传队、乡村教师“安心工程”、平安乡村、健康乡村、村级组织建设等工作成效明显。乡村设施更趋完善；村民精神文化生活更加多样；移风易俗在乡村广泛开展；“新化红茶”“新化黄精”新获国家地理标志认证；所有乡镇机关院子干净、整洁、清爽，干部职工纷纷点赞；“娄底乡村好人家”不断涌现，“好山好水好人家”成为娄底乡村一道亮丽的风景。

【民主政治建设】2018年，中共娄底市委高度重视市人大常委会、市政府、市政协党组以及市“两院”党组工作，支持其依法依章程履行职能、开展工作、发挥作用。市人大及其常委会坚持把党的领导作为人大工作的根本原则，紧扣市委决策部署决定重大事项。加强和改进地方立法工作，《娄底市湄江风景名胜区保护条例》经省十三届人大常委会第八次会议审查批准；坚持“积极健康、加油鼓劲”的基调，启动对市政府副市长所分管工作的评议。发挥统战优势，积极助力脱贫攻坚、乡村振兴。坚持“亲”“清”新型政商关系，促进非公经济健康发展和非公经济代表人士健康成长，成功举办第五届娄商创业创新成果交流分享会。市总工会、市妇联、市残联、市计生协成功换届。

【思想文化建设】2018年，中共娄底市委扎实抓好市委理论学习中心组专题集中学习；出台硬性规定，要求全市党员干部主动及时读党报、看(听)党台、学党刊、上党网，做合格的“宣传委员”。在中央、省级主流媒体发稿3000余篇(条)，央视《新闻联播》报道娄底工作14次，8家中央媒体集中报道娄底脱贫攻坚的经验做法和典型事例，新华社《国内动态清样》专门发文介绍娄底村级“小微权力”治理工作，“新春走基层·直播奉嘎山”在中央电视台、湖南卫视、芒果TV播出。积极推进文明创建工作，召开6000人参加的创建全国文明城市誓师大会，发出“坚定信心、下定决心、排除万难，力争2020年成功创建全国文明城市”动员令，倡导做通情达理、文明有礼的娄底人。积极培育和践行社会主义核心价值观，深入实施公民道德建设工程，推出“中国好人”2名、“湖南好人”27名。着力推动文化事业和文化产业，深入实施文化惠民工程，6家文化企业获中国第九届西部文博会“优秀创意产品奖”。

【民生改善与社会治理】2018年，中共娄底市委加大民生支出力度，全市涉及民生支出占一般公共预算支出的74.8%，14项重点民生实事全部完成。认真落实就业创业政策，做好大学生、农民工、贫困户等重点群体的就业工作，城镇就业、农村劳动力就业分别新增3.84、3.96万人。优先发展教育事业，推进城乡义务教育一体化发展，化解大班额，全市新增学位3.18万个，义务教育班额全部控制在65人以下。农村建制村全科医生或助理全科医生驻村全覆盖，农村适龄妇女“两癌”免费检查、困难残疾人生活补贴等工作有效落实，社会保障体系更加完善。坚持防汛抗旱两手抓，加强食品药品安全监管，全力做好非洲猪瘟疫情防控工作，确保人民生命财产安全。大力开展品质中心城区、秀美县城、特色小镇和美丽乡村建设，深入推进创文管卫，扎实抓好城市“双修”，在中心城区着力打通“断头路”、改造城中村、修建小游园、整治背街小巷，修缮老旧小区，努力办好群众“家门口”的民生实事。持续深入开展安全生产专项整治行动，坚决打好安全生产“十大战役”，全市安全生产形势总体平稳。加强和创新社会治理，扎实开展“三无”创建活动，落实“三到位一处理”，化解大批信访积案和重大信访案件，全市创建“无上访乡镇(街道)”23个，“无上访村(社区)”676个。深入推进扫黑除恶专项斗争，严厉打击黑恶势力及其保护伞，社会大局保持和谐稳定。

市委办公室工作

【概况】2018年，娄底市委秘书长班子坚持以习近平新时代中国特色社会主义思想为指引，自觉践行“五个坚持”，切实做好“六个表率”，深入推进“忠诚机关、责任机关、效能机关、廉洁机关”建设，全面提升“三服务”质量和水平，着力抓好政治建设、思想建设、业务建设、领导班子建设和干部队伍建设等各项工作，走在前、干在先、作表率、当标杆，全力打造让市委放心的“坚强前哨”和“巩固后院”。

【机关党建】2018年，中共娄底市委办公室(简称市委办)始终把政治建设摆在首位，树牢“四个意识”、坚定“四个自信”，确保班子成员和党员干部严守政治纪律、严守政治规矩。秘书长班子理论学习中心组开展集中学习11次，组织全体干部集中学习研读习近平新时代中国特色社会主义思想和党的十九大报告3次。10月25日，市委办系统召开干部警示教育大会，用违法违纪反面典型案件警示大家，秘书长向世聪讲授《警钟长鸣守住心 做个干净党办人》专题廉政党课。市委办机关党委制定完善党建活动计划、党建工作要点、基层党支部“五化”建设实施细则等10余项制度，建成和开辟机关支部党员活动室和党建专栏，完善机关党委会议室、党员活动室、党员电教室和图书室，做到党建阵地有场所、有设施、有党旗、有入党誓词、有规章制度、有学习资料。开展秘书长、班子成员、科室负责人、科室干部“四级谈心谈话”，全办组织各级谈心谈话348人次。认真落实以“三会一课”为核心的组织生活，推行“微学习、微党课、微心得、微竞赛”活动，开展“两学一做”、“扪问初心”、“七一”朗诵比赛、红色基地教育等系列活动30余场次。组织党员干部对新化县张家岭村开展驻村帮扶，帮助其有序推进基础设施改善、产业发展、村务管理、环境整治和支部建设等工作。深入推进“忠诚、责任、效能、廉洁”“四型组织”党建品牌创建，以“十到”工作标准推进支部创先争优，扎实抓好机关一支部、档案局支部“全市党建示范点”，机关二支部“市直党建示范点”建设。

【对标对表】2018年5—10月，市委办选派6批干部赴省委办公厅对应处室跟班学习，全方位对标对表，学习好经验、好做法、好制度、好作风，所有跟班干部结合所学所获提出改进建议36条，形成广泛带动效应。出台《关于进一步规范和落实党内报告工作制度的实施办法》、办文办会“四控一严”具体操作办法等一系列规章制度和业务流程，建立工作“数据库”“错题库”和“警示录”，总结经验、举一反三、触类旁通。采取年初承诺、年中践诺、年底述诺等方式，对全办各局科室进行综合测评，评选优秀科室和优岗人员、“爱岗敬业之星”“老把式”示范岗和“老黄牛”岗位标兵，引导全办干部职工努力争创上游、争创一流。

【调研工作】2018年，市委办全力协助市委部署全市“抓重点、补短板、强弱项”集中调研活动，抓好抓实工作部署、选题确定、统筹协调、跟踪督促、成果交流等组织活动，切实打好集中调研活动整体仗、协同仗。坚持做好表率、立好标杆，出台《市委办公室关于开展“务实大调研”活动的实施方案》，组建工作专班，明确

11 月 22 日，市委办举办全市党委办公室系统业务培训班 （市委办供图）

专职联络员，深入部署开展“大调研”。秘书长班子成员紧密联系各自分管工作中的重点、短板和弱项，开展实地调研 40 余次。全年全办干部开展调研超过 100 天，召开各类座谈会 70 余次，发放调查问卷 900 余份，撰写调研报告 42 份，部分调研成果进入市委决策和操作层面。

【督查落实】2018 年，市委办协助市委出台《娄底市强化责任心提高落实力考核办法（试行）》，将“落实力评价”指标纳入县（市、区）和市直单位绩效评估范围，明确 5 个方面重点评价内容。推行“一事一会一清单”，由市委督查室定期对任务清单落实情况进行督查，对先进典型和落后典型及时进行通报。坚持挂图作战，梳理制定《2018 年重点督查事项清单》，做到督查事项清、责任领导清、责任单位清、完成时限清。修订完善《市委主要领导批示督查落实办法》，根据领导批示要求和内容分为 A 级、B 级和 C 级，全程动态跟踪。全年完成省委和市委主要领导批示交办件 61 件，发出督查公函和交办函 66 件。深入开展“首问责任制”“有事请找我”“‘最具责任心党办人’评选”等责任心教育活动，激励干部职工把岗位当责任、把责任当使命。2018 年年初，梳理出全市党办工作落实不力的 12 种具体表现，以责任心倒逼干部补齐短板、提高落实力。

【统筹协调】2018 年，市委办强化“牵头抓总”的统筹意识，制定印发《全市党办系统统筹联动工作评价方案》，明确督促检查、党内报告、信息报送、信息化建设和应急管理、重要会议活动和办文、党办队伍建设 6 个方面的工作要求，建立起联络联系联动、可追责能问责的统筹工作体系。建立“运转有序”的统筹机制，实行秘书长联席会议常态化，每月初召开四大家秘书长联席会议，推动四大家忙而有序、同频共振、合力共为。实行全市党办系统通报调度制度化，定期召开全市党委办公室主任会议，调度安排重点工作。实行审核把关清单化，对需要以市委名义印发的重要文件、召开的重要会议和举办的重要活动，实行清单式管理和流程规范，确保路径最简、环节最少、时间最短、服务最优。突显“马上就办”的统筹效能。按照“响应最积极、行动最迅速、贯彻最彻底”要求，努力做到立即办、马上办、零停留、零延误、零差错。全年修订完善办文办会办事规章制度 30 余项；牵头组织全市性重要会议活动 200 余场次；处理各类公文 1392 个 90710 份。

【队伍建设】2018 年，市委办向市委推荐 2 名勇于担当、善于作为的干部到重要岗位，提拔重用 9 名正副科级干部。认真落实干部轮岗交流实施办法，对副科级以上实职干部在同一职位、同一职级任职满 5 年的轮岗交流。研究年轻干部选拔培养机制，创造条件打通优秀干部成长进步通道。全办干部平均年龄从 2016 年的 50.8 岁下降到 40.2 岁，80 后干部比重从 2016 年的 18.4%上升到 41.7%。 （苏倩男）

2018 年市委办先进集体（先进个人）一览表

表 6

获奖集体（个人）	奖励名称	颁奖单位	颁奖时间
娄底市委办公室	2018 年度全省党委信息工作先进单位	中共湖南省委办公厅	2019 年 1 月
蒋　黎	2018 年度全省党委信息工作先进个人	中共湖南省委办公厅	2019 年 1 月
李　红	2018 年度全省党委督查工作先进个人	中共湖南省委办公厅	2019 年 1 月

组织工作

【概况】2018 年，娄底市各级党组织和组织部门认真贯彻落实中央、省委和市委部署要求，按照“谋局、顺势、借力、做实”的基本思路，扎实践行新时代党的建设总要求和新时代党的组织路线，以深入实施“四大工程”为重点，以项目化理念狠抓工作落实，攻坚克难、奋力争先，全市组织工作高质量发展取得新进步，组工干部队伍建设呈现新气象。

【政治建设】2018 年，中共娄底市委组织部（简称市委组织部）把学懂弄通做实习近平新时代中国特色社会主义思想作为首要政治任务，对全市 1182 名县处级领导干部分 5 期进行党的十九大精神集中轮训，组织 56747 名党员干部开展应知应会知识测试。深入开展市管干部政治建设谈心谈话活动，在全省率先开展以政治建设量化考核为统领的综合考核。创新开展民主生活会质量等级评定和通报工作，省委组织部进行推介。狠抓巡视问题整改，组织部门牵头整改的 28 个具体问题基本整改到位。以“强化责任心、提高落实力”为重点，持续推进“两学一做”学习教育暨责任心教育常态化制度化，首次在全市表彰 85 名“最具责任心公职人员”、授予 91 名退休处级干部为“爱岗敬业人民公仆”。

【干部工作】2018 年，市委组织部认真落实新时期好干部标准，突出事业为上、以事择人、人岗相适，提拔重用一批敢于负责、勇于担当、善于作为、实绩突出的干部，进一步树立讲担当、重担当的鲜明导向。聚焦全市转型发展需要，大力加强干部专业化能力建设，市本级调训学员 800 名，在清华大学、浙江大学等知名高校举办 4 期专题研修班。深入开展高素质干部队伍建设专题调研，出台《市管领导干部交流办法》《加强优秀年轻干部源头建设和培养管理办法》《乡镇（街道）党政正职管理办法》等制度文件。加强年轻干部源头建设，新招录公务员 454 名。从严加强干部管理监督，扎实开展干部人事档案集中审核整治，对 146 名市管干部的三龄一历重要信息作出重新认定，对 126 名档案有涂改的市管干部进行组织处理；排查清理在企业违规兼职的领导干部 92 名，抽查 116 名市管干部个人有关事项报告，诫勉 14 人；及时处理涉及选人用人问题的举报 19 件。强化科学统筹，坚持谋定后动，从规范设置机构、细化领导职数、完善党组设置、拟定调配原则、研究人事方案、调整办公场所、集中挂牌办公等七个环节蹄疾步稳推进市本级党政机构改革，经验做法被省委组织部推介。

【基层党建】2018 年，市委组织部牢固树立大抓基层的鲜明导向，以提升组织力为重点，突出政治功能，不断推动基层党建全面进步、全面过硬。构建大党建格局，分领域分系统分类别开展党支部“五化”建设，建立 700 个“五化”建设示范点，全省组织部部长会议推介娄底“五化”建设经验做法。下大力气解决“人”“钱”“窝（阵地）”等基层党建突出短板，举办全市万名村干“基层组织力”专题培训，调整撤换 64 名不胜任、不称职村党组织书记，择优选派 1835 名市县机关干部到村担任“第一书记”，农村、城市社区运转经费和村干部报酬待遇得到保障，2095 个村（社区）综合服务平台全部“清零提质”。持续扩大“两个覆盖”，两新组织新建党组织 101 个、整改 165 个、撤销 23 个。突出“一抓三促”，涌现出彭育晚等 1080 名“争当脱贫致富带头人”优秀代表，追授王强等 3 名同志为“优秀共产党员”。积极参加扫黑除恶专项斗争，集中整顿软弱涣散村（社区）党组织 203 个，专项排查有违法违纪、涉黑涉恶问题的村干部 230 名，基层政治生态得到净化。全市基层党建工作重点突破、亮点纷呈、成效显著，全省国有企业党建工作现场推进会在娄底召开。

【人才工作】2018 年，市委组织部树立人才优先发展战略，出台“娄底人才行动计划”，以推进重大人才工程为抓手，充分释放人才红利。全年引进硕士研究生以上高层次人才 76 名，其中博士 4 名，1 人入围省“百人计划”，实现娄底市“百人计划”零突破，1 人获评省“五个一百”科技创新优秀人才。加大各类人才培训力度，培训企业经营管理人才 500 余人次，培训农村技能人才2850 人次，社会工作人才 600 余人次。选派 200 余名科技特派员到村开展产业帮扶，并组建双峰、新化、涟源3 个科技扶贫专家服务团，做到科技特派员贫困村全覆盖。开展“弘扬爱国奋斗精神、建功立业新时代”活动，积极主动解决各类人才在医疗保障、子女入学、家属随调等方面的问题。

【自身建设】2018年，市委组织部在全市组织系统深入开展“三项教育”，增强组工队伍的责任意识、廉政意识、保密意识。带头加强机关党的建设，建立部机关政治学习常态化机制，每周一政治学习，及时学习传达习近平总书记重要指示批示精神、上级重大决策部署。建立组织系统互派干部挂职机制，深入实施组工干部三年轮训计划，7月份举办市直单位组工干部专业化能力培训班。组工调研信息宣传工作取得新成效，举办纪念改革开放40周年组织工作专场新闻发布会，完成省组部和省党建研究会的两个重点课题，其中《习近平总书记新时代党建思想研究》获重大调研成果奖，《加强政治建设专项考察研究》获优秀调研成果奖。注重制度建设，强化内部管理，各项工作严谨、规范、有序推进，全市广大组工干部带头讲政治、守规矩，兢兢业业、埋头苦干，展现出过硬的政治素养、业务能力和工作作风，涌现出了一批获得全省表彰的先进典型。（彭　伟）

2018年市委组织部先进集体(先进个人)一览表

表7

获奖集体(个人)	奖励名称	颁奖单位	颁奖时间
中共娄底市委组织部	湖南省2018届文明标兵单位	湖南省文明办	2019年4月
袁送荣	湖南省基层理论宣讲先进个人	湖南省委宣传部	2019年5月
梁　华	全省组织工作先进个人	湖南省委组织部	2019年1月

宣传工作

【概况】2018年，中共娄底市委宣传部(简称市委宣传部)有在职干部职工30人，退休人员12人，其中党员41人，内设办公室、理论科、新闻出版科、文化艺术科、宣传教育科、政策研究与舆情信息室、干部科、市委对外宣传办公室(加挂市政府新闻办公室牌子)、市委精神文明建设指导委员会办公室(加挂文明单位建设指导科牌子)、文化产业发展办公室、市国防教育委员会办公室。全市宣传思想战线以习近平新时代中国特色社会主义思想为指引，贯彻落实中央、省委、市委重大决策部署，为全市改革发展提供强大的思想保证、舆论支撑、道德滋养和文化条件。

【理论武装】2018年，市委宣传部出台《娄底市党委(党组)理论学习中心组学习制度》及巡听督导等配套文件，推动各级理论中心组学习制度化、规范化，市委理论学习中心组全年组织学习17次。组织开展“贯彻十九大·书记大家谈”征文活动，在《娄底日报》推出31个专题。出台《关于进一步学懂弄通做实习近平新时代中国特色社会主义思想和党的十九大精神的规定》，做好主要理论读物学习使用和党报党刊发行工作，实现理论学习党组织全覆盖、所有党员全参与。开展习近平新时代中国特色社会主义思想“天天见、天天新、天天深”“三做一评”活动，精心选树活动示范点，开通“社科之光”社科普及栏目，并录制节目14期。开展“习近平新时代中国特色社会主义思想和党的十九大精神进基层”微宣讲3万余场次。围绕中心工作策划，评选立项市级社科重点课题9项，组织开展“历史回眸·记忆娄底”征文活动，择优编辑成书。深入开展“抓重点、补短板、强弱项”“学习贯彻十九大精神　加快建设文化强市”等主题集中调查研究活动。

【意识形态】2018年，市委宣传部牵头建立意识形态工作联席会议制度，结合党建工作述职进行县市区委书记意识形态工作述职评议，选派人员在市委巡察中开展意识形态专项监督检查，与领导班子和领导干部政治建设量化考核一并进行意识形态工作考核，推进意识形态工作责任制落细落实，全市意识形态领域总体向上向好。切实加强各类阵地管理，完善社科理论论坛管理制度，开展网吧、娱乐场所、演出市场清理整顿，推进“扫黄打非”等重点工作。坚持依法管网治网，开展网络综合治理，约谈自媒体82家，上报关停违法违规微信微博账号18个，联合公安打击微信微博制造传播谣言10起,网络空间更加清朗。

【舆论引导】2018年,市委宣传部围绕中央、省、市重大决策、部署和工作,组织开展"在习近平新时代中国特色社会主义思想指引下——新时代新作为新篇章""脱贫攻坚在娄底""产业项目建设年""七个三年行动计划""乡村振兴战略在娄底"等主题宣传,市直媒体同声发力,高效传递主流声音,有力提振全市上下干事创业的信心。全年在中央、省级主流媒体发表正面宣传稿件3800余篇(条),其中新华社通稿20余篇,《人民日报》整版推介世界灌溉工程遗产紫鹊界,央视《新闻联播》报道娄底14次。配合湖南卫视推出"新春走基层·直播奉嘎山"系列报道、湖南广电摄制《永丰辣酱》公益扶贫广告,为全市脱贫攻坚工作注入强劲活力,成为新闻扶贫的典型案例。建立完善新闻发言人台账,健全新闻发布会制度,全年举行各类新闻发布会60余场,其中"奋进改革路,建功新时代"庆祝改革开放40周年系列新闻发布会26场,积极组织参与"醉美湘镇"评选、湖南第三届微视频大赛,有力展示娄底改革发展成就。健全新闻阅评制度,编发《新闻阅评简报》16期。加大财政投入,推动新闻采编与经营分离,完善市级优秀新闻人才和优秀新闻作品奖励制度,组织"好记者讲好故事"演讲比赛,评选表彰全市首届"名编辑、名记者、名主持人"及优秀通讯员,举办"湘中巨变"——庆祝改革开放40周年纪实图片展览。出台推进媒体融合打造娄底新型主流媒体的实施方案,大力推进"新娄底云"平台建设,积极探索推动媒体融合发展。

【文明创建】2018年,市委宣传部出台公益广告促进管理暂行办法,核心价值观融入法治建设实施方案。规范公益广告宣传,打造以核心价值观主题景观小品文化街20条(段)、灯杆灯箱广告和道旗广告街8条;中心城区新建核心价值观主题公园4座;组织开展"祝福伟大祖国·共建幸福娄底"主题宣传、"五下乡"集中示范、爱国主义教育基地巡礼等活动。召开6000人规模的创文工作誓师大会,组织开展"我为创文出把力"大讨论、"满城都开文明车"等系列主题活动;深化文明村镇、文明校园、文明单位、文明家庭等系列创建活动。出台《进一步加强农村精神文明建设工作的实施意见》等一系列文件,大力推进移风易俗,开展争创"娄底乡村好人家""娄底最美新乡贤"和"七治七立"、"七评七创"、文明节俭操办婚丧喜庆事宜等主题活动,召开全市乡风文明建设推进会议,1960个行政村完成村规民约修订完善。全年推出"中国好人"2名、"湖南好人"33名、"娄底好人"26名以及湖南省新时代好少年4名,建成娄底市道德模范身边好人展示馆,成功举办"致敬好人·德润湘中"2018身边好人颁奖典礼。加强志愿服务工作,正式成立娄底市志愿服务联合会,组织开展"温暖回家路"春节返乡公益活动和"志愿新时代,共创文明城"学雷锋志愿服务系列活动,"党员进基层·情暖微心愿"活动获评2018年全国"四个100"最佳志愿服务项目,中心城区全年建成高标准志愿服务示范站(岗)300余个。

【文化娄底】2018年,市委宣传部邀请词曲名家到娄底采风,组织2018年文学艺术奖评选,扶持创作大型花鼓戏《这方水土》获省第六届艺术节田汉创新剧目奖,5名作者在艺术节书法摄影美术比赛中获齐白石艺术奖。按照县级文化馆图书馆总分馆制建设要求,新建图书馆和文化馆分馆各4个、24小时图书馆2个;大力推进实体书店建设,全市校园书店总数28家;加快农村文化基础设施建设,全市建成合格村级综合文化服务中心1377个;继续推进农村广播"村村响"等惠民工程建设,现代公共文化服务体系不断健全。以"欢乐潇湘·文化娄底"群众文化活动为载体,成功举办新春交响音乐会、民歌音乐会等文艺活动和群众美术书法摄影等活动,全面推进"书香娄底"全民阅读活动,精心组织"周末剧场""群星大讲堂"等活动,举办首届乡村文化艺术节展演及颁奖晚会,受到广大市民喜爱点赞。在全市组建新时代乡村业余文艺宣传队87支,覆盖所有乡镇,逐村巡回演出1600余场次。市文化产业发展专项资金规模扩充到每年500万元;出台《娄底市实施文化创新"五名工程"加快文化产业提质发展行动方案》及系列配套政策文件,组织参加第九届中国西部文化产业博览会,举办"对接一带一路 助力提质发展"娄底市文化产业走进西安专场推介会,文化产业发展提质增速。全年新增达标入统文化企业48家,规上文化企业营业总收入135亿元,实现文化及相关产业增加值75亿元,占GDP比重4.86%。

【队伍建设】2018年,市委宣传部组织市直宣传文化系统党风廉政建设专题宣讲,常态开展谈心谈话,先后举办全市乡镇宣传委员意识形态工作、新闻舆论工作暨新闻通讯员、意识形态专项巡察业务等专题培训班，宣传思想干部的能力不断增强。坚持党管人才原则，出台《关于支持市直新闻单位引进专业人才和深化薪酬改革的若干意见》，畅通专业人才引进渠道，提高一线人员待遇保障。（梁 鹰 严望舒）

统一战线

【概况】2018 年，中共娄底市委统战部（简称市委统战部）在市委的坚强领导下，认真贯彻落实习近平总书记关于加强和改进统一战线工作的重要思想，切实履行牵头协调的主体职责，紧紧围绕“出实效、有特色、创一流”的工作目标，引领统一战线凝心聚力新时代，积极彰显新作为，各项工作取得较好成绩。统战信息工作获全省一等奖，2 篇建言信息被中央统战部《零讯》采用，并得到党和国家领导人批示。获评省级同心美丽乡村（项目）4 个、全省统战工作实践创新成果奖 1 个、全省统战理论政策研究创新成果优秀奖 1 个及全市综治工作优秀单位、计划生育优秀单位、产业项目建设优秀单位、扶贫工作优秀单位、保密工作优秀单位等多项荣誉。

【政治引领】2018 年，市委统战部把学习贯彻习近平新时代中国特色社会主义思想，尤其是关于加强和改进统一战线工作的重要思想作为贯穿全年、覆盖全域的主题主线，出台《2018 年统一战线调训计划》，举办各类主体培训班 4 期，培训 216 人次，市本级 202 名党外政协委员培训实现全覆盖。组织召开纪念“五一口号”发布 70 周年座谈会、改革开放 40 周年新闻发布会、赴西柏坡开展暑期谈心活动、意识形态工作座谈会等主题活动，引导各领域代表人士凝聚和巩固所在领域主流意识。支持各领域统战成员开展“不忘合作初心，共担历史使命”“跟党迈进新时代，同心共筑中国梦”“不忘创业初心，接力改革伟业”“五进五好”“知识力量”等一系列主题教育实践活动，推动市、县两级党委常委与党外代表人士联谊交友和两级统战部班子成员与同级民主党派、工商联、宗教团体班子成员谈心谈话制度化、常态化，把一大批党外代表人士紧密团结在党的周围。

【凝心聚力新时代行动】2018 年，市委统战部组织各民主党派、工商联和无党派人士围绕乡村振兴战略，深入调查研究，提出精细化解决方案，提交调研成果 9 个，形成比较系统的决策参考依据。召开“115”计划现场推进会，出台《民企联村激励办法》，强化组织、激励、宣传等手段，组织 176 家民营企业与 215 个村（其中贫困村 118 个）结对共建，投入帮扶资金 2.87 亿元，实施各类项目 177 个。“一家一”助学就业行动资助 400 余名贫困学生学好一门专长并推荐就业。“立珊光明行动”为 1301 名贫困白内障患者免费实施手术。“泛海助学”行动协调泛海控股集团捐资 474.5 万元，援助 949 名贫困家庭大学新生。认真做好涟源市新塘村驻村帮扶工作，筹集帮扶资金 72 万元，帮扶建档立卡贫困人口 179 户、485 人，实现全村整体脱贫摘帽。引导各民主党派开展驻村帮扶、“烛光行动”、“三送下乡”、健康义诊等活动，积极参与脱贫攻坚行动。“115”计划被中央统战部作为基层亮点工作推介，五江集团获全国“万企帮万村”精准扶贫行动先进民营企业称号，多名统战对象获评全省最美扶贫人物。把同心美丽乡村创建纳入《娄底市乡村振兴战略规划（2018—2022 年）编制工作方案》，创建省级同心美丽乡村（项目）4 个，市级同心美丽乡村 6 个，县级同心美丽乡村16 个。深入推进“迎老乡、回故乡、建家乡”行动，邀请异地商会会长列席市“两会”。举办第五届娄商大会，表彰 10 位优秀娄商。加强商协会建设，召开第三届异地商会轮值会议和会长秘书长党组书记会议，成立上海娄底商会，积极开展浙江、佛山、郴州娄底商会筹备工作。以《湘见》《天下娄商》等弘扬娄商精神，激发娄商返娄热潮。

【多党合作】2018 年，市委统战部协助出台《中共娄底市委 2018 年度政党协商计划》，就全市经济社会发展、脱贫攻坚、党风廉政建设和反腐败等重点工作开展协商。积极做好九三学社省委对口娄底脱贫攻坚民主监督的协调服务，支持市级民主党派对口新化、双峰、涟源等县、市开展脱贫攻坚民主监督。积极开展特约民主监督工作。出台《娄底市党外政协委员履职评价暂行办法》，实现全市 202 名党外政协委员履职评价全覆盖。召开组织部、统战部专题会议，对党外干部安排和后备人才培养工作提出具体意见，对 5 个县（市、区）和法检两院党外干部配备问题进行专题督办，推动解决 5 个县（市、区）党外干部的配备问题。做好在市政协、市工商联届中增补党外代表人士的政治安排工作，增补后，市级党外政协委员209名，党外政协常委37名。加强对党外年轻干部的教育培养，举办党外年轻干部专题培训班，对全市43名年轻的党外年轻干部开展专题培训。

【新的社会阶层人士统战工作】2018年，市委统战部认真做好省知联会换届有关人选推荐工作，扎实开展市知联会换届有关筹备工作。与湖南师大合作完成研究课题《把新的社会阶层人士有效组织起来途径研究》。推出"走进新阶层"系列宣传报道5期，经验材料《以点带面，做好新的社会阶层人士统战工作》被省委统战部《统战工作》推介。出台《娄底市新阶层人士培训方案(2018—2020年)》，举办首期全市新的社会阶层人士专题培训班，培训49人次。积极创建新的社会阶层人士统战工作实践创新基地，指导县(市、区)抓好典型示范，新化、冷水江、双峰、万宝新区各打造1个以上的新阶层统战工作示范点。组织10余家新媒体代表人士参加统战宣传工作座谈会和"园区行"考察等活动，引导新媒体发挥行业优势，为统战宣传献计献策。

【非公有制经济领域统战工作】2018年，市委统战部深入学习贯彻习近平总书记在民营企业座谈会上的重要讲话精神，及时提请市委、市政府召开专题会议进行贯彻落实。健全党政领导与民营企业交流沟通机制和渠道，构建亲清政商关系，全市32名市级领导集中时间到全市97家民营企业走访调研。推动出台《关于促进民营经济高质量发展的若干措施》。市、县统战部、工商联层层联动，开展走访调研活动，帮助企业解决困难和问题。继续推进以"守法诚信"为重点的理想信念教育活动，引导非公有制经济代表人士学习习近平新时代中国特色社会主义经济思想和在民营企业座谈会上的重要讲话精神，坚定"四信"。完善400余人次的动态信息库，其中年轻代表人士100余名。

【民族宗教工作】2018年，市委统战部积极开展团结进步教育活动，首次推动民族政策业务宣讲进高校，到娄底职院为800余名教职工宣讲民族工作方针政策。在娄底职院建立省级民族团结进步教育基地，加强少数民族学生教育引导工作。培训在娄底务工、经商少数民族人员52名，加强在娄底少数民族流动人口服务管理。走访慰问贫困少数民族家庭，促进各民族交流交往交融。先后召开市委常委会、宗教领导小组会议、全市宗教工作暨市委中心组(扩大)学习会议5次，学习传达习近平总书记关于宗教工作的重要论述，研究部署巡视整改和大督查工作。出台4个常态化机制，制定详细整改方案，实行"一单四制"，落实县、乡、村三级网络和乡、村两级责任制，全市宗教领域重大问题全部整改落实到位。首次对全市乡镇(街道)统战委员开展宗教工作政策业务培训，县、市分层分级召开会议组织培训，实现市、县、乡、村四级宗教工作干部队伍和主要教职人员培训全覆盖。支持宗教团体加强自身建设，指导做好市佛教协会换届工作。

【港澳台工作】2018年，市委统战部举办首届"亲情中华·美丽娄底·与你同行"侨界迎春联欢会。召开香港湖南娄底联谊会成立一周年庆典大会，签署两地文化教育交流框架协议。成功举办"山之韵·海之音"娄台青少年文艺交流活动，增强两岸交流交往。举办"纪念李振翩诞辰120周年系列活动"，对外宣讲娄底好故事。积极开展港澳台居民居住证申领、发放工作和台情普查，完善各类台账资料和数据库。　(刘跃春)

2018年市委统战部先进集体(先进个人)一览表

表8

获奖集体(个人)	奖励名称	颁奖单位	颁奖时间
娄底市委统战部	2018年度全省统战信息工作一等奖	中共湖南省委统战部	2019年1月
娄底市委统战部	2018年度全省统战理论政策研究创新成果优秀奖	中共湖南省委统战部	2019年2月
刘跃春	2018年度全国统战信息工作优秀信息员	中央统战部	2019年1月

机关党建

【概况】2018 年，娄底市直机关党建工作以习近平新时代中国特色社会主义思想为指导，以政治建设为统领，以“党的一切工作到支部”为路径，着力“强基础、求创新、增活力、促中心”，扎实推进“五化”建设。较好地服务市委、市政府工作大局，促进中心任务的完成。

【理论武装】2018 年，中共娄底市委直属机关工作委员会(简称市直机关工委)坚持突出习近平新时代中国特色社会主义思想和党的十九大精神这一重点内容，市直各基层党组织带头人这一关键少数，机关党员干部这一学习主体，运用中心组学习、“三会一课”、主题党日、政治理论学习等载体，在市直机关深入开展各种学习和主题教育，市直单位全年举办中心组学习 1000 余场次，知识竞赛 40 余场次，演讲比赛、征文活动等 50 场次，征集心得体会 2600 余篇。启动“大学习、走在前”全民阅读进机关活动，促进形成学用新思想的热潮。

【组织建设】2018 年，市直机关工委纵深推进“党的一切工作到支部”达标创优竞赛活动，全面推进支部“五化”建设，新建党建阵地 100 多个。115 个基层组织严格按规定进行换届。出台《市直机关党费收缴使用管理规定》，规范党费收缴与管理。常态化开展党支部书记、入党积极分子、党员发展对象、党建通讯员培训，累计培训 600 余人次，培优建强党员及党务干部队伍。认真落实省委巡视组关于机关党建反馈意见整改任务，开展专项整治，排查整改 7 大类 29 个方面的问题。创建评选 21 个基层党建示范点和 51 个支部“五化”建设党建示范点，充分发挥示范引领作用。在 49 个单位纵深推进“有事请找我”责任担当机制。

【正风肃纪】2018 年，市直机关工委组织干部职工学习《准则》《条例》等上级有关党风廉政建设文件精神，开展专题辅导和知识测试，聘请市纪委和党校专家、学者开展警示教育。在元旦、“五一”、国庆期间，对所有市直单位组织 3 次作风建设督查，下发 2 期作风建设情况通报。组织市直机关党务干部、纪检干部开展党纪条规知识竞赛，并组织优秀选手参加全市“两学一做”学习教育知识竞赛，获得全市第一名。年底开展市直机关“禁赌限牌规定”执行情况专项督查，向市直单位发放《正风肃纪典型案例摘编》书籍。

【创新实践】2018 年，市直机关工委探索推进“党的一切工作到支部”创新实践，提出“一二三四”的总体思路和“十到”的指标体系，并于年初在市直各单位全面实施，取得阶段性成效。组织基层支部参加“党的一切工作到支部” 达标创优竞赛活动，通过支部自评、党委申报，推选出 16 个支部参评红旗支部，67 个支部参评优秀支部，通过抽查核实、现场评审层层评选出红旗支部及优秀支部，并将先进经验在市直机关广泛宣传推介，形成争先创优的良好氛围。“党的一切工作到支部”相关经验被《中直党建》杂志推介，并作为全国城市基层党建创新案例上报，在中国共产党新闻网发布。

【党建创新项目评选】2018 年，市直机关工委继续实施党建创新项目化管理，鼓励、支持和推动市直机关各基层党组织积极探索新形势下机关党建工作的新思路、新方法、新途径。市直机关工委牵头搞好立项审批、督查指导、项目推进、成果评审、经验交流，娄底机关党建的创新氛围日益浓厚，基层党组织活力竞相迸发。市直各基层党组织申报创新成果 42 项，其中市税务局等单位的 10 项创新成果入围专家评审，进行集中展示交流。

【“微心愿”活动】2018 年，市直机关工委与市文明办在全市联合推进“党员进基层·情暖微心愿”党员志愿服务活动，参与党员志愿者 38000 余人次，圆梦“微心愿”32000 余个，累计捐款捐物价值 700 余万元。起到“圆梦一人、温暖一户、带动一片”的良好社会效益，受到社会广泛关注和好评，先后被中央电视台《新闻联播》和《湖南日报》等中央、省市核心媒体宣传报道。并被中宣部、中央文明办等 13 家部门联合组成的全国宣传推选学雷锋志愿服务“四个 100”先进典型活动组委会表彰为“最佳志愿服务项目”。

【文明创建】2018 年，市直机关工委组织发动 150 余个单位的 3000 余名机关党员志愿者在中心城区 11 个主要交通路口开展文明交通劝导活动，该志愿服务项目被省文明委、省志工委联合表彰为“优秀志愿服务项目”。精心组织开展中心城区“文明院落”创建活动，评选85个“文明院落”，通报19个“整改院落”，有效激发各机关、企事业单位和居民小区参与积极性。组织市直机关60余名党员团员志愿者到双峰县青树坪镇开展党团携手关爱农村空巢老人“春天行动”；到新建社区和双峰县金凤村开展“微心愿”活动，起好示范引领作用；与市文体广新局联合举办市直机关乒乓球、羽毛球比赛，丰富机关业余生活。（王纯芳）

2018年度市直机关工委先进集体（先进个人）一览表

表9

获奖集体（个人）	奖励名称	颁奖单位	颁奖时间
市直机关工委	“党的一切工作到支部”相关经验被《中直党建》杂志2018年第9期（总第305期）推介，初审入围全国城市基层党建创新案例	中央和国家机关工委	2018年9月
市直机关工委	“文明交通劝导”志愿服务项目获评优秀志愿服务项目	湖南省文明委、省学雷锋志愿服务工作委员会	2018年12月
市直机关工委	《强化机关党支部书记队伍建设之思考》获评2018年机关党建和思想政治工作优秀研究成果	省直机关工委	2019年2月
市直机关工委	“党员进基层·情暖微心愿”获评2018年学雷锋志愿服务“四个100”先进典型最佳志愿服务	中央宣传部、中央文明办等13部门	2019年3月

机构编制工作

【概况】2018年，娄底市委编办（简称市编办）积极开展“两学一做”暨责任心教育，认真贯彻落实党的十九大和十九届二中、三中全会精神，坚持围绕中心、服务大局，着力深化体制机制改革，不断规范机构编制管理，狠抓队伍自身建设，切实提升保障服务水平，为全市经济社会发展提供强有力的体制机制保障。是年，有行政编制16名，后勤服务事业编制1名，领导班子成员4名，内设5个科室。下设副处级参照公务员法管理事业单位“娄底市事业单位登记管理局”，全额拨款事业编制7名；正科级事业单位“娄底市机构编制信息中心”，全额拨款事业编制3名。全办实有23人。

【强力推进“放管服”改革】2018年，市编办出台《娄底市推进政务服务“只跑一次”改革实施方案》等14个改革文件，将“只跑一次”改革和“互联网+政务服务”工作纳入全市绩效考核，完善制约机制；投入270万元工作经费和100万元奖励资金，建立真抓实干激励机制；启动并完成市电子政务办和市政务服务中心的机构整合，为政务服务线上、线下融合提供体制保障。开展减证便民专项行动，清理取消第一批38项证明材料，对中介服务进行两次清理和规范，市本级减少中介服务事项70项，进一步优化政务服务环境。编制统一市、县、乡、村四级政务服务事项通用目录及实施清单。在此基础上，先后梳理确定市本级三批1007个“只跑一次”事项，占全部依申请服务事项的91.9%。

【党政机构改革】2018年，市编办充分利用机构编制台账及机构编制实名制系统，全面摸清改革底数，准确掌握全市机构编制现状、各部门“三定”规定和历史沿革，对照中央一级党政军群机构设置调整方案，找准存在的突出问题，做好改革形势研判和改革方案储备。制定《市委深化机构改革工作方案》，成立4个专项工作组，并将工作任务明确到各相关责任单位和各小组成员，对全市本轮机构改革工作进行安排部署。

【事业单位分类改革】2018年，市编办积极做好承担行政职能事业单位职能清理工作。制定下发《娄底市机构编制委员会办公室关于开展承担行政职能事业单位职能清理工作的通知》，对市直370多家事业单位承担行政职能情况进行“拉网式”全面梳理，归类备案。加大推进生产经营类事业单位改革力度。市直有23个事业单位划入生产经营类。

【各单项体制改革】2018年，市编办有力统筹推进行政机构改革专项小组各项改革任务。全面完成纪检监察体制改革收尾工作。下发文件对22个派驻纪检监察组进行更名，完成全市纪检监察编制划转和上报，为派驻全覆盖提供坚强的体制机制保障。配合做好群团机构改革工作。积极按照群团改革强“三性”、去“四化”、调结构、转职能的要求，提出合理建议，并按要求对团市委、市总工会、市科协等群团机构的机构编制事项及时进行调整。

【巡视反馈问题整改工作】2018年，市编办根据中央、省委巡视组反馈的问题迅速制定整改落实方案，建立整改问题台账，明确整改内容、整改措施、整改目标和完成时限，严格按巡视组要求进行销号整改。截至9月7日，市本级及相关县市先后召开编委会议，研究审定整改措施。9月10日，市本级存在事业编制问题和超编安置退伍兵问题全部整改到位，实现销号。

【机构编制管理】2018年，市编办进一步规范编制的使用范围，全面核销收回349名机关事业编制。进一步加强编制使用计划管理，将编制使用的计划管理作为规范机构编制管理的长效机制。进一步强化机构编制动态管理，职能弱化需核减编制，职能强化要调剂保障，职能划转要划转人员编制。

【积极发挥机构编制保障作用】2018年，市编办坚持总量控制，继续实行计划用编。全市下达全市公务员（含参公事业单位）招考用编计划631名（含选调生计划144名），教育、卫生系统用编计划2818名（含政策性安置人员220名）。对市本级政策性人员的安置下达109名用编计划。机构改革期间暂停办理日常机构编制事项，采取暂不增机构、不增编制，依托属地或职能相近机构，内部调剂的方案有效解决仙女寨生态公园管理、高铁枢纽综合服务，纪委监委留置看护等工作的需求。保障民生重点，全力落实全科医生驻村全覆盖所需编制。各县市区通过在编制总量内整合机构设置，收回部分空余编制调剂解决全科医生所需编制，全科医生驻村全覆盖有序推进。

10月24日，市委深化机构改革领导小组召开第一次会议（市编办供图）

【机构编制督查工作】2018年，市编办对8个正处级、2个副处单位从单位履职、机构设置、编制使用、领导职数配备及有关规定执行情况进行重点审计，并把审计出的问题作为监督重点，督促责任单位落实。同时，继续发挥“12310”举报电话作用，将机构编制政策、纪律执行情况纳入市委巡察内容，实现机构编制督查与巡察工作的资源共享和联合监督，全面提升机构编制的监督效能和权威。

【事业单位登记管理工作】2018年，市编办探索开展“审批不见面，服务不打折，审批不过夜，服务不打烊”四项改革举措。全力推进事业单位信用体系建设，承接国家局交办的事业单位信用体系建设研究课题。开展事业单位登记法人信息抽查和实地核查工作，探索建立市直事业单位绩效考核办法，确保事业单位健康有序发展。严格落实上级关于信息共享、联合奖惩、信用监管等工作部署，做好与相关部门的信息公示、归集和业务协同。

【机构编制实名制管理】2018年，市编办明确专人负责实名制管理系统的信息更新、文件录入、台账单登记，做到实名制系统、机构台账与单位实际情况一致。市本级基本实现机构编制实名制业务网上申报办理，并通过系统为机构编制工作及各部门提供权威有效的数据支撑，为领导决策提供依据参考。

（肖　凯）

党校工作

【概况】2018年，中共娄底市委党校（娄底市行政学院）举办主体班20期，培训各级各类干部1183人，主体班到训率为97.05%；举办计外培训班18个，培训人数1418人；省委党校在职研究生班2个，学员109人；组织教师外出宣讲260余场，受众20000余人次，在广播电台开设"好听十九大"系列专题节目11次，接受娄底电视台专访3人次，在《娄底日报》发表理论专刊，组织骨干教师到市委中心组授课，充分发挥党校的理论阵地作用，提升党校影响力和辐射力。

【政治建校】2018年，中共娄底市委党校（简称市委党校）扎实完成巡视巡察整改任务，对省委第七巡视组反馈和市委第一巡察组反馈的问题，全部如期整改到位，得到市委主要领导和巡察组的充分肯定。着力强化理论武装，出台《中心组学习规定》和《政治学习规定》，坚持把习近平新时代中国特色社会主义思想作为学习的核心内容，全年中心组学习12次，政治学习22次，组织4次应知应会理论知识考试。营造良好政治生态，健全和完善《校（院）委会议议事规则》，始终坚持民主集中制原则，班子成员自觉过好双重组织生活，为主体班学员及教职工上党课14次；开展全校性的谈心谈话4次；狠抓以党的建设为统领的机关党建工作，机关第一党支部和离退休党支部在市直机关工委2018年度"党的一切工作到支部"达标创优竞赛活动中获评为"优秀支部"；做好5名处级干部、6名正科级干部、10名副科级干部的试用期转正工作，出台《校（院）贯彻落实中央八项规定精神的实施办法》，校（院）委会议由2017年的33次降至25次。

【质量兴校】2018年，市委党校不断创新班次设置，科学确定培训内容及培训时间，实现按需、分类、分层次培训目标。加大习近平新时代中国特色社会主义思想和党的十九大精神进课堂的力度，设置"党的十九大精神和党的理论教育"教学单元，开发新专题14个，专题更新率40%。不断创新教学方式，做到课堂讲授与互动讨论、专题研究和广泛阅读相结合，主体班学员对教学满意率97.4%。将党性教育贯穿教学全过程，不断完善"七个一"（入学教育、理论武装、党性体验、警示教育、日常养成、党性分析、民主生活会）党性教育模式，出台《主体班党性教育基地现场教学暂行规定》，构建以"唱一路经典歌曲、看一处革命圣地、听一堂当地特色党课、写一篇现场教学心得体会、开展一次班级主题讨论"为主要内容的"五个一"党性现场教学模式，并组织"不忘初心、牢记使命"主题论坛、微宣讲比赛和"党员政治生日集体过"等活动，强化党性教育效果。认真组织班级活动，在主体班开展"九个一"活动（坚守一个大课堂、搞好一次大调研、组建一支篮球队、编好一期高质量墙报、每周播好一次广播、编好一本汇报集、编好一本调研报告集、编好一本心得体会集、举办一批趣味与党性教育相结合的文娱活动）。从严学员管理，实行指纹考勤，签订《学员遵纪守规承诺书》，对学员课间纪律、遵守食宿规定、上课手机离身、遵守廉政规定等情况，组织机关纪委和教务处不定期检查，培训结束后，要求学员回工作单位开展"三个一"活动，即汇报一次学习成果、主讲一堂党课、开展一次研讨。重新修订《科研管理制度》，建立科研课题发布、课题招标、科研激励等机制，教师开展科研的积极性大幅提高，科研资助经费同比增长54%，科研质量明显提升。

【人才强校】2018年，市委党校加大教师培训力度，制订《进一步加强教师继续教育暂行规定》，选派2名校级领导分别到延安干部培训学院和中央党校进修，选派5名教师到省委党校进修，鼓励青年教师到地方高等院校和上级党校进修，1名教师攻读博士学位。举办全市党校系统教师培训班2期，经常性开展集体备课、评课活动，坚持新课试讲，大力培养名师，提高教师综合素质和授课水平。精心筹建兼职教师师资库，邀请市级领导、部门负责人、省委党校教授、省内外专家、学者担任兼职教师，全年外请报告18次。注重通过加强作风建设促进教职工能力素质的提升，成立机关纪委，经常性开展作风纪律督查，督查结果与个人绩效考核奖励挂钩。同时，在党员队伍中深入推进"两学一做"学习教育暨责任心教育常态化制度化和"我为党校增添光彩"活动，推进支部建设标准化、组织生活正常化、工作制度体系化、阵地建设规范化等措施。

【科研成果】2018年，市委党校科研成果汇总82项，申报并立项课题5项，结项4项；出版专著2部，公开发表学术论文35篇，其中中文核心期刊1篇，一般本科院校学报、省级党校行政学院学报31篇；课题开发9个，其中省委党校系统社科规划课题6个，娄底市社科联重点课题2个，娄底市社科联一般课题1个；社科成果获奖5项，获奖论文23篇，决策咨询报告8篇。

【后勤保障】2018年，市委党校开工建设、维修项目8个，新教学楼完成暖通和消防工程建设；完成校门的立项、设计、造价、财评及施工单位招标工作；对羽毛球馆进行维修维护，更换学员宿舍、办公楼、食堂等场所的消防设备，更新更换大批教学办公设施设备，完成校内煤气管道改造；做好校园物业管理新一轮承包和食堂招租，继续加大开源节流力度，物资采购坚持货比三家，严格控制公务接待，确保财务收支平衡。

（王旭光）

2018年市委党校（市行政学院）先进集体（先进个人）一览表

表10

获奖集体（个人）	奖励名称	颁奖单位	颁奖时间
胡锦凌	湖南省脱贫攻坚先进个人	中共湖南省委　湖南省人民政府	2018年10月

保密工作

【概况】2018年，娄底市保密局（简称市保密局）在市委和市委保密委的坚强领导及省国家保密局的指导下，全市保密系统坚持以习近平新时代中国特色社会主义思想为指引，按照中央、省委和市委保密委的决策部署，锐意进取，扎实工作。

【宣传教育】2018年，市保密局全面落实中央、省委、市委关于保密工作的决策部署，把学习中共十九大精神作为全市保密系统的首要政治任务，深刻理解精神实质，准确把握基本要求。各级党委（党组）学习中心组坚持定期学习保密法规，听取保密工作汇报，解决保密工作的困难。全年12个学习中心组举办保密形势讲座或保密专题教育大会，全市形成"抓领导、领导抓"的保密工作格局。全市50余家单位组织开展保密形势讲座和保密知识学习，3000余名市、县党校学员接受了保密教育。组织涉密人员赴省保密教育实训平台进行轮训，全市组织11批1000多名涉密人员赴省培训，培训人数排名为市州第一。组织全市机关单位观看保密警示教育片60余场次，组织市直单位集中学习全国、全省失泄密案件查处通报。利用工作微信群开展宣传，工作群人员涵盖市县保密部门及市直机关单位，通过不定期推送简短、实用的保密常识，安排交流工作。推广"保密观"微信公众号，全市3000余涉密人员关注，充分发挥"保密观"即时性、便捷性、丰富性、互动性的特点，让保密教育随手可得。做好《保密工作》杂志宣传发行工作，进一步扩大刊物覆盖面，全市订阅1466份，连续多年被国家保密局金城出版社评为学刊用刊工作先进单位。

【监管检查】2018年，市保密局开展"四不两直"保密大检查，对81家重要机关、单位开展检查。加强重点领域监管检查，抓好高考、研究生考试、公务员考试、司法考试等国考试卷押运、考点监管、考务巡查等各个环节的保密监管工作。开展涉密信息系统投入使用审批，协助省国家保密局开展全省涉密信息系统投入使用审批现场培训工作，采取现场审查与整改相结合的原则，率先在全省完成全市检察系统、纪委监察和组织部系统7个涉密信息系统投入使用审批工作。为厅级领导办公室、要害部位、涉密会议等场所提供保密环境检测服务。认真落实《国家秘密载体销毁保密管理规定》。加强国家秘密载体送销收销环节安全保密管理，全年集中统一销毁涉密文件和内部资料20余吨，涟源市、双峰县开展涉密载体集中统一销毁。积极指导军工生产企业开展保密工作，文昌科技、旭升科技公司顺利通过省军工保密资格复查认证。市保密局全年查处文件失控、计算机违规外联报警等保密违规行为16起，发出整改通知书14份，要求限期整改，并定期复查，彻底消除失泄密隐患和漏洞。

【队伍建设】2018年，市保密局对标中央、省委保密委员会工作要求，及时调整市（县、区）委保密委员会成员，将业务工作与保密工作联系紧密的部门、单位纳入保密委员会成员单位，全市各机关单位也相应调整保密工作领导小组成员，强化党委（党组）对保密工作的领导。市国家保密局增设保密技术科，5个县（市、区）也按照省编办关于跨层级调整行政编制的通知，给保密行政管理部门增加1~3名行政编制，确保县市区保密行政管理部门3名工作人员在岗。通过全员培训、岗位练兵、忠诚教育、跟班学习等方式，不断拓宽工作视野，激发内部潜能，营造拴心留人的用人环境，着力打造一支政治可靠、技术精湛、作风过硬的保密干部队伍。按照省国家保密局部署，组织市、县（区）保密干部参加全省保密干部全员培训班，组织赴青岛参加全国保密技术交流大会。积极引导、扶持有实力的企业进入涉密服务领域，推动企业提高保密意识，加强保密技术服务能力。指导全市7家科技公司获得11类国家涉密信息系统集成资质证书、2家公司获得国家秘密载体印制资质证书。结合贯彻落实《进一步加强涉密人员保密管理工作的意见》，定期开展涉密人员的岗前培训，全市签订保密承诺书3000份。完善保密工作目标管理考核制度。用好综治考评和绩效评估中“保密工作”考核手段，引导机关单位完成规定的保密工作任务。构建涉密人员激励机制。把保密工作目标管理考核与全市综治考评和绩效评估相结合，坚持每年以市委办公室名义表彰一批保密工作先进集体和先进个人。（易志军）

政策研究

【概况】2018年，中共娄底市委政策研究室（改革办）坚持“忠诚、奉献、严谨、创新”的政研精神，履职尽责，攻坚克难，参谋服务、全面深化改革工作、党刊编辑、内务管理等各项工作上升到新水平。成功获评“湖南省2018届文明单位”，《娄底工作》再获“全国城市十佳党刊”，信访、综治等相关工作继续被评为全市先进单位，继续保持“全市平安单位”称号，绩效评估获评全市优秀等次，领导班子获评“好班子”。

【参谋服务】2018年，中共娄底市委政策研究室（简称市委政研室）紧扣全市工作大局，就全市经济工作、组织工作、宣传思想工作、党风廉政建设和反腐败斗争、脱贫攻坚、生态环保、乡村振兴、责任心教育、创建全国文明城市、迎接中央省委巡视监督、省环保督察、锡矿山区域综合治理等重大工作做好参谋服务，市委主要领导高度肯定，各方面广泛好评。全年为市委以及市委主要领导撰写各类文稿300余篇约150余万字，完成各类文稿600余篇约300万字。

【全面深化改革】2018年，市委政研室部署120项改革任务，截至11月底，已完成或正在推进的106项，因上级未部署或娄底暂不具备相应条件而暂未启动、暂缓实施的14项，符合省市要求。室（办）按照市委的要求，力争上游，争创一流，打造一批具有鲜明娄底特色的改革案例。1月份，“村级小微权力+互联网+监督”改革工作，被评为“2017中国改革年度案例”，相关做法被写入2018年中央一号文件；市本级精准扶贫机制建设、市税务局机构改革、娄星区网上服务投诉机制建设和被征地农民“养老贷”、涟源市易地扶贫搬迁、新化县“文旅小镇”平台创建、双峰县产业扶贫工作和“四联”机制建设等8项改革经验，在《省委改革简报》或《省委工作情况交流》刊载，居全省各市州领先地位。“只跑一次”、“一村一辅警”、新社会阶层统战工作等改革，在全省乃至全国产生较好的影响。

【办刊】2018年，市委政研室编辑出刊《娄底工作》12期，《娄底工作简报》10期，《娄底工作简报（学习版）》18期，成为宣传娄底、联络情感、干部学习的纽带和平台。在全国城市党刊研究会第26届年会上，《娄底工作》以最高票当选“全国城市十佳党刊”。

【内务建设与管理方面】2018年，市委政研室着力抓协调、保运转，机关党建、人事政工、财务管理、后勤保障、保密档案、工青妇老等各项工作有条不紊开展。严格遵守“八项规定”，严格财经纪律，对所有公务接待、出差补助、办公经费都严格审核；脱贫攻坚、结对帮扶、非税创收、综合治理等全部完成或超额完成预期目标。突出抓好党支部建设，组织所有在职党员进社区，开展文明劝导等志愿活动，班子成员到经开区、市委办系统、县市区、民营企业宣讲党的十九大精神和党建理论。严格“三会一课”制度，结合中心组理论学习每月上一次党课，11月9日，专门邀请市委讲师团主任给全体党员上课。每月开展“主题党日”活动，12

月1日，组织党员到毛泽东故居、刘少奇故居接受红色教育。关心关爱干部职工，每周2次组织打羽毛球，选派5人到清华大学、浙江大学和党校学习培训。全年，4人次荣立三等功，1人被评为全市“最具责任心公职人员”。

2018年度市委政策研究室先进集体(先进个人)一览表

表11

获奖集体(个人)	奖励名称	颁奖单位	颁奖时间
市委政研室(改革办)	全国城市十佳优秀党刊	全国城市党刊研究会	2019年
市委政研室(改革办)	湖南省2018届文明单位	省文明办	2019年

督查工作

【概况】2018年，中共娄底市委督查室(简称市委督查室)紧扣市委加速转型奋力赶超发展战略，紧紧围绕市委重要决策部署和重要专项查办事项落实，不断创新方法、强化担当，持续推进制度建设和能力建设。

【决策督查】2018年，市委督查室制定并印发市委督查室《2018年重点督查事项清单》，根据督查内容，将清单分为“十二大类”。市委督查室根据清单定期或不定期采取明察与暗访相结合的方式开展督查，全年组织开展决策督查和专项督查230余次，形成督查通报11个、督查专报和相关督查情况报告9个。对中央、省委巡视组信访交办件办理、脱贫攻坚信访及舆情处置工作、中央环保督察反馈问题整改落实、非洲猪瘟防控工作、保障性安居工程建设等中心工作情况逐一进行督查调度、台账管理、跟踪问效；将市委常委会议、书记办公会议决定事项及指示进一步计划化、具体化，并及时跟踪督办，将落实情况形成督查通报；安排专人挂点中心城区提质扩容、娄底大道建设、神童湾大桥建设、铁路安置基地建设等重点项目，及时解决征地拆迁、拆违控违、优化施工环境等方面的难点、热点问题。

【专项查办】2018年，市委督查室出台《中共娄底市党委督查工作“一台账四清单”管理制度》，提升专项查办规范化水平；实行“一账四清单”制度管理(中央、省委、市委领导指示批示和上级督查反馈问题整改事项工作台账、问题清单、责任清单、整改清单、效果清单)，强化专项查办精细化管理，对专项查办事项即时登记、动态反映、全程记录、量化考核、年底算账，传导工作压力。全年发出督查公函和交办函共66件，办理省领导及省委督查室批示交办事项31件，办理书记批示事项51件，均做到零差错、零延误。

【小康工作】2018年，市委督查室建立小康工作四项基本制度，强化小康办班子责任分工，优化小康工作管理机制。针对短板指标和短板工作，加强督查协调，加大推进力度。制订年度小康目标任务，出台年度小康指标监测办法和年度考核办法，加强分类指导和小康指标调度。（李　红　刘　才）

2018年市委督查室先进集体(先进个人)一览表

表12

获奖集体(个人)	奖励名称	颁奖单位	颁奖时间
李　红	全省党委督查工作先进个人	省委办公厅	2019年1月

接待工作

【概况】2018年，中共娄底市委、娄底市人民政府接待处（简称市委、市政府接待处）在职10人，退休5人，中共党员11人。接待处在市委、市政府的领导下，深入学习贯彻习近平新时代中国特色社会主义思想 ，严格执行中央的“八项规定”，紧紧围绕中心、服务大局，出色完成全年接待任务。

【公务接待】2018，市委、市政府接待处坚持讲政治、守规矩，严格执行党纪政纪规定，不踩红线，不越底线，不碰高压线。做到有令必行，有禁必止。不搞超标准接待，不搞变通接待，不接不按程序报批的接待。在遵规守纪的前提下，着力提升接待服务质量。优化接待流程，注重工作细节，力求精心、精准、精致。全年接待来宾180余批次，其中国家级领导人3批次，省部级21批次，厅级35批次。重大接待活动如国家领导人和省部级领导的接待，中央巡视组、省委巡视组的接待，中央和省委、省政府环保督察组的接待，湘博会的接待，扫黑除恶专项督导的接待等等，都没有发生任何纰漏，接待服务得到各级领导的肯定。坚持厉行节约，接待经费继续大幅下降。全年接待费同比下降10%以上。（周成喜）

老干部工作

【概况】2018年，中共娄底市委老干部局（简称市委老干部局）有干部职工46人，其中在职人员26人，退休人员20人。内设办公室、保健安置科、组织宣教科、市委离退休干部工委办公室，市委市政府地市级老干部工作办公室和市关心下一代工作委员会办公室视同内设机构管理，市老干部活动中心为局属二级机构。是年，在市管领导班子和领导干部政治建设量化考核中，局务会被评为“优秀班子”。

【离退休干部党建工作】2018年，市委老干部局高度重视离退休干部党建工作，始终坚持把政治建设摆在首位。通过召开座谈会、形势通报会、组织外出考察等方式，引导离退休干部树牢“四个意识”、坚定“四个自信”、坚决做到“两个维护”。2月6日，组织召开老干部迎春座谈会。8月21日，召开全市经济社会发展形势通报会，向老干部干部通报市委、市政府所做的重点工作、主要措施及经济运行情况，与老干部共谋发展。10月11日，组织地市级离退休干部赴双峰开展“不忘初心、牢记使命”主题党性教育活动，引导离退休干部不忘初心，永葆政治本色。始终坚持加强思想建设。组织离退休干部深入学习、深刻领会习近平新时代中国特色社会主义思想和党的十九大精神，开展党的十九大知识测试，认真组织开展向姜开斌同志等先进典型和榜样学习活动，各级离退休干部工作部门先后组织学习座谈活动和收看《榜样》电视专题片等活动100余场次。为离退休干部党支部订阅《学习参考》，为离退休干部订阅《老年人》杂志11738份，使广大离退休干部“老有所学”，思想常新。始终坚持夯实组织建设。推进市县两级离退休干部工委组织体系建设，市委及五个县市区党委均成立离退休干部工委，县市区委老干部局各增设1名副局长职数，副局长兼任离退休干部工委专职副书记。建立健全离退休干部党建工作考核机制，实行县市区委离退休干部工委书记向市委离退休干部工委述职制度，落实离退休干部党支部书记“双述双评”制度。建立联系督导制度，市委离退休干部工委委员每2人联系督导一个县市区，市委老干部局领导分别联系督导15~20个市直单位或省属驻娄单位离退休干部党支部。7—8月，组成6个组深入对口联系的单位进行调研，指导开展离退休干部党建工作，帮助基层解决实际问题，深受广大离退休干部的欢迎和点赞。制定出台《娄底市离退休党支部“五化”建设操作手册》，统一谋划部署开展“五化”建设工作。认真开展“五好”离退休干部党支部创建活动，市司法局、市国税局等4个离退休干部党支部被评为全省示范离退休干部党支部。10月，在市司法局召开全市离退休干部党建工作现场推进会，宣传推介8个示范典型，发挥良好的带动作用。

【增添正能量活动】2018年，市委老干部局将正能量活动纳入年度工作要点，加强统筹谋划，对各县市区、市直单位、涉老机构开展正能量活动进行安排部署。认真指导和开展“增添正能量、助力新娄底、共筑中国梦”系列正能量活动，组织开展庆祝改革开放40周年离退休干部书画展、征文比赛等活动，展出书画作品

158 副，征集文章 300 多篇。组队参加全省离退休干部“走进新时代·共筑中国梦”广场舞比赛，选送的 5 支表演团队中，新化县、娄星区 2 个表演团队获三等奖，新化县表演团队获最佳表演奖。在全省开展的“好好学习——传承红色基因、争做时代新人”学习教育和电视展演活动中，市代表队获第三名。引导广大离退休干部积极参与精准扶贫、社会综合治理、创文管卫、市志编纂等中心工作，助力基层党组织建设。各级关工委发动“五老”宣讲员进学校、进社区、进家庭开展党的十九大精神宣讲活动，开展“十百千万”扶贫助学行动，全年资助困难学生 15900 余人，资助金额 1460 余万元，截至 10 月底，全市关工基金 1.7 亿元，在全国市(州)中位居第一。

【离退休干部服务管理】2018 年，市委老干部局巩固离休干部“三个机制”，离休干部离休费及各类政策性补贴按时足额发放，医药费按规定及时报销。做好老干部生日祝寿、生病住院、过世吊唁、信访答复等日常工作。完善特困帮扶机制，由帮扶对象所在单位负责申报，市委老干部局核实，帮扶资金直接转入帮扶对象账户，帮扶工作更加规范、透明。是年，市县两级帮扶资金 132.45 万元，帮扶困难离退休干部 628 人。扎实开展元旦春节走访慰问工作，为老干部送去党委政府的温暖。持续开展“满腔儿女情、温暖夕阳心”主题活动，为离退休干部提供个性化服务。用心用情办好市老干部(老年)大学，着力提高办学质量，开设诗词、国画等 9 个专业 18 个班，学员 1594 人次。9—10 月，组织和发动学员参加全国老龄办举办的“记录历史足迹·再创时代辉煌——纪念改革开放 40 周年”全国老年人书法、绘画、摄影大赛，推送 43 幅作品。 (周　红)

网信办工作

【概况】2018 年，中共娄底市委网络安全和信息化委员会办公室(简称市委网信办)深入学习贯彻习近平新时代中国特色社会主义思想和网络强国战略思想，认真贯彻落实全国、全省网信工作会议精神，以落实党委(党组)网络意识形态工作责任制和党委(党组)网络安全工作责任制为有力抓手，以落实巡视整改任务为契机，突出“重双基、强双责”，推动全市网信事业加快发展，有力巩固和维护网络意识形态安全，为娄底经济社会高质量发展营造了良好网络舆论环境。

【党对网信工作的领导】2018 年，市委常委会先后 5 次专题研究网信工作，传达全国、全省网信工作会议精神，研究贯彻落实的具体意见，将全市各级党委(党组) 落实网络意识形态工作情况纳入意识形态巡察，确保网络意识形态工作责任制落地落实。召开全市网络安全和信息化工作会议，要求各级领导干部认真研读习近平总书记网络强国战略思想，认真研判全市网络信息安全形势，认真解决网信工作中的重点难点问题，认真履行管网治网责任，进一步强化全市各级共同维护网络意识形态安全的责任感使命感；扎实开展中央第八巡视组、省委第七巡视组反馈意识形态领域问题整改工作，努力形成确保网络意识形态安全的长效机制。

【网络宣传舆论】2018 年，市委网信办指导属地网站和各类新媒体创新传播形式和手段，深入做好习近平新时代中国特色社会主义思想网上传播。围绕全省、全市中心工作组织策划“纪念改革开放 40 周年”“创建全国文明城市”“脱贫攻坚”“配合中央环保督察组‘回头看’”“坚决防止和克服形式主义、官僚主义”等网上主题宣传活动，“新春走基层，直播奉嘴山”直播活动在网上反响强烈。积极推荐青年检察官谢新星入选“中国网事·感动 2018”第二季感动人物，民警黄其焕入选 2018 年 10 月中国好人榜。开设“新时代、新征程、新篇章”等专题专栏，确保正能量充盈、主旋律强劲。

【融媒体平台建设】2018 年，市委网信办“新娄底云”移动政务新媒体建设加速，相继开通头条号、百家号、企鹅号、一点号等系列“娄底政能量”新媒体账号，以及“娄底发布”抖音新媒体政务号，不断拓展宣传推介娄底的网络平台。充分利用全市新闻网站及“娄底发布”“网信娄底”等微信微博平台，围绕市委、市政府决策部署，主动设置议题，加强策划解读，提升正面宣传的传播力、引导力、影响力、公信力。

【涉娄舆情处置】2018 年，市委网信办组织开展全市网络信息安全专题培训，实现从监测预警、分析研判、交办处置、舆情上报等工作全流程平台管理；对《涉娄舆情》报送进行改版提升，实行日报、专报常态化；建立完善各类舆情监看报送系统，全面提升娄底技术管网能力和水平；建立舆情应急联席会议制度，科学有效处置各类较大敏感热点舆情，有力维护娄底网上形象。

【网络空间综合治理】2018年，市委网信办开展"清朗""清网"专项行动，对属地违法违规微信公众号、微博账号负责人进行约谈，上报关停违法违规微信微博账号13个，查处网络谣言信息14起，有效净化娄底市网络生态空间。对全市政务类网络平台进行清理，完善基础台账，出台考核办法，查处托管平台，清理政务类僵尸号12个，确保政务类网络平台运营安全、有序、有效。

【网站基础管理和网络安全防护】2018年，市委网信办督促属地网络媒体切实履行主体责任，坚持新闻三审、论坛帖文先审后发制度，全年没有出现重大编辑事故。对全市各新闻媒体、有影响力的微信公众号等新媒体从业人员进行摸底登记，并通过组建微信群、召开座谈会、下发管理提示等措施，强化纪律意识和责任意识。对存在问题的单位和问题网站下发整改通知书，约谈并上报关停部分问题严重的网站。认真组织参与"湖湘杯"网络安全竞赛活动和全省关键信息基础设施网络安全应急演练，有效提升网站安全防护能力。

【网络问政】2018年，市委网信办以人民网"地方领导留言板"、红网"问政湖南"书记、市长信箱和红网"百姓呼声"的网民留言办理工作为重点，建立"全时监测、即时交办、限时办结、联动督查、考核奖惩"网络留言办理工作"五项机制"，全年回复办理红网"问政湖南"书记信箱留言606条(次)，回复率100%。娄底市委书记、娄底市市长、涟源市委书记、新化县委书记为全省"积极批示或回应网民留言的领导"，娄底市委网信办、娄底市政务服务中心、新化县委网信办、涟源市电子政务管理办获全省红网网上群众工作"年度留言办理积极单位"。 (谭建平)

社会主义学院工作

【概况】娄底市社会主义学院(简称市社会主义学院)作为民主党派和无党派代表人士的联合党校，始终坚持社院姓社，牢牢立足于人才培训基地、理论研究基地、方针政策宣传基地，突出"政治共识教育"。2018年深入贯彻习近平新时代中国特色社会主义思想和党的十九大精神，全面从严治党，着力推进党建工作标准化建设，党建工作取得长足进步；着力抓好培训教育主业，全力改进教务教学，深入开展调查研究，教学主业取得良好成绩。

【培训教育】2018年，市社会主义学院举办4期培训班，培训学员220余人次，省、市统战部和社会主义学院领导为学员作专题讲座。培训把习近平新时代中国特色社会主义思想和中国特色社会主义理论作为教学重点，积极引导党外代表人士与中国共产党"思想上同心同德、目标上同心同向、行动上同心同行"；组织党外年轻干部学员赴阿坝重走长征路，接受党的优秀传统革命精神学习，增强党外代表人士"四个意识"和"四个自信"。同时开设演讲、国学、群众工作等，全面提升学员素质。

【教学理论研究】2018年5月，市社会主义学院推荐副院长肖小红参加省社会主义学院师资培训；省重点课题"新社会阶层的政治资源与阶层关系和谐研究"在省社院顺利结题并被评为全省优秀课题；在全省社院系统科研评奖中，获得优秀组织奖、优秀科研管理工作者和全省科研三等奖，并在全市社科联的科研评奖中获得三等奖；7月，选派2名干部参加全省社会主义学院系统教学大比武，都取得全省教学比武优胜奖第一名的好成绩，娄底市社会主义学院获得优秀组织奖，这在娄底社院的历史上是第一次。全年开发"继承和传承多党合作的优良传统""坚持新型政党制度自信""习式语言魅力"等课程。

【方针政策宣传】2018年，市社会主义学院主动承担起中央、省委、市委重大部署重要法规的宣传解读和贯彻责任。社院将学习、宣传党的十九大会议精神及最新理论成果列入工作计划与教学计划，纳入授课内容。社院着力加强宣传信息工作，全面完成市委统战部下达的年度工作任务，并切实加强同市委统战部、省委统战部、中央统战部的对接力度，在《中国统一战线杂志》发表文章1篇，在中国统一战线网、三湘统战网、省社院网站刊发宣传信息多条。

(刘雄业)

对台工作

【概况】2018 年，娄底市人民政府台湾事务办公室坚决贯彻中央对台大政方针，自觉坚持以习近平新时代中国特色社会主义思想为引领，深入贯彻落实中共十九大精神，紧扣市委中心工作，扎实开展对台宣传、涉台教育、对台交流、招商引资、涉台维稳等各项工作，全市对台工作取得显著成效。

【对台宣传及涉台教育工作】2018 年，娄底市人民政府台湾事务办公室以习近平总书记对台工作重要讲话精神为指引，扎实开展意识形态及对台宣传工作。积极利用网络和微信等平台，第一时间发布国务院台办、国家发改委《关于促进两岸经济文化交流合作的若干措施》、湖南省人民政府办公厅《关于深化湘台经济文化交流合作的实施意见》，及时向台湾同胞传达中央和省委对台政策。先后对湖南海外旅行社娄底分公司、418 华天大酒店、娄底第一小学等涉台接待窗口单位及教育基地进行中央对台政策、涉台礼仪等对台知识培训，牢固树立在对台交往中坚持“一个中国”原则的思想。

【对台交流工作】2018 年，娄底市人民政府台湾事务办公室根据中央对台工作精神和年度工作任务，于 8 月 4—9 日承办 2018 年全省重点对台交流项目“山之韵·海之音”娄台青少年文艺交流夏令营活动，邀请一批台湾青少年“首投族”首次到大陆交流。举办“曾国藩家风中的修身智慧”讲座、“山之韵·海之音”娄台青少年文艺晚会等活动，在娄台两地青少年中掀起一股学习对台工作精神，传承中华文化，促进两岸关系发展的热潮，有效提升台湾青少年对国家、对民族、对文化的认同。全年接待来访台湾团组 7 个，接待台商、台胞 80 余人次。

【招商引资工作】2018 年，娄底市人民政府台湾事务办公室扎实做好招商引资工作。11 月，组织招商小分队赴广州、深圳等地开展上门招商活动，学习对台招商引资、亲商安企方面的先进经验，与台商、台协面对面推介娄底产业规划、招商引资政策及项目。6 月 3 日，邀请福建省台谐创新科技有限公司股东刘其丛到双峰县经济开发区（台资工业园）考察投资事宜。6 月 27 日，邀请台湾水纱莲健康文创集团董事长朱长生（双峰籍）对娄底有关农业产业、健康文创等方面进行考察。安排专人负责台企服务工作，建立服务台账，多次赴现有台资企业走访调研，了解台企经商过程中遇到的实际困难，积极协调帮助台企解决问题。2018 年，仅荣诚、兴昂两个台资企业就实现产值 4.5 亿元，上缴利税 6000 余万元。

【涉台维稳工作】2018 年，娄底市人民政府台湾事务办公室牢固树立底线思维，压实涉台维稳工作责任，抓实中央“惠台 31 条”和省政府“59 条惠台政策”的落地生根。8 月 31 日，依据国台办与教育部有关文件精神，积极协调娄底市公安局娄星分局出入境管理大队、市教育局基础教育科及娄底市第八小学，为台胞子女庄松霖解决就近入学问题。9 月 1 日，推出港澳台居民居住证办理工作，通过广泛宣传和积极协助，有意返乡办理居住证的娄籍台胞 200 余人，19 名娄籍台胞办理台湾居民居住证。全年受理涉台投诉信访案件 10 起，均圆满结案。（赵　杰）

娄底市人民代表大会

◎综述

◎重要会议

综　述

【概况】2018年，娄底市人民代表大会常务委员会（简称市人大）深入学习贯彻落实习近平新时代中国特色社会主义思想，以习近平新时代中国特色社会主义思想及总书记关于坚持和完善人民代表大会制度的重要论述为指导，务实作为，扎实工作，圆满完成了市五届人大二次会议确定的目标任务。全年组织召开人民代表大会会议1次，人大常委会会议10次，市人大常委会党组会议19次，市人大常委会主任会议18次，听取和审议"一府两院"专项工作报告21项，作出决议决定4个。

【选举任免】2018年，市五届人大二次会议选举徐勇为娄底市监察委员会主任，补选王学军、刘辉、刘海云、刘雄辉为娄底市第五届人民代表大会常务委员会委员，选举44名应由娄底市选举的湖南省第十三届人民代表大会代表，会议还通过娄底市第五届人民代表大会法制委员会主任委员名单。全年常委会任免国家机关工作人员25人次。

【监督工作】2018年，市人大坚持把促进经济发展、社会进步作为重大使命，坚持正确监督、有效监督，力促高质量发展。牢固树立以人民为中心的理念，持续开展"五行"活动。力促公平正义，听取和审议关于执法工作、公益诉讼工作情况报告。回应民生关切，切实维护群众利益，听取和审议关于食用油安全、控违拆违、环境保护年度目标完成情况及万宝新区托塘井水资源保护、城市黑臭水体治理等方面的工作情况报告，精心组织开展乡村振兴、养老服务体系、农村村民违法占地建房、农村生活垃圾处置、文化旅游等议题的视察调研，提出意见建议，为促进社会公平正义、提高群众生活质量和建设美丽乡村贡献人大力量。高度关注经济运行态势，听取和审议市人民政府关于计划、财政、审计方面的报告，听取和审议市本级政府投资计划、娄底中心城区PPP项目建设内容调整及股权调整、"十三五"规划中期评估等情况报告，审查和批准"十三五"规划主要指标重大项目调整方案、2017年市级财政决算和2018年财政预算调整方案。严格财政全口径预决算审查监督，扎实推进预算联网监督工作，全力推进国有资产监督管理工作改革，认真实施审计查出问题整改报告机制。

【专项工作评议】2018年，市人大坚持以问题为导向，精心组织专项工作评议，取得较好效果。组织3名副市长所分管工作和教育、经济和信息化、公安、司法、住房和城乡建设、交通运输、水利、旅游外事侨务8项专项工作进行公开评议。常委会成立11个评议调查组，深入开展评议调查，督促评议对象做好边查边改工作。常委会第十六次会议进行公开评议和满意度测评，并针对存在的22个突出问题进行现场交办，要求评议对象限期整改并报告整改情况。加强对2017年度政府6项工作评议交办问题整改工作的跟踪督办，脱贫攻坚、规划刚性执法、文体中心功能发挥、审计质量、法治政府建设、电梯安全监管等重点交办意见均取得良好的整改效果。

【立法工作】2018年，市人大坚持科学立法、民主立法、依法立法。全市第一部地方性法规《娄底市孙水河保护条例》，于2018年1月1日起正式实施。审议通过《娄底市湄江风景名胜区保护条例》，11月30日，省十三届人大常务委员会第八次会议审查批准。顺利推进《仙女寨生态公园保护条例（草案）》的一审及《大熊山森林公园保护条例》《曾国藩故居保护条例》的立法调研工作。

【代表工作】2018年，市人大深入开展"使命、责任、担当"学习教育活动，持续开展"双联""脱贫攻坚，人大代表在行动"等活动，不断激发代表履职活力。不断规范代表联系群众工作站（点）的建设和管理，全市建站（点）1291个，定期定点接待群众，收集各类建议意见1662条。加大代表履职培训力度，严格代表履职管理，落实代表履职登记、报告、评价和辞职制度，持续推进代表述职工作，激发代表履职活力。进一步完善代表建议提出、督办、评价机制，审议出台《娄底市人民代表大会代表建议批评和意见工作办法》《娄底市人民代表大会代表建议批评和意见评议暂行办法》，对建议提出和处理、办理情况评价等工作进行规范。不断扩大代表对常委会工作的参与，邀请217位人大代表列席常委会会议、参加工作评议、视察调研等活动，充分保障代表的知情权、参与权、表达权和监督权。努力提高代表议案建议办理质量，对市五届人大二次会议以后收到的1件议案和131件建议进行分类交办，确定6类7件事关发展大局和群众利益的建议作为重点督办建议，由主任会议成员牵头、相关专门委员会对口跟踪督办，均取得较好的效果。

【履职能力建设】2018年，市人大坚持对标对表省人大常委会及市委工作要求，全面提升履职能力。加强党的建设，完善常委会机关党组的各项制度，落实意识形态责任制，完成机关党委换届、设立机关纪委。坚持以党建为引领，始终把政治建设摆在首位，扎实开展“践行初心和使命”突出问题清理，“强化责任心提高落实力”专题讨论及“两学一做”学习教育等活动，狠抓“五化”党支部建设，充分发挥机关党组、机关党委和各支部的战斗堡垒和全体党员的先锋模范作用。开展“大学习大调研大提升”活动，努力做到知行合一。坚持集中学习制度，组织开展政治理论知识考试、党的十九大精神知识抢答赛等活动。集中力量办好《娄底人大》杂志和娄底人大网站，努力做到有特色、有意义、有影响。切实加强对下级人大工作的联系指导，成功举办全市县乡人大负责人培训班。扩大与外地人大的联系与交流，组织相关人员到广东清远、浙江杭州等地调研考察，学习借鉴外地经验，提升履职能力。

重要会议

【市五届人大二次会议】2018年1月3日至5日，娄底市第五届人民代表大会第二次会议在娄底华天大酒店召开。会议听取和审查娄底市人民政府工作报告、娄底市人民代表大会常务委员会工作报告、娄底市中级人民法院工作报告、娄底市人民检察院工作报告，审查和批准娄底市2017年国民经济和社会发展计划执行情况的报告与2018年国民经济和社会发展计划、娄底市2017年全市及市级财政预算执行情况的报告与2018年市级财政预算。会议选举徐勇为娄底市监察委员会主任，补选王学军、刘辉、刘海云、刘雄辉为娄底市第五届人民代表大会常务委员会委员，选举44名应由娄底市选举的湖南省第十三届人民代表大会代表，会议还通过娄底市第五届人民代表大会法制委员会主任委员名单。会议收到代表议案建议130件(其中大会议案1件)。会议号召全市人民紧密团结在以习近平同志为核心的党中央周围，高举习近平新时代中国特色社会主义思想伟大旗帜，深入贯彻党的十九大精神，牢记使命，砥砺奋进，为决胜全面建成小康社会、加快建设富饶美丽健康祥和新娄底作出新的更大的贡献。

【市五届人大常委会会议】1月5日下午，市五届人大常委会第八次会议召开。会议审议通过《娄底市人民代表大会常务委员会关于娄底市监察委员会副主任、委员任命和宪法宣誓程序的决定》。会议以无记名投票的方式，表决通过《关于提请任命肖开斌等同志职务的议案》。会议任命肖开斌、何一波、李建设为娄底市监察委员会副主任，曾桂华、曾晓燕、梁巨热为娄底市监察委员会委员，标志着娄底市监察委员会组建顺利完成。

1月19日，市五届人大常委会第九次会议召开。会议听取和审议市人民政府关于2017年全市环境状况和环境保护目标完成情况及2018年环境保护目标计划安排的报告；审查和批准人民政府《关于提请审议将娄底市市本级相关棚改项目纳入政府购买服务计划的议案》。

4月9日，市五届人大常委会第十次会议召开。会议审议通过《娄底市人大常委会2018年工作要点》《娄底市人大常委会关于调整2018年度副市长工作评议计划（草案)》《市人大常委会主任会议关于修改〈娄底市人民代表大会常务委员会议事规则〉和〈娄底市人民代表大会常务委员会关于进一步提高常务委员会会议质量的意见〉个别条款的议案》，听取和审议市人民政府关于娄底市2017年市本级政府投资计划执行情况和2018年市本级政府投资计划(草案)的报告、市人民政府及被审计单位关于2016年度预算执行和其他财政收支审计工作报告指出问题整改情况的报告，会议还表决通过有关人事任免事项。

5月31日，市五届人大常委会第十一次会议召开。会议传达学习中共中央政治局常委、全国人大常委会委员长栗战书在十三届全国人大常委会第一次会议上的讲话精神；听取和审议市人民政府关于规划、农业及扶贫、文化体育广播新闻出版、审计、法治、质量技术监督等6项工作整改落实情况的报告，对整改落实情况进行了满意度测评；会议还对《娄底市湄江风景名胜区条例(草案)》进行第一次审议。

7月12日，市五届人大常委会第十二次会议召开。会议听取和审议《娄底市人大常委会关于2018年评议市人民政府副市长分管工作的方案（草案）》《娄底市人民代表大会常务委员会主任会议关于提请罢免肖扬湖南省第十三届人民代表大会代表职务的议案》,表决通过《娄底市人民代表大会常务委员会关于罢免肖扬湖南省第十三届人民代表大会代表职务的决议(草案)》。

7月26日，市五届人大常委会第十三次会议召开。会议听取市人民政府上半年工作情况通报,审议市人民政府关于娄底市2018年上半年国民经济和社会发展计划执行情况的报告;听取和审议市人民政府关于娄底市2018年市本级政府投资计划调整方案的报告、市人民政府关于娄底市2017年市级财政决算草案和2018年上半年预算执行情况的报告、市人民政府关于娄底市2017年度市本级财政预算执行和其他财政收支审计工作报告，审查和批准娄底市2017年市级财政决算;会议还审议《娄底市湄江风景名胜区条例(草案·二次审议稿)》。

9月30日，市五届人大常委会第十四次会议召开。会议听取《市监察委员会关于全市监察工作情况的报告》;听取和审议《市人民检察院公益诉讼工作报告》《市人民政府关于娄底中心城区控违拆违工作情况的报告》《市人民政府关于娄中心城区食用油安全监管工作情况的报告》《市人民政府关于2018年市级预算调整方案(草案)的报告》,审查和批准娄底市人民政府2018年市级预算调整方案;会议审议通过《娄底市人民代表大会代表建议、批评和意见工作办法(草案)》《娄底市人民代表大会代表建议、批评和意见办理评议暂行办法(草案)》;审议《娄底市湄江风景名胜区条例(草案·三次审议稿)》,表决通过《娄底市湄江风景名胜区条例(草案·表决稿)》。

10月18日,市五届人大常委会第十五次会议召开。会议审议了人事任免事项,决定接受赵应良辞去娄底市人民代表大会常务委员会副主任职务,决定任命赵应良为娄底市人民政府副市长;会议还听取和审议市人民政府关于娄底中心城区PPP项目建设内容整改调整及股权调整有关情况的报告。

12月10日至11日，娄底市五届人大常委会第十六次会议召开。会议听取和审议人事任免事项,决定接受石潇纯、焦国华辞去娄底市人大常委会委员职务;听取个别代表异动情况报告;听取和审议市人民政府教育、经济和信息化、公安、司法、住房和城乡建设、交通运输、水利、旅游外事侨务工作报告,3名副市长作分管工作报告，分项进行满意度测评,8个专项工作和副市长分管工作均评为“满意”,会议现场交办22个整改问题；会议还听取和审议市中级人民法院关于执行工作情况的报告,市人民政府、市中级人民法院关于市五届人大二次会议以后代表议案、建议办理情况的报告,市人民政府关于娄底市“十三五”规划纲要中期实施情况评估和调整方案的报告,审查批准娄底市“十三五”规划纲要调整方案。

12月25日,市五届人大常委会第十七次会议召开。会议审议《娄底市人民代表大会常务委员会工作报告（审议稿)》《娄底市第五届人民代表大会第三次会议主席团和秘书长名单(草案)》;审议决定《娄底市第五届人民代表大会第三次会议列席人员名单（草案)》;听取和审议市人民政府及被审计单位关于娄底市2017年度市本级财政预算执行和其他财政收支审计发现问题整改情况的报告,对审计整改落实情况分责任单位进行满意度测评;会议还听取和审议《仙女寨生态公园保护条例(草案)》。 (段劲洪)

娄底市人民政府

◎综述
◎重要会议
◎市政府办工作
◎信访工作
◎军休工作
◎政务服务工作
◎无线电管理工作
◎机关事务管理工作
◎市政府驻北京联络处工作
◎市政府驻广州办事处工作
◎市政府驻长沙办事处工作
◎外事和港澳工作

综　述

【概况】2018年，娄底市人民政府认真落实党中央、国务院、省委、省政府和市委决策部署，大力实施创新引领开放崛起战略，按照高质量发展要求，加速转型，奋力赶超，较好完成全年各项目标任务。地区生产总值增长8.6%，其中一、二、三产业分别增长3.8%、7.9%、10.8%；固定资产投资增长9.5%；规模工业增加值增长7.8%；社会消费品零售总额增长10.4%；财政总收入增长14%；城乡居民人均可支配收入分别增长8.9%、10.7%；13项主要经济指标中，10项指标增速进入全省前列。引进新上湖南利钢、益盛新材、三一路机、博盛新材、杭萧钢构、新印科技等一批大项目、好项目，新增规模以上企业363家，其中规模工业企业150家、高新技术企业40家。第三产业贡献率49.4%；产业投资增长26.2%，占全部投资的60.9%，其中工业投资增长25.7%，工业技改投资增长31.1%，高新技术投资增长137.7%；纳税过亿元的企业从上年的6家增加到13家，全市税收占比达到68%。全力打好三大攻坚战，守住安全生产、信访维稳等工作底线，解决民生领域的一些突出问题，人民群众有更多获得感。“村级小微权力+互联网+监督”改革探索被中纪委、新华社推介，新化县油溪桥村积分制管理被评为全国乡村治理十大经典案例之一，成立全省首个区块链产业园区、发放全国首张不动产区块链电子凭证，河长制工作获全国先进，冷水江市进入全国小康百强县市行列，等等。

【三大战役】2018年，娄底市人民政府全力打好防范化解重大风险、精准脱贫、污染防治三大攻坚战。调减政府投资项目141个，压减投资483.72亿元，清理规范PPP及政府购买服务项目59个，压减投资387.47亿元，政府性债务风险总体可控；加快推进民间融资风险处置，集中办理一批大案要案，平稳化解九龙集团“6·30”风险；建立地方金融风险监测预警联动机制，与14家省级金融机构签订战略合作协议，授信2365亿元。深入推进脱贫攻坚“七大行动”和“七大扶贫工程”，全年减少建档立卡贫困人口11.34万，223个贫困村退出，双峰县脱贫摘帽；推进市委“四个意见”落地见效，激发群众内生动力，16名村支部书记被评为“脱贫致富带头人”，29名脱贫对象被评为“自强自立先进个人”。中央环保督察交办的245个信访件全部办结，反馈的9个问题5个办结销号；有效实施“湘江保护和治理第二个三年行动计划”“锡矿山区域环境综合治理三年行动计划”，成功申报全国第三批山水林田湖草生态修复试点工程，畜禽规模养殖污染防治、城市黑臭水体整治、土壤与重金属污染治理、采(碎)石场规范化整治全面推进，中心城区空气质量优良天数比例为88.8%，全市集中饮用水水源地水质达到或优于Ⅲ类。

【项目建设】2018年，娄底市人民政府扎实开展“产业项目建设年”活动和“项目建设大比拼”，推进各类项目1670个，其中重大产业项目328个，完成投资445亿元。列入省“五个100”的项目13个，完成投资41.8亿元，三迅新能源高能量动力电池产品研发项目获评省重大科技创新优秀项目。先后在长沙、北京、杭州开展“互联网+装配式建筑”、特色小城镇等产业链专题招商，签约项目61个，总投资268.77亿元。园区规模工业增加值增长8.8%，占全部规模工业的比重70.2%，娄底经开区获批全国大中小企业融通型特色载体，娄星工业集中区成功创建创新创业示范基地，新化县经开区获批省级高新区。

【产业转型】2018年，娄底市人民政府全力加快株潭娄国家产业转型升级示范区建设，围绕建设“钢铁新城”、打造新材料新能源基地，重点推进12条产业链建设。薄板深加工及汽车零部件千亿产业链基本完成布局，规划入园项目4个，华安钢宝利二期竣工投产；新能源动力电池及储能产业链有电将军第一条生产线等8个项目投产，3个项目在建；装配式建筑等其他9条产业链加快布局推进。农业与二、三产业加快融合，新增规模以上农产品加工企业49家、休闲农业企业492家，建成乡、村电子商务服务站点1829个，农产品加工销售收入、经营收入分别增长16%、17%。娄底旅游成功纳入湖南旅游中部崛起战略，旅游收入和人数分别增长18%、19.3%。互联网经济、总部经济、赛事经济等新业态新模式加快发展，万宝移动互联网产业园吸引陌陌、谷歌等企业70余家，新化县上市小镇有34家准上市企业入驻。财政科技支出增长98%，引进科技创新人才8名，新增国家级创新研发平台2家、院士工作站2家、产业技术联盟10家。

【改革开放】2018 年，娄底市人民政府有力有序推进 35 大类 106 项改革举措。“放管服”改革梳理“只跑一次”事项 1007 项，完成 91.9%。“互联网+政务服务”一体化平台上线运行，信息共享交换平台投入使用，获“2018 中国智慧城市创新奖”。全面实施企业登记“37 证合一”，实行“一网通办”“一窗核发”，企业登记压缩至 8.5 个工作日，不动产登记压缩至 5 个工作日。坚持招大引强，签约落户 500 强企业项目 9 个，总投资 179 亿元。成功举办第九届“湘博会”和第五届娄商大会，签约项目 50 个，总投资 351.5 亿元。全年实际利用外资 5.4 亿美元，增长 16.7%；内联引资 700 亿元，增长 15.5%，全市进出口总额增长 26.2%，冷水江市获评全省发展开放型经济优秀县(市)。

【城乡建设】2018 年，娄底市人民政府推进中心城区创文管卫工作制度化常态化，交通秩序、超限超载、控违拆违等专项整治成效明显。城市“双修”有力推进，完成投资 19.2 亿元，5 个背街小巷片区、9 条城市道路(18.5 千米)完成提质改造，12 条城市道路加快建设，一批群众反映强烈的城市基础设施得到改善，城区品质和形象得到提升。秀美县城、特色小城镇、美丽乡村建设深入推进，“乡村振兴 15 条” 初见成效，娄星区、冷水江市获评“全省美丽乡村建设工作先进县市区”，双峰县三塘铺镇入选“中国最具魅力乡镇”，新化县土坪村获评“中国美丽休闲乡村”。完成干线公路改造 114 千米、农村公路提质改造 303 千米，娄底大道双峰段基本完工，龙琅高速公路建设进展顺利。

【民生事业】2018 年，娄底市人民政府民生支出占到一般公共预算支出的 74.8%。十件民生实事总体完成，完成年度任务的有 8 件，其中，驻村服务全科医生或助理全科医生达到 1227 名；79 个易地扶贫集中安置项目基本完成，搬迁 24341 人；垃圾分类试点村 946 个；义务教育班额基本控制在 65 人以下；1900 个自然村通水泥(沥青)路，建设里程 1691 千米；湘江资江娄底流域截污和水体治理完成 12 千米；山塘清淤完成 4800 口；中心城区小游园建成 9 个。城镇新增就业 3.85 万人，新增农村劳动力转移就业 3.96 万人，城镇登记失业率为 2.94%。补充教师 2641 名，新增学位 31820 个，双峰县、涟源市被认定为全国义务教育发展基本均衡县(市)。完成农村危房改造 12951 户、保障性住房 18211 套，中心城区老旧小区改造 2856 户。城乡低保月人均救助水平分别提高 7.04%、36.7%。事故起数、死亡人数分别下降 6%、9%，全年没发生较大及以上安全生产事故，获评全省安全生产先进市。深入推进扫黑除恶专项斗争，摧毁黑社会性质犯罪组织 5 个，打掉恶势力团伙 59 个。创建全国禁毒示范城市成功入榜，1235 个行政村建立治安队，无上访乡镇(街道)23 个、无上访村(社区)676 个。

【自身建设】2018 年，娄底市人民政府坚持和加强党的全面领导，深入推进“两学一做”学习教育常态化制度化，落实市政府党组理论学习中心组学习制度。主动接受人大及其常委会的法律监督、工作监督，3 位副市长和 8 个政府工作部门接受人大评议。自觉接受政协民主监督，及时通报政府工作情况。全年办结人大代表议案 1 件、建议 116 件、政协委员提案 162 件，所提问题得到解决或基本解决的 148 件、列入计划逐步解决的 118 件、暂时难以解决做出解释说明的 13 件。办理市长信箱信件 1010 件、红网留言 521 件，接听“12345”市民电话 17009 件、登记事项 11789 件，办结率、满意率分别为 98.5%、98.3%。推进立法、普法、执法工作全面加强，《孙水河保护条例》正式实施，《娄底市湄江风景名胜区条例》经省人大常委会审查批准，《仙女寨生态公园保护条例》完成第一次审议。出台市政府党组关于加强党风廉政建设的十条规定，坚持“零容忍”惩治腐败。严格落实中央八项规定及实施细则，整合减少各类考核评比，有效精简会议和文件，清理整改超标办公用房 3.91 万平方米。

重要会议

【市政府常务会议】2018 年，娄底市人民政府召开 31 次市政府常务会议。1 月 12 日，研究市城管执法支队实施参公登记工作、对市追逃办等集体和陈恩杰等个人记功事项，审议《娄底市人民政府与中国铁路广州局集团有限公司战略合作框架补充协议》《关于建设国家产业转型升级示范区新材料新能源基地的若干意见》《市本级已出让国有建设用地改变容积率补缴土地价款的通知》《娄底市国资委监管企业负责人综合绩效与薪酬管理办法》。

1月15日，研究2017年度全市优秀企业家和纳税大户表彰及全市自然村通水泥（沥青）路建设工作，审定《娄星区个体零散税收委托代征实施方案》《2017年度项目建设大比拼考核结果》和2018年主要经济指标任务分解任务，审议《综合交通中长期规划》《娄底市慢行交通系统规划》《娄底市中心城区停车设施专项规划》。

2月8日，安排部署春节期间有关工作，研究胡忠威等职务任免事项；审议《关于引领型服务业吉星路项目合作协议》《娄底市深化职称制度改革实施方案》《关于优化信用环境支持金融机构发展的措施》；研究收购南苑上和二期8栋负1层至5层资产（含配套资产）事项及《关于收购社会资产的原则意见》，中心城区路网完善、道路提质改造及风貌整治、涟水河综合治理工程（神童湾段）等3个PPP项目建设内容调整置换工作。

2月27日，研究2018年一季度经济形势及固定资产投资工作、仙女寨经水府庙至曾国藩故居全域旅游景观道路项目建设相关问题；审议《娄底春田民用机场、娄底通用机场前期工作实施方案》《娄底市社会投资耕地开发项目管理办法》。

3月6日，审议《娄底市深入推进“互联网+政务服务”工作实施方案》，研究审计工作和成立娄底高铁枢纽综合服务中心事项。

3月27日，审议《娄底市本级2016年度财政预算执行和其他财政收支审计发现问题整改情况的报告》《娄底市市属国有企业违规经营投资损失责任追究办法（试行）》，研究配合做好2018年市人大、市政协有关工作，兑现2017年全市主要经济指标目标任务完成情况奖处方案有关事项。

4月12日，研究教育、信访、安全生产工作，南垅城市棚户区改造等6个项目建设、投资建设装配式建筑生产基地标准化厂房项目和工业智能制造装备基地标准化厂房项目等有关事项，审议《关于推进安全生产领域改革发展的实施方案》《娄底市土地管理委员会议事规则》《娄底市国有建设用地出让暂行办法》《娄底市本级城乡建设用地增减挂钩工作方案》《关于加强娄底中心城区征地拆迁工作的通知》。

4月19日，审议《娄底市优化经济发展环境整治“三强”特别规定》《娄底市2018年产业项目建设年“五个一批”总体实施方案》《娄底市产业项目建设年联席会议制度》《娄底市产业项目建设年“五个一批”调度督查方案》《娄底市城市地下管线建设管理办法》《娄底市扫黑除恶线索举报奖励办法》，研究解决信访特殊困难群众生活救助问题。

4月26日，安排部署当前重点工作，研究食品药品安全生产、娄底中心城区亮化有关工作，审议《娄底市人民政府工作规则》。

5月9日，研究《娄底市2018年市本级政府投资计划》调整有关事项，审议《娄底市湄江风景名胜区条例（草案）》《〈娄底市孙水河保护条例〉实施方案》《娄底市畜禽养殖废弃物资源化利用实施方案》《关于促进产业兴旺的实施方案》《关于加快推进装配式建筑发展的通知》。

6月8日，研究2018年上半年全市经济运行情况、“12345”市长热线、农村集体产权制度改革、禁毒、“十三五”规划中期评估等工作，审议《关于稳步推进农村集体产权制度改革的实施意见》《娄底市“十三五”规划中期评估工作实施方案》《娄底市安全生产专业委员会组建方案》。

6月21日，研究创新政府配置资源方式、防范和化解政府性债务风险、娄底市政务服务第二批“只跑一次”公布事项、生态环保工作，审议《娄底市创新政府配置资源方式的实施方案》《娄底市推进军民融合深度发展的意见》《娄底市本级防范和化解政府性债务风险工作方案》《娄底市2018年污染防治攻坚战（天蓝水净地绿）工作实施方案》。

6月26日，研究政府性债务风险防控和平台公司清理规范工作。

7月5日，研究娄底市保留实施PPP项目有关事项、就业创业、全市粮食工作，审议《关于支持娄底高新技术产业开发区发展的若干意见》《关于做好当前和今后一段时期就业创业工作的实施意见》《娄底市中心城区2018年标定楼面地价》。

7月17日，研究关于李晓芬等免职的有关事项，研究第九届“湘博会”相关工作、市妇幼保健院整体搬迁项目（市儿童医院项目）增加投资工作，审议《娄底市征地补偿标准》《娄底市征地青苗补偿标准》。

7月19日，审议《娄底市2018年度县市综治工作考评办法》《娄底市2018年度市直和省属驻娄单位综治工作考评办法》《娄底市2018年上半年国民经济和社会发展计划执行情况报告》《娄底市2017年市级财政决算（草案）和2018年上半年预算执行情况的报告》《娄底市本级2017年度财政预算执行和其他财政收支的审计结果报告》《娄底市采(碎)石行业整治环境保护标准》,研究采(碎)石行业集中整治有关工作。

7月27日，研究中央第八巡视组巡视湖南情况反馈意见中涉及娄底问题(中心城区道路提质改造及风貌整治PPP项目整改)整改落实工作,娄底市第一污水处理厂三期扩建及提标改造PPP项目、第二污水处理厂提标改造PPP项目实施方案，娄底市城镇生活垃圾焚烧发电项目相关商务条件及招标问题。

8月8日,审议《关于鼓励和支持乡村兴办企业的意见》《十三五期间娄底中心城区新建加油站“手续随地走”有关实施细则》《娄底市人民政府顾问聘用管理办法》，研究全市发展开放型经济暨招商引资、“公交都市”建设项目推进有关工作。

8月15日，传达省政府领导负责落实的巡视整改交办会议精神,研究市政府整改实施方案;传达省环保督察反馈会议精神,研究整改工作;研究全市水利重点民生实事工作、双峰县部分行政区划调整(增改街道)工作、房地产业发展有关工作,审议《娄底市山坪塘清淤三年行动方案》《湘江资江娄底流域截污和水体治理行动四水生态廊道建设三年行动方案》《关于加强“一村一治安队”建设考核工作的意见》《关于进一步促进房地产市场平稳健康发展的通知》。

9月6日,研究关于调整娄底市PPP项目财政承受能力数据问题、调整万宝芭蕉消防站建设项目投资概算、《关于给予周国斌等157名同志个人奖励的有关情况》,审议《关于2018年市级预算调整方案(草案)的报告》《娄底市“七个三年行动计划”微调方案》《关于调整娄底市七个三年行动计划行业重点指标总体目标任务的通知》。

9月13日，研究市金融投融资及市场化收购九龙集团债权有关问题、娄底市产业项目建设年活动开展情况,审议《娄底市规划展示馆建设方案》。

9月21日,研究娄底中心城区消除大班额工作、3个PPP项目更换投资人及调整股权有关事项,审议《关于在全市中小学校实行集团化办学的意见》《娄底中心城区中小学校开展集团化办学工作方案》《娄底市贯彻落实〈湖南省中小学校幼儿园规划建设条例〉实施办法》《关于全面放开养老服务市场提升养老服务质量的实施办法》。

9月30日,安排部署国庆期间工作,审议《第二届娄底市市长质量奖获奖名单》《娄底市中心城区道路建设2个PPP项目建设内容调整方案》《关于切实加强中央、省属在娄和原市属煤矿安全生产监管工作的通知》,研究非洲猪瘟防控、安全生产工作。

10月16日，传达学习全省市州长视频会议、全省深化机构改革动员大会、全省“互联网+政务服务”工作推进会议、全省禁毒工作会议和全省防范化解地方政府隐性债务会议精神，研究娄底贯彻落实意见；研究近期需抓紧调度及推进的有关工作、禁毒工作、市本级棚改政府购买服务项目隐性债务认定问题,审议2017年度全市绩效评估结果。

10月19日,审议《娄底市人民政府领导成员工作分工》,研究娄底中心城区路网完善、道路提质改造及风貌整治工程2个PPP项目建设内容整改调整有关问题。

11月1日，研究财政专项资金分类管理使用方案,审议《关于鼓励医养结合型养老服务业发展的意见（试行)》《娄底市智慧娄底建设管理办法（试行)》《仙女寨生态公园保护条例(草案)》。

11月8日,研究付凯军等职务任免事项;研究推进娄底市党政专用通信二级网建设、安排财源培植三年行动计划2017年度奖金及工作经费、食品药品监管、全市商事制度改革、调度全市经济运行等工作,审议《娄底市关于落实食品安全党政同责的实施细则》《关于全面推行跨部门“双随机、一公开”监管的实施意见》。

11月13日，传达学习贯彻副省长隋忠诚到娄调研有关工作讲话精神,审议《娄底市人民政府党组关于中心城区2个PPP项目整改情况的报告》；研究创建国家森林城市有关工作,审议《娄底市“十三五”规划纲要中期评估报告》《娄底市人民政府、万宝新区与中铝集团合作框架协议》《娄底市农村地区道路交通安全“路长制”实施方案》。

12月14日,研究融资平台公司清理整合工作,审议《娄底市市本级财政经费审批办法》《娄底市城市规划区内烧制建筑用砖厂整体关停退出方案》《娄底市2018—2020年全社会研发经费投入目标责任分解方案（草案)》《娄底市建立健全现代医院管理制度实施方案》《娄底市城市养犬管理办法》《娄底市本级隐性债务化解方案》《娄底市农村人居环境整治三年行动实施方案（2018—2020年)》《关于开展农村生活垃圾分类处理工作的意见》。

12月20日，研究周新辉、刘光明等职务任免事项，研究国有资本收益收取比例调整、2018年前三季度全市主要经济指标目标任务完成情况奖处兑现、对真抓实干成效明显地区加大激励支持力度等工作，审议《娄底市市本级棚户区改造项目遗留问题处置方案》《娄底市地下空间开发利用管理暂行办法》。

12月27日，研究全市社会管理综合治理、计划生育、安全生产工作及2018年度考评结果，研究暂停从土地出让收入中计提各项基金、统筹用于化解债务的实施建议，审议《2018年市政府工作报告（送审稿）》《娄底市2018年国民经济和社会发展计划执行情况与2019年国民经济和社会发展计划（草案）的报告》《娄底市2019年市本级政府投资计划（草案）》《娄底市2019年重大项目实施计划》《2018年全市及市级财政预算执行情况与2019年全市及市级财政预算（草案）的报告》《娄底市房屋安全管理办法（试行）》。

【市长办公会议】2018年，娄底市人民政府全年召开55次市长办公会议。1月10日，召开3次会议，分别专题研究娄底中心城区化解大班额学校建设及其他有关教育工作、专题研究综合治税和个体零散税收委托代征相关工作、发展零碳经济有关工作。1月11日，专题研究娄底中心城区闲置土地清理和熟地出让工作。1月12日，2次专题研究冷水江市锡矿山地区历史遗留砷碱渣无害化处理相关工作和中央环保督察反馈问题整改"回头看"专项督察工作。1月16日，专题研究房地产业"解难题促发展保稳定"专项工作。1月17日，专题研究治理拖欠农民工工资问题。1月19日，专题研究区块链技术应用创建试点工作。2月6日，召开2次会议，分别专题研究市级储备油项目库贷差问题善后处置有关工作和市妇幼保健院整体搬迁项目（市儿童医院项目）建设有关工作。2月22日，专题研究冷水江市益盛新材料产业园（以下简称益盛产业园）项目建设有关问题。3月2日，到市人民政府驻北京联络处（以下简称市驻京联络处）检查指导工作，召开现场办公会议。3月26日，专题研究地方政府性债务清理及风险防范和保障性安居工程发现问题整改工作。3月28日，专题研究娄底经开区产业与项目建设有关工作。4月10日，赴新化县水车镇正龙村调研脱贫攻坚工作并主持召开会议。4月11日，召开2次会议，分别专题研究2017年度中央财政城镇保障性安居工程专项资金审核及绩效评价检查发现问题整改工作和高速公路沿线特色小镇建设试点工作。4月16日，专题研究中心城区路网完善、提质改造及风貌整治和涟水河综合治理（神童湾段）3个PPP项目建设内容调整及项目建设和中心城区智能化公共停车项目建设有关工作。4月27日，主持召开锡矿山区域环境综合治理攻坚战指挥部第一次会议。4月26日，专题研究市属融资平台公司改革转型发展有关工作。4月28日，专题研究新化县荣华乡龙湾村美丽乡村建设有关工作。4月30日，专题研究娄底中心城区化解大班额有关问题。5月7日，专题研究足球城项目建设有关工作。5月15日，专题研究区块链研究和应用示范有关工作。5月22日，召开2次会议，分别专题研究湖南资江煤业集团有限公司有关问题和零碳经济与零碳区域创建有关工作。5月23日，专题研究全市采石场整治有关工作。5月24日，专题研究网络问政有关工作。6月4日，专题研究湖南华润煤业有限公司利民煤矿（以下简称华润利民煤矿）有关问题。6月11日，专题研究优化产业园区营商环境有关工作。6月20日，专题研究冷水江市锡矿山区域历史遗留砷碱渣治理有关工作。7月9日，专题研究娄底市生态文明建设目标评价考核工作。7月10日，召开2次会议，分别专题研究娄底市社会福利院老年养护楼项目建设有关工作和主持召开市党政系统信息化工作领导小组会议。7月12日，专题研究娄底中心城区学校建设有关工作。7月18日，召开2次会议，分别专题研究调度预防学生溺水工作和专题研究中央环保督察反馈问题和涟水河西阳渡口断面水质超标整改工作。8月1日，专题研究娄底技师学院整体搬迁项目建设有关遗留问题。8月2日，专题研究湘阳街等提质改造道路规划设计技术有关问题。8月6日，专题研究"三大攻坚战"网络舆情和信访问题处置工作。8月9日，专题研究新化县荣华乡龙湾村美丽乡村建设有关工作。9月3日，召开2次会议，分别专题研究娄星区双江乡"8·31"钒矿部分废石被暴雨冲刷入河事件处理工作和全市消除大班额有关工作。9月4日，专题研究公安工作。9月6日，专题研究全面推进区块链产业发展有关工作。9月10日，专题研究推进市强制隔离戒毒所就地新建项目建设有关问题。9月11日，专题研究中央环保督察整改落实工作；专题研究中央、省委巡视组交办有关问题整改落实工作。9月25日，专题研究中央环保督察和巡视组交办问题整改工作。10月18日，专题研究房地产业发展有关工作。11月14日，专题研究矿山固体废弃物特别是煤矿废弃煤矸石集中整治有关工作。12

月 13 日，专题研究市城投集团加快推进融资化解债务风险工作。（谢钢金）

市政府办工作

【概况】2018 年，娄底市人民政府办公室（简称市政府办）坚持以习近平新时代中国特色社会主义思想为指导，对标对表高质量发展要求，主动适应经济社会发展大势，围绕中心、服务大局，充分发挥参谋助手、综合协调、督促检查和保障服务职能作用。全年承办市政府全会 2 次，市政府党组理论学习中心组集体学习 22 次，市政府常务会议 31 次，市长办公会议 55 次，起草、审核、印发市政府常务会议纪要 28 个、市长办公会议纪要 54 个、市政府专题会议纪要 92 个。撰写领导讲话、工作汇报、典型发言、署名文章、综合调研报告等各类综合材料 270 余篇 100 万余字。组织专项调研 47 次，综合调研 15 次，形成《中部地区实施乡村振兴战略研究》《关于新形势下娄底农民增收情况的调研报告》等 4 篇调研文章。积极配合国务院第五次大督查，做好中央环保督察整改督查、省政府总河长令实施及水利薄弱环节治理专项督查和省政府教育均衡化发展专项督查等上级各项重点督查任务。跟踪督办省政府领导批转事项 4 件、市政府领导重要批示事项 95 件，办复率为 100%。组织开展督查活动 40 余次，编发《督查通报》30 期、《督查专报》15 期。对 28 次政府常务会议、54 次市长办公会议议定事项进行持续跟踪督办。市本级受理群众各类社会求助服务和投诉举报电话 350178 件，其中咨询类、投诉类、求助类、建议类、其他类分别占比 55.10%、2.79%、33.67%、0.61%、7.83%，所有群众来电均办理及时、答复准确，办结率 98.89%。在 2018 年 7—8 月全国 335 个地级及以上城市“12345”政务服务热线随机监测中，娄底“12345”市长热线获“骏马奖”。市政府办连续 9 年被省政府评为全省政务信息工作先进单位，2018 年度先后获湖南省级文明单位、全省督查工作优秀单位、全市绩效优秀单位、全市创文管卫工作优秀单位、全市巾帼文明岗等荣誉称号。

【决策服务】2018 年，市政府办围绕重点工作和省委“产业项目建设年”工作部署，针对省委、省政府供给侧结构性改革相关政策，开展调研和分析论证，积极适应宏观环境变化，对领导关心、群众关注和经济社会发展中的热点难点问题和短板开展集中调查研究。在谋发展促转型方面，协助市政府领导全面推进“三大攻坚战”，紧盯工业产业、财源培植、综合交通和 10 件民生实事等重点工作，督促落实、具体协调，促其质效并重。在搭平台引项目方面，协助市政府领导抓任务分解、抓督查调度、抓招商引资，参与组织在长沙、北京、杭州开展的“互联网+装配式建筑”、特色小镇等专题招商活动，协助市政府领导，拜访企业，洽谈项目，签订协议。在优环境惠民生方面，着力解决好群众最关心、最直接、最现实的利益问题，协助市政府领导协调抓好全市的惠民生工作，积极推进社会保障体系的健全和完善，全科医生、农村垃圾分类处置、易地扶贫搬迁、山塘清淤等民生实事顺利完成年度任务。强化办文办会、文稿起草、督办反馈、信息调研等工作，确保政府机关有序运转。完成省委省政府经济工作专项督查汇报、市政府工作报告和经济形势分析会议讲话等材料起草，全年撰写审核市政府领导讲话、市政府汇报材料等各类文稿百余篇，完成《2019 年政府工作报告》起草工作。结合市政府 2018 年确定的 93 项重点工作，量化至年度目标、具体指标、载体项目，按季度通报落实情况。对“十大民生实事”完成情况实行量化分解、挂图督战、按月通报。积极配合国务院大督查，做好中央环保督察整改督查、省政府总河长令实施及水利薄弱环节治理专项督查和省政府教育均衡化发展专项督查等上级各项重点工作。全年开展专题督查 40 余次，编发《督查通报》30 期、《督查专报》15 期。全年处理领导批示 90 余件。实行信息报送工作责任制和责任追究制，确保重大信息、突发事件不漏报、不迟报。严格审查和控制市政府发文、全市性的会议和检查活动，力戒形式主义，降低行政成本，提高行政效能，全年以市政府和市政府办名义召开的会议、印发的文件均有减少。

【统筹协调】2018 年，市政府办进一步完善“一案三制”建设，制订出台的 1 个总体预案、33 个专项预案、50 个部门预案基本完成更新，为科学、快速地处置各类突发事件奠定坚实基础。持续推进应急保障能力建设，初步完成市应急预警系统建设，提高预警信息发布的及时性、准确性和权威性，以公安消防队伍为主体，整合部门力量，组建一支规模适度、精干高效的综合性应急救援队伍。完善 24 小时值守和领导带班制度，健全完善县市区和市直单位的信息上报制度，进一步规范信息报送流程，严把信息报送的第一道关口。全年编辑《政府值班信息》17期，向省里汇报信息60余条。全年协调处置各类突发事件500余起，统筹开展市级应急演练40余场。做好宗教活动场所合理布局规划工作，依法批准设立活动场所。开展民族团结进步“进社区”示范点和民族文化活动之家创建，持续推进和谐寺观教堂创建。开展宗教活动场所“两证”和房屋安全隐患排查，加大对宗教活动场所安全工作的监督检查力度。建设民族团结宣传教育基地，动员宗教界人士积极参与精准扶贫。举办“民族团结迎国庆·共创娄底文明城”文艺汇演暨民族团结进步创建活动“六进”启动仪式。积极组织参加全省第九届少数民族传统体育运动会，获得1金2银2铜的历史最好成绩。完善政府信息公开方式，全面推进财政预决算、公共资源配置、政务服务等领域信息公开，创新建立政务公开“责任双推”工作机制和牵头单位季报制度，在全省率先实施政府网站集约化建设。做好人大议案、代表建议和政协提案办理工作。全年承办建议提案286件，其中省人大代表建议2件、政协提案3件，市本级人大和政协交办的建议提案281件、政协提案162件，办结满意和基本满意率100%。有效跟踪办理情况、及时反馈意见、督促工作落实，提高建议提案办理质量，全市建议提案网上办理平台全面建成运营。

【自身建设】2018年，市政府办领导班子坚持把党的政治建设摆在首位，始终把学懂弄通做实习近平新时代中国特色社会主义思想和党的十九大精神作为一项重要政治任务。坚定执行党的政治路线，严格遵守政治纪律和政治规矩，在思想上政治上行动上同以习近平同志为核心的党中央保持高度一致。对照市委出台的《关于加强政治建设优化政治生态量化考核办法(试行)》，要求班子成员和各科室负责人，重点在政治忠诚、政治定力、政治担当、政治能力、政治自律上自查自省自律。班子成员带头践行“有事请找我”责任担当机制，深入推进“两学一做”学习教育常态化制度化，把政治建设与责任心教育有机结合。牢固树立“四个意识”，坚决做到“两个维护”，履职尽责、攻坚克难，不折不扣将市委、市政府决策部署落到实处。市政府办党组理论中心组集中学习9次，其中7次专题学习习近平新时代中国特色社会主义思想和习近平总书记重要讲话精神。市政府办班子成员带头读原著、学原文、悟原理，原原本本学习习近平总书记的重要讲话，认真撰写心得体会，专门组织十九大精神应知应会知识考试，以考促学，以学促干。党组高度重视党建工作，严格落实机关党委专职副书记列席“三重一大”会议规定，充实1名年轻干部专职从事党务工作，按照“六有”标准建立了支部党员活动室，将党员活动经费列入单位经费预算，专项党建工作经费单独列支。全年组织召开5次党组会议贯彻上级党建工作会议精神和听取机关党委党建工作情况汇报，3次召开党组会研究解决党建难点问题、“两学一做”学习教育和责任心教育方案、党建突出问题专项整治方案等工作，全面落实《2018年娄底市政府办直属机关党委工作要点》《市政府办党组中心组学习计划》和《支部工作计划》，做到用党建工作统揽中心工作。在年度考核中市政府办班子被市委评为优秀班子，市政府办被评为全市绩效考核优秀单位，一支部被评为市直机关红旗支部。（谢钢金）

2018年市政府办先进集体(先进个人)一览表

表13

获奖集体(个人)	奖励名称	颁奖单位	颁奖时间
娄底市人民政府办公室	湖南省2018年度省级文明单位	省文明委员会	2019年4月
娄底市人民政府督查室	湖南省2018年度督查工作优秀单位	省政府督查室	2019年1月
杨　洁、龙红霞	湖南省2018年度建议提案办理工作目标管理先进个人	省政府办公厅	2019年1月
龚国松	湖南省政府系统2018年度政务信息工作目标管理先进个人	省政府办公厅	2019年4月

信访工作

【概况】2018 年，娄底市信访局（简称市信访局）接待群众到市上访 1055 批 7671 人次，市本级受理群众来信 3387 件；全市受理网上来信 17972 件，其中市本级受理 2917 件；办理国家局、省局交（督）办件 282 件，到期 255 件，全部办结；办理省领导领办信访件 19 件，到期 13 件，办结 15 件。接收处置进京上访人员 1462 人次，其中非接待场所登记人员 74 人次，同比下降 66%，全市信访秩序持续向好。是年，娄底市被评为"全省信访工作目标管理考核先进单位"，绩效考核信访工作排全省第三位，驻京维稳劝返工作排全省第一位，全国两会、十九届三中全会等重点特护期，实现进京非访"零登记"的工作目标，受到省委政法委通报表彰并做典型发言。

【领导接访、下访和领办信访案件】2018 年，市信访局健全完善领导接访、带案下访、领办包案等工作机制，出台《关于建立市级领导"一岗双责"解决信访突出问题工作机制的通知》《关于用心用情较真较劲办理好中央巡视移交群众信访件的通知》等文件。全年，22 位市级领导到信访局现场接访，接待信访群众 54 批 266 人次；20 位市领导带头领办信访事项，办理中央巡视组交办件 356 件，省巡视组交办 1840 件；结合市委进村庄社区、进项目工地、进实体企业"春天行动"，3 月全体市级领导和市、县机关干部 14000 余人下访，排查化解矛盾纠纷 4600 余件。

【信访工作"三无"创建】2018 年，市信访局把信访"三无"创建作为市委深化改革工作的重要任务，列入《2018 年娄底市社会体制改革重点工作及责任分工》的"推进基层治理机制建设"项目予以重点推进。9 月 20 日，在娄星区召开全市信访工作"三无"创建现场推进会，对"无上访乡镇（街道）"予以表彰奖励。是年，娄底经开区获全省信访工作"三无"县市区称号，全市评选 24 个"三无"乡镇（街道）。

【落实"四大攻坚"行动】2018 年，市信访局坚持以问题为导向，聚焦"四大攻坚"，将民间融资、房地产、脱贫攻坚、污染防治等重点领域，涉军、涉教、涉煤等重点群体，历年沉淀的"骨头案""钉子案"等重点问题，进京涉访等重点人员，作为攻坚的重点难点，推动解决群众反映突出强烈的信访问题。全市排查"四大攻坚"突出问题 133 件，全部明确包案领导，按期办结；办理中央、省"四大攻坚"交办件 48 件，全部按期办结。

【互联网+信访】2018 年，市信访局积极推广使用湖南省信访信息系统，不断加强信访事项受理办理规范化水平。是年，信访部门、有权处理部门及时受理率分别为 99.5%、97.2%，信访事项按期答复率为 98.5%，信访部门、有权处理部门群众满意率分别为 99.7%、99.5%，群众参评率、网信占比分别为 88.2%、71.2%。扎实开展重复来信专项治理，是年，市本级受理群众来信重信率 52%，同比下降 12%；网上来信重复投诉率 51.8%，低于全省平均值。

【信访法治化建设】2018 年，市信访局严格落实诉访分离，依法处置涉访违法行为，提升信访法治化水平。积极开展"信访法治宣传月"、"12·4"宪法日法治宣传等活动；落实进京越级上访集中治理，排查恶意进京非访、挑头滋事等黑恶问题线索 110 余条，全年教育训诫 452 人次，依法处置违法涉访人员 116 人，其中行政拘留 74 人，刑事拘留 36 人，依法打击 6 人。在《娄底日报》公开曝光依法处理违法信访行为典型案例 3 例。（杜东义）

军休工作

【概况】2018 年，娄底市军休所内设办公室、计财科、服务管理科、医务室 4 个科室，编制工作人员 17 人，实有工作人员 16 人。接收安置军队离退休干部 45 人（其中离休干部 4 人，退休干部 34 人，军休职工 7 人）。是年，娄底市军休所深化服务意识，改善服务方法，提高军休服务水平，较好落实军休干部政治待遇和生活待遇。被评为湖南省文明卫生单位。

【老干部服务】2018 年，娄底市军休所把抓老干部两项待遇落实是作为中心工作。保障军休干部退休生活费按时、按标准发放；每月组织军休干部开展一些有益于健康又力所能及的活动，充实休养生活；定期组织老干部学习文件，传达各级各部门相关文件精神，让老干部真正实现“老有所学”；免费为每名军休干部征订《文萃报》，对参加老年大学的休干报销一门课程的学费；对生活条件较差的工休人员，实施医疗困难补助，2017年补助医疗费21.6万余元。

【开展活动】2018年，娄底市军休所开展军休老干活动29次。其中组织7次军休门球赛；组织9次钓鱼活动；开展新春座谈会，听取军休干部对工作的意见和建议；开展元旦趣味运动会；组织到湘潭盘龙大观园开展户外春游活动，丰富军休干部的精神文化生活；开展健康知识讲座2次，普及健康养生知识，促进老干部身心健康；开展消防安全知识培训课，增强军休干部的自救和防火灭火能力；开展以“庆‘七一’·红歌大家唱”为主题的党日活动，组织参观贺龙故居1次，接受革命传统教育；组织新化休闲游1次；组织卡拉OK比赛2次，提升军休文化内涵，密切工休人员关系。

【完善基础设施】2018年，娄底市军休所进一步完善基础设施建设。在大门口安装车辆识别管理系统，制订院内车辆停放管理规定，对地上车辆的停放统一规范管理；对军休所大门进行亮化提质改造，包括大门装修改造、办公楼及住宅区外墙节能灯安装、沿街商铺招牌统一更换和外墙宣传栏重新规划；对办公楼及老干活动中心墙裙进行改造，重新安装瓷板；对院内文化设施进行提质改造，增加文化宣传栏，更换老旧孝道文化，新设立党建宣传走廊；将院内的电路统一规划；更换老旧水管，变更水路；对单位公租房、传达室进行重新简单装修；对院内老旧基础设施进行维护；解决5栋经适房房顶漏水、墙面渗水问题。

（毛忠湘　江映贵）

2018年市军休所先进集体（先进个人）一览表

表14

获奖集体（个人）	奖励名称	颁奖单位	颁奖时间
娄底市军休所	湖南省文明卫生单位	湖南省爱卫办	2018年12月

政务服务工作

【概况】2018年1月，原市电子政务管理办公室与原市政务服务中心整合，组建新的娄底市政务服务中心，为市人民政府直属的参照《公务员法》管理的正处级事业单位（公益一类）。市政务服务中心以“互联网+政务服务”为引领，着力深化“只跑一次”改革，完善“互联网+政务服务”一体化平台建设，强化政府网站建设和管理，优化服务流程，创新服务模式，政务服务质量不断提升。获评“湖南省文明窗口单位”；12月6日，顺利通过省级政务服务标准化试点验收，获评优秀等级。全年累计办件571744件；市政府门户网站群发布各类政务信息4.3万余条；收到红网“市长留言”564件，办结555件，办结率98.4%；收到“书记市长信箱”来信1113件，办结1107件，办结率99.5%。市政府门户网站“书记市长信箱”和红网“市长留言”回复量位居全省前列，获湖南省“2018年度红网网民留言办理工作先进单位”称号。

【“只跑一次”改革】2018年，市政务服务中心着力优化办事流程，压缩办理时限，提高办事效率。在全省各地级市中率先推出“一窗一体式”政务服务模式改革。按照“前台综合受理，后台分类审批，统一窗口出件”模式，招聘50名前台综合受理工作人员。对政务服务大厅进行升级改造，分块设置综合服务区、人口和出入境服务区、不动产登记综合服务区，增设24小时自助服务区，在综合服务区中设立咨询导办、综合受理、流转、发证4类窗口。市级政务服务事项进驻综合性实体政务大厅比例75.86%，市级73.93%的政务服务事项实现“一窗”分类受理。开辟企业开办专窗，将企业开办时间压缩在8.5天；9月30日前实现不动产登记“只跑一次”，不动产转移登记办理时限由8天提速到5天。启用商标受理专窗。9月21日，国家知识产权局商标局娄底受理窗口挂牌并启动运行。取消规范各类收费。自8月27日起，取消土地交易服务费和除不动产首次登记外的测绘服务费，只保留不动产登记费和土地出让金2类收费。启动政务服务“只跑一次”邮政专递，为办事群众提供免费寄送办理结果服务，切实解决服务群众“最后一公里”的突出问题。

【政府网站建设与管理】2018年，市政务服务中心根据《政府网站发展指引》文件要求全市各政府网站设置统一的办事服务入口，发布本地区、本部门政务服务事项目录，建成与“互联网+政务服务”一体化平台相对应的网上政务服务大厅，集中提供在线服务，群众办事更加便捷。对全市政府网站实行100%比例按月检查通报制度，印发12期政府网站检查通报，对39家存在问题的政府网站进行通报批评，约谈6家问题突出单位的负责人及其网站管理具体负责人。落实网站集约化建设要求，整合关停市政府金融办等5家单位网站。全年主办2期全市政府网站建设管理培训班。

【政府信息公开与政民互动】2018年，市政府门户网站群发布各类政务信息4.3万余条，向省政府门户网站推送信息355条，转载国家、省政府各类重要政务信息4200余条；收到红网“市长留言”564件，办结555件，办结率98.4%；收到“书记市长信箱”来信1113件，办结1107件，办结率99.5%。受理公民依申请公开25件，其中现场受理22件，不予受理3件，依法受理答复22件，群众满意率100%；开展网上民意调查18次、嘉宾访谈7期；收到“政府网站纠错”留言57条，及时办结率100%。

【“互联网+政务服务”一体化平台建设】2018年，市政务服务中心整合政务信息资源，推进数据共享与对接，“互联网+政务服务”一体化平台6月底上线。在使用省级“互联网+政务服务”一体化平台“九统建”的基础上，加入智能服务大厅建设、共享交换平台、电子监察、电子证照、政务大数据分析等个性化需求内容。在全市各政府网站设置统一的办事服务入口，建成与一体化平台相对应的网上政务服务大厅。截至12月31日，市一体化平台受理办件52225件，办结51568件，回复咨询240件。市政务信息共享交换平台完成与省级平台的对接，完成市直53家单位信息资源目录梳理，并分批进行数据对接工作，全年完成21家单位部分数据采集工作，采集目录200余个，汇聚数据约600万条；完成市级自建电子证照库目录梳理工作，全年录入39家单位的149项证照模板和20份批文模板，177条电子证照目录，产生证照3万余条。智能自助终端实现工商申报、样表打印、排队预约等业务办理功能，具备教育缴费、交通缴费、社保缴费等缴费功能。

【电子政务外网运维】2018年，市政务服务中心加强电子政务外网运维保障。配合有需要的单位接入电子政务外网、托管设备到数据中心机房，积极处理各类故障，强化安全管理。政务外网新接入单位7家，链路扩容2条，政务外网链路新承载业务4家，线路迁移1家，108家市直(或二级单位)单位接入政务外网。6个县市区(万宝新区除外)全部接入政务外网。436家县市区直部门接入政务外网，90个乡镇(街道)、2096个村(社区)，其中乡镇(街道)接入90个，接入率100%；村(社区)接入376个，接入率17.94%。

【政务大厅管理】2018年，市政务服务中心制定《前台工作人员考核办法》，严格落实《窗口管理制度汇编》各项规定要求。坚持每天对大厅进行不少于2次的日常巡查，重点时段进行突击巡查，结果作为考核及评先评优的重要依据。开展评先评优。全年共评比产生月度“业务之星”和“微笑之星”60名、季度“明星窗口”12个，年度“优秀窗口”12个，“服务标兵”10名。开展教育培训。对新招聘的50名前台工作人员进行为期一个月的理论知识、业务实践、礼仪规范等方面的培训，提高服务技能水平。优化服务方式。在大厅设置咨询台和学雷锋志愿服务台，安排志愿者和工作人员提供信息咨询、辅导填表、办事引导等服务。窗口办事推行延时服务；对行动不便人员，开展上门服务；对70岁以上老人、残疾人、现役军人、孕妇实行优先办理。完善服务设施，设置母婴室、幼儿托管区、图书角，配备便民雨伞、急救药箱、轮椅等，方便办事群众。

(曹晓晓)

无线电管理工作

【概况】2018年，娄底市无线电管理处是受湖南省无线电管理委员会办公室(以下简称省无委办)和娄底市人民政府办公室双重领导的副处级派出机构，内设综合科，下设娄底市无线电监测站为正科级事业单位。是年，娄底市无线电管理处以习近平新时代中国特色社会主义思想为指导，深入学习贯彻党的十九大精神，按照国家无线电管理局和省无委办的决策部署，严格履行“三管理、三服务、一突出”的无线电管理核心职能，圆满完成全市无线电管理工作。

【台站管理】2018 年，娄底市无线电管理处以提升无线电管理信息化水平为目标，精简审批流程，加强事中事后监管，强化台站数据应用，实现频率台站数据动态管理。开展频率使用评价工作，提升频谱资源使用效益，路测采集 800MHz 数字集群系统、公众移动通信系统、航空无线电导航系统等频段的数据，信息总量为 20G，完整真实地展现全市频率使用情况。完成沪昆铁路客运专线娄底境内新建台站、娄底电视台新建台站的审批工作。此外，作为全省试点单位，率先开展无线电发射设备销售备案工作，建立无线电发射设备销售备案数据库。

【无线电管控】2018 年，娄底市无线电管理处积极开展专项检查，维护无线电波秩序。配合公安部门对中心城区实施拉网式侦测查找，展开 3 次打击“黑广播”“伪基站”专项行动，集中打击治理该类违法犯罪活动；联合广电部门集中整治违规设置使用调频广播电台行为，对中心城区和 4 个县市的调频广播的设置使用情况进行全面实地核查，督促整改 2 个违规广播电台，进一步规范全市调频广播电台运行秩序。

【无线电安全】2018 年，娄底市无线电管理处推动安全保障工作制度化、规范化。认真落实《湖南省无线电干扰查处程序规定》，查处无线电干扰 3 起，收集“无线电干扰回访调查表”4 份。开展考试无线电安全保障 15 次，出动监测设备 80 台次、人员 116 人次，压制可疑信号 21 起，查获用于考试作弊的无线电设备 1 套，开展元旦、春节、“两会”、抢险救灾等监测值班 6 次。全年开展日常监测 5800 小时，专项监测 2000 小时，累计监测 7800 小时，上报频谱监测统计报告 12 份，启用监测定位设备 84 台次，出动监测人员 117 人次、无线电监测车 44 车次，侦查监测 549 小时。（孙　慧）

机关事务管理工作

【概况】2018 年，娄底市机关事务管理局（简称市机关事务管理局）在职人员 66 人，退休人员 63 人，在职党员和退休党员 86 人。局机关内设科室（中心）13 个，下属事业单位 1 个。是年，获“全国绿色出行宣传月活动成绩突出集体”，被省绿委推荐参评“全国绿化模范单位”，获“文明单位”“全市绩效考核优秀单位”“先进基层党支部”“工会先进单位”“书香机关”“驻村帮扶优秀单位”“平安单位”“部门预决算报表编制工作先进单位”“公共机构节能工作优秀单位”“公共机构节水型单位”“法治政府建设优秀单位”“信访工作责任目标考核优秀单位”等荣誉，党组班子被市委评为“好班子”。

【公务用车管理与改革】2018 年，市机关事务管理局修订《娄底市党政机关公务用车管理办法》，全面实施派车单制度，组织全市公务用车参加第二届“满城都开文明车”活动。开展专项巡查 4 次，与市纪委市监委等部门开展联合巡查 4 次，核查车辆 1000 余台次，对 35 起涉嫌违规问题线索移交市纪委市监委处理。中央电视台新闻频道对娄底公务用车明察暗访工作予以报道。完成 121 家单位 396 人次车补异动核定和 24 家单位 30 辆公车的购置申请、审批工作。市直党政机关、市属国有企业公车改革顺利完成，事业单位公车改革进入尾声。

【办公用房管理】2018 年，市机关事务管理局联合市纪委市监委等部门，3 次深入各县市区和市直各单位，对全市办公用房使用情况进行全面督查，全市清理整改办公用房 3.91 万平方米。建立每月巡查 4 家市直单位和每年 2 次专项督查的工作机制，巩固整改成效。完善办公用房管理台账，完成平面分布图编制，对腾退办公用房进行合理调配处置，强化对门面等出租物业的管理。全力配合全市机构改革，积极主动做好办公用房调配。

【公共机构节能】2018 年，市机关事务管理局运用新媒体开展“三个一”节能宣传和“六五”环境日主题活动。娄底市公共机构节能工作特色成果在全省低碳日节能活动中展出。组织开展节能知识讲座、举办公共机构能源资源管理员培训班，节能环保理念深入人心。开展市直公共机构节能年度目标管理检查，参与全市水资源使用检查，推进全市温控检查问题整改。黄标车淘汰后续工作顺利完成。

【公务出行保障】2018 年，市机关事务管理局实行微信 APP 网约派车，对车辆行进轨迹全程监控，安排专人及时回访，服务对象满意率 100%。全年保障市直单位 130 余家，出车 4900 余次，安全行车 100 余万千米，为各级领导到娄视察调研、全省产业项目观摩会、中央环保督察、脱贫攻坚等重点工作提供保障，品牌化服务为娄底高质量发展作出贡献。

【机关大院提质改造】2018 年，市机关事务管理局安装宣传标语 300 余块、灯箱式宣传栏 23 处，摆放便民伞 200 余把。改造围墙 1600 米，安装路灯 196 盏，更换灯管 1000 余根、加固铝塑板 300 多处，完成“厕所革命”、绿化提质、地下车库防水处理、漏水屋面维修、供电设备改造、中央空调合同能源管理招投标及旧机拍卖处置。机关食堂刷卡智能化，增设操作间，就餐环境大幅改善。

【安全保卫】2018 年，市机关事务管理局升级监控系统和消防设施，加强人员和车辆管理，全年登记外来办事人员(车辆)1.5 万余人次，违停锁车 100 余次。配合做好信访维稳工作，调度处置 5 人以上群访行为 176 起，配合拘留闹访人员 4 人。

【周转房管理与机关医疗服务】2018 年，市机关事务管理局印制周转房管理服务手册，规范周转房食材采购、卫生保洁、安全保卫，管理日趋标准化。医务所完成门诊和健康咨询 7000 余人次，中心医院代销药品 42 万余元，为退休老同志提供优质医疗服务。

(陈恩来)

2018 年市机关事务管理局先进集体(先进个人)一览表

表 15

获奖集体(个人)	奖励名称	颁奖单位	颁奖时间
娄底市机关 事务管理局	全国绿色出行宣传月活动成绩突出集体	交通运输部 公安部 国管局 中华全国总工会	2019 年 1 月

市政府驻北京联络处工作

【概况】2018 年，娄底市人民政府驻北京联络处(简称市驻京联络处)全体干部职工深学笃用习近平新时代中国特色社会主义思想和党的十九大精神，团结奋进，锐意进取，以维稳劝返和招商引资为重点，扎实推进其他工作，抓建设、优服务、强管理，较好完成目标任务。

【招商引资】2018 年，市驻京联络处积极推动娄商返娄，为娄底经济建设发展贡献力量。先后考察中建五局、中粮集团、航天研究院、网信集团总部、陌陌科技、首农集团等 10 余家知名企业，积极对接国家各部委办，学习和了解最新政策，组织召开或参加 30 余场招商引资活动。7 月，衣印联盟落地新化经济开发区且运作良好；11 月，合生载物公司正式落户万宝新区并缴纳税收。为新化争取价值 2.2 亿元健康扶贫基金，在全县推广“国奶扶贫”工程。多方联系解决在京贫困人口就业问题；联合商会和娄底市教委，继续把 2018 年考入北京高等院校的建档立卡贫困学生纳入资助对象。

【维稳劝返】2018 年，市驻京联络处围绕“防滋事、降访量、保平安”工作目标，坚持以情报信息为主导，以快速处置为主线，以安全送返为主责，以京娄联动为依托，以严管队伍为根本，强化安全风险管控，加大督查问责力度，较好完成各项工作任务，年度综治工作考核位全省第五。全国两会期间“零登记、零滋事、零倒流、零违纪、零事故”。

【自身建设】2018年，市驻京联络处制定宾馆员工手册，明确各岗位职责和服务标准，进一步规范宾馆管理，提高服务质量。制定绩效考核办法，奖优惩劣，科学管理，激励员工工作热情，全年增收26万元。完善宾馆法人治理机构，企业管理更加科学高效，超额完成全年效益指标。（成　翥）

市政府驻广州办事处工作

【概况】2018年，娄底市人民政府驻广州办事处（简称市驻广办）下设综合科和联络科，人员编制7名。是年，市驻广办完成房产过户并正式入驻广州城区中石化大厦45楼办公。

【日常管理】2018年，市驻广办强化制度建设，规范员工管理，加强队伍建设，通过外聘、借调等方式，缓解人员不足问题。完善员工绩效考核体系，将绩效工资和考核等次挂钩，建立奖罚机制，提高全体干部职工的工作积极性，进一步营造创先争优良好氛围。

【对外联络】2018年，市驻广办作为娄底市在广东唯一的驻外办事机构，积极组织协调市内有关单位参加“广交会”“港洽周”“高交会”等活动，加大宣传力度，寻求合作伙伴。配合市直招商部门和各县（市、区）招商局在广东地区开展招商引资。是年，市驻广办参与深圳天得一、深圳承运机电、康佳集团、东莞争辉电子、广东杰创智能科技股份有限公司、巨轮（广州）机器人与智能制造有限公司、广州黑格智造信息科技有限公司等企业和项目的对接活动，积极跟进意向项目，主动挖掘潜在项目。娄底市与黄埔区（广州开发区）两地签订友好市区框架协议，驻广办参与前期对接联络等工作，并全程参与整个活动。

（赵　炜）

市政府驻长沙办事处工作

【概况】2018年，娄底市人民政府驻长沙办事处（简称市驻长办）有参照公务员管理编制7名，在职人员8名，其中主任1名，副主任2名。内设机构综合科、信访科。

【信访工作】2018年，市驻长办统一管理、调度、考核、培训、奖惩各县（市、区）派出的2名信访干部和娄底经开区派出的1名信访干部。在省委南门、省委来访接待室、省政府南门、省政府来访接待室4个点位实行定点定岗值班制度。进一步加强非访点值班巡查工作，做到来访情况明、接访情况清，排查摸底工作到位。

【交流联谊】2018年，市驻长办积极走访在长沙的娄底籍老乡，联络各县（市、区）驻长商会人士，宣扬娄底“坚韧、勤奋、尚德、自强”城市精神，传递亲情、乡情、团结、互助的人文情怀。娄底市经促会驻长沙分会发展成员2600余人，其中在职厅级以上领导80余人，离退休厅级以上领导200余人，在长沙企业家2100余人，学术文化艺术界人士200余人。在长沙发展成立涟水文化研究会、长沙市新化经促会、长沙市冷水江经促会、长沙市双峰经促会、长沙市娄底商会。积极协助指导驻长商会的换届选举工作，壮大各商会组织，充实各商会力量。组织编辑娄底籍老乡通讯录，审核收录名册3000余条，包含娄底籍党政界在长沙各部门负责人、国企中层以上管理人员、大型民营企业家及行业精英人士。牵头组织成立娄底驻长经促分会篮球队、羽毛球队、乒乓球队，发展队员和参与人数500余人。组织庆祝建党97周年首届娄底驻长商会、协会，在长娄底籍企业“不忘初心、牢记使命”知识竞赛，参与单位、队伍15个，互动人数1000余人。整合在长沙多方资源，走访在长沙各省局重要职能部门，市、区各级政府，各大经济园区。每个月不定期组织和参与各个分会、商会之间开展联谊活动和项目推广。牵头组织策划公益、慈善、学习、项目推介等。成功对接长沙市天心区人民政府、天心区经济园、暮云经开区，多次实地调查走访园区企业（顶立科技、长沙华润节能科技有限公司、东尤水汽能、长沙正大有限公司），了解企业的生产发展现状和整体发展计划，带领娄星工业集中园、娄底经济技术开发区、双峰县经开区相关招商引资领导到企业考察座谈，沟通合作意向。协调组织娄底市人民政府、长沙市天心区人民政府、长沙暮云经开区、娄底经济技术开发区、娄底市投资促进事务局、天心区各大企业负责人举行大规模见面座谈会，进一步增进交流互信，为下一步的合作意向打下坚实基础。陪同湖南南方搏云新材料股份有限公司、湖南中本智能科技发展有限公司到娄底进行实地考察，调研项目落地的可行性。（胡　军）

外事和港澳工作

【外事工作】2018 年，中共娄底市委外事工作委员会办公室认真贯彻执行党和国家对外方针政策，着力实施“招商引资”“娄企出海”“人文交流”“魅力娄底”四大行动计划，主动服务娄底对外开放和经济社会发展大局，全市外事工作发展态势良好。2 月，召开市委外事工作领导小组会议，专题研究全市外事工作有关问题，明确外事重点工作。积极开展对外交往、交流及招商活动，高水平推动“走出去”和“引进来”。2018 年，受理因公临时出国手续 46 批 118 人次。4 月 22 日至 29 日，市委副书记华学健率团赴德国、捷克参加 2018 年（湖南）欧洲投资贸易洽谈会。9 月 3 日至 12 日，市委书记率团赴巴西、秘鲁、阿根廷开展经贸洽谈活动。9 月 11 日至 20 日，市委常委、宣传部部长吴建平率团赴德国、奥地利、捷克开展文化旅游合作交流活动。11 月 28 日至 12 月 7 日，市长率团赴美国、日本、韩国开展经贸洽谈活动。接待几内亚共和国驻中国大使馆公使参赞巴·蒂埃诺·马德茹、泰国工业部督察长波尔特普·卡恩苏、马里能源部副部长贡塔·乌马尔、刚果（金）国际合作部委员长姆普图·薇姿·卡比安娜等外国嘉宾到娄底参加第九届“湘博会”。2 月，巴西迈斯特股份有限公司总裁海伦妮·迈斯特一行 2 人到娄底洽谈合作投资事宜。6 月，比利时驻华大使马文克一行、卢森堡驻华大使余博生一行、德国梅前州经济大使伯恩根一行等到娄底进行访问，开展经济文化交流。

【港澳工作】2018 年，娄底市人民政府港澳事务办公室受理出境手续 12 批 68 人次。积极规范港澳捐赠工作，组织香港各基金会验收 8 个竣工的援建项目，达成意向援建资金 220 万元。举办港澳政策培训班，支持涉港企业“走出去、引进来”。举办两期娄港两地乡村中小学校长教育研讨会。举办娄港项目对接洽谈会，与香港绿神农业科技有限公司初步达成农业科技、环保项目的合作。在香港举办首期全市阅读教育研讨班。（苏倩男）

中国人民政治协商会议娄底市委员会

综　述

【概况】2018 年，中国人民政治协商会议娄底市委员会(简称市政协)设界别 21 个，委员 350 名，常委会组成人员为 64 名(其中主席 1 名，副主席 8 名，秘书长 1 名)。设办公室、研究室、提案委员会、经济科技委员会、人口资源环境委员会、文教卫体委员会、社会工作委员会、学习文史委员会等 8 个工作机构。是年，市政协在中共娄底市委的坚强领导下，牢牢把握团结和民主两大主题，忠实履行政治协商、民主监督、参政议政职能，锐意创新，扎实工作，精准建言，为建设富饶美丽健康祥和的新娄底展示新担当，贡献新力量。

【宣传工作】2018 年，市政协组织机关干部开展“三进春天”行动，到企业工地、社区村组进行宣讲，推动习近平新时代中国特色社会主义思想落实落地；动员参加人民政协的各民主党派、各团体、各界别举办报告会、研讨会等，组织党派成员和界别群众进行学习；利用《政协之窗》、政协云、门户网等平台，引导各界别团体、各方面人士，坚决维护习近平总书记核心地位，坚决维护党中央权威和集中统一领导，不断夯实团结奋斗的共同思想政治基础。

【课题调研】2018 年，市政协把调查研究作为提升协商水平、确保建言质量的基础和前提。为搞好 10 次对口协商与界别协商的调查研究，每次实地调研前，都精心挑选调研人员，认真制订调研方案，主动学习上级政策；每次实地调研中，都由主席会议成员带队，采取现场察看、数据分析、座谈讨论、个别访谈等形式，摸清第一手情况，掌握第一手素材；每次实地调研后，都要通过多次会商、集中研讨、反复论证，确保提出有思想、有深度、有见地的建议意见，10 个调研报告有 8 个获得市委、市政府主要领导批示。

7 月 16 日，娄底市政协主席会议成员，赴万宝新区视察区块链产业园建设发展情况　(市政协供图)

【协商议政】2018 年，市政协积极用好市政协五届二次全体会议协商平台，12 位委员的大会发言分别获得市委、市政府主要领导批示，并获与会人员好评。将与会委员的建议编发简报 5 期，及时呈送市委、市政府。围绕“七个三年行动计划”推进实施，举办市政协委员“知情明政大讲堂”，组织开展专题协商；围绕加快推进产业发展，对接“一带一路”倡议、推动娄底市开放崛起，城区停车位建设与管理，加快全市中医药产业发展，中心城区网格化管理等课题，组织开展 5 次对口协商；围绕农村义务教育发展、加强职业教育发展、推进地下综合管廊建设、耕地提质增效、孙水涟水流域生态保护与建设等课题，组织开展5 次界别协商。在 7 月中旬召开的“七个三年行动计划”推进实施专题协商会议上，市委主要领导率相关部门负责人，与广大委员面对面协商、点对点沟通。在市政协组织的对口协商和界别协商会议中，相关市委、市政府领导及部门负责人与广大委员交流互动、共商对策、共促发展。市委、市政府领导高度重视市政协和市政协委员意见建议吸纳办理工作，全年对市政协大会发言、调研报告、建议案、社情民意信息等作出批示 36 次。为办理好关于加快发展区块链产业的建议，市委、市政府主要领导批示调度，带队招商，促成万宝新区引进区块链企业 5 家，建成国内第 9 家、省内第 1 家区块链产业园，获得全球首张不动产区块链电子凭证，该项目入选“第四届中国‘互联网+政务’50 强”。根据市政协关于兴办沪昆高铁沿线体育赛事联盟的建议，娄底成功举办“直达娄底·高铁城市”全国青少年足球比赛，以及其他 3 场大型赛事。

【提案工作】2018 年，市政协收到提案 181 件，经审查立案 177 件，均由市委、市政府及时进行交办，并采取“市长领办、部门承办、沟通商办、督查催办、考核促办”的方式进行办理。由市政协主席会议成员牵头，对《进一步加强我市电梯安全管理》《稳步推进特色小镇建设，助力娄底经济转型升级》等 12 件重点提案进行督办。9 月份，召开市政协常委会暨民主评议提案办理工作会议，对住建、规划、公安、发改、教育等 5 个市直部门的提案办理情况进行公开评议，推动提案办理工作。《严禁中小学校及周边出现“三无”食品》《扎实推进健康扶贫》等一批民生提案的办理落实，获群众的认同与点赞。

【民主监督】2018 年，市政协调整充实 7 个民主监督小组，进驻相关市直部门，围绕市政协精准扶贫建议案整改落实、“七个三年行动计划”推进实施，开展委派监督，提出监督建议，推动工作落实。首次组织开展“政协委员进纪委监委”活动。围绕产业园区建设、锡矿山环境治理等，组织开展 3 次主席会议视察，并组织住娄省政协委员赴株洲异地视察。编报《社情民意专报》40 期，有 16 期获市委、市政府领导批示或被采纳应用；被全国政协、省政协采用信息 13 条，采用量居全省 14 个市州政协第 4 位。用好用活政协云，打造实时互动、永不落幕的监督议政平台；“云”上收到委员微建议 110 条，通过“市长信箱”等途径办复 104 条，在《娄底日报》、娄底新闻网开设“微建议大晒台”，探索政协民主监督与新闻舆论监督的有机结合。

【脱贫攻坚】2018 年，市政协按照市委、市政府统一部署，市政协主席会议成员联系指导扶贫重点乡镇 10 个，并带头结对帮扶建档立卡贫困户。积极配合省政协开展产业扶贫调研活动，调研报告获省政协好评。安排 3 名机关干部，驻新化县西河镇三新村专职扶贫，积极挖掘委员资源，组织医生定期进村开展义诊，主动联系高校志愿者，为中小学生开展暑期素质教育，多方筹资建好村级服务中心和文体活动广场，硬化村组公路 9.6 千米，发展合作社 6 个，年内帮扶对象中有 34 户 114 人实现脱贫。动员引导市、县两级 1387 名政协委员，积极参与助力脱贫攻坚“三个一”行动，结对帮扶建档立卡贫困户 2136 户，帮助解决就业 836 人，扶助贫困学生 704 个。

【民主团结】2018 年，市政协坚持大团结大联合，尊重和保障各民主党派、无党派人士在政协各种平台协商建言、发表意见的权利。五届二次全会有 8 名非中共委员作大会发言，占大会发言委员的 75%；全年收到民主党派工商联集体提案 15 件、非中共委员提案 124 件，占所立提案的 78.5%；在《社情民意专报》编发民主党派工商联及其成员信息 20 期，获市委、市政府领导批示 10 人次。认真学习贯彻民族宗教政策，不断巩固和发展民族团结、宗教和睦的良好格局。

【服务大局】2018 年，市政协积极服务“娄商返娄”战略，市政协机关招商引资小分队引进落户燕达新材、奥莱电器等 3 个工业项目，资金 9 亿元。

【文史工作】2018 年，市政协到兰州、西安、成都等地，广泛搜集、努力挖掘清代 63 位娄底籍风云人物的史料史实，编辑出版《涟水湘山多豪杰——〈清史稿〉中的娄底人》，弘扬娄底精神，增强文化自信。在省级以上媒体、市级主流媒体分别刊播市政协工作宣传稿件 100 余篇、500 余篇，广泛宣传统战主张，讲好政协故事，促进同心同行。

【自身建设】2018 年，市政协充分发挥各专门委员会对委员的组织、联络作用，通过为委员履职搭建平台、开展委员学习小组活动、用好用活政协云，进一步发挥委员主体作用。切实加强委员履职管理，督促交好“委员作业”，市本级选送 42 人次外出培训，组织开展委员年度述职述评和优秀政协委员、优秀政协提案、优秀调研报告等评选表彰活动；全年辞免委员 12 人，撤销委员资格 2 人，增补委员 34 人。调整优化市政协各委室工作职责，制定完善意识形态责任制、党组中心组理论学习、机关考勤等 10 余项规章制度。组织机关党委换届，选举产生机关纪委，适当调整支部成员，积极支持市纪委派驻市政协机关纪检组履行职责，“三会一课”、主题党日、作风整治、“一切工作到支部”达标创优竞赛等活动有序推进。“三办”(办文办会办事)工作提质增效，工会活动丰富多彩，“创文管卫”、人事后勤等工作严谨规范，机关服务水平有效提升。

重要会议

【娄底市政协全体会议】1 月 1—4 日，市政协召开五届二次会议。2 日，姚兵代表五届市政协常委会向大会作工作报告，李赛斌以书面形式作提案工作情况报告，市委常委、常务副市长张希慧代表市委、市政府通报市政协五届一次会议委员大会发言办理情况。全国政协理论研究会常务理事、《中国政协理论研究》杂志执行主编原冬平教授应邀为320多名市政协委员，作题为《以十九大精神指引新时代政协工作》的辅导报告。3日，全体委员通过列席市人大五届二次会议开幕大会、分组讨论等，协商讨论政府工作报告及其他报告。4日，会议审议通过《中国人民政治协商会议娄底市第五届委员会第二次会议政治决议》《中国人民政治协商会议娄底市第五届委员会常务委员会工作报告的决议》《中国人民政治协商会议娄底市第五届委员会常务委员会提案工作情况报告的决议》。

【娄底市政协常委会会议】4月17日，市政协五届六次常委会议召开，集中学习新修订的《中国人民政治协商会议章程》，通报市政协2018年工作要点，审议通过五届二次全体会议提案审查情况的报告，听取市政协各工作机构2017年工作述职并测评，协商决定任命谭永忠为市政协提案委员会副主任，并增补为市政协委员。

7月19日，娄底市政协召开“七个三年行动计划”推进实施情况专题协商会议　（市政协供图）

7月19日，政协娄底市第五届委员会常务委员会第七次会议暨七个三年行动计划推进实施情况专题协商会议召开。上午，组织开展七个三年行动计划推进实施情况专题协商暨审议通过《政协娄底市第五届委员会常务委员会关于娄底市七个三年（2016—2018）行动计划推进实施情况的建议案》，递交专题调研报告，协商决定撤销肖扬第五届市政协委员资格。下午，姚兵主席以《领会新思想　展现新作为　在创新发展人民政协事业中奋力建设富饶美丽健康和谐新娄底》为题作专题辅导报告，深入学习习近平总书记关于加强和改进人民政协工作的重要思想。

9月28日，市政协五届八次常委会议召开，传达省政协重要会议精神，以无记名投票方式民主评议市住建局、市规划局、市公安局、市发改委、市教育局5个单位的提案办理工作，协商决定朱宏志任市政协经济科技委员会主任，苏必红任市政协社会工作委员会主任。

12月26日，政协娄底市第五届委员会常务委员会第九次会议召开，审议通过政协娄底市第五届委员会第三次会议有关事项；审议通过政协娄底市第五届委员会常务委员会工作报告（草案）；审议通过政协娄底市第五届委员会常务委员会关于五届二次会议以后提案工作情况的报告（草案）；审议通过关于撤销贺顺清第五届市政协委员资格的决定、关于辞免刘力等12人第五届娄底市政协委员职务的决定、关于增补王红贵等33人为第五届娄底市政协委员的决定。

（刘　明）

2018年市政协先进集体（先进个人）一览表

表16

获奖集体（个人）	奖励名称	颁奖单位	颁奖时间
娄底市政协	2018年度反映社情民意信息工作先进单位三等奖	省政协	2019年1月
姚　兵	2018年度人民政协理论研究优秀论文一等奖（人民政协协商民主的特殊地位、基本要求与实施路径）	省政协	2019年1月
邵　瑛	2018年度反映社情民意信息工作先进个人	省政协	2019年1月
刘卫华	2018年度市州政协宣传工作先进个人	省政协	2019年1月

纪检监察

综　述

【概况】2018 年，是贯彻党的十九大精神的开局之年，也是娄底市县两级监委成立后开展工作的第一年。全市纪检监察机关在省纪委和市委的坚强领导下，紧扣“四个统一”，聚焦“三个效果”，强化精准思维和“细活意识”，全面从严治党取得明显成效。

【用好“四种形态”】2018 年，中国共产党娄底市纪律检查委员会娄底市监察委员会坚持把监督挺在前面，抓早抓小、及时提醒纠正。协助市委修订完善《关于运用监督执纪“第一种形态”开展党内谈话的实施办法》。全市运用“四种形态”处理党员干部 4132 人次，其中“第一种形态”2277 人次，占 55.2%；“第二种形态”1440 人次，占 34.8%；“第三种形态”340 人次，占 8.2%；“第四种形态”75 人次，占 1.8%。

【作风建设】2018 年，娄底市把落实中央八项规定精神、狠刹“四风”作为重要政治任务，对违规公款吃喝、违规使用办公用房、收送红包礼金等突出问题开展专项治理。全市发现问题 625 起，问责 966 人，其中给予党纪政务处分 322 人。协助市委出台《关于防止和克服形式主义、官僚主义的具体规定》，全市立案查处形式主义、官僚主义问题 549 起，问责 929 人，其中给予党纪政务处分 164 人。

【审查调查】2018 年，娄底市实行《执纪审查领导包案责任制》，对案件全程负责。建立健全《执纪监督监察工作办法》，规范各环节操作。出台《领导班子成员带队值班制度》，签订办案安全责任状。全市立案 1874 件(其中县处级干部 36 人)，给予党纪政务处分 1826 人，移送司法机关 13 人，挽回经济损失 1.89 亿元。严肃查处市房产局原党委书记、局长吴景祥，市中级人民法院原执行局长肖学军等一批典型案件。

【警示教育】2018 年，娄底市发挥公开通报的震慑作用，全市发出典型案例通报 152 期，涉及 790 余人。广泛开展警示教育，市本级召开 1200 余名市管干部参加的警示教育大会，播放以肖扬等 8 起典型案例为题材的警示教育片《警钟》。各县市区、市直各单位结合实际开展警示教育活动，2 万余人次参与。开展《纪律处分条例》专题学习，组织《中华人民共和国监察法》考试，举办法规知识竞赛。推进家风建设，召开正处职以上领导干部家属家风教育座谈会，引导家属加强对领导干部的监督。

【防治基层微腐败】2018 年，市纪委监委开展国家公职人员在项目指挥部、协会学会兼职取酬和单位集资问题三个专项整治。全市清退违规兼职取酬款1468 万元、违规集资款 4.7 亿元。着眼从源头防治基层腐败，建立健全村级小微权力风险防控工作机制，被央视新闻联播报道。2017 年 11 月至 2018 年 11 月，全市接收农村涉纪信访举报 3526 件次，反映的问题发生在 2017 年 11 月后的为 132 件次；全市立案查处违反廉洁纪律、涉贪腐的乡、村干部 381 人，违纪问题发生在 2017 年 11 月后的为 19 人。

【信访办理】2018 年，娄底市针对基层问题较多、重信重访和越级上访突出的实际情况，选取 119 件典型信访件开展“开放式”办信。出台《实名举报办理告知反馈制度》，对 1871 件实名举报件进行办理告知反馈。推行《失实举报了结澄清制度》，对 326 起失实举报进行了结澄清，对 35 起失实举报典型事例进行公开通报。

【反腐败工作】2018 年，市纪委监委“开门反腐”，不断扩大纪委监委开放度，向市人大常委会报告监察体制

娄底村级“小微权力+互联网+监督”工作入选十大“中国改革(2017)年度改革案例”

(市纪委供图)

改革专项工作情况，向市政协和民主党派通报相关工作情况。举行市政协委员进纪委暨第二次“踏石留印·娄底市纪委监委开放日”活动。加强反腐败协调，合力形成扫黑除恶的高压态势。全市受理涉黑涉恶腐败和“保护伞”问题线索315件，立案40件，给予党纪政务处分和组织处理41人。严肃查处冷水江市渣渡镇双丰村原党支部书记张某仟、原村主任朱某国等涉黑涉恶腐败案，涟源市政协原主席贺某清充当李某耀涉黑涉恶犯罪团伙“保护伞”案等典型案件。

【队伍建设】2018年，市纪委监委强化内部监督管理，落实请示报告制度。规范线索处置、谈话函询、初步核实、审查调查、案件审理等各环节程序。认真执行《湖南省纪检监察干部监督执纪“十不准”》，防止“灯下黑”。全市受理纪检监察干部问题线索217件，立案24件，给予党纪政务处分24人。

（陈正杰）

巡视巡察

【概况】2018年，娄底市纪委监委高度重视中央巡视组和省委巡视组反馈意见的整改落实工作。市县两级收到中央巡视组交（转）信访件229件次，省委巡视组交（转）信访件1641件次，均办结。对20家市直单位开展3轮常规巡察。围绕“三大攻坚战”等重大决策部署，开展环保领域、扶贫领域和民生项目资金领域专项巡察；对多个常委单位开展落实中央八项规定精神专项巡察。探索开展县市区交叉巡察。对前三轮已巡的8家市直单位开展巡察整改“回头看”。全市发现问题5266个，移交问题线索654件。针对省委巡视、市委巡察发现的问题线索，问责党员干部900余人，立案623件，给予党纪政务处分549人，其中县处级干部16人。

（陈正杰）

2018年市纪律检查委员会市监察委员会先进集体（先进个人）一览表

表17

获奖集体（个人）	奖励名称	颁奖单位	颁奖时间
市纪律检查委员会市监察委员会	全省纪检监察信息工作先进单位	中共湖南省纪委办公厅	2019年3月
赵　迪	全省纪检监察信息工作先进个人	中共湖南省纪委办公厅	2019年3月

民主党派

◎中国民主同盟娄底市委员会
◎中国民主建国会娄底市委员会
◎中国农工民主党娄底市委员会
◎九三学社娄底市委员会

中国民主同盟娄底市委员会

【概况】2018年，中国民主同盟娄底市委员会(简称民盟娄底市委)在民盟湖南省委和中共娄底市委正确领导下，深入学习贯彻习近平新时代中国特色社会主义思想，以中共十九大精神和民盟十二大精神为指导，团结带领全市盟员，坚持围绕中共娄底市委、市政府工作大局，积极履职，切实加强自身建设，各项工作取得良好成绩。民盟市委获民盟中央“民盟思想宣传工作先进单位”“《群言》杂志社发行工作先进单位”等2项集体荣誉，获民盟湖南省委“参政议政工作先进单位”等4项集体荣誉；获“娄底市政协2018年社情民意信息工作一等奖(唯一)”等6项集体荣誉；民盟娄底市综合三支部、民盟娄底四中支部、民盟娄底爱尔眼科医院支部，获民盟中央“民盟盟员之家建设先进单位”。4月，全国政协副主席、民盟中央常务副主席陈晓光在娄调研时，对娄底民盟工作给予充分肯定，表扬娄底民盟组织发展好，班子团结好，参政议政有成效，社会服务有实效，基层组织有活力。

【思想建设】2018年，民盟娄底市委先后组织召开市委扩大会议，盟员人大代表、政协委员会议，民盟界别委员会议等，传达学习贯彻全国两会精神、民盟十二大精神，重点学习中共中央总书记习近平3月4日在全国政协十三届一次会议民盟、致公、无党派人士、侨联界别联组会上的讲话精神，《习近平总书记关于加强和改进人民政协工作的重要思想专题摘编》，习近平总书记在庆祝改革开放40周年大会上的重要讲话等时事政事；全市各基层组织也开展各种形式的学习。选送30多名盟员参加全国政协、省市党校、社院、民盟省委等单位举办的各种培训班，圆满完成各级调训任务。举办纪念中共中央“五一口号”发布70周年暨改革开放40周年盟员书画艺术作品展。举办新盟员培训班2期。

【专题调研】2018年，民盟娄底市委承担的省市3个课题顺利结题。其中《〈中国共产党统一战线条例(试行)〉实施过程中党外干部培养使用的新问题及对策研究》获民盟省委理论研究论文三等奖，民盟界别协商《强基础、补短板、固保障，推进我市农村义务教育优质均衡发展》得到中共娄底市委主要领导充分肯定和批示，相关建议被吸收进市政府教育工作文件；政党协商调研报告《加强农村宅基地管理　探索“三权分置”改革》，得到中共娄底市委主要领导充分肯定和批示，相关建议被有关部门采纳落实。

【提案建议】2018年，在省政协十二届一次会议上，邵瑛委员提交《关于推进湖南高等职业教育供给侧结构性改革的建议》大会书面发言，以及《加快创新开放步伐　促进我省农机产业转型升级》等3份提案；在市五届人大二次会议、市政协五届二次会议上，民盟娄底市委及代表委员提交提案32件，其中党派集体提案2件。

【社情民意信息】2018年，民盟娄底市委上报社情民意信息80余篇。其中2篇被全国政协采用，3篇被中央统战部《零讯》采用，1篇得到国务院副总理孙春兰指示，3篇被民盟中央采用，1篇被中共中央办公厅采用；2篇被中共湖南省委办公厅采用，4篇被省政协采用，54篇被民盟省委采用；10篇被娄底市政协采用，其中5篇得到娄底市领导批示。

【民主监督】2018年，民盟娄底市委重点对扶贫领域开展民主监督，联合民盟涟源市委对涟源市七星街镇进行民主监督，所完成的《涟源市扶贫工作民主监督报告》得到中共涟源市委、市政府领导充分肯定，所提相关监督建议被吸收进涟源市2019年扶贫工作计划。盟员省、市政协委员参加省政协民盟界别关于环保及生态文明建设等民主监督活动4次，先后赴益阳、株洲等地开展民主监督活动；市政协民盟界别委员开展娄底市交通提质“三年行动计划”民主监督工作。主委班子成员及盟员人大代表、政协委员代表参加娄底市市纪检监察工作情况通报会，参加代表、委员进纪委监委活动，15名特约人员在各领域履行民主监督职责。

【组织建设】2018年，民盟娄底市委发展盟员30人，发展率5.8%，其中省政协委员1人，正处级干部1人，正高职称1人，博士1人，市政协常委1人，市政协委员2人，新建民盟娄底市第一人民医院支部。截至年底，民盟娄底市委下属2个县(市、区)委(娄星区委、涟源市委)，16个直属支部，盟员542人。完成民

11月21日，市政协民盟界别协商会议召开
（民盟娄底市委供图）

盟湖南人文科技学院支部、涟钢支部换届，交流1人到市直单位任职，提拔1人任专职副主委（副处级）。组织开展赴益阳调研特色小镇建设、赴株洲炎陵调研生态建设和红色教育，举办娄底民盟第五届运动会等活动。

【社会服务】2018年，民盟娄底市委继续开展"烛光行动"，向斗笠山中心学校捐赠绘本1000本，价值近3万元。携手盟员朱伟企业中纵联联集团，捐资2万元，为惠民学校食堂购买厨房电器和电取暖器。组织民盟娄底市中医医院支部为该校师生进行免费体检。携手腾讯公益平台，开展"99公益日"募捐活动，捐出15646.64元。笔爱心款按1间教室1个书架180本图书的标准配送到毛坪村等贫困农村学校。盟员谢斌携手娄底双星公益社引入"壹基金"首次落户娄底，筹资6万余元，定制温暖包205个，赠送贫困地区农村学校学生。继续实施"光明行动"，完成免费白内障手术3200例，为贫困患者减免医疗费用480万元。民盟市委牵手娄底市残联、娄底海文非遗馆，举办妇女手工技艺暨刻瓷培训班，高级工艺美术师、老盟员欧阳吉华，义务为40多名残疾人传授刻瓷艺术。

【机关建设】2018年，民盟娄底市委完成主委会议、市委会议、全市盟务工作会议等10多次大型工作会议的材料准备、组织协调、后勤保障工作；完成省市相关部门材料上报、检查考核等工作；协助盟市委主委完成挂点项目、企业帮扶、下乡扶贫等多项工作；承担全国政协、民盟省委和民盟市委重点课题调研活动的组织协调、报告起草等工作；协助民盟省委在娄底举办"民盟湖南省委2018年新盟员培训班"；组织盟员赴六盘水、株洲、长沙、永州等地交流盟务，组织开展庆祝"三八"节、教师节、民盟第五届运动会比赛等工作；完成娄底民盟志初稿，对娄底民盟历史进行了一次比较全面的梳理。（吴志奇）

2018年民盟娄底市委先进集体（先进个人）一览表

表18

获奖集体（个人）	奖励名称	颁奖单位	颁奖时间
民盟娄底市委	民盟思想宣传工作先进单位	民盟中央	2018年11月
民盟娄底市委	组织工作、反映社情民意信息工作、参政议政工作、思想宣传工作先进集体	民盟湖南省委	2019年1月
刘　敏、刘兆梅	反映社情民意信息工作先进个人	民盟中央	2019年4月
邵　瑛、刘　敏	反映社情民意信息工作先进个人	政协湖南省委员会	2019年1月
羊小庆	优秀信息员	中共湖南省委统战部	2019年1月
王红贵	思想宣传工作优秀通讯员	民盟湖南省委	2019年1月
谢四连	组织工作先进个人	民盟湖南省委	2019年1月
郭广军	湖南省教育科学研究优秀成果奖	湖南省教育厅	2019年4月

中国民主建国会娄底市委员会

【概况】2018年，中国民主建国会娄底市委员会（简称民建娄底市委）下设民建市直一支部、市直二支部、娄星支部、中心医院支部和冷水江基层委员会。全市有会员198人。是年，民建娄底市委在民建湖南省委和中共娄底市委的领导下，团结带领全市会员，学习践行习近平新时代中国特色社会主义思想，紧紧围绕建设富饶美丽健康祥和新娄底，为推动娄底经济社会持续健康发展出谋出力。全年获民建省委先进单位、组织管理信息系统建设工作一等奖、反映社情民意工作二等奖、新闻宣传工作二等奖、社会服务工作二等奖、统战信息工作一等奖等多个奖项。

【思想建设】2018年，民建娄底市委不断健全各种学习制度，广泛开展形式多样的学习、教育和实践活动，带领广大会员深入学习贯彻习近平新时代中国特色社会主义思想和中共十九大精神。4月13日，召开纪念中共中央"五一口号"发布70周年暨新型政党制度调研座谈会，集中学习习近平总书记3月4日重要讲话精神，学习"五一口号"发布的历史过程及其历史意义，回顾多党合作的光辉历程和历史成就。5月17日，会内市政协委员开展集中学习，认真学习习近平新时代中国特色社会主义思想、中共十九大精神和关于人民政协的重要论述。学习民主党派发展历史，不忘合作初心，继承优良传统。学习民建十一大修正新会章，认真学习十九大提出的重要思想、重要观点、重大判断、重大举措，学习统一战线和多党合作的新理论新实践新发展，学习民建参政建设和加强自身建设等方面的经验成果。各支部紧跟市委会步伐，开展各类"大学习"活动。

【自身建设】2018年，民建娄底市委发展新会员12人，其中研究生学历3人，中高级职称3人，市人大代表2人。召开民建冷水江市总支部换届暨基层委员会成立大会，选举产生第一届基层委员会委员。新成立民建市直二支部。出台《民建娄底市委基层组织会务工作考核办法》，推进基层组织工作创新，组织活力显著增强。市委会多渠道、多途径地加大对后备干部队伍培训力度，选派25人次会员骨干参加民建中央、省委、市委统战部组织的各类培训班，强化骨干会员的政治素质。进一步做好娄底民建网站，信息及时更新。加强与各级新闻媒体的联系与沟通，做好参政履职成果宣传力度。广播电视报纪念改革开放40周年专刊，以《同心同行助发展 参政议政谱新篇》专题报道娄底民建，讲好民建故事。

【参政议政】2018年，民建娄底市委完成5个调研课题，《加强农村人居环境整治 建设生态宜居美丽乡村》作为市政协大会发言课题，《发挥地域文化特色助力乡村振兴》作为市委统战部成果汇报的课题。主委朱鸿宾带队赴各县市区及周边市州开展异地调研，就文化旅游产业发展项目中的规划投资、合理开发、市场定位、项目建设进度、项目发展优势、产业集聚态势等进行调研。市委会围绕转型升级、乡村振兴主题建言献策，全年提交各类提案、建议30余件。《加快职业教育发展，助推娄底产业转型升级》得到中共娄底市委主要领导批示。《关于加快娄底市全域旅游发展的调查与建议》获优秀调研报告，《促进农村电商与产业扶贫深度融合的建议》获优秀提案。《降低社会保险缴费率 减轻小微企业负担》经湖南民建网站刊发后被《中国经济时报》原文转载。社情民意信息《修复重金属污染耕地，推进绿色发展》年初"两会"期间被中央统战部《零讯》采用，《建议公交车增加手机扫码支付功能》《加强全市宠物管理》等多篇被民建省委或市政协采用。11月21日，市政协民建界别"加强职业教育发展"协商会议召开，副市长李有才、市政协副主席席伏应参加会议，听取加快职业教育发展，充分发挥职业教育作用，培养高质高量的技术技能人才，进一步完善职业院校人才培养质量保障体系等方面建议，形成协商意见。围绕脱贫攻坚和七个"三年行动计划"开展民主监督。对口新化县开展脱贫攻坚民主监督，到新化县集中安置项目点进行实地调研，聚焦脱贫攻坚中的重点难点问题和政策落实中的薄弱环节，形成监督报告。市政协民建界别民主监督小组就"文化旅游及健康养老产业发展"开展民主监督，到市直相关单位、5个县（市、区）、经开区，实地察看28个项目，形成高质量的调研报告。9名会内特约人员扎实开展监督工作。如3月份在市中级人民法院开展上下班纪律作风监督等。协助民建省委开展湘江流域保护和治理民主监督工作，重点调研娄底锡矿山综合治理推进情况。

11月21日，娄底民建界别召开"加强职业教育发展"协商会议　　（民建娄底市委供图）

【社会服务】2018年，民建娄底市委对口帮扶涟源市新塘村，出资6万元开展扶贫工作，机关干部每人结对帮扶3户贫困户，坚持每月一次走访慰问，宣传扶贫知识、医保政策，送米送油等。在"大手拉小手"同圆中国梦—关爱留守儿童爱心捐赠公益活动，捐赠50套爱心书包，价值1万元。娄星支部结合"农村家庭教育"课题调研，到杉山镇中学、水洞底撑田村走访慰问，送去慰问金，组织会员一对一结对帮扶。会员企业手拉手信息技术有限公司在"浓情庆'六一'，帮扶见真情"关爱未成年人活动中，给新化水车镇正龙小学的161名学生送去书包、文具和雨伞，为村里捐建安装18组监控设备。民建会员在街心社区主讲健康知识讲座，组织"创建全国文明城市知识抢答赛"，发放100余本健康宣传手册，让更多的社区居民参与创文行动。娄星支部到杉山镇中学围绕"农村家庭教育"开展调研，邀请专家为杉山中学的家长们讲授"怎样培养下一代"主题讲座，启动"家庭教育进家庭"同心工程。做好建华课堂湖南分课堂和中国风险投资论坛、中国非公有制经济发展论坛两张民建社会服务品牌，9月12—15日，2名企业家会员参加"2018中国(四川)非公有制经济发展论坛"。市委会向娄底市政府提出建议函，推动国奶扶贫工程在娄底实施，12月6日，新化县国奶扶贫工程项目全面启动，捐助新化县贫困家庭7~36月龄婴幼儿三年婴配方奶粉。

（刘俊霞）

2018年民建娄底市委先进集体(先进个人)一览表

表19

获奖集体(个人)	奖励名称	颁奖单位	颁奖时间
民建娄底市委	先进单位	民建湖南省委	2019年1月
民建娄底市委	组织管理信息系统建设工作一等奖	民建湖南省委	2019年1月
民建娄底市委	反映社情民意工作二等奖	民建湖南省委	2019年1月
民建娄底市委	新闻宣传工作二等奖	民建湖南省委	2019年1月
民建娄底市委	社会服务工作二等奖	民建湖南省委	2019年1月
民建娄底市委	统战信息工作一等奖	民建湖南省委	2019年1月
梁彦喜	反映社情民意工作优秀个人	民建湖南省委	2019年1月
梁彦喜	统战信息工作优秀个人	民建湖南省委	2019年1月
刘俊霞	组织管理信息系统建设工作优秀个人	民建湖南省委	2019年1月

中国农工民主党娄底市委员会

【概况】2018年，中国农工民主党娄底市委员会(简称农工党娄底市委)认真贯彻落实中共十九大精神和农工党十六大精神，围绕娄底经济社会发展建言献策，立足促进社会和谐献计出力，着眼加强自身建设改革创新，为全面建设富饶美丽健康祥和新娄底作出了新的贡献。市委会获农工党湖南省委先进市级组织、组织工作先进单位、参政议政工作先进单位，市政协社情民意工作先进单位等多个省、市奖项。

【思想建设】2018年，农工党娄底市委深入学习贯彻中共十九大精神、习近平新时代中国特色社会主义思想和农工党十六大精神，通过举办培训班、座谈会、交流会等方式助推学习。深入开展"学精神、学党章、学党史"学习教育活动和"三学一讲"主题教育活动。农工党娄底市委主委郭细军带头上党课，带领大家全面系统地回顾中国农工民主党的历史，全市80余名党员参与学习活动。纪念中共中央发布"五一口号"70周年和农工党湖南省委成立35周年，参与农工党湖南省委组织的纪念活动，报送高质量征文7篇；精心制作由双峰县农工党员演唱的"好家风"MV，参与文艺汇演；市委副主委戴治平的先进事迹被农工党省委作为"身边的榜样"巡回演讲；农工党双峰县委的剪纸展览，把中共十九大精神和农工党党史用喜闻乐见的方式展示出来，别具特色。农工党市委获纪念活动组织奖、文艺汇演组织奖。

【自身建设】2018年，农工党娄底市委发展党员7人。选派党员参与农工党省委、市委统战部组织的各类培训班，培训党员30余人次，强化骨干党员政治素质。认真贯彻中共中央八项规定和中共娄底市委有关规定，建立健全会议制度、财务制度，参政议政专委会工作规程等，机关工作更加规范化、制度化。坚持集中学习制度，营造风清气正的良好环境，机关干部政治素质、理论水平和精神风貌显著提高。主委班子带头撰写理论文章，就中共十九大精神、有关统战理论撰写学习心得，报送高质量理论文章2篇。以《娄底市志(1990—2017)·中国农工民主党娄底市委员会志》的撰写为契机，对娄底市农工党的发展历程进行梳理。

【参政议政】2018年，农工党娄底市委在县市区两会上提交集体提案4件，个人建议、提案20余件。在市政协五届二次会议上，农工党市委作《加快推进地下管线综合管廊建设》大会发言。《加快我市城区地下管线建设与管理》获优秀调研报告，《大力发展我市景观体育产业》获优秀集体提案。全年完成调研报告6个，其中《我市土壤重金属污染现状和防治对策分析》和《我市公共法律服务体系的调查思考》被确定为市委统战部成果汇报的课题。《加快推进地下管线管廊改造与建设》的调研报告得到高度重视，市委、市政府召开重点提案办理暨界别协商会议，推动建议措施的落实。《湖南日报》以《一条建议推动一项工作》为题报道市委会参政议政工作。以推进健康中国、美丽中国建设为主线，特别是围绕医药卫生事业改革、促进健康服务业发展、空气水土污染防治等问题开展调查研究，提出建议意见，被市政协评为社情民意工作先进单位。全年报送社情民意信息23篇，其中《关于出台〈预防接种异常反应补偿法〉的建议》被省政协采用，《关于中心城区公交车增加手机扫码支付的建议》被市政协采用。

多名党员担任各级特邀(约)人员、民主监督员，积极参加各单位活动，有效发挥民主监督作用。积极落实市政协集中委派民主监督小组工作的要求，入驻市人社局开展医疗保险和农村转移就业培训工作民主监督，入驻市财政局开展财源培植三年行动计划民主监督，并向入驻单位提交整改意见函。

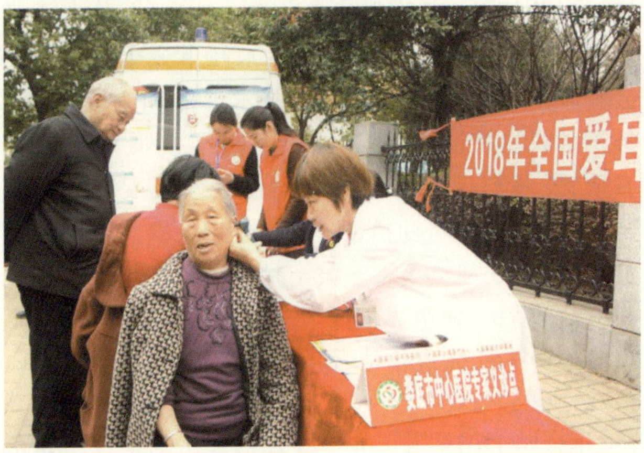

3月3日，农工党娄底市委组织娄底中心医院农工党员专家在长青街道开展"全国爱耳日"宣传义诊活动　　（农工党娄底市委供图）

【精准扶贫】2018年，农工党娄底市委对口帮扶涟源市桥头河镇新塘村，为其解决扶贫建设资金4万元。在新塘村“非洲猪瘟”疫情防控中，全力帮助受灾群众开展生产自救，支持种养殖帮扶资金2万元。机关干部多次走访结对帮扶户，摸清贫困户情况，科学制定帮扶计划，积极落实帮扶责任和措施。春节期间，到石井镇松江村走访慰问结对帮扶贫困户，为他们送去新春的祝福和生活物资。选派1名干部为驻村帮扶工作队成员。组织娄底市中医院中医专家在社区开展义诊和健康咨询，免费测量血压、把脉，宣传常见病保健知识；以全国爱耳日为契机，组织市中心医院耳鼻喉头颈外科党员专家在街道开展宣传义诊活动；双峰县农工党医护人员赴沙塘乡沙田学校，为群众进行诊治，讲解卫生健康和疾病防治知识。全年累计开展义诊活动5次，发放宣传资料700余份，义诊3000余人，赠送药品数千元。市委会开展捐资助学活动，为青树坪镇石泉村贫困学生送去图书、文具和慰问金。累计资助学生20余人，资助金额13万余元。积极参与“戏曲进校园”活动，党员艺术家为永丰镇五里学校700余名师生带去精彩的戏曲表演。积极响应万名工程专家服务团队下乡行动，先后到双峰县石牛、洪山殿、青树坪、梓门桥等乡镇辣椒种植基地指导辣椒种植与病虫害防治，助推辣酱产业发展；娄星区支部联合湖南人文科技学院支部在全国生态文化村——娄星区杉山镇万乐村开展送科技下乡服务活动，赠送水稻种子，向村民传授水稻种植技术和经果林栽培修剪技术。（郭超兵）

2018年农工党娄底市委先进集体（先进个人）一览表

表20

获奖集体（个人）	奖励名称	颁奖单位	颁奖时间
农工党娄底市委	2018年度先进市级组织	中国农工民主党湖南省委员会	2018年12月
农工党娄底市委	2018年度组织工作先进单位	中国农工民主党湖南省委员会	2018年12月
农工党娄底市委	2018年度参政议政先进单位	中国农工民主党湖南省委员会	2018年12月

九三学社娄底市委员会

【概况】2018年，九三学社娄底市委员会（简称九三学社娄底市委）辖社娄星区、社冷水江市2个基层委员会和湖南人文科技学院、职业技术学院、市中心医院、涟钢、新星、友谊、同兴7个市直支社。按照“注重政治素质，发展与巩固相结合，有计划稳步发展”的方针，全年发展15名新社员，平均年龄40.6岁。其中男社员10人，女社员5人。截至是年年底，全市有社员488人。是年，社市委被评为全省创新实践先进集体、参政议政工作先进集体、组织工作先进集体。

【思想建设】2018年，九三学社娄底市委把学习贯彻中共十九大精神与学习贯彻社十一大精神相结合，认真抓好主委会、市委扩大会、市政协九三界别小组的专题学习。社娄星区委、湖南人文科技学院支社获评“坚持和发展中国特色社会主义学习实践活动先进集体”；积极参加社省委举办的“学习十九大精神，发挥参政党作用”主题演讲比赛，获二等奖。组织召开纪念中共中央“五一口号”发布70周年座谈会，推送“五一口号”相关历史资料，重温九三前辈先贤与中国共产党精诚团结、共赴国难的光辉历程。在社中央举办的“我与改革开放40年”的故事征文和摄影作品征集活动中，3名社员入围获奖。在社省委举办的纪念“五一口号”发布 70 周年征文活动及摄影比赛中，社员论文获一等奖，摄影作品获三等奖。制定《“社员之家杯”社章社史知识竞赛活动表彰办法》，全面调动社员积极性，组织参加社中央举办的“社员之家杯”社章社史知识竞赛活动。同时，社市委机关专干代表湖南省赴北京参加全国决赛，获得三等奖。

【参政议政】2018年，九三学社娄底市委服务大局，在议案提案上着力。如政协娄底市第五届二次会议上，《进一步加强我市电梯安全管理》的大会口头发言得到市委主要领导的批示。《创建良好人才生态，筑梦美丽幸福娄底》大会书面发言，得到市政府主要领导的批示。围绕“乡村振兴”主题，将耕地提质增量和乡村垃圾处理作为2018年度的2个重点课题。《试点耕地提质增量　探索娄底乡村振兴路径》调研成果获得市政府的高度重视，《做好村级垃圾焚烧处理　助力娄底美丽乡村建设》调研报告被采纳作为全市民主党派工商联调研成果汇报会材料。开通娄底九三微信公众号，宣传党和国家的方针政策，传达社组织精神，发出娄底九三声音。借助中央、省、市各级刊物和网站对社市委开展自身建设、社会服务活动、参政议政成果等重点工作进行宣传推介，上稿20余条，多篇社情民意被各级政协采纳。

【组织建设】2018年，九三学社娄底市委重视社员专业领域与全市重点产业发展的精密匹配。重点围绕电子陶瓷产业在各个环节发展社员、培养社员、推荐社员。2018年，从事电子陶瓷领域工作的社员中，1名社员挂职担任新化县科技副县长、1名社员获“娄底市优秀企业家”及“第二届娄底市市长质量奖”。电子陶瓷行业中2名80后高学历研究人员、1名成长型科技企业负责人加入九三学社。全面贯彻落实“人才强社”战略，组织建设优化提质。圆满完成涟钢支社、市中心医院支社换届工作以及社冷水江市委的届中调整工作。4名社员被增补为市第五届政协委员。全年选送20余人次赴中央社会主义学院、湖南省社会主义学院、娄底市党校、市社会主义学院参加培训与学习。

【社会服务】2018年，九三学社娄底市委作为新化县白溪镇大溪村的帮扶单位，抽调骨干力量充实脱贫队伍。为帮扶村协调项目资金、帮扶资金10余万元；协调解决村里公路建设、安全饮水、村级综合服务平台建设等相关困难和问题；开展“技术、产业、慰问”三下乡活动，结合村情对红心猕猴桃等种养产业进行考察论证，对养猪合作社的猪舍及粪便转化池的发展方向等问题把脉问诊。中共湖南省委委托社省委开展对娄底脱贫攻坚的民主监督工作。社市委主动做好民主监督工作的联络者、服务者和执行者。配合社省委走访娄底3县市的8个乡镇，4所学校、2所乡镇卫生院、2个企业，抽样调查4个贫困村，走访近40户贫困家庭120余人，调研产业扶贫开展工作；配合召开调研座谈会，发放调查问卷300余份；结合实际，提出针对性强的意见建议百余条，提交相关社情民意信息十多条。10月11日配合召开九三学社湖南省委对口娄底市开展脱贫攻坚民主监督情况反馈座谈会。参与落实“一家一”助学就业同心温暖工程，对口援助新化县职业中专学校的贫困学生，多次到学校和贫困学生家里访困问需、访贫问苦。协助九三学社湖南省委，筹措公益捐助资金20万元，推动在新化县职业中专学校组建“九三·嘉怡班”，实现对职业教育精准扶贫。

（姚丽智）

2018年九三学社娄底市委先进集体（先进个人）一览表

表21

获奖集体（个人）	奖励名称	颁奖单位	颁奖时间
九三学社娄底市委	2018年度创新实践先进集体	九三学社湖南省委员会	2018年12月
九三学社娄底市委	2018年度全省参政议政工作先进集体	九三学社湖南省委员会	2018年12月
九三学社娄底市委	2018年度全省组织工作先进集体	九三学社湖南省委员会	2018年12月
朱登峰	2018年度九三学社组织工作先进个人	九三学社中央委员会	2018年12月
蒋永平、李新家 熊燕妮、肖淑娥	坚持和发展中国特色社会主义学习实践活动先进个人	九三学社湖南省委员会	2018年2月

群众团体

- ◎娄底市总工会
- ◎共青团娄底市委员会
- ◎娄底市妇女联合会
- ◎娄底市科学技术协会
- ◎娄底市归国华侨侨眷联合会
- ◎娄底市工商业联合会
- ◎娄底市文学艺术界联合会
- ◎中国国际贸易促进委员会娄底支会
- ◎娄底市残疾人联合会
- ◎娄底市红十字会

娄底市总工会

【概况】2018年，娄底市各级工会组织积极践行贴近中心促发展、贴近职工办实事、贴近基层搞服务“三贴近”工作思路，积极开展工会换届，成功召开娄底市工会第四次代表大会。牢牢把握工会工作正确的政治方向，始终加强党员干部思想教育，组织动员广大工会干部广泛参与“三大攻坚战”；进一步强化职工群众思想引领，深入开展“中国梦·劳动美”主题教育；突出工运理论和使命教育，广泛评选表彰宣传先模人物与先模事迹；加强职工职业技能培训，积极实施“千名工匠培养工程”与“一户一产业工人”培养工程；扎实开展职工维权服务，继续做实工会“四季歌”服务品牌；进一步加大解困脱困工作力度，落实深入精准帮扶与“双联”工作机制；正确引导职工依法表达利益诉求，助力和谐劳动关系构建；创新组织体制和工作机制，以改革为主线持续激发基层活力；进一步规范基层工会建设，深入开展100人以上企业建会和“八大群体”建会入会以及“模范职工之家”评选表彰，团结动员广大职工为建设富饶、美丽、健康、祥和的新娄底做出积极贡献。

【思想建设】2018年，娄底市总工会（简称市总工会）坚持领导干部带头进课堂、上讲台，广泛开展“新时代·新蓝领·新作为”学习教育活动，深入职工群众进行面对面、互动式宣讲；依托锡矿山矿务局等工运阵地，开展“传承红色工运、担当时代重任”主题教育，突出工运理论和使命教育，用多种形式推动党的十九大精神进企业、进车间、进班组；深化“中国梦·劳动美”主题教育，举办学习党的十九大和省工会十六大职工演讲大赛及知识竞赛活动70余场次，参与职工近5000人。

【宣传引导】2018年，市总工会以深化“工人阶级宣传月”活动为主要抓手，在市内主要媒体和娄底工会网、“娄底工会”微信公众号开辟专栏、专题，集中宣传劳模、“五一劳动奖章”获得者、工匠等个人和五一劳动奖状、工人先锋号等集体的先进事迹，并在娄底中心城区阅报亭对71名“娄底工匠”的事迹进行集中展示。积极组织开展先模评选表彰活动，评选表彰市“五一劳动奖章”获得个人60名、“五一劳动奖章”获得单位26个。组织劳模开展巡回宣讲，进一步唱响工人阶级主旋律，在全社会营造“尊重劳模、关爱劳模、学习劳模、争当劳模”的良好氛围。

【能力建设】2018年，市总工会举办“女职工素质教育大讲堂”、流动课堂、“芙蓉讲坛”120余场次、各类培训班30余期，参加培训职工5000余人次。举办全市职工学习党的十九大演讲比赛，积极组织参加全省职工学习党的十九大精神知识网络大赛和“新时代·新蓝领·新作为—使命与风采”摄影比赛。举办以“中国梦·劳动美”为主题的全市职工电视歌舞大赛等系列文体活动，参与职工18000余人。

【“双培工程”】2018年，市总工会积极实施“千名工匠培养工程”，新选拔“娄底工匠”36名；举办全市职工职业技能大赛，组队参加全省职工职业技能大赛，5人次进入前8名，2人代表湖南参加全国第六届职工职业技能大赛。广泛开展劳动竞赛和“安康杯”竞赛，参赛企业4864家（其中非公有制企业3553家）、参赛职工19.47万名。深入推进“一户一产业工人”培养工程，培训困难职工和困难农民工3000余人，90%以上实现就业创业。

【维权服务】2018年，市总工会组织5支小分队，到五县市区和娄底经开区、万宝新区开展“尊法守法·携手筑梦”服务农民工公益法律服务行动。持续开展“温暖回家路”大型公益服务活动，在火车站、高铁南站设立维权咨询服务台，为返乡农民工提供法律服务。深入贯彻《娄底市工会劳动法律监督办法》，落实工会劳动法律监督意见书和建议书“两书”制度。继续做实工会“四季歌”服务品牌，为1.3万名职工提供免费就业服务，为高温作业职工送去价值120余万元的防暑药品物资，资助困难职工和困难农民工子女1738人，走访慰问企业103家、困难职工家庭933户，发放“劳模慰问金”“低收入补助金”“困难劳模补助金”234.3万元。

【精准解困脱困】2018年，市总工会对全市工会帮扶管理系统中的困难职工档案进行大清理，将脱贫任务分解到各县市区、各级“双联”和困难职工帮扶工作参联单位，确保建档困难职工实现结对帮扶全覆盖。组织126435名在职职工和56104名在职女职工参加第五期职工医疗互助，为5827人发放住院医疗互助项目补助金784.6万元，为55人发放女职工特殊疾病保障项目补助金55万元。

【劳动关系】2018年，市总工会指导市烟草公司、市水业公司等单位成功召开职代会，开展形式多样的企业民主管理工作宣传活动，培育全国模范和谐劳动关系企业国网娄底电力公司。指导市建筑行业开展第四轮工资集体协商，指导娄底保安行业开展首轮集体协商，全市工资集体协商建制率91%。积极探索工会联系引导劳动关系领域社会组织工作。积极履行维稳职责，畅通表达渠道，引导职工依法表达利益诉求，帮助3家较大规模企业成功化解不稳定因素，有力维护职工队伍和社会大局稳定。

【工会改革】2018年，市总工会不断加大改革力度，调整优化市总内设机构设置，进一步理顺工作职能。制定《娄底市总工会深化改革工作责任分工》《娄底市总工会深化改革拟出台制度性文件名录》，对标对表、压实责任，创新组织体制和工作机制，全面转变工作作风，服务发展大局和职工群众。

【组织建设】2018年，市总工会联合市委“两新”工委全力推进全市“两新”组织工会建设，开展100人以上企业建会和“八大群体”建会入会以及非公企业十佳“模范职工之家”评选表彰，新增工会组织438个，新增会员16776人；指导81个基层工会规范工会组织的成立、换届和建家等工作，指导创建全国模范职工之家（小家）4个、省级模范职工之家（小家）9个、省级“六好”乡镇（街道）工会3个、市级模范职工之家10个。（刘 瑜）

2018年市总工会先进集体（先进个人）一览表

表22

获奖集体（个人）	奖励名称	颁奖单位	颁奖时间
娄底市总工会	2017年度全省工会财务会计资产管理工作竞赛一等奖	湖南省总工会	2018年11月
娄底市总工会	2016–2018年度全省工资集体协商工作考核结果	湖南省总工会、湖南省人力资源和社会保障厅	2019年4月

共青团娄底市委员会

【概况】2018年，共青团娄底市委员会（简称共青团娄底市委）定编13名，在职在岗干部职工12人。书记1名，副书记2名。机关内设办公室、基层组织建设部、宣传部、学少部、社会联络部，下辖娄星区、冷水江市、涟源市、双峰县、新化县、市经济技术开发区、万宝新区7个县级团委、1个市直团工委和4个驻外团工委，直管企业团委10个，学校团委、少先队组织18个。辖71个乡镇团委和13个街道办事处团委，1181个行政村、社区团支部，2008个乡镇直属团组织。全市共有专兼职团干部3244人。全市团员近14万人，7~35岁以下青少年约175万人。

【主题活动】2018年，共青团娄底市委以社会主义核心价值观教育为抓手，开展各类主题教育和仪式教育活动500余场。“五四”期间，开展2017年度娄底市“双红双优”评选表彰活动，评选出先进个人49人，先进集体35个。开展首届娄底青年五四奖章评选活动，授予成洁等10人、娄底市人民检察院公诉二处等5个集体为首届“娄底青年五四奖章”；授予周宗凡等5人为首届“娄底青年五四奖章”提名奖。“六一”期间，全市有120余所中小学校开展“争做新时代好队员——你好新时代”系列主题活动，100余所小学举行入队仪式，4000余个少先队中队举行主题队会，覆盖少先队员20万余名。6—7月，联合市教育局、娄底广播电视台等单位举办以“新时代 少年梦”为主题的娄底市第五届少儿才艺大赛，大赛分为舞蹈、器乐、声乐、书法、绘画5个比赛项目，1100余名选手报名参赛。9月，联合市检察院、市教育局开展为期一个月的

“开学第一课·法治伴我行”巡讲活动。11月联合市委宣传部、妇联开展“纪念改革开放40周年”情景演讲比赛等活动。开展2017年度“湘中青年英才”评选表彰活动，评选青年创新英才、青年创业英才各5名。大力开展青年文明号、青年岗位能手、青安岗创建活动，激励青年立足岗位，争创一流。组织举办“青春有约、缘来是你”网络爱情招聘会5场。

【青少年活动中心】2018年，共青团娄底市委把市青少年活动中心建成省级精神文明建设基地，省级“雷锋精神”教育基地，周末免费向广大青少年开放。投资45万建设青少年爱国主义教育基地，社会主义核心价值观展览墙，留守儿童活动屋，“雷锋”周末公益电影院、多功能会议室，引导青少年参加健康有益的公益活动。

【“网上共青团”建设】2018年，共青团娄底官微有粉丝98148人，全年推送微信推文216篇，其中原创文章20条。娄底共青团官方微博粉丝40649名，全年推送微博518条 。全市有约5万多青年活跃在“青年之声”的平台上。有市级网宣员近400人，各县市区网宣员200人，并建有QQ工作群。

【青年志愿者活动】2018年，共青团娄底市委持续开展“三五”学雷锋志愿活动月、“保护母亲河”、“春运暖冬志愿服务”、“我是河小青”等志愿服务活动。1月，团中央授予“湘中社区青年志愿服务队”全国最佳服务团队，青年志愿者彭润英的事迹登上《中国青年报》《湖南日报》。3月5日，联合市文明办开展“弘扬雷锋精神·创建文明城市”统一行动日活动，中央新闻联播报道娄底的三五学雷锋日活动。6月5日，联合市环保局等单位开展“六五”环境日主题活动。紧扣“创建全国文明城市”，组织青年志愿者开展各类创文志愿服务，成立文明劝导志愿者服务队，长期坚守在创文一线，组织“创文有奖知识竞答”和“一张纸，一件衣献爱心”等文明创建公益活动。

【“三大攻坚战”】2018年，共青团娄底市委以服务青少年、维护青少年合法权益、参与创新社会治理为抓手，做好金融知识普及宣讲、青安岗创建、校园食品安全“呵护行动”“我的事业在家乡”创业扶持计划等活动。抓好驻点扶贫村脱贫工作。全市各级团的领导机关结对帮扶6个省级贫困村，派出1名干部任脱产驻村扶贫队员，各级团干和青年志愿者进村入户，发放精准扶贫“口袋书”“政策告知书”，宣讲扶贫政策和市委《四个意见》。积极开展青联助力脱贫攻坚行动和爱心助学行动，结对贫困村5个，涉及贫困户90户，帮助提供产业帮扶项目16个，为5所农村中小学捐赠爱心书架100个，图书6000余册。以保护母亲河行动为统领，突出全市创文管卫、河长制的落实等重点专项任务，以文明劝导志愿服务、“河小青”志愿服务活动以及红领巾助力环保等活动为抓手，深化和拓展青少年生态文明教育和实践活动。

【扶贫救弱】2018年，共青团娄底市委开展“阳光助残行动”，关爱留守儿童、农民工子女志愿服务行动、留守儿童自护教育等多场次活动。依托市希望工程基金，开展“共青团助力脱贫攻坚”“情暖童心”“一元捐”“微益中国”“微心愿”“圆梦红土地” 系列扶贫助学活动，援建希望小学3所，资助学生1100余人；联合华融湘江银行等单位，开展“湘窖学子”“芙蓉学子”“茅台学子”等公益助学活动，扶持130名贫困学子圆梦大学。联系幕天公益，在中小学开展图书捐赠活动，流转图书30余万册。

【青少年维权】2018年，共青团娄底市委下发《开展自护教育活动的通知》，强化与公安、交通、消防、安监等相关部门的合作，提升服务的专业化水平。3月，联合市公安局、市禁毒办在双峰县锁石坪壤学校开展“大手牵小手 警心暖童心暨留守儿童自护教育活动”。利用“6·26”国际禁毒日的契机，搭建禁毒知识宣传台，发放《禁毒倡议书》等宣传资料1000余份。集中开展禁毒知识进校园活动，组织工作队深入学校进行禁毒知识宣传，发放《禁毒倡议书》《娄底市“两法两办法”宣传手册》600余份。

【共青团改革】2018年，共青团娄底市委认真筹备市第四次团代会有关前期工作，选举产生出席市团代会的代表230人。进一步深化市本级改革，多次召开共青团改革调度会，重点推进各县级共青团改革方案的出台，5个县（市、区）团委改革方案均出台。中学共青团和少先队改革的草案基本形成。向市深改办递交《共青团娄底市委群团组织改革落实情况清单》，并编制《共青团娄底市委改革方案落实责任分工细则》。更改各部室名称，理顺相关职责职能，由编办下文对改革后的部室职责进行明确；严格落实团干部双重管理制度；按要求配备兼职团干，团代会筹备期间，配备五名兼职团干部。严格抓经费落实，基本落实每人每年不少于1元青少年专项经费。

【基层团建】2018年，共青团娄底市委全面推开“智慧团建”工作，全市四至六级团组织注册码全部注册到位，五级团组织录入率99.6%，六级团组织录入率97%，录入64922名团员的信息。进一步推动“青年之家”建设和服务，申报5家青年之家为团省委重点支持，推报涟源市青少年校外活动中心成功申报第二批全国示范性“青年之家”综合服务平台。5个县市区新配备班子成员3名，县级团委班子配备率95%。组织参加团中央调训1人、参加团省委调训6人次。市县两级团干部基本完成团干部培训网的学习要求。进一步做好“1+100”团干部直接联系青年工作，全市92%的团干部绑定手机“青年之友”，全市255名团干部，联系23140名青年。（周林珠）

娄底市妇女联合会

【概况】2018年，娄底市妇女联合会（简称市妇联）在市委、市政府的坚强领导和省妇联的悉心指导下，深入学习贯彻习近平新时代中国特色社会主义思想、党的十九大精神和中国妇女十二大精神，强化政治引领，服务党政中心，注重发展维权，大力改革创新，各项工作取得新的成绩。获全国巾帼建功先进集体、全省平安单位、全省妇联系统改革创新奖，省首届巾帼创新创业大赛组织奖，全市综治工作优秀单位、保留平安单位，全市安全生产工作优秀单位，创文管卫工作优秀单位，2018年度市管领导班子“好班子”，2018年度全市绩效评估先进单位等荣誉称号。

【政治建设】2018年，市妇联始终把习近平新时代中国特色社会主义思想和习近平总书记系列讲话精神作为新时代做好妇联工作的行动指南，坚持党对妇女工作的绝对领导。积极开展百千万巾帼大宣讲活动，深入企业、学校、社区、乡村宣讲习近平新时代中国特色社会主义思想、党的十九大精神。中国妇女十二大召开后，及时向市委常委会汇报习近平总书记在同全国妇联新一届领导班子成员集体谈话时的重要讲话精神及中国妇女十二大精神，组织召开宣讲会进行传达学习，并通过多种形式在全市掀起学习热潮，推动实现总书记讲话精神在湘中大地开花结果、落地生根。

【创业创新·巾帼行动】2018年，市妇联组织开展第二届“巾帼创业之星”创建评选活动，评选出“巾帼创业之星”9名。该活动自2017年开展以后，为31名“巾帼创业之星”争取创业资金194万元，带动当地妇女创业就业。组织成立女企业家联合会，凝聚企业界女能人力量，团结引领全市广大妇女积极投身经济社会建设。组织开展女大中专院校生创业培训，家政、月嫂、育婴师等技能培训近200场，培训近万人次。组织“春风送岗位”专场招聘10场，介绍4200名女性就业。争取发放妇女小额担保贷款资金3100万元，为女性创业就业提供动力支持。积极引导广大妇女立足岗位建功立业，评选出市巾帼建功先进集体8个、巾帼文明岗19个、巾帼建功标兵29名。

【乡村振兴·巾帼行动】2018年4月，市妇联在全省率先下发实施意见、部署开展“乡村振兴·巾帼行动”，获得“中国妇女网”推介。扎实做好脱贫攻坚工作，抓好七项重点任务。依托“乡村振兴”深化“巾帼脱贫”，打造巾帼脱贫示范基地。通过“一对一”扶持农村女创业典型，提供创业指导、资金支持、产品推介，帮助她们做大做强，同时充分发挥她们的辐射带动作用，帮助当地贫困妇女脱贫致富。全年创建“全国巾帼脱贫示范基地”1家、“省级巾帼脱贫示范基地”2家。做好联点帮扶工作，全年争取资金160余万元稳步推进扶贫村水、路等基础设施建设，并实现整村脱贫，为贫困户送去慰问金和物资等近14万元，发放产业奖补资金15万元。

【温暖关爱·巾帼行动】2018年，市妇联扎实推进“两癌”免费检查工作，全年全市累计检查人数105872人，完成全年总任务数的102.98%，争取救助金287.6万元。为2000名16~60周岁建档立卡贫困妇女免费捐赠“两癌”救助公益保险，总保额4000万元。抓好抓实“知心屋”项目，关爱孩子心理健康。“知心屋”心理剧获2018年全省大赛片区特等奖，娄星区项目点在全省推进会上做经验介绍。利用春节、“三八”、“六一”、“6·26”等时间节点，组织开展“送温暖献爱心·大走访”“脱贫攻坚·关爱留守儿童”“大手拉小手·同圆中国梦”活动，走访慰问基层困难妇女儿童。组织巾帼禁毒志愿者参与禁毒宣传，走进市戒毒所为女戒毒人员开展心理疏导和技能培训，为特殊群体送去温暖和关爱。

【文明创建·巾帼行动】2018年，市妇联认真履行文明委成员单位职责，积极投身文明创建。联合市文明办、教育局开展“社会主义核心价值观进家庭”系列活动，传播文明家风，促进社会和谐。组织市旗袍协会、礼仪协会等女性社会组织开展茶道、花艺、国学文化、文明礼仪等公益课程和各类文明宣传活动，弘扬传统文化，提升女性素质。连续两年开展文明礼仪进社区百场巡讲，以文明新风引领社会新风。发展壮大巾帼志愿者队伍，开展“献爱心、送温暖”、无偿献血、文明劝导、卫生清扫等爱心奉献活动和网络文明传播志愿服务工作。

【法治娄底·巾帼行动】2018年，市妇联积极参与“综治国优”创建，深入开展“家庭律师社区行”普法宣传活动，举办普法讲座113场次，受训群众2万余人次。开展宣传咨询活动170场，印发宣传资料23万份。制作宣传视频、发出倡议书，推动“平安家庭”创建活动全覆盖，获得省委和市委政法委、综治办的高度认可和全市广大家庭的积极响应。扎实做好婚姻家庭纠纷调解和信访维权工作，调解成功率和案件办结率分别为92%和93%。加大预防和制止家庭暴力力度，发出人身安全保护令和告诫书25份。重点做好个案维权，邀请法院、检察院等相关部门对重点、典型案件进行研讨，持续跟踪维权实效。

【幸福家庭·巾帼行动】2018年，市妇联组建家风讲师团，吸纳全市近百名家庭教育优秀人才。在市纪委、市委宣传部的指导下组织开展廉政家风课程展示，引导全市广大家庭“传承好家风·建设新娄底”。联合市文明办开展“做通情达理·文明有礼娄底人”家庭教育公益巡讲，获得全市广大家庭高度认可和积极参与。全年全市开展各类家庭教育公益巡讲150余场。积极配合市纪委组织开展全市正处级干部廉政家风建设座谈会，建廉政家风，以党风促政风带民风。

【组织建设】2018年，市妇联扎实推进市县妇联组织改革和乡镇妇联组织区域化建设。指导推进园区妇联组织建设，推动妇女组织向“两新”领域延伸。加强妇女之家建设，促进妇联工作线上线下深度融合。召开市第四次妇女代表大会，选举产生新一届执委，完善执委组成结构，充实妇联队伍力量。加强妇联机关自身建设，打造专兼挂相结合的干部队伍。坚持下基层访妇情办实事，致力“五型”机关和“四有”干部队伍建设，形成争先创优的工作氛围。（何晓琳）

2018年市妇联先进集体（先进个人）一览表

表23

获奖集体（个人）	奖励名称	颁奖单位	颁奖时间
娄底市妇联	2017年湖南省妇联系统改革创新奖	省妇联	2018年6月
娄底市妇联	2017–2018年度湖南妇联舆论宣传阵地建设工作先进单位	省妇联	2019年1月
娄底市妇联	湖南省十大平安系列“平安单位”	省委政法委	2019年2月
娄底市妇联	全国巾帼建功先进集体	全国妇联	2019年3月
兰娥嵋	全省“两癌”免费检查重点民生实事项目先进个人	省妇联、省卫健委、省财政厅联合发文	2018年12月
赵巧燕	2017–2018年度湖南妇联舆论宣传阵地建设工作先进个人	省妇联	2019年1月

娄底市科学技术协会

【概况】2018年，娄底市科学技术协会(简称市科协)深入学习贯彻落实习近平新时代中国特色社会主义思想和党的十九大精神，紧紧围绕市委、市政府决策部署和新时代科协工作“四服务”的职责定位，团结带领全市广大科技科协工作者求真务实、奋力拼搏、开拓创新，扎实推进各项工作，为提高全民科学素质、促进娄底经济社会发展贡献了科协力量。

【服务经济社会发展】2018年，市科协扎实推进“四联”工作，组织湖南人文科技学院、娄底职业技术学院的教授赴贫困村开展种养业技术培训，解决技术难题。动员市中心医院、市第二人民医院等医院开展“健康扶贫”活动，免费送医送药进农村、进农户。全市举办农村实用技术培训150期，受训人数2000人次。争取国家、省科普惠农项目奖补资金220万元，市科协配套35万元奖补先进农技协、科普示范基地、科普示范社区、科普带头人。市科协机关组织党员干部与18户贫困户结对，帮助5个贫困户增收20万元，解决1个村民小组的安全饮用水，新修公路1100米，硬化公路1200米，协调整合帮扶资金100多万元。实施创新驱动助力工程，推进科技信息企业推广应用服务，助力企业创新发展。在涟钢举办创新方法培训班，全市80余名科研人员参加培训。承办首届中国创新方法大赛湖南赛区娄底分赛，娄底在首届中国创新方法大赛中获二等奖1个；在湖南赛区决赛中获一、二等奖各1个，三等奖4个，优胜奖3个，市科协被评为全省优秀组织单位。

3月29日，娄底市科协召开三届二次全委会

(市科协供图)

【提高全民科学素质】2018年，市科协举办青少年科技辅导教师培训班3期，100余名科技辅导教师参加培训。举办2018年娄底市“曾国藩”杯青少年机器人竞赛，择优推荐项目参加第11届湖南省青少年机器人竞赛，获一等奖2个、二等奖5个，市科协获优秀组织奖。选送优秀科技创新项目参加第39届湖南省青少年科技创新大赛，获一等奖13个、二等奖12个；参加第33届全国青少年科技创新大赛获一等奖2个、二等奖3个、三等奖2个，谢爱华获全国十佳优秀科技辅导员称号。选送优秀作品参加第九届全国青少年科学影像节获二等奖2个、三等奖19个。选拔20名学生参加2018年青少年高校科学营活动。组织送科技下乡、防灾减灾日、科技活动周、双创活动周、科技工作者日、全国科普日、流动科技馆巡展、科普大篷车进校园等主题科普活动，大力倡导科学、文明、健康的生活方式。组织科技工作者代表畅谈改革开放40周年、娄底科协成立40周年取得的丰硕成果。组队参加湖南省科协系统“新时代·新作为，我为湖南添光彩”演讲比赛获三等奖。中国流动科技馆湖南娄底巡展双峰站，接待青少年学生及其他人员14000余人次。举办2018年全国科普日娄底(涟源)主场活动。全市组织主题科普活动40场次，发放科普宣传资料5.6万份，实物展览100多件，展出科普挂图414幅，咨询义诊1.2万人次，参与活动的科技(协)工作者367人次，受益群众2.5万人次。娄底职院科普教育基地评为全国科普日特色活动先进单位，市科协评为优秀组织单位。开展科普中国与科普湖南在娄底的推广应用，建立农村科普e站46个，社区科普e站10个，在双峰县试点“电商平台+科普e站”建设，探索在农产品交易中，推介科技，宣传科普，促进科普中国百城千校万村行动。运用娄底科普微信公众号普及科普知识。

【助力科技人才成长】2018年，市科协实施人才托举工程，争取市人才工作领导小组印发《娄底市院士专家工作站管理办法》；起草《娄底市海智计划工作站建设暂行办法》，从政策层面规范人才引进平台的建设管理。协调中国工程院院士王汉中到娄建站事宜并举办院士报告会。协调世界陶瓷科学院院士林华泰与湖南省美程陶瓷科技有限公司签订建立院士专家工作站的合作协议。开展科学道德和学风建设宣讲活动，组织湖南人文科技学院、娄底职业技术学院的400名师生和市县两级科协机关干部收看2018年全国科学道德和学风建设宣讲教育网络视频直播报告会。实施学会服务能力提升计划，开展示范学会创建，市医学会等3个学会评为市级示范学会。积极开展学术交流，承办湖南省科技论坛高血压脑卒中分论坛。市医学会开展学术活动142次，专题讨论160余次，交流论文200余篇；市气象学会完成省气象局科研项目3项，组织开展行业技术竞赛和业务技术远程培训学习；市老科协创办《建言献策专报》，出刊22期，采用文章41篇。市健康管理协会举办娄底市第三届健康大讲堂，邀请中国人民大学健康管理学院院长陈元平主讲。组织开展第十届娄底市自然科学优秀学术论文活动评选，并将优秀论文汇编成集，赠送交流。在《娄底日报》、新新网等主流媒体开办专栏，重点宣传推介第九届娄底市青年科技奖获奖者的优秀事迹。

【完善自身能力建设】2018年，市科协按照《娄底市科协系统深化改革实施方案》的要求，有序推进市本级改革，协同推进县级科协改革。走马街镇科协"三长"进领导机构的做法在全省科协系统基层组织体系建设试点工作经验交流现场会上推介。编印《乡镇（街道）科协组织建设指导手册》，免费发放到县市区、乡镇街道。稳步推进科协基层组织建设。是年，新增农技协10个，娄底高新区成立园区科协组织，实现园区科协组织零的突破。加强市级学会党建工作，12个市级学会成立党支部。推进学会结构治理和治理方式的改革，进一步完善团体会员、个人会员制度。督促指导市级学会依章办会、按期换届。学会年检率100%，2个学会完成换届工作。狠抓机关党建，完成机关党支部的换届。组织开展"不忘初心，牢记使命"主题教育，通过专题讨论、集中学习，重走长征路，重温入党誓词等形式的主题党日活动，深学笃行习近平新时代中国特色社会主义思想和党的十九大精神。市科协选拔3名党员干部联系指导市级学会党建工作。召开党的建设和党风廉政建设工作会议，聘请14名党风廉政建设监督员，全面部署全年的党建和党风廉政建设和反腐败工作。

（刘绍昌）

2018年市科协先进集体（先进个人）一览表

表24

获奖集体（个人）	奖励名称	颁奖单位	颁奖时间
娄底市科协	2018年全国科普日（湖南）优秀组织奖	省科协	2018年
娄底市科协	首届中国创新方法大赛湖南赛区决赛优秀组织奖	省科协	2018年
娄底市科协	第11届湖南省青少年机器人竞赛优秀组织奖	省科协	2018年

娄底市归国华侨侨眷联合会

【概况】2018年，娄底市归国华侨侨眷联合会（简称市侨联）全年争取各类公益捐助折合人民币400余万元，走访慰问归侨侨眷家庭80余户，调研侨资侨属企业5家，送出慰问金9万余元。擦亮"创业中华-兴业湖南""慈善中华爱心湖南"两个工作品牌，牵线香港彭年集团参与娄底文化教育和长期助学；牵线深圳高等金融研究院打造可复制娄底扶新模式；助推俄罗斯、老挝华侨参与全市中小学生"研学旅行校外教育活动"。

脱贫攻坚工作。对口帮扶新塘、白石等6个村41户建档立卡贫困家庭，以调研形式入户走访，了解原因，完善信息，制定措施，以产业扶贫、教育助学等方式针对性对口帮扶。参与开展"消石行动""微心愿"等社会扶贫活动。党组成员、副调研员刘超脱产驻村任扶贫队长、第一村支书，全年投入帮扶资金20余万元，送家禽苗种1500余只。

信息宣传工作。以"互联网+"方式打造"网上侨联"平台，全年向海内外侨胞发出电函、电信等1500余封。着重利用娄底侨联网站、娄底"侨之家"微信群、QQ群、微信公众号等平台及时准确反映娄底侨界的动态，助推党和政府的侨务方针政策、相关惠侨精神等进侨企、进侨乡、进侨界社团。全年在省级刊物发表文章20篇，市级刊物发表文章80余篇，党委综合部门发表文章30篇。是年，市侨联获得全省侨联系统2018年度信息工作二等奖。

对外联络和侨务经济。全年接待海内外客人20批次90余人次。牵线娄底一中开展学生暑假赴美研学活动邀请美籍华人聂大林博士到楚英学校做《美国中学生活点滴》讲座，邀请新西兰侨领陈水珍到新化交流考察并签订8.3亿元项目。

参政议政。全年组织侨界人大代表和政协委员提交的议案8起，提案20余件。娄星区侨联委员曾永娥当选湖南省第十三届人大代表，区侨联副主席肖鹏当选湖南省第十二届政协委员。5篇社情民意被中国侨联、省侨联《侨情专报》采用。新推荐省人大代表2名，市人大常委会委员3名，省政协委员1名，市政协委员1名。

维权护侨办实事。实行"有事请找我"责任担当机制和归侨侨眷事务代办机制，打造"温暖侨之家"。为14户侨眷家庭送端午；解决美籍华人周新建房子拆迁补偿过低问题；协调处理居美华侨谭新星反映的上访问题。

【侨联改革工作】2018年4月17日，省侨联党组书记副主席朱建山到娄调研侨联组织建设情况，市侨联组织相关部门负责人及侨界代表等30余人座谈。会议强调侨联改革的目的是"强三性"(政治性、先进性、群众性)和"去四化"(机关化、行政化、贵族化、娱乐化)，指出娄底市侨联改革的重点是解决"四缺"问题(即缺编制、缺人手、缺经费、缺场地)和"四不全"问题(即班子机构不全、党支部不全、职能科室不全、人员配备不全)，9月中旬，市侨联再次组织召开侨联改革和发展座谈会，征求《娄底侨联改革实施方案》。11月20日，市委常委、统战部部长王雄主持召开协调会，专题研究侨联改革工作。市侨联根据市深改组的要求起草《娄底怀联改革实施方案》(送审稿)。

【"千侨帮千户"工程】2018年，市侨联支持侨企天柱山禽业综合开发有限公司以"合作社+基地+农户"的方式参与地方建设，直接带动1000余户贫困户稳定脱贫，实现每户直接增收2000余元。协助娄底一中办好"球知班"，督促第二期60位学生扶助资金12.5万元发放到位。协助侨资培兰助学基金会开展"2018金秋奖学助学"活动，帮扶学生73人，发放助学金12.38万元。

(赵检群)

娄底市工商业联合会

【概况】2018年，娄底市工商业联合会(简称娄底市工商联)认真学习贯彻习近平新时代中国特色社会主义思想和党的十九大精神，紧紧围绕市委、市政府的中心工作，突出"两个健康"工作主题，把握"三性"有机统一，坚持政治建会、团结立会、服务兴会、改革强会，围绕中心、服务大局，解放思想、锐意进取，有力促进了非公经济健康发展与非公经济人士健康成长，获评省工商联绩效评估商协会党建工作先进单位，市综治工作先进单位、文明单位、优秀班子等荣誉。

【非公经济】2018年12月底，全市非公有制经济实现增加值800.19亿元，比上年增长8.7%，占全市GDP的51.9%。实缴税金83.23亿元，占全市税收收入的70%，比上年增长37.5%。吸纳就业人数106万人，占全市城镇就业人员的79%。截至2018年年底，全市非公有制企业3.97万家，个体工商户19.2万户。

【思想教育】2018年，娄底市工商联组织会员企业参加非公经济人士理想信念教育活动，邀请专家为会员解读习近平新时代中国特色社会主义思想3次，组织习近平新时代中国特色社会主义思想专题研讨会2次，安排60名会员代表赴成都参加娄底市非公有制企业高中端人才培训班，组织300名会员参加非公企业人力资源培训班，安排10名会员参加非公有制企业法律风险管理培训班。习近平总书记在民营企业代表座谈会上讲话发表之后，先后组织召开民营企业代表座谈会3次，走访会员企业50余家，主动向市委常委会议和市政府进行专题汇报。

【参政议政】2018年，娄底市工商联紧紧围绕非公经济发展和乡村振兴面临的难点和热点问题，通过社情民意、调研报告等方式反映企业诉求，帮助企业破解发展难题。撰写《加强企业家精神培育，促进娄底奋力赶超》《关于筹建娄商博物馆的建议》等30余篇调研报告和建议提案，围绕"孙水涟水流域生态保护与建设"开展市政协工商联界别协商。引导非公经济人士中的人大代表、政协委员积极建言献策，主动参与民主协商、行风评议等活动，大力推动调研成果转化。

4月13日,"迎老乡 回故乡 建家乡" 娄底市第三届异地商会会长会议在北京湖南大厦召开

(市工商联供图)

【经济服务】2018年,娄底市工商联与华融湘江银行娄底分行联合举行"银企对接、合作共赢"沙龙活动,邀请华融湘江银行娄底分行金融专家现场就小微企业财务规范管理等方面与会员企业进行交流。与建设银行娄底分行共同举办"牵手建行合作共赢"主题沙龙活动,邀请各直属商协会党组织书记、会长、秘书长与银行进行面对面对话,增进银企间的合作交流。与娄底市人社局、市教育局、市总工会联合举办娄底市2018年民营企业招聘周活动,全程参与2家企业民间融资纠纷化解工作,召开法律咨询和法律援助联席会议,帮助23家会员企业解决突出困难与矛盾30余起,组织开展对北京娄底商会新化分会溺水会员的捐款活动。

【娄商返娄】2018年,娄底市工商联承办第五届娄商大会,在娄商创业创新成果交流分享会上市委、市政府表彰10位优秀娄商,安排9位娄商代表做典型发言。湖南日报发文推荐娄底市"娄商返娄"的典型事迹,娄底日报安排专栏深度报道"娄商返娄"先进典型。协助天津娄底商会编辑出版《湘见》一书,配合深圳娄底商会开展"天下娄商"专题宣传,撰写《娄底市志(1990–2017)工商联分志》,开展《娄商史话》编辑工作,出刊《娄商》杂志4期,制作娄商创新创业宣传片,着力引进长沙天仪研究院在娄底市建设微小卫星军民融合产业研究院,促成天仪研究院与娄星区政府达成研制发射"娄星号"卫星的合作意向。

【组织建设】截至2018年12月,全市有工商联会员10266个,比2017年底(9984个)增加282个,增幅为2.82%。全市工商联直属会员为1463个,比2017年底(1428个)增加35个;商会组织会员为8803个,比2017年底(8556个)增加247个,直属会员和商会组织会员分别占全市会员总数的14.30%和85.70%。指导成立上海市娄底商会,引导南宁、浙江、云南等地积极筹备成立娄底商会。成立娄底市女企业家联合会,组织召开商协会党组织书记、会长、秘书长会议,学习贯彻中办印发的《关于促进工商联所属商会改革和发展的实施意见》和商协会意识形态工作有关精神。组织召开四届三次执委会议。全力配合市委统战部做好党外政协委员履职评价,推荐9人为湖南省工商联女企业家商会理事会人选、9人为湖南省工商联青年企业家商会理事会人选、10人为娄底市知识分子联谊会第二届理事会预备人选。推进"两学一做"常态化、制度化,扎实开展责任心教育,深入贯彻执行中央八项规定、省委九条规定及市委有关文件精神,持之以恒反对和纠正"四风",进一步规范工商联工作流程,加强财政资金管理,配合搞好财务审计,扎实推进精准扶贫、创文管卫、综合治理、计划生育等重点工作,取得了较好成绩。

【扶贫济困】2018年,娄底市工商联引导非公有制企业进一步深入开展"万企帮万村"精准扶贫行动,将行动与做好同心美丽乡村创建工作结合,与全面落实"115"计划结合,广泛动员非公经济力量参与乡村振兴战略。组织187家民营企业结对帮扶262个贫困村,直接投入资金4.24亿余元,帮扶贫困人口29098人,实施产业帮扶项目129个。肖业成、肖安江获湖南省2018年最美扶贫人物称号,湖南五江轻化集团获2018年全国"万企帮万村"精准扶贫行动先进民营企业称号。

(杨　红)

9月26日,第五届娄商大会在娄底召开,全国各地的200余位娄商代表和本地企业家代表参加

(市工商联供图)

2018 年市工商联先进集体(先进个人)一览表

表 25

获奖集体(个人)	奖励名称	颁奖单位	颁奖时间
市工商联	全省市州工商联绩效评估商协会党建工作先进单位	湖南省工商业联合会	2019 年 1 月

娄底市文学艺术界联合会

【概况】2018 年,娄底市文学艺术界联合会(简称市文联)坚持团结带领全市广大文艺工作者,以深入学习贯彻党的十九大精神为主线,以深化文联体制改革为动力,以推动文艺事业繁荣发展为目标,围绕中心、服务大局,精心组织各类主题文艺惠民活动,开展文艺创作,有力推动全市文艺事业繁荣发展。

【文艺创作】2018 年,袁杰伟历史传记小说《随园流韵——袁枚传》由作家出版社出版,列《中国历史文化名人传》丛书第七辑;张小牛《烛于此间》发《芙蓉》中篇小说“头条”,《邵阳文库》出版《张小牛卷》;莫美历史人物小说《李续宾传》由作家出版社出版,李述文长篇小说《金梯门》由湖南文艺出版社出版;刘道云长篇小说《老腊树下》电声版授权北京音像公司上线“喜马拉雅”音频平台;李健小说《迷彩帽》《漂流瓶》分别发表于《湖南文学》《芙蓉》。娄底市首部诗歌研究评论集《廖志理诗歌研究论集》出版;安敏组诗在《神州时代艺术》《国防周刊》等发表,其《爱情诗选》一次被选发 28 首;龙红年《一片金秋梨长在伤口上》《每一个垃圾桶都装满夜色》在《诗刊》重要专栏“新时代”发表,长诗《大漠英雄林俊德》《群山》分别在《湖南日报》《扬子江诗刊》发表,创作完成湖南省重点文艺项目 3000 余行长诗《水稻颂辞》。安敏在《湖南文学》《湖南日报》《工人日报》发表散文《向爱》《老牛》《忆一位农民作家》《哥哥那棵大树》;游宇明在《中国纪检监察报》《杂文月刊》《北京日报》《湖南日报》等省级以上报纸杂志发表作品 110 余篇,70 篇次被《杂文选刊》《报刊文摘》《中国剪报》等文摘报刊转载;袁送荣散文集《富厚堂的心灵》由湖南文艺出版社出版,书中文章被《湖南日报》《青年报》等报刊转载;唐象阳《乡愁里的灵魂》《艳桃姐》发表于《湖南日报》《湘江文艺》。刘丰、朱思奇、张振坤、李世锦、彭伟宏、刘成、李俊、刘芳、王政军、钟婵婵等网络作家的作品人气平均超过 500 万人气。

2018 年,新入中美协会员 4 名,分别是申朝晖、罗华斌、邹少灵、王桂华。李娟作品《清幽》获“品真格物”全国青年工笔画作品展优秀作品奖(最高奖),刘蔚霞作品《逸韵》入选纪念叶浅予诞辰 110 周年“潇洒桐庐”全国中国画作品展,刘群龙作品《秋语》入选由中国美术家协会主办的第四届八荒通神——哈尔滨美术双年展,肖玉源作品《龙脊壮谷几春秋》入选“出彩郑州”全国第五届中国画线描艺术展,王桂华作品《律动》入选“墨香诏安·中国画作品展”,文开宁篆刻作品获 2018 湖南省第六届艺术节齐白石奖提名奖。

2018 年,曾宪良、黄聪、冯高 3 人入展全国第二届大字书法艺术展,易志斌入展全国第三届篆书展,陈泽忠、刘燕华、苏业超 3 人入展全国第三届册页展。毛宗科《美丽的海滩我的家》入展中国摄影报社“我心中的那片海第六届海洋杯霞浦全国摄影大展”,陈烨的《劳动最美》入展中宣部组织的最美中国人,郭翠辉的《一两也不少》获第二十届全国艺术摄影大赛纪实类优秀奖,何文轩获第三届全国青年摄影大展“潜力摄影新人”奖。

2018 年,大型纪实戏曲《这方水土》获湖南艺术节新创剧目奖。音乐舞蹈方面,全年创作歌曲 41 首、舞蹈作品 22 件,获得省、市级奖励 32 项。民间文艺方面,《涟源龙山过冬至民俗事象述析》发表于《湖南人文科技学院学报》。

【文艺活动】2018 年,市文联组织开展系列文艺展赛活动。组织全市文艺界开展“传家训、立家规、扬家风”主题文艺创作活动,精选 300 余幅作品编成作品集。9 月,开展“欢乐潇湘·文化娄底”群众美术书法摄影活动展,选出 300 幅优秀作品参展,其中美术、书法、摄影类各评选出一等奖 15 名、二等奖 35 名、三等奖 50 名,从中选送作品参加湖南省 2018

年“欢乐潇湘”群众美术、书法、摄影优秀作品展，22件作品获奖，其中一等奖4件，二等奖7件，三等奖11件。组织开展送“福”送春联系列活动。春节前夕，组织开展“送福送春联进机关进社区进学校系列活动”十余次，免费书写春联和“福”字3万余幅，创作书画作品1000余幅。围绕创文管卫工作开展主题宣传。1月10日，在市文体中心群星剧场开展“长沙银行之夜2018娄底民歌新春音乐会”；3月，主办“讴歌新时代，筑梦新征程”交响音乐会；5月20日，在星星影剧院举办“幸福娄底·让爱回家”湖南首届“女性·家风”文化论坛；5月25日和31日，市民管弦乐协会先后在六中、九小组织开展“丝弦奏雅韵，演艺惠万家”娄底市创文管卫宣传文艺会演活动，3000余学生及家长观看会演。6月10日，在湖南人文科技学院举办创文管卫宣传暨民乐大赛优秀节目展演颁奖晚会。6月24日，在万豪城市广场负一楼举行“丝弦奏雅韵·文明惠万家”娄底市创文宣传系列文艺巡演。组织开展系列文艺惠民活动。6月20日，协办“笑满三湘”湖南省文艺志愿者走进曾国藩故里专场惠民演出；9月上旬，与市委宣传部联合主办“娄底知名画家画油溪桥村”活动；10月28日，为纪念改革开放四十周年，举办娄底优秀美术作品展。

【协会工作】2018年初，市文联指导娄底市旗袍文化协会、娄底市古筝专业委员会、娄底市演讲艺术家协会、市美协等协会召开年会。3月20日，组织召开市作协第五次代表大会，选举产生新一届市作协领导班子，进一步加强对作协的服务和管理。在市直文艺家协会试点，推开建立基层党组织，逐步实现党建工作在协会组织全覆盖。指导演讲艺术家协会、红颜雅韵旗袍协会、市旗袍文化协会、金音合唱团成立党组织，切实加强对协会的组织领导。

【深化改革工作】2018年，市文联遵循《湖南省文联深化改革方案》，结合工作实际，研究起草市文联深化改革方案。市委常委、宣传部部长吴建平主持召开市文联深化改革工作协调会，专题研究市文联的深化改革工作，解决深改中涉及的具体问题。5月17日，深改组会议研究通过文联深化改革方案。5月30日，市委办印发《娄底市文联深化改革方案》，进一步优化文联基本职能。

（张永红）

中国国际贸易促进委员会娄底支会

【概况】2018年，中国国际贸易促进委员会娄底支会（简称娄底市贸促会）内设综合部、法律事务部，核定事业编制7个。有市直各部门和县市区政府负责人组成的贸促委员100余名，成立县级贸促会、国际商会5个，会员企业60余家。

【“走出去”工作】2018年，娄底市贸促会围绕“娄品出娄”“湘品出湘”，全年组织各类活动12次200余人次。4月22—29日，市委副书记华学健率相关部门和企业负责人赴德国汉诺威、捷克布拉格参加湖南（德国）投资贸易洽谈会、湖南（捷克）投资贸易洽谈会，观摩汉诺威工业博览会。中国国际商会娄底商会与德国湖南商会签订合作协议，聘任德国湖南商会秘书长肖升建为中国国际商会娄底商会驻德国代表处首席代表。5月12—19日，涟源市委书记谢学龙率娄底高新区、市商粮局、市贸促会等部门及康麓生物负责人前往瑞士、法国开展经贸洽谈活动。参加瑞士Vitafoods国际生物食品展，与西班牙MONTLOEDER公司、bordas公司及摩洛哥BIORESINE公司就橙皮苷、玳玳精油、柚皮苷等产品原料采购合作进行磋商。7月5—14日，副市长梁立坚率相关部门和茶叶经营企业负责人赴美国、古巴、墨西哥进行推介新化红茶为主的经贸交流活动。代表团参加美国拉斯维加斯第16届世界茶叶博览会，举办新化红茶走进美国推介会，和墨西哥城工商会8家企业洽谈，走访市场、拜会企业、商协会和政府机关。7月24日至8月2日，市政府副秘书长朱桂良率团赴泰国、印尼、巴基斯坦、孟加拉国参加2018年湖南农机走进东南亚活动。15家农机企业参加2018年印度尼西亚雅加达国际农业设备及技术展，现场搭建高标准的“湖南娄底农机展示馆”。举办中国湖南双峰县农机机电行业协会驻印度尼西亚代表处及中国湖南湘源金穗收割机制造有限公司驻印度尼西亚代表处挂牌仪式，举办3场“湖南娄底农机走进东南亚”推介洽谈会，拜访TANIKAYA（英达·扎亚）公司、印尼茂物农场、ECG GATEWAY公司、孟加拉国农业推广司等。7月24日至8月2日，市政协主席姚兵率团赴俄罗斯、芬兰、丹麦进行经贸交流活动。参加俄罗斯（莫斯科）皮革皮草时装展览会，拜访莫斯科工商联合会、芬兰华商总会，调研考察莫斯科、圣彼得堡皮草市场、芬兰科沃拉湖南农业产业园，参观丹麦哥本哈根养貂农场等。11月12—21日，市委常委、常务副市长张希慧率娄底市经贸代表团赴德国参加2018慕尼黑国际电子元器件博览会，与波兰、瑞典进行经贸交流。达成20余项意向合作，收集有意向客商名录上百个。在娄底先进陶瓷专场推介会上，新化鑫星电子陶瓷有限公司与Sygrin USA Inc.g公司，新化经开区与湖南同乡德国商总会合作签约，贸易额350万美元。11月15—24日，市贸促会、市农机局、双峰和新化县政府有关负责人及相关企业负责人赴泰国、柬埔寨和越南访问。出访期间，代表团成员拜访当地政府和有关商协会，观摩第八届东盟（曼谷）中国进出口商品博览会，推介娄底农机、电子陶瓷等优势产业。

【"引进来"工作】2018年，娄底市贸促会接待境外客商到娄底考察交流15批80余人次。德国梅前州经济大使伯恩根先生年内3次访问娄底市，就开展"双元制"职业教育培训项目合作、促进双峰农机技术升级、推动新化电子陶瓷进入德国等专题对接洽谈，并达成深度合作意向。泰国工业部总监察长鹏贴·甘萨先生年内2次访问娄底市，推动泰国与娄底产业园区、高新技术企业、主导产业合作交流。8月8—12日，6位澳大利亚客商到英越船舶考察并洽谈合作，达成2000万美元的合作。美国、日本、韩国、印度、印尼、柬埔寨等国家和中国台湾、香港、澳门等地区的客商多次到娄底交流考察访问。

【自办论坛展会】2018年7月20日，"2018先进陶瓷走向世界"产业创新联盟研讨会暨湖南新化先进陶瓷展览会在湖南新化举行，现场签订贸易合同7.48亿元、招商合同21.7亿元，引入资金21.4亿元。9月26—28日，湖南省第九届农业机械、矿山机械、电子陶瓷产品博览会期间，邀请泰国政府代表团泰国工业部督察长鹏贴·甘萨先生在"农机产业链招商推介会暨农机产业发展高峰论坛"论坛上发言，介绍泰国农机使用情况及发展前景、相关政策等。

【服务企业】2018年，娄底市贸促会对全市涉外企业、产品进行全面梳理，摸清底数，逐个分析，精准施策，帮助开放型企业解决实际问题。加强企业调研走访，了解企业需求，做好企业服务工作。设立中国贸促会湖南商事调解中心娄底办事处，聘用2名专业资深律师，为娄底市企业和产品走出国门提供专业法律咨询和援助。为企业出口产品办理原产地证明书，全年出证100余份。全年组织娄底市企业参加国家贸促会、省贸促会"一带一路"知识讲座、外经外贸知识培训等300人次。加强国际服务平台建设，在柬埔寨建立国际商会代表处，与印尼、泰国政府相关部门建立沟通渠道，为娄底市农机走出国门打造便捷通道。

（谢建胜）

娄底市残疾人联合会

【概况】2018年，娄底市残疾人联合会（简称市残联）深入学习贯彻习近平新时代中国特色社会主义思想，真抓实干，奋发有为，全市残疾人工作迈上新台阶，全市绩效考核连续3年获"优秀"等级，领导班子连续2年被市委评为"好班子"，全市综治考核评定为"优秀"。娄底经验在全国残疾人动态更新经验交流会上介绍。全市投入238.5万元组织3572人到全市2102个村（社区）完成94016名持证残疾人数据采集工作，被评定为2018年动态更新全省"一类单位"。姜浩文被确定为"全国自强模范"拟表彰人选，蔡雄被确定为"全国残联系统先进工作者"拟表彰人选。在亚洲全国全省各类残疾人比赛中，娄底获金牌18枚、银牌28枚、铜牌17枚。

【残疾人组织建设】2018年，市残联成功召开市残联第四次代表大会，选举产生娄底市残联第四届主席团、第四届执行理事会、残疾人各专门协会成员及领导机构，听取和审议娄底市残联第三届执行理事会报告。全市残联系统深入学习习近平新时代中国特色社会主义思想和习近平总书记关于残疾人工作的新理念新思想新要求，举行主题党日活动12次，组织全体党员干部政治学习18次，领导干部上党课5次，不断提升队伍素质。配合市委"抓重点、补短板、强弱项"大调研活动，围绕残疾人民生保障问题进行深入调研。

【脱贫攻坚】2018年，全市13231名建档立卡困难残疾人生活补贴、18701名建档立卡重度残疾人护理补贴全部到位，18065名重度残疾人医疗保险和17544名重度残疾人最低档次养老保险全部代缴到位，400名残疾人大学生、研究生、高中生和残疾人家庭子女大学生、研究生、高中生教育资助全部发放到位。完成225户贫困残疾人家庭无障碍改造。按时发放燃油补贴。与市直有关单位联合下发助力残疾人脱贫攻坚文件11个，使建档立卡残疾人享受普惠加特惠政策。4人获“全省残疾人阳光致富示范户(带头人)”荣誉称号。与涟源市古塘乡古仙界村签订连千村帮万户工程协议，与该村27户贫困残疾人家庭提供帮扶。新建600平方村级服务中心并投入使用，古仙界村入选全市“十佳生态村落”候选，成为涟源市党建工作“五化”建设示范村，入选省发改委、旅发委大湘西文化生态旅游精品线路景点集群(特色村镇)。

【残疾人康复】2018年，市残联为1000名贫困白内障患者实施免费手术，为110名7~17岁残疾儿童及成人肢体残疾人提供康复治疗及训练，免费为235名残疾人开展辅助器具适配。出台《娄底市人民政府关于建立残疾儿童康复救助制度的通知》。全年上级拨款康复经费665万，市本级残疾人就业保障金安排康复经费100万。全市持证残疾人中，有基本康复需求的40285人，完成康复服务30627人，康复服务率76.03%，有辅助器具适配需求的25553人，完成辅具适配服务21240人，辅具适配服务率83.12%。对全市500多名残疾人进行诊断、筛选，确定符合康复救助项目条件的251名，其中低视力适配助视器106名，残疾儿童适配矫形器71例，肢体残疾儿童实施免费矫治手术28例，“站立计划项目”为肢体残疾人实施手术80例。对残疾儿童定点康复训练机构进行公开开标，确定智障和孤独症定点康复机构5家，省福彩脑瘫定点康复机构4家，在全省率先实现患者选机构。出台《娄底市残疾人家庭医生签约服务工作实施意见》，家庭医生签约残疾人67781人，签约率87.81%。组织开展5次残疾人流动服务车深入基层为941名残疾人提供辅助器具适配等服务。参加全省残疾人辅助器具服务技能大赛，低视力适配居家无障碍环境改造案例展示评分95分，排名全省第一。

【残疾人就业创业】2018年，市残联开展按比例安排残疾人就业申报审核工作，全年市本级受理用人单位申报审核残疾人就业157家，按比例安排残疾人就业641人，全市征收残疾人就业保障金3028万元，其中市本级807万元。全市开展残疾人培训471人、创业扶持138户、残疾人集中托养190人、居家托养590人、农村残疾人阳光增收发展生产910户。组队参加全省第六届残疾人职业技能竞赛，获二等奖2个，三等奖5个，团体总分位列全省第4名，获优秀组织奖。组织3家残疾人企业参加中国国际食品餐饮博览会，达成订单意向300多万元。积极开展“就业援助月”活动，组织残疾人专场招聘会5场，实名制纳入年度培训残疾人计划100人，帮助登记失业的残疾人就业30人，帮助残疾人享受专项扶持200人。举办娄底市盲人保健按摩“送技术、送管理”培训交流会，聘请专家团队对全市盲人按摩机构进行调研帮扶，培训盲人按摩从业人员80人。召开全市残疾人工作者违规持有残疾人证清理工作紧急会议，对全市残疾人工作者违规持有残疾人证进行清理，是年，无未经指定医院评残而办理残疾人证的行为。

【残疾人融合发展】2018年，市残联协助做好省特教中专招生工作，全市15名残疾学生被省特教中专录取。为10名残疾考生申请2018年高考便利，开展全市残疾人及残疾人家庭子女大学生资助申报。成立助残志愿者队伍6支，组织126名助残志愿者开展活动21次。与娄底日报、晚报、综合广播等签订战略合作协议，引导全市残疾人工作者和广大残疾人积极践行社会主义核心价值观，在全社会营造扶残助残良好氛围。在全市残联系统深入开展残疾人权益保障“联系基层残联、联系残疾人代表，培养优秀残疾人联络员、征集社情民意”工作，处理来信来访110余人，未发生残疾人群体性信访事件。（李　祥）

娄底市红十字会

【概况】2018年，娄底市红十字会以习近平新时代中国特色社会主义为指导，紧紧围绕救灾、救助、救护，无偿献血宣传、造血干细胞捐献、遗体及器官捐赠，服务市委、市政府中心工作，各项工作有所突破。

【人道救助】2018年，市红十字会开展红十字博爱送万家活动。筹集价值110万元的棉被、衣服、药品、家电等物资，到各县市区和部分市红十字会理事单位联系点慰问受灾户、孤寡老人和特困群众，受益人数4058人。全力打造4个救助平台，助力全市精准扶贫工作。"光明行"社会公益平台主要为建档立卡的贫困户进行免费白内障手术。全年完成5150例免费白内障手术。"小净博爱100计划"公益平台为100名贫困尿毒症患者减免医疗费用，改善生活质量。全年救助59人，减免医疗费用15.28万元。"消石行动"公益平台旨在为贫困结石病患者部分实施部分减免或全部免费手术。人道救助平台旨在为特殊困难家庭申报湖南省红十字会人道救助金，全年87户申报成功，资助金额43.5万元。申报小天使基金与天使阳光基金21人，资助金额65万元。

【援助项目】2018年，市红十字会向中国红十字会总会、省红十字会争取86.3万元应急救护培训专项基金和涟源市斗笠山镇金玲村、祖保村、娄星区蛇形山镇秋湖村、新化县金凤乡铁炉村4个红十字博爱家园项目，项目资金85万元。

【健康安全教育】2018年，市红十字会依托红十字生命健康教育项目，组织主办30人的救护师资培训班，充实全市的救护培训师资队伍。全年培训初级救护员1900人，普及培训20080人。以生命健康教育项目为抓手，先后与湖南人文科技学院、娄底职业技术学院合作，将红十字应急救护知识引进课堂，打造红十字特色高校。

【无偿捐献】2018年，市红十字会做好造血干细胞捐献者资料库建设和器官捐献工作，106人捐献造血干细胞志愿者血样入库，高分辨采样12人，双峰县疾控中心1名干部、新化县荣华乡1名村支书进行捐献，挽救2名白血病患者的生命。全年完成人体器官捐献23例。

【志愿服务】2018年，市红十字会充分利用社会资源，发动社会积极参与，健全红十字会基层组织和志愿者组织，壮大红十字事业队伍，推动红十字事业的发展。娄底市红十字蓝天救援队等12支红十字志愿者服务队，在全市范围内开展防灾减灾、应急救护、助力精准扶贫、爱心助学、敬老爱老、社区服务等丰富多彩的志愿服务活动。全年新增加注册志愿者2083人，为构建平安、和谐、幸福娄底，开展群众性的精神文明创建等活动发挥积极作用。

【宣传工作】2018年，市红十字会在娄星广场举行纪念"5·8世界红十字日暨最强大脑杯"网络红十字知识竞赛启动仪式。举行"我是红十字人"主题宣誓活动，围绕"人道——为了你的微笑"主题开展文艺汇演，穿插红十字知识现场问答等互动环节，通过悬挂宣传横幅、设置宣传展板等方式，组织开展火灾事故、溺水事故现场等应急救护知识宣传。省、市媒体报道红十字会活动48次。（刘　鸥）

法　治

◎政法委及综治
◎公安
◎检察
◎法院
◎司法行政

政法委及综治

【概况】2018 年，娄底市委政法委紧紧围绕全市改革发展稳定大局，坚决履行好维护国家政治安全、确保社会大局稳定、促进社会公平正义、保障人民安居乐业的主要任务，深入推进全面深化改革、基层基础工作、智能化建设、共建共治共享和过硬队伍建设，打造更高水平的平安娄底、法治娄底，全市社会治安形势总体向好，社会大局持续稳定，基层基础不断夯实，公众安全感和满意度稳步提升。

【社会维稳】2018 年，市委政法委全力强化反恐处突，积极消除枪爆安全隐患，全市没有发生危害国家安全、影响政治稳定的重大案事件。严格落实维稳责任，高位推动维稳工作开展，积极推行维稳联勤值守工作机制，全市社会大局持续稳定。抓实省委巡视组驻娄期间、各类大型会议活动、中央和省领导到娄视察等维稳安保任务。全面加强重大风险防范化解，社会稳定风险评估工作日趋规范。稳妥处置各类群体性集访、本地聚集上访、非正常死亡等事件，有效防范极端恶性事件。全年全市破刑事案件 3707 起，破案率 42.84%，百名民警破案数位居全省前列，26 起现行命案全破。侦破部督“11·28”“4·2”、省督“2018.3.5”等特大电信网络诈骗案，全市打击电信诈骗人均打击处理数排名全省第一位。全面推进“一村一辅警”建设，着手“城市快警”平台建设，并在全省现场推进会上作典型发言。

【扫黑除恶】2018 年，市委政法委出台《娄底市扫黑除恶线索举报奖励办法》《娄底市办理涉黑涉恶案件奖励办法》《关于在全市重点行业(领域)开展涉黑涉恶问题专项治理工作方案》等文件，加大宣传和线索摸排力度，紧紧依靠群众，推进基层组织、行业部门和公安派出所“双轨制”摸排，健全扫黑办统筹、公安分级管理、部门分类核查，及时交办、及时回复的核查机制。全市各级举报平台收到群众举报 1086 件，核查确定有效线索 123 条。全市打掉黑社会性质组织 5 个，打掉涉恶犯罪团伙 39 个，破获涉黑涉恶案件 395 起。坚持扫黑除恶与反腐败斗争、基层“拍蝇”有机结合，开展以基层涉黑涉恶腐败、充当“保护伞”、扫黑除恶不力问题等为主要内容的专项巡察，加强问题线索排查梳理和重点督办。对基层组织建设、工程项目建设、民间借贷等 13 个重点行业(领域)纵深推进扫黑除恶工作。深入开展打击治理电信网络新型违法犯罪专项行动，对 15 个地域性职业电信诈骗违法犯罪问题突出的乡镇予以挂牌或重点整治。加强对村级组织班子运行情况排查摸底，排查违纪违法和涉黑涉恶问题村(社区)干部 359 人，排查村霸、宗族恶势力 7 人，移送涉黑涉恶问题线索 21 条，调整撤换不胜任、不称职村党组织书记 64 人。

【平安娄底】2018 年，市委政法委将综治中心、网格化及“雪亮工程”建设统一纳入“智慧娄底”统筹推进。基本实现城乡社区网格化服务管理，网格员选聘、培训、管理、考核、激励等工作机制逐步建立健全，市里统一设计开发全市综治信息系统并上线运行，开展基础信息采集、社情民意收集和服务管理等工作，录入实有人口信息 101 万余人、实有房屋 57 万余栋、实有单位 3 千多家，录入社区矫正人员 5213 人。加强平安创建微信群建设，全市有综治微信群 6 千余个，群成员 131 万余人。开展平安创建活动，出台开展“十大平安”创建活动、加强平安志愿者建设、“平安家庭”创建、开展“侦破小案件、化解小矛盾、回应小问题、扫除小混混”的“四小”微综治活动等系列文件。健全完善矛盾纠纷多元化解机制，加大调处化解力度，筛选认定 673 起可能引发激化群体性事件的重大复杂疑难矛盾纠纷进行通报和交办。加强重点领域、行业监管和特殊人群服务管理。在娄底高铁南站派出所万宝警务室建立全省首家乡镇级护路联防指挥平台；对 2017 年度重点整治不力的乡镇分别予以“黄牌警告”和继续重点整治；推动金融、电信、交通、旅店、寄递物流等重点领域落实实名制；全面推行肇事肇祸等严重精神障碍患者“以奖代补”政策，全市 1930 名患者实现有奖监护。

【法治娄底】2018 年，市委政法委出台《关于依法处理信访活动中违法犯罪行为的指导意见》，市本级接访群众 1836 件 2232 人次，接待处理信访问题 336 个，导入司法程序 987 件。以中央巡视组交办娄底涉及涉法涉诉信访事项 9 批 45 件，省委巡视组交(转)办娄底市涉法涉诉信访事项 5 批 607 件，自主排查 66 件初访案件为重点，大部分案件得到妥善处理。加强案件评查和执法检查活动，对2016年9月1日至2018年3月1日期间办理的故意伤害案件；开设赌场、网络赌博案件；涉黑涉恶案件；打击PS图像敲诈勒索和电信诈骗“两类”犯罪案件等五类必检案件，及人民法院执行未结案件中抽检部分案件1100余起进行全面检查，对发现问题全面交办、督促整改，情节严重的移交纪检监察机关处理。进一步完善信息公开披露制度，依法及时公开执法司法依据、程序、流程、结果和生效法律文书，深入推进审判公开、检务公开、警务公开。不断强化司法监督，推进执法规范化建设，执法制度体系、规范的执法办案体系、系统的执法管理体系、有力的执法保障体系逐步完善，全力攻坚“基本解决执行难”，执行结案率为95.69%，位居全省前列。全面落实执法办案责任制，严格实行案件质量终身负责制和错案责任倒查问责制。落实“谁执法谁普法”责任制，建立法官、检察官、公安干警和司法行政人员、律师等以案释法制度。强力推进“党政统一领导、人大加强监督、司法行政部门组织、部门分工负责”的法治宣传教育体系建设。推进法学会基层组织建设，加强法学法律智库建设，为“平安娄底、法治娄底”建设提供法律支撑。

【营商环境】2018年，市委政法委优化经济发展环境。法院系统主动服务企业发展，深入企业开展调研，提供法律指导，妥善审结涉企案件。检察系统深入开展“三个专项”监督活动，依法严惩非法集资等扰乱和破坏市场经济秩序的刑事犯罪，坚持把办理涉众型经济犯罪与化解风险、维护稳定结合，有效支持企业发展。公安机关对以暴力、威胁手段严重阻碍工程建设，危害施工秩序等违法犯罪行为重拳出击，全力为全市经济社会可持续、健康发展提供坚强保障。司法行政机关深入开展“万名律师乡村（社区）行”“中小微企业免费法律服务体检”等法律服务活动，积极推进公共法律服务体系建设，为企业依法经营、依法管理提供法治参谋。坚持生态优先、绿色发展、高质量发展，统筹打好污染防治、防范化解重大风险、精准脱贫攻坚战。积极参与金融风险防范化解工作，建立健全跨部门金融风险防控预警平台，严厉打击违法违规金融活动。围绕打好精准脱贫攻坚战，大力推进平安乡村、法治乡村建设，坚决惩治涉及扶贫的各类违法犯罪，保障全市扶贫工作顺利开展。对中心城区新增13起非法集资类刑事案件及时分析研判，统一执法思想，以追赃挽损为出发点，以刑事打击为威慑力，以破产重整为着力点，通过刑事打击与破产重整，以打促稳、以破促稳，探索刑民并行方式，尽力为投资受损人员挽回损失，维护社会稳定。

（曾科奇　康凌峰）

公　安

【概况】2018年，娄底市公安机关坚定实施法治、实力、健康、幸福、向上“五个公安”发展战略，以“五大攻坚战”为抓手，强力推进“十项重点工作”，集中攻坚“十大重点指标”，队伍建设和业务工作实现“双提升、齐跨越”。公安部、省厅先后11次通令嘉奖娄底大要案侦破工作，公安部副部长孟庆丰批示肯定娄底监所深挖犯罪工作；创建国家禁毒示范城市成功入榜，禁毒工作被评为全省先进；维护政治安全、交通安全管理工作在全省作典型发言；市公安局被市委荣记集体二等功。

【维稳工作】2018年，市公安局扎实开展情报信息收集研判，坚持实行情报信息日研判、周会商、月通报制度，全年搜集各类情报信息10398条，为上级机关和领导决策提供可靠依据；健全应急联动指挥机制，完善应急处置预案，开展应急演练，稳妥处置九龙集团等涉众群体事件223起。

【打击犯罪】2018年，全市破刑事案件4288起（其中27起现行命案全破），刑事拘留犯罪嫌疑人5444人，逮捕2842人，移送起诉5797人，破案率同比上升6.51%，民警人均破案数、抓获犯罪嫌疑人数和移送起诉数均居全省前列。深化打击非法集资等涉众型经济犯罪，侦办非法集资案件29起，抓获犯罪嫌疑人118人，刑拘74人，逮捕40人，移送起诉35案100人。强势推进打击电信网络诈骗违法犯罪，刑事拘留“电诈”犯罪嫌疑人615人，破获刑事案件208起，“2018.4.2”专案被评为全国十大反电信诈骗优秀案例之一。纵深推进扫黑除恶专项斗争，打掉涉黑涉恶团伙44个，抓获涉黑涉恶犯罪嫌疑人394人，9类涉乱案件刑事拘留413人。

【治安管控】2018年，市公安局加强交通安全管理，开展“打非治违”“农村道路交通集中整治”百日行动等专项行动，查处各类交通违法行为77.8万余起；强化危爆物品监管，持续开展治爆缉枪专项整治行动，查处涉枪涉爆案件571起，刑事拘留409人，收缴各类枪支1302支；大力加强农村警务建设，2018年10月底，全市1838个“一村一治安队”即“农村辅警”全部建成。

【改革创新】2018年，市公安局在全省公安机关改革创新大赛中获得2金1银3铜，金牌数、奖牌数、总得分均排名全省第一。成立为民服务中心平台，着力推进放管服改革，把公安服务事项前移至手机端，让群众足不出户即可完成大部分公安服务事项，实现异地身份证、出入境证件办理“只跑一次”、十八类车驾管业务“一证办”。

【典型人物】李贝当选2017年度海内外有影响力的《中国妇女》时代人物。2018年8月30日凌晨，娄底市公安局娄星分局涟滨派出所民警黄其焕在处置一起劫持人质事件时舍身置换，为支援警力成功处置赢得宝贵时间，保障群众生命安全，劫持事件得到成功处置。9月7日，省公安厅领导代表党委到市公安局娄星分局为荣立个人一等功的黄其焕授奖。黄其焕获2018年度“中国好人”。

【基层基础建设】2018年，市公安局实施派出所建设三年行动计划，全市4个无房所完成改建1个，24个危房派出所全部启动改造工作，17个城区派出所和6个农村派出所综合警务指挥室建成并运转。67个5000人以上社区全部建成警务室。8月15日，市政府召开常务会专题研究《娄底市县级人民政府“一村一治安队”建设考评办法》。会议审议通过《娄底市县级人民政府“一村一治安队”建设考评办法》，决定市政府专门划拨300万元专项经费用于表彰“一村一治安队”建设。标志着“一村一治安队”考评正式上升到党委政府层面，形成由政府主导、公安部门牵头、部门联动的建设机制。11月13日，娄底市病残吸毒人员收治专区暨娄底市中心医院监管病区(B区)举行启用仪式。12月19日，市公安局交警支队联合人保财险娄底市分公司在体育中心举行“警保联动”活动启动仪式。“警保联动”对于快捷高效处理交通事故，提升道路交通管理水平和通行能力，实现交管业务“一次办、马上办、网上办、掌上办、就近办、便捷办”具有重要作用。12月20日，娄底召开全市“一村一辅警”暨“城市快警”建设推进会。

【案件侦破】2018年1月8日，市公安局刑侦支队与网技支队共同经营侦办的2017年“11·30”特大电信网络诈骗案与长沙、娄底两地公安机关前期共同经营的部督“11·28”专案展开统一收网行动，捣毁作案窝点26个，抓获涉案人员奇某、曾某等团伙犯罪嫌疑人92名，捣毁利用炒外汇、时时彩等方式实施网络诈骗作案平台22个。3月31日，公安部督办2017年“12·28”特大电信诈骗案成功收网，抓获郭某定等犯罪嫌疑人61名，摧毁作案窝点9个，缴获银行卡150张、手机51台、电脑20台、车辆5台及现金23万余元。7月3日晚，娄星区长青地下商业街一公共厕所旁发生一起凶杀案，一名男子拿刀捅伤两名女子，导致一人死亡，一人受伤。案件发生后，市公安局、娄星公安分局两级公安机关迅速启动命案侦破机制，于当晚23时31分，在万宝镇光荣院附近成功将犯罪嫌疑人谢某抓获。8月17日，在娄底市公安局刑侦支队、网技支队牵头下，由娄星分局主侦，联手涟源、双峰两地公安机关合成作战，组成50个抓捕组，对部督专案进行统一集中收网，摧毁犯罪窝点49个，抓获朱某华、谭某琳等犯罪嫌疑人62名，团伙主要成员全部归案，当场扣押手机、电脑、打印机、银行卡、U盘、过塑机、裁切机等制证设备一批及现金若干，查破涉及全国各地制贩假证案件数百起。12月22日，市公安局成功侦破“1·16”生产、网络销售伪劣产品(烟草)案。此案是市公安局驻市烟草局警务室成立以后，查获的规模最大、打击最为彻底的非法生产、网络销售伪劣卷烟案件，也是娄底治安部门首次摧毁生产加工、网络销售、物流运输“三环节、整链条”的烟草网络类案件。

【打拐工作新闻发布会】2018年5月31日，市公安局召开打拐工作新闻发布会，对近年打拐工作进行通报。全市摧毁拐卖妇女儿童犯罪团伙6个，破案120余起，其中，公安部督办的特大团伙案件2起，打击处理团伙成员130余人，解救被拐卖妇女儿童170余人，其中解救越南、柬埔寨等外籍妇女142人。如市公安局刑侦支队和双峰县公安局联合侦破的部督刘某国等人拐卖越南妇女案，抓获团伙成员 10 余人，解救越南籍妇女 74 人，破案 50 余起；新化县公安局侦破的部督卿某林等人拐卖越南妇女案，抓获团伙成员 35 人，多批次解救越南籍妇女 30 余人，破案 30 余起。（廖建梅）

2018 年娄底市公安局先进集体（先进个人）一览表

表 26

获奖集体（个人）	奖励名称	颁奖单位	颁奖时间
娄底市公安局	2018 年湖南省公安机关警用无人驾驶航空器实战技能比武总分第三，单项一等奖一个、三等奖一个	湖南省公安厅	2018 年 12 月
娄底市公安局治安支队	2017 年全省易制爆危险化学品、烟花爆竹和寄递物流专项整治行动成绩突出单位	湖南省公安厅	2018 年 3 月
娄底市公安局监管支队	2017 年度全省公安监管工作成绩突出单位	湖南省公安厅	2018 年 8 月
娄底市公安局	全省三年禁毒大行动先进集体	省禁毒办	2018 年 10 月
娄底市公安局	2017 年度道路交通安全工作优秀市州	湖南省道路交通安全委员会	2018 年 4 月
娄底市公安局经侦支队	2017 年度全省公安机关开展“云端 2017”专项行动成绩突出单位	湖南省公安厅	2018 年 3 月
娄底市公安局经侦支队	2017 年度全国公安机关打击银行卡犯罪成绩突出集体	公安部经侦局、中国银联	2018 年 5 月
娄底市公安局	2018 年度市州公安局绩效评估先进单位	湖南省公安厅	2019 年 2 月
娄底市公安局	2018 年度全省公安机关扫黑除恶专项斗争成绩突出单位	湖南省公安厅	2019 年 2 月
娄底市公安局	2016—2017 年全省无偿献血促进奖	湖南省卫计委、省红十字会	2018 年 5 月

钢城分局工作

【概况】2018 年，娄底市公安局钢城分局紧紧围绕“平安钢城”建设的工作目标，坚定实施“五个公安”发展战略，打赢了“五大攻坚战”，在政治建警、打击整治、维稳保安、治安防控、固本强基、服务发展、改革创新等方面取得较好的成绩，钢城公安工作和队伍建设呈现出全面发展、整体推进的良好态势。是年，分局获“全省优秀公安局”、全省政法系统“文化艺术之星”、娄底市“市直机关 2017—2018 年党建创新项目评审二等奖”。

【打击犯罪】2018 年，市公安局钢城分局积极落实各项维稳举措，全力维护辖区政治、治安大局稳定。扎实开展安保维稳“百日会战”行动，实现“四个绝对不能发生”工作目标，确保辖区社会政治治安大局持续稳定。以“集打斗争”“扫黑除恶”“三年禁毒大行动”为抓手，狠抓刑事案件侦破工作，成功侦破柳某故意杀人案、“7·5”命案，实现连续 13 年命案全破。摸排涉黑涉恶线索30条，摧毁黄某为首的恶势力犯罪集团，移送起诉17名团伙成员。侦破省督目标案件“刘某等人特大持枪贩毒案”、部督“9·25”电信诈骗案、“叶某等人生产销售假药案”等大要案件。

【治安防控】2018年，市公安局钢城分局大力开展社会治安防控工作，2018年辖区刑事发案同比下降22.3%，辖区刑事发案连续7年大幅下降，整体降幅60.2%。积极争取娄星区委政府支持，加强驻村辅警经费与装备保障，完善运行、督查考核等机制，5个行政村的驻村辅警在村支两委的协助下开展法制宣传、治安巡逻、纠纷调处、信息采集、安全检查等工作。加强受立案管理中心和案件审核机制建设，通过执法监管中心平台向实战单位发出纠违通知书、工作指令57份。推动指挥情报等5个业务中心及各派出所综合警务室进入实体化运行，提升使用率和成果转化率，民警充分享受到警务科技化、信息化给指挥调度、侦查破案、治安管理、舆情应对、执法监督等工作带来的便利。

【便民服务】2018年，市公安局钢城分局推行便民利民服务企业举措，辖区居民群众安全感及对公安工作的满意度逐年提升，辖区（街道办事处）民调成绩在娄底城区街道办事处中连续多年排名靠前。建立完善“三零”（零容忍整治、零距离服务、零干扰自律）工作机制，涟钢集团公司2017年、2018年连续两年被评为“湖南省社会治安综合治理工作先进单位”。按照《娄底市2018—2020年驻村帮扶工作实施方案要求》，派驻2名扶贫队员常驻扶贫点，与市环境监测站共同组建驻村帮扶工作队，严格按照脱贫规划和年度实施计划开展相关工作，金鸡村初步实现“脱贫摘帽”。大力开展湖南公安服务平台宣传工作，完善局属具有对外服务职能单位的服务事项、单位地址、办理时间、预约人数等信息，把公安服务事项前移至手机端，让群众足不出户即可完成大部分公安服务事项。

【政治建警】2018年，市公安局钢城分局以政治建警为引领，推行“五个一”（每天一条信息，每周一堂学习，半月一次谈话，每月一期通报，每季一场研判）工作举措，全局纪律作风集中教育整顿成效显著，在全市公安机关考核排名第一，连续9年实现队伍管理“民警零违纪、媒体零曝光”的“双零”工作目标。积极

钢城分局破获部督“9·25”特大电信诈骗案
（钢城分局供图）

协调汇报，推动民警职务、职级晋升工作。立功受奖倾斜基层，引导青年民警做好职业愿景规划。完成机关食堂的改建，改善民警用餐环境。建成民警健心减压中心，为民警在工作之余舒缓压力、健身、阅读、交流提供场所。（邓　冶）

交警工作

【概况】2018年，娄底市公安交警部门在市委、市政府和市局党委的坚强领导下，坚持城市疏堵保畅与农村交通安全并重，加强协同共治，推进依法治理，全力以赴除隐患、控风险、压事故、保畅通，确保了全市道路交通安全形势持续平稳。交通事故起数、死亡人数、伤人数同比分别下降38.13%、21.43%、42.29%，未发生较大以上交通事故，未发生大面积、长时间交通拥堵，未发生重大涉警负面舆情。娄底在省政府组织的交管工作考评中排名全省第二，并在全省交管工作会议上作典型发言。

【交通安全综合治理】2018年，市交警支队出台《娄底城区道路交通文明畅通提升行动计划（2018—2020）实施方案》《严防重特大道路交通事故十项措施落实方案》。大力推进“生命防护工程”建设，全市排查43处突出隐患路段，并逐一制定治理方案和落实整改措施，完成2处省、市级督办的事故多发路段整改工作，并验收销号。每季度组织开展客货运、危化品生产运输企业及学校等重点企业交通安全大检查，对交通违法行为较多的客运企业实行挂牌限期整改和曝光公示。清零存在3次以上违法行为的重点车辆2800余

台，督促1000余台重点车辆、1500余名重点车辆驾驶人完成年审年检业务。推广应用农村道路交通安全管理信息系统，农村道路交通基础数据录入工作得到加强。进一步加强“两站两员”建设，“两站两员”覆盖率100%。大力推进摩托车“戴帽工程”，人民群众的交通安全意识进一步增强。

【交通安全专项整治】2018年，市交警支队开展“冬春攻势”“强执法防事故”“打非治违百日行动”“农村百日集中整治”安保维稳“百日行动”等10余个专项整治行动，查获各类交通违法行为77.8万余起，其中现场查处8.9万余起。查获各类重点交通违法行为17.9万余起，其中涉牌涉证1.1万余起，酒驾、醉驾、毒驾978起，客车超员196起，“三乱”51.7万余起，“两闯”4.2万余起，违法载人1.2万余起，人货混装4999起，有力震慑道路交通违法行为，有效减少道路交通事故发生。在道路交通安保维稳“百日会战”中，每月组织开展不少于3次的区域性集中整治统一行动，现场查处各类重点违法行为1982起，2468台存在3次以上违法行为重点车辆全部清零。在农村交通安全“集中攻坚”行动中，查处各类违法行为16.5万余起，现场查处重点违法行为1.7万余起，农村道路交通安全管理明显增强。

【交通管理服务】2018年，市交警支队大力推进交管“放管服”改革20项便民措施落实落地，取得阶段性成效。申请材料四个减免、“点对点”车检、驾考预约服务等便民措施落地见效，基本实现简单业务一证即办、普通业务一窗通办、个性服务自助快办。全年办理机动车注册登记9万余台，核发年检合格标志20万余个，核发驾驶证8万余本。创新警务机制改革，在涟源交警开展“所队合一”警务机制改革工作，并逐步向全市推广。支队积极参与新化县罗盛教村的扶贫工作，完成结对帮扶86户，投入扶贫资金59万元，帮助47户顺利脱贫。

1月26日，早高峰时段，娄底交警在各个路口巡逻、执勤、除冰铲雪　　（市交警大队供图）

12月2日，娄底市举办“全国交通安全日”宣传活动　　（市交警大队供图）

【队伍建设】2018年，市交警支队以政治建警统领队伍建设，大力开展大队领导干部素质提升行动和政治建警宣讲活动，积极配合市委第六巡察组开展政治巡察工作。全面强化从严治警，认真开展纪律作风整顿活动，严格落实“二十个不准”“十个严禁”等纪律规定，增强“四个意识”、坚定“四个自信”、做到“两个维护”。严格落实督查督导制度，全年下发督查通报11期，通报批评23人次。大力开展岗位练兵活动，举办政治建警应知应会测试2期、各类业务培训班18期，有效提升队伍整体素质。积极开展警营文化活动，落实从优待警措施，有效激发队伍活力，营造创先争优的浓厚氛围。是年，全市交警部门9个集体、124名个人立功受奖，支队获“全市创建全国文明城市先进单位”“全市安全生产先进单位”“全市公安机关绩效评估先进单位”和“湖南省模范职工之家”。

（李隽武）

2018 年市交警支队先进集体(先进个人)一览表

表 27

获奖集体(个人)	奖励名称	颁奖单位	颁奖时间
交警支队	2018 年“安全生产月”和“安全生产三湘行”活动优秀组织单位	省安全生产委员会办公室	2018 年 9 月

检察

【概况】2018 年,娄底市人民检察院坚持以习近平新时代中国特色社会主义思想为指引,忠诚履职,锐意进取。获湖南省巾帼建功先进集体、湖南省三年禁毒大行动先进集体等荣誉;被娄底市委评为“优秀领导班子”;绩效考核、维稳、综治、安全生产、民间融资风险处置及打处非等工作被评为市级先进单位,连续四年全省综治民调满意率居市直政法机关第一。获全国文明单位、全国检察机关集体一等功、全国检察文化建设示范院、湖南省园林式单位等省级以上集体荣誉。

【服务保障大局】2018 年,全市检察机关围绕市委重要决策部署,出台《服务和保障“三大攻坚战”实施意见》,组织专项调研督导。坚持依法办案与化解风险、维护稳定相结合,防止经济风险向政治领域传导。起诉集资诈骗、非法吸收公众存款犯罪 32 件 121 人,办理百雄堂集团熊卫华等 11 人、东方房地产有限公司谢月良等 6 人非法集资类案件。全力服务和保障精准脱贫攻坚战,起诉虚报冒领、侵吞、截留私分扶贫资金涉农专项资金和扶贫开发领域等犯罪 22 人。围绕“天蓝水净地绿三年行动计划”,通过诉前建议和提起诉讼,督促恢复被污染被毁土地 460.4 亩,督促保护治理被污染水源 50 亩,督促关停整治排污企业 4 家,督促清理生活垃圾、固体废物 1 万余吨。出台《关于在扫黑除恶专项斗争中强化法律监督和工作协作的意见》,批捕涉恶犯罪 113 件 248 人,追捕 43 人,监督立案涉恶犯罪 5 件 29 人;起诉涉黑犯罪 1 件 1 人,起诉涉恶犯罪 107 件 265 人,追诉漏犯 6 人;向扫黑办移送涉黑涉恶线索 9 条,其中保护伞线索 6 条。严厉打击刑事犯罪,批捕各类刑事犯罪 2811 人,起诉 4396 人,其中批捕故意杀人、强奸、敲诈勒索及“两抢一盗”等严重暴力、多发性侵财犯罪 616 人,依法办理了新化县陈建湘故意杀人案、娄星区长青商业街谢方伟故意杀人案等一批有重大社会影响的案件。突出打击治理电信网络新型违法犯罪专项行动,批捕电信网络诈骗、传销等犯罪 492 人,办理“7·11”特大电信诈骗案、“兆云金”虚拟货币传销案等案件。助力娄底创建全国禁毒示范城市,批捕毒品犯罪 746 人。注重对未成年人权益保护,严厉惩处侵害妇女、未成年人合法权益犯罪 166 人,办理公安部挂牌督办的杨运寿等 28 人拐卖、收买被拐“越南新娘”案。注重人文关怀,向确有生活困难的刑事被害人或其近亲属发放司法救助金 26 万元。有效推进社会综合治理,落实宽严相济刑事政策,对轻微刑事案件,不批捕 314 人,不起诉 452 人。落实刑事和解、检调对接、律师代理申诉等制度,促成刑事和解 247 人,邀请律师参与化解信访矛盾和代理申诉案件 60 余件。

【司法体制改革】2018 年,全市检察机关认真贯彻国家监察体制改革部署。全面完成全市反贪、反渎和预防部门整体转隶工作,转隶 121 人。围绕监察体制改革精神,认真履行职务犯罪检察职能,制定完善检察机关与纪检监察等机关反腐败协调配合工作机制,出台《关于办理监察机关移送职务犯罪案件有关程序性问题具体实施办法(试行)》,确保有效对接。全市受理职务犯罪案件 66 件 81 人,起诉 38 件 55 人,其中受理监委移送的职务犯罪案件 13 件 13 人,起诉 4 件 4 人。如依法对省院交办的湖南高新创业投资集团有限公司原党委书记、董事长黄明(副厅级)受贿案、娄底市房产局原党委书记、局长吴景祥等领导干部贪腐受贿案提起公诉。

【诉讼法律监督】2018 年,全市检察机关聚焦法律监督主业主责,努力捍卫和守护司法公正,坚决防范和纠正冤错案件,监督侦查机关立案 59 件,监督撤案 61 件,监督行政机关移送涉罪案件 32 件。纠正侦查行为违法 191 件次,纠正漏捕 126 人,办理的周海华等人涉嫌聚众斗殴案，通过提前介入引导取证，督促侦查机关追捕到案10人。纠正漏诉156人，追诉王俊贩卖毒品案，一审被判处有期徒刑十五年。受理各类民事行政监督案件434件。监督刑事审判活动，提出抗诉13件，已改判6件。监督纠正刑罚执行和监管活动违法38件，开展羁押必要性审查案件128件，建议变更强制措施110件。监督清理判实刑未收监罪犯75人，监督纠正提请减刑、假释、暂予监外执行不当案件263件，监督纠正社区矫正不当案件73件，办理的罪犯李佩收监执行监督案，通过对收监执行不当行为持续一年的跟踪监督，最终将判处有期徒刑十一年的罪犯裁定收监。强化民事行政诉讼监督。受理各类民事行政监督案件434件，发出检察建议189件。办理生效裁判类监督案件145件，提请抗诉26件，发出再审检察建议3件。办理民事行政执行监督案件74件。强化行政检察监督，办理督促行政机关履行职责案件98件。

【检察公益诉讼】2018年，全市检察机关着力开展公益诉讼工作。以市委办市政府办出台的《关于支持检察机关依法开展公益诉讼工作的意见》为契机，推动形成公益诉讼工作合力。立案公益诉讼案件325件，其中行政公益诉讼案件314件、刑事附带民事公益诉讼案件11件。办案领域全覆盖，其中环境资源类案件144件、食品药品安全类案件42件、国有土地出让类案件7件、国有财产保护类案件132件。发出诉前检察建议294件，提起刑事附带民事公益诉讼11件。

【规范司法行为】2018年，全市检察机关不断推进规范司法行为常态化长效化建设，以信息化带动司法办案规范化。依托业务应用系统，实现办案信息网上录入、办案流程网上管控，受理、审查、分流案件12215件，纠错188件次。开展案件质量评查，对查摆出的问题深入剖析，举一反三，逐一整改到位。执法质量进入全省先进行列，建成网上网下一体的“12309”检察服务中心，向群众提供“一站式”检察服务。通过人民检察院案件信息公开网向社会公开程序性信息7276件、法律文书2487份、重要案件信息181件，接待律师阅卷785人次。两级院微博、微信、门户网站发布检察动态信息千余条，检察宣传作品获全国检察机关第三届新媒体创意大赛金奖等荣誉。

【机关队伍建设】2018年，娄底市人民检察院开展“讲政治顾大局谋发展重自强”学习调研实践活动，出台“创建学习型机关、争当学习型干部”活动实施方案，组织专题培训、办案能手和优秀公诉人竞赛等岗位练兵活动30余次，选送300余人次参加中央、省市培训。组织全市首届十佳青年检察官评选活动，推出一批优秀青年检察官，谢新星见义勇为事迹，受到省市党委、省检察院主要领导批示肯定，被授予全国模范检察官、湖南好人等称号。

【基层基础建设】2018年，娄底市人民检察院建立以市检察院为主导、基层检察院为主体的抓基层、强基础工作机制。深化市院领导对口帮扶基层院制度，“菜单”式梳理基层问题，逐一督办落实。建立青年人才库，出台青年干部双向挂职锻炼管理办法，通过人才培养储备、干部上下交流，缓解业务骨干供需矛盾，夯实发展基础。

（朱伟志）

2018年市人民检察院先进集体(先进个人)一览表

表28

获奖集体(个人)	奖励名称	颁奖单位	颁奖时间
娄底市人民检察院	湖南省三年禁毒大行动先进集体	湖南省禁毒委员会	2018年10月
娄底市人民检察院	湖南省巾帼建功先进集体	湖南省妇联	2018年2月
娄底市人民检察院	2014届省级文明标兵单位(保留)	湖南省精神文明委员会	2019年7月
娄底市人民检察院	2018年全省控告检察工作优秀案件奖(陈振雄、伍龙焦信访案)	湖南省人民检察院	2019年1月

续表 28

获奖集体(个人)	奖励名称	颁奖单位	颁奖时间
娄底市人民检察院	第三届检察新媒体创意大赛图文类金奖	检察日报社	2018 年 9 月
娄底市人民检察院	2018 年全省控告检察工作优秀案件奖（胡风柳寻衅滋事抗诉案）	湖南省人民检察院	2019 年 1 月
李凌、肖勇	2018 年上半年全省法院办案能手、办案突出个人	湖南省高级人民法院	2018 年 8 月
谢星星	全国模范检察官	最高人民检察院	2018 年 11 月

法　院

【概况】2018 年，娄底市中级人民法院坚持以习近平新时代中国特色社会主义思想为指导，深入学习贯彻党的十九大精神，牢固树立大局意识，勇于强化责任担当，各项工作稳中有进，整体工作持续向好。全市法院受理案件 56299 件，审（执）结 50566 件，同比分别上升 2%、17.07%；市中院受理案件 6210 件，审（执）结 5722 件，结案数创历史新高，同比上升 4.40%，结案率同比上升 10.99%，法官人均办案数同比上升 3.90%。在案件数量继续增长、审判工作压力不断加大的情况下，全市法院取得可喜成绩。市中院获“全国法院司法警察先进集体”“湖南省文明窗口单位”“全省诉讼服务建设示范法院”等集体荣誉，市中院刘琦获评“全国法院家事审判工作先进个人”称号。全市法院有 22 个案例入选中国司法案例库。

【刑事审判】2018 年，市中级人民法院办结各类刑事案件 321 件，判处罪犯 654 人；全市法院办结各类刑事案件 3445 件，判处罪犯 4755 人。深入推进扫黑除恶专项斗争，全市法院四次集中公开宣判涉黑涉恶案件 39 案 133 人，审结黑恶势力犯罪案件 103 件 271 人；市中院审结 33 件 160 人。严惩严重暴力、多发性犯罪，审结杀人、抢劫、绑架等案件 356 件。市中院成功审结社会和媒体高度关注的“新化县陈建湘故意杀人案”，一审判处其死刑。依法严惩职务犯罪。全市法院审结贪污、贿赂、渎职犯罪案件 56 件 66 人；市中院审结 23 件，判处罪犯 33 人。市中院成功审结衡阳市委原书记李亿龙、株洲市政协原副主席王建平、益阳市政府原党组成员李霖、沅江市原市长肖胜利、常宁市委原书记曾义国等一批贪腐案，推动反腐败斗争深入开展。保持高压态势打击毒品犯罪，全市法院一审审结涉毒犯罪案件 672 件 746 人，判处 10 年以上有期徒刑 66 人，无期徒刑以上刑罚 15 人；市中院审结重大毒品犯罪案件 82 件，判处罪犯 102 人。加大对危害食品药品安全犯罪惩治力度，全市法院审结相关案件 12 件，努力保障人民群众生命健康权。严厉打击侵害妇女儿童权益犯罪，依法审理强奸、猥亵、拐卖妇女儿童等案件 81 件。针对校园欺凌等社会关切，全市法院开展“送法进校园”活动。依法严惩集资诈骗等涉众型犯罪，成功审结湖南红太阳公司周红阳、冷水江金海公司吴雄华、娄底宇森汽贸公司潘杰、娄底鑫美格公司肖文求、湖南牧羊人集团公司曾雯等非法集资案，涉案金额 70 余亿元。

【民商事审判】2018 年，市中级人民法院办结民商事案件 2672 件；全市法院受理民商事案件 26816 件，办结 23868 件。维护劳动者合法权益，开设“快立快审快执”绿色通道，审结劳动争议案件和拖欠农民工工资案件 1156 件。维护生态环境安全，开展保护“母亲河、母亲湖”环资审判“春雷行动”。依法维护金融秩序安全，全市法院审结金融借款、民间借贷等案件 7520 件。切实服务供给侧结构性改革，民营企业破产审判工作全面推开，全市法院破产申请立案 56 件，已裁定受理 32 件，包括九龙集团、东方房地产、剑成置业公司等一批具有重大社会影响的企业。

【行政审判】2018 年，市中级人民法院办结各类行政诉讼案件322件,法定审限内结案率为98.08%;全市法院审结各类行政诉讼案件2143件,审查国家赔偿案件75件。全面推行行政机关负责人出庭应诉制度,实现行政主体应诉常态化。对行政机关在具体行政行为中的违法违规行为严格执行司法审查标准,判决撤销行政行为或确认行政行为违法67起。坚决支持行政机关依法行政。成功审结以市人民政府为被告的城中村改造系列土地征收行政管理案,确保城市更新的顺利进行。推进行政诉讼集中管辖制度改革,申报双峰县人民法院和涟源市人民法院为集中管辖法院。

【案件执行】2018年,市中级人民法院加大执行力度,全市法院执结案件17706件,同比上升30%,执行到位金额22.1亿余元,同比上升20%。对劳动报酬、赡养费、抚恤金、医疗损害赔偿、工伤保险等涉民生类案件作为执行重点。全市涉民生案件执结95%以上。将涉及地方稳定、关乎地方发展的案件列为难点,采取慎重的态度、多策并举的方法解决。将涉党政机关为被执行人的案件列为焦点,全市有涉党政机关为被执行人案件10件,全部执行完毕。加大惩戒力度,让失信者寸步难行,全市法院采取信用惩戒措施21450人次,以涉嫌拒执罪向公安机关移送62件,其中刑事拘留449人次。对16556人适用限制高消费,将4045人纳入失信被执行人名单,并通过市信用办在"信用娄底"平台向社会公布,让失信被执行人"一处失信、处处受限"。

【司法体制改革】2018年,市中级人民法院深入推进司法责任制改革,将裁判文书由过去的"审签制"全部改为"签署制",案件承办人对案件质量终身负责。强化院庭长监督管理职责。院庭长对"四类案件"加强事中监督管理,做到放权不放任。落实院庭长带头办理疑难复杂案件制度,全市法院入额院领导办案3984件,占全部受理案件数的8.05%,其中中院684件。推进内设机构改革,进一步提升工作效能。推进司法便民举措,进一步满足群众需求,建成全省一流的诉讼服务中心,大力推进网上预约立案和一站式窗口服务。全市法院裁判文书在"中国裁判文书网"上网33615篇,通过"中国庭审直播网"直播庭审582场。

【队伍建设】2018年,市中级人民法院确立"先导、融合、创新"的党建工作方针,把党的建设、队伍建设、审执业务建设融为一体。积极参与脱贫攻坚,2018年结对帮扶111户。组织开展"强化责任心、提高落实力""三整顿、三提升"等7个专题教育活动,引导干警铸牢信仰之基、把稳思想之舵。加大教育培训力度,全市法院干警参加各类业务培训28期121人次,组织临聘书记员培训230人次。加强纪律作风建设,全市法院立案查处违纪违法干警31人。加强廉政警示教育,运用监督执纪"四种形态",提醒谈话和批评教育66人。

【接受监督】2018年,市中级人民法院坚持党的绝对领导,执行中央、省委、市委决策部署,坚持重大事项、重要工作向市委汇报。不断强化宪法意识,自觉接受市人大及其常委会的法律和工作监督,市中院向市人大常委会专题报告了全市法院执行工作情况。邀请人大代表、政协委员见证执行17次78人。全市法院开展人大代表、政协委员旁听案件庭审活动50场361人次,召开人大代表、政协委员征求意见座谈会18场,答复代表、委员意见建议9件。开展"代表委员进法院""法院公众开放日"活动29次。 (苏 璞)

2018年市中级人民法院先进集体(先进个人)一览表

表29

获奖集体(个人)	奖励名称	颁奖单位	颁奖时间
娄底市中级人民法院	案例工作先进单位	湖南省高级人民法院	2019年2月
刑二庭	李亿龙案审理集体三等功	湖南省高级人民法院	2018年11月
立案信访局	文明窗口单位	省精神文明建设指导委员会	2018年5月
娄底市中级人民法院	全省诉讼服务建设示范法院	湖南省高级人民法院	2018年7月

续表 29

获奖集体(个人)	奖励名称	颁奖单位	颁奖时间
司法警察支队	全国法院司法警察先进集体	最高人民法院	2018 年
李　凌、肖　勇	2018 年上半年全省法院办案能手、办案突出个人	湖南省高级人民法院	2018 年 8 月
刘　琦	全国家事审判先进个人	最高人民法院	2018 年 9 月
成　灿、刘湘林	李亿龙案审理个人二等功	湖南省高级人民法院	2018 年 11 月
李　锋、曾宪华	执行工作被授予嘉奖	湖南省高级人民法院	2018 年 12 月

司法行政

【概况】2018 年,娄底市司法局以政治建设为统领,聚焦法治娄底建设,坚持抓党建带队伍,各项工作取得新的成绩。

【矛盾调解】2018 年,市司法局积极推进多元化解机制建设,筛选认定 673 起可能引发激化群体性事件的重大复杂疑难矛盾纠纷进行通报和交办。抓好行业专业调解组织建设,充分发挥劳动争议、医疗纠纷等 6 家矛盾纠纷调解中心的作用。规范人民调解组织建设,全市设立各级人民调解组织 2556 个,其中,行业性、专业性人民调解组织 95 个,人民调解员 11319 名。积极推进"四查四防化纠纷　千乡万村创四无"专项调解活动,大力化解社会矛盾纠纷,全年全市各级各部门和调解组织调解各类矛盾纠纷 26486 起,调解成功 26234 起,调解成功率 99%,全市没有发生一起因调处不当或不及时而引发的矛盾激发事件。

【社区矫正】2018 年,市司法局强力推进扫黑除恶专项斗争和监管安全隐患排查专项行动,确保监管安全。全市建成省、市、县三级互联互通社区矫正指挥中心,实现业务管理、人员定位、视频监控、实时视频音频交互等功能。全市信息化定位监管 2337 人(手机定位 2241 人、电子腕带定位 96 人)定位率 98.5%,另对因不会使用智能手机的 34 名老年人实行运营商定位,牢牢掌控社区服刑人员的活动轨迹。通过加强人员培训、推进信息化建设、购买社会服务等措施,社区矫正工作水平不断提升。截至 10 月底,全市累计接收社区服刑人员 11976 人,解除矫正 9559 人,在册 2417 人,无一脱管漏管和重新违法犯罪。

【安置帮教工作】2018 年,市司法局以"三率"考核为抓手,确保服刑人员信息核实率、预释放信息回执率 95%以上。监督落实重点帮教对象"必接必送"措施,实现重点刑释人员 100%衔接。以娄底市、涟源市共建的"温馨家园"过渡性安置基地建设为示范,推广过渡安置基地"1+N"模式,各县市区均建立不少于 1 个安置点。全市衔接核查刑释人员 2003 人,核实率 100%;安置 2036 人。

【项目建设】2018 年,市司法局积极争取市委、市政府重视,明确市强戒所就地新建项目建设后续所需资金和后期设施配套资金来源,保障项目建设进度。该所就地新建项目主体工程 9 栋房屋完成封顶施工,围墙、道路、雨(污)水管道等附属设施与主体工程同步推进,智能化设施网线桥架安装完成一半,后期配套设施采购进入前期准备阶段。

【扫黑除恶专项斗争】2018 年,市司法局成立扫黑除恶专项斗争领导小组,制定实施方案,在全系统广泛动员开展扫黑除恶专项斗争。各地以基层司法所为主导,深入开展矛盾纠纷排查调处与信息研判工作,对各村(居)涉黑涉恶势力进行排查,及时发现并报告黑恶势力犯罪案件线索。全市排查出可能涉黑涉恶重点人员 12 人,涉枪 179 人,并对此类人员有针对性地开展谈话 151 人次、走访 157 人次、训诫 150 人次、警告 47 人次。

【法治娄底建设】2018 年，市司法局全面落实“谁执法谁普法”责任制。印发《2018 年娄底市落实国家机关“谁执法谁普法”责任制工作要点》，强力推进法治宣传教育体系建设。圆满完成“七五”普法中期检查工作，省“七五”普法中期检查第九组对娄底普法工作给予充分肯定。重点抓好领导干部和国家工作人员学法用法，市直正处级单位领导班子成员和副处级单位主要负责人近 700 人参加培训班。圆满完成国家工作人员网上学法用法考法，全市 91296 人通过考试。积极开展“送法下乡”“法律进校园”、5 月农村法治宣传月等法治宣传活动。在双峰县举行娄底市 2018 年宪法学习宣传暨农村法治宣传教育月活动启动仪式，发放与农村民主、法治建设、农民常见涉法问题密切相关的普法宣传书籍及其他宣传资料 3 万余份，接待群众咨询 2000 余人次，发放法治宣传袋、法治宣传围裙等物品 1500 余份。在娄星广场举行国家宪法日暨全国法治宣传日活动，组织市财政局、公安局等 55 家“谁执法谁普法”责任单位、200 余名志愿者开展以“尊崇宪法、学习宪法、遵守宪法、维护宪法、运用宪法”为主题的国家宪法日法治宣传一条街活动。

【公共法律服务体系建设】2018 年，市司法局成立由局长任组长的公共法律服务体系建设领导小组。制定《公共法律服务体系实体平台考评办法》，规范公共法律服务体系建设，督促市、县、乡、村四级实体平台有效运行。实现“一村(社区)一法律顾问”全覆盖，全市村(社区)有法律顾问 476 名，微信群覆盖 1964 个村(社区)，两项指标的覆盖率均为 100%。按每个公共法律服务工作点建设 10 个以上志愿点的要求，着力推进公共法律服务志愿点建设，巩固发展“互联网+公共法律服务”，不断提高全市公共法律服务供给能力。积极推行法律咨询网上录入、法律援助网上审批、法律服务网上监管、服务质量网上考核，不断完善线上线下相结合的公共法律服务运行管理机制，提升公共法律服务水平。

7 月 31 日，2018 年度娄底市市直处级以上单位领导班子成员法治培训班举办　　（市司法局供图）

【法律援助工作】2018 年，市司法局加强刑事法律援助工作。完善法律援助值班律师制度，通过派驻法院、看守所的值班律师更好地为犯罪嫌疑人、被告人及其他当事人及时提供法律咨询，帮助申请法律援助。娄底在湖南省娄底监狱设立法律援助工作站，派驻优秀值班律师为服刑人员提供法律援助，实现法律援助咨询服务全覆盖。全市受理各类法律援助案件 1634 件(民事类 905 件、刑事类 712 件、行政类 17 件)，其中市法援中心受理 162 件。加强对法律援助案件质量常态化监督管理，市本级法律援助机构对其本级所承办的法律援助案件回访比例 100%，县(市、区)对其所承办的法律援助案件回访比例不低于 50%，市对所辖县(市、区)法律援助机构承办的法律援助案件回访比例 30%以上。

【律师工作】2018 年，市司法局出台《全市司法行政系统服务“三大攻坚战”实施方案》，组织律师开展“万名律师乡村（社区）行”“中小微企业免费法律服务体检”、对接“一带一路”等法律服务活动。在 400 余个村(社区)举办普法讲座，组织 120 余名律师在 72 家企业开展 120 场专题讲座和论坛，438 名律师为对接的中小企业开展体检活动 260 余次。鼓励倡导律师参与精准扶贫，各律师事务所积极参与，投入资金 5 万余元，从物质和法律服务上助力精准扶贫。全面开展律师参与化解和代理涉法涉诉信访工作，25 人次律师驻点“问诊”，接待信访群众 260 余人次，解答解决信访案 300 余件。积极落实公职律师公司律师制度，15 家符合资质条件的律师事务所获批设立律师调解工作室，并挂牌试运行。组织律师为企业开展金融风险防范讲座，提升企业风险防范意识，并为公司破产管理提供法律服务。公职律师公司律师工作稳步推进，有 68 家单位开展公职律师工作，公职律师人数 127 名，开展公司律师工作的国有企业 3 家、公司律师人数10名。

【戒毒工作规范化建设】2018年，娄底市强制隔离戒毒所对标《司法行政戒毒工作基本规范》和全国统一戒毒工作基本模式要求，讨论修改戒毒业务相关制度60余项。开展“大排查大整治大评估”，层层动员部署，使全所民警认识到维护场所安全稳定是戒毒场所的政治责任和首要职责。推进规范文明执法教育整顿专项活动，深入查摆思想认识和执法理念、执法行为、制度落实3个方面的问题，查找出场所恢复收治前后需改进的问题21个。

【其他工作】2018年，全市办理各类公证案件7682件。完成全市国家统一法律职业资格考试工作任务。依规办理司法鉴定机构和个人变更、注销、延续等手续，办理司法鉴定案件5123件。组织全市人民监督员办理人民检察院评议案件26件。其中，拟不起诉案件23件，拟撤销案件3件。（关　熹）

2018年市司法局先进集体(先进个人)一览表

表30

获奖集体(个人)	奖励名称	颁奖单位	颁奖时间
市司法局	2018年湖南省司法行政系统财务技能比武二等奖	湖南省司法厅	2018年9月
市司法局	2018年湖南省司法行政系统法制工作业务技能比武二等奖	湖南省司法厅	2018年7月
李　烨	首次国家统一法律职业资格考试工作表现突出个人	司法部	2018年10月
刘志军	全省“三调联动解纠纷、防控风险促发展”先进个人	省高院、省公安厅、省信访局、省司法厅四部门联合颁发	2018年8月

军　事

◎人民武装
◎武警娄底支队
◎人民防空

人民武装

【概况】2018年，中国人民解放军娄底军分区（简称娄底军分区）党委以习近平新时代中国特色社会主义思想为指引，坚决贯彻省军区党委和娄底市委决策部署，围绕职能使命新任务新要求，求真务实、埋头苦干，革弊鼎新、攻坚克难，坚守底线、力争上游，军分区部队呈现奋发向上、奋勇争先的崭新气象，全面建设实现提质上位、稳步上楼的既定目标。

【思想政治建设】2018年，娄底军分区持续学习贯彻中共十九大精神，抓实市委提出的"为强军兴军作出娄底贡献六项举措"，推动中共十九大决策部署转化为军分区创新发展的具体行动。扎实推进"传承红色基因、担当强军重任"主题教育，编写《娄底市志·军事篇》《娄底军事人物》，聚力整改8个方面、46条"和平积弊"。践行"两个维护"，开展"坚决维护和贯彻军委主席负责制"专题教育，落实"三项机制"，整改专项巡视反馈问题。

【练兵备战】2018年，娄底军分区坚决贯彻主席训令，强化带兵打仗意识，强化练兵备战鲜明导向。坚持常态议训，召开6次常委会会议专题分析训练形势，破解教练员队伍薄弱、教器材短缺等训练难题。出台《军分区战备值班暂行规定》，开展指挥所实装拉动和应急处突训练，完成首长机关、专武干部和民兵训练。严格落实《省军区系统军事训练问责暂行办法》和训练定期考核通报制度，军分区机关在省军区年终军事训练总体考核中排名第五，个人研究作业考核获省军区第一名。

【党管武装】2018年，娄底军分区有效履行协调职能，规范落实议军会、绩效考评等党管武装制度，督促完成文职人员落户和军转干部、随军家属、退役士兵安置工作。组织悬挂光荣军属牌、发放入伍通知书和立功喜报等专项检查，开展"双带双促"活动，挖掘、宣传优秀退役军人。娄星区表彰退役军人标兵，收到良好效果。涟源市抓退役军人管理的经验做法，被《人民日报》内参刊发，省军区给予充分肯定。坚决完成急难险重任务，随时做好抢险救灾和应急处突准备。

【国防动员】2018年，娄底军分区抓实平时动员准备，出台《贯彻落实〈国防动员建设"十三五"规划〉措施》，开展动员潜力调查，各项工作有序推进。指导市人防办、交战办组织人防机动指挥通信演练和战备钢桥实装架设演练。加强学生军训管理，严格教练员资格认证，完成4.3万名学生军训。提高兵役征集质量，建立兵役登记督查通报制度，开展常态化征兵宣传。完善役前训练淘汰机制和高校征兵激励机制，提高城乡义务兵家庭优待金，聘请廉洁征兵监督员，大学生比例实现"两连增"，达到60.49%，"五率"量化考评优秀，全省排名第六。组织全市首批新兵欢送大会，被湖南卫视等媒体宣传报道。推动将"智慧动员"纳入"智慧城市"统一规划。

【民兵整组】2018年，娄底军分区强力推进民兵调整改革，协调市政府把民兵调整改革列入年度重要议事日程，出台《关于贯彻〈我军后备力量建设"十三五"规划〉的实施意见》，在双峰县召开现场观摩会，组织4次军地联合督查，扎实开展问题整改"回头看"，高质量完成全市民兵的编组任务，在省政府和省军区的联合考评中获得第四名。

【国防教育】2018年，娄底军分区紧扣"不忘初心、牢记使命"和"传承红色基因、担当重强重任"两个主题教育，在重要时间节点，组织形式多样的宣传教育活动，在全社会大力弘扬爱军尚武精神。8月1日，组织社会各界人士和中小学生到武警娄底支队执勤中队过军事日活动。9月15日，在娄星广场举办"传承红色基因、汇聚强军力量"国防教育系列活动。认真开展"国防万映"活动，观看《厉害了，我的国》《红海行动》等影片。组织"爱我国防"全市高校大学生演讲比赛，推送3名选手参加省级比赛，湖南人文科技学院获省国防教育委员会组织奖。在新化县奉家镇红二军团长征司令部旧址组织"弘扬长征精神、共筑强大国防"重走长征路活动，500余人参加。在娄星广场、孙水公园、各中小学校等地组织国防教育展览，持续扩大国防教育的影响力。指导娄星区人武部创作反映拥军舞蹈作品《军鞋》。协调地方相关领导全程参加国防动员演习，组织党管武装述职、过军事日等活动，加强领导干部经常性国防教育。组织师团领导到湖南人文科技学院等3所高校和党政机关普及国防知识，开展国防教育讲座8场次，国教干事到中小学校普及国防知识12场次。发挥好国防教育协会作用，鼓励社会组织和民间志愿者参与国防教育活动，营造全民关心国防，支持国防氛围。

【安全工作】2018年，娄底军分区运用省军区“非转专”培训成果，制定《军分区机关工作运行规范》，职责分工更加清晰。贯彻军委国防动员部“三个一线”集训会议精神，提高抓建基层能力，加强基层武装部和村级民兵连正规化建设，基层基础更加扎实。开展“条令条例学习月”活动，组织辅导授课和考核竞赛，加强各类人员教育管理。落实军委国防动员部的管理规范性文件，紧盯“17个关键要素”，开展“百日安全”活动，常态组织安全隐患排查整治，加强安全风险评估和安全形势分析。安全工作考评全省排名第三，并被评为先进单位。

【保障工作】2018年，娄底军分区围绕国防动员、兵役征集等主要职能，筹划组织经费和物资保障，优化经费投向投量，有效保障民兵军事训练、战备物资器材购置、民兵调整改革迎检、年终军事训练与考核、抢险救灾等大项工作，确保任务圆满完成。全面停止有偿服务工作，关停冷水江市人武宾馆等43个终止回收项目、整改2个委托管理项目，是省军区首批完成任务的单位。“八一新村”军队经济适用住房建设项目专项清理整治等工作有序推进，同时积极处理娄星区人武部老营院住宅楼问题。加强民兵训练经费管控，协调农业银行为全区基干民兵队伍逐人办理银行卡，实行民兵军事训练误工补助由银行统一代发制度。对全区公寓住房住用情况进行清理，封存公寓住房和办公室超面积部分。12月下旬，组织开展保障业务集训，着力提高保障人员专业素质。

【脱贫攻坚】2018年，娄底军分区派出6支帮扶工作队，定点帮扶6个贫困村，帮助发展20个产业，已脱贫的3个村成果得到巩固，新化县人武部挂点帮扶的白溪镇大兴村如期脱贫。继续帮扶新化县槎溪镇厚溪村，驻村工作队全年组织结对走访4次、讲授专题党课1次、召开退伍军人座谈会1次，调整村干部2名。开展整修河堤水渠、安装路灯、新修公路、修建垃圾回收中心等基础设施建设。大力发展中药材和油菜种植、安格斯牛养殖等种养业，稳定提高贫困户收入，为贫困户解决教育、医疗等实际困难。

（龚细军）

武警娄底支队

【概况】2018年，武警娄底支队（简称娄底支队或支队）始终坚持以习近平强军思想为根本指导，紧跟看齐追随强化政治引领，紧盯维稳大事，大抓练兵备战，紧扣稳中求进，持续抓安保稳，紧张正风肃纪，坚持依法从严，部队全面建设迈出新的坚实步伐。

【政治建设】2018年，武警娄底支队坚持用党的创新理论武装头脑，探索运用党委中心组“两带”学习机制，深入学习习近平新时代中国特色社会主义思想和强军思想。升级改造政治环境，积极推动“习语”文化进军营。坚决贯彻军委主席负责制，专题研究走深走实措施，推动“三个维护”在基层落地生根。注重抓实主题教育，探索“2+3+3”教育模式，支队常委带头授课辅导，编印主题教育《红色集锦》《设计图册》配套书籍，组织实施“湘中夜校”“湘中学堂”，编印《湘中武警》，总结提炼队魂队训，打造运用3个文化品牌，夯实官兵投身强军实践思想根基。参加总队“四会”政治教员比武，连续两年获得优异成绩。

【练兵备战】2018年，武警娄底支队坚决践行习近平主席训词训令，紧盯“干好维稳这件大事”，刚性落实“3+1”战备模式，细化规范“一句话命令加补充指示”指挥流程，严格落实编携配装、以车代库、“周四战备日"拉动检验等制度,部队战备水平不断提升。积极推进"智慧磐石"和"一室一站"工程建设,大力加强执勤教育,规范执勤秩序,治理执勤隐患,部队担负各类临时勤务90余次,中心任务圆满完成。深入开展和平积弊大扫除活动,严密组织"一会六集训",兴建训练场地,在热点敏感问题上实行军事训练"一票否决",备战打赢能力有提高。支队在总队预提指挥士官集训中排名第一,机要密码工作正规化建设等级评定排名第一,支队长朱云辉在总队指挥员比武中获支队级指挥员第一名。

【基层管理】2018年,武警娄底支队实施"三大三精"发展机制,研究制定党委机关精准帮建计划,指导基层制定按纲建队和内涵底蕴建设计划,严格落实蹲点帮建,开展"四力"工程,为官兵办好十件实事。重点配强中队主官、优先配齐基层干部,用"一述一答三评"模式开展支部书记党建述职,召开政工例会3次,开展党务工作培训,派出工作组到基层面对面考核帮建4次,党支部"三个能力"提升明显,两次总队纲要集训均排名第一。每季度评选表彰"践行强军目标十佳官兵",有效激发广大官兵履职尽责的内在动力,一人被总队评为"十大标兵士官"。娄星中队、新化中队、机动中队、教导队被评为"基层建设先进中队"。

【建安创安】2018年,武警娄底支队开展"条令年"活动,组织正规化建设试点,部队按纲要建、按大纲训、按条令管、按编制配的氛围基本形成。严密组织安全大检查、暑期百日安全竞赛和"部队安全建设年"活动,开展枪弹管理、手机保密等专项整顿,安全工作"八个规范"有效落实。抓好安全文化"软件"建设,确立安全工作"四抓""四个任何"工作思路,通过呼喊安全口号、签订安全责任书等手段,夯实"传承连续安全基因,打造'五无'金字招牌"基础。支队建安创安经验《一万天的创安之路》被《人民武警报》刊载。

【后勤保障】2018年,武警娄底支队紧盯"两清三过",抓后装保障,持续抓好每月"一组五队"编携配装、拉动演练。广泛开展后勤专业岗位练兵活动,科学调整机关院内三个单位营区,优化整合三个部门办公室,合理精简公差勤务,全力向战斗力聚焦。开展巡视审计问题整改和"清仓归零"工作,主动纠治历史遗留问题和棘手难题,严格经费审批使用,严肃工程招标建设,严明伙食管理标准,认真落实枪弹管控、医疗巡诊、车辆联管等基本制度。对营房、道路进行维修改造,"五难"问题整治完成,营院面貌焕然一新。

【从严治党】2018年,武警娄底支队深入学习贯彻三级党建会精神,认真组织学习"一党章两条例三准则"等党内法规,聚焦"四个不纯""七个弱化"问题建台账抓整改。召开支队第一次党代会,选举产生支队第一届党的委员会和纪律检查委员会,党的领导和党的建设水平进一步增强。严格落实"两个责任",严密组织政治纪律和政治规矩专题教育,围绕"六个必须"开好民主生活会。对武警部队党委巡视和总队核查问题进行认真整改,常态化开展党风廉政建设专项教育,常态化纠治发生在官兵身边的"微腐败"和不正之风。

（钟　森）

人民防空

【概况】2018年,娄底市人防办(简称市人防办)是市国防动员委员会的常设办事机构,是市人民政府人民防空主管部门和市政府工作部门,行政编制15名,机关后勤服务编制1名。内设综合、指挥通信、工程管理、政策法规、宣传教育5个科室。下设二级机构2个,娄底市人防工程质量监督站加挂维护站,定编3名,娄底市人防指挥信息保障中心,定编10名。市人防办在职人员35名,离退休人员12名。

【指挥训练和通信建设】2018年5月,市人防办圆满完成省人防办交办的训练演练,组织娄底市星星实验学校、娄底市中医院人员开展应急疏散暨医疗救护演练。6月,组织抢险抢修专业分队,完成省人防办下达的"湘防-2018"跨区支援邵阳抢险抢修应急支援任务。11月1日,市委、市政府、市人大、市政协以及军分区领导参加全市第十八次防空警报试鸣演习，市委常委、常务副市长张希慧发放警报指令。

【依法行政】2018年，市人防办依法行政环境进一步改善，健全依法办事、依法审批机制，杜绝减、免、缓、降的现象。积极推行“放管服”行政审批改革工作，优化审批服务流程，推动政务服务大厅与“互联网+政务服务”一体化平台的深度融合，质量监督做到“只要服务对象需要随叫随到”，为民办实事、解难题、化解矛盾。

【宣传教育】2018年，市人防办举办全市人防系统新闻宣传暨党委（政府）信息培训班，邀请新华社主编，市委、政府及有关部门专家授课。积极与市级主流媒体建立宣传教育合作，大力开展人防“五进”活动，开展人防和国防教育。向城区中小学发放人防知识技能教材5000多册，在社区、城区宣传栏开设教育专栏。投资160万元建设珠山公园开放式宣传教育基地。全年在各级媒体发表稿件400多篇，杨笃璋被国家人防办评为“通讯报道先进个人”。

【精准帮扶】2018年，市人防办专题研究扶贫工作13次，为涟源市桥头河镇段江村解决扶贫专项资金60余万元。建设完成村级“五化建设”、文化长廊和太阳能路灯163盏等民生工程，惠及20个村民小组、528户。帮助扶贫村依法挽回亮化项目建设损失经费23万余元。与帮扶村开展“庆丰收　迎国庆”联谊晚会，群众对市人防办帮扶工作满意度为100%。全年帮助段江村脱贫35户、117人。（熊　泉）

经济综合管理

◎发展和改革
◎投　资
◎国土资源
◎工商行政管理
◎质量技术监督管理
◎价格监督检查
◎食品药品监督管理
◎食品药品检验检测
◎知识产权管理
◎国有资产管理
◎财政工作
◎税务工作
◎审计工作
◎统计工作
◎国家统计调查
◎公共资源

改革和发展

【概况】2018年，娄底市发展和改革委员会(简称市发改委)坚定落实新发展理念，坚决贯彻市委、市政府各项决策部署，坚持稳中求进的工作总基调，大力实施产业项目建设年活动，全面推进“七个三年”行动计划，坚决打好三大攻坚战，积极开展“十三五”规划中期评估，加速转型奋力赶超，科学统筹稳增长促改革调结构惠民生防风险等各项工作，GDP增速蝉联全省第一，城镇居民收入增速全省第二，经济运行稳中有进、稳中趋优。

【项目建设】2018年，娄底市在全省产业项目建设年活动中获省政府真抓实干成效明显地区奖励一千万元。积极开展产业项目建设年活动。以入围省“五个一百”的项目为示范引领，制定“五个一批”总体实施方案及各专项实施方案，扎实推进项目建设大比拼。聚焦产业延链、补链、强链，重点发展培育12条产业链，建设十大特色产业园。建立健全“三联”“六个一”等项目推进机制，大抓实体经济，大抓产业发展，推动产业项目快上、快进、快成。全市328个重大产业项目完成投资445亿元，57个市领导联系重点项目完成投资211亿元，18个省重点项目完成投资208亿元，13个列入省“五个一百”项目完成投资41.8亿元，省、市重点项目均超额完成全年目标任务。争取到位中央、省预算内资金17.92亿元，同口径增长9.5%，占全省份额的8%以上。

【七个三年行动计划】2018年，市发改委以“七个三年”行动计划推进“十三五”规划项目化、数字化、具体化。三年全市累计减少建档立卡贫困人口30.62万人，退出贫困村397个，易地扶贫搬迁68544人；规模工业增加值年均增长7.6%，规模以上工业企业857户；文化旅游和健康养老产业累计完成投资360亿元，规模以上企业191户；中心城区提质扩容累计完成投资247.6亿元，娄星南路等12条“断头路”全部打通；一般公共预算年均增长11.33%；城区细颗粒物年均浓度累计下降44%；交通累计完成投资112亿元，提质改造农村公路1499千米，二广、娄衡、益娄高速公路建成通车。

【产业转型升级】2018年，市发改委推进国家产业转型升级示范区建设工作成效良好，省政府专门出台《支持株潭娄全国产业转型升级示范区建设的若干政策措施》，娄底在湖北黄石的第二届全国转型升级示范区建设政策培训暨经验交流会议上作典型发言，向全国推广娄底转型发展经验。供给侧结构性改革纵深推进，关闭退出矿井22处，淘汰落后产能138万吨。退出烟花爆竹生产企业38家，淘汰危化品生产企业8家。制造业提质升级步伐加快，实施实体经济振兴、新动能培育等有关专项支持重大产业项目建设。应用高新技术和先进适用技术，推动传统制造业智能化、数字化、网络化、绿色化改造。现代服务业加快发展，精准对接省服务业双百工程和示范集聚区提升工程，积极推进现代物流、文化旅游、健康养老等现代服务业快速发展。新增规模以上服务业企业75家，超额完成年度任务。第三产业增速全省第一，占GDP比重44.8%，同比提高2.4个百分点。现代农业迅速发展，涟源市纳入国家首批农村产业融合发展示范园试点，完成2.4万亩高标准农田建设。推进农业与二、三产业加快融合，“互联网+农业”、休闲观光农业等新型业态不断涌现。全市三次产业结构由上年的10.8:46.7:42.4调整为9.9:45.3:44.8，第三产业同比提高2.4个百分点，对经济增长的贡献率为49.4%。

【产业园区建设】2018年，市发改委出台产业园区改革和创新发展意见。以园区发展规划优化产业园区功能布局，引导产业园区差异化错位化发展。娄底经开区获批全国大中小企业融通型特色载体，新化县经开区获批省级高新区。娄底高新区创建国家级高新区有序推进。园区规模工业增加值增长8.8%，园区工业占规模工业的比重70.2%，同比提高1.1个百分点。

【投资结构优化】2018年，市发改委在全省率先建立PPP项目联审机制，修订出台娄底市政府和社会资本合作项目监管试行办法、市本级政府投资项目审批及概算管理办法，全面实行在线平台受理项目审批、核准、备案。理顺项目概算评审体制，健全完善四库建设(工程咨询单位库、工程咨询专家库、工程造价咨询企业库、工程造价咨询专家库)，全年免费为企业项目单位完成27个项目概算评审，评减投资9.5亿元。发挥投资管理职能，大幅收紧政府性投资，国有投资下降

10.6%。积极引导民间资本参与公益类项目建设，民间投资增长27.8%，占全部投资比重61.2%。加大资源向实体经济倾斜，产业投资增长36.4%，占全部投资的61.1%。其中，工业技改投资增长45%，高新技术投资增长137.8%，分别占产业投资的42.2%和20.5%。

【机制体制改革】2018年，市发改委加速推进“放管服”改革。完成经济体制改革任务13大类35项，扎实开展公共资源交易领域专项整治，“互联网+政务服务”实现一窗受理、一站办结、只跑一次。市本级行政审批事项精简70%，各县市区平均精简29.4%。深化投融资体制改革，牵头推进重大项目联合审批制度改革，项目备案从5个工作日缩减为在线即时办理。在经开区开展建设项目先建后验试点，稳步推进一窗一网办理，创新试点投资项目审批首问负责制、代办员制改革。营商环境全面优化。出台多个文件，将优化经济发展环境工作纳入年度社会治安综合治理考核内容，考核评价更有针对性和操作性，全面、客观、公正地反映和评价各县市区及市直单位优化经济发展环境工作情况。印发《关于开展2018年度涉企检查工作有关事项的通知》，督促55个市直职能部门上报涉企常规检查年度计划，对96次涉企检查进行登记备案。

【三大攻坚战推进】2018年，市发改委着力防范重大风险，全面开展PPP项目规范核查和清理整改，调减政府投资项目141个，清理规范PPP及政府购买服务项目59个。组织各级政府融资平台开展风险专项排查，对部分重点企业债券按月进行监控。信用娄底平台适时公布失信人员黑名单，对失信者形成有效震慑。全力推进易地扶贫搬迁，因地制宜，创新发展特色农林业、建设扶贫车间、盘活资源、发展现代服务业等四种后续扶持方式，开展易地扶贫搬迁180天大会战、流动红旗评比激励活动，探索一户一策后续扶持模式，统筹推进住房建设、小区管理与后续产业扶持，建成集中安置区(点)79个，实现24341人搬迁入住。易地扶贫搬迁工作全省综合得分第一。积极推动绿色发展，深入落实湘江保护和治理第二个三年行动计划、天蓝水净地绿三年行动计划和锡矿山区域污染防治综合治理攻坚三年行动计划，切实加强锡矿山、涟钢周边等重点区域饮用水源地保护和环境综合整治。制定出台生态文明建设目标评价考核实施办法，明确生态文明建设目标体系，构建资源环境承载能力监测预警机制，落实山水林田湖草生态修复试点工程。制定出台节能减排综合工作方案，在重点领域实施一批节能降碳工程，单位GDP综合能耗下降率超额完成省定目标。

【物价监控管理】2018年，市发改委开展清理规范电网和转供电环节收费，推进市内企业参与电力直接交易，争取冷水江经开区作为国家第三批增量配电网试点，成为全省三个试点项目之一。一般工商业电价降价10%，转供电用户终端用户降幅超过25%。阶段性完成居民阶梯水价改革。推进重点国有景区门票降价20%。深入开展国土、规划等涉企单位收费专项检查，加强银行、教育、医疗、药品等专项价费监督，强化非洲猪瘟等特定时期价格监测、预测、预警，全年居民消费价格指数增长2%，处于合理区间。

【社会事业统筹】2018年，市发改委针对社会事业的薄弱环节和突出的民生问题，争取中央预算内资金3亿余元，支持教育、健康、文化旅游、社会服务、公共体育五大工程建设。全力化解大班额，中心城区完成5所学校的新建和改扩建；重点推进3个县级医院，1个县级妇幼保健院，2个市、县疾控中心项目建设，全力提升基层医疗服务水平。全力推进养老服务体系建设，养老床位数24579张，每千名老年人养老床位数36.32张；建立健全公共文化服务体系，完成45个村级文化活动中心建设。驻村帮扶全面推进。制定精准扶贫结对帮扶新化双江村工作实施方案，扎实开展驻村结对帮扶。筹措资金300余万元，加强帮扶双江村村级公路、安全饮水、教育、农网、危房改造、产业发展等项目建设，指导创建乡风文明示范村，实现贫困村脱贫摘帽。

(邓荣华　李大普)

2018年市发改委先进集体(先进个人)一览表

表31

获奖集体(个人)	奖励名称	颁奖单位	颁奖时间
市发改委	省产业项目建设年活动优秀单位	省政府	2019年3月
市发改委	省易扶工作考核优秀单位	省易扶联席办	2019年1月
市发改委	2015—2018年全省禁毒大行动先进集体	省禁毒委	2018年10月
市发改委	省价格监测先进单位	省发改委	2019年1月
市发改委	省价格认证先进单位	省发改委	2018年12月
邓美玉	优秀宣传工作者	国家发改委	2018年10月
彭　哲	全国价格认定工作先进个人	国家发改委	2018年12月

投　资

【概况】2018年,娄底市投资促进事务局以“产业项目建设年”活动为契机,按高质量发展的根本要求,创新机制,突出产业链招商,积极促进娄底经济发展,全年对接客商100余批次,1800余人,引进重大招商项目112个,总投资612亿元,合同项目82个,履约72个,履约率87.8%,其中“三类500强”企业项目9个,总投资179亿元,引进总部企业120家,新增102家,实现税收11.8亿元。

【管理创新】2018年,娄底市投资促进事务局聘请国际知名权威咨询机构毕马威编制《娄底市投资环境要素分析报告2018》,中英文发布。组织修改娄底市招商宣传片,突出产业链招商,充实新内容,增添新画面,融入娄底发展的新思路新理念。根据娄底市产业政策和资源禀赋,收集整理重大产业招商项目77个,总投资1100亿元,并编印成册,编印中日英文版《娄底海外招商项目册》。编印《娄底市招商引资政策文件汇编》,满足招商活动中客商查询需要。完善招商引资数据库,便于招商信息跟踪、调度、统计、查询使用。完善招商机制,修订《娄底市重点产业招商引资小分队实施办法》《娄底市重点招商项目考核办法》。

【精准招商】2018年,娄底市投资促进事务局组织小分队赴珠三角、长三角、京津冀等地针对目标企业上门招商,开展政策宣讲与招商推介。直接引进上海耀森投资的9亿元薄板深加工配件开平中心项目,香港首福集团投资的5亿元薄板镀锌酸洗项目,其他在谈项目15个。会同市经信委、市科技局、娄底经开区等,统筹力量,互相协作,推进全市工业招商,对接青岛重工、扬子江汽车、大族激光等20余家企业。加强与市政府驻京、驻广、驻长办事处、异地娄底商会的联系,参加各种活动,寻求项目合作信息。

【投资服务】2018年,娄底市投资促进事务局围绕全市六大招商活动,或组织或参加或指导,招商工作取得新的成绩。5月18日“全国知名民营企业携手湖南助推中部崛起大会”签约项目4个,总投资12亿元;5月19日“娄底市装配式建筑产业链专题招商会”签约项目16个,总投资42亿元;7月3日,2018年“京湘(娄底)高端产业合作专题招商会”签约项目17个,总投资87亿元;7月24日湖南省“长三角洽谈周”签约项目10个,总投资18亿元;7月26日“娄底特色小镇建设招商推介会”签约项目28个,总投资139.8亿元;9月26—28日,2018年第九届“湘博会”签约项目50个,总投资351.5亿元。

【总部经济】2018年,全市引进总部企业120家,其中中心城区90家,实现税收7.228亿元,总部经济不断壮大。

（王　辉）

国土资源

【概况】2018年，娄底市国土资源系统紧扣市委、市政府决策部署，在推动经济高质量发展中主动作为，各项工作成效明显。娄底市不动产区块链信息共享平台跻身“2018中国‘互联网+政务’50强”；获第六届中国矿博会自然资源推介展三等奖、2018年“美丽中国”第四届国家版图知识竞赛和少儿手绘地图大赛组织奖；娄底市经济技术开发区获全省土地节约集约利用一等奖，娄星工业集中区获全省土地节约集约利用二等奖。娄底市国土资源局被湖南省爱国卫生运动委员会授予“湖南省文明卫生单位”称号；新闻宣传和年鉴编撰工作走在全省系统前列；综合治理、安全生产、文明创建、互联网+政务服务、建议提案办理、保密等10多项工作被评为全市先进单位，并获市级“书香机关”称号。

【保障发展】2018年，市国土资源局出台《娄底市重点产业项目土地保障方案》，有效服务重点产业项目建设。全年全市报批建设用地90宗，总面积559.6公顷。全市获批建设用地89宗（含部分上年度上报项目），面积391.1公顷。市本级批回建设用地21宗（含上年6宗），面积190.6公顷，其中新增建设用地面积168.9公顷、农用地转用面积167.7公顷、耕地面积48.9公顷。审批村办学校集体占地项目4个，面积1.67公顷；审批居民建房9个批次1144户，面积16.5公顷。市征地拆迁协调领导小组办公室印发《关于加强娄底中心城区征地拆迁工作的通知》，及时调整征地补偿标准与征地青苗补偿标准，落实“四榜公示”制度，征迁工作有序推进。完成征迁项目36个，征收土地3800多亩，拆迁房屋290多栋。市国土资源局出台《娄底市国有建设用地出让暂行办法》，科学编制年度土地供应计划，土地市场稳步回暖。全年市本级处置空闲土地111宗，面积495.4公顷，盘活率34%。全市供应土地228宗，面积415.5公顷。其中划拨供地49宗、面积223.3公顷，出让供地179宗、面积192.2公顷，成交价款32.5亿元，同比上年增加9.7亿元。市本级供应土地45宗，面积192.1公顷。开展年度土地变更调查与遥感监测工作，对市本级566个监测图斑逐个到现场进行调查举证，数据成果一次顺利通过部、省验收。完成纯土地权籍调查69宗，出具书面权属调查意见29份。完成娄星区蛇形山镇和水洞底镇地籍区、地籍子区调整编制工作。完成9条市政道路占用娄邵线、南到线铁路用地和长韶娄高速公路确权工作。调处土地权属纠纷3件。全年收回土地26宗，面积39.3公顷，新征储备土地16宗，面积40.6公顷，合计新增储备土地42宗，面积79.9公顷。甘桂路地块5.34公顷成功出让，成交价款1.13亿元。第一批土地储备专项债券资金3.3亿元到位。

【保护耕地】2018年，市国土资源局出台《娄底市人民政府关于切实做好耕地占补平衡工作的通知》《关于进一步规范补充耕地项目管理程序的通知》等文件。积极开展128.25万亩高标准农田建设项目精准上图入库工作。市本级建设占用耕地项目11宗，占用耕地33.2公顷，全部实行“先补后占、占优补优”。全年经省厅确认新增补充耕地指标451.7公顷，其中水田38.4公顷、旱地384.6公顷、旱改水28.7公顷。全市加上购买的旱改水指标，完成“旱改水”指标115.3公顷。全市连续19年实现耕地占补平衡。启动市本级社会投资旱地改水田项目，出台《娄底市社会投资耕地开发项目管理办法》，市本级启动社会投资耕地开发项目22个，规模100公顷，投资4249万元。娄星区率先推行土地整治项目“整体打包”模式。完成全市2017年前市以上投资土地整治项目行政验收16个。推进城乡建设用地增减挂钩，全市实施增减挂钩项目5000亩，10月全部通过省厅验收，节余指标分别与韶山市、长沙高铁南站、长沙高新区签订流转合作协议，总成交金额12亿元。

涟源市六亩塘良溪村增减挂钩项目耕种

（市国土资源局供图）

锡矿山街道办事处七里江居委会炭家湾矿山复绿示范工程　　（市国土资源局供图）

【保护资源】2018年，市国土资源局办理各类采矿权登记手续65宗，其中市本级9宗。采石场关闭率27%。全面完成全市采矿权人开采信息公示工作。及时调处矿业权属纠纷2起。全年收缴采矿权出让收益220.6万元。对全市已设采矿权与各类保护区重叠进行全面清理，经清理，与基本农田重叠的地下开采矿山84个，全部按要求编制地下开采影响论证报告；与基本农田重叠的露天矿山1个，按要求调整矿区范围；关闭退出在风景名胜区红线范围内露天矿山1个。扎实推进湘江流域露天开采非金属矿清理整顿工作，禁采区的2个采矿权全部关闭退出。关闭煤矿24家，煤矿数量由2014年的250家减少到56家；关闭石膏矿山5家，石膏矿由11家减少到6家。加强储量管理和探矿权管理，全年送、评审矿产储量报告128个，其中报送省厅评审15个。开展矿产资源勘查领域“以采代探”违法行为专项整治行动，未发现“以采代探”违法行为。地质找矿探获方解石矿731.5万吨，锑金属0.53万吨。修复矿山地质环境，锡矿山第一、二期矿山复绿工程完工，投资900万元，复绿216亩；第三、四、五期投资800万元。扎实推进“天蓝水净地绿”和锡矿山环境综合治理攻坚战三年行动计划，申报项目7个，总投资2277万元，完成3个项目建设。成功申报冷水江、涟源、新化锑煤矿区山水林田湖草生态修复试点工程项目，争取国家投资4.76亿元。冷水江市波月洞风景区成功申报省级地质公园。

【服务民生】2018年，市国土资源局加强地质灾害防治。对全市1814处地质灾害隐患点全面排查，发现险情，及时撤离群众。多渠道普及地质灾害防治知识，提高全社会防灾减灾意识。全年举办应急演练16次，参加人数1585人。完成市级应急中心和新化县、冷水江市应急中心建设。全年全市发生各类地质灾害123处，直接经济损失1768.7万元，紧急转移人数133人，没有群死群伤地质灾害事件发生。全市实施重大地质灾害治理工程和搬迁避让项目16个，总投资5137.67万元。全年争取地质灾害防治综合体系建设资金项目8个，资金3000余万元。推动“互联网+政务服务”和“四办”改革，公开政务服务事项210项，公开率为100%；推进“四办”改革，网上可办率100%。不动产档案管理系统5月上线，办事大厅配备自助查询机，群众可以自动查询并根据需要打印查询结果。娄底市不动产区块链信息共享平台正式上线启用，颁发全国首张区块链不动产电子凭证。全年市本级发放不动产登记证书23797本，不动产登记证明24768本，同比增长29%。配合市中心城区房地产业“解难题、促发展、保稳定”领导小组解决办证难问题，发放不动产权证5000余本。12月3日，蛇形山等9个国土资源所暨不动产登记所揭牌。全年接待来访500余人次，登记103件，来信登记3件，处理市长热线36件，书记市长信箱27条，局长信箱27条。处理群访集访9件。受理办结复查申请14件。初访案件办结率92%，复查案件办结率100%。引导通过诉讼、仲裁、复议或引入行政程序解决信访事项，全年作出10份《信访投诉分类处理告知书》。按要求结对帮扶新化县孟公镇天盆村、涟源市龙塘镇洪界山村、蛇形山镇增桥村，天盆村扶贫顺利通过国检。

【依法行政】2018年，市国土资源局立案查处土地违法案件41宗，结案38件，收取罚没款160余万元。土地卫片执法检查工作顺利通过验收。针对武汉督察局反馈的市本级229宗闲置土地，整改219宗。开展土地违法行为专项整治行动，整改问题196个，整改到位率40.41%。严格矿政执法，对195家矿山企业进行安全生产检查，发现和整改安全隐患问题230余项。矿产疑似违法卫片图斑15个，全部依法依规处理到位。完成超深越界三年监测专项行动，全市监测矿山237个，立案查处超深越界开采案件83宗，没收违法开采矿产品1.49万吨，收缴罚没款319.11万元。推进全市采碎石行业集中整治。全市213家采石企业，关闭取缔58家，停产整治77家，放行生产78家。全年办理行政复议案9件、行政诉讼案62件。

【测绘管理】2018年，全市各级财政安排测绘地理信息工作经费1438.4万元，其中市本级240万元。3月20日全省地理信息工作会议在娄底举行，获各地州市与省国土资源厅一致好评。完成蛇形山镇基础1:500新测、1:1000新测工作，8月通过验收，并申报国家优质奖。向市政府争取2018度基础测绘专项经费160万元，全面展开对水洞底镇50余平方千米的1:500、1:1000新测工作。在完成数字双峰、冷水江市地理信息基础工程建设项目基础上，新化县投入326.4万元、冷水江市投入379万元启动数字县域地理信息基础工程建设。11底完成《县市一体化智慧娄底时空大数据与云平台建设方案》，向市政府争取专项经费977万元。完成全市320余个测量标志的巡查与登记工作，对娄星区杉山镇四季村修建村部损毁的省级U282标志点立案调查。加强测绘地理信息市场监管，确定乙级1家、丙级5家、丁级6家共12家测绘资质单位进行巡查，对2家轻微超面积、超资质测量的单位责令整改到位。出版发行新版《娄底市地图》《娄底市城区图》，5个县市区发行图集2500余册。6月底前完成全系统各类国土资源空间数据向2000国家大地坐标系转换。出台《娄底市国土资源数据管理办法》。全年为全市各行业单位提供地理信息数据41批次，图幅数量8230幅，价值约1408万元。（肖　敏）

2018年市国土局先进集体(先进个人)一览表

表32

获奖集体(个人)	奖励名称	颁奖单位	颁奖时间
娄底市国土资源局	湖南省文明卫生单位	湖南省爱国卫生运动委员会	2018年12月
娄底市国土资源局	2018互联网+政务服务先进单位	电子政务理事会	2018年11月
曾海波、谭　军	优秀公务员	湖南省自然资源厅	2019年1月
柳咏良	2018年政务网站最佳管理者	电子政务理事会	2018年11月
肖　敏	2018年湖南自然资源优秀新闻宣传工作者	湖南省自然资源厅	2018年12月

工商行政管理

【概况】2018年，娄底市工商局紧扣改革服务、市场监管，切实履行工商职能，取得较好成绩，获得全国工商部门商事改革信息化建设表现突出单位、全国清理整顿人力资源市场秩序专项行动先进单位、市“书香机关”、市文明单位、市综合治理先进单位等多项荣誉。

【优化营商环境】2018年，市工商局重点推进压缩企业开办时间、深化“多证合一”“证照联办”“最多跑一次”“证照分离”四项改革。成功指导“枫木贡茶”“新化红茶”“新化黄精”“白溪豆腐”4件商标注册为地理标志证明商标；成功培育湖南中南神箭竹木有限公司“中南神箭”商标、娄底市海人科技有限公司“海人及图”商标为中国驰名商标。引导登记个体工商户64851户，同比增长199.46%，实现无照经营户基本清零，引导个体户转型升级为企业4516户，娄底在全省个体工商户数排名从2017年底的第11位上升至第8位。

【中心工作】2018年，市工商局成立8个专业工作组，全力杜绝娄底城区无照经营活动，做好门店卫生监督和创文宣传，发放价值观等创文宣传牌1.63万块、创文告知书、承诺书23000余份，抽调20名职工参与农贸市场专项整治。开展精准扶贫，帮助扶贫村组建红薯粉厂，建设光伏发电项目。36名工商干部与贫困户结对帮扶，2018年晏家村全面脱贫。参与扫黑除恶，牵头市场环境重点领域扫黑除恶，排查线索100余起，移送17件涉黑涉恶案件。

【市场主体监管】2018年，市工商局指导23416家企业完成年度企业年报工作，企业年报率87.41%。依法将4195家企业、662家农民专业合作社、16151户个体工商户列入经营异常名录或记载为异常状态。公示行政处罚信息908条，督促指导其他部门通过协同监管平台推送行政许可信息9322条，推送行政处罚信息341条，推送小微企业扶持信息212条。市本级依法对531家企业立案调查，吊销293家“僵尸”企业。

7月25日，娄底市“证照分离”改革试点工作推进会召开　　（市工商局供图）

加大监管力度，起草《娄底市人民政府关于全面推行跨部门“双随机、一公开”监管的实施意见》，推进“双随机、一公开”抽查工作，全市系统开展8批次对8065户市场主体进行检查，完成抽查、公示结果的有7977家市场主体。

【执法打假】2018年，市工商局参与调查的2起限制竞争行为案件入选国家市场监督管理总局公布的10起典型案例。全市系统立案查处假冒伪劣商品等消费侵权案件219件，案值164.68万元，查获假冒伪劣商品7000多件，移送司法机关2件；查处不正当竞争案件30件，不正当有奖销售案4件；全年检查户外广告800余处，清理违法广告、招牌21处，共查处各类虚假违法广告案件44件，发现违法广告224条次；严厉查处侵犯注册商标专用权违法行为，办结双打案件88件；查处网络商品交易违法案6件；查获红商汇非法融资并涉嫌传销案，移送公安机关处理，查处“云金资产”虚拟货币网络传销案。捣毁传销窝点、场所29个，抓获涉传人员290人，遣返283人，移送公安机关7人。与烟草部门联合开展“春雷8号”行动，查办案件35起，案值100万元。深入开展红盾护农行动，检查农资经营户672户，抽检农资产品47个批次，立案查处不合格产品和其他农资案件12件；摸底调查全市226家加油站，抽检60个批次，立案2件。抽检建筑、装修等材料299组，不合格商品94组，立案66起。

【消费维权】2018年，全市12315接到消费投诉举报咨询9907件，为消费者挽回经济损失556.37万元。全市系统接到市长热线交办的案件312件，全部结案，部分案件被12345作为典型案例，在全市范围表扬推广。开展“诚信经营·幸福娄底”放心消费示范创建活动。全市系统新创建县级放心消费示范单位47家，比上年增加18家。发布“10件消费维权典型案例”，编辑工商民生27期。

【“最多跑一次”改革】2018年6月起，市工商局进一步深化商事制度改革，提升企业和群众满意度和获得感，出台《娄底市工商行政管理局关于全面推行“最多跑一次”改革的实施方案》，推出55项企业登记服务事项，实行“一厅办理、一站导办、一窗受理、一网通办、一次办结、一单速达”。

【"证照分离"改革】2018年5月，市政府出台《娄底市开展"证照分离"改革试点工作方案》，在娄底市经济技术开发区进行"证照分离"改革试点，对106项涉企行政审批事项，分别按照直接取消审批，改为备案，实行告知承诺，优化准入服务等方式，实行"证照分离"改革，大力推动"照后减证"，大幅减少工商登记后置审批事项，进一步降低群众投资创业的制度性成本。10月10日，国家工商总局发布《关于在全国推开"证照分离"改革的通知》，全面推开"证照分离"改革，推动"照后减证"，大幅减少行政审批，着力解决"准入不准营"问题。11月10日起，对第一批上百项涉企行政审批事项推进"照后减证"。

（杜林卫）

质量技术监督管理

【概况】2018年，娄底市质监局党组深入学习贯彻党的十九大精神和《中共中央国务院关于开展质量提升行动的指导意见》，紧紧围绕市委、市政府"加速转型、奋力赶超"战略部署，深入开展"质量提升行动年"活动，大力实施质量强市战略，为推动娄底经济社会高质量发展作出积极贡献。连续3年获市综治工作先进单位暨2018年平安单位，连续3年获全省质监系统"特种设备安全工作先进单位"，连续5年获湖南省"文明单位"，连续10年获市安全生产先进单位，获2017年全市全面建成小康社会推进工作良好单位。

【质量强市战略】2018年，市政府调整成立由市长任组长、分管副市长任常务副组长、27个市直单位为成员的质量强市领导小组，全年召开市政府常务会议1次，召开成员单位联席会议推进质量工作2次。印发《娄底市质监局贯彻落实湖南省质监局"双零"和"双百"行动实施方案的通知》，开展10个方面系列帮扶活动，帮扶企业12家。开展第二届市长质量奖评选。政府质量工作公众满意率88.21%。在《娄底日报》等媒体开设"质量强市"宣传专栏，每年免费培训并新增企业首席质量官70余人，建立涟钢、娄底技师学院等省级技能大师工作室，在涟钢等大中型企业车间班组普遍开展QC小组活动。全市质量工作考核全省排名从C类上升至B类，实现晋级升位的目标。

【品牌建设】2018年，市质监局会办政协提案《营造农业产业发展良好环境，全力推进农业品牌建设》，指导全市30家企业、36个产品申报湖南名牌产品和30家企业申报A级以上质量信用等级评定。围绕"质量兴农"，大力推进4个省级农业标准化示范区建设。组织县市区质监系统人员加强对贫困县市的品牌培育、技术指导，让更多的"名特优稀"农产品走出大山，实现乡村振兴。

【标准化建设】2018年，市质监局正式成立娄底市省级标准化技术委员会。娄底作为全国7个国家循环经济综合标准化试点之一，建立冶金、有色金属、新型建筑材料、城市公共服务四大循环经济标准体系。全年1项国家标准、2项行业标准、3项团体标准通过专家评审。1项国家级服务标准、3项省级服务标准、3项省级产业标准、1项团体标准获批立项。1项国家级服务标准、1项国家级城镇化标准、12家2项省级服务标准进行申报。对4个到期的服务业标准化项目进行验收申请。

【特种设备监管】2018年，市质监局大力开展"落实企业安全主体责任年"、"安全监督执法年"、安全生产"大检查、大管控、大整治、大督查"、特种设备"打非治违"和安全监管"强执法、防事故"专项行动。全年开展特种设备安全大检查10余次，出动3444人次，检查场所1448家，发现安全隐患500处，下达特种设备安全监察指令书191份，立案调查12起。加大案件执行力度，将处罚无法执行到位的2起案件申请法院强制执行。

【重要工业产品质量监督】2018年，市质监局出台《开展2018年度危化品及包装物容器产品生产许可证获证企业专项监督检查的通知》《2018年产品质量市级监督抽查计划》，产品涉及13类35种459批次，专项监督抽查商品煤和焦炭52批次、油品150批次。按照省局《2018年检验检测机构资质认定评审计划的通知》要求，配合省局参与对辖区内的6家到期复查的检验检测机构完成现场复查评审，并顺利获得资质认定证书。聘请两名专家对全市16家机动车检验机构进行监督检查，并抽取2家2016年度建筑工程类的获证企业进行监督检查。

【执法打假】2018年，市质监局以“三涉两高”产品和领域为重点，深入开展“质监利剑”“双打”专项行动，集中开展消费品、农资、建材、汽车配件、“地条钢”、一次性塑料、汽柴油、涉安产品领域和“春节、两会”专项执法检查行动，出动行政执法人员2409人次，检查企业719家，立案查处案件107起，其中大要案件1起，涉案货值67.5万余元。安排部署无证无照经营整治，出动执法人员452人次，检查企业143家次，查办案件26起。截至10月底，全年受理“12365”举报投诉案件76件，处理76件，处理率100%；落实“12345”市长热线下派工单20余份。

【计量惠民检定】2018年，市质监局完成企业计量标准复查（换证）4家，组织开展3家法定计量机构复查审查换证，完成企业计量授权考核1家。为全市138家企事业单位免费检定计量器具16000多台件，节约检定费用200多万元。重点突出与人民群众生活密切相关的重点计量器具，检定医院或卫生院27家，检定医用计量器具1223台件，加油机、出租车计价器、电表、水表、煤气表等检定率达到100%。严厉打击计量违法，对娄星区范围内的13个农贸市场的公平秤进行免费检定，开展加油（气）机、市场衡器专项监督检查4次，市局查处案件3起，处理计量仲裁案件21起，计量投诉案件14起，答复市长热线2起。

【服务企业】2018年，市质监局大力实施《法治政府建设实施纲要》，全局干部职工学法考法全员通过。对照国务院《关于在全国推开“证照分离”改革的通知》明确质监部门的4项内容，出台加强事中事后监管的落实措施。大力推进“互联网+政务服务”暨“只跑一次”改革，签订工作责令状16份，向市审改办报批录入“互联网+政务服务”一体化平台政务服务事项322项，上报市人民政府审定发布实施“四办”清单内容12项。1—9月，全市质监系统查办案件107件，结案案件59件，所有案件均按要求在网站公开，公开率100%；2017年11月至2018年10月录入案件30起，增长36.4%。（胡林卫）

2018年市质量技术监督局先进集体（先进个人）一览表

表33

获奖集体（个人）	奖励名称	颁奖单位	颁奖时间
娄底市质量技术监督局	湖南省文明单位	湖南省精神文明建设指导委员会	2018年

价格监督检查

【概况】2018年，娄底市价格监督检查局认真贯彻党的十九大精神，以习近平新时代中国特色社会主义思想为指导，围绕市委和政府决策部署，切实履行价格监督检查职能，突出加强市场和民生价格监管，大力清费减负专项行动，全面推进公平竞争审查工作，为维护广大人民群众利益，保持市场价费秩序稳定做出了积极贡献。

【市场价格监管】2018年，市价格监督检查局围绕规范市场价格行为，整顿市场经营秩序，履行市场价格监管职责。对市城区21个农贸市场和超市明码标价行为开展专项整治。利用《中华人民共和国价格法》颁布实施20周年庆活动，发动行政事业单位利用电子显示屏、各大商场企业利用宣传橱窗等媒介、栏目发布宣传标语，开展庆祝宣传活动，增强市民价格法律意识。元旦、春节、“五一”、端午、国庆等重大节日，及时组织交通、旅游、商品市场经营者召开价格提醒告诫会，积极开展市场价格日常巡查，提高市场价格监管实效，全市市场价格秩序平稳有序。

【清费减负行动】2018年，市价格监督检查局开展对双江、水洞底、蛇形山、石井4个乡镇8家农资销售商店农资价格调查，抽检4家农资销售店农药、化肥价格，规范农资经营者明码标价不规范行为，积极引导农资行业价格自律。大力开展电力价格、药品及医疗服务价格、供水供气价格、机动车检验检测以及驾培行业价格、涉企收费、教育收费、交通违章和事故扣押车辆停车收费等价费专项检查，立案查处价费违法案件11起，没收违法所得289.64万元，进一步优化经济发展环境。

【价费民生服务】2018 年，市价格监督检查局不断推进“12358”价格监管平台建设。全年全市价格监管平台受理群众价格咨询 1765 件、举报投诉举报 133 件；价格举报中心受理办结“12345”政府热线交办工单 45 件。实施经济制裁 24411.2 元，其中清退消费者价款 21963.20 元，罚款 2448.00 元。案件按时办结率、回复率均 100%。“12358”价格监管平台成为全市群众反映价格诉求，维护价格权益的主渠道。

【公平竞争审查】2018 年，市价格监督检查局督导全市各县（市、区）以发改局为召集人成立公平竞争审查工作领导小组，制订公平竞争审查实施方案和措施，在各县区市全面铺开公平竞争审查工作。召开全市公平竞争审查工作安排部署会，转发省发改委《关于进一步推进公平竞争审查工作的通知》，在全市大力开展公平竞争审查存量政策清理自查工作。通过自查，发现全市有牵涉到市场准入、产业发展、招商引资、招标投标、政府采购、等涉及市场主体的经济活动的单位 14 个，清理 2017—2018 年有关市场准入、产业发展、招商引资、招标投标、政府采购、等涉及市场主体的经济活动的规章、规范性文件、其他政策措施等 351 份，其中失效文件 61 份，拟修改文件 25 份，拟继续有效文件 265 份。全市公平竞争审查工作基本步入正规有序轨道。（胡林卫）

2018 年市价格监督检查局先进集体（先进个人）登记表

表 34

获奖集体（个人）	奖励名称	颁奖单位	颁奖时间
蔡湘文	湖南省 2018 年度最美消费维权人物	湖南省消费者委员会	2019 年 3 月

食品药品监督管理

【概况】2018 年，娄底市食品药品监督管理局积极贯彻习近平总书记关于食品安全“四个最严”要求，深入思考和探索新时代食品药品安全治理新路径，切实践行以人民为中心的发展思想，确保人民群众饮食用药安全。获全市综治工作先进单位、法治政府建设先进单位、食品安全工作先进单位等荣誉称号。全年未发生群体性较大食品药品安全事故。

【行政审批】2018 年，市食品药品监督管理局在全省率先推行药品零售企业“多证合一”行政审批改革，完成“多证合一”药品经营许可证变更 215 件，核发 50 件，换发 6 件。实现湖南省“互联网+政务服务”一体化平台行政许可事项、服务事项、执法类事项填报率、发布率 100%，实现 32 个事项“网上办”、26 个事项“一次办”、7 个事项“一次都不跑”。全年核发食品经营许可 5006 家，餐饮经营许可 779 家，医疗器械经营许可 35 家，食品生产许可 123 家，未发生因行政许可引起的行政诉讼和行政复议。

【专项整治】2018 年，娄底市食品药品监督管理局开展“四品一械“专项整治 20 余次，对全市 260 家食品生产企业、19383 家食品流通单位、7600 家餐饮单位全面进行风险排查，收缴不合格食品 3200 余千克。对 113 家食品、药品和医疗器械生产经营企业进行飞行检查，撤销 GSP 证书 6 家，立案查处 11 家。完成食品抽检 5425 批次，合格率 98.36%。完成药品抽样 332 批次、医疗器械抽样 20 批次、化妆品抽样 30 批次。对抽检不合格产品或监测发现的问题样品，及时采取下架、封存、召回、销毁等措施。上报药品不良反应报告表 1811 份，医疗器械不良事件报告表 526 份，药物滥用报告表 876 份，化妆品不良反应报告表 266 份。

【稽查打假】2018 年，市食品药品监督管理局办结违法案件 1134 件，上报重大案件 13 件，移送涉刑案件 16 件，省局挂牌督办 3 起，抓获犯罪嫌疑人 24 名。其中违法销售母种猪肉案抓获犯罪嫌疑人 3 人，“1·13”重大非法会议营销案涉及 3 省 5 地，刑拘 8 人。开展打击违规营销宣传食品、保健食品功效，误导和欺骗消费者等违法行为的“护老行动”。先后召开 4 次工作推进会、4 次案情分析会，推动“护老行动”向纵深开展。排查食品生产企业 47 家、食品经营企业 8636 家，立案查处 422 起，责令整改 1187 家，驱散非法食品、保健食品营销会议 61 场。娄星区取得省级食品安全示范区创建资格，2家超市被评为2018年湖南省“放心肉菜示范超市”，5所学校获评“省级食品安全示范学校”。

【应急宣传】2018年，市食品药品监督管理局开展食品安全进农村“春天行动”宣讲活动156场，开展食品安全宣传周、安全用药月等宣传活动30余次，接受咨询6万余人次，发放宣传资料10万余份。刊发各类新闻稿件300余篇，组织召开新闻发布会1次，开展在线访谈3次。受理“12345”市长信箱咨询投诉33起、政府信息公开申请1起、网络信访平台交办信访件3起。“12331”投诉举报信息平台受理投诉举报968起，其中立案34起、移送公安机关4起，实现受理率、回复率、满意率100%。处置各类疑似食品安全事件18起，有效应对、处置非洲猪瘟等疫情，未发生群体性较大食品药品安全事故。

【食用油“放心工程”】2018年，市食品药品监督管理局印发《娄底市中心城区食用油“放心工程”三年行动计划》，通过7个月整治规范和提质升级，探索出“食用油信息公示”制度、加工榨油一体化的工艺模式和转基因与非转基因食用油“分区销售、分类单列”模式等新举措、新方法。中心城区284家学校托幼机构食堂全部使用非转基因食用油，7家“火炼猪油”加工点完成改造并予以许可，对2家无法改造的依法予以取缔。责令整改生产经营单位935家，立案查处19起。抽取114批次转基因大豆油、煎炸油、散装油等各类食用油检测，酸值、黄曲霉素B1等各项指标合格率100%。

【食品安全“春天行动”】2018年4—8月，市食品药品监督管理局在全市开展食品安全知识进农村进社区大型科普宣讲活动“春天行动”。该活动通过宣传讲座、座谈调研、现场答疑、以案说法、赠送科普资料等方式，面对面向乡镇办事处、村（社区）基层干部和食品生产经营单位从业人员及广大普通民众宣讲食品安全法律法规，解答群众关心关注的社会焦点热点问题，全面普及食品安全日常知识，正面引导社会舆论，提振老百姓的食品消费信心，进一步提升群众获得感和满意度。该活动历时5个月，开展各类宣讲活动110场次，科普教育3万余人，发放各类宣传资料3万余份。 （胡林卫）

食品药品检验检测

【概况】2018年，娄底市食品药品检验检测所全面完成省市各项抽检任务，检验能力和科研能力不断增强。完成药品监督抽验425批，药品委托检验19批。其中省级药品监督抽验完成274批，市级药品监督抽验完成151批。完成食品监督抽验699批，食品委托检验98批。其中：省级工业加工食品监督抽验完成343批，市级工业加工食品监督抽验完成356批。

【实验室能力验证】2018年，市食品药品检验检测所参加国家认可委员会（CNAS）和中检院组织的实验室能力验证工作，包括金银花中镉元素残留量测定、药用辅料羟苯苄酯含量检测、巧克力中沙门氏菌检验、硝苯地平缓释片紫外分光光度法含量测定、化妆品中防晒剂的测定、药品的比旋度测定、食品中镉和硒检测能力验证等7项，均为满意结果。

【科研工作】2018年，市食品药品检验检测所制定科研项目工作计划，出台科研工作奖励办法，鼓励专业技术人员积极参加，《婴儿保肺宁胶囊的质量标准研究》结题验收通过。全年发表论文4篇，包括：《2016—2017年娄底市包装饮用水中铜绿假单胞菌检验结果分析》《婴儿保肺宁胶囊中铅、砷、铜、镉及可溶性汞盐残留分析》《牡蛎中重金属含量的测定及琥珀酸脱除镉的工艺研究》《高效液相色谱法测定蛋黄油软膏中维生素E的含量》等。 （黄漓滨）

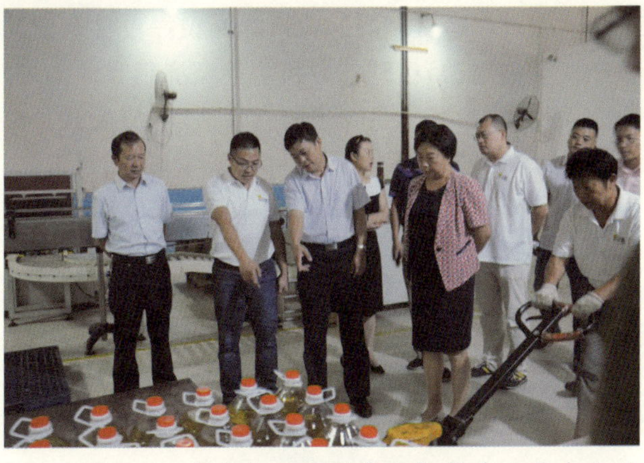

9月7日，娄底市人大常委会相关委室负责人对中心城区食用油“放心工程”实施进展情况进行专题检查调研 （市食品药品监督管理局供图）

知识产权管理

【概况】2018 年，娄底市知识产权局认真贯彻党的十九大精神，围绕市委和政府决策部署，砥砺奋进，紧紧围绕知识产权工作增量提质，较好完成各项工作任务。1—12 月，全市专利申请 2730 件，同比增长 45%，专利授权 1679 件，同比增长 46.9%；全市发明专利申请 453 件，同比增长 46.6%，发明专利授权 110 件，同比增长 3.8%；有效发明专利 494 件，每万人发明专利拥有量为 1.26 件；立案处理专利侵权纠纷 17 起，结案 17 起。查处假冒案件 193 件，结案 193 件，结案率均为 100%；专利权质押融资 4680 万元。

【“双打”工作】2018 年，市知识产权局严厉打击侵犯知识产权和制售假冒伪劣商品。组织召开全市 2018 年度打击侵犯知识产权和制售假冒伪劣商品工作会议，制定年度工作要点，根据工作职责分别对市“双打”工作领导小组成员单位和县市区出台年度考评细则，并通过适时调度确保各项工作落实到位。开展集中专项整治行动，组织开展互联网领域侵权假冒治理、农村和城乡接合部市场监管执法、中国制造海外形象维护“清风”行动和推进软件正版化工作等专项行动，并在 4 月份组织知识产权、公安、工商、质监、食药监、版权等部门开展集中联合执法行动。强化“双打”工作舆论宣传，利用广播、电视、网络等媒体进行“双打”工作舆论宣传，解读政策措施，宣传工作成效，树立正面典型，曝光违法犯罪案件，并抓好以“3·15”国际消费者权益日、“4·26” 世界知识产权日全国知识产权宣传周、“5·15”打击和防范经济犯罪宣传日、“8·8”海关法治宣传日等主题宣传活动，使全社会形成对打击制假售假行为的高压态势。娄底市“双打”工作在省“双打”工作领导小组组织的年度考评中获得满分。

国有资产管理

【概况】2018 年，娄底市监管企业资产总额 10,22 亿元，同比增长 90.8%；净资产 6.06 亿元，同比增长 102.8%。实现营业收入 7.3 亿元，利润 1652 万元，实际缴纳税费 4864 万元。

【国资监管】2018 年，娄底市国资委出台《市属国有企业违规经营投资损失责任追究办法(试行)》，对 9 个方面、71 种违规情形进行规定。出台《娄底市市属国有企业外部董事管理办法》，推动外部董事的选聘和管理，建立外部董事人才库，向社会公开选了 24 名人才库人选，选派其中 5 人到市创投集团、市国投担任外部董事。认真落实上级要求，防范和化解政府性债务风险，降低企业债务规模。是年，监管企业整体资产负债率 36.6%，同比下降 3.8 个百分点。严格按照《市属国有企业负责人经营业绩考核及薪酬管理办法》，完成 10 家企业 2017 年度经营业绩考核，核定 12 家企业 2018 年度经营业绩目标值。及时、足额上缴国有资本收益，全年上缴财政 1940 万元。调整国有独资企业应交利润收取比例，最高到 2020 年提高至 30%。

【项目建设】2018 年，全市央企对接项目 22 个，项目总投资 379 亿元，在建项目 20 个，完成投资 20 亿元，推动全市经济发展，带动产业结构调整。市三水厂建设累计完成投资 8000 万元，12 月底建成投产；华达汽车空调公司易地搬迁项目全面完成，新工厂正式投产运营；市公交公司三大桥公交枢纽站项目主体工程基本完工。积极推动一批新项目落地的同时妥善处理一批历史遗留问题。是年，市国资委将久拖未决十年的烟草物流园安置基地项目，由娄底市国有资产经营公司与大科街道办事处签订总包干协议，委托大科街道办事处处理相关遗留问题。

【“三供一业”分离移交】2018 年，娄底市国资委按照省政府、省国资委的要求将娄底市“三供一业”分离移交，任务涉及省属驻娄企业 5 家、中央驻娄企业 6 家、中央下放破产企业 9 家。市委书记、市长靠前指挥、调度，分管市长担任指挥长，娄底市“三供一业”分离移交工作圆满完成。其中，5 家省属监管企业完成供水 21382 户、供电 22637 户。6 家中央在娄企业完成供水 10383 户、供电 7942 户、物业 10686 户。9 家中央下放企业完成供水 46091 户供电 41644 户、物业 4125 户。

（朱吾健）

财政工作

【概况】2018 年，娄底市财政局坚持履职尽责、攻坚克难，支持打好三大攻坚战，统筹做好“稳增长、促改革、调结构、惠民生、防风险”各项工作，为全市经济社会发展提供坚实财力保障。全年完成一般公共预算收入 131.78 亿元，同比增长 13.98%，其中税收收入完成 109.1 亿元，增长 25.27%；地方财政收入中税收占比 67.73%，比上年提升 8.32 个百分点。“财源培植三年行动计划”圆满收官，2016—2018 年累计实现一般公共预算收入 352 亿元，年均增长 11.33%；全市纳税过亿元企业从 6 家增加到 13 家。

【扶持实体经济】2018 年，严格落实上级减税降费政策，制定公布《娄底市涉企行政事业性收费目录清单》；落实涉农、小微企业贷款和担保奖补政策，累计争取相关奖补资金 1278 万元，发放创业担保贷款 783 笔、8884 万元；开展“政采贷”试点，缓解中小微企业资金周转困难。推进产业转型升级，市级安排 2500 万元，支持工业企业和移动互联网产业发展；争取省税收增量奖补 2781 万元，支持工业企业技术改造；支持煤炭落后产能淘汰，关闭煤矿 24 家，化解落后产能 260 万吨。安排专项资金 4964 万元，支持中心城区创文管卫；市级增设专项资金 1000 万元，推进实施乡村振兴战略；全力保障村级组织运转，市级统筹安排资金 2000 万元，争取上级专项资金 827 万元。

【债务防控】2018 年，出台政府性债务风险应急预案、隐性债务化解方案；全面清理政府性债务、平台公司和政府性投资项目，全市调减项目 141 个、总投资 483.72 亿元；积极争取置换存量债务，累计置换债务 201.32 亿元，年均减少利息支出近 8 亿元；市本级全年偿还政府债务利息 3.6 亿元，政府性债务风险总体可控。支持脱贫攻坚，全市预算投入财政扶贫资金 1.33 亿元，增长 11.9%；全市统筹整合涉农资金 14.68 亿元，支出 13.22 亿元，支付率 90%；全年发放扶贫惠农补贴资金 19.74 亿元；投入财政资金 1.27 亿元，实施高标准农田建设 7.33 万亩，扶持产业化项目 8 个、部门项目 5 个。建立健全生态保护补偿机制，全力支持落实中央、省环保督察“回头看”整改要求；市本级共投入 2 亿多元，用于垃圾和污水处理、市容环境、园林绿化、孙水和涟水流域综合治理；统筹安排 3687 万元，用于农村废弃物回收治理及环境整治、锡矿山污染治理、大气污染防治及中小河流治理。

1 月 24 日，娄底市财税工作会议召开

（市财政局供图）

【公共预算】2018 年，全市公共预算一般支出完成 303.29 亿元，其中民生支出 226.86 亿元，占比 74.8%。市级连续第 7 年安排中心城区化解大班额专项经费 5000 万元，义务教育阶段平均班额由 75 人降至 55 人，基本消除 66 人以上超大班额；累计发放各类奖助学金、建档立卡等家庭经济困难学生补助 3237 万元，各类免学费、免教科书费 5286 万元；继续支持公共文体场馆免费、低收费开放，新增文化专项投入 1803 万元；安排市级科技专项资金 1236 万元、科技重大专项资金 1000 万元。企业基本养老金实现“十四连调”，达到每人每月1935 元；城乡居民基础养老金提高到每人每月 103 元；城乡居民医保提高到人均 490 元/年；基本公共卫生服务提高到人均 55 元/年；城市低保提高到 430 元/月，农村低保提高到 284 元/月；义务兵优待金城乡标准统一提高到 1.3 万元/年。

【预算制度改革】2018 年，执行科目分类改革，细分部门经济分类，将福彩、体彩收支纳入预算调整；进一步规范预决算公开，将乡镇、街道、开发区纳入公开范围；规范专项资金管理，坚持“一个专项制订一个办法”，相应出台 21 个管理办法，专项资金管理实现有规可依。全面实施绩效管理，将绩效目标与预算“同编制、同申报、同审核、同批复”，市本级完成 203 家单位年度绩效目标申报，申报率 100%；选取 28 个重点项目实施绩效评价，资金规模6.8亿元，增长21.4%。按照中央、省部署，取消排污费，开征环境保护税，全市累计入库税收3867万元。推行财税管理电子化改革，市本级除现场执收单位外，全部使用财政电子票据；基本实现市本级公办学校和公安交警系统非税收入收缴电子化；市本级国库集中支付电子化改革基本完成，市级全年办理电子化支付业务11.18万笔，金额84.1亿元。升级重构原“娄底市综合治税平台”，建成市本级与4个县市、2个区为一体的“1+4+2”综合信息平台，形成综合治税强劲合力，全年通过平台，采集42家涉税单位120余项涉税数项、2500余万条数据，实现税收贡献5.26亿元。

【公务活动管理】2018年，先后制定出台培训费、差旅费、会议费、党建活动经费、公务用餐管理等办法，为公务活动开展提供政策依据。推进“互联网+监督”平台建设，建立完善审核、上报、更新机制，市本级备案项目175项，涉及资金来源10.86亿元，资金去向7.71亿元。加强乡镇财政管理，开展星级财政所创建，冷水江市中连乡财政所、新化县游家镇财政所、娄星区石井镇财政所、涟源市白马镇财政所获评省级星级乡镇财政所。推动财政投资项目全过程评审，市本级全年评审项目263个，送审金额15.58亿元，审定金额12.58亿元，核减率19.3%。强化政府采购监管，市本级完成政府采购规模5.28亿元，节约预算资金8220万元，节支率15%。强化财政监督检查，对20家行政事业单位执行中央八项规定情况开展监督检查；全方位开展财政扶贫领域腐败和作风问题专项治理；

11月29日，娄底举行“奋进改革路　建功新时代”纪念改革开放40周年财政金融工作新闻发布会

（市财政局供图）

对会计师事务所、代理记账机构进行专项检查，促进会计行业规范发展。

【涉农资金统筹整合】2018年，娄底市财政局完善财政涉农资金统筹整合办法，出台《娄底市市级财政专项扶贫资金管理办法》。加强县级涉农资金实质性整合，做到应统尽统，全市3个贫困县应统筹整合财政涉农资金14.12亿元，实际统筹整合13.88亿元，整合率98.3%，其中新化县整合6.76亿元，双峰县整合1.68亿元，涟源市整合5.44亿元。

【财政农业保险】2018年，娄底市财政局帮助农户化解自然灾害风险。全市承保水稻保险等20个品种，其中承保水稻保险152.93万亩，水稻大灾保险40.29万亩，油菜30.86万亩，玉米53.39万亩，能繁母猪15.67万头，育肥猪103.91万头，公益林347.53万亩，商品林50.93万亩，肉鸡974.33万羽，能繁母牛2.24万头，生猪价格指数36.48万头，中药材2.39万亩，巨灾保险种植业135.59万亩，巨灾保险养殖业55.2万头等等。全市农业保险签单保费13118.21万元，其中各级财政补贴资金9609.36万元。

【一事一议财政奖补】2018年，娄底市财政局完善一事一议财政奖补机制，投入一事一议资金总额9917.24万元，其中财政奖补资金7592万元，共实施村级公益事业建设一事一议财政奖补项目1375个，其中硬化村组公路675.8千米，整修山塘338.6万立方米，新建饮水工程65处，安装安全饮水管线115千米，村内绿化3.5万株，整修村内水渠286千米，改造其他小型水利设施38个，改造环境卫生15处，安装路灯936盏。开展一事一议财政奖补美丽乡村建设试点，娄星区、冷水江市、涟源市被列为试点，争取资金700万元。

【会计管理】2018年，娄底市财政局精心组织会计资格考试，严肃考风考纪，狠抓考前培训，促进考试组织工作科学化、制度化、规范化。举办全市政府会计准则体系实施培训班，推动政府会计改革顺利开展。加强行业自律管理，在规范会计师事务所执业、减少压价竞争、加强诚信建设等方面积极发挥作用，全年8家会计师事务所完成验资、审计、评估项目约2500个，所有项目基本达到《行业公约》最低收费标准。全年全市会计师事务所实现总收入 1838 万元,2 家评估事务所实现收入 260 万元。

【资产处置和管理】2018 年,娄底市财政局规范处置行政事业单位国有资产,按照“三公”原则,公开处置资产 80 起,缴入非税资产处置收入 333 万元。阳光运行行政事业单位经营性资产,以市公共资源交易中心为平台,对市本级各行政事业单位 63 个到期门店进行公开招租,全年实现经营性收入 1359 万元。

(阳伟书　梁　霜)

2018 年市财政局先进集体(先进个人)一览表

表 35

获奖集体(个人)	奖励名称	颁奖单位	颁奖时间
市财政局办公室	2018 年度部办报刊宣传发行先进集体一等奖	财政部中国财政杂志社、中国财经报社	2018 年 10 月
市财政局会计科	2018 年度部办报刊宣传发行先进集体二等奖	财政部中国财政杂志社、中国财经报社	2018 年 10 月
市财政局	2018 年度全省财政系统信息宣传工作先进单位	湖南省财政厅	2019 年 1 月
市财政局	全省财政系统“抓重点补短板强弱项”大调研活动一等奖	湖南省财政厅	2019 年 1 月
市财政局	2018 年度全省财政系统人事教育统计工作二等奖	湖南省财政厅	2019 年 1 月
市财政局	湖南省 2018 年度乡村财政财务管理工作先进单位	湖南省财政厅	2019 年 1 月
市财政局	2018 年行政事业性国有资产及自然资源国有资产报告试点工作通报表扬	湖南省财政厅	2019 年 1 月
左继建、刘姣波、李赐甫	2018 年度部办报刊宣传发行工作先进个人	财政部中国财政杂志社、财政部中国财经报社	2018 年 10 月
刘晓宇	2018 年度全省财政系统信息宣传工作先进个人	湖南省财政厅	2019 年 1 月

税务工作

【概况】2018 年,国税地税征管体制改革。7 月 5 日,娄底市国税局和娄底市地税局正式合并,组建成国家税务总局娄底市税务局。7 月 20 日,原市国税和原市地税下辖的所有县一级税务局全部正式合并。机构改革后,国家税务总局娄底市税务局在省局和市委、市政府的坚强领导下,精诚团结,攻坚克难,全年完成一般公共预算收入 112.85 亿元, 同比增收 23.38 亿元,增长 26.14%,超出全省平均 14.84 个百分点,实现收入总量、增量、质量“三量齐增”,收入增幅全省第一,税收占比达 67.73%,创历史最高。全市系统管辖纳税人 61428 户(正常户 56348 户、非正常户 5080 户),在正常户中,增值税一般纳税人6965 户,增值税小规模纳税人 49383 户。另有个人所得税代扣代缴单位 19300 户; 机关事业单位基本养老保险参保人数 14.27 万人,实际缴费人数 9.66 万人;城乡居民基本医疗保险参保人数 349.50 万人, 城乡居民基本养老保险参保人数 102.60 万人。

7月10日，娄底市国税地税征管体制改革座谈会召开　　（吴丽红　摄）

【党建工作】2018年，国家税务总局娄底市税务局坚持党建领航，先后在市、县局成立联合党委和党委，选优配强6个县(市、区)局党委班子，选举产生各级机关党委，成立84个党支部，实现党组织对所有单位的全覆盖。制定下发《关于加强新形势下全市税务系统党的建设的实施意见》等文件，创新推出"一切工作到支部"机制，将政治建设、组织建设、党建创新、定岗定责等17项工作内容纳入支部工作职责，深入开展"四强"党支部达标竞赛，对党支部细化出57项具体考评指标。"一切工作到支部"工作经验被《中国税务报》专版报道。

【税收执法】2018年，国家税务总局娄底市税务局持续推进依法治税进程，整合涉税业务87项，清理税费政策文件26个，编制业务流程31项，修订欠税管理、税务注销、催报催缴等制度8项，建设市县一体综合治税信息管理平台，建立房地产交易实时监控平台，征管支撑体系、制度体系、运行体系、管控体系、联动体系初步成型。强化税费管理。资源税改革在全省创造经验并实现增长翻番，个税改革成效显著，实现扣缴义务人培训率、纳税人满意率等6个100%，存量房交易纳税评估实现突破，在全国发放出首张不动产区块链电子凭证。稽查立案105起，结案101起，查补收入11512万元，查处虚开虚抵企业31户，查处发票违法违规案件103起。

【队伍建设】2018年，国家税务总局娄底市税务局始终坚持"以人为本"，第一时间成立工青妇团组织，建好"六室两厅"，举办机关职工运动会，成立乒乓球、足球等16个兴趣小组，组队参加各类文体竞赛并获得佳绩。编印了《税费基础知识》《业务操作指南》等教材，举办"青年干部业务精英培训班"等各类素质培训班72期，12人入选省局巡察专业人才库。以科学机制激发人，形成完备的组织体系、明确的目标体系、清晰的责任体系、完善的制度体系、有效的保障体系、丰富的创建体系、严格的奖惩体系。

【纳税服务】2018年，国家税务总局娄底市税务局推进"放管服"改革，推进商事制度改革，优化企业税务注销程序，落实清税证明免办服务。完成32332户纳税人实名信息采集认证工作，完成采集率99.63%。将政务中心的税务、国土、房产等窗口整合成一个"二手房"交易窗口，有效解决纳税人"多头跑、重复跑"等难题。落实税收优惠政策，减免增值税9.01亿元，小微企业优惠政策受惠面100%；减免车购税7141万元、房产税389万、土地使用税506万元。扩展银税互动签约银行3家，帮助523户纳税人从金融机构获得贷款1.54亿元。

【改革前国税工作】2018年，原市国税局按照"四个坚决"要求贯穿组织收入全过程，在确保收入质量的前提下，核心指标求进位，收入循环保良性。1—6月，入库国税收入（不含车购税)39.52亿元，同比增收11.91亿元，增长43.14%。开展责任心教育，扎实开展"扪心三问"活动。注重严管善待，通过大监督自查自纠，对巡视巡察等发现问题"回头看"，主动防范风险。开展纪律作风明察暗访，通报违纪违规行为39人次，行政警告处分1次。扎实推进大征管建设，对

9月14日，国家税务总局娄底市税务局召开全市个人所得税改革动员部署推进会

（市税务局供图）

建筑业、房地产业、住宿业、驾校行业、财政性资金等重点行业项目开展专项清理，搭建县市一体综合治税平台，与房管、国土、地税实现“四网融合”。开展“两会”代表话春风活动和“问症于企、问需于企、问税于企”走访活动，加速推进网络办税，加快电子税务局建设，统筹抓好涉税信息运用，向市发改委、财政局推送纳税信用评价结果。

【改革前地税工作】2018 年，原娄底市地税局坚持以服务全市经济社会发展为己任，牢记“为国聚财，为民收税”的使命，科学制定“小税种不小看”的工作方针，面对主体税种缺失、增长预期一再调高等多重考验，努力克服经济不振、税制改革和各类风险因素叠加的多重压力，不断加大税收分析、预测和监控力度，组织入库各项收入 19.48 亿元，增收 3.8 亿元，增长 24.27%。贯彻落实“纵合横通强党建”要求，坚持党建引领，提升党建站位，压实党建责任，推动系统党建走在前列，组织开展“优秀基层党支部”“最具责任心税务工作者”等评比活动，专题教育成果不断巩固，先锋模范作用有效发挥。征管转型卓有成效，落实总局“四个转变”和省局“四个转型”要求，树立“优质征管”理念，税费管理、财行税管理、国地税合作卓有成效。紧紧围绕实现税收服务现代化主题，深入落实“放管服”改革，持续深入推进商事制度改革和“便民办税春风行动”，落实惠企优惠政策，全面提升纳税人获得感。

（伍　鸣）

2018 年国家税务总局娄底市税务局先进集体(先进个人)一览表

表 36

获奖集体(个人)	奖励名称	颁奖单位	颁奖时间
娄底市税务局金税青年志愿服务团队	第七届全国道德模范	湖南省精神文明建设指导委员会工作部	2018 年
周良初	环境保护税和水资源税改革先进个人	国家税务总局	2018 年

审计工作

【概况】2018 年，娄底市审计局编制 59 人，实有 62 人。设有办公室、综合管理科、人事科、法规科、财政审计科、金融与社会保障审计科、行政事业审计科、经贸审计科、农业与资源环境审计科、投资外资审计科、审计技术科、工程审计科、机关党委、离退休干部管理科、工会；领导干部经济责任审计工作领导小组办公室(副处级)，下设经责一科、经责二科；设有建设(技改)建设项目审计监督中心(副处级直属事业单位)。

【审计成果】2018 年，娄底市审计局完成审计项目 175 个，其中组织实施审计项目 169 个，参与实施审计项目 6 个，查出主要问题金额 4866487 万元，其中违规金额 123593 万元、损失浪费金额 6864 万元、管理不规范金额 4736030 万元；审计发现非金额计量问题 429 个；损益(收支)不实 1148266 万元；审计发现侵害人民群众利益 4222 万元；出具审计报告和专项审计调查报告 259 篇；审计处理处罚金额 1357239 万元，其中应上缴财政 85604 万元、应减少财政拨款或补贴 28395 万元、应归还原渠道资金 46581 万元、应缴纳其他资金 86878 万元，应调账处理金额 1109781 万元；移送司法机关、纪检监察机关和有关部门处理事项 74 件，移送处理人员 25 人，移送处理金额 15640 万元。审计促进整改落实有关问题资金 73288 万元，其中增收节支 67053 万元、调账处理金额 5247 万元，审计促进拨付资金到位 633 万元，审计后挽回(避免)损失 137661 万元。提出审计建议 488 条，被采纳 486 条；提交审计信息 487 篇，被批示、采用 433 篇；向社会公告审计结果 12 篇。2018 年度，娄底市本级 2016 年度财政预算执行和其他财政收支情况审计项目被评为全省表彰审计项目。

【国家重大政策措施贯彻落实跟踪审计】2018 年，娄底市审计局组织 4 个审计组，采取“上审下”审计模式，每季度选择一个县市区开展跟踪审计，推动资金落实、项目实施、政策落地和追责问责，促进产业转型升级和高质量发展，并将跟踪审计结果在门户网站进行公示。

【财政审计】2018 年，娄底市审计局深入开展 2017 年度市本级预算执行及其他财政收支情况审计，紧盯预算控制，跟踪财政资金使用绩效，移送案件线索 1 起，督促各部门出台制度 6 项，规范完善制度 3 项，建立出台《娄底市财政专项资金审计监督办法》。对彩票代销者月销量进行抽查核实，发现市体育彩票管理中心因工作失职重复计算销量导致多发彩票销售奖励，追缴退回 98.72 万元。

【经济责任审计】2018 年，娄底市审计局坚持党政同责、同责同审，创造性地推行现场验收、集中审理制度，构建"全方位、全过程、全覆盖"的监督管理体系。全市完成 90 个单位 112 名领导干部的经济责任审计，审计查出违规金额 2.4 亿元。

【固定资产投资审计】2018 年，娄底市审计局市局完成固定资产投资项目结算审计 214 个，送审金额 8.44 亿元，审定金额 7.69 亿元，累计核减金额 0.75 亿元；完成政府投资项目工程预算审计 3 个，业主送审金额 0.99 亿元，审计审定金额 0.96 亿元，审计核减 0.03 亿元。

【投融资公司资产负债损益审计】2018 年，娄底市审计局通过购买中介服务的方式，组织对全市 8 家市属投融资平台公司的资产、负债及权益情况进行审计摸底，对市城投、市创投、市万宝投开展资产负债损益审计，全力配合政府隐性债务的清理、摸底和认定，向市政府报送综合报告，为防控金融风险提出具有建设性、前瞻性的审计建议。

【扶贫资金专项审计】2018 年，娄底市审计局对省建工集团总承包建设的易地扶贫搬迁项目进行跟踪审计，形成审计专报报市政府；认真实施省厅安居工程审计方案，搞好保障性安居工程审计，重点审查以虚假材料骗取住房保障待遇、"雁过拔毛""跑冒滴漏"、挤占挪用以及官商勾结、以权谋私等问题，移送虚报冒领农村危房改造补助资金等案件线索 4 起，处分 7 人。

【自然资源资产离任审计】2018 年，娄底市审计局组织实施怀化市麻阳县党政领导干部自然资源资产离任审计，查出麻阳县耕地占补平衡土地开发项目未进行招投标，涉嫌多付投资方项目回购款 7942 万元。铺开乡镇主要领导干部自然资源资产离任审计，对县市区 10 个乡镇办事处主要领导开展自然资源资产离任(任中)审计。 (曹阿乔)

2018 年市审计局先进集体(先进个人)一览表

表 37

获奖集体(个人)	奖励名称	颁奖单位	颁奖时间
娄底市审计局	审计通联宣传工作先进单位	中国时代经济出版社	2018 年 11 月
娄底市审计局	市州审计机关目标管理考核先进单位	湖南省审计厅	2018 年 1 月
娄底市内部审计师协会	市州内部审计师协会目标管理考核先进单位	湖南省内部审计师协会	2018 年 11 月

统计工作

【概况】2018 年，娄底市统计局以服务高质量发展为目标，切实履行统计职能，有力推进依法治统，为促进全市经济社会平稳健康发展做出积极努力，各项工作取得明显成效。全市第四次全国经济普查机构组建、宣传、培训、单位清查等前期准备工作圆满完成。地区生产总值统一核算、固定资产投资等统计改革工作稳步推进。深入开展调查研究活动，圆满完成投资消费、劳动就业、人口社会、科技文化、能源资源、环境气候等覆盖国民经济各行业各领域的 40 余项常规统计调查任务，开展人口变动抽样调查和 2017 年度投入产出专项调查。全年组织召开2次统计系统法治工作会议，开展投资、工业等重点领域统计指标核查、“一套表”基本单位名录库专项检查等执法行动，有效遏制统计造假及以数谋私行为，统计数据较好地反映娄底经济社会发展实际。是年，全市地区生产总值增长8.6%，增速居全省第1位；第一产业增长3.8%，增速居全省第1位；第二产业增长7.9%，增速居全省第2位；第三产业增长10.8%，增速居全省第1位；规模以上工业增加值增长7.8%，增速居全省第3位；全市社会消费品零售总额增长10.4%，增速居全省第3位；一般公共财政预算收入增长14.0%，增速居全省第1位。全年撰写统计分析200余篇，其中市委、市政府主要领导批示20余篇，国家、省统计局及各级新闻单位采用100余篇。娄底市统计局被市委、市政府评为绩效考核优秀单位，局领导班子被市委组织部评为“优秀班子”，综治维稳、安全生产、驻村帮扶、积极实施创新引领战略及七个三年行动计划等多项工作被市委、市政府评为先进，局机关支部被市直机关工委确定为基层党组织“五化建设”示范点，被发改委党委推荐为“一切工作到支部”达标创优竞赛活动优秀单位。

【经济普查】2018年，市统计局根据《全国经济普查条例》《第四次全国经济普查方案》规定，及时启动“四经普”工作。4月27日，娄底市人民政府下发《关于认真做好第四次全国经济普查工作的通知》，成立以市委常委、常务副市长为组长，20余个市直单位为成员的娄底市第四次全国经济普查领导小组。制定《娄底市第四次全国经济普查数据质量控制实施办法》，建立四经普数据质量控制工作责任体系。全市选聘并培训普查指导员、普查员4000余名。6月中旬，在双峰县完成市级综合试点工作。7月份，在全市范围内开展单位清查工作，到10月底，在全省率先完成89个乡镇2495个普查小区的清查、查遗补漏、排重审核等工作。12月17日，在娄星广场举行“四经普”宣传启动仪式，营造社会各界理解普查、支持普查、配合普查的良好氛围。

【统计服务】2018年，娄底市统计局继续深入推进“调查研究年”活动。组织人员深入挖掘现行常规调查数据潜力，分析各常规调查、三大普查等报表数据，运用经济规律以浅显易懂的形式揭示出数据堆里蕴含的经济动向。同时密切关注全面建成小康社会、供给侧结构性改革、产业结构优化升级等热点难点问题，深入调查分析，提供娄底产业发展、娄底经济社会发展当前及中期、长期的参谋和建议供市委、市政府决策。是年，娄底市统计局围绕产业项目建设年、为民办实事、新型工业化、节能降耗等工作开展统计评价监测。全年完成全市综治民调、“乡村振兴”民意调查、新化县“产业扶贫项目实施成效情况”民意调查等多项民意调查工作。

【依法治统】2018年，娄底市统计局邀请省局专家到娄授课，娄底市统计局党组书记、局长受邀到市委党校、双峰县委理论学习中心组、市人社局培训中心进行统计法律法规授课宣讲，提高全市各级领导干部依法领导统计工作、自觉维护统计工作独立性的法律意识。将依法治统的责任分解到各个县市区和每个科室，建立覆盖全面、职责清晰、流程合理、监管有力的数据质量管理系统。

【统计改革】2018年，娄底市统计局积极主动跟进全省GDP统一核算改革，为市委、市政府代拟《娄底市地区生产总值统一核算改革实施方案》，做好GDP统一核算改革前期工作。探索完善企业研发和企业创新等“三新”领域统计方法。联合相关部门印发《娄底市生态文明建设目标评价考核办法》《娄底市生态文明建设目标评价考核联席会议制度》，建立绿色发展统计报表制度并组织开展试测算。健全固定资产投资统计项目库管理，实施5000万元以下项目投资统计方法改革和新的产业园区统计改革。按照国家统计局统一部署，顺利将月度劳动力调查和规模以下工业、服务业、限额以下批零住餐业、投资领域小微企业调查等统计业务工作从国调队调整至统计局。

【数据共享】2018年，娄底市统计局建立良好的信息沟通交流机制，数据、资料充分共享。为市委政研室、市政府研究室、市政府督查室、市小康办、市绩效办、市改革办等部门及时提供各类数据和分析材料；为市发改委“‘十三五’规划中期评估”、2018年各项目标任务匹配测算、三产业发展、两型社会建设评价等多项工作提供相关数据支持；配合市绩效办做好全市及各县市区相关绩效考核指标数据采集提供和相关测算工作；配合市小康办做好相关小康考核指标的提供和测算工作；配合市发改、经信、交通等相关部门做好娄底“七个三年行动计划”相关指标、目标任务设定等相关数据测算工作；为市人民政府门户网站、娄底市综合治税平台提供相关数据报表；为各市直部门提供市志整编所需数据查询服务工作。（谢正华）

国家统计调查

【概况】2018年，国家统计局娄底调查队（以下简称娄底国调队）内设办公室、综合科、住户调查科、价格调查科、人事教育法规科、产业调查科6个职能科室，人员编制17人，在职干部17人，其中班子成员4人。2018年，以党建引领、文明创建、统计调查业务融合发展为主线，以提升现代统计调查数据质量和服务能力为落脚点，规范统计调查，精准统计调查，依法统计调查，提高数据精度和质量，提升服务能力和服务水平，统计调查事业迈上新台阶。获“2018届湖南省文明单位”称号，被评为2018年度娄底市绩效考核评估优秀单位。

【依法统计】2018年，娄底国调队规范统计调查，坚决执行国家统计方法制度，建立健全《规范化操作规程及质量控制办法》《数据质量评估办法》等制度，进一步完善电子记账管理和验收制度、数据质量管理制度、数据使用和发布制度、资料管理制度、辅助调查员职责及管理办法等7项制度。严格把控数据质量，在调查数据生产各环节继续坚持多层审核、查询核实、领导签发、数据评估、部门会商等机制，加强痕迹化管理，确保调查数据符合客观实际。积极推进住户调查电子记账工作，向市政府专题汇报统计调查方法改革，市政府常务会议专题研究住户调查电子记账工作。截至11月底，娄星区、新化县和涟源市电子记账率分别为87.3%、79.3%和64.6%。月度劳动力就业调查实现卫星定位调查、PDA现场录入并直报国家统计局。依法统计调查，制订《国家统计局娄底调查队双随机抽查方案》《国家统计局娄底调查队双随机抽查办法》《国家统计局娄底调查队完善统计违法举报工作实施办法》等制度，为依法监管、文明执法提供依据。建立娄底国调系统执法骨干人才库。扎实开展“以数谋私、数字腐败”全面排查和专项整治工作。组织干部职工进行如法网学习及考试，参学及合格率100%；组织全队进行宪法知识测试，平均分数96分。全年组织“双随机”执法检查2次，查办并结案统计违法案件2件。建立领导干部违规干预统计工作记录台账，全年零记录。

【调查调研】2018年，娄底国调队撰写分析报告和重要信息107篇。其中，75篇被国家统计局湖南调查总队网站全文刊登或采编，5篇被国家统计局内网全文刊登，1篇被娄底市人民政府市长批示，2篇被国家统计局湖南调查总队合编后上报获中央领导批示。在娄底市“抓重点，补短板，强弱项”大调研活动中，娄底国调队撰写的《娄底中心城区停车难问题日益凸显》一文，在全市调研成果交流会上作重点发言。在湖南国家调查队系统2018年招标课题和优秀分析报告评比中，2篇分析报告获一等奖、2篇分析报告获二等奖。《砥砺奋进四十载 民生巨变暖人心——改革开放40年娄底民生发展成就》等6篇被国家统计局内网全文刊登。3篇被《娄底日报》全文刊登。组织完成“娄底县市区领导班子绩效考核社会评价调查”“娄底市创建全国文明城市模拟测评”“新化县和冷水江市2018年度义务教育均衡发展社会公众满意度调查”和“娄底市公众生态环境满意度调查”等专项调查，形成调查报告。选派5名干部参加全国文明城市指数和湖南省文明城市指数测评等专项调查。配合做好国家在娄底开展的全国文明城市指数测评和湖南在相关县市开展的省级文明城市指数测评的后勤保障和联络工作。全年编制《娄底统计调查快报》4期，发送400余册；编制《娄底国调咨询报告》《娄底国调重要信息》和《娄底国调统计分析》等刊物107期；充分利用《娄底日报》、网站、娄底国调微信公众号等新闻媒介，按月发布解读价格指数、按季发布解读城乡居民收入等民生统计调查数据和调查资料，深受市委、市政府及其有关部门和社会公众的热切关注。（邓要东）

2018 年国家统计局娄底调查队先进集体(先进个人)一览表

表 38

获奖集体(个人)	奖励名称	颁奖单位	颁奖时间
国家统计局娄底调查队	湖南省 2018 届文明单位	湖南省精神文明建设指导委员会	2019 年 4 月
邓要东	三等功	三等功证书为国家统计局湖南调查总队颁发,三等功奖章为中共中央组织部、人力资源和社会保障部、国家公务员局颁发	2019 年 4 月
邓要东、陶慧孜、彭　博、汤宇舟	2018 年度优秀等次	国家统计局湖南调查总队	2019 年 4 月

2018 年娄底市及各县(市、区)城乡居民收入情况一览表

表 39

地　区	全体居民人均可支配收入		城镇居民人均可支配收入		农村居民人均可支配收入		城乡居民收入比(以农村为 1)
	绝对值	增速	绝对值	增速	绝对值	增速	
	元	%	元	%	元	%	
娄底市	18544	10.3	27916	8.9	11657	10.7	2.39
娄星区	30513	9.6	32199	9.3	18497	11.4	1.74
双峰县	14675	11.2	21206	8.9	12073	11.7	1.76
新化县	12446	11.3	20944	8.7	8871	12.0	2.36
冷水江市	30771	5.1	34270	8.0	19085	–9.9	1.80
涟源市	14158	11.1	22255	9.5	10125	11.3	2.20

2018 年娄底市居民消费价格和商品零售价格指数一览表

表 40

指标名称	上年=100
居民消费价格指数	102.2
一、食品烟酒	100.0
二、衣着	104.1
三、居住	105.2
四、生活用品及服务	102.0
五、交通和通信	103.5
六、教育文化和娱乐	101.7
七、医疗保健	100.5
八、其他用品和服务	101.6
商品零售价格指数	102.9

公共资源

【概况】2018 年，娄底市公共资源交易中心在市委、市政府的坚强领导下，认真贯彻落实国家、省、市公共资源交易相关政策，坚持以服务娄底经济建设为揽，着力配合建立健全全市惩治和预防腐败体系，出台狠抓各项软硬件建设，建立各项规章制度，积极呼应民生需求，切实加强和推进公共资源交易平台的规范化建设，有效促进各项工作运行。

【公共资源交易】2018 年，全市范围内公共资源交易项目按照"应进必进"原则全部进入平台交易。9 月，项目入场网络预约登记系统上线运行，在工程建设项目保证金电子化管理系统等软件系统的基础上，充分利用电子监控、电子屏蔽、电子信息设备等现代科技手段形成一套较完备的电子监控系统，切实加强交易活动场内监管，信息化建设重点推进。推行"规范化、标准化服务"，严格按照下发文件要求降低交易服务费的核收标准。全年全市完成交易项目 2194 个，交易总额 171.5135 亿元。其中工程建设交易项目 275 个，交易额 29.8938 亿元；政府采购交易项目 1794 个，交易额 117.1624 亿元；国有产权交易项目 28 个，交易额 0.092 亿元；土地矿产资源交易项目 97 个，交易额 24.3653 亿元。

【自身制度建设】2018 年，娄底市公共资源交易中心班子成员严格按照一岗双责要求切实履行好分管科室意识形态工作的领导责任，出台各项意识形态工作责任制度，严明党内纪律，全年无一人因违反廉政纪律被问责，政风建设不断深化。创新管理机制，拓宽和完善政府信息公开平台和载体，积极探索"互联网+"模式在公共资源交易过程中的运用，实现精细化管理和公共资源的阳光交易。制定并完善《市公共资源交易中心内部制度》。严格落实综合治理领导责任制，建立健全矛盾纠纷排查调度制度、重大事项社会稳定风险评估制度和预防处置突发性、群体性事件的工作预案及责任追究制度。服务市民，出台《娄底市公共资源交易中心"有事请找我"责任担当机制向纵深发展的实施方案》，设立多项公益设施，践行"有事请找我"服务承诺。积极开展扶贫助学工作，对口帮扶新化县奉家镇向北村，全年投入项目扶贫资金 413 万元，开展教育助学 78 人。（曾冠兰）

园　区

◎娄底经济技术开发区

◎万宝新区

娄底经济技术开发区

【概况】2018年，娄底经济技术开发区位于娄底市城区北部，辖区面积76.5平方千米，开发建设面积23平方千米，下辖涟滨、大埠桥2个街道办事处，28个村(居)，管理人口12万。其中城镇常住人口6.51万人，城镇化率69.12%。人口出生率16.38%，自然增长率12.41%。是年，娄底经开区始终坚持问题导向，确定“三生三宜”的总体战略：其中“三生”是推动生产生活生态“三生融合”发展，“三宜”是建设宜业宜居宜游的经济强区和滨水新城。全链培育发展“3+1”主导产业集群（千亿级薄板深加工产业集群、100亿级新材料新能源产业集群、100亿级先进装备制造产业集群、电力科技产业集群）。坚持生活为重，加快产城融合，致力建设“两园一轴”的经济强区、“两区一带”的滨水新城，形成生产区、商贸区、生活区和旅游区深度融合的和谐局面。

【主要经济指标】2018年，娄底经开区园区经济在大体量下实现大增幅。规模工业增加值增长8.4%，规模工业总产值增长19.79%，固定资产投资增长16.6%；实现财政总收入24.57亿元，增长26.6%，税占比99%以上，收入结构持续优化；高新技术产值增长39%，占规模工业增加值的80.7%，比上年提高15.4个百分点，新旧动能加速转换，新兴产业支撑作用显著增强。

【主导产业集群】2018年，娄底经开区薄板深加工、新材料新能源、先进装备制造三大主导产业产值占园区工业总产值85%。其中薄板深加工产业产值占园区工业总产值48.7%，拥有世界最高规格的汽车板材、国内领先的精钢产品，具有湖南唯一、全国领先的比较优势；先进装备制造产业产值占园区工业总产值25%，三一集团液压油缸保持世界一流地位；新材料新能源产业产值占园区工业总产值11.3%，不锈钢复合钢筋、电子陶瓷和感光干膜成为国家行业标准。同时，电力科技、电子信息、生物医药、现代物流等产业快速发展，园区产业总体呈现出主导突出特色鲜明、横向成群纵向成链的多元发展新格局，产业链条完整，集聚能力越来越强。

【产业项目建设】2018年，娄底经开区大力开展产业项目建设和服务企业大比拼活动，项目建设呈现“大、快、强”特点。全年在建项目中总投资5亿元以上项目占比20%，当年完成投资1亿元以上项目占比30%，当年开工当年投产的项目占比10%，电将军、三泰新材、安地亚斯等6个项目入围全省“5个100”工程。全年推进产业项目58个，省重点项目完成投资进度113.5%，市重大项目完成投资进度146.3%，市级领导挂点项目完成投资进度142.4%；电将军、钢宝利二期、华欣新材等16个项目竣工投产，薄板深加工产业园、鸿跃新材等18个项目开工建设，博盛新能源、燕达新材等24个项目顺利推进，安地亚斯二期、华欣新材、茵浪等项目从建设到投产用时3个月，刷新经开区记录。

【对外开放】2018年，娄底经开区区域合作实现新突破，与广州黄埔区(广州开发区)签订“友好市区”协议，累计进出口总额45.88亿元，出口额增长率65%，开放程度不断扩大。招商引资成效显著，完成合同引资182.3亿元，实际到位内资114.62亿元，签约落地产业项目57个，其中10亿元以上项目7个，5亿元以上项目9个，1亿元以上项目15个；薄板深加工项目6个，新能源新材料项目9个，先进装备制造项目13个，电力科技项目19个，并与9家企业签订总部经济招商合同，项目结构明显优化。

娄底经开区产业园区

【创新创业】2018年，娄底经开区大力实施财政科技经费倍增计划，科技研发经费同比增长60%，专利申请量同比增长20%，科技创新环境不断优化。与中科院、清华大学、复旦大学、中南大学等20多所高等院校开展产学研合作，创一电子与中国科学院共建的“国字号”研发创新平台——中科创一芯磁联合实验室落户娄底经开区，联手中南大学成立抗磨材料研究实验基地和新材料研究生实践基地。成功获批全国大中小型企业融通型特色载体，新增创一电子和电将军两家省级工程研究中心。园区有两家国家级实验室、8家省级技术中心，企业科技创新能力大幅提高，园区创新活力持续提升。

【配套保障】2018年，娄底经开区大力推进产城融合，支撑产业发展的要素保障加速强化。全力打建产业发展特色园区，携手华菱涟钢，共同投资150亿元，打造占地4500余亩的薄板深加工产业园，完成投资3亿元，报批建设用地2480亩，成功签约项目4个；新能源动力电池及储能电源产业园、电力科技生态园、城北汽车产业园、百亿油缸生产基地和湘中国际物流园等项目快速推进，形成良好的产业发展“生态圈”。加强配套设施建设，园区水电路气讯等生产性配套设施全面升级，均架设到用地红线边缘；生活配套设施不断完善。大力推进征地拆迁，完成土地协议2053亩；做好用地报批，获批3231亩，确保项目用地需求。积极推进“零耗地”招商，盘活园区闲置厂房24万多平方米，有效化解项目签约排队等地（厂房）的问题，实现项目快速落地。

【营商环境】2018年，娄底经开区全面完成体制机制改革，构建“1委1室1部5局6中心”的“大部制”组织机构，内设机构比改革前精简63%，经济发展机构占比57%，投资商和群众办事更加方便。承接落地市里下放的1473项经济社会管理权限，实现“办事不出园、检查不出园”。新的政务服务大厅投入运行，审批办结时限大幅压缩，17个事项即时办结，29个事项3日内办结，全程代办实质性开展，30个项目进入代办流程；组建投资服务团队，为企业提供24小时服务，从合同签约到项目建设只需15天，形成从招商引资、建设投产到扶持壮大的全程“服务链”。开展“证照分离”改革试点，99项行政许可事项列入改革范畴，最大限度压缩企业开办时间，有效降低企业制度性交易成本，激发市场活力，全年新增个体工商户1254户，新发展各类企业427家，新增规上企业26家、高新技术企业14家。

【民生福祉】2018年，娄底经开区脱贫87户208人，贫困发生率降至0.5%以下。全力配合省市环保督察，纵深推进河长制，工业废水预处理厂运行，涟水河污水直排改造工程通水，空气质量优良率88%，生活饮用水源地和水功能区水质达标率100%。推进乡村振兴战略，建设华胜村湿地生态公园，完成新星北路两厢土地绿化，建好2个主题公园。开展扫黑除恶专项斗争，民警黄其焕荣登中国好人榜，持续推进被征地农民社会保障工作，累计10898人受益；积极抓好就业创业，新增创业主体1520个，新增就业4000余人，城乡居民人均可支配收入分别增长9.3%、11.4%。

（胡　伟）

2018年娄底经开区先进集体和（先进个人）一览表

表41

获奖集体（个人）	奖励名称	颁奖单位	颁奖时间
娄底经济技术开发区纪委（监察局）	2018年全省扶贫领域腐败和作风问题专项治理工作一类单位	湖南省纪委办公厅	2019年
娄底经济技术开发区管理委员会	年度脱贫攻坚先进县市区	省委、省政府	2019年4月
娄底经济技术开发区管理委员会	开发区节约集约用地一等奖	湖南省自然资源厅办公室	2019年
童　韬	2018年度全省建设工程质量安全监督系统文明监督工作者	湖南省住房和城乡建设厅精神文明建设办公室	2019年7月

开发建设投资工作

【概况】2018年，娄底经济技术开发投资建设集团有限公司（简称娄底经开投）完成基础设施项目投资22.3亿元，全年筹融资约26.2亿元，同时狠抓改革转型工作，体制改革工作顺利完成，现代企业管理制度逐步完善。

【改革转型】2018年，娄底经开投通过中层干部“公开竞聘”、一般工作人员“双向选择”以及“公开招聘”等方式，人员结构明显优化。公司干部职工平均年龄41岁，其中本科以上学历人员48人，提高37%；中高级职称以上人员20人，提高42%，公司人员年轻化、专业化、知识化结构水平较大改善。按照《中华人民共和国公司法》要求，依法设置董事会、监事会、经理层。科学界定内设机构职责，精准定位各子公司功能，明晰干部职工的岗位职责。4个子公司全部完成注册，机构基本健全，人员基本到位，并初步实现市场化经营。大力完善制度建设，全面梳理公司各项制度，编制完成《制度汇编（试行）》，形成用制度管人、管财、管事的良好机制。按照“以岗计薪、以绩定酬”的总体原则，结合投资集团人才战略和开发区实际，探索性建立与市场接轨的《企业薪酬与绩效考核管理办法》并试运行，薪酬绩效更加科学。

【项目建设】2018年，娄底经开投全面启动安置基地配套道路及水电安装工程发包和建设。元冲南路、泉塘街完成施工、监理招标，迎春南路、铁炉冲南路开工建设。益娄衡高速娄底东连接线项目获全市重点工程劳动竞赛“先进班组”荣誉称号。中央环保督察项目——工业废水预处理厂试运行，娄涟大道跨新星北路立交桥改扩建工程通车，市环保督察项目——涟水河污水直排改造工程正式通水，重点招商引资项目博盛新材料标准厂房按时移交厂方进行二次装修、设备安装，市重点工程——娄底四大桥（秋蒲大桥）桥梁主体工程严格按工期要求稳步推进。生态电力科技谷基本完成设计、招标、勘测等工作，完成土地丈量440多亩，房屋丈量30户45栋，签订土地协议3个100亩。华菱薄板产业园全年完成土地报批1573亩，超额报批1000余亩，签订1275亩土地协议、50栋正式房屋协议，圆满完成征迁任务；产业园一期6条道路勘探工作全部完成；9月26日，在湘博会上进行专题推介，招商成效明显；积极引进优质项目，成功签约项目3家，与10余家意向投资方进行洽谈。

【筹融资工作】2018年，娄底经开投在极其严峻的融资环境下，积极开拓融资渠道，创新融资模式，探索海外债、私募棚改债、产业基金、中票、企业债、定向融资等诸多渠道。全年新增到位贷款资金26.2亿元，启动发行10亿企业债、11亿私募棚改债。

【资本运营】2018年，娄底经开投开展清产核资工作，全面清理确定公司代建的公益性项目372项，基本理顺公司与区财政的结算关系。资产回购方面，对公司可经营的固定资产进行清查，制定经营方案，确保国有资产保值增值；对双信、巨峰、新兴能源、旺达进行收购，全年完成资产收购1亿元；完成巨大、中科金谷等收购前的评估和洽谈工作；协调促成安地亚斯收购太信太德工作；启动旭扬钢构、娄星水泥厂的收购工作。股权投资与战略合作方面，1月11日与天益高科正式签约，3月1日与湖南省建工集团正式签订投资协议。土地资产经营方面，完成五江高科、西武电子、工业废水预处理厂、创业大厦等项目的土地挂牌办证工作，完成7宗土地的挂牌出让，完成近700亩土地不动产权换证工作。（李文韬）

万宝新区

【概况】2018年，娄底市水府示范片万宝新区在市委、市政府的坚强领导下，坚持以习近平新时代中国特色社会主义思想为指导，紧盯“两型三区五大产业”定位，紧紧围绕“城市服务经济”这一主攻方向，以“产业项目建设年”为抓手，全年完成固定资产投资77.16亿元，同比增长19.8%；内联引资81.39亿元，同比增长15%；实际到位外资6360万美元，同比增长11.48%；实现财税收入3.542亿元，同比增长15.95%；社会消费品零售总额同比增长18%；新增达标入统企业7家。娄底市水府示范片万宝新区内设综合管理部、党群工作部、财政金融部、国土规划部、建设工程部、招商发展部、公共事务管理部、园区企业党工委等8个正科级部门，下辖正科级全额拨款事业单

4月18日，万宝新区举行2018"产业项目建设年"集中开工活动　（万宝新区供图）

位投融资管理办公室。行使市级经济管理权限，享受与市经济技术开发区同等的优惠政策。受市委、市人民政府的委托，对万宝新区经济建设实行统一领导、规划、建设和管理，不负责社会事务管理。征地拆迁、环境优化、综治维稳和控违拆违工作由当地政府负责，实行包征迁、包安置、包稳定，征迁及安置经费由万宝新区管委会按有关标准支付。并实行"直通车"制度，市直各职能部门一把手要亲自负责万宝新区的审批事项。

【项目建设】2018年，娄底市水府示范片万宝新区以"产业项目建设年"活动为抓手，确定十大重点项目作为项目建设的重中之重。颐高创业小镇、湘谷大数据中心、顺德造家居在线平台正式营运，娄底市区块链产业园正式挂牌；文昌科技、春园家纺生产基地等项目建成投产；碧桂园豪园综合体一期完成90%的工程量；中国物流娄底诚通物流园仓储中心部分投入营运；中山大学达安基因娄底医养中心、振翩学校、兰泊酒店等项目开工建设。同时，强力推进娄底大道、早元西街、竹南路、万宝大道东段、波月街等基础设施建设。

【新兴产业】2018年，娄底市水府示范片万宝新区依托高铁南站区域，大力发展移动互联网、电子商务等产业，着力打造新经济板块。先后引进浙江颐高、陌陌科技、顺德造、湘谷科技、区块链等龙头企业，带动240余家中小微企业入驻，涵盖电子商务、创新创业、视频直播、区块链、大数据等五大板块，顺利通过湖南省服务业示范集聚区复核，被省工信厅认定为湖南省移动互联网产业园。全年实现营业收入12亿元，财税收入7000余万元。11月13日，娄底市区块链不动产信息共享平台上线启用，并发放全国首张区块链不动产电子凭证。

【招商引资】2018年，娄底市水府示范片万宝新区围绕五大产业，针对性开展招商引资，拜访和接洽客商200余批次，京东、华为云、绿地等20余家500强企业到新区考察。积极参加长三角洽谈周、2018年北京产业链招商大会、湘博会等招商节会。同时，新区还积极引进移动互联网、电子商务、视频直播、区块链企业。新区全年合同引资126.5亿元，内联引资81.39亿元，同比增长15%；实际到位外资6360万美元，同比增长11.48%；引进近40家总部经济企业。

【科技创新】2018年，娄底市水府示范片万宝新区积极推进企业科技创新，加快转型发展。文昌科技轨道交通制动盘达到批量生产，成为国家唯一一家生产企业；400千米/小时的高铁制动盘研制取得阶段性成果，公司总经理徐骏教授获2017年度科技进步二等奖。同丰科技与中科院海西研究所合作研发的制鞋机器人投入使用，自主研发的永磁同步皮带运输机节约能耗40%，并向国内外企业供货。兴鑫合金研制的新材料镁稀土合金产品向中国航发集团提供航空发动机材料。

【社会稳定】2018年，娄底市水府示范片万宝新区着力开展精准扶贫，投入100万元用于农新村基础设施建设，实现脱贫40户88人。完成880套棚改目标任务。开展各类技能培训5000余人次，实现新增就业1000余人。办理来信来访交办信件55件次，接待来访人员700余人，及时办理中央、省委巡视组交（转）办件29批次，未发生一起群体性赴省进京上访。持续发力抓好环保问题整改，实现中央环保督察零信访、零交办，实现好、维护好新区青山绿水的良好形象。全年未发生一起安全生产事故。　（陈　辉）

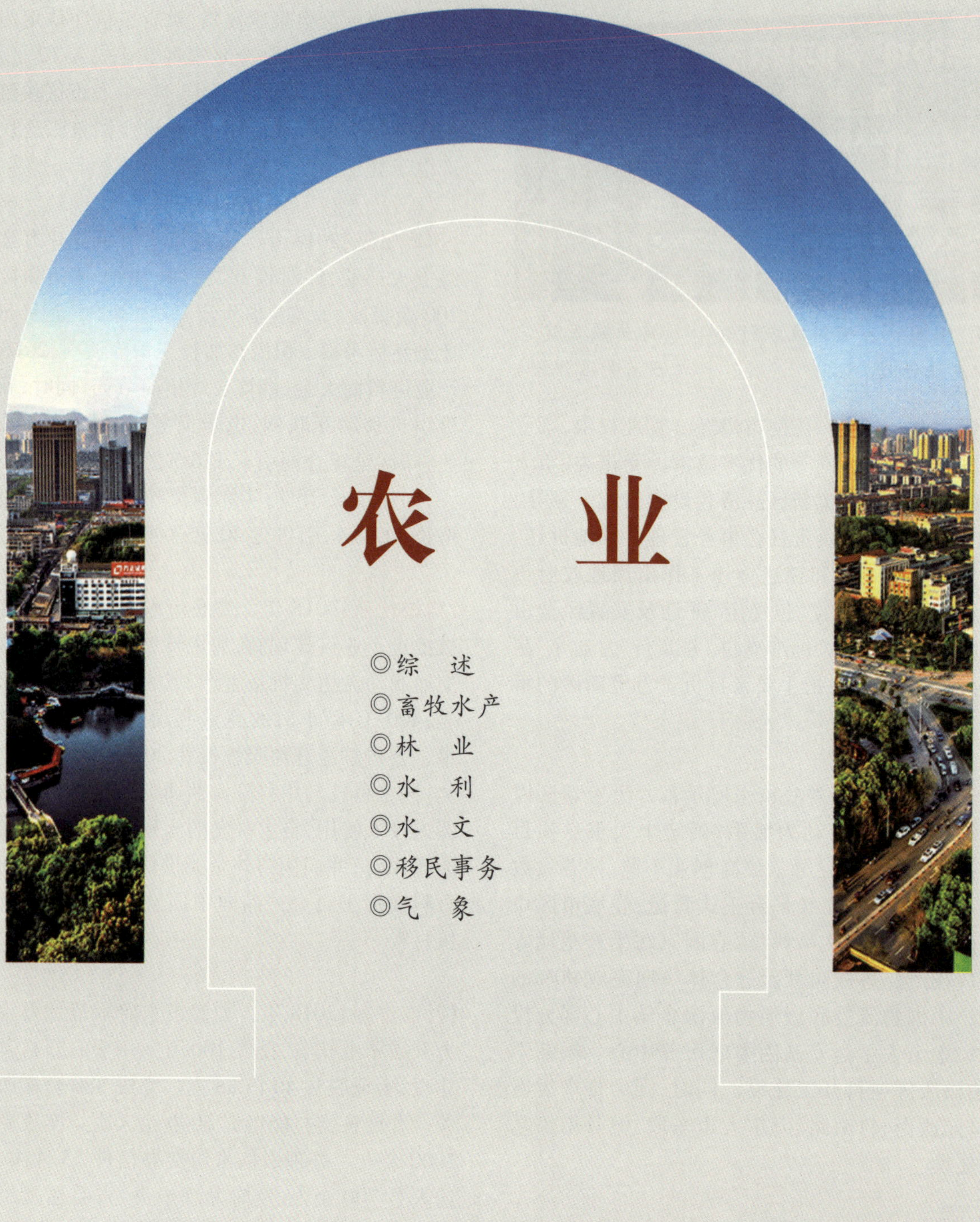

农　业

综　述

【概况】2018年，娄底市农业农村经济实现平稳较快发展。第一产业增加值全年完成151.87亿元，同比增长3.8%，增幅排名全省第一；农村居民人均可支配收入11657元，同比增长10.7%，增幅排名全省第三。涟源市深入推进农业"百千万"工程推进"六大强农行动"成效突出，双峰县农田水利设施产权制度改革典型经验做法被推广，新化县吉庆镇油溪桥村成为全国党建引领乡村治理工作典型。

全市粮食播种面积402.81万亩，总产量160.3万吨。全市经济作物全年种植面积123万亩。全市蔬菜播种面积86.35万亩、总产量164.2万吨。养殖业发展健康平稳，全年出栏生猪587.72万头、肉牛22万头、羊36万只；出笼家禽2344.6万羽，肉类总产量52万吨；水产品总量8.6万吨。初步完成171万亩水稻生产功能区、35万亩油茶生产保护区划定任务。

是年，全市减少113875名建档立卡贫困人口，223个贫困村退出，双峰县可以脱贫摘帽。娄底市《不变通不打折不走样，打出脱贫攻坚翻身仗》、涟源市《探索三化管理，落实精准精细要求》、双峰县《打造稳定增收脱贫的"发动机"》、新化县《坚决打赢脱贫攻坚这场硬仗》等典型经验在省委《工作情况交流》刊发，在全省推广。产业扶贫工作成效显著，全年实施产业扶贫项目1021个，安排资金3.31亿元，比上年增长14.5%；带动贫困人口20.9万人，其中省安排重点项目20个，重点项目资金3640万元，覆盖和带动贫困人口1.7万人；种养专业合作社和龙头企业产业基地在贫困村覆盖率分别为97.5%、65.4%；落实"千企帮千村"的市级以上龙头企业202个，对接649个村，其中贫困村233个；贫困村中带动直接发展产业的村136个，委托帮扶76个，就业帮扶21个。

【农业发展】2018年，全市农产品加工企业1287家，农产品加工业总产值437.1亿元，休闲农业企业1722家，经营收入25.63亿元，接待游客839.3万人次。全市"三品一标"有效认证总数累计123个，全国驰名商标5个、湖南著名商标34个、中国地理标志品牌7个。"一县一特"发展格局初步形成，粮食、生猪等重点产业继续调整优化，初步培育柑橘、茶叶、蔬菜、油茶、肉牛五大全市性支柱产业。全市新增农民合作社1103家，其中国家级示范社25家、省级示范社53家、市级示范社71家、县级示范社135家，入社成员12.29万户，带动非成员农户15.47万户；全市流转耕地30亩以上种粮大户3097家，流转耕地面积38.06万亩，占全市总耕地面积的13.2%，其中流转耕地面积1000亩以上大户35家。大米、蔬菜、水果、茶叶等主要农产品生产环节合格率100%，全市无农业投入品使用事故、无各类农产品质量安全事件，同时未发生重特大森林火灾，未垮一堤一库，实现洪涝灾害零伤亡。

【项目建设】2018年，市农委牵头协调的市级重点项目3个，完成投资70335万元。3个"百千万工程"有力推进，6家企业获省百企项目支持，资金总额440万元；156个家庭农场，享受省级补贴资金282.5万元；完成1个省级优质农副产品供应基地(示范片)及4个省级示范园、14个市级示范园和35个县级示范园的创建认定，争取省级资金1400万元；双峰、新化、涟源进入项目县，省里31名专家到项目县(市)开展服务工作；3个省定美丽乡村示范创建村争取引导资金30万元，4个村获得湖南美丽乡村"示范村"授牌，奖励资金140万元，大埠桥办事处争取100万元美丽乡村建设资金。一、二、三产业融合项目成效明显，申报创建农村一、二、三产业融合发展先导区，新化县成功入围，总投资20亿元；申报双峰县为整县推进农村一、二、三产业融合发展项目，争取财政资金1000万元；申报涟源市桥头河镇为全国农业产业示范强镇，申报资金3000万元，其中财政资金1000万元；申报新化县奉家镇、冷水江市渣渡镇、娄星区杉山镇为农村一、二、三产业融合发展试点乡镇，以上3个乡镇投资3000万元。

【农村人居环境】2018年，美丽乡村建设扎实推进，60余个村实施美丽乡村示范创建，1762个行政村完成垃圾治理任务，占比93%。乡镇镇域中心"六乱"整治、乡镇机关院落专项整治、非正规垃圾堆放点整治扎实推进，农村墙体广告整治持续巩固。

【农村改革】2018年，全市88个乡镇(街道)、1887个村（居)、34101个村民小组、811571户的承包地权属调查任务完成，实测面积235.70万亩。先后完成县级自查、市级核查和数据汇交,全省率先整市将确权数据汇交到国家数据库,土地承包合同签订率97.33%,土地承包经营权证书颁发率为28.34%,新化县、涟源市确权登记颁证工作通过省级验收,冷水江市、双峰县、娄星区的工作通过市确权办代省里验收,农村土地承包经营纠纷调解仲裁工作考评得100分,为全省第1名。农村集体产权制度改革有序推进,至年底,完成全市清产核资主体任务和数据录入上报。下发《关于鼓励和支持在乡村振兴中兴办农业企业的意见》,至年底,全市农民合作社兴办公司505家。

【扶贫工作】2018年,市委、市政府出台《娄底市脱贫攻坚三年行动计划2018年实施方案》《娄底市支持深度贫困村脱贫攻坚实施方案(2018—2020年)》《娄底市扶贫领域作风问题专项治理工作方案》等系列文件,进一步加强对全市脱贫攻坚工作的统筹指导。召开全市脱贫攻坚工作暨作风建设年动员大会、健康扶贫"一站式"结算工作推进会、全市脱贫攻坚现场推进会等会议,部署脱贫攻坚工作。加强宣传培训,开通"娄底脱贫攻坚"微信公众号,大力宣传脱贫攻坚工作中出现的先进典型和感人事迹。举办"扶贫改革开放40周年""扶贫纪实"等征文活动,在《人民日报》、新华网、中央电视台等中央级主流媒体上稿249篇、《湖南日报》等省级媒体上稿1063篇、《娄底日报》等市级媒体上稿2458篇。开展分级分类培训,市扶贫办单独举办7期、联合主办9期培训班,培训2300余人次,开设"精准扶贫流动课堂"30期,广泛宣传习近平总书记扶贫开发重要论述和精准扶贫政策,发放宣传资料1万余册。开展扶贫领域作风问题全面自查自纠。针对中央、省、市督查监察发现存在的问题,建立问题清单、责任清单和措施清单,通过建章立制,堵塞制度漏洞。市扶贫办组织或参与1轮专项巡察、9轮专项督查,有效发挥"指挥棒"作用。做好信访处置和舆情监控工作管理,全年累计办处扶贫领域信访和舆情1572次,其中收办国务院扶贫办转办信访问题5件、省扶贫办交办信访问题287件,市扶贫办一单四制交办65件,转办"我为大督查提建议"271条,接待群众来电来访1000余人次。

【粮油生产】2018年,全年粮食播种面积402.81万亩,总产量160.3万吨。水稻播种面积287.3万亩,总产量129.29万吨,同比分别减少5.6%、4.1%;旱粮播种面积115.51万亩,总产量31.01万吨,同比分别增长1.3%、1.8%;油菜播种面积52.65万亩,较上年增加3.27万亩,增长6.6%,平均亩产72.6千克,较上年增加1.6千克,增长2%。全市高档优质稻推广面积49.84万亩,较上年增加4.54万亩,增长10%,"双低"油菜基本实现全覆盖,杂粮杂豆特色彰显,积极兴办一批甜糯玉米、彩米、高粱、薏米、䅟子、大豆、油葵等特色粮食生产基地,新化县王爷山食品、白水磨、前进食品等3家企业入选《湖南省特色粮油科企名录》。全市油菜综合机械化率26%,比上年增加2%。全市水稻机耕面积266.5万亩,机插面积100.1万亩,机收面积232.2万亩,水稻耕种收综合机械化水平71.8%。全市粮油加工企业300余家,其中规模以上30余家,年销售收入亿元以上10余家,年加工大米能力万吨以上企业10余家。

【蔬菜产业】2018年,全市蔬菜播种面积86.35万亩、总产量164.2万吨,蔬菜总产值31.23亿元,主要蔬菜自给率51%。双峰县辣椒产业规模突破5万亩,涟源市以桥头河蔬菜基地为中心的蔬菜产业高效发展,新化县天门、奉家等高海拔地区为主的绿色生态环保高山蔬菜基地初具雏形,以娄星、经开区为主的万亩专业蔬菜基地势头较好。

【经济作物】2018年,全市经济作物种植面积122.5万亩,比上年增加2.4万亩。其中柑橘种植面积17.81万亩,时鲜水果34.24万亩、总产量30.6万吨,茶叶13.68万亩、产量7680吨、总产值52390万元,中药材31.36万亩,西甜瓜10.55万亩,花卉、蚕桑、甘蔗、苎麻等其他经济作物,种植面积、产量、产值在整个经济作物中所占比重均较小,种植面积、产量、产值增减幅度不明显。

【农产品加工】2018年,全市农产品加工企业1287家,同比增加19家,农产品加工业总产值(现价)437.1亿元、营业收入412.9亿元,同比分别增长17%、20.8%。企业效益不断提升,利润总额达19.8亿元,同比增长24.6%。为农增收不断增强,全市农产品加工企业从业人员5.9万人,发放劳动者报酬17.45亿元,同比分别增长7.3%和21.1%。发展新动能不断增强,完成固定资产投资19.67亿元,比上年同期增加6.5亿元,增长49.3%;全年新增国家级龙头企业1

家、省级龙头企业9家、规模以上农业企业88家。

【休闲农业】2018年，全市休闲农业企业1722家，比上年增加495家，增长40%，全年经营收入25.63亿元，同比增长20.9%；接待游客839.3万人次，同比增长15%。全市国家星级休闲农庄20家，湖南省星级休闲农庄136家。

【农业农村信息化】2018年，市农委加强与经信、商务、粮食、供销、电信、邮政等单位合作，推进农村电子商务和物流业发展，推动全市“互联网+”现代农业产业发展。抓好“12316”信息服务平台建设，“12316”“三农”服务热线网络建设基本完成。与中国移动合作，各县市区建立并升级农业短信发送平台，并为贫困户提供移动通信服务。加强农村电子商务培育。中心城区和每个县市分别建设电子商务产业园(基地)，双峰县电子商务园区是全国电子商务示范园区。全市建成县级农村电子商务服务中心5个，建成乡镇服务站和村级服务点4170个，基本解决电子商务进农村瓶颈问题。加强农业物联网建设，应用于水稻、蔬菜、水果的生产和畜禽养殖上。加强物流网络建设，在全市设置便民服务站点3000个，基本覆盖所有乡镇和村。

【农业面源污染防治工程建设】2018年，全市6个农业面源污染防治工程建设项目基本完成，成效良好。清洁生产方面，“五项技术”推广入户基本完成，完成840人次技术培训，完成测土配方施肥2611亩，完成统防统治2591亩，安装频振式杀虫灯20个，完成秸秆资源化利用2231亩，建设生态拦截沟708米。清洁生活方面，完成农业投入品废弃物收集池5座，废弃物发酵处理池1座，生活污水净化池75套，物业管理站1个。清洁庭院方面，完成建设户数47户，户用有机废弃物堆沤池5个，垃圾桶72个，公共垃圾池14座，改水112户，改厨200平方米，改厕100平方米，改栏720平方米，改院320平方米。管理机制及宣传方面，每个项目安排不少于2名保洁员，制定村卫生公约、村民卫生管理章程等相关制度，制作40块宣传标牌，发放宣传技术资料600余份。

【农产品质量安全】2018年，全市农产品安全合格率水平稳中有升，连年无农产品质量安全事故。全市新增无公害农产品生产基地14个、绿色食品基地10个，监测面积3.33万亩，湖南省富晶生态农业科技发展有限公司蓝莓基地被确定为“湖南省绿色食品示范基地”。涟源市获“省级农产品质量安全县”称号，全市6个乡镇农安站新列入省级乡镇农安示范站建设单位。

【种子市场监管】2018年，全市各级种子管理部门深入开展种子市场检查，以水稻、玉米、油菜种子为重点，春季检查种子经营门店280家，市场抽检水稻、玉米、蔬菜等种子样品198个，经检测合格率97.1%，发现违法违规行为11起，移交执法立案查处5起，查获涉案种子800千克，涉案金额4万余元。秋季检查门店313家，检查覆盖率85%，抽检油菜样品50个，绿肥样品1个，经检测合格率100%。

【农业技术】2018年，全市推广专业化统防统治面积121.6万亩，新建9个省级标准化区域服务站，绿色防控示范面积81.6万亩，全市病虫害发生总面积891.59万亩次，防治1040.99万亩次，总体病虫为害损失率控制在5%以内，单个病虫害损失率控制在2%以内，化学农药使用量1300.1吨，比上年减少5%。加强植物检疫工作，阻止柑橘黄龙病等重大疫情蔓延到境内。参与城乡建设用土增减挂钩项目、旱改水项目质量评定，评定面积2814.4亩，出具评定报告12份。查处一批非法占用和损毁耕地的案例，出具耕地质量损毁鉴定报告9份。完善耕地质量监测体系和土壤墒情监测工作，编制2017年大田监测数据库、耕地质量监测和耕地质量等级报告，强化对70个省级大田质量监测点和2个国家级大田质量监测点的日常监测和管理，对2个国家级大田建立永久性标牌。在全市范围内开展肥料市场专项整治行动15次。推进化肥零增长行动，全市实施测土配方施肥技术面积441.57万亩，制定配方25个，建立标准化配肥网点70个，制作施肥建议卡，确保建议卡入村率100%，推广配方肥6.11万吨，实施秸秆还田213.8万亩，推广缓释性肥料、生物肥料、水溶性肥料等新型肥料面积15.3万亩，推广量3516.65吨。全年种植业新认证产品41个，“三品一标”有效认证总数累计123个(无公害农产品72个，绿色食品50个，地理标志农产品1个)，年实物总量6.8万吨，“三品一标”监测种植面积26.33万亩。参加省推广总站组织的基层农技人员培训207人次，县市区培训基层农技骨干和农民5000人次，印发培训资料4万份。全市示范推广再生稻20

万亩，“水稻+”综合种养 43.67 万亩，县(市、区)主要粮食作物的主推技术到位率 95%以上。

【种子技术推广】2018 年，市农委将冷水江沙塘湾办事处清塘村确立为水稻新品种示范点，联系落实袁氏高科等 5 家种业公司，示范种植袁两优 1000、C 两优 513、创两优丰占等 13 个水稻优良新品种，与冷水江市种子站合作开展小区展示和大田示范，组织现场观摩。根据市场需求尝试开展再生稻示范，争取示范片项目，落实 100 亩基地，帮助经开区种粮大户示范种植再生稻新品种两优 566 获得优质高产，经初算亩产 1800 余斤。全市展示示范新品种 110 个，创历史新高，其中早稻 21 个，中稻 59 个，晚稻 12 个，玉米 18 个。全市开展水稻生产试验品种 19 个，区域试验品种 107 个。（龙略滔）

畜牧水产

【概况】2018 年，娄底市畜牧水产局内设 8 个科室，下辖 8 个二级机构，在职职工 100 人。是年，娄底市畜牧水产局积极践行新发展理念，坚持稳中求进总基调，按照高质量发展要求，以实施乡村振兴战略为总抓手，围绕养殖业供给侧结构性改革主线，大力推进养殖业转型升级。产业结构调整、养殖污染防治、动物防疫、质量安全监管等各项工作开展有序，取得较好成效。5 月，涟源市成功申报国家畜禽粪污资源化利用整县推进项目，获得中央财政支持资金 4500 万元。

【产业发展】2018 年，娄底市出栏生猪 587.72 万头，存栏 310.82 万头，同比下降 5.39%；出栏肉牛 22 万头，存栏 48 万头，同比增长 6.7%、2.2%；出栏羊 36 万只，存栏 38 万只，同比增长 5.63%、3.43%；出笼家禽 2344.6 万羽，同比增长 2.13%。肉类总产量 52 万吨，同比增长 1.2%；水产品总量 8.6 万吨，同比增长 2.4%。两黑产业持续向好。黑猪产业方面，继续加大“湘村黑猪”扶持力度，新化“广益康”、双峰“黑加宝”黑猪品牌逐步铺开销售渠道。全年出栏黑猪 30 万头。黑牛产业方面，全面推动湘中黑牛品种培育工作，全市投放安格斯种公牛 14 头，完成黄牛冷配 1.7 万胎次，自然交配 0.46 万头，牛良种及杂交改良面 50.2%。全市存栏能繁母牛 21.19 万头，全年出栏黑牛 6 万头。大力推广稻田综合种养健康养殖生态模式，全市稻田养鱼面积 25 万亩，其中模式化稻田养鱼面积 10 万亩，产量 1.2 万吨。积极开展产品地理标志申报，新化柴火腊肉和新化“东岭田鱼”列入国家地理标志后备库名录。

【动物疫病防控】2018 年，娄底市畜牧水产局贯彻落实“政府保密度、部门保质量”的免疫方针，禽流感、口蹄疫、小反刍兽疫等重大动物疫病免疫密度均为 100%，群体抗体水平合格率 70%以上。兽医社会化服务体系全面铺开。涟源市、双峰县、娄星区实现兽医社会化服务全覆盖，冷水江市过半乡镇完成。严格产地和屠宰检疫。全市产地检疫生猪 299.1 万头、牛 12.9 万头、羊 12.5 万只、家禽 274.9 万羽，屠宰检疫生猪 35.6 万头、牛羊 3.8 万头(只)。全力以赴防控非洲猪瘟疫情。11 月 6 日，涟源市发生非洲猪瘟疫情后，娄底市立即启动 I 级应急响应，果断处置，迅速将疫情扑灭。疫情处置过程中，疫点周边 3 千米范围的 3725 头生猪全部扑杀无害化处理。疫区全面封锁，禁止受威胁区的生猪移动。在疫区设置临时消毒检查站 16 个，检查进出人员 2.1 万人次、车辆 1.5 万台次，对所有进出人员、车辆和总面积 85.8 万平方米的场所进行了全面消毒。大力开展溯源调查，市防指成立非洲猪瘟案件查办指挥部，抽调公安、食药、畜牧等部门精干力量对疫情线索追根溯源，进行追责问责。12 月 23 日，涟源市按相关规定，顺利解除疫区封锁，全市非洲猪瘟防控工作取得阶段性成效。

【养殖业污染防治】2018 年，娄底市畜牧水产局大力推进畜禽规模养殖场粪污处理设施建设。全市畜禽规模养殖场 1207 个，完成畜禽规模养殖场粪污处理设施装备配套建设 998 家，配套率 82.6%。大力推进畜禽废弃物资源化利用整县推进项目，双峰县、新化县和涟源市获得国家项目资金 1.415 亿元。全市粪污资源化利用率 75.9%。

【质量安全】2018 年，娄底市畜牧水产局全面推进兽药追溯体系建设，在全市 94 家兽药经营企业统一安装扫码器并联网，将兽药进购、销售、存量等数据上传省局监管平台，实现大数据管理。完成新化县国家级农产品质量安全示范县和冷水江市省级畜禽水产品质量安全示范县创建工作。创建省验收达标兽药经营标准化示范门店6家，建设市验收达标规模养殖场标准化药房40个。积极开展畜禽水产品抽样和风险监测。全年农业农村部和省畜牧水产局在娄底开展风险监测和例行监测268批次，养殖环节合格率100%。市级抽检2200批次，县市区日常监测和排查“瘦肉精”尿样18000多份，所检各项目均合格。推进乡镇畜禽水产品快速检测体系建设。在娄星区蛇形山镇、涟源市六亩塘镇新建成快速检测室2个。严格屠宰资质审定，全市6家A类定点屠宰企业全部经由畜牧、环保部门联合验收合格，获得定点屠宰许可资质，屠宰企业行为进一步规范。治污、卫生状况明显好转，猪肉质量安全保障水平显著提升。开展专项整治行动，对养殖业违法行为进行重点查处和严厉打击。全年查处违法案件81起，其中屠宰案件27起、动物卫生监督案件49起、兽药案件4起、饲料案件1起。

【水域环境和渔业资源保护】2018年，娄底市畜牧水产局组织各类水生生物人工增殖放流活动3次，投放青鱼、草鱼、鲢鱼、鳙鱼等大规格鱼种1万尾、夏花鱼种2500万尾，银鱼受精卵1亿粒。在资江水域新化、冷水江段继续实施禁渔期措施，涟源市开展春季禁渔。禁渔期内发放宣传资料2.2万余份，悬挂宣传横幅463条，订立永久性宣传牌110块，张贴禁渔通告2000余份，电视新闻宣传报道28次。严厉打击非法捕捞行为，捣毁背包式打鱼机140台，收缴电鱼船18艘，取缔抬罾518部，迷魂阵14908米，查办违法案件28起，移送司法机关8起，有效保护水域环境和渔业资源。

【项目资金管理】2018年，全市主要组织申报和实施现代农业特色产业园省级示范园、南方现代草地畜牧业推进行动等重点项目4个，项目总投资1000万元，其中中央扶持650万元。畜禽粪污资源化利用项目1个，项目总投资7000万元，其中中央投资4500万元。小型渔业标准化养殖扶持10余个，总投资5000万元(其中上级财政资金700万元，自筹资金4300万元)。全年完成项目总投资1.3亿元，争取中央扶持资金5850万元。加强项目资金监管，制定《市本级畜牧生产发展资金管理办法》，签订《2018年专项资金廉政管理目标责任状》。在项目申报实施上，严格落实项目储备申报和项目分配“两公示”制度，在项目检查、验收上，严格按照“项目申报以业务科室为主，项目检查以综合科室为主，互相监督，交叉检查”的方式，实行养殖业项目资金综合检查。所有养殖项目管理规范、运行正常、资金安全、手续完备、程序到位。（潘文武）

林 业

【概况】2018年，娄底市森林覆盖率稳定在50.25%，活立木蓄积量1571.23万立方米，林地面积618.26万亩，湿地保护率79.64 %，林业总产值268亿元；完成人工造林15.01万亩，其中营造良种油茶林3.35万亩；完成义务植树1096万株；联村建绿189个村，筹措资金5035万元，栽植大苗134万株；完成退化林修复10万亩，封山育林12万亩，森林抚育24.5万亩。全市森林旅游人数159万人次，森林旅游总收入47亿元。

“一江三水”流域退耕还林还湿试点全面铺开。在全省率先出台《娄底市“一江三水”流域退耕还林还湿试点工程绩效考核评分标准》，6县市区完成退耕还林还湿试点面积2406亩，占省定任务1800亩的134%，全省退耕还林还湿试点工作会议推介娄底经验做法。水府庙国家湿地公园调规通过国家林业和草原局评审，为水洋新区建设加速推进做出贡献。

锡矿山生态修复持续推进。5月全省难造林地无人机精准飞播造林试点启动仪式在锡矿山举行，年度新造林2500亩，2011年以后累计造林4.2万亩，其中抗污树种1.45万亩。

【森林生态保护】2018年，森林防火方面，购置一批50万元灭火设备，发放到5个重点乡(镇、场)。面对高火险气候的严峻形势，采取超常规措施，抓实森林防火，全年发现林火卫星监测热点10个，发生森林火灾8起，过火林地面积118.28公顷，受害森林面积29.28公顷，远低于省控指标，没有发生重特大森林火灾和人员伤亡事故，获评2018年度全省森林防火责任目标管理优秀单位。林业有害生物防治方面，突出抓好松材线虫病防治工作，全市主要林业有害生物发生面积24.05万亩，发生率4.7%，成灾率0.6‰，远低于4‰省控指标。林地保护监管方面，狠抓采石取土场整治工作，大力宣传林地管理政策，重点督办涟源市、娄星区、双峰县3个县(市、区)的采石场。在全市启动“绿剑2018”专项打击行动，重点打击毁林开垦、采石挖沙、开矿建厂中的非法占用林地行为。

【生态惠民】2018年，累计争取中央、省级财政资金1.7亿元，按时足额兑现公益林补偿资金5778.33万元，退耕还林资金2334.89万元，天然林保护资金696.26万元，惠及农户23.2万户。选聘生态护林员1222人，每人每年工资1万元，精准带动约4000人增收和稳定脱贫。

【林业产业】2018年，新增双峰县中南神箭竹木有限公司获国家林业重点龙头企业称号，林业产业“海人及图、中南神箭”获国家驰名商标，新化县绿源林下经济产业园、冷水江市汇美天下珍贵花卉苗木产业园、涟源市湄江湖经济林产业园3个产业园获得省林业局正式授牌。对8个国有林场进行摸底调查，争取省林业厅林区道路养护资金90万元，9个森林公园道路全部纳入养护范围。加快新化县国家级林下经济示范基地建设，重点打造“新化林下黄精”品牌。湖南省黄精高峰论坛在新化县举办，新化黄精获国家地理标志。毛易林场获得全省2018年度十佳林场，大熊山森林公园获得全省2018年十佳森林公园。

（李丽文）

【锡矿山复绿植绿】2018年4月，娄底市委、市政府决定打一场锡矿山区域环境综合治理攻坚战，确保湘江流域保护和治理“一号重点工程”顺利推进。市林业局在选择抗污树种女贞、柏木、构树、七里香的基础上，筛选新的植物类型和品种，尤其是选出具有较高经济效益的抗污树种如油桐、光皮桦等；与湖南省林科院协同合作，在抗污树种选育示范基地开展白蜡虫放养试验。是年，锡矿山区域完成植绿复绿2500亩。核心区域矿办光荣社区、七里江、艳山红、七星等居委会完成造林1200亩，主要为柏木、石楠、女贞、七里香等抗污树种，造林成活率90%以上，其中，重点项目光荣社区生态修复植树造林总面积811.7亩，栽植大规格大叶女贞、柏木、栾树、木荷、刺槐、七里香等6个品种抗污防护树种。非核心区域范围通过发展油茶产业等完成植绿复绿1000亩，发展其他产业植绿复绿300亩。（彭慧娟）

【创建国家森林城市】2018年6月1日，市委常委会原则同意娄底创建国家森林城市。7月13日下午，市委主要领导赴原省林业厅对接国家森林城市创建工作。7月31日，市人民政府向省林业厅提交《娄底市关于申请创建国家森林城市的函》。9月10日，省林业厅复函娄底市人民政府，国家林业和草原局同意娄底正式启动国家森林城市创建工作。（李丽文）

【涉林采石场专项整治】2018年，市林业部门开展涉林采石场专项整治，严厉打击采石场非法使用林地行为。4月，市林业局对全市采石场突出问题进行深入调研，撰写书面报告上报市政府，8月，市林业局组织两个核查组对涟源市54个林地(包括采石场)、采伐异常图斑进行现场核查，进一步交办核实。8月14日，市政府召开全市采(碎)石行业专项整治动员大会，出台《娄底市采(碎)石行业专项整治实施方案》，以及包括林业部门在内的6个部门整治标准。随后，市林业局根据市政府整治工作实施方案，出台《关于开展全市涉林采石(砂)取土场专项整治工作实施方案》及林业部门采石场联合会审制度，并召开推进全市采石场整治工作调度会。市森林公安局在全市启动“绿剑2018”专项打击行动，将毁林开垦、采石挖沙、开矿建厂中的非法占用林地行为作为打击重点，11月，对全市采石场破坏林地行政处罚案件进行专项督查，并下发采石场破坏林地以罚代管问题整改专项督查通报。截至12月底，涉林采石场案件立刑事案件13起，移送起诉12起，其中市森林公安局直接查处3起，移送起诉2起。全市有5家采石场重新申办、取得合法使用林地手续，全市涉林采石场实现从抗拒处罚到接受处理，从抵触申办手续到积极申请办理手续，从单纯追求经济效益到注重生态修复等三大转变。

（刘成明）

水　利

【概况】2018年，娄底市分布资江、湘江两大水系，境内大小河流519条，有水府庙、柘溪两个大型水库库区，建成各类水库756座、水闸1975座、山塘13.57万处、固定电灌站4084处，蓄、引、提水总量达到13亿立方米，农村水电站151座；万亩以上灌区45个，其中白马灌区为大型灌区。

是年，核定市水利局内设机构9个，市防汛抗旱指挥部办公室、市水政监察支队、市河长制办公室按内设机构实施管理。局直属事业单位7个(市水利水电勘测设计院、市防洪工程建设管理处、市农村饮水安全水质检测中心、湖南省水土保持监测总站娄底分站、市河湖管理中心、市水利综合信息中心、市水利水电职工培训中心)，编制94名，其中机关编制25名(含3名后勤服务全额拨款事业编制)，设局长1名、副局长3名、总工程师1名；正科级领导职数10名(含机关党委专职副书记1名)，副科级领导职数7名。娄底市水务投资公司与防洪工程建设管理处实行两块牌子、一套人马。“芙蓉杯”水利建设位列全省第六，全面推进河长制工作位列全省第七。

【防汛抗旱】2018年，娄底市上下严格落实“安全第一、常备不懈、以防为主、全力抢险”的工作方针，市、县、乡三级党政主要领导安排部署，靠前指挥，各级各部门紧密配合，全市上下及早落实抗灾准备，提前强化防范措施，实时会商研判，启动应急响应，突出工程减灾，精准调度雨洪资源，成功应对6次较强降雨过程，科学应对全市干旱天气，最大限度减轻洪旱灾害损失，取得洪涝灾害零伤亡、未垮一堤一坝一库、未发生重大灾险情的全面胜利，圆满实现市委、市政府确定的年度防汛抗旱工作目标。

【水利建设】2018年，娄底市以项目建设为总揽，加速实施水利项目建设。全年争取中央及省级资金5.2亿余元；完成年度水利建设投资11.03亿元，同比增长12%。解决8.6314万建档立卡贫困人口饮水安全问题，全市建档立卡贫困人口基本实现饮水安全。独创性地开展山塘清淤三年行动计划，全市清淤骨干山塘6112口，完成投资1.8亿元。全面实施湘江资江流域截污和水体治理，启动“一江三水”生态廊道建设，年度完成12千米。建成高效节水灌溉面积3669公顷。中央财政农田水利建设项目、农田灌排骨干工程建设与配套改造、电站增效扩容改造、小水电扶贫工程、国家水土保持重点治理项目推进明显。14个四水治理及中小河流治理项目建设，新化县曲尺岭水库新建工程、4座新出险病险水库除险加固工程建设加快推进。

【水利管理】2018年，娄底市紧紧围绕水生态文明建设方略，以全面推行“河长制”为抓手，以改善水环境质量、控制水资源使用总量为核心，坚持综合施策，严格考核问责，持续推进湘江保护与治理第二个“三年行动计划”，圆满完成水资源管理年度目标。继续推进重要饮用水源地安全保障达标建设，全面开展水功能区水质监测，全市重要水功能区断面水质达标率达95%以上。继续在市直机关单位中开展公共机构节水型单位创建活动，12家单位完成创建。全面完成无证取水、有证违规取水、自然保护地内非法设置排污口和规模以上入河排污口规范等问题的清理整治。以“世界水日”和“中国水周”为契机，通过电视台、报社、网络等媒体，多渠道开展水资源节约、利用和保护的宣传教育，营造全社会关心、节约和保护水资源的浓厚氛围。

围绕科学管水，纵深推进河长制。四级河长体系全面建立。市委书记、市长任第一总河长、总河长，市委、市政府领导担任12条河流的市级河长。各县(市、区)设县级总河长12名、河长91名，乡镇级总河长176名、河长832名，村级河长1843名，实现境内河流河长制全覆盖。全市四级河长巡河十万余人次，市级河长交办整改问题185个。河流管护水平全面提升。全市所有市、县级河流都按要求建立了“一河一档”，落实河道保洁员或专管员1982人，做到“条条河流有人管、村村都有保洁员”。在全省开展“四整治一清理”专项行动，清查“四乱”问题 197个、整改完成192个，问题销号比达到97.5%。爱河护河氛围全面形成。出台《市级河长责任联系单位工作规则》《河长制联合执法制度》。组建十二支“河小青”志愿服务队，广泛开展各类巡河护河行动，鼓励社会公众参与水环境保护，营造“全民护河”的良好氛围。

围绕依法治水，加强水行政执法。高标准落实水行政执法巡查制度。全市巡查河道长度9909千米，巡查水域面积3273.7平方千米，巡查监管对象662个，自2017年以后，出动巡查车辆1400余台次，执法人员4200余人次，立案查处水事违法案件65件，行政处罚65人，调处水事矛盾纠纷100余起，制止涉水违法行为312起。

围绕安全第一，安全生产工作实现“零伤亡”。采取“四不两直”方式，开展多轮汛期大检查和安全督查，对存在的问题及时下达安全隐患整改通知书。是年下达23份整改通知和1期督查通报。严格实施重大隐患“一单四制”的原则，对全市所有在建水利工程和水库、电站、水厂等运行工程全面排查安全隐患。

【水利改革】2018 年，娄底市深化行政审批制度改革，加快推进简政放权和“放管服”改革，下放原属市本级的 119 项管理权限；市级行政审批由 14 项精简为 9 项，全部承诺“只跑一次”；梳理完善涉及水利部门的 190 项政务服务事项，删除 16 项。推进农业水价综合改革，市级层面建立农业水价综合改革联席会议制度，启动农业水价推广改革的调研工作；完成 2200 公顷农业水价综合改革面积任务。深化水利工程建设与管理改革，强化标后管理，严厉打击施工转包和违法分包；建立质量监督、安全生产以及标后履约“三线并行”监督管理新机制；印发《娄底市水利工程建设项目招标投标监督管理实施细则(暂行)》。

(陈　萍)

2018 年娄底水利局先进集体(先进个人)一览表

表 42

获奖集体(个人)	奖励名称	颁奖单位	颁奖时间
李　遐	全省脱贫攻坚先进个人	省委、省政府	2018 年 10 月

水　文

【概况】2018年，湖南省娄底水文水资源勘测局(娄底市水文局)按照省水文局党组“基础工作做细、管理工作做严、党建工作做实、重点工作做好”的要求，围绕防汛抗旱，水环境监测，水资源管理等相关职能，为国家搜集资料，为地方政府做好服务，强监管、补短板，履职尽责，持续推进水文转型升级。

【水情预报】2018 年，娄底市年平均降水 1229.6 毫米，比历年均值 1488.9 毫米偏少 17.4%。1 月资水干流冷水江站出现建站以后最低水位(165.39 米)、最小流量(16.0 立方米每秒)，新化站出现建站以后最低水位(156.82 米)，涟水干流娄底站出现建站以后最小流量(0.75 立方米每秒)。发布“6·20”双峰锁石、“8·16”新化白溪洪水蓝色预警 1 次、洪水黄色预警 1 次，发布“7·27”全市枯水黄色预警 1 次。报送防汛抗旱分析材料 170 余份，向省局人工发报 1000 余份，拦截错报 3 份，发报正确率 100%，10 分钟到报率 99.9%。修改奇异值 30 余站次。

【水文监测】2018 年，市水文局争取 60 万元专项资金用于汛前准备和安全生产工作，添置 10 台流速仪等防汛物资器材，开展各项内外业水文测验准备工作，层层签订安全生产责任状。完善《高洪应急监测预案》，开展应急监测实战演练，全市各站点均监测到全年雨水情过程，开展 2 次水文监测资料网上审查和评定，完成定线整编和中小河流测站任务书修编。完成国家基本水文(位)站、中小河流站高程基准统一至 85 国家高程基准水准测量。

【水环境监测】2018 年，市水文局开展全市 37 个水功能区、饮用水源地、跨区域水质断面日常水环境监测，监测评价河长 394 千米，收集水质信息 1 万余条；对全市 3 个新增县级饮用水源地和娄星区等 3 处地下水监测井开展水质监测；对全市范围内日供水规模 200 吨以上水厂 35 处和中心城区日供水规模 20 吨以上水厂 86 处，进行 2 次水质检测；对全市范围内 72 个规模以上入河排污口点进行 4 次水质检测。对境内涟水河每月都进行多次监测，贯彻中央环保督察反馈问题整改工作会议精神。编制《娄底市水资源质量监测状况通报》12 期，编制《娄底市农村安全饮水水质通报》6 期，编制检测报告 200 余份。加强培训考核，确保持证上岗双人率 100%；规范管理，建立药品室监控系统；委托专业有资质公司对实验室废液进行处理；参加国家认监委、水利部、长江委、省局组织盲样考核 16 次均合格。应对 1 月涟水钢索桥死鱼事件、涟水大埠桥街道和家村突发性水污染事件，以及双江钒矿污染、蛇形山集体中毒等事件，开展应急监测和污染源调查评估，及时为上级和领导科学决策提供精准数据。

【水资源管理】2018年，市水文局编制《2017年娄底市水资源公报》《2017年双峰县水资源公报》《2017年娄星区水资源公报》，配合市水利局对娄底境内各行政区实施最严格水资源管理制度进行考核评价。

【设备维护】2018年，市水文局建立维护团队，全年设备维护319站次，水文站点正常率98%以上，山洪预警站点正常率85%以上。修复冷水江站ADCP故障和双峰站缆道故障。完成27个站点改造、新化站升级改造建设项目竣工验收、冷水江老站院修缮、邹家滩站异地重建等项目。

【水文科研】2018年，冷水江(二)站测验方式改革分析方案得到省水利厅科技项目立项。开展涟源水文(二)站坝上水位与基本水尺断面流量关系的分析工作，寻求新的测验方式。做好"基于气象模式的涟水流域洪水预报和水库联调""资水流域中小尺度洪水预报与电站梯级调度"等省局重大科研课题的前期工作。

【宣传报道】2018年，市水文局利用报刊、网络、电视等媒体开展宣传报道，讲好水文故事，弘扬水文文化，在中国水文网、中国安全生产网、湖南水利网、《中国水利报》、《娄底日报》等媒体刊登文章近200篇。娄底电视台多次对水文应急监测演练、农村安全饮水检测、防汛抗旱、学习贯彻中共十九大精神、开展精神文明建设等进行全方位报道和宣传。开展湖南水文纪念改革开放40周年系列宣传活动，取得好的成效。落实省局网站更新改版的要求，严格实行宣传文稿审批制度，确保宣传工作质量。（刘宇飞）

2018年娄底水文局先进集体(先进个人)一览表

表43

获奖集体(个人)	奖励名称	颁奖单位	颁奖时间
湖南省娄底水文水资源勘测局	2018年度绩效考核先进单位	湖南省水文水资源勘测局	2019年4月
湖南省娄底水文水资源勘测局	2018年度社会管理综合治理考评先进单位	湖南省水文水资源勘测局	2019年3月
陈鹏、刘为国、朱熠、刘毅、何敏、李新宜、胡雪成、彭博、彭丽、陈又新	2018年度考核优秀等次	湖南省水文水资源勘测局	2019年3月

移民事务

【概况】2018年，娄底市纳入后期扶持的大中型水库移民人口319636人，其中新化县231047人、冷水江市14972人、涟源市32357人、双峰县23564人、娄星区5932人、市经济开发区11764人，涉及全市6个县(市、区)92个乡(镇、场、办事处)1613个村。是年，娄底市移民工作再上台阶，库区移民年人均纯收入达到9074元，比上年增长12%。

【移民民生改善】2018年，市移民局落实后扶直补资金和项目扶持资金3.75亿元。其中发放移民后期扶持直接补助资金1.27亿元，直补受益移民221946人；安排项目投资2.48亿元。全市全年实施整村推进重点移民村20个，安排项目121个。全市全年新开和提质改造种植基地11600亩，移民增收致富的基础进一步夯实。举办各类培训班56期、培训移民5297人次，其中农业技能培训4322人次、转移就业技能培训975人次。实施各类项目2708个，推进库区和移民安置区公路、渠道、山塘整治等基础设施建设，以及教育、文化、卫生等公益事业建设。开展移民帮扶救助及精准扶贫，实现建档立卡贫困移民脱贫5235人。

【资金项目监管】2018年，市移民局与市财政局联合出台《娄底市水库移民资金管理实施细则》，对全市移民资金管理进行源头规范和统一。推进移民资金内审、稽查、监测评估和绩效评价"四位一体"的监管机制与纪检监察工作有机结合，开展对涟源市、娄底经开区进行移民资金内审，对娄星区、冷水江市、双峰县进行稽查及对全市6个县(市、区)2017年度移民资金绩效评价工作。坚持移民资金项目"县上网、村上墙",并应用全省"互联网+监督"平台、湖南移民综合管理信息系统进行信息化监管。

【移民维权维稳】2018 年,全市接访移民信访 197 批次 435 人次,处置群体事件 15 起 174 人次,妥善处理信访遗留问题,保持库区及移民安置区社会大局基本稳定。

【整村推进】2018 年,市移民局以移民产业发展和人居环境改善为重点,自 2017 年起对全市 180 个重点移民村(移民人数达到全村人口 20%以上或移民集中安置 300 人以上)逐年实施整村推进后期扶持。2018 年全市实施 20 个,安排移民资金 3620 万元。重点村之一的新化县月弓桥村新村风貌在央视新闻联播中予以展示。

【移民先进典型宣传】2018 年,市移民局为全面贯彻落实市委乡村振兴战略,营造乡村振兴浓厚氛围,以榜样示范作用动员和激励广大移民群众的创业热情,全力推动移民乡村产业振兴,5 月至 10 月,市移民局联合湖南红网开展"娄底市乡村振兴四季歌之十佳水库移民好人家"主题宣传表彰活动。红网时刻新闻客户端和"湖南水库移民培训"微信公众号开展的网络投票宣传展示中,参与投票人数 3 万余人,访问数超过 100 万人次,取得娄底移民形象展示、"湖南水库移民培训"微信公众号推广应用多赢的效果。经过宣传发动、基层推荐、资格审查、集中宣传、网络投票、综合评审、公开公示等环节,评选出 10 个移民家庭由娄底市移民局授予"娄底市十佳水库移民好人家"荣誉称号,4 个家庭授予"娄底市十佳水库移民好人家提名"荣誉称号,并重点给予产业项目资金扶持和奖励。

(钟青锋)

2018 年市水库移民开发管理局先进集体(先进个人)一览表

表 44

获奖集体(个人)	奖励名称	颁奖单位	颁奖时间
娄底市水库移民开发管理局	2018 年度全省移民工作市州移民管理机构优秀单位	湖南省水库移民开发管理局	2019 年 1 月

气　象

【概况】2018 年,娄底市气象局以习近平新时代中国特色社会主义思想为指导,坚决落实市委、市政府和湖南省气象局党组决策部署,履职尽责,攻坚克难,创先争优,各项工作取得明显成效,全市气象工作继续向好、持续向好、越来越好。市气象局获省局目标管理优秀单位、全省气象服务先进单位、全市安全生产先进单位、森林防火先进单位、市示范学会等荣誉。是年,娄底市气象局获城镇天气预报集体综合质量一等奖,1 人评为城镇天气预报质量优秀预报员。1 人获 2018 年度湖南省气象局重大气象服务先进个人。6 人被授予湖南省气象部门党员先锋模范称号。1 人被评为 2018 年度湖南省十佳气象业务能手。3 人被评为 2018 年度湖南省气象业务工作年度优秀。1 人被评为 2018 年度湖南省气象业务年度优秀(财务)。2 人被评为 2018 年"气象科技服务年度优秀"。2 人被评为 2017 年全省人工影响天气工作先进个人。1 人被评为第五届全省优秀青年气象科技工作者。

【基础业务】2018 年,全市地面测报错情率 0.0‰,自动站数据传输及时率 99.95%,数据可用率 99.90%,全市区域站数据传输及时率 99.79%,数据可用率 99.92%,农气测报错情率为 0.0%。全年城镇天气预报质量稳步提升,24 小时晴雨预报准确率保持在 87%以上,0~5 天晴雨预报(PC)85.82 分,高温预报(PC)73.55 分,低温预报(PC)86.80 分,风向风速(PC)96.25 分。首次联合市总工会举办县级综合气象业务职业技能竞赛,对全能第一名授予"五一"劳动奖章。联合娄星区政府举办气象信息员培训,现场为参训人员安装"阿里钉钉",气象信息员活跃度 43.63%。建立气象灾害区域联防联控协作机制,组织开展 2 次夜间区域联防,召开气象灾害预警服务部门联络会议 2 次。

【气象服务】2018 年，全市平均气温整体偏高，降水量偏少，气象灾害相对集中，经历低温冰冻、干旱、大风、暴雨、连阴雨、暴雪、雾、霾等灾害性天气过程。市气象局全局干部职工全力以赴做好暴雨、地质灾害等气象防灾减灾工作，筑牢“第一道防线”。精准预报 3 月至 5 月相继出现的 5 次局地冰雹及 7 次雷雨大风强对流天气，成功应对“6·19”首场全市性暴雨天气过程、“5·30”及“8·15”局地突发性大暴雨天气过程、8 月 26—30 日连续局地短时强降水等天气过程。5 月 19 日，新化、涟源大范围冰雹，伴随大风、短时强降水及雷暴等强对流性天气，此次过程冰雹预警提前量 1 小时以上，极大限度保障民众安全。8 月 15 日夜间，新化北部大熊山、圳上等多地出现 200 毫米以上降水，暴雨红色预警服务为政府落实避险搬迁任务提供决策依据。全力做好山洪地质灾害防治、森林防火、交通气象、旅游气象等专项气象服务，与环保部门常态化开展空气污染质量预报服务，圆满完成“春运”“高考”“两会”“湘博会”等重大社会活动气象保障服务工作，“高考” 气象信息新闻发布会受到市委宣传部部长高度评价。面对 7 月上旬开始的夏秋连旱，积极开展人工增雨作业，先后协调省人影办开展飞机增雨 5 架次，组织高炮、火箭增雨作业 85 次，有效缓解全市旱情。全年累积发布各类气象灾害预警信号 307 期，制作发布《一周预报》63 期，《专题天气预报》104 期，《重大气象信息专报》4 期，通过挂机短信平台向各级领导发送预报信息 5.9 万人次。

深入开展气象为农服务，制作发布气象为农服务材料 75 期，为 375 家新型农业经营主体提供 “直通式”服务。建立和订正各作物的产量预报预测模型，为全面规划和调度粮食生产提供科学参考。与湖南省渠江薄片茶业有限公司、天鹏生态园开发有限公司和桃花源农业开发有限公司等建立合作关系。开展气候品质认定工作进一步提高产品的知名度和认可度，企业效益增长明显。全面完成涟源市 2018 年中央财政“三农”专项项目建设。

【气象现代化建设】2018 年，全市 5 个国家级气象台站全部实施综合改造，娄底站值班室启动施工，双峰站搬迁完成土地征用，涟源站搬迁完成进站道路建设与观测场的正式启动，新化站和冷水江站完成业务用房的建设，开展院内配套设施改造。双峰县“道安云”气象监测系统建设建成 2 个交通站。新化县政府同意解决“道安云”气象监测系统建设资金 62 万元。市级预警信息发布系统一期正式动工建设。加快推进新一代天气雷达建设，确定 3 个新一代天气雷达拟建设地址，编制选址报告。

【气象依法行政】2018 年，娄底市气象局积极推进“互联网+政务服务”和“一网、一门、一次”政务服务模式改革。核准防雷装置设计审核 16 项，防雷装置竣工验收 14 项，氢气球施放活动审批 4 项。积极开展气象行政执法，出动执法人员 260 余人次，下达执法文书 22 份，立案调查 3 起。扎实开展安全生产专项整治行动，持续推进安全生产“十大战役”“打非治违”“安全生产月”和 “安全生产三湘行”攻坚，组建精干力量，用时 7 个月对华菱涟钢开展安全“大体检”，为钢铁新城建设保驾护航。联合安监、教育部门开展校园防雷安全工作，随机抽查 16 所学校，发现隐患或问题 75 条。

（肖 波）

2018 年娄底市气象局先进集体(先进个人)一览表

表 45

获奖集体(个人)	奖励名称	颁奖单位	颁奖时间
贺 朝	2018 年全国气象部门扶贫先进个人	中国气象局	2018 年 12 月

工　业

综　述

【概况】2018 年，娄底工业经济呈现“稳中有进、稳中向好、稳固提质”的发展态势。全年全市规模以上工业企业实现增加值 512.9 亿元，同比增长 7.8%，高于全省 0.4 个百分点，居全省第 3 位。全部工业实现增加值 597.04 亿元，同比增长 7.55%。全年新增规模工业企业 150 户，超额完成全年新增 100 户的目标任务，规模工业总户数 857 户，去除政策性关停和退出的企业，规模企业户数创历史新高。全年全市规模以上工业企业实现主营业务收入 2178 亿元，同比增长 17.3%；完成工业税收 47.7 亿元，同比增长 34%，增速居全省第一位；实现利润总额 158.3 亿元，同比增长 38.9%；园区工业集中度不断提高，园区规模工业增加值占全市规模工业增加值的比重为 70.5%，比上年同期提升 2 个百分点。

【工业投资】2018 年，市经信委抽调精干人员成立工业招商小分队，重点围绕市委、市政府确定的千百亿产业集群发展目标，建立工业招商引资项目库和人才信息库，强化招商引资全过程服务，破解产业招商难题，助推工业转型升级。成功举办“互联网+装配式建筑产业招商推介会”“智能制造产品推介会”和“第九次湘博会”，引进工业投资项目 51 个，总投资金额 238.78 亿元，引进资金 231.4 亿元；全市工业固定资产投资同比增长 37.3%，高于上年同期 22.6 个百分点，其中工业技改投资完成同比增长 45%；列入省“重大产品创新项目”的 4 个项目，年计划投资 2.44 亿元，完成投资 2.52 亿元。电将军、艾威尔、湖南利钢、三一路机、钢宝利二期、回春堂、格仑新材等 56 个项目竣工投产，薄板深加工产业园及汽车产业配套基地、五江高科新材料、五江钛产业基地、三一渣土车等项目稳步推进。

【两化融合】2018 年，市经信委加强信息基础设施建设，至年底，全市累计建设 4G 移动通信基站 8000 站，全市 1835 个行政村 4G 网络覆盖率和光纤通达率全覆盖，全市家庭宽带接入能力 200Mbps 以上；全年电信业务总量完成 130.8 亿元，同比增长 48%；全市固定家庭宽带以及移动 4G 宽带普及率达分别为 64.4% 和 62.8%。通过积极组织向上级申报项目，2017 年、2018 年娄底连续两年被列入工信部电信普遍服务试点城市，获得国家扶持资金 2400 余万元。城市有线电视网双向网改率为 100%。两化融合步伐加快，以三一中兴液压为代表的一批数字工厂、数字车间相继建成，280 余户企业进入全省两化评估，50 户企业达到集成提升。“智慧娄底”建设加速推进，娄底企业 “上云”4000 余户，“云上娄底大数据中心”、“互联网+政务服务”、智慧城管、智慧水利、社会治理网格化服务平台等子系统的建设稳步推进，信用信息共享交换平台投入使用，“互联网+政务”服务一体化平台在 6 月 30 日上线运行，娄底被评为“2018 中国智慧城市创新奖”。

【供给侧结构性改革】2018 年，市经信委严格落实“三去一降一补”政策，依法依规淘汰落后产能。全年关闭煤矿 22 处淘汰产能 133 万吨，仅留存煤矿 74 处，产能 660 万吨左右；拆除 10 台 3 吨以下冲天炉，关闭 3 家铸造厂、1 家锅厂、1 家造纸厂；严厉打击“地条钢”，对 2 家企业利用铁合金场地生产地条钢的生产设备全部拆除。

【营商环境】2018 年，市经信委完善政策，着力营造良好营商环境。3 月 19 日，成功举行全市民营经济发展大会，表彰一批优秀民营企业，出台《关于促进民营经济高质量发展的若干措施》和《娄底市实体企业技改创新奖补制实施细则》，并且明确提出“全国地级城市出台的支持鼓励民营企业发展的普惠性政策，只要不违反法律法规和国家、省有关政策规定的，在我市可参照执行”，全市的营商环境得到极大优化。强化保

电将军新能源产业园　　　　（市经信委供图）

障，着力破解企业发展难题。联合中国人民银行娄底支行开展应收账款融资活动，向市建设银行引荐50多家优秀民营企业及项目进行贷款融资，缓解企业融资难题，一季度向省里推荐了45家“白名单”优秀企业。全年全市争取中央和省级工业产业项目资金1.9亿元，居全省前列；兑现税收增量奖补资金2781万元，居全省第二位；积极推进直供电改革，组织305户企业参与电力直供交易，为企业减轻负担7.06亿元，受惠额居全省第二位。减税降费，积极减轻企业负担。清单管理进一步完善，协同市发改委、市财政局及时更新公布2018年《娄底市涉企行政事业性收费目录清单》《娄底市政府性基金目录清单》《娄底市涉企经营服务性收费清单》《娄底市政府定价的涉企行政审批前置服务收费清单》，下文发布《娄底市涉企保证金清单》，调整更新15个单位部门的行政性收费目录清单、10个单位部门涉企行政事业性收费目录清单和11项政府性基金目录清单；取消交通运输局的破损公路及公路设施赔补偿费和公路占用费1项行政事业性收费。做到清单之外无收费，清单之内按规定收费，提高政策透明度，有效制止乱收费。同时，全面推进结构性减税和普遍性降费政策，切实降低企业税费、社保负担和用能、物流、用地等成本，全市全年减轻企业各类负担约35亿元。

【重点行业】2018年，全市年产生铁1015.6万吨，同比增长6.9%；年产粗钢1203.4万吨，同比增长14.2%；年产钢材1328.7万吨，同比增长6.2%；黑色金属冶炼及压延加工业增加值班同比增长6.7%。全市年产原煤641.4万吨，同比下降3.2%，年产焦炭422.1万吨，同比增长3.0%，煤炭开采及洗选业全年实现增加值班同比下降18.2%。全市年产锑品5.72万吨，同比下降1.7个百分点，实现增加值与上年度持平。全市年产氮肥4.56万吨，同比增长7%，年产纯碱16.66万吨，同比增长7.1%，化学原料及制品制造业实现 增加值同比增长1.8%。全市年产水泥1265.4万吨，同比下降5.1%。全市专用设备制造业实现增加值同比增长2.9%，通用设备制造业实现增加值同比增长25.7%，其中汽车制造业同比增长12.9%。是年，全市发电量159.1亿千瓦时，同比增长17.6%，其中，火力发电146.6亿千瓦时，同比增长20.4%；水力发电8.5亿千瓦时，同比下降18.5%；风力发电3.4亿千瓦时，同比增长13%；光伏发电0.75亿千瓦时，同比增长458.5%。全市全社会用电量为142.6亿千瓦时，同比增长9.7%，其中工业用电101.6亿千瓦时，同比增长9.2%。（张杰军）

2018年市经信委先进集体（先进个人）一览表

表46

获奖集体（个人）	奖励名称	颁奖单位	颁奖时间
市经信委	全省落实促进工业高质量发展成效明显的市、县市区：娄底市排第三位。	省人民政府	2018年
市经信委	湖南省2018“中国创客”优秀组织单位	省经信委	2018年
市经信委	全省电力行政执法示范单位	省工信厅	2018年
市经信委	全省工业经济运行监测先进单位	省工信厅	2018年

国网娄底供电公司

【概况】2018年，国网娄底供电公司坚决贯彻落实娄底市委、市政府和国网湖南省电力有限公司党委决策部署，团结奋进，真抓实干，大力推进改革发展，积极有效应对各类考验，较好完成年度目标任务。全年完成售电量87.53亿千瓦时，同比增长14.16%。电网最高负荷174.5万千瓦，创历史新高。公司获“全国模范劳动关系和谐示范企业”。

【安全生产】2018年，国网娄底供电公司成功应对雨雪冰冻、持续高温等考验，圆满完成全国“两会”、湘博会等重点保电任务。公司实现第11个连续安全生产年，创造历史安全长周期4000天，获省公司“安全工

1月3日，国网娄底供电公司全力以赴抗击冰雪
（国网娄底供电公司供图）

作先进单位”，“技术监督优胜单位”，春、秋季安全大检查优胜单位。组织开展“安全第一责任人讲安全课”活动，获省公司市、县两级优秀课件奖，获奖数量排名全省第一位。制定实施全员安全责任清单，扎实开展领导班子和各层级主要负责人安全述职。修订完善《安全工作奖惩实施意见》，实现安全工作“权责对等、重奖重罚”。高质量完成220千伏早元变、110千伏双变整站综合治理。安全稽查大队查处现场违章140起，实现现场稽查全覆盖。

【改革创新】2018年，国网娄底供电公司严格落实省公司关于一般工商业降电价部署，降幅10.5%。持续推进电力市场化交易，释放改革红利1.01亿元。省属国有企业和央企“三供一业”供电分离改造分别完成3.28万户和9089户，全面完成“两供一业”分离移交改造任务。深化集体企业瘦身健体，完成华泰酒店清算关闭工作，启动星源电气混合所有制改革，全面完成农服公司重组整合任务。深化基建配套改革，组建项目管理中心。成立市、县两级供电服务指挥中心，规范设置物资管理机构。完成新化“一县两公司”合并工作，实现机构、人员、岗位全融合。坚持创新引领，公司获专利3项，QC优秀成果8项，省级管理创新二等奖1项，省公司管理创新推广一等奖1项、二等奖2项，4篇卓越管理案例获评省公司年度优秀案例。

【经营管理】2018年，国网娄底供电公司加强管理穿透力建设，构建“大督办”工作体系，制定专业工作质量考核方案，全面加强重点工作跟踪督办和专业工作质量的奖惩考核。优化人力资源配置，清理规范不在岗人员。深入推进内部模拟市场建设，梳理增量效益点29个，有序开展模拟市场试运行工作。积极拓展电力市场，业扩新增客户10.23万户。狠抓增供扩销，完成替代电量2.85亿千瓦时，大力开展特殊电价整治。全面完成负损台区专项治理工作，同期台区线损合格率明显提升。全力推进源头数据治理，治理进度排名全省第2。

【电网建设】2018年，国网娄底供电公司全年完成电网投资7亿元，年度电网建设任务全面完成。高质量完成娄底“十三五”配电网滚动规划，储备配网项目8亿元。电力市场分析预测报告质量连续5年全省领先。强化设计能力建设，星源设计公司获省公司2018年第一批设计竞赛三等奖。紫云山风电110千伏送出工程、科头110千伏变电站主变扩建工程竣工投产。486个贫困村农网改造工程全部竣工，283个光伏扶贫电站实现并网发电。优化电网建设环境，促成市、县两级政府出台相关支持性文件11个。17个单体工程获省公司年度“配电网标准化示范工程”称号。娄星区万家变台区新建工程被推荐参评国网公司“百佳工程”。星源电建集团输变电分公司获2018年长沙电网建设“630攻坚”劳动竞赛银奖。

【供电服务】2018年，国网娄底供电公司优化电力营商环境，开展报装接电专项治理行动，居民、高压客户平均接电时间分别缩短至2.8天、70天。大力推动属地服务体系建设，建立属地化服务监控室，接听客户属地诉求电话，95598人工话务量同比下降15.96%。企业微信公众号绑定客户超过49万户，线上缴费率81.71%。深入推进“全能型”供电所建设，调整新增3个乡镇供电所，配齐车辆和办公设备，服务能力明显提高。开展供电质量专项整治，严格落实供电服务问题分级预警、约谈机制，逐步加大对人为责任投诉的考核力度。冷水江公司获“全国实施用户满意工程服务单位”称号。

【依法治企】2018年，国网娄底供电公司严格落实重大决策合法性审核。加强纠纷案件集约管控，被诉案件综合赔付率0.016%，同比下降4.45%，外人触电被诉案件数量同比下降50%。主动开展依法维权，避免和挽回经济损失817万元。扎实开展“接地气，求实效”廉洁巡讲活动。严格落实党风廉政建设约谈、报告、考评制度，实现各单位纪检监察负责人和县公司党政负责人约谈全覆盖。强化审计监督作用，完成双峰公司、涟源公司、星源房产公司原主要负责人离任审计。公司作为国网公司协同监督和风险防控工作专题调研点之一，代表省公司作典型经验发言。

（肖　晶）

2018年国网娄底供电公司先进集体(先进个人)一览表

表47

获奖集体(个人)	奖励名称	颁奖单位	颁奖时间
国网娄底供电公司	国网湖南省电力有限公司营销工作先进单位	国网湖南省电力有限公司	2018年1月
国网娄底客户服务中心	国网湖南省电力有限公司营销工作先进集体	国网湖南省电力有限公司	2018年1月
国网娄底客户服务中心	全国模范职工之家	中华全国总工会	2018年5月
谭　韬	全国青年岗位能手	共青团中央、人力资源和社会保障部	2018年7月

湖南华菱涟源钢铁有限公司

【概况】2018年，湖南华菱涟源钢铁有限公司(简称涟钢)坚持以习近平新时代中国特色社会主义思想为引领，抢抓供给侧结构性改革带来的市场机遇，加快产品结构调整，深化项目制攻关挖潜，推进党建与生产经营互融互促，形成“党建强、产销旺、发展好”的良好局面。全年累计产钢876万吨，生铁721.9万吨，商品坯材841.5万吨，分别较上年增长17.5%、9.5%、15.7%；实现销售收入482亿元，上缴税金19.85亿元，分别较上年增长24.5%、36%，均创历史最高水平。提前完成华菱集团下达的三年振兴计划目标，全省国有企业基层党建工作现场推进会在涟钢成功召开，公司被授予“湖南省国有企业党支部‘五化’建设示范基地”称号。

【企业管理】2018年，涟钢坚持不懈抓队伍建设，抓干部作风转变，实施各层级负责人带班制度，快速协调解决现场问题。坚持“以奋斗者为本”，对完成月度项目制目标的单位、技术经济指标进入行业前五名的工序、月产破纪录的车间以及在各类技能竞赛中名次靠前的员工及时给予激励。坚持抓重点、补短板、强弱项，聚焦产量和效益提升，调动资源着力补平工序与产线“洼地”，构建均衡高效生产格局。是年，高炉生产持续稳顺，6#、7#、8#高炉利用系数分别为2.62吨/立方米·日、2.47吨/立方米·日、2.54吨/立方米·日，炼钢高效生产持续发力，日均产钢2.4万吨，轧钢线加快生产节奏，各系统齐心协力推动全年铁、钢、材产量较上年大幅增产62.7万吨、129万吨、110.6万吨，创造新的历史纪录。深入开展对标挖潜，铁水成本较行业平均由2017年高28.41元/吨降至低40.65元/吨，进入行业前五名的技术经济指标增加至25项，推动全年“三驾马车”项目制实现挖潜创效29亿元。高效完成以6#高炉大修为代表的系列技改、检修任务，加快实施“填平补齐”项目，整体装备匹配水平进一步完善，为产品结构调整和产能发挥提供支撑。

【技术创新】2018年，涟钢持续推进质量效益型战略，产品结构调整步伐加快。全年开发取向硅钢、防弹钢、X32、LG1300QT等新品种66个，17大重点产品实现替代进口。致力打造细分市场领军地位，薄规格吊臂板国内市场份额超50%，耐磨钢在国内改装车标杆企业的市场份额增长至70%，镀锌汽车用钢等产品市场开拓取得突破，加快普材、螺纹钢结构流向调整，省内市场钢材销售比例提升至45%。产品新进入上汽通用五菱、徐工集团、上汽红岩、比亚迪、长丰猎豹等行业标杆企业，品种钢直供比例98%。全年品种钢(含VAMA基板)销量403万吨，较2017年增长34%，其中热轧品种钢同比增长37%。实现价格对标创效4.4亿元，超目标1.7亿元。涟钢获得多家行业标杆客户颁发的“卓越贡献奖”“突出贡献奖”“优秀供应商”和行业协会颁发的产品实物质量“金杯奖”“特优质量奖”等荣誉，企业品牌形象和产品竞争力不断提升。

【节能减排】2018年，涟钢加快超低排放转型步伐，全年累计投入超过10亿元，实施包括料场、烧结、焦化、炼铁、炼钢、轧钢、废气余热回收利用等主要工序在内的关键装备及环保设施升级大改造，各项环保指标达到或优于国家标准。以涟钢建厂60周年为契机，加快“花园式工厂”建设，全面实施厂区封闭式管理和厂容环境提质改造，开展“厂区交通环保步步行”竞赛，厂区环境质量和交通状况大幅改善，“绿色出行”成为新风尚。构建清洁低碳、安全高效的能源体系，形成资源减量化、排放无害化、能源清洁化、环境生态化的工作格局。实施冶金煤气、饱和蒸汽回收利用发电改造等重点节能减排项目，自发电比例从40%提升到最高时的85%，达到行业领先水平。积极打造以210—2250产线为样板的全智能化绿色制造体系，成为国内首家具备1100MPa级高强钢量产能力的企业，耐磨钢和工程机械用钢在国内自卸车市场及薄规格市场占有率跃居第一位。　（傅罗蛟）

2018年涟钢先进集体(先进个人)一览表

表48

获奖集体(个人)	奖励名称	颁奖单位	颁奖时间
湖南华菱涟源钢铁有限公司	湖南省质量信用AAA级企业	湖南省质量技术评审中心	2018年1月
湖南华菱涟源钢铁有限公司	2018年度信息工作先进单位	中国钢铁工业协会	2018年8月
湖南华菱涟源钢铁有限公司	“首钢杯”第九届全国钢铁行业职业技能竞赛优秀组织奖	全国钢铁行业职业技能竞赛组织委员会	2018年9月
湖南华菱涟源钢铁有限公司	湖南省国有企业党支部“五化”建设示范基地	湖南省国资委党委	2018年9月
湖南华菱涟源钢铁有限公司	2018年度湖南省综治工作先进单位	中共湖南省委、湖南省人民政府	2018年12月
刘圣乾、刘向群	中国钢铁行业技术能手	中国钢铁工业协会	2018年9月

湖南省煤业集团涟邵实业有限公司

【概况】湖南省煤业集团涟邵实业有限公司(简称涟邵实业公司)前身是湖南省涟邵矿务局，始建于1959年，2001年8月整体改制成国有独资的大型工业企业——湖南省涟邵矿业集团有限公司，是全国煤炭企业100强和全省工业企业100强之一。2008年9月矿区管理体制改革后更名为湖南省煤业集团涟邵实业有限公司，隶属于湖南省煤业集团。公司下辖长沙继善机电公司、湖南华泰广厦房地产公司、湖南兴宁物业管理有限公司，另有一家以37.82%的出资比例参股的湖南省娄底市联众置业发展有限公司。公司注册资本1.1亿元，在职员工200余人。主要经营范围为建筑工程施工、房地产开发，矿井建设、建筑工程设计；机械设备制造与修、建筑材料、矿山机械、电气设备、办公用品的销售，电子通信，矿山技术开发与服务等。

【房地产项目】2018年，涟邵实业公司立足房地产发展，平稳推进项目建设，先后在长沙开发“枫华府第”，“华泰尚都”（湖南律政大楼）等房地产项目，同时在娄底市以万富东街拉通为契机，打造娄底火车站至洞新市场的商业街；结合湘中园四期工程的开发，开发华泰广厦商住楼项目；建设完成蛇形山一期、二期棚改项目，洪山殿棚改项目全面开工。

【企业文化】2018年，涟邵实业公司致力于传承涟邵文化，推进学习型党组织、学习型企业建设，加强思想引领，长期坚持开展读书活动，积极引导广大干部职工读书学习，撰写读书心得，提升文化素养，养成健康情趣，提高工作水准，增强工作本领。公司经常在职工中开展文学、书法、美术、摄影等征文活动，通过文艺作品反映员工的工作、生活。近年先后结集出版《家园》《祖国万岁》《红色颂歌》《年轮》《承脉》《心语》《寸草春晖》《责任》8本职工文化作品集。

（唐伟军）

湖南神斧集团一六九化工有限责任公司

【概况】公司始建于1967年，前身是涟邵矿务局化工厂，先后隶属于湖南省煤炭工业厅、国家煤炭部、湖南省煤炭工业局、省国资委，是湖南新天地投资控股集团南岭民用爆破器材股份有限公司全资子公司，是湖南省境内最大的民爆器材单个生产点。公司占地面积85万平方米，注册资金2760万元，总资产3.2亿元，在册合同制员工845人，下辖一家生产类分公司、五家经营服务类子公司、一家控股子公司。公司的主导产品有乳化炸药、改性铵油炸药等两大系列7个品种20多种规格的民爆产品，广泛应用于采矿、建设、水利等多个领域。经中华人民共和国工业和信息化部批准的凭证生产炸药能力39000吨，拥有四条全连续化自动化工业炸药生产线。2018年完成营业收入2.7亿元，实现利润428万元，税收1778万元。

（王操良）

湖南省煤业集团金竹山矿业有限公司

【概况】2018年，湖南省煤业集团金竹山矿业有限公司（简称金竹山公司）设计年生产能力90万吨，其中：塘冲矿30万吨、一平硐矿30万吨、土朱矿30万吨。核定年生产能力78万吨，其中：塘冲矿30万吨、一平硐矿21万吨、土朱矿27万吨。辖有三对生产矿井（塘冲煤矿、一平硐煤矿、土朱煤矿）、11个职能部门、4个非煤单位（环保后勤部、物流公司、矿山服务部和社区医院）、4个二级单位（救护中队、驻塘冲矿安全生产监督管理站、驻一平硐矿安全生产监督管理站、驻土朱矿安全生产监督管理站）、一个临时机构（棚改工程部）和公司机关11个部室。在册职工人数3410人（全固工1452人），其中在岗2716人、另有离退休职工7155人，职工家属3万余人。是年，金竹山公司实现安全生产，杜绝重伤及二级以上非伤亡事故。原煤产量全年计划60.00万吨，实际完成56.5977万吨，开拓准备进尺预算计划4380米，实际完成4539米，商品煤销售计划60万吨，实际销售55.95万吨；平均售价（不含税）507.99元/吨，同比增加18.17元/吨；原煤制造单位成本394.56元/吨，同比上升8.07元/吨，比预算下降9.09元/吨；完成集团、股份公司下达的利润目标。2018年度在岗职工人均工资43985元/人年，同比增长5267元/人年。

【企业文化】2018年，金竹山公司围绕“安全、改革、效益”三大主题，充分发挥“文化自信、资源自信”优势，继续深入推行“三个湘煤”（和谐湘煤、高效湘煤、廉洁湘煤）建设，积极打造“三个共同体”（责任共同体、感情共同体、利益共同体），奋力攻坚克难，调整三矿井采掘部署，精心组织原煤生产，优化生产环境，全力促产保产稳产。开展劳动竞赛，全年发放劳动竞赛奖金200万元，人均增收约600元，员工分享到企业的效益红利。

【安全生产】2018年，金竹山公司坚持安全第一、预防为主、综合治理方针，重点加强瓦斯防治、顶板管理、机运管理、质量标准化建设、班组建设、隐患排查治理和防治水管理。建立完善现场监管工作制度，矿井专职安监员实行“考聘制度”，强化驻矿住矿制度、安全巡查、联责帮扶和下井带班制度，继续推行违章电子台账管理，改进连队安全学习会制度，建立公司、矿井两级微信管理平台。每月17日开展安全警示教育日活动，矿长讲授安全常识，带领职工安全宣誓，让违章人员亮相。安排专项资金2000余万元，对矿井开拓延深、瓦斯防治、安全生产系统和重点安全技术改造工程进行改造，夯实安全基础；以煤矿体检为契机，积极开展自查自纠，强化安全责任落实，以周重点监管头面(区域)为重点，深入开展“狠反三违、根除隐患、确保安全”“大排查、大整治、大管控”和机运专项整治等活动，对未造成人员伤害的事故，按“四不放过”的原则召开大型分析会，扩大警醒效果。一平硐连续实现第7个安全年；塘冲矿连续实现第5个安全年；土朱煤矿连续实现第4个安全年。

【精细化管理】2018年，金竹山公司全面推行预算管理，注重过程管理，强化效果考核。根据经营形势发展变化，建立健全了《对生产矿井的管理考核办法》《资金管理办法》《费用管理考核办法》《对销售部的管理考核办法》《按质论价市场煤销售管理办法》等经营管理制度。非预算计划开支，一律不予报销，对外接待一律在内部招待所安排，取消出差补助，想方设法节支降耗。优化劳动力结构，积极清理无效劳动力。抓住市场利好机会，对原煤实施中、优、精分装分运分储，以质定价、优质优价销售，实现以质促销、以质促产、以质提效；继续实行销售部、矿井、客户商检四方化验模式热值比对制度，质监机构从采、制、化、销对煤炭销售全程跟踪监管，提高了产品质量，实现利益最大化。修编矿井水电费管理考核办法，完善计量管理，提高生活水费、电费回收率，减少浪费，降低生产成本，管理程序进一步优化、管理成本进一步控制。落实“三重一大”管理制度，坚持民主决策，实现以制度保过程、以过程保结果、以结果保目标的管理体系。

【主辅分离】2018年，金竹山公司认真落实“两供一业”改造移交工作。公司水、电移交项目8个，涉及移交6056户，按照集团整体部署，公司稳步推进“三供一业”改造移交工作，完成下辖8个生活小区6056户供电供水改造移交，物业管理移交成为湘煤集团第一家组建成立楚湘正诚物业公司分公司的单位。

大唐华银金竹山火力发电分公司

【概况】2018年，大唐华银金竹山火力发电分公司(简称金电分公司)是大唐华银电力股份有限公司的下属分公司，位于湖南省冷水江市，机组总装机容量为195万千瓦。是年，金电分公司围绕“电量就是效益”，从营造争发电量氛围、深挖电量潜能、夯实保电基础等方面着手，统筹谋划，全力攻难关、补短板、建机制、抓落实，抓住迎峰度夏、迎峰度冬等发电时机，全年完成电量78.81亿千瓦时，同比增加21.11亿千瓦时，超额完成年度电量计划，刷新发电量历史纪录；实现全年扭亏目标，实现利润5000万元。是年，公司员工虞明获“全国五一劳动奖章”、湖南省劳动模范，并当选为中华全国总工会第十七次全国代表大会代表。

【安全生产】2018年，金电分公司坚持强基础、抓管理，牢固树立“大安全”“防大抓小”理念和“红线”意识，做实安全生产基础工作，组织开展安全风险辨识、重大危险源评估、安全生产风险控制评估、安全生产大检查、安全文明生产整治、安全生产问题隐患整改评价等工作，严格执行领导带班和“双值班”制度，保持安全生产和职工队伍的稳定局面，全年未发生人身、设备、火灾事故和误操作事故，获2018年度娄底市安全生产“优秀单位”称号。

【环保排放】2018年，金电分公司进一步提升“环保设备等同于主设备”的意识，加强环保设施运行维护管理，全面执行超低排放标准，主要污染物实现“零超排”，全年未发生过小时均值超标事件。组织完成煤场挡风抑尘墙建设和全厂废水综合治理环保验收，制定环境事件应急预案，扎实开展环保应急演练，规范环保迎检工作，每周进行环保督察并整改落实到位，全年未发生环保事故和通报事件。

【依法治企】2018年，金电分公司抓好法律风险防控体系建设，围绕企业重大决策风险、采购管理招标法律风险、合同签订与履约风险等，建立法律风险预警处置机制；加强法律审核把关，全年审核工程、物资采购、燃料等各类合同1268份。按照“法治大唐”建设要求，突出公司中层及以上管理人员、关键岗位人员学法考法，通过普法微信号、普法信息专刊、微课视频，加强全员普法力度。

【转型项目】2018年，金电分公司认真落实转型发展各项部署，成立转型发展工作组，积极智慧能源建议项目，重点加快推动对冷水江经开区集中供热工作，成功与冷水江经开区签订供热协议，并与常德经济技术开发区、娄底经济技术开发区签订合作框架协议，为公司改革发展、节能降耗奠定基础。

【党建群团】2018年，金电分公司坚持从严治党，以理论中心组学习为抓手，通过开展党支部书记抓党建现场述职考评、“好书记讲好经验”交流会、“不忘初心、牢记使命”主题党日活动等形式，引导基层党支部合力攻坚“保落实”；深化创岗建区活动，开展“三亮”先锋行动和“十区百岗”创建工程实施方案；持续推进“六最”民生建设项目，开展困难帮扶、员工诉求等“暖心”工程。（黄　彬）

2018年大唐华银电力股份有限公司金竹山火力发电分公司先进集体(先进个人)一览表

表49

获奖集体(个人)	奖励名称	颁奖单位	颁奖时间
大唐华银金竹山火力发电分公司	2017年度湖南省电力安全生产先进集体	国家能源局湖南能源监管办	2018年2月
大唐华银金竹山火力发电分公司	中国电力网2017年度先进供稿单位	中国电力发展促进会 中国电力网	2018年3月
大唐华银金竹山火力发电分公司	2017年度湖南省煤电机组超低排放和节能改造先进单位	国家能源局湖南监管办	2018年4月
大唐华银金竹山火力发电分公司团委	2017年度全国电力行业团青工作优秀单位	中国电力思想政治研究会	2018年4月
大唐华银金竹山火力发电分公司	集团公司“十佳先进基层党组织”	中国大唐集团公司	2018年6月
张岚	2017年度湖南省电力行业统计工作先进个人	国网湖南省电力有限公司、湖南省统计局	2018年1月
虞　明	湖南省劳动模范	中共湖南省委 湖南省人民政府	2018年4月
虞　明	全国五一劳动奖章	中华全国总工会	2018年4月
虞　明	湖南省向上向善好青年	湖南省团委	2018年5月
张广度	2018年度电力行业雷锋式先进个人	中国电力传媒集团有限公司 中国电力报刊协会	2018年11月

锡矿山闪星锑业有限责任公司

【概况】2018 年，锡矿山闪星锑业有限责任公司坚持深化改革、强本固基、提质增效、创新发展，始终贯彻安全发展、绿色发展理念。对锑冶炼低空污染和无组织排放进行综合治理和升级改造；淘汰直井炉焙烧冶炼工艺；完成南、北矿山废石堆场淋溶液收集与治理；完成南矿老窿民采锑矿涌水回用工程建设；推进无尾矿山建设，对南矿尾砂零排放项目进行立项。南矿安全精细化管理创标通过第一阶段验收，公司精细化管理模式初具“雏形”。全年自产锑精矿含量 8652 吨，精锑产 12589 吨，氧化锑 18770 吨，锑品销售 21739 吨，实现收入 110681 万元(含资产、飞水公司)。姜德枚被评为五矿集团“先进生产工作者”，刘勇获得娄底市“五一劳动奖章”，肖根福被评为五矿集团“青年岗位能手”。

【深化改革】2018 年，锡矿山闪星锑业有限责任公司进行职位薪酬体系套改，对管理、技术、技能三条线人员重新聘任和薪酬套改，稳定工程技术人员及技工队伍，员工从事技术工作的意愿明显增强。两级机关取消科级管理层级，改两级管理为一级管理；创新用工机制，与市技校面向社会招生联合办班，储备技术力量，为公司技能人才培育打开思路。“三供一业”移交完成 1525 户供电和冷区 2301 户供水维修改造移交；矿山片 4704 户供水采取先移交后改造的方式，完成人员、资产、职能等相关移交；对涉及 5312 户的 9 个生活小区进行维修改造，签订移交接收协议。

【科技创新】2018 年，锡矿山闪星锑业有限责任公司生产出锑珠样品，开展非标氧化锑生产乙二醇锑的生产试验，开展锑富氧熔池熔炼第 14 次中试试验，与恩菲公司合作的电热炼锑新工艺研究，进行多次小试和扩试。全年内部地质找矿 40 万吨。全年授权专利 3 项，申请专利 17 项，其中发明专利 14 项。起草的《绿色设计产品评价技术规范　锑锭》标准，获 2018 年度有色标委会技术标准一等奖。建成 1000 千克/年锑冶炼黄金回收生产线；开展智能机械选矿改造，一年可多回收锑金属含量 100 吨，年综合效益 710 万元；南矿盲竖井工程竣工投产。南矿 23 中段地质找矿获评五矿集团“十大创新成果”奖。

华达汽车空调(湖南)有限公司

【概况】2018 年，华达汽车空调(湖南)有限公司围绕“强党建、严管理、出新品、扩市场、提质量、增效益”经营方针，全员团结奋进、尽职尽责、落实落细、勇于创新，各项工作取得明显成效。

【主要业绩】2018 年，华达汽车空调(湖南)有限公司把党建工作内容进入公司章程，设立党群工作部，增配专职人员，全面推进党组织标准化建设和支部“五化”建设。开发江铃 V348、东风 KS200、陕汽 M300 出口车、陕汽 WP7 直供、锡柴 E00 发动机、华菱汉马动力 6 个项目。全年销售压缩机 44.1633 万台，销售收入 22278.1 万元，利税 3599 万元。通过 IATF16949：2016 质量管理体系、ISO 14001 环境管理体系/OHSAS 18001 职业安全健康管理体系认证，提升公司核心竞争力。公司获一汽解放事业本部发动机事业部“免检供应商”称号。制定安全生产事故应急预案 7 项，查处、整改安全隐患 45 起。全年在安全生产方面零事故、零灾害、零损失。公司分别获 2018 年度“全市安全生产工作优秀单位”“综合治理工作优秀单位”。派专职人员驻村扶贫，班子成员定期到扶贫点调研工作、走访扶贫对象，落实扶贫政策和措施。2017 年投资 4600 万元用于新工厂的建设和扩大产能。2018 年 1 月 1 日，新工厂正式生产，2 月全部搬迁完成。

湖南省地质矿产勘查开发局四一八队

【概况】2018 年，湖南省地质矿产勘查开发局四一八队奉行“审时度势、抢占先机、固本浚源、励志竭精”的年度工作总基调，全队实现经营总量 5.22 亿元。其中:预算内拨款 1.33 亿元,预算外实现经营收入 3.89 亿元,实现账面节余和收益总额 507.66 万元。

【地质勘查业及环境业】2018 年,湖南省地质矿产勘查开发局四一八队承担国家地质项目 12 个。其中:地质勘查项目 5 个、地质环境业项目 7 个,项目金额 1881.51 万元,签订各类商业地质合同 581 个,合同金额 7199.95 万元。实现结算收入 6340.54 元。湖南省隆回县枫木岭矿区方解石矿详查项目,发现 9 条方解石矿脉,估算 332+333 方解石矿石量 240.1 万吨,达中型规模。湖南省常宁市狮形岭矿区锡矿详查项目,全年施工钻孔 17 个,进尺 3331.45 米,所有钻孔均在预定位置见到矿脉。新化县砖瓦用页岩地质勘查项目,提交 122b+332 资源储量 4052.5 万吨。承担娄底市三个市县区的矿山环境地质调查,参与娄底市“山水林田湖草生态修复”项目方案编撰,完成 7 宗自有探矿权的年度公示和狮形岭探矿权的自然保护区调规工作。

【勘测施工业】2018 年,湖南省地质矿产勘查开发局四一八队新签各类经济合同 715 份,合同金额 2.43 亿元,实现结算收入 2.18 亿元,同比增加了 1719.59 万元。在机场勘察、城市基础设施勘察、保障性住房、教育、医疗用房等民生用房勘察、地灾、基坑设计、桩基检测、沉降观测、线路深孔钻探等薄弱和新领域均有新进展、新突破、新提升。入选为全省农产品土壤重金属加密调查实验检测单位。首次承担双峰县、涟源市高标准农田上图入库工作和溆浦县“两区”划定和全国第三次土地调查初始数据库建设工作;成功中标杭州富杭城际铁路受降村站抗拔桩工程和温州灵昆岛 228 国道桩基工程,中标金额约 2200 万元。参与娄底 5 个县(市)及武冈、隆回的地质灾害防治管理体系建设,开展地质灾害巡查、排查、核查、应急调查等工作。

【多种经营业】2018 年,湖南省地质矿产勘查开发局四一八队实现经营收入 1.07 亿元,同比减少 1263.18 万元。

(李广明)

城乡建设·环境保护

◎住房和城乡建设管理
◎城市管理
◎供　水
◎公共交通
◎保　安
◎燃气供应
◎规　划
◎环境保护

住房和城乡建设管理

【概况】2018年，娄底市住房和城乡建设局深入贯彻"五大发展理念"，坚持加速转型、奋力赶超，坚持城乡统筹，立足建设大长沙拓展区、沪昆高铁经济带重要支点城市、山水相融宜居宜业众人向往的现代化城市的战略定位，着力推进品质中心城区、秀美县城、特色小镇、美丽乡村建设，人居环境不断改善，城乡面貌明显改观，先后被评为全国绿化模范城市、中国优秀旅游城市和国家园林城市、国家卫生城市，目前正在全力创建全国文明城市。

【城乡建设】2018年，娄底市开工建设项目193个，完成投资135.91亿元。其中市本级开工建设项目106个，完成投资92.53亿元。重点项目建设。甘桂路跨沪昆铁路桥、神童湾大桥、秋浦大桥等重大工程基本完成，汽车产业配套基地基础设施建设、骡子坳老工业区老旧社区市政基础设施改造等项目积极推进。中心城区闲置地绿化、街道绿化提质、14处小游园建设基本建成。打通"断头路"。成功拉通吉星路、甘桂路、贤童街等12条"断头路"，新科街、秋浦街、罗家路等11条路推进建设。改善民生建设。完成乐坪办事处孙家村排水沟约1050米排水箱涵建设，完成投资5500万元。完成涟水河、孙水河6处排污口截污整治，孙水河取水点保护区污染隐患整治，娄底市第一污水处理厂提标扩建工程、第二污水处理厂提标工程PPP项目全力推进。三水厂12月29日并网试运行，天然气置换全面完成，城区老旧管网改造成效显著，涟钢片区"三供一业"改造基本完成，城中村和棚户区改造项目全面启动，中心城区道路、广场、公园绿化提质全面铺开。PPP项目建设。中心城区路网完善、道路提质改造及风貌整治、涟水河神童湾综合治理等6个PPP项目落地并开工建设。

2018年全市完成污水处理设施建设项目25个，完成投资1.58亿元，全市6个污水处理厂污水总处理能力为32.5万吨/日，全市新增污水管网48千米。全市生活污水集中处理总量为9890.5万吨，中心城区污水处理率97.13%，县城以上生活污水处理率96.15%。住建、环保等部门加大监管力度，各污水处理厂运行良好，出水水质达到国家一级B类标准，实现达标排放，设施运行负荷率、COD减排率等指标均达到国家要求，顺利通过国家、省环保部门和住建部门核查。

2018年全市小城镇基础设施建设项目约170个，完成投资9.5亿元。涟源市继续列入省新型城镇化试点县市，禾青、温塘列入省新型城镇化试点镇。8个市高速公路沿线特色小镇建设试点取得初步成效，全年基础设施、产业投资项目104个，完成投资27.37亿元(不含房地产项目)。全市城镇化率48.11%，村镇公共基础设施逐步完善。重点流域重点镇污水处理设施建设取得新成果，4个乡镇污水处理厂主体完工，2个主体建设完成大半，年度完成投资约15750万元。乡镇黑臭水体治理完成总投资800万元，治理完成4处。新建(改造)镇(乡)垃圾中转设施14处。开展非正规垃圾堆放点的现场排查114个，基本完成整治44个。全市1759个村完成垃圾治理工作任务，完成率95%。全市农村危房改造开工16604户，竣工12951户，竣工率135%。重点帮扶优先解决7968户建档立卡贫困户住房问题。

【公用事业】2018年，市住房和城乡建设局进一步完善道路功能，组织对破损严重的乐花路、秀石街、金谷路等道路进行提质及排水管网改造，修复道路55950平方米，改造排水管网3.43千米，有序推进城南片区排水管涵清淤修复工作。加大市政设施日常巡查工作，组织对湘中大道、吉星路、内环线等路面、人行道和路缘石、下水道等市政设施进行维护。年内维修沥青路面40001平方米，维修透水砖25726平方米，彩板人行道18566平方米，花岗岩板18281平方米，广场砖80平方米。维修更换路缘石61054米，清理疏通雨水口19095座，清理检查井7780座，更换检查井1600座，更换雨水口2263座，新建检查井28座，新建雨水口102座，新建排水管965米，管道清淤2063米，下水道疏通作业294280米，软基处理795平方米，注浆29273.5平方米。全年娄底中心城区新建市政燃气管道70千米，新增管道天然气用户2.7万户，开展天然气调峰储备站项目建设前期工作。全年供应管道天然气2700万立方米，供应液化石油气6800吨，供应压缩天然气720万立方米。

【建筑业管理】2018年，娄底市有建筑业企业520余家，其中一级企业12家，二级企业67家。1—10月完成注册建造师初始、延续注册670人次。1—9月全市新增首次申请、增项升级企业167家。服务企业，实施"走出去工程"，积极开拓外埠市场，培育一批重点外拓企业，全市60%以上的企业都有外拓业务。特别是电力施工类企业和施工劳务企业的业务基本上在外地。建筑业经济平稳发展，全年全市完成建筑业总产值349亿元，同比增长18%，建筑业增加值同比增长8%。市本级全年核发施工许可证33个，总建筑面积约109万平方米，合同总造价18.56亿元。配合人社部门查处农民工工资拖欠案件9起、涉及金额400余万元；自行查处农民工工资拖欠案件4起，涉及金额290万元，全部解决到位。

【房地产管理】2018年，娄底市完成房地产开发投资86.85亿元，同比增长18.9%；完成房地产施工面积1268.5万平方米，同比增长2.2%；完成商品房销售面积325.2万平方米，同比增长11.2%；全市网签面积337.53万平方米，同比增长29%。到12月，市本级商品房销售均价为5182元/平方米，同比上升20.45%，绝对数和同比增长率在全省均居中下游。组织开展"打击侵害群众利益违法行为，治理房地产市场乱象"专项行动。检查房地产开发企业26家，中介机构45家，立案查处违法违规企业2家，责令限期整改企业32家。完成700余名房屋中介人员业务培训和从业资格考试，规范企业市场行为。与建行共同搭建住房租赁综合服务平台，其中：监管平台、公租房平台、企业平台3个子平台建设完成。全年批准商品房预售50宗，面积105.5万平方米；办理新建商品房交易业务32065宗，办理二手房交易业务8574宗，二手房抵押业务4314宗；接入不动产登记信息数据27400余笔，处理历史遗留问题数据900余个；完成房屋测绘315宗，布设房屋界址点310个；完成房屋白蚁防治施工面积91万平方米、灭治面积6.2万平方米，回访复查面积410万平方米；全年接收房地产档案24292件，局文书档案4416件，完成11314件房屋交易档案的数字化加工和整理；办理各类房屋租赁登记备案6628笔，面积57.6万平方米；完成房屋安全鉴定120宗，鉴定面积3.6万平方米。是年全市棚户区改造目标任务为18211户，截至12月31日，全市保障性安居工程建设开工18211套(户)。是年娄底市保障性安居工程建设基本建成目标任务25010套(户)，完成基本建成22957套。全市新增公共租赁住房分配入住2754套。全年租赁补贴实际发放租赁补贴15875户。扎实做好中心城区物业管理工作，下发《关于深化中心城区物业管理机制体制改革的意见》，理顺物业管理机制体制，促进物业管理健康发展。主动和娄星区、经开区对接，初步建立物业矛盾纠纷调处机制。积极调处各类物业管理矛盾，其中"12345"市长热线交办网络信访件400余件。做好物业维修资金的归集和管理，历年累计归集物业维修资金12亿元。

【建筑工程质量安全】2018年，市住房和城乡建设局以工程质量和安全生产为核心，整体推进实施安全质量标准化、监督规范化和监管信息化，深化落实安全生产主体责任，构建长效机制。全市建设领域安全管理日趋规范，安全生产形势保持稳定，全年未发生一起建筑施工安全生产事故，建设系统城市燃气事故、质量事故、房屋拆除安全事故均为零。63个工地被评为年度省级安全生产标准化考评优良工地，优良项目比例19%，4家企业获年度湖南省建筑施工安全生产标准化企业考评优良企业。质量投诉案件逐年下降，全年工程质量一次验收合格率100%，质量投诉处理办结率100%。创建质量常见问题专项治理省级示范观摩工程4项、省优质工程9项，创"芙蓉奖"3个。9家企业完成建设企业诚信等级评价工作。9家企业完成市级安全质量标准化认证工作。

【勘察设计】2018年，娄底市完成房屋建筑工程初步设计审查批复276项，建筑面积441.86万平方米，概算投资150亿元。市本级完成技术审查项目27个，以城市双修项目为主，概算投资100亿元。全市完成审查备案项目260个，建筑面积581.44万平方米，其中市本级完成项目21个，备案面积113万平方米。着力抓好勘察设计招投标监管。对依法进行的招投标项目，认真审查招标文件，指导、监督有关主体开展工作。市本级完成房建工程设计招标2项，市政工程招标3项。加强对招标公告、招标文件、评标定标及合同签订等后续活动的全程监管，及时在媒体上公开专家评审意见等信息，接受社会监督。认真做好勘察设计审查、日常管理工作。在规划建筑设计方案联合审查工作中，重点把关绿色建筑、装配式建筑、节能、安全、使用功能、投资等方面。对涉及公共利益、公众安全、强制性标准等方面组织专家重点审查。强化施工图审查备案工作，在工程实施中切实贯彻好法律法规政策、技术、建筑节能等方面的要求。积极支持重点项目、城市基础设施、保障性住房建设推进。实行湖南省施工图管理信息系统，参加多图联审、多审合一培训班，住建、消防、人防80余人参加培训，全面执行多图联审、网上送审工作。及时完成湖南省勘察设计项目信息监管平台信息录入工作。加强行业、市场管理，基本实行施工图审查政府购买服务。严格按建设部颁发的资质标准进行资质初审，从源头上控制整体队伍结构和素质。对违反勘察设计有关规定以及违反建筑节能设计规定的设计单位进行约谈。全市勘察设计企业21家，单位更名2家，延续注册12人。市内从事审查业务的5家，市属审查机构1家，审查人员24人，延续注册人数14人，对注册人员进行了培训教育。娄底市施工图审查中心审查项目250个，其中市本级项目116个（房建51个、市政道路65条），上报不良行为1个，及时纠正。施工图审查收费实现政府购买服务，通过单一来源采购及邀请招标。推进“放管服”改革，取消勘察设计资质初审及施工图审查涉企收费，启动并联审查工作，推进工程总承包和全过程工程咨询。为推进娄底中心城区提质扩容三年行动计划建设，完成双修双改目标任务，以及易地扶贫搬迁工程审查。

【节能减排】2018年，市住房和城乡建设局全面贯彻落实建筑节能最新要求，新建民用（非工业）建筑节能施工图审查面积443.9万平方米（其中中心城区113万平方米），施工监管阶段建筑节能面积466.47万平方米（其中中心城区125.57万平方米），竣工面积为143.72万平方米（其中中心城区27.65万平方米）。加强建筑节能设计管理，初步设计批复、施工图审查、建筑节能专项备案将建筑节能工作作为必要内容。严格监督按图施工，通过监督、检查、执法、验收和备案等环节严格把关。对严重违反节能强制性标准和不按图施工的项目，依法依规进行立案查处。加快推进公共建筑能耗监测平台建设。按时完成年度民用建筑能耗和节能信息统计172栋。6栋列入省公共建筑能耗监测项目，正常传输数据。7月27日，省政府对娄底市2017年度能耗双控目标责任考核及生态文明建设目标考核工作评为良好城市。竣工可再生能源建筑应用建筑面积271.10万平方米，竣工项目42个，实施面积153.34万平方米，折算应用面积71.55万平方米。开工在建应用面积约250余万平方米，已落实未开工应用面积约200万平方米。拨付补助资金2000余万元。学校、医院太阳能热水系统基本上全覆盖。大力发展光伏产业，建成装机80兆瓦的地面光伏电站。建成风力发电项目2个（大熊山、龙山）并网发电。建成生物质能发电厂1个（双峰凯迪）投产并网发电，投资2亿余元。杨市镇零碳示范种植捕碳草230亩，每年吸收固碳（CO_2）3200吨。规划在锡矿山试种800亩捕碳草，改良矿区土壤瘠薄、重金属污染积累区域，进行矿山采掘冶炼排渣场的生态修复，减少碳排放。努力推动既有建筑节能改造。医院、文化培训楼、宾馆酒店等5项工程的节能改造暨扩建开工，实施面积约4万平方米。强力推进绿色建筑行动的实施。中心城区新开工民用建筑面积128.5万平方米，绿色建筑面积51.87万平方米，城镇绿色建筑占新建建筑比例40.42%。创建绿色评价标识9个（一星级8个、二星级1个），绿色施工项目1个。

【国有土地上房屋征收】2018年，娄底市房屋征收系统启动国有土地上房屋征收项目19个，提请市（县）人民政府发放征收决定8份，拟收回土地面积14.54万平方米，征收房屋建筑面积10.36万平方米，征收户数616户，发放征收补偿款3.2亿元；完成房屋征收面积7.1万平方米，征收户数310户，分别占拟征收房屋建筑面积和户数的68.5%和50.3%。同时，拆除和监管房屋拆除项目4个1.8万平方米。重点解决南垅、大石山安置基地另行选址和剩余安置用地的土地变性出让等问题。完成丽春、甘桂、泉水三个安置小区临街土地变性出让的手续办理工作。市本级完成黄泥、新佳等安置小区30余处临时棚点的拆除和清表腾地工作，南垅安置基地120亩土地7栋房屋的征地拆迁补偿协议全部签订，补偿金额5000万元。是年，娄底市房屋征收系统启动安置小区建设13个，其中市本级6个安置小区776个安置基地建设全面铺开，170个安置基地基本建成。完成新佳、黄泥、泉水、丽春、甘桂5个安置小区完的立项、征地拆迁、土石方施工及方案设计等工作，檀山湾安置小区三期启动征地拆迁。2018年，市本级金谷大市场管理处对标对表农贸市场创建全国文明城市42条，全面完成创文国检测评的各项工作任务；檀山湾安置小区一期电改、二期水改基本完成；钢城安置小区电力改造工作完成变压器安装工程；双峰县强化管理，发放建房许可证58户，排查整改安全隐患30起，处理违建18起。

【档案管理】2018年，市住房和城乡建设局加强对城建档案工作的指导和监督。加强对各县市、万宝新区、经济技术开发区城建档案工作的指导。严格实施“三书”制度,依法依规审查建设工程档案。全年对158栋房建工程和26项市政工程档案进行初审,签发46份《建设工程档案预验收意见书》,核发21份《建设工程档案接收和移交证明书》,签订《建设工程档案报送责任书》51份。整理新进档案2625卷,档案整理合格率100%。加大档案收集力度,建设馆藏接收工程竣工项目60项。充分发挥技术设备优势,跟踪记录重点项目建设及重大活动等影像资料。做好农村“双改”工作,为双峰约溪村精准扶贫工作和全市9945户危房改造项目及领导视察做好声像档案记录和宣传片的收集工作,完成城市“双修”24条道路提质改造、“断头路”建设、黑污水处理工作声像档案记录和宣传片收集工作。为“改革开放40周年城市建设大型图片展”《娄底市志》《娄底城市建设志》提供大量文字、照片档案。完成《娄底市地方志》城建部分编纂任务。续编2018年《重点工程简介》《城建档案大事记》《城建档案馆利用实例汇编》《城建数字汇编》。信息化工作继续巩固基础、稳步推进,完成计算机著录条目26956条,扫描文件76812张,图纸38474张。档案数据库信息更加充实和完善,为档案资源的网络共享和重要信息异地备份工作奠定基础。起草《娄底市城市地下管线建设管理办法》,规范地下管线工程管理行为。率先在全省推行电子化试点工作。

(熊　泉)

2018年市住建局先进集体(先进个人)一览表

表50

获奖集体(个人)	奖励名称	颁奖单位	颁奖时间
住建局	城建档案管理工作突出单位	省住建厅	2018年
住建局	住建行业人才培养选拔工作突出单位	省住建厅	2018年
国有土地上房屋征收中心	湖南省文明卫生单位	湖南省爱国卫生运动委员会	2018年
白蚁防治所	先进单位	中国物业管理协会	2018年

住房保障

【概况】2018年,娄底市房产局认真落实中央、省委关于坚持“房住不炒”和房地产市场健康平稳发展的精神,全力推动房地产业的健康平稳发展和高质量发展。全市完成房地产开发投资86.85亿元,同比增长18.9%;完成房地产施工面积1268.5万平方米,同比增长2.2%;完成商品房销售面积325.2万平方米,同比增长11.2%;全市网签面积337.53万平方米,同比增长29%。到12月份,市本级商品房销售均价为5182元/平方米,同比上升14.45%,绝对数和同比增长率在全省均居中下游。组织开展“打击侵害群众利益违法行为,治理房地产市场乱象”专项行动。检查房地产开发企业26家,中介机构45家,立案查处违法违规企业2家,责令限期整改企业32家;完成700余名房屋中介人员业务培训和从业资格考试,进一步规范企业市场行为;与建行共同搭建住房租赁综合服务平台,其中:监管平台、公租房平台、企业平台3个子平台完成建设。

【房地产市场管理】2018年,娄底市房产局批准中心城区商品房预售50宗,面积105.5万平方米;办理新建商品房交易业务32065宗(其中:房屋交易3730宗,网签备案13091宗,预售备案7622宗,抵押备案7622宗),办理二手房交易业务8574宗,二手房抵押业务4314宗;接入不动产登记信息数据27400余笔,处理历史遗留问题数据900余个;完成房屋测绘315宗(其中:实测143宗,面积87.8万平方米;预测115宗,面积128.5万平方米,变更测绘57宗),布设房屋界址点310个;完成房屋白蚁防治施工面积91万平方米、灭治面积6.2万平方米,回访复查面积410万平方米;全年接收房地产档案24292件,局文书档案4416件,完成11314件房屋交易档案的数字化加工和整理；办理各类房屋租赁登记备案6628笔，面积57.6万平方米（其中变更登记备案444笔，面积44032.74平方米；注销登记备案1107笔）；完成房屋安全鉴定120宗，鉴定面积3.6万平方米。

【住房保障】2018年，全市棚户区改造目标任务为18211户，截至12月31日，全市保障性安居工程建设开工18211套(户)，完成目标任务100%。是年，全市保障性安居工程建设基本建成目标任务25010套(户)，完成基本建成22957套，完成任务率91.79%。全市新增公共租赁住房分配入住2754套(其中：中心城区通过两批次电脑公开摇号，完成公租房分配800套)。全年租赁补贴发放任务15866户，实际发放租赁补贴15875户，完成100.06%。

【物业管理】2018年，娄底市房产局扎实做好中心城区物业管理工作。在充分调研的基础上提出《关于深化中心城区物业管理机制体制改革的意见》，并逐级呈报审批。从根本上理顺物业管理的机制体制，促进物业管理的规范和健康发展。主动和娄星区、经开区进行工作对接，初步建立物业矛盾纠纷调处机制。积极调处各类物业管理矛盾，其中“12345”市长热线交办网络信访件400余件。做好物业维修资金的归集和管理，历年累计归集物业维修资金12亿元。

（李　刚）

市政设施维护管理

【概况】2018年，娄底市市政维护管理处完成市政设施日常维护管理投资2785万元，市政道路大修、管涵清淤改造2800万元，完成金谷市场、民营市场的小区道路的提质改造、涟钢8#门卫至210厂主马路改造、涟水河湘阳街排污点、涟水河娄底一桥至观化古井，涟水河涟钢段排污口改造等新建项目，总造价9450万元，较2017年同比增长22.03%。全年审批临时占道、挖掘许可15起，收取城市道路占用费、城市道路挖掘修复费50万元。接受并处理市民投诉及书记市长热线转交件79起，组织人员对长青中街路面突现坑洞及地下排水管网进行修复，完成投资176万余元，确保市民生命财产安全。

【日常维护】2018年，娄底市市政维护管理处组织对湘中大道、吉星路、内环线、涟滨街、秀石街、氐星路、长青街、乐坪街、丽春路等的路面、人行道和路缘石、下水道等市政设施进行维护。全年维修沥青路面40001平方米，维修透水砖25726平方米，彩板人行道18566平方米，花岗岩板18281平方米，广场砖80平方米，维修更换路缘石61054米，清理疏通雨水口19095座，清理检查井7780座，更换检查井1600座，更换雨水口2263座，新建检查井5座，新建雨水口78座，新建排水管581米，管道清淤800米，下水道疏通作业294280米，软基处理795平方米，注浆29273.5平方米。

【提质改造】2018年，娄底市市政维护管理处按照市委、市政府“中心城区提质扩容‘三年行动计划’”安排部署，组织对破损严重的乐花路、秀石街、金谷路、春园路等道路的提质及排水管网改造，修复道路55950平方米，改造排水管网3.43千米，同时利用枯水期有序推进城南片区排水管涵清淤修复工作。对新星南路铁路桥采取主梁底板粘贴碳纤维布、缺陷修补、裂缝注浆等维修加固改造措施，完成投资300余万元。

（曾　舜）

国有土地上房屋征收

【概况】2018年，娄底市房屋征收系统启动国有土地上房屋征收项目19个，提请市(县)人民政府发放征收决定8份，拟收回土地面积14.54万平方米，征收房屋建筑面积10.36万平方米，征收户数616户，发放征收补偿款3.2亿元；完成房屋征收面积7.1万平方米，征收户数310户，分别占拟征收房屋建筑面积和户数的68.5%和50.3%。完成安置小区建设资金投入约2.3亿元，启动安置小区建设13个。其中市本级6个安置小区776个安置基地建设全面铺开，170个安置基地基本建成，占总基地数的22%。

【国有土地上房屋征收补偿】2018年，娄底市国有土地上房屋中心坚持规范程序，启动房屋征收项目9个，提请市人民政府发放征收决定2份，完成房屋征收面积2.03万平方米，征收户数14户。完成涟水南岸综合治理、涟源丰瑞至荷塘(水洞底镇段)改建、市园林苗圃基地、华菱安赛米塔尔汽车板铁路专业线、春檀路等项目的房屋征收工作，涟钢周边环境综合治理、骡子坳老工业区道路及配套基础设施建设、娄星南路(早元街-贤童街、天宝路-娄星高速)等项目完成入户调查等前期准备工作。涟源市提请市人民政府发放征收决定5份，完成房屋征收面积2.62万平方米，征收户数313户，完成红旗廉租房小区配套基础设施建设、中山街旧城棚户区改造、国师路广场建设、中山街旧城棚户区改造光明街片区建设、一中广场建设等项目的征收。新化县提请市人民政府发放征收决定1份，完成房屋征收面积2.97万平方米，征收户数144户，完成梅山古镇保护与建设暨新化县古城棚户区改造一期项目的征收工作。双峰县文星棚户区改造、宾园路、湾田学校、永丰镇城市棚户区改造项目完成调查摸底等前期准备工作。

【安置小区建设管理】2018年，娄底市国有土地上房屋中心全力推进安置小区建设管理工作。市本级重点解决南垅、大石山安置基地的另行选址和剩余安置用地的土地变性出让等问题。其中大石山、南垅安置小区分别与市城投集团和万宝新区达成协议，完成另行选址。完成丽春、甘桂、泉水3个安置小区临街土地变性出让的手续办理工作。双峰县挂牌出让土地15宗，完成土地出让收入1440万元。是年，市本级全面完成黄泥、新佳等安置小区30余处临时棚点的拆除和清表腾地工作，南垅安置基地120亩土地7栋房屋的征地拆迁补偿协议全部签订，补偿金额5000万元。双峰县完成85户3.5万平方米的征地拆迁工作。是年，全市房屋征收系统启动安置小区建设13个，投资项目建设资金约2.3亿元。其中市本级6个安置小区776个安置基地建设全面铺开，170个安置基地基本建成，占总基地数的22%。完成新佳、黄泥、泉水、丽春、甘桂5个安置小区完的立项、征地拆迁、土石方施工及方案设计等工作，檀山湾安置小区三期启动征地拆迁。双峰县完成安置小区建设总投资8839万元，井湾、犁头及开益路安置基地主体全部完工；冷水江市城东生态城第一、二安置点进入竣工扫尾阶段，第三安置点完成土石方施工和桩基础招标。金谷大市场管理处对标对表农贸市场创建全国文明城市42条，全面完成创文国检测评的各项工作任务。檀山湾安置小区一期电改、二期水改基本完成。钢城安置小区电力改造工作完成变压器安装工程。双峰县发放建房许可证58户，排查整改安全隐患30起，处理违建18起。

【维稳工作】2018年，娄底市国有土地上房屋中心排查重大风险事项及矛盾纠纷问题15件，接待来访人员20批400余人次，其中群访8批380余人次；处理中央巡视组、省巡视组及市信访局、市联席办交办件17件。
(向　建)

2018年市国有土地上房屋征收中心先进集体(先进个人)一览表

表51

获奖集体(个人)	奖励名称	颁奖单位	颁奖时间
娄底市国有土地上房屋征收中心	湖南省文明卫生单位	湖南省爱国卫生运动委员会	2018年12月

房　改

【概况】2018年，娄底市房改办(房开办)以房地产业“解难题、保稳定、促发展”专项行动工作为重点，以促进娄底市房地产业可持续发展为目标，扎实推进各项工作开展。是年，全市房地产开发完成投资83.93亿元，施工面积1249.42万平方米，新开工面积291.45万平方米，竣工面积120.58万平方米，销售面积308.78万平方米，销售额143.83亿元。其中住宅完成投资63.14亿元，施工面积918.48万平方米，新开工面积216.31万平方米，竣工面积81.86万平方米，销售面积241.04万平方米，销售额97.47亿元。

【产业管理】2018年，娄底市房改办出台《关于进一步规范娄底市党政机关事业单位组织职工新建团购商品房的通知》，禁止党政机关事业单位组织职工新建(团购)商品房，维护房地产市场秩序和社会公平。市政府出台《关于进一步促进房地产市场平稳健康发展的通知》，建立商品房预售资金管理制度和物业保修金制度，强化房地产市场、房屋中介机构和物业服务企业的管理。市房改办完善房地产信息化管理平台，加强与相关部门的联动，客观、公正评价企业的信用等级，建立诚信企业“红黑名单”，将企业信用考评结果渗透、应用到整个房地产开发业务流程，实行差异化管理，每季度发布房地产市场运行情况报告，及时预警和引领投资消费。

【市场研判】2018 年，娄底市房改办坚持一月一分析、一季一通报，重点问题专题调研制度。每月利用房地产监管平台采集的数据进行分析，及时了解和掌握市场动态；与统计、国土、银行、税务、房产等 12 个部门和单位形成信息联动，对房地产市场运行情况及发展趋势进行研判，按季发布《房地产市场运行情况报告》，引领投资和消费；针对房地产市场新常态，就涉稳、非法集资和建立长效机制等重点问题进行专题调研，撰写调研报告 4 篇，提交省住建厅和市政府，为上级机关和市政府决策提供依据。

【日常履职】2018 年，娄底市房改办完成 169 家开发企业 2017 年信用评价工作。加强房地产开发企业资质管理，全年审核新成立的开发企业 30 家，审核开发企业申报各类业务 61 件。加强房地产开发项目室外配套工程竣工验收，参与房地产项目联合竣工验收 11 个。办理房地产项目资本金监控 20 个。每月组织市场巡查 3 至 5 次，立案查处违法违规企业 4 家，责令限期整改企业 5 家，约谈企业负责人 8 人，规范企业市场行为。加强信访调处，协调处理信访案件 108 个，到期结案率 100%，。全年返回公有住房维修资金 6.5 万元；出具无房改房情况证明 44 人次。

（康　森）

城市建设投资管理

【概况】2018 年，娄底市城市建设投资管理办公室内设办公室、项目科、投融资科 3 个科室。在职干部职工 23 人，退休人员 3 人，党员 20 人，具有高级职称技术人员 6 人，中级职称技术人员 9 人。

【中心城区背街小巷项目】2018 年 3 月，娄底市城市建设投资管理办公室正式动工建设中心城区背街小巷项目，总投资额 4.5 亿元。7 月，市发改委下发文件，计划投资额调整为 2 亿元。全年完成金谷市场、民营市场、涟钢大市场三片区的改造，完成投资额 10469 万元。项目改造后，极大提升市容市貌的品质，改善居民生活环境。

【涟水河综合治理工程（神童湾段）PPP 项目】2018 年，娄底市城市建设投资管理办公室完成神童湾大桥成功合龙，项目累计完成年度投资 5 亿元；项目征地拆迁工作稳步推进，完成征拆土地 120 余亩；根据 PPP 相关政策文件要求，整改完善 PPP 项目合同，项目投资总额调整为 8.54 亿，减少项目投资 3.19 亿元。

（贺建良）

城市建设投资

【概况】2018 年，娄底市城市建设投资集团有限公司（简称市城投集团）从“政府融资平台”转型为“专业化、市场化”的集融资、投资、建设、开发、经营于一体的市场主体，注册资本 6 亿元，企业信用等级 AA 级，总资产 411.41 亿元，负债 187.57 亿元，资产负债率 45.58%。有员工 332 人（含娄底宾馆），党委班子成员 9 名，内设 8 个部室，下属子公司 34 家。

【项目建设】2018 年，市城投集团作为建设业主的建设项目 26 个，其中城建道路建设项目 5 个、两河治理项目 1 个、市容整治项目 3 个、教育设施建设项目 1 个、政法基础设施项目 3 个、社会民生项目 3 个、航空建设项目 1 个、招商引资项目 1 个、前期项目 8 个，全年完成投资 17.458 亿元。受国家宏观调控政策的影响，中心城区道路提质改造及路网完善 PPP 项目建设的融资受到限制。根据市委、市政府统一部署，市城投集团于 6 月 15 日启动“8·31”攻坚战，克服困难，着力解决融资难、施工难、矛盾调处难“三大难题”，在 75 天内，全面完成甘桂路、娄星南路、小科街（扶青路—丽春路）、新星路（湘中大道—乐坪西街）、氐星路、乐坪西街、扶青路、白塘路、东贸街 9 条道路的改造任务，同时，月塘街和丹阳路辅道基本完工。涟水河综合治理（神童湾段）PPP 项目的神童湾大桥于年底合龙，标志着神童湾大桥主体工程完工。甘桂路北路完成征地拆迁及部分路基土石方挖运及填筑施工。为破解城区“读书难、大班额”的困难，市城投集团积极推进中小学校建设。华达学校实现春季招生，娄底八中具备投入使用的条件，其他学校建设的前期工作有序开展。完成大科、新建、长青等7处环保整治项目，改善周边居民的居住环境。为满足广大市民的运动、休闲，提升市民的幸福感，市城投集团投资建设5个足球场和4个小游园。加快安置基地建设，富冲、南垅安置基地完成部分桩基础施工。加快推进市委、市政府交办的重大项目建设。市强制隔离戒毒所、万宝消防站完成主体工程建设，纪检监察办案中心场地平基实现完工；通用机场项目通过市规划委员会审批、民航中南管理局以及南部战区的审查。

【转型发展】2018年，市城投集团着重加快业务结构调整，不断提高造血功能，增强抗风险能力。全面启动片区开发，老街片区开发项目完成规划方案招标，其他片区开发项目筹备前期工作。拓展金融和贸易板块，收购长沙、涟源、双峰农商行部分股份，组建小贷公司及创元公司，将公司传统业务拓展到金融贸易领域。启动城投·文庭开发项目的建设，城投·文庭项目售楼部开业。推进城市公共停车特许经营运营工作，完成停车场项目规划。

【融资化债】2018年，市城投集团在监管政策密集出台、融资全面紧缩的政策环境下，多举措、多渠道筹措资金，科学防范和化解债务风险，牢牢守住资金链不断裂的底线，有效保障各项工作正常运转。通过加大筹融资力度，着力破解融资难题和瓶颈，全年公司累计获批各类授信137.38亿元，实际到位资金63.5亿元，有效确保项目建设资金需求。

【资产管理】2018年，市城投集团积极配合市国土部门对具备出让条件的土地进行公开出让，完成8宗约495.23亩土地的挂牌工作，土地成交总价约3亿元；完成18宗资产的租赁工作，实现经营收益约1000万元。另外完成15宗约92825.52平方米的资产收购工作。全年累计征用土地513亩、拆迁104123平方米，全面清零娄底市2012年度第三批次建设用地项目、中铁路网完善PPP项目等12个征地拆迁项目。城南中学建设用地等5个项目征地拆迁工作基本完成，极大提升土地经营效益。 （陈婷婷）

城市管理

【概况】2018年，娄底市城市管理和综合执法局以“抓重点、补短板、强弱项”为抓手，以建设品质城区为目标，紧紧围绕“创文管卫”这一中心工作，坚持以人民为中心，积极迎接国家园林城市复查和全国文明城市实地测评，全力推进“五化”（标准化、常态化、精细化、智慧化、社会化），全面实施提质提效，城市管理工作得到稳步推进。连续被评为全省先进基层党组织、学习型党组织建设示范点和省级文明标兵单位，全市党建示范点、学习型党组织建设示范点和全市党员干部教育实践基地；综治维稳、计划生育、安全生产、建议提案办理、建整扶贫、无偿献血、联村建绿、信访等工作连续保持全市先进。

【市容管理】2018年，娄底市城市管理和综合执法局强力推进市容整治，加大严管重罚力度，强化常态管控，先后开展中心城区垃圾、占道经营、流动摊担、违法占道设施、乱贴乱画、乱吊乱挂等乱象专项整治；以环保督察为契机，加强餐饮油烟、大气污染、垃圾焚烧等环保整治。全年取缔各类摊点24000个，取缔店外经营7992例，清除各类废弃物品396车，清除违规种植菜地2200平方米，查处门店垃圾案件260起，车窗垃圾案件37起，其他垃圾案件271起。

【行政执法】2018年，娄底市城市管理和综合执法局规范执法行为，提升执法能力和执法效能。创新重大疑难案件提前介入机制，前移办案指导和案件质量监管关口，重大案件进行集体研究，明确立案方向，划定执法范围，确定处罚标准，让执法更加公平公正。加强执法监督，推广律师驻队参与一线城市管理执法工作。全年办理一般程序案件1500余起，办理简易程序案件7000余起，依法扣押违规经营工具1200余件，全年无行政诉讼和行政复议案件。

【环境卫生】2018年，娄底市城市管理和综合执法局加强白色垃圾管控，严格责任网格，将辖区网格责任到路段到人。落实快速保洁机制，着重解决突发性污染和门店垃圾问题，提升清扫保洁质量。对环卫车辆、公厕、垃圾站、果皮筒、板车等环卫设施开展大排查，对破损设施建立台账，限期维修翻新美化。健全垃圾收运处理体系，实行定点、定时、定线、定标准，加强上门收集对接，认真做好中转站提质改造期间城区生活垃圾清运保障工作，确保城区每天550余吨生活垃圾日产日清，垃圾无害化处理率100%。

【园林绿化】2018年，娄底市城市管理和综合执法局督促各建设单位扎实推进小游园建设，先后完成梅园、富冲游园等12个小游园的建设，新建绿地面积5万余平方米。市城管部门积极推进城市扩容提质三年行动计划，扎实开展"城市绿荫行动"，大力实施中心城区增绿提质、增花添彩工程，园林绿化、道路广场等配套设施不断完善，城市面貌和人居环境不断改善，国家园林城市三年复查顺利通过。抢抓绿化施工黄金季节，高标准完成中心城区增绿提质增花添彩工作。完成长青街等9条道路绿化提质改造；完成文艺路等街道边坡绿化；打造城区主要交通岛精品节点12处。全年栽植乔木、亚乔木7172株、灌木391480株、地被植物12852平方米、草皮3735平方米。扎实开展栽(摆)时令花卉工作，确保城区一年四季鲜花不断。对部分街道节点增设花带，在主要街道交通岛、花坛、桥梁栽(摆)时令花卉，在重大节日选取城区重要节点开展大型花卉造型布景工作。举办杜鹃市花展、菊花展，全年使用花卉340万盆（株）。克服冬季寒冷多雨天气，加班加点开展闲置地绿化，绿化面积46638平方米，栽植乔、灌木33999株、草花30000株、草皮12680平方米。帮助街道、社区绿化闲置地共57块110406平方米。中心城区闲置地绿化工作取得实质性进展。

【综合管理】2018年，娄底市城市管理和综合执法局加快推进城市亮化，做好广告招牌整治与公益广告发布工作，分5个批次在城区发布各类公益宣传广告约6800平方米。全力保障路灯照明效果，加强渣土运输与扬尘污染管控，城市容貌进一步改善。健全餐厨废弃物监管机制，做好收集、运输、处置等环节的防疫监控，经受住非洲猪瘟疫情的考验。市民投诉接处工作满意率再创新高，全年接到投诉3195件，办结率100%，满意率99.9%。公园广场快速推进学雷锋志愿服务岗(亭)建设，便民服务成为新亮点。积极开展平安公园广场创建活动，增设物理隔离墩、隔离栏，增强市民自我防范意识，不断提高公园预防和处理突发事件的能力。行政审批高效快捷。安全信访形势良好。禁燃工作进入常态化管理阶段。积极开展产业、教育、基础设施扶贫攻坚，帮助娄星区蛇形山镇新来村6户23人如期脱贫。

【文明城市创建】2018年，娄底市城市管理和综合执法局紧紧围绕"创建全国文明城市"中心工作，根据实际，制定三年创文工作方案，组建城管部门创文工作领导小组，扎实开展创文重难点工作排查，明确短板与弱项。积极响应娄底市创文誓师大会精神，层层组织召开誓师会议，鼓舞士气，凝聚力量。全方位开展创文宣传，全年入店宣传14580余次，印制发放宣传资料2万余份；邀请媒体为创文工作建言献策；邀请记者走进街路一线开展"城管执法体验日"活动。广泛开展"我为创文出把力"大讨论，1000余名干部职工参与。坚持开展"垃圾不落地，娄底更美丽"弯腰行动，局系统干部职工在城区开展"弯腰行动"8000余人次。全体干部职工扎实履职尽责，全力以赴投身实地测评各项工作，年度实地测评取得较好成绩。

【项目建设】2018年，娄底市城市管理和综合执法局垃圾处理方式转变迈出重大步伐，先后完成生活垃圾焚烧发电项目19个报告的现场调研、文本编制及评审工作。协调解决区域统筹、规划选址、环评及公众参与、社会稳定风险评估等问题。反复沟通协商，明确商务条件及招投标前有关问题，正式进入招投标环节。垃圾综合处理项目工作积极推进，强力推进垃圾场存放污泥固化处置、库区扩容建设、雨污分流和渗沥液处理系统升级改造、垃圾场环保拆迁等项目进度，全力确保垃圾处理场正常运转。按程序委托广东沃特环保公司对积存的垃圾场渗沥液进行达标处理，有效破解渗沥液处理能力不足的环保风险。完成一、二库区覆膜雨污分流。加快推进涟钢生活区公厕改造提质。实施监控指挥中心改建升级，智慧城管监控指挥平台成功上线试运行。（肖　瑶）

城市管理行政执法

【概况】2018年，娄底市城市管理行政执法支队以打造品质城区建设美丽娄底为目标，以创建全国文明城市为重点，狠抓党建统揽，狠抓精细管理，狠抓综合执法，狠抓从严治队，狠抓改革创新。全年办理一般程序案件1495起，结案1466起，结案率98.06 %，办理简易程序案5937起，依法扣押违规经营工具974件，全年无行政诉讼和行政复议案件。全年取缔各类摊点24000个，取缔店外经营7992例，累计拆除各类违规广告招牌 1508块(约43710.55平方米)，规范新广告招牌1110块，清除各类废弃物品396车。

【精细管理】2018年，娄底市城管执法支队强化工匠精神，以管理创新推进市容管理的精细化、常态化、标准化。积极查摆日常管控中标准不平衡、管理手段乏力、重点问题易反弹等方面的问题，列出问题清单、加强调查研究，确定方法举措、强化人员责任、明确时间节点、实行限期销号，以问题为导向采取“倒逼式”方式推进问题解决。开展“严管示范街”创建活动，积极打造贤童街、湘阳街等示范街，集中展示娄底城市品质和形象。

【专项整治】2018年，娄底市城管执法支队开展流动摊担、马路市场专项整治，马路市场在早上七点前得到有效疏导；开展门前三包专项整治，坚持全面地毯式整治，对水果鲜花店、修理、洗车、早餐夜宵店等进行重点摸排和整治，主街道店容店貌大有改观；开展临街立面乱象整治，重点针对破旧和违规广告招牌进行拆除和规范，清除临街墙面、玻璃和地面违章广告，城市立面品质得到提升。开展沿街种植蔬菜整治，全年清除违规种植菜地2200平方米。开展十乱行为整治，查处门店垃圾案件260起，车窗垃圾案件37起，行人垃圾案件271起。开展沿街违规构造物整治，对地锁、水泥坡、铁架坡等影响行人和车辆通行障碍物进行集中拆除，拆除100余处。

【蓝天保卫战】为2018年，娄底市城管执法支队积极开展大气污染治理，坚决打赢蓝天保卫战。全面取缔露天烧烤并要求入店经营，开展餐饮油烟专项治理，大力整治焚烧垃圾，重点整治在人口集中区域内露天焚烧沥青、塑料、皮革、垃圾等违法违规行为，全年查处该类案件30余起。

【队伍建设】2018年，娄底市城管执法支队开展“改革创新年”活动，以管理创新推进市容提质，以改革创新推进综合执法，以方法创新推进队伍建设，以机制创新推进效能提升，全面推进支队“政治坚定、作风优良、纪律严明、廉洁务实”的执法队伍建设。修订完善督查考评机制，突出考评重点，加大考评密度，坚持“日考评，周反馈，月讲评”，强化考评运用，逐月兑现绩效奖惩；健全完善执法用车使用管理办法，规范派车制度和加油制度，明确执法车辆调度管理；制定实施办公用品管理规定，实施按月申报、审批和集中配发制度。坚持编办《工作简报》，全方位宣传城管法规、工作动态；积极开展入户宣传，全年进门入店宣传14580余次，印制发放宣传资料2万余份；参与或组织系列活动，邀请媒体走进街路一线组织开展“城管执法体验日”活动，参与城管演说家等活动。认真贯彻落实中央“八项规定”、省委“九项规定”精神，开展明察暗访重点督查；抓廉政警示教育；认真开展国家公职人员违规参与涉矿等经营性活动问题的清理工作；严抓“三公”经费的监督检查，全年“三公”经费使用金额比上年度降低30%；严抓执纪办案，全年立案3起，通报批评13人。积极践行“721”工作法，关注民生民意，将为民服务切实落实在工作实际当中，“及时、准确、高效”处置市民投诉事项和信访问题，并及时反馈跟踪，确保问题妥善解决。支队全年接访、处访89余起，处理率回复率100%，满意率99.5%，城管“110”热线电话共接到投诉2855件，承办率为100%，满意率为99.89%，其中办理“12345”市长热线交办函323件，满意率为100%。（肖治华）

环境卫生

【概况】2018年，娄底市环境卫生管理处以创建全国文明城市为奋斗目标，以市容环境提质为中心，全力推进环卫管理“五化”，着力打造精品环卫，持续巩固国家卫生城市创建成果，提升城区环卫管理水平。较好完成春节、市“两会”、4—5月中央巡视组、中央领导到娄考察调研、九月“国家级园林城市复审”和“省病媒生物(蝇类)密度控制水平C级达标”、12月创建全国文明城市实地测评、以及第九届“湘博会”召开等重大活动期间环境卫生保障任务。获湖南省环卫行业先进集体、全市创文管卫工作优秀单位、全市驻村帮扶优秀单位、2018年市直机关阅览室示范单位、全市网格问政办理考核良好单位等荣誉。

【创文测评】2018年，娄底市环境卫生管理处认真落实市委、市政府、市城管局创文誓师大会精神，召开处创文推进会议，制定创文决胜实施方案，分解任务，明确责任。11月中下旬起，处领导下沉一线，跟班带班，示范引领，及时协调处理问题，迎接创文实地测评。全处上下放弃双休日，全员上阵，全力以赴，对标开展环卫问题困难大排查、大整改、大清扫、大清洗、大维护，确保娄底城区环境卫生洁净，确保环卫工作在创文实地测评中责任项目得高分。

【环卫生产管理】2018年，娄底市环境卫生管理处针对环卫薄弱环节，补短板强弱项，强化管理措施。坚持"国卫标准"，继续按"六定"原则(定人、定时、定点、定岗、定标准、定奖惩管理)，将辖区路段划分为9个一级网格、26个二级网格，分块管理，责任到人，严格网格管理责任。道路实行人工"两扫一保"。"两扫"即，凌晨4:30—7:30对中心城区主要道路机动车道、非机动车道、人行道、绿化带的生活垃圾进行一次普扫、清捡；中午，对非机动车道、人行道再次进行普扫。"一保"即，主要街道每日实行人工保洁和快速保洁车辆相结合的17.5小时不间断保洁制 (4:30—22:00)，一般道路(外围路段)普扫保洁不少于12小时(6:00—18:30)，及时快速保洁，解决道路突发性污染。加强"门前三包"监管，严禁门店乱扔乱丢垃圾，进一步提升清扫保洁质量。全处开展对环卫车辆、公厕、垃圾站、果皮筒、板车等设施大排查，对破损设施建立台账，限期进行维修翻新美化，确保环卫设施整洁美观，创文达标。落实生活垃圾收运规定，实行定点、定时、定线路、定标准收集。规范垃圾收集点位置，大收集车在指定地点收集道路清扫保洁垃圾和委托服务的单位院落垃圾，小型垃圾收集车一天三次上门收集辖区临街门店生活垃圾，做到城区生活垃圾及时中转，日产日清。娄底市生活垃圾填埋场规范管理，每日对进场垃圾进行计量、摊铺、压实、消杀、分单元无害化填埋作业。在一、二库区铺设防雨膜，实行雨污分流。做好渗沥液达标处理排放。发挥绩效考核引导作用，处领导、机关科室、基层单位负责人持续坚持一线工作法，开展轮流带班督查考评，及时发现处理问题。抓好《绩效考核实施方案》运用，生产质量、工作效能与绩效挂钩，绩效奖励向一线艰苦岗位、关键重要岗位倾斜，多劳多得，充分调动各单位、广大职工生产积极性，进一步提升工作效能。

【项目建设】2018年，娄底市环境卫生管理处积极协调、协助推进生活垃圾综合处理项目，全力推进娄底市生活垃圾填埋场堆存污泥固化处置、库区扩容建设、雨污分流和渗沥液处理系统升级改造、垃圾场环保拆迁等项目建设。配合推进娄底市生活中转站提质改造工程，确保垃圾处理场正常安全运行。

【餐厨垃圾监管】2018年，娄底市环境卫生管理处全力开展辖区内餐饮场所的调查摸底和宣传发动，要求各餐饮场所(酒店、食堂等)对餐厨垃圾先进行消毒，再按干湿分离要求对餐厨垃圾进行分类，做到油、水、渣分离，严禁餐厨垃圾(泔水)流向养猪场(户)用于喂猪。并加大巡查监管执法力度。截至年底，对各餐饮场所发放通知书4500余份、签署承诺书1820余份、回访告知6800余次、立案处罚22起，处罚金额38000元，喷洒专用消毒药剂2.3吨。

【安全生产】2018年，娄底市环境卫生管理处加强安全生产宣传教育，举办消防安全知识讲座，对全处137名司机进行交通安全理论知识考试。每月开展安全生产督查，更换灭火器，及时要求责任单位整改安全隐患，对违章责任司机依规进行处罚，促进全处安全生产。

【环卫临时工参保】2018年，娄底市环境卫生管理处争取市政府重视，市城管局、市人社局、市财政局支持，为在职在岗520名临时工解决参加养老保险历史遗留问题，为离职的68名临时工提供参保平台，稳定临时工队伍，有效提升生产质量。

(杨叶红　张　伟)

2018年市环卫处先进集体(先进个人)一览表

表52

获奖集体(个人)	奖励名称	颁奖单位	颁奖时间
市环境卫生管理处	湖南省环卫行业先进集体	湖南省城市建设行业协会	2018年

园林绿化

【概况】2018年,娄底市风景园林管理处人员编制346人,实有在编人员304人;退休151人,党员155名,专业技术人员76名。内设8个科室,下辖8个二级机构。承担街道绿化养护面积198万平方米,管理石马公园、春园公园和早元公园3个公园,绿地面积25.4万平方米。

【绿化日常管养】2018年,娄底市风景园林管理处精细开展中耕除草、病虫防治、施肥浇水、修剪造型等日常养护工作,全年浇水8991车次,施肥16.7吨,喷洒农药665车次;完成约7万株乔木、亚乔木及绿化带内灌木的修剪,加强道路桩景及造型树的修剪造型;开展苗木清洗,确保降积尘,保持本色。处属公园按照公园一级养护标准开展绿化管养;卫生区域承包、网格管理,实行目标考核;完善基础设施建设,及时维修和维护公共设施;加强公园安全生产监管和安全保卫、禁燃工作,杜绝事故发生。

【花木科研生产】2018年,娄底市风景园林管理处围绕"科研服务生产、生产促进科研"主题,着重开展月季、杜鹃项目规模化扩繁和基质选择实验、西洋杜鹃生产技术研究、三角梅繁殖技术试验、藤本植物繁殖技术探讨。引进花卉新品种,如芝樱、红花酢浆草、矮秆翠芦莉等,在街道、公园推广种植。积极开展花卉苗木的生产、出圃工作。苗圃生产各类乔灌木60万株、扦插小苗40万株、播种125千克,出圃乔灌木46万株、麦冬0.8万千克。花圃分期播种草花15次,上盆草花、菊花、荫生花卉等73万盆,引进草花85万盆,出圃草花、菊花、荫生花卉151.1万盆。

菊展(孙水公园展区)

(市风景园林管理处供图)

【园林绿化监测】2018年,娄底市风景园林管理处加大绿化执法力度,对绿地内乱堆乱扔、乱挂乱晒、践踏道等开展整治,对占绿、侵绿、毁绿违法案件进行查处。完成园林绿化一般程序案件26起、简易程序案件900起;处理各类交通事故损坏苗木事宜54起,配合政务中心办理行政许可34份,并迅速落实到位;处置"12345"市长热线14起、园林"110"来电31起,处理率100%。加强园林绿化监测与日常管理。开展中心城区绿地巡查,对绿化建设、养护不到位及边坡、闲置地绿化情况进行督查督办,提升中心城区绿地率;对城区PPP项目施工实行跟踪监管,及时配合移植绿化苗木;对全市绿化施工项目进行质量监督及后期养护管理的监督。

【园林绿化设计】2018年,娄底市风景园林管理处全面开展娄底市中心城区增绿提质方案设计工作。完成乐坪西街提质改造施工设计、湘中大道闲置地绿化设计、氐星路、早元街、大井路、小科街、文艺路等道路绿化设计等。完成梅园施工图、建设新园设计方案及施工图、山塘游园设计方案及施工图、高铁南站长途综合体屋顶绿化设计、水府庙湿地公园管理处亲水平台设计、石井镇水口村"美丽乡村"建设及村部广场方案等公园广场庭院设计。

【小游园建设】2018年,娄底市风景园林管理处承建樱花园、梅园、兰园、卫校游园、建设新园、山塘游园6个小游园,按照"海绵城市"理念进行设计,以绿化花化为主,完善活动健身、休憩娱乐、亲近自然等功能,新建面积38047平方米。充分发挥督促指导作用,指导观化游园、湘文游园、静心园、扶芳园、竹园、思塘游园6处小游园建设。全年全市新建小游园12处,新增小游园面积51401平方米。

【增绿提质工作】2018年,娄底市风景园林管理处完成长青街、檀香路、早元街、涟滨街、府前路等9条道路的绿化提质改造;完成文艺路、檀香路、乐坪街、早元街等街道的边坡绿化工作;打造城区主要交通岛精品节点12处;完成所辖街道的苗木补栽、缺蔸树补植、病残树更换、黄土裸露整治;完成处属石马、春园和早元3个公园的增花提质和补栽补植。栽植乔木、亚乔木7172株、灌木391480株、地被植物12852平方米、草皮3735平方米。充分发挥城市园林绿化专业部门的作用，完成娄底市中心城区道路提质改造PPP项目的绿化施工设计，指导PPP项目公司的绿化施工，重点对新星路、氐星路、娄星路、湘阳街等开展绿化施工监管和指导。

【闲置地绿化】2018年，娄底市风景园林管理处主动推进闲置地绿化工作。完成湘中大道市人社局闲置地、娄星南路贤童街西端闲置地、竹山社区闲置地、吉星路黄泥社区闲置地、秀石街闲置地、珠山公园东门闲置地、珠山公园西门闲置地、檀香山闲置地等绿化工作，绿化面积153100平方米，栽植乔、灌木69000株、播花种147100平方米、铺草皮6000平方米。指导帮助娄星区街道、社区绿化闲置地96500平方米。

【增花添彩工作】2018年，娄底市风景园林管理处提出"花园城市"理念，努力开展相关工作。利用街道增绿提质改造，对部分街道节点进行增设花带设计改造。开展主要街道交通岛、花坛、桥梁栽(摆)时令花卉工作，并在春节、国庆等重大传统节日选取城区重要节点进行花卉造型布景。积极打造娄底花展品牌，助推娄底创建全国文明城市工作。4月，在石马公园举办以"时代之春、美丽娄底"为主题的杜鹃市花展，大力推介和宣传市花杜鹃；10—11月，在孙水公园和石马公园举办以"创建全国文明城市、营造百姓幸福家园"为主题的菊花展。全年使用花卉340万盆(株)，装点扮亮城市景观。

【国家园林城市复查】2018年，娄底市风景园林管理处认真开展国家园林城市复查迎检工作。集中力量对所辖街道绿化、公园全面清理，对占绿、毁绿行为专项整治，做好绿化苗木养护和绿化设施维护，着力改善园林绿化观感。开展城区绿化督查，对照标准查漏补缺，做好迎检现场准备。对照《国家园林城市标准》8大方面56项指标，收集整理资料，完成自查资料、各项指标支撑材料的汇编工作。（邹　强）

供　水

【概况】2018年，娄底市水业有限责任公司紧紧围绕"安全优质供水"这一主线，认真贯彻新思想，聚焦高质量发展，给排水一体化，城镇供水一体化不断推进。娄底城区供水范围不断扩大，南至洪山殿、北至双江乡、西至石井乡，东至湘乡市棋梓镇杉山村。全年生产水量5413.28万立方米，销售水量4349.92万立方米。水质综合合格率99%，管网抢修及时率100%，自来水产销差率控制在20%以内。第二污水处理厂全年处理污水1510万吨，COD减排3067吨，氨氮减排233吨，总磷减排24吨，处理污泥8300吨，污水排放达标率100%。全年完成收入22867万元，实现利润1797万元，国有资产保值增值率105.13%。抗冰雪保供水工作中涌现的"泥人哥"、共产党员肖勇锋成为2018年市委宣传部推出的第一个正能量网红人物。

【项目建设】2018年，娄底市水业有限责任公司全力推进三水厂项目建设，三水厂于年底并网试送水。做好供水管网建设，全年累计铺设DN200—600管13308米。全力配合娄底市PPP项目道路提质改造管线迁移和消火栓建设工作，完成13条道路配套消防管道铺设及部分建设改造管道5853米，安装消火栓94座。持续推进"三供一业"供水移交分离改造。完成除铁路外，涟钢、电力、移动、电信及大理石厂、中铁二十五局、烟草公司、西阳水泥厂等驻娄中央、省属国企"三供一业"供水分离改造工作。

【服务民生】2018年，娄底市水业有限责任公司完善"一站式服务""首问负责制""限时办结制" 等制度，按照"数字娄底"建设要求，智慧水务平台建设全面推进。GIS系统建设、调度系统建设、客服服务系统建设、视频监控系统建设、营销系统建设不断完善和更新，门户网站建设、微信公众号完成，管网巡查系统建好测试。智慧水务以更加精细和动态的方式管理运营整个生产、管理和服务流程，进一步优化营商环境，为用户提供更加方便、快捷、明晰的用水服务。

（刘　健）

2018 年市水业有限责任公司先进集体(先进个人)一览表

表 53

获奖集体(个人)	奖励名称	颁奖单位	颁奖时间
罗云飞	《湖南水务》报信息宣传工作先进个人	《湖南水务》报	2018.10
杨敏玲	《湖南水务》报优秀站长	《湖南水务》报	2018.10

公共交通

【概况】2018 年，娄底市公共交通有限公司紧紧围绕营运服务、安全生产及项目建设三项中心工作，强化责任意识和担当精神，主动作为，扎实抓好各项工作，全面提升全市公交发展水平，圆满完成各项任务。是年，全市完成营运总收入 4032 万元，同比增长 10%；完成营运里程 1300 余万千米，服务合格率 98.8%，安全事故频率 0.03 次/车万千米，有责安全事故同比下降 56%，事故费用同比下降 57%。精准扶贫村双田村完成 2018 年贫困村整村出列，45 户 99 人脱贫。

【公共设施建设】2018 年，娄底市公共交通有限公司新开通城乡 1、2 路，晚班 6 路延伸至新市政府通程商业广场，10 路改道途径秀石街，新增 23 路(市体育中心华天大酒店—高铁南站)，新增 2 路延伸至仙人阁，新增 3 路延伸至市体育中心华天大酒店，7 路延伸至湖南电将军新能源有限公司。全市首批纯电动公交车正式上线运营，购置 100 台纯电动车，淘汰 80 高排放公交车，娄底市公交全面实现“绿色新时代”。

【智慧公交】2018 年 10 月，娄底市公共交通有限公司以创建国家“公交都市”为契机，加快推进智慧公交建设，同时根据交通运输部、省交通运输厅的要求，实现交通一卡通互联互通。完成所有公交刷卡机的更换工作，11 月全面上线银联 IC 卡闪付，实现全国公交一卡通数据的互联互通，兼容接受全国 399 个城市和地区公交卡，支持一卡通异地卡在本地的刷卡、支持微信支付、银联云闪付、美团付款码支付、支持 NFC 等。

(万清兴)

2018 年市公共交通有限公司先进集体(先进个人)一览表

表 54

获奖集体(个人)	奖励名称	颁奖单位	颁奖时间
梁赵红	湖南好人	湖南省文明办	2018 年 4 月
毛小初	2018 年绿色出行先进个人	交通运输部、中华总工会、公安部、国家机关事务管理局	2019 年 1 月

保　安

【概况】2018 年，娄底市保安服务有限责任公司(简称市保安公司)遵循“规范管理求效益，多种经营求发展，以人为本求和谐，信誉品牌拓市场”的服务宗旨，以党建工作为核心统领保安企业经营生产管理，坚持为客户服务、为社会服务、为娄底经济建设服务为目的，强化管理、加速发展，为娄底的社会安全防范工作做出积极贡献。公司有市管干部 2 人，合同制员工2834 人；办公大楼面积 4864 平方米，土地 17 亩；押钞车辆 92 台，防暴枪 193 支，技防接处警平台 2 套；服务客户 300 多家，年营业收入突破 1 亿元，资产评估总值约 1.45 亿元。公司设党委，下设 3 个支部，党员66 人；内设部门 8 个，下设子公司 3 个，分公司 6 个。

【主要业务】2018年，市保安公司主营三大业务。一是人力防范业务，主要承担全市重点单位、大型企业重点部位的门卫值守和院落巡逻业务。二是联网报警业务，主要承担了全市所有银行的营业网点、金库和部分商业门店的联网报警值守业务。三是金融武装守押业务，主要承担全市所有金融机构的现金押送、守护任务，全市金融武装守护押运服务覆盖率为100%。在三大主营业务以外，还拓展物业服务、劳务派遣、汽车租赁、汽车维修、驾驶人考试、公安机关涉案财务管理、职业技能培训等业务，确保国有资产保值、增值及企业利润，公司经济运转良好。（刘让华）

2018年市保安公司先进集体（先进个人）一览表

表55

获奖集体（个人）	奖励名称	颁奖单位	颁奖时间
市保安公司驻中心医院护卫点	湖南省工人先锋号	湖南省总工会	2019.04

燃气供应

【概况】2018年，娄底华润燃气有限公司作为央企，承担央企义务，履行社会责任，公司全年营业额12945万元，销气量2667万立方米，新增居民用户15497户。通气居民户数14.2万户，开通使用燃气商业及公建用户752家，工业用户13家。拥有中低压燃气管网近700千米，次高压管网9.2千米，拥有区域调压柜、调压箱392个。积极推进老旧管网改造和隐患整改工作，完成铸铁管网改造5.52千米，完成庭院管网改造20.26千米。全年处理完成户内漏气3319个，处理户外漏气1659个，合计处理应急抢险维修4978个；处理清堵气1398个，完成点火通气12610户，完成灶具维修5965户，换表7550块，其他类维修10249个，全年完成维修任务37772个。

【安全生产】2018年，娄底华润燃气有限公司以区域安全输配一体化建设为抓手，全面落实企业安全生产主体责任，层层夯实各级安全生产责任制，强化公司安全生产基础管理，强力推进燃气管网设施隐患整改。加强员工技能培训，提升公司应急抢险能力，公司安全形势逐步好转，安全管理管控水平逐步提高。在全司员工的共同努力下，圆满完成全年各项安全生产目标，被评为“娄底市国资委系统安全生产先进单位”，也首次被评为“娄底市安全生产优秀单位”。

【燃气安全宣传】2018年3月15日，娄底华润燃气有限公司参加了在娄星广场举行以“品质消费、美好生活”为主题的大型“3·15”消费者权益日活动。印制《安全用气常识》《承诺服务》《燃气法规》和便民小卡片等资料，与《娄底晚报》合作编写专版宣传。发放各类宣传资料20000余份，接受用户咨询解答300余人次，帮助用户解决问题9个。

【低保户燃气费减免】2018年，娄底华润燃气公司在确保用气安全、供好燃气、供足燃气的基础上，搭建多种服务平台，简化办事程序，开通网上缴费、拓宽收缴渠道，方便广大群众。积极关心弱势群体，通过在媒体刊发公告以及到廉租房小区及低保户比较集中的小区张贴公告的形式，为城市低保户年均减免燃气费4.4万元。为将这项惠民政策落到实处，公司调配人手，在高峰期进行分流，及时为低保用户办理减免手续，为行动不便的残疾低保用户上门办理减免手续。

（蒋红霞）

规　　划

【概况】2018年，娄底市规划局攻坚克难，务实奋斗，充分发挥规划引领作用，强化规划实施管理，提高规划服务水平，启动新一版城市总体规划编制工作，完成城市“双修”、城市照明等一批重要规划编制，建立健全乡村规划管理、地下管线建设管理等制度文件10余个，审批项目107项次、民房1220户，推进村庄规划编制“全覆盖”工作，控制违法建设413处、10.64

万平方米，拆除违法建设561处、9.86万平方米，仙女寨生态公园保护、扶贫攻坚、建议提案办理、人大评议整改等工作成效明显，有效促进娄底城乡建设有序健康发展。

【规划编制】2018年，市规划局启动新一版城市总体规划编制工作，下发《关于印发娄底市城市总体规划(2020—2035年)编制工作方案的通知》，明确总规编制5大工作目标、9项重点内容以及编制进度安排，并按计划完成总体规划实施评估。娄底城市“双修”专项规划通过市规委会审议，并报请市人民政府批准实施。规划建立城市“双修”项目库，通过对城市“双修”项目进行梳理，将城市双修工作细化成具体的工程项目，保护和修复城市生态空间，改善城市功能。完成城市照明、城区液化石油气布点规划、华菱薄板产业园总体规划、电力科技产业园总体规划等规划编制及长青片区控制性详细规划修改工作，积极引领和服务城市建设。在督促指导各县市区完成8个试点特色小镇规划编制工作的同时，出台《村庄规划编制“全覆盖”工作方案》《娄底市规划局关于进一步做好村庄规划相关工作的通知》等文件，督促指导各县市区全面落实2018年村庄规划编制任务。邀请省厅专家到各县市区现场指导，为村庄规划编制出谋划策。建立村庄规划编制情况月调度制度，加强对各县(市、区)的督促力度。

【规划管理】2018年，市规划局以市政府名义下发《关于进一步加强和改进乡村规划工作的实施意见》，制定《娄底市地下管线建设管理办法》《财务管理制度》《中层干部考核管理办法》《考勤管理办法》《关于进一步加强行政公章管理的通知》等一系列制度文件，不断强化规划刚性。落实“互联网+政务服务”，加强规划信息化建设，积极开展“只跑一次”行政审批制度改革，审批效率进一步提高。全年组织召开规委会2次、技术审查会议40余次；受理审批项目107项次，办结105项次；批准建设工程规划设计方案61个，核发建设用地规划许可证57个、选址意见书45个、建设用地规划条件28个、建设工程规划许可证33个、建设工程竣工规划条件核实证明26个、容积率通报单7份，审批民房1220户。制定举办法制培训班的实施方案，组织开展新入职人员法制培训、“七五”普法等一系列学法活动。不断完善案审会制度，严格案审会决策程序，加强行政处罚案件的书面审查和证据材料审查，切实规范行政处罚行为，下达行政处罚决定书18件，罚没101.91万元，审查娄星区、经开区规划行政处罚122件。加大行政复议和行政诉讼工作力度，处理审结行政诉讼案件9件。积极拓展规划技术服务业务，完成各类测绘项目151宗、规划信息服务项目38个，签订规划设计合同70份。全年接待来访397批，990余人次，受理群众来信、来访、来电和上级交办件163件，办结160件，办结率98.16%。

【规划执法】2018年，市规划局控制违法建设413处、10.64万平方米，拆除违法建设561处、9.86万平方米，处罚补办手续11处、5.12万平方米，存量违法建设处置率超过70%。始终把控制新增违法建设作为控违拆违工作的重中之重，落实网格化管理制度，加强建设项目监管力度，明确责任人员，做到发现违法建设“第一时间制止，第一时间拆除”，切实维护城市良好形象和城乡建设秩序。落实属地管理，结合背街小巷和老旧小区改造项目，以中心城区社区、街道为单位，以影响城市形象、项目落地、创文管卫和群众反响强烈的违法建设为重点整治对象，成建制整体推进违法建设“清零”。配合乐坪办事处等对金谷市场、月塘居委会、火车站居委会等小区进行清查清理，制止、拆除吉星北路、富源小区、湘中农贸市场、娄益衡高速公路沿线、生态电器科技谷、五洲国际城市广场等违法建设典型。根据《娄底市控制和拆除违法建设若干规定》规定，对公益项目、工业项目、过渡安置房等违法情节轻微的项目，制定台账清单，组织开展专项整治行动，在精简工作环节的同时，加大罚款追缴力度，及时完善相关手续，疏导减少存量违法建设。修改完善《娄底中心城区重点区域违法建设2018年“清零”行动方案》《娄底中心城区国有土地上控违拆违重点区域2018年“清零”行动方案》《国有土地上控违拆违2018年“回头看”行动方案》《关于在全市机关企事业单位和党员干部、国家公职人员中开展违法建设专项整治的通知》《娄底中心城区控违拆违工作考核奖惩办法》等文件，不断加强控违拆违工作管理，提升工作实效。

【规划服务】2018年，市政府下发《娄底市人民政府关于加强仙女寨生态公园保护的通告》，市规划局发放各类相关宣传文件、布告800份，制作宣传牌3块，安排宣传经费30000元，利用网络、报纸、电视等媒体，对相关政策进行广泛宣传。组织召开仙女寨生态公园保护工作部署会，聘请湘潭大学立法研究中心作为立法专家顾问团队，对仙女寨生态公园现场调研，组织市人大和相关单位赴长沙、柳州等地，就相关立法工作调研学习，撰写立法调研报告，起草《仙女寨生态公园保护条例》，圆满完成各项工作任务。学习借鉴兄弟市州经验，就规划展示馆的建设方式、选址、内容、规模及投资金额等进行多次论证。组织召开专家咨询会，听取专家对规划展览馆选址、建设、布展工作的意见。多次就选址方案进行现场调研和讨论研究，形成《娄底市规划展示馆建设方案》，并通过市政府2018年第21次常务会议研究审定。围绕人大评议的问题抓整改，突出实效抓落实。针对不同的问题，采取针对性措施、办法进行整改，并取得良好成效，得到市委、市人大、市政府领导和市人大代表的充分肯定。评议整改情况被高票评定为“满意”，在6个被评议单位中排名第一。扎实推进建议提案办理工作，16个会办件均在规定时间内送达主办单位，17个主办件全部办毕，全部实现沟通面商率、办结率、满意率“三个100%”的目标，并进行上网公示。提案办理评议被评定为“满意”。大力开展扶贫攻坚行动。局党组先后2次召开专题会议研究扶贫工作，审定扶贫工作计划。主要领导和分管领导每月定期听取扶贫工作汇报，先后6次到帮扶对口村新民村访贫问苦，帮助贫困户解决实际问题。安排扶贫资金50万元，筹措项目资金20万元，着力解决村民饮水问题。完成部分村民易地搬迁集中安置工作和50千瓦光伏发电项目。积极争取相关部门支持，启动水塘清淤、村组公路硬化等工程。聚焦产业扶贫，推广葡萄、辣椒等经济作物种植380亩，为村民增收脱贫提供强有力地保障。

（肖　敏）

环境保护

【概况】2018年，娄底市环保系统踏实苦干、攻坚克难，认真落实上级环保部门决策部署，积极配合中央生态环境保护督察“回头看”和省环保督察，强力推进中央和省环保督察交办问题整改，全面打响锡矿山区域环境综合治理攻坚战，坚决打赢污染防治攻坚战，全市环境质量主要指标稳步提升，12个省控以上地表水断面水质均达到或优于Ⅲ类标准，3个“水十条”国家考核断面均达到Ⅱ类水质；6个“城市集中式饮用水水源地”水质达标；中心城区空气优良率为90%，同比上升2.4个百分点，$PM_{2.5}$、PM_{10}平均浓度分别为34微克/立方米和66微克/立方米，空气环境质量首次达到国家二级标准，实现了全省空气环境质量国家二级标准地级城市零的突破。

【环保督察交办问题整改】2018年，市环境保护局完成2017年中央环保督察反馈9项整改问题中的5个，245个信访件均办结并基本整改到位。7月25日至8月13日，省环保督察组交办娄底信访件374件，上报办结326件，反馈的42个问题完成整改19个。2018年中央环保督察“回头看”交办娄底信访件307件，上报办结237件，其余信访件落实到具体的责任单位，明确整改措施和整改时限要求，确保整改到位。

【锡矿山区域环境综合治理攻坚战】2018年4月19日，全市打响锡矿山区域环境综合治理攻坚克难的人民战争，制定《娄底市锡矿山区域环境综合治理攻坚战三年（2018—2020年）行动计划实施方案》，下达2018年的工作任务，年度规划实施的42个项目全部有序推进，要求完成的20个项目，13个完成治理任务。是年，中央和省级媒体先后6次报道锡矿山区域环境综合整治成效。

【污染防治攻坚战】2018年，市环保局大力推进重点行业工业企业大气污染治理，积极开展挥发性有机废气治理，加强大气污染防治重点减排项目调度和督查，加强县级集中式饮用水源地环境问题排查，深入开展土壤污染防治先行区建设。按期完成省里下达的淘汰城区高排放公交车82辆的目标任务；娄底市省级监控考核断面、市县级交界断面、县级以上集中式饮用水水源水质达到或优于Ⅲ类水；建立了娄底2018年土壤项目储备库，持续推进土壤污染状况详查，建立全市疑似污染地块和污染地块名录；列入2018年度计划的24个土壤治理项目20个完成并通过验收，3个项目完工待验收。

【环境专项整治】2018年，全市开展多轮次市、县两级集中式饮用水水源地环境保护专项督查，生态环境部交办的4个市级饮用水水源地环境问题已整改到位，列入为民办实事的22个县级饮用水水源地环境问题全面完成整改并销号，上报省厅的42个问题和部里的15个问题全部整治到位，饮用水水源地的围栏围挡全部建设完成。开展娄底市长江经济带化工污染专项整治工作，全面排查辖区内22家化工企业，发现6家企业存在环境违法行为，累计罚款240万元，其中2家企业责任人被移送公安实施行政拘留。开展娄底市尾矿库及其采选、冶炼企业环境污染和安全整治工作，全面排查辖区内10家尾矿库及其采选、冶炼企业，发现存在环境问题企业5家，8月30日前完成整改。

4月19日，娄底市委、市政府在冷水江市召开锡矿山区域环境综合治理攻坚战誓师大会

（市环境保护供图）

【生态环境体制改革】2018年，娄底市生态文明体制改革任务11项，整体完成情况较好。市环保局制定《娄底市生态文明建设目标评价考核办法》，建立绿色发展评价指标体系；加强源头防控，坚持预防为主的原则，严格把关，凡建设项目选址，必须符合环保准入条件，涉及红线范围的项目一律不予批准，并优化空间布局，降低对生态环境的破坏。是年，环境影响评价执行率和“三同时”执行率100%；深化“放管服”改革，改善营商环境，认真做好“互联网+政务服务”，规范网上行权，实施信息公开。娄底市受理的行政许可事项均在规定时间内办结。顺利推进机构改革。根据全国生态环境机构垂直管理制度改革的要求实施相关工作，努力构建条块结合、各司其职、权责明确、保障有力、权威高效的环境保护管理机构，为统筹解决跨区域、跨流域环境问题，规范和加强环保机构队伍建设提供体制保障。（王　琛）

2018年市环境保护局先进集体（先进个人）一览表

表56

获奖集体（个人）	奖励名称	颁奖单位	颁奖时间
娄底市环境监测站	2018年度全省环境监测分析技能竞赛比武团体三等奖	湖南省生态环境厅	2018年12月
娄底市环境保护局	2018年度全省环境执法大比武集体三等奖	湖南省生态环境厅	2018年12月
王　洪	全省环境监测分析技能竞赛个人三等奖	湖南省生态环境厅	2018年12月

交　通

◎综　述
◎交通建设质量安全监督
◎道路运输管理
◎公路管理
◎农村公路管理
◎水　运

综　述

【概况】2018年，娄底市交通运输局在市委、市政府的坚强领导和省交通运输厅的大力支持下，凝心聚力、克难攻坚，全力以赴抓重点、补短板、强弱项、防风险。全年累计完成交通运输固定资产投资44.8亿元，为全市稳增长、调结构、惠民生提供有力支撑。全市公路客货运输总周转量完成126.77亿吨千米，同比增长14.7%，增速全省排名第1位；全市邮政业务总量完成8.22亿元，同比增长29.26%，增速全省排名第4位。交通战备(国防交通)工作被评为全国先进，工会、春运工作被评为全省先进，综治、安全生产、维护稳定、建议提案办理、天蓝水净地绿“三年行动”计划、“12345”市长热线工作、无偿献血、全民义务植树与联村建绿等工作被评为全市先进。

【交通路网建设】2018年，市交通运输局着力完善交通路网建设。龙琅高速公路建设稳步推进，大熊山连接线建设进展顺利，征拆、桥涵、路基施工基本完成，路面基层施工有条不紊开展。干线公路全年完工里程114千米，娄底大道各路段进展正常。“四好农村路”建设平稳推进，娄星区成功创建“四好农村路”建设省级示范县，全市全年完成农村公路窄路加宽303千米，自然村通水泥(沥青)路建设完成1691千米，生命安全防护工程完成1151千米，危桥改造完工48座。

【公交都市创建】2018年，市交通运输局致力创建公交都市。中心城区淘汰82台高排放能耗车，新增100台纯电动空调公交车。公交一卡通工作全面完成，“12328”电话系统联网运行，中心城区实现互联互通，城区所有公交车辆都实现公交卡、微信、银联等多种方式支付。娄底高铁南站公交综合体范围内的充电桩投入使用。

【质量安全监管】2018年，市交通运输局着力推进隐患排查常态化。全市排查交通安全隐患472项，整改铁路专用线道口14处，改造渡口码头2处；拆解非法船舶246艘，对11艘船舶加装生活污水处理装置，对72艘400总吨以上的货船安装生活污水处理装置，安装船舶油水分离装置226台；查处整改非法营运车辆400多台次，行政处罚103万余元；查处危货运输车辆5台，停业整顿企业6家，降级客运站1个，注销驾驶员从业资格1人，列入“黑名单”5人，刑拘1人，行政处罚514.63万元。严厉整治交通建设工程违法行为，责令返工不合格挡土墙190米、路基420米、水稳层800米、沥青路面430米，拆除并返工桥梁立柱6根、系梁3根，整改不合格波形护栏9520米。

【项目前期工作】2018年，市交通运输局全面完成省厅布置的全省交通运输“十三五”发展规划中期评估工作，新化县城至洋溪南站和涟源城区至沪昆高铁邵阳北站设计获批，G59官庄至新化高速公路土地报批；G60醴陵至娄底高速公路扩容工程取得交通运输部行业意见；G59新化至武冈高速公路完成工可报告编制工作，进入省交通运输厅内审程序；仙女寨经水府庙至曾国藩故居全域旅游景观道路项目工可报告获市发改委核准批复。

【超限超载治理】2018年，市交通运输局检测货运车辆33万台次，查处超限超载车辆2644台次，卸载货物46746.54吨，强制恢复改装车辆135台，超限超载率控制在规定范围之内。　(朱司权)

2018年市交通运输局先进集体(先进个人)一览表

表57

获奖集体(个人)	奖励名称	颁奖单位	颁奖时间
湖南省娄底市交通战备办公室	“十二五”全国国防交通工作先进单位	人力资源和社会保障部 中央军委政治工作部 中央军委后勤保障部	2019年1月
娄底市交通运输工会	2018年度工会工作优秀单位	湖南省交通运输工会	2018年12月

续表57

获奖集体(个人)	奖励名称	颁奖单位	颁奖时间
娄底市交通运输局	2018年“安全生产月”和“安全生产三湘行”活动优秀组织单位	湖南省安全生产委员会办公室	2018年9月
娄底市交通运输局	2018年春运工作先进单位	湖南省春运领导小组	2018年3月
李铁雄	2018年春运工作先进个人	湖南省春运领导小组	2018年3月

交通建设质量安全监督

【概况】2018年，娄底市交通工程质量安全监督管理处受监的在建干线公路、农村公路大桥项目27个，总里程368.9千米；受监的重要农村公路项目15个，里程173.3千米；自然村通水泥路沥青路项目435个，里程1568.8千米；扶贫公路项目534个，里程1155.36千米；提质改造加宽公路项目139个，里程341.4千米；危桥改造项目5个，长度418.46延米；渡改桥项目10个，长度166.54延米；生命防护工程项目123个，里程544.3千米，监督覆盖率100%。在监督中，加大实体工程质量抽检，抽检桥涵工程质量221点，砼强度抽检合格率100%，钢筋保护层厚度和钢筋间距抽检合格率分别为79.5%、81.3%，路面强度、厚度抽检171点，抽检合格率96.5%，交安设施抽检762点，其中波形梁板厚度、立柱壁厚、立柱长度抽检合格率100%，横梁中心高度、立柱埋置深度合格率有待进一步提高，已完项目交竣工验收检测的路基压实度、弯沉指标的检测合格率为98%以上，砼路面强度、厚度检测合格率为98%，沥青砼路面厚度检测合格率100%，桥涵工程砼强度检测合格率100%，路面平整度检测合格率90%以上。工程建设质量稳步提高，全年没有发生较大及以上工程质量和安全生产责任事故。

【质量监督】2018年，市交通工程质量安全监督管理处开展质量巡查33次、质量安全综合检查4次、施工原材料专项检查2次、监理工作质量专项检查2次、工地实验室专项检查2次、农村公路质量安全综合检查2次。出动检查人数168人次，下发检查通报8份、责令改正通知书19份。责令返工不合格挡土墙190米、浆砌水沟210米、路基边坡护坡89米、路基土石方420米、水稳层800米、沥青路面430米，拆除并返工桥梁立柱6根、系梁3个、台帽1个。对一处大桥箱梁出现纵向裂缝和大面积蜂窝、麻面、空洞、露筋问题，责令停工整改并处理到位。对一个项目未办理质量安全监督手续和施工许可违规施工的行为，责令停工整改，有效保障工程质量。落实娄底市推行政务服务“只跑一次”要求，制定《关于规范公路水运工程建设项目质量安全监督申请手续的通知(试行)》，优化质量安全监督申请程序，精简优化监督申请资料，做到报监“只跑一次”，提升人民群众办事满意度。进一步规范施工单位自检、监理单位平行抽检、第三方检测单位试验检测行为，要求相关单位按部颁标准开展试验检测，加大对第三方检测单位检测行为的监督，督促检测单位严格按照规范要求开展检测工作，严厉打击检测单位敷衍应对，数据造假行为。责令1家检测单位重新对某项目进行交竣工验收检测，并重新出具检测报告。

【安全监督】2018年，市交通工程质量安全监督管理处开展“打非治违百日行动”“五大战役”“强执法、防事故”等专项活动。全年进行安全巡查和专项检查27次，出动检查人员673人次，下发重大隐患交办单3份，发现安全隐患385起，完成隐患整改384起，受监项目全年没有发生一起较大及以上施工安全责任事故。加强安保监督，规范交安设施，全年要求整改不合格波形护栏9520米，在原设计基础上按照规范要求增设波形护栏27000米，连续式砼护栏12180米，增设标志标牌980余块，要求提高护栏防护等级6250米。

【造价管理】2018年，市交通工程质量安全监督管理处完成G354冷水江至新化公路工程第一合同段施工招标清单预算审查、涟源城区至沪昆高铁邵阳北站公路改建工程一阶段施工图预算审查、新化至溆浦高速公路紫鹊界连接线优化工程工程量清单预算最高限价审查，累计完成审查投资33383.28万元，核减投资1733.21万元。开展地方材料单价调查75批次，现场调查90人次。　（左忠伟）

2018年娄底市交通质安处先进集体（先进个人）一览表

表58

获奖集体（个人）	奖励名称	颁奖单位	颁奖时间
市交通质安处	湖南省文明卫生单位	湖南省爱国卫生运动委员会	2018年12月

道路运输管理

【概况】2018年，娄底市道路运输管理处围绕便民抓服务，围绕转型抓发展，围绕治理抓改革，围绕安全抓落实，实现娄底道路运输新发展。运输保障不断增强。顺利完成春运、黄金周等重大节假日应急运输及抗洪救灾、煤电油重点物资运输工作。站场建设有序推进。全年完成投资39144万元。扎实开展创文管卫工作，做好“群众满意车站”暗访检查工作和长途客运实名制后续工作。认真开展客货运站质量信誉考核工作，全市客运站“三优三化”水平进一步提升。以公交都市创建为契机，大力推进行政村通客班车和城乡公交一体化工作，全市1842个建制村客班车通达率为100%。出租车服务质量稳步提升。积极开展出租车企业服务质量信誉考评工作，严把从业人员培训关。起草《娄底市人民政府办公室关于深化改革推进出租汽车行业健康发展的实施意见》等规范性文件，并通过上级批准实施。开展网约车行政许可工作和出租车行业创文日常考评。组建娄底城区出租车行业学雷锋志愿者服务车队，开展“满城都开文明车”、“爱心送考”、为市“两会”提供运输服务等公益活动。货运管理规范有序。坚决落实“四必查”制度，夯实道路危险货物运输企业安全生产主体责任，全市19家道路危险货物运输企业严格落实《湖南省道路危险货物运输企业安全生产主体责任落实情况监管平台暂行管理办法》，各项指标均排全省前列。切实改善货运市场营商环境，取消4.5吨及以下普货车辆年检年审，落实道路货物运输车辆年检年审依法合并政策。汽车维修业健康发展。对全市131家一、二类机动车维修企业进行服务质量信誉考核。扎实做好“两客一危”车辆实车查验工作。严格落实节能减排政策，有效杜绝高能耗、高污染车辆进入运输市场。加快汽车维修电子健康档案系统建设，全市106家一、二类机动车维修企业完成汽车维修管理信息系统的改造升级，实现维修数据与汽车维修企业电子健康档案系统对接。信息管理不断完善，完成三级协同系统基础数据清理等工作，确保行业三级协同系统正常运转。完善投诉处理制度，做到“有诉必理、有理必果”，全年受理投诉703起、求助电话894起、咨询电话636起，回复率达100%，满意率达98%以上，为群众挽回直接经济损失6.8万余元。娄底市道路运输管理处获全省道路运输管理机构安全监管工作先进单位，市直非税收入执收工作优秀单位、市直单位预算支出绩效管理工作优秀单位等多项荣誉。

【安全监管】2018年，娄底市道路运输管理处强化道路运输企业安全生产主体责任及行业监管责任，认真履行“三关一监督”的监督职责，全面落实分级分片包干安全生产责任制。深入开展“隐患清零”行动及“安全生产月”“道路运输平安年”“道路运输安全执法年”“平安车站”、安全生产宣传教育“七进”“打非治违”系列活动，进一步强化市场监管，严肃处理违章行为，停运车辆142台次，行政处罚44800元。加强城市客运和农村道路客运秩序管理，查处非法营运车辆366台次。做好非洲猪瘟疫情联防联控工作。联合高速交警开展高速公路违法违规行为安全“隐患清零”升级版活动，全市营运车辆高速公路交通违章率大幅下降。深入开展道路运输行业“扫黑除恶”专项行动，全市道路运输行业安全生产、综治等工作形势稳中向好，无客运站场内责任死亡事故，连续8年无较大及以上责任事故，全年只发生一般事故两起，死亡2人，一般事故起数和死亡人数比2017年下降60%。

【行业改革】2018年，娄底市道路运输管理处加强运政执法队伍建设，对全市道路运输行政执法文书制作进行规范。运政服务便民高效。全面推行驾培机构驾驶员培训计时培训、先学后付、按学时收费的服务模式改革。全市所有驾校教练车计时设备安装率100%，实现与省三级协同系统全面对接，并与交警考试系统联网对接。积极推进道路货运车辆“三检合一”改革，全市6家综合性能检测机构开展“三检合一”相关业务服务。进一步推进行政审批“多证合一”“放管服”改革，推动行政审批管理方式由重审批向重监管转变。娄底市道路运输管理处运政服务中心窗口受理道路运输行政许可事项9584件、公共服务事项18021件，办结率100%。

（王胜泉　龙　欣　刘长庚）

公路管理

【概况】2018年，娄底市公路部门在市委、市政府的坚强领导下，坚持以习近平新时代中国特色社会主义思想为指导，紧紧围绕以人民为中心的发展理念，以公路强市为奋斗目标，按照年初制定的工作目标，砥砺奋进，争先创优，全面围绕建设、养护、管理、运营服务打造娄底公路品牌，各项目标任务均圆满完成。养护、建设、综合服务等单项工作稳居全省先进行列，公路工作目标管理考核位居全省第一方阵，获全省公路系统“红旗单位”称号。

【项目建设】2018年，市公路管理局依托“干线办”平台，以项目为抓手，和交通、规划、发改、国土、财政等部门强力推进干线公路建设。全年完成干线公路建设投资4.86亿元，年度新增通车项目6个95千米，新开工项目2个44千米，进一步改善全市路网结构，促进社会经济发展。

5月中旬，市公路部门组织路政宣传巡回车队进行路政法规、治超政策宣传　（市公路管理局供图）

【日常养护】2018年，市公路管理局以创建“畅安舒美”公路为目标，继续深化管养一体化建设，狠抓常态化、精细化养护，积极推进养护运行机制改革，实现日常养护物业化、公路巡查常态化、小修保养日常化、排障除险快速化、施工管理规范化。“四新技术”推广应用取得实效，在养护工程中试用路面加筋网、超黏超薄应力吸收层等新技术，并实施边坡柔性主动防护网、被动防护网等新工艺，节约能耗，降低养护成本。认真抓好国省干线美丽公路项目建设，推进国省干线服务区建设和改造升级，完成普通公路服务区建设3个。狠抓养护工程的质量与安全管理，完成G320、G207等路段51.664千米的大中修任务，全市国省干线公路优良路率95.23%，路况质量进一步优化，养护效能进一步提升。

【路政管理】2018年，市公路管理局深入开展桥梁隧道安全保护区治理、违法建筑、违规占道、加水洗车、堆物放料、非公路标志等专项整治行动，并依托公路信息化平台对全市国省干线公路有效管控。全年查处涉路违法案件265起，拆除非公路标志1506处，制止、拆除违法建筑物、构筑物及临时棚屋71处，清理被堵水沟154处，整顿公路沿线违法摊点565个，清理违法占用公路堆物放料2454处。各县（市、区）公路局加强工作协调，积极推动路域环境整治纳入“城乡环境综合整治”的工作体系，与地方政府组织开展的城乡同治、乡村振兴等工作相结合，形成“政府主导、部门联动、全民参与”的齐抓共管公路保护新机制。

【公路治超】2018年，市公路管理局积极推进不停车超限检测系统建设，全市第一批6套系统陆续启动建设。持续开展非现场执法，利用高速公路大数据，开展“娄底版”的非现场执法，全年处罚车辆641台次，挽回经济损失258万余元，有效打击违法超限超载车辆以高速公路为“安全岛”“避风港”行为。开展采石行业专项整治，对34家违规装载的采石场采取约谈、处罚、停供火工产品等综合措施，进一步规范货物源头装载行为。在重点货物源头安装综合监控系统,全年完成55家货源企业的安装接入工作，得到省治超办充分肯定。坚持以治超站点为依托,实行24小时不间断流动治超,构建全天候、无盲区、全覆盖的路面治超网络。严格处罚标准,规范处罚流程,做到不卸载超载货物不放行、非法改装不恢复原状不放行。全年检测货运车辆32万余台次,查处违法超限超载车辆2644台次,卸载货物4.6万余吨,查处并纠正非法改装车辆146台次,有效遏制超限超载和非法改装行为。全市公路路面超限率稳控在1.5%以下，因超限超载引发的交通事故下降,全市没有发生一起因超载引发的重大事故,交通安全形势好转。

9月中旬,市公路局组织专业桥梁检测队伍对全市国省干线公路上的95座桥梁进行一年一度的安全隐患排查和检测　　（市公路管理局供图）

【安全生产】2018年，全市未发生重大安全生产责任事故,总体形势稳定向好,市公路管理岗被评为全市安全生产先进单位。创新安全工作思路,对安全工作实施“全员绑定”模式,做到全系统安全工作无“外人”,推行安全工作“首见责任制”,实行桥梁安全“一事否决制”。依托公路信息化平台实现安全工作全天候监管。继续深化“隐患清零”行动,总结推广工作经验,打造“隐患清零”行动升级版。全年排查整改各类安全隐患260余处,完成公路安防工程35.026千米,完成交通事故多发易发路段整治19.4千米，完成危桥改造5座，检测桥梁95座。加强应急救援体系建设,强化应急队伍建设,开展应急培训演练,提高事故防范和处置能力。（王威涛）

2018年市公路管理局先进集体(先进个人)一览表

表59

获奖集体(个人)	奖励名称	颁奖单位	颁奖时间
娄底市公路管理局	全省公路系统养护技能操作竞赛优秀组织奖	省公路局	2018年10月
娄底市公路管理局	全省公路工作目标管理红旗单位	省公路局	2019年3月
娄星区公路管理局新化县公路管理局	全省普通公路抗冰保通先进基层单位	省公路局	2019年3月
欧纲要、姚小丰、杨　洁	全省普通公路抗冰保通先进个人	省公路局	2019年3月

农村公路管理

【概况】2018年,娄底市农村公路管理处牢固树立“建设是发展、养护管理也是发展”的理念,坚持“建养并重、协调发展、深化改革、强化管理、提高质量、保障畅通”的工作方针,科学谋划、加大投入、落实责任、强化监管,深入开展“群众性养护体系”活动,积极开展“四好农村路”创建活动,进一步健全和完善农村公路养护体制和运行机制,各项工作进展顺利。

【农村公路建设】2018年,市农村公路管理处完成提质改造公路303千米,完成自然村通水泥(沥青)路建设1691千米。市农村公路管理处采取措施化解砂石材料供应难题,优化施工环境,解决施工现场矛盾,强化施工组织,增加施工作业点,严格质量安全管理,较好完成年度目标任务。严格执行《建设工程质量管理条例》和各级有关质量管理规定，确保农村公路重点建设项目一次性交竣工验收合格率100%。督促各县市区严格按照省市有关规定对农村公路重点建设项目的计划、建设资金来源和补助标准、数额、施工过程管理、质量监督、交竣工验收等实行“七公开”。筹好用好项目资金，确保路面施工资金到位。

【路政安全】2018年，市农村公路管理处开展路政宣传、路政巡查，查处路政违法案件和大规模路障清扫活动，确保路政安全。全年各县市区路政人员平均上路巡查210天以上，发现和制止各类违法建筑54余处，查处路政违法案件310起，结案304起，结案率98%，收取路产赔（补）偿费121万元，罚款27万元。进行大规模路障清除行动，清除路障2500余处，拆除临时摊位、厂棚17处，清除非公路标志34块，确保路容路貌良好，道路安全畅通。所有文明示范路无路障、无马路市场、无非公路标志、无临时厂棚、无新建违法建筑，指路牌、安全警示标志、桥梁限载标志齐全，并实行宅路分家。加大对超限运输的源头管理，加大宣传力度，做好企业和司机工作，超限运输在农村公路上有所减少，有效保护公路安全畅通。

【管理养护】2018年，市农村公路管理处进一步健全和完善农村公路养护体制和运行机制，各项工作进展顺利。全面完成全市危桥改造考核任务48座，安保工程考核任务1156千米。完成小修保养和清灌缝262千米；完成大中修里程355千米；开展文明示范路的创建活动，创建38条线路132.8千米，完成26条线路271千米农村公路的绿化任务，绿化率85.3%。娄星区杉山镇、万宝镇，双峰县青树坪镇，新化县田坪镇、奉家镇，涟源市桥头河镇，冷水江市布溪街道办创建“群众性养护”示范乡镇。全市农村公路列养率100%，常养率县道100%，乡道83.6%，村道73.8%，PQI中等路以上比例85%。全市农村公路系统投入民工2580余个，出动铲车680台次，挖掘机450台次，工程车辆820台次，清除水毁塌方500余处26500余立方米，修复路基挡墙156处18520余立方米，并对路面受损严重的线路进行集中修补，及时消除安全隐患，确保公路正常通行。（李一心）

水　运

【概况】2018年，娄底市境内资、涟两水系有通航河流14条、8座有船水库，通航里程326千米，其中资水干流航道111千米，为Ⅵ级；涟水干流航道41千米，为Ⅶ级；渡口208道。全市登记在册船舶467艘，127516总吨（其中，常年在外港参运货船80余艘，运力约10万吨），有5612客位，115136载重吨。是年完成货运量194.61万吨、水路客运量40.33万人。

【安全生产】2018年，市地方海事局开展安全生产“百日行动”“隐患清零”“十大战役”、水运污染防治、6月“安全生产月”及汛期水上安保等专项工作。全面开展“安全生产大检查大管控大整治大督查”活动、“企业安全生产主体责任年”活动，及以“平安船舶”“平安港口”“平安航道”“平安渡口”为重点的系列水路平安交通创建活动。全年全市水上交通安全“四项指数”及船舶污染水域事故均控制为零，没有发生一般等级以上的安全事故，水上交通安全态势持续保持平稳。

【航务管理】2018年，市地方海事局圆满完成全市水路春运工作任务。全市春运期间水上日均投放客、渡船246艘，5612客位，累计发送旅客48万人次（含渡运），出动执法车（艇）368台（艘）次，检查渡口码头381（处）次，船舶521艘次。成立水上客运公司8家，

清理整治拆解娄星区涟水流域的“僵尸”船

（周乐元　摄）

全部通过年度核查。推进水上客运公司化集约经营发展，水上运输行业转型升级加快。

【船舶检验】2018 年，市地方海事局完成营运检验 364 艘次，89981 总吨，32746 千瓦，5612 客位，115136 载重吨，完成 4 艘客船的建造检验，3 艘渡船，审图 1 套。

【船舶船员管理】2018 年，市地方海事局登记船舶 128 艘次（其中所有权登记 38 艘次，国籍登记 52 艘次，租赁登记 7 艘次、注销登记 31 艘次）。完成船舶进出港口报告注册船舶 160 艘次，进出港报告网上信息核查船舶 1260 艘次。举办安全监督人员培训班 1 期，培训基层监督人员 30 余人次 。进一步完善船舶船员档案各项基础台账，船舶船员管理更加规范。

【基础设施建设】2018 年，娄星区新建渡口风雨亭 2 处，改造渡口码头 2 处；制作安装文明公约牌 16 块、饮用水源地警示牌 10 块、船舶垃圾收集点等专用标志牌 10 余处。新化投入 186 万元，更新更换“三牌一线”392 块（个），设置警示牌 100 块，投放岸线航标 84 座，设置桥涵灯 42 个。投入 164 万元对 6 处碍航险滩进行疏浚，分离行人渡与汽渡通道两处，龙溪码头两岸人行道全部硬化。

【河长制及环境保护】2018 年，市地方海事局印发实施《防治船舶及其有关作业活动水域环境应急能力建设规划（2018—2025）》《娄底市港口和船舶污染物接收、转运及处置能力建设方案》《娄底市船舶污染物接收转运处置监管联单制度和联合监管制度》。全年取缔 8 处非法码头，关停 4 处非法码头；完成 35 艘船舶油水分离器的安装，为 10 艘船舶安装生活污水处理装置；取缔“三无”船舶 173 艘、钓鱼平台（浮体）306 艘，处置僵尸船 62 艘。（周乐元）

2018 年娄底市地方海事局先进集体（先进个人）一览表

表 60

获奖集体（个人）	奖励名称	颁奖单位	颁奖时间
娄底市地方海事局	2018 年全省水上交通安全管理目标考核先进单位	湖南省水运管理局	2019 年 2 月

通信·邮政

◎电　信
◎移动通信
◎联合通信
◎铁塔建设
◎邮　政

电　信

【概况】2018 年，中国电信股份有限公司娄底分公司下辖新化、涟源、冷水江、双峰四个县级分公司，有员工 1329 人，其中 AB 类 833 人，外包类 496 人。2018 年，分公司全面落实集团、省公司战略部署，坚持党建统领，加快转型升级，创建竞争优势，强化落地执行，圆满完成省公司党委第一特派员巡察组对分公司党委的巡察整改工作。分公司连续 6 年优质完成年度收入预算，连续 6 年完成内外部收入份额同步提升目标，获中国电信集团“双领先地市分公司”光荣称号。

【网络建设与运营】2018 年，中国电信娄底分公司新增 4G 基站 351 个，CDMA 基站 179 个，全市移动网络信号覆盖率 98.2%，成功中标新化、涟源和冷水江 134 个行政村 4G 普遍服务试点项目。全年新增光网端口 6.5 万个，光网端口占比 91%，行政村光网覆盖率 98%。全年新增 IP 城域网出口带宽 200G，新增 iTV 出口带宽 40G，新增娄底 IDC 出口 400G，网络品质进一步改善和提升。

【ICT 项目】2018 年，2018 年，中国电信娄底分公司信息化应用取得重大突破，以智慧消防、智慧公交、党政内网为突破口，积极开展行业信息化应用推广，成功中标娄星区天网工程二期增补项目、娄底市 DZZWNW 项目、娄底市市长热线 12345 外包服务等项目，成功签约娄星区和经济开发区的 OA 云平台系统，打造本地信息化应用标杆。天翼高清、翼支付、物联网、云和大数据、ICT 等新兴业务发展处于全省前列，冷水江成为全国第二座、湖南第一座公交乘车翼支付扫码上线城市，作为优秀案例在集团公司推广。

【幸福工程】2018 年，中国电信娄底分公司重点改善员工食堂、新建天翼球馆和母婴关爱室，让员工的生产生活环境焕发新的面貌；坚持“五必访五必贺”“冬送温暖、夏送清凉”，增加员工年休假补贴、食堂补贴、困难补助、医疗互助、体检频次，关心关爱年轻人成长，为新入职大学生配备双导师，员工们幸福感、归属感和获得感增强。

【社会责任】2018 年，中国电信娄底分公司完成两会、抗洪抢险、抗冰救灾等重大通信保障任务，湖南卫视“新春走基层·直播奉嘎山”大型直播保障任务，“改革开放 40 周年·2018 中国电商扶贫”直播保障任务，得到社会各界的广泛好评。响应市委、市政府号召，积极投身温暖回家路、文明城市创建、联村建绿等等公益活动。发挥行业优势，开展预防通信网络诈骗、扫黑除恶等各种专项斗争，深入推进“平安娄底”、“法治娄底”。积极参与宽带乡村建设及电信普遍服务试点，满足村村通宽带能力。扶贫攻坚落在实处，为全市 176 个贫困村的光网覆盖与延伸提供资金和设备。提速降费惠及民生，截至年底，固定宽带单位带宽价格同比下降超过 46%，持续下调中小企业宽带和专线资费。为提升客户感知，在全市装维六项服务承诺的基础上，8 月 1 日起，面向全市政企商务专线、行业 ITV 客户推出慢必赔服务承诺，实现 8 小时装机、修障。

（卿星星）

2018 年中国电信娄底分公司先进集体（先进个人）一览表

表 61

获奖集体（个人）	奖励名称	颁奖单位	颁奖时间
娄底长青中心营业厅	2018 年度优秀营业厅	中国电信集团公司	2018 年 6 月
中国电信娄底分公司	东航杯“新时代 新国企”影像大赛优秀奖	国务院国资委新闻中心	2018 年 12 月
中国电信双峰分公司	2018 年度岗位创新优秀团队	中国电信集团公司	2019 年 4 月
朱　亮	2018 年中国电信集团岗位创新能手	中国电信集团公司	2019 年 4 月

移动通信

【概况】2018 年，中国移动通信集团湖南有限公司娄底分公司科学把握发展定位，坚持稳中求进、好中求快，聚焦价值增长，狠抓四轮驱动，大力推进改革攻坚和管理提升，持续深化转型升级，积极推进精细运营，深入实施“大连接”战略，不断提升发展质量和效益，全年市场运营综合评估全省排名靠前，市场经营持续保持较好发展态势。全年完成通服收入 12.42 亿元，手机上网收入 7.12 亿元，新业务收入占通服收入比 11.92%，通信及信息化收入三方份额为 49.9%；净利润率 18.49%，完成考核目标值。全年净增通话客户 2.26 万户，新增通话客户 95.6 万户，新增份额 51.27%，手机上网客户总数 158 万户，户均流量 5.75GB；净增有线宽带 11.6 万户，宽带期末份额 45.3%，有线宽带渗透率 27.4%，魔百和有线占比 94.78%。

【移动网络】2018 年，中国移动娄底分公司立足于“强能力、提质量、优感知”，着力打造精品网络。网络主要指标完成良好，网络质量综合竞赛排全省第 3，网络感知满意度领先值 10.75，排全省第 6。实施 LTE6.1、6.2 期工程建设，全年建成开通 LTE 基站 186 个，改造 GSM 升级站点 1016 个，完成 5 个节点机房、12 个汇聚机房、298 个 LTE 站点、11 个综合业务接入区的传输配套工程建设，建设管道光缆 132 千米、敷设光缆线路 1570 千米，新立光交 54 个，光缆纤芯割接 1.39 万芯。通过开展精耕行动、砺剑行动、深度覆盖大会战三大行动，城区 MR 覆盖率提升至 98.6%，NB-IOT 网络综合覆盖率 98%以上，市区 NB 综合覆盖率 99.30%。以“双系统、双路由、双上联”为标准积极打造安全高效承载传输网络，网络承载能力大幅提升、网络安全性进一步加强。新建驻地网小区 1020 个、端口 7.3万个，破零小区 307 个；下沉 CDN 节点 4 个，建设乡镇维护站 37 个，覆盖行政村 1485 个，行政村家宽通达率 83%，宽带整体满意度 83.86%。

【客户服务】2018 年，中国移动娄底分公司紧盯短板找办法，严控“三条红线”，狠抓投诉处理，开展不满意客户修复，客户服务满意度保持全省领先。全年产生申诉量 535 件，进度值由低至高排全省第四位；百万用户申诉率 15.34，累计值控制在进度值上限范围内；无不明扣费申诉转办量，新老客户不同权指标值达到目标值；4G 客户满意度为 88.5%，领先值为 8.75%；宽带客户满意度 82.67%。

【综合管理】2018 年，中国移动娄底分公司坚持降本增效，加强风险防控，提升管理效能，为企业运营打下坚实基础。坚持以人为本，激发员工队伍活力；精细财务管理，强化业财融合，启动降本增效；加强月度重点工作调度管理，鼓励改革创新，推进阳光采购，深入开展安全隐患大排查，全年未发生重大安全责任事故；落实员工关爱，改善员工生产生活环境。坚持“党建领航”，严肃党内政治生活，创建“六好”党支部；圆满完成中央巡视整改成效评估相关工作，党风廉政建设持续深入，嵌入式廉洁风险防控机制建设持续推进。

【社会责任】2018 年，中国移动娄底分公司积极参与“智慧娄底”建设，在智慧城管、智慧党建、雪亮工程等大项目中深度开展业务合作，助力娄底信息化进程；落实提速降费要求，全面取消流量漫游费，手机上网单价下降 60%、互联网专线资费下降 50%；助力政府扶贫攻坚，主动承载中国社会扶贫网，助力全市精准扶贫；积极参与“百兆乡村”“电信普遍服务”等项目建设，圆满完成各类重大社会活动的网络与信息安全保障工作，积极参与文明城市创建。

（蒋　华　贺石松）

2018 年娄底移动先进集体(先进个人)一览表

表 62

获奖集体(个人)	奖励名称	颁奖单位	颁奖时间
分公司市场党支部	先进基层党组织	中共中国移动通信集团湖南有限公司委员会	2019 年 7 月
黄留萍、李艳瑜、聂　超、朱江辉	优秀共产党员	中共中国移动通信集团湖南有限公司委员会	2019 年 7 月
戴　娟、谢　欢	优秀党务工作者	中共中国移动通信集团湖南有限公司委员会	2019 年 7 月
客服中心投诉处理班组	芙蓉标兵岗	中国移动通信集团工会湖南省委员会	2019 年 4 月
陈鸿丽、龚　丝、杨　资	芙蓉百岗明星	中国移动通信集团工会湖南省委员会	2019 年 4 月
贺石松	湖南移动 2018 年优秀通讯员	中国移动通信集团湖南有限公司	2019 年 3 月

联合通信

【概况】2018 年,娄底联通公司开启“全民宽带百兆提速”,不分在网时长无条件的提速至 100M 宽带,服务用户近百万。全市移动电话基站 4900 余个,移动电话交换容量 126 万户,乡镇镇区网络全覆盖,娄底联通 FTTH 项目覆盖率 77%,年上缴税收 1500 万元。是年,娄底分公司完成收入 4.47 亿,缴纳营业税金及附加税近百万,增值税 764.2 万。

【一套设备三张网】2018 年,娄底联通公司运行维护响应中心充分利用华为 3920AAU 设备进行实验,成功地在一套设备上同时开通 L1800+L2100+W2100 三张网络。与以往在 3920 AAU 设备上只开通两张网(L1800+L2100 或 L1800+W2100)的网络部署方式相比,实验在 W 网基本不需要多载波扩容的现网情况下,W 的频段基本可以重耕给 LTE 用,减少设备维护数量,提升设备利用率,节省设备费用及铁塔租赁费,增加铁塔的安全性。

【新化县大军岭贫困村通信基站建立】2018 年 5 月 27 日,娄底联通吉庆分公司收到圳上镇大军岭贫困村村支部的《请求联通建基站的报告》,报告中请求娄底联通在该村建设基站,解决该村的移动电话通信问题。接到报告后,娄底联通建设人员到大军岭村进行实地勘察,通过与大军岭村村支书和村民的交谈以及走访,详细了解大军岭村居民分布以及需要解决移网信号的区域,迅速施工。经过一个半月的建设,7 月 26 日,新化县圳上镇大军岭村联通基站正式开通。娄底联通网络运行维护中心的工作人员随后对该村的信号情况进行测试优化,大军岭村的移网信号彻底得到解决。

【沪昆高铁娄底境内联通 4G 信号全线开通】2018 年 7 月 28 日凌晨,随着沪昆高铁娄底段最后一个隧道的最后一台 RRU 的开通,娄底联通公司投资 800 万元、历时一年多的沪昆高铁娄底段全线 4G 信号建设完成全覆盖,全长 85.4 千米。

【全市首个 VOLTE 语音电话】2018 年 10 月 15 日,娄底分公司 Volte 实验小组在娄底体育馆南基站下拨通首个 Volte 电话。经现场 Volte 测试用户与联通普通用户以及移动和电信用户相互拨测试,通话建立正常,语音清晰,两个 Volte 用户间的通话建立时长缩短到 3 秒左右,试验的成功推动娄底 Volte 商用网的开通。

【“雪亮工程”打造】2018年10月14日，娄底市娄星区百亩村“雪亮工程”35条视频租线业务顺利开通。娄底联通网络运行维护中心打造“雪亮工程”采用PON组网方式开通业务，与传统MSTP组网方式相比，工期缩短，节约设备投资近6万元，节约光缆投资近7万元。12月4日，娄底市相关部门负责人，到娄星区百亩村、涟源市杨市镇东园村考察娄底联通“雪亮乡村”项目建设情况，项目负责人阐述娄底联通在“雪亮乡村”工程上的发展优势，详细介绍联通专为该工程打造的产品——“995”十户联防智慧乡村平台，并对部分功能进行演示。（陈天骏）

2018年娄底联通先进集体(先进个人)一览表

表63

获奖集体(个人)	奖励名称	颁奖单位	颁奖时间
娄底联通	湖南联通2018年度基层党建工作先进单位	中国联合网络通信有限公司湖南省分公司	2019年2月

铁塔建设

【概况】2018年，中国铁塔股份有限公司娄底市分公司坚持以党建工作为统领，积极践行新发展理念，公司实力显著提升，党的建设全面加强，各项重点工作圆满完成。

【项目建设】2018年，中国铁塔股份有限公司娄底市分公司深化“一体两翼”战略落地，实现室分业务、微站业务和拓展性业务的跨越发展。全年完成976个常规塔类项目、7个室分项目、61个微站的建设。在重点项目方面，沪昆高铁建设158个，娄邵铁路承接建设站址101个，都完成交付。展开行业合作，娄底市通信基站专项规划和运营商传输专线规划获得审批通过，为基站建设获得保护提供支撑依据。积极获取社会杆塔、室分资源，为后续建设和工作开展提供良好的环境。铁塔公司承接的移动通信基站建设成功纳入娄底智慧城市五年计划。

【精准维护】2018年，中国铁塔股份有限公司娄底市分公司通过上站清查，建立一站一档资料，实现资产资源匹配合格率100%，资源与产品匹配合格率99.77%，全省排名第一。通过三方电费系统、细分站点类型、建立稽核标准、偷盗电打击和技术创新等方式压降能耗，全市完成260处偷盗电打击，转供电改直供电42处，电费管控打开新局面。将动环覆盖及性能缺失纳入常规性维护动作，FSU覆盖率排名全省前三，有效提升站址运营的稳定性。梳理物业维系流程，规范物业维系费用支出，适度授权区域合理支配物业费用，通过开展点亮行动，提升主动维系意识，对需拆迁站点公司自有人员必须上站核实等措施，确保站址稳定性。

【综合管理】2018年，中国铁塔股份有限公司娄底市分公司关注员工成长。通过务虚会、现场调研、邀请外部专家和学者开展培训活动等形式，提升部门的协同能力，增强员工职业技能，提升员工的行动力。抓实好安全生产工作，全年无安全生产事故发生。

（钟佳汝）

2018年湖南铁塔娄底市分公司先进集体(先进个人)一览表

表64

获奖集体(个人)	奖励名称	颁奖单位	颁奖时间
湖南铁塔娄底市分公司	湖南铁塔2018年综合解决方案能力提升专项行动先进单位三等奖	中国铁塔股份有限公司湖南省分公司	2019年3月

续表 64

获奖集体(个人)	奖励名称	颁奖单位	颁奖时间
李　阳	湖南铁塔“岗位标兵”	中国铁塔股份有限公司湖南省分公司	2019 年 3 月
湖南铁塔娄底市分公司资源突击队	中国铁塔青年突击队	中国铁塔股份有限公司	2019 年 4 月
黎　晶	湖南铁塔“优秀共产党员”	中国铁塔股份有限公司湖南省分公司	2019 年 3 月

邮　政

【概况】2018 年，娄底市邮政管理局引领全市邮政行业紧紧围绕“安全发展和规范经营”的主题，推动行业整体标准化管理，始终坚持以规模总量、服务质量、受益群众增量“三量齐升”为目标，壮大行业发展规模，夯实发展基础，提升服务实力，全市邮政业发展呈现高位增长且健康有序的良好态势。

【经济指标】2018 年，全市邮政行业发展稳步上升，数据各项指标持续向好。行业发展规模不断扩大。全年全市邮政业业务总量完成 82226.80 万元，同比增长 29.26%；业务收入完成 61987.54 万元，同比增长 18.31%。其中：快递业务量完成 2085.44 万件，同比增长 35.19%。邮政市场结构持续优化，全峰、快捷、喜来等品牌被淘汰。做优做强，新增许可企业 2 家，新注册末端网点 110 个，全市邮政、快递寄递网点 511 个，全市邮政业从业人员 5000 余人，日均服务地方百姓 25 万人/次。基础设施建设不断扩充。全市有邮政普遍服务营业场所 100 处，其中，城市网点 15 个，农村网点 85 个；全市设投递段道 190 条，邮件处理场所 88 处，通邮行政村 1936 个，通邮率 100%；全市设置有邮筒(箱)116 个，智能包裹柜 78 组、邮政报刊亭 53 处、村邮站 1673 个，三农服务站 60 处，便民服务站 2616 处(2018 年新增 96 处)，实现“村村设所、乡乡通邮”。行业服务质量不断提升。打造普遍服务、公共服务、便民服务于一体的“一站式”综合服务平台，构建“十分钟便民服务圈”，综合服务平台全市有 1221 个(2018 年新增 27 处)，服务网络遍及城乡、深入村镇，服务内容广泛，高效服务民生。邮政业消费者申诉处理满意率为 99.3%。

【民生实事】2018 年，娄底市邮政管理局有力推进快递下乡、末端寄递、社区综合服务平台等民生实事工程建设，成效显著。推进建制村直接通邮。是年，全市建成村邮站 1673 个，实现直投到村 295 个；建成综合便民服务平台站点 2616 个，覆盖全市所有行政村，全面实现村村通邮。改善末端投递服务。持续推进“快递下乡”工程，鼓励各快递品牌进一步完善服务网络，全市开办快递专营网点 138 个，实现乡镇快递网点全覆盖。加强品牌配送车辆动态管理，中心城区快递配送车辆统一外观标识率 100%。结合城市快递末端服务“三进方案”，鼓励邮政、快递企业在城市社区、商区、党政机关等单位布放智能包裹柜、快件箱，全市完成智能包裹柜和快件箱 78 组。积极引导末端服务平台化、集约化发展，协调入驻网点为其他品牌做好代投工作，实现一家入驻，全行业派送畅通。市区与乡镇派送站整合趋势良好，新增末端综合服务站 27 个。建立网点标准化率台账，全市快递网点标准化率 90%以上。服务“乡村振兴”战略。打造“一市一品”“一县一品”快递+示范项目，进一步提振行业服务“三农”能力。依托“邮三湘”微商城营销平台，建成电商服务站 2520 个。双峰永丰辣酱年总产量近万吨，每日通过邮政、快递等寄递渠道寄出的辣酱 2000 件以上；白溪豆腐项目从业人员 4000 余人，大小作坊 100 余家，年产值 2 亿元，通过邮政、快递渠道出货量日均 1500 件以上；冷水江市休闲麻辣食品和麻花项目，全年销售收入突破 3000 万元，通过寄递渠道麻辣食品日出货量在 3000 件以上，麻花 8000 件以上。全市打造双峰“金银花”、辣酱，新化红米、黑米、贡米、渠江薄片(茶叶)，西河镇梨子、野生中草药(灵芝),白溪镇豆腐乳、豆腐干子、坛子菜系列,冷水江“葛根面”、富硒葡萄、麻辣小吃系列,涟源富溪桥豆腐、杨家镇土鸡蛋等线上农特产品品牌120余种。实施“放心消费工程”。继续组织“不着地、不抛件、不摆地摊”专项治理,制定《关于开展邮件快件“不着地、不抛件”专项整治活动方案》,结合“三进工程”禁止末端投递摆地摊行为,新入驻3所进校园标准化网点,努力实现“三进工程”全覆盖。督促企业建设示范网点,铺设离地设备,全市各网点离地设备铺设率90%。打造“安全用邮”环境。实行实名信息系统推广应用,与公安、国安联合成立实名系统推广领导小组,并采取集中和一对一培训相结合、实时跟进实名系统应用情况、约谈落后企业等多种方式,稳步推进实名收寄信息化工作,平均实名率99.5%以上。提高行业绿色发展水平。大力促进包装减量化、绿色化和可循环,着力推进行业节能减排。稳步推进快递业包装的依法生产、节约使用、充分回收、有效再利用,实现“低污染、低消耗、低排放,高效能、高效率、高效益”的绿色发展。积极推广电子面单,降低面单纸张耗材用量,全市电子面单使用率90%。加强快递员(投递员)权益保护。推进快递员关爱工程,督促全市快递企业为快递员购买工伤保险;进一步部署推进快递员基础福利提升工程,拟于明年在全市全面推广为快递员购买养老保险。引导寄递企业规范经营、人性管理,遏制企业简单粗暴的“以罚代管”行为。

【邮政普遍服务】2018年,娄底市邮政管理局全面加强邮政普遍服务监督管理,全年开展邮政普服网点日常检查、各类专项检查189人次,检查网点72点次,检查网点率72%,下发责令改正通知书2份,通报3起,通过约谈整改、严肃处理,强化邮政企业依法履行普遍服务的意识和自觉性。

【快递市场监管】2018年,娄底市邮政管理局坚持实施“双随机一公开”,将随机选择与重点检查快递企业相结合,实现执法有计划、处罚有汇报。全年检查寄递网点189个,出检598人次,约谈企业2次,立案查处企业57家,罚款金额2万元。其中查处违反快递服务标准1起、未按要求进行安全生产培训21起、未制定突发事件专项预案35起。 (魏立伟)

金　融

综 述

【概况】2018年，娄底市人民政府金融工作办公室（简称市政府金融办）作为市人民政府组成部门，在职干部14人。是年，娄底市政府金融办紧紧围绕“加速转型、奋力赶超”工作总基调，恪尽职守，齐心协力，攻坚克难，全面贯彻落实全省金融工作会议精神，坚持金融活促进经济活、金融稳促进经济稳，积极稳控化解民间融资风险，金融工作保持平稳较快增长的良好局面。1-12月各项存款余额1909.58亿元，比年初净增193.39亿元，同比增长11.27%，增量在全省排名第2位，增速在全省排名第1位；各项贷款余额994.33亿元，比年初净增104.11亿元，同比增长11.69%，净增量为上年的（50.57亿元）的2.06倍，增量在全省排名第12位，增速在全省排名第12位；保费收入累计53.77亿元，同比增加3.39亿元，增长6.73%；证券交易额完成1340.56亿元，同比减少416.8亿元，下降23.72%。

【企业上市】2018年，市政府金融办不断加强梯队型上市企业资源库的建设力度，及时对库内企业实施动态管理，精准识别并锁定后备企业。全年有43家企业进入市级重点上市后备企业资源库，分A、B、C、D类阶梯排队，根据各企业上市进展情况，进行梯级推进，重点培育。截至年底，娄底市有6家企业在新三板挂牌（三泰新材、湘村股份、高盛板业、文昌科技、马上游、农友股份），其中农友股份2月在新三板挂牌；有2家企业在湖南股权交易所挂牌（科比特、福中医养），企业在资本市场实现直接融资90亿元。

【金融服务】2018年，湖南金融服务实体经济市州行活动第一站落户娄底，通过“娄底早春行”活动，14家省级金融机构与娄底市人民政府签订2018—2020年授信金额2365亿元的授信协议，18家金融机构与娄底市企业（项目）现场签约319.5亿元，签约履约到位257.5亿元，履约率80.6%。

【光大银行进驻娄底】2018年7月18日，光大银行娄底分行和新化县支行相继开业运营，进一步盘活金融资源，增强金融对实体经济的支撑力度，为娄底市产业加速转型发挥积极作用。

【金融扶贫】2018年，市政府金融办牵头组织建立金融扶贫工作联动工作机制，对全市金融精准扶贫加强组织领导，提高金融产业扶贫工作的精准度，把金融扶贫站、助农取款站、农村电商服务站等“三站”联合，整合资源，延伸服务网络，扩大金融服务覆盖面，着力解决金融扶贫、金融惠民“最后一公里”的问题。全年全市累计发放扶贫贷款35048笔 133644.53万元。全年新增扶贫贷款7613笔 26002.32万元。建立和完善扶贫小额信贷风险防控工作体制机制，摸清底数，建立各类台账，加强数据监测，压实责任，做好风险防控与化解工作。

【互联网金融风险专项整治工作】2018年，市政府金融办制定印发《2018年娄底市互联网金融风险专项整治工作实施方案》，对全市互联网金融风险排查整治工作进行全面安排部署，细分工作任务，安排工作时限。对大型门户类网站、搜索引擎类网站、财经金融类网站、房地产类网站、网络基金销售平台、网络消费金融平台、网络借贷平台、股权众筹融资平台、网络金融产品销售平台以及金融和类金融企业自设网站实施重点监测，实行“穿透式”管理，各成员单位各司其职、各负其责，切实做好专项整治排查工作，为专项排查工作打下坚实基础，确保排查整治工作全覆盖，无死角，取得实效。

【金融领域扫黑除恶工作】2018年，市政府金融办制定《全市金融领域扫黑除恶专项整治工作方案》。坚决贯彻中央和省、市关于扫黑除恶专项斗争的决策部署，认真梳理全市金融领域黑恶势力问题动向，有力打击震慑金融领域黑恶势力犯罪，有效铲除金融领域黑恶势力滋生土壤，依法维护金融消费者合法权益，优化金融生态环境，保障全市金融安全稳健运行。

【民间融资风险处置工作】2018年，娄底市建立中心城区民间融资风险集中办案中心和民间融资矛盾纠纷调解指导中心，突出重点抓大案要案，全市政法部门集中处置一批重大案件，形成集中处置态势。全市政法机关加大立案侦查、移送起诉、审理判决力度，有力震慑民间非法集资行为。因非法集资刑事立案103起（2018年新立案21起），抓获犯罪嫌疑人342人

(2018 年抓获 78 人),检察机关受理移送审查案件 189 起 652 人,依法提起诉讼 27 件 101 人(其中 2018 年报捕 32 件 38 人,批准逮捕 30 人),审判机关受理 145 件 259 人,依法判决 102 件 164 人(2018 年受理 30 件 146 人,结案 26 件 80 人)。同时,突出资产处置和债权兑付作为化解陈案的工作重点,全市清退兑付 34.72 亿元(含以物抵债),涉及兑付人数 3.32 万人,有效维护相关利益人合法权益。 (杨 军)

中国人民银行娄底市中心支行

【概况】2018 年,中国人民银行娄底市中心支行以习近平新时代中国特色社会主义思想为指导,认真贯彻执行中央和人民银行货币信贷政策,着力加强金融管理,维护区域金融安全,改善金融服务,积极为地区经济高质量发展营造良好的货币金融环境。是年,全市各项存款 1909.6 亿元,同比增长 11.3%;各项贷款余额 994.3 亿元,同比增长 11.7%。获总行金融消保工作先进集体、总行五四红旗团支部、武汉分行文明单位、娄底市文明单位、娄底市综合治理先进单位、长沙中支守卫值班标准化建设先进单位、娄底市“五一劳动奖章”、市金融工作先进单位等集体荣誉。

【扩大信贷总量】2018 年,中国人民银行娄底市中心支行举办“金融服务湖南实体经济市州行”全省第一站活动,娄底市政府与全省金融机构签订《政银战略合作框架协议》,现场签约项目 345 个,金额 542 亿元。健全流动性监测制度,为农商行提供常备借贷便利 2 亿元。提请长沙中支专门出台《关于金融支持娄底市资源型城市转型发展的意见》,结合实际制定《金融支持娄底市实体经济发展的指导意见》。成立娄底市市场利率定价自律联席会议,出台《金融机构非理性定价行为自律处理规则》,首次成功备案同业存单发行。完善“双支柱”调控,加强对法人机构的宏观审慎管理,为地区经济高质量发展营造良好金融环境。

【优化信贷结构】2018 年,中国人民银行娄底市中心支行联合市经开区等开展金融支持小微企业“4 个 100”专项行动,编印《娄底市小微企业信贷产品集锦》,组织银行机构进县市、园区、企业进行产品宣传和融资对接;对接市经信委《产融合作制造业重点企业名单》,安排 4 亿元再贴现资金定向支持名单内企业,形成“几家一起抬”机制。全年发放再贷款及再贴现 55.2 亿元,推动银行机构签发承兑汇票 66.3 亿元、办理贴现 179.1 亿元;认真开展信贷政策效果评估与定向降准考核工作,通过定向降准释放可贷资金 6.4 亿元,支持新增小微企业贷款 53.7 亿元、涉农贷款 43.3 亿元。纵深推进双峰农地抵押贷款试点,增拨 1.8 亿元再贷款指标专项支持试点银行,督促放贷银行简化流程、限时办结,优化农地抵押贷款模式,至 12 月末农地抵押贷款余额 2.8 亿元,同比增长 3.5 倍,余额、增速在全省 8 个试点县市中均位居第一。

【金融精准扶贫】2018 年,中国人民银行娄底市中心支行累计发放扶贫再贷款 12.2 亿元,引导金融资源加速向脱贫攻坚重点地区汇聚。结合国家全域旅游示范县建设,在新化县开展金融精准扶贫示范区创建,联合市旅游局举办金融支持小微旅游企业对接会,新化县被评为省级金融精准扶贫示范县。以武陵山片区涟源市为重点,开展金融支持产业扶贫试点,设立 1000 万元风险补偿基金,完善金融支持产业扶贫主办行制度,联合市农委制定“参与扶贫新型农业经营主体名录”,举办产业扶贫信贷融资对接会,发放产业扶贫贷款 6.3 亿元。加快推进“三站”融合共建,全市 262 个扶贫服务站实现“三站融合”,依托扶贫站发放扶贫小额信贷 12.1 亿元。

【金融风险监测】2018 年,中国人民银行娄底市中心支行运行“金融风险预警系统”,按月采集辖内银、证、保及小贷公司、担保公司、民间融资等领域数据,完善监测指标体系和评估方法。召开政府性债务风险防控座谈会,按月对钢铁、煤炭、锑品、房地产和融资平台“四行业一领域”贷款质量进行跟踪监测。制定《法人银行机构风险监测制度》,开展央行金融机构评级 4 次;对评级等次欠佳的法人银行机构综合采取稳健性评估、现场核查、约见谈话、风险提示、压力测试等手段,督促其切实改善经营状况,3 家法人机构退出“高风险”行列。开展存保宣传与费率核定、收缴工作，对1家报表数据与实际情况偏差较大的银行机构采取上调存保费率的措施，维护央行存款保险制度的严肃性。

【金融生态建设】2018年，中国人民银行娄底市中心支行积极参与市政府有关处置非法集资工作，依法维护金融债权；开展6.14信用记录关爱日、征信知识“五进”系列宣传活动，在娄底日报开辟宣传专栏，举办征信业务培训与竞赛；优化征信窗口服务，全市自助查询机增至8台，为企业和个人提供查询服务8.6万次；大力推进应收账款融资专项行动，联合市经信委召开专题座谈会，促成融资10.5亿元；全面推进央行内部企业评级工作，55家企业评级信息录入系统。制定《关于推进娄底市普惠金融发展实施工作方案》，认定5所“金融知识普及小学”、5个“金融知识普及体验基地”，评定5名“金融知识优秀讲师”；在各县市推进普惠金融示范区创建，双峰县被评为省级普惠金融示范区，冷水江支行获“金惠工程”全国优秀奖。

【加强金融监管】2018年，中国人民银行娄底市中心支行修订《银行业金融机构综合评价办法》《金融管理与服务联系制度》，扎实做好综合执法检查，对1家银行及其高管罚款33万元，处罚金额创历年新高；对辖内113家金融机构及网点展开反洗钱分类评级，根据评级结果对20多家机构实施差异化监管；完善与公检法的反洗钱协作机制，推动全市首例洗钱罪宣判，中支首获“全市反恐怖先进单位”称号。开展征信接入机构专项检查、征信信息安全巡查、异常查询核查，累计检查网点69个，覆盖面52%。保持对电信网络新型违法犯罪的高压打击态势，协助破获案件146起，抓获犯罪嫌疑人202名，摧毁犯罪团伙15个，中支被评为“全市打击治理电信网络新型违法犯罪先进单位”。组织全辖银、证、保及小贷公司60多家机构签署全省首个《金融广告宣传自律公约》。

【改善支付服务】2018年，中国人民银行娄底市中心支行以“智慧娄底”建设为契机，着力推进移动支付便民示范工程建设，20个示范项目稳步推进；新增云闪付注册用户22万，居全省第一；完成娄底中心城区商圈、菜场900多户商户的机具改造；娄底、冷江、新化3地公交项目建成投产，日均刷卡3万笔，居全省第三；加大政务领域移动支付应用力度，全省首笔“云闪付”税款在娄底缴款成功。大力优化开户服务，企业开户时间缩短60%。

【拓展国库服务】2018年，中国人民银行娄底市中心支行开展国库高质量发展大讨论，国库会计和报表数据实现“零差错”。在冷水江市探索财政扶贫资金专管直拨试点，以专管直拨方式支付扶贫资金6832万元，惠及扶贫项目104个、贫困户5127户。充分发挥国库集中支付电子化在线监督信息平台作用，守护国库资金安全。

【提升现金服务】2018年，中国人民银行娄底市中心支行加强货币流通监测分析，投放货币146.6亿元，回笼货币167.9亿元。深化硬币自循环工作，加大硬币自助兑换机具布设力度，投放小面额货币3.5亿元。开展《不宜流通人民币纸币》行业标准执行情况检查，回笼残损人民币52.6亿元；在全省首次查处一起污损航天纪念钞重大案件，对当事人给予行政警告并罚款1000元。分层次建立假币监测反应机制，收缴假币2.3万张，警银联手破获2起非法持有假币案，有效遏制辖区制贩假币犯罪行为。（魏仁义）

2018年人民银行娄底市中心支行先进集体(先进个人)一览表

表65

获奖集体(个人)	奖励名称	颁奖单位	颁奖时间
人民银行娄底市中心支行国库科	中国人民银行国库工作先进集体	中国人民银行总行	2018年
人民银行冷水江市支行	中国“金惠工程”优秀奖	中国金融教育基金会	2018年

中国银行娄底市分行

【概况】2018年，中国银行股份有限公司娄底分行本外币存款余额为234.77亿元，较年初新增52亿元；本外币授信余额为78.36亿元，较年初新增3447万元。累计实现净收入50085万元，同比新增1660万元；实现拨备前利润34727万元，同比新增734万元；实现净利润22789万元，同比下降2539万元。

【内控案防】2018年，中国银行股份有限公司娄底分行进一步完善各类风险管理、内控合规和案件防范制度，组织实施“行业市场乱象整治”“财务合规检查”“现金风险排查”“证照保密”“信息科技”等系列专项检查，鼓励员工参与业务经理资格证考试，持续加大对人防、技防、物防投入，认真开展各类应急预案演练，及时妥善处置各类突发状况和负面舆情事件，全年没有发生大的差错事故与安全事件发生。全行内控案防能力不断提升。

【企业文化】2018年，中国银行股份有限公司娄底分行积极开展“健康年”活动，倡导全行员工健步走，十月份市分行组织“奋进新时代、再创新辉煌”第二届职工运动会，全辖327名员工参与。不断改善办公环境，完成市分行机关大院配电系统外部改造和办公楼内墙粉刷；改造涟钢支行办公楼档案室和王家小区地下排污管等。扎实开展职工维权工作，稳步推进县支行职工之家建设。员工技能稳中有升，选送2名选手参加在总行福建赛区获团体第四，其中刘文星获对私+计算器项目个人第五名，得到总分行嘉奖。10月份在省行统一组织的技能测评中，全辖118名实测选手，获三级以上能手者147人次，合格率100%，综合能手率99.16%，蓝图能手率90.59%，其中一级能手39个，总成绩排名全辖第二。

2月25日，中国银行娄底分行举行2018年“走向健康”系列活动启动仪式

（中国银行股份有限公司娄底分行供图）

8月22日，中国银行娄底分行与娄底市工商行政管理局签署“服务企业发展”全面战略合作协议

（中国银行股份有限公司娄底分行供图）

【社会责任】2018年，中国银行股份有限公司娄底分行主动担当社会责任，举办“防范非法集资”“防范电信网络诈骗”、金融知识进校园、春节送温暖等各类公益活动，全力配合娄底市创文管卫和金融志编撰工作。进一步充实扶贫队伍，加强结对帮扶，提高扶贫质效，对口扶贫村新化县温塘镇晏家村顺利通过脱贫考核验收。

【安全保卫】2018年，中国银行股份有限公司娄底分行不断完善安全保卫机制，开展案防预案演练和员工安全教育，有效提高员工安全意识和应急处置能力。全面通过省公安厅省、银监局安全评估检查验收；完成涟源支行营业部、乐坪支行、分行营业部保管箱库公安验收，对辖内网点进行技防达标改造。利用安防平台有效制止张贴诈骗广告78人次，协助公安机关侦办案件89起，协助检察机关查询账户85户，营业网点堵截案事件10起。

【财务管理】2018年，中国银行股份有限公司娄底分行增强财务统筹管理和指导，不断优化利率定价、负债结构等资源配置，有效提升财务管理主动管控能力。运营能力持续升级，制度建设逐步完善，金库和现金运营平稳，操作风险有效防控，全行网点运营风险地图考核在全省的整体排名不断前移。会计专业队伍建设成效显著，组织全辖员工积极报名会计中级职称考试，选择培训机构进行面授，3 人通过中级会计考试；鼓励员工参与业务经理资格证考试，全辖 37 人获得业务经理资格 A 证，29 人获 B 证。（罗　浩）

2018 年中国银行有限公司娄底分行先进集体（先进个人）一览表

表 66

获奖集体（个人）	奖励名称	颁奖单位	颁奖时间
刘　铮	优秀共青团员	总行级	2019 年 4 月
虞伟建	2018 年度金库、重空库优秀库管员	湖南省分行	2019 年 2 月
双峰支行党支行	湖南省分行优秀党支部	湖南省分行	2018 年 6 月
周健红、欧阳红	湖南省分行优秀党务工作者	湖南省分行	2018 年 6 月
李爱军、彭　璐、刘　倩	湖南省分行优秀共产党员	湖南省分行	2018 年 6 月
王　洁	优秀团干部	湖南省分行	2019 年 4 月
罗　浩	优秀通讯员	湖南省分行	2019 年 3 月

中国建设银行娄底市分行

【概况】2018 年，中国建设银行娄底分行一般性存款时点余额为 356 亿元，四行占比 34.8%；时点存款较年初新增 35 亿元，余额和时点存款新增均排同业第一；日均存款较年初新增 25 亿元，四行第一、全省建行第三；各项贷款余额为 174 亿元，比年初新增 3.2 亿元；全年实现中间业务收入为 3 亿元，实现账面利润约 5.85 亿元，四行占比 37.3%。对公存款时点余额 114.24 亿元，较年初新增 9.95 亿元；机构存款日均余额 54.59 亿元，较年初新增 5.4 亿元，新增全省排第 3 名。个人存款时点余额 242.13 亿元，比年初新增 25.3 亿元，在四行中排第一、全省第四；网均新增 0.87 亿元，排名全省第二。全年累计投放人民币公司贷款（不含房贷）46.97 亿元（新贷 26.73 亿元，回收再贷 20.24 亿元），投放自营性个人贷款 21.96 亿元，投放普惠金融贷款 11.2 亿元，项目储备 53 亿元，资产业务整体呈现上升趋势。个人贷款余额 61.9 亿元，余额四行占比 44.07%，排名第一。全行不良贷款余额 24800 万元，余额比年初减少 4165 万元；不良贷款率为 1.41%，比年初下降 0.28%；逾期贷款 2.1 亿元，比年初减少 1.36 亿元；逾期贷款率 1.19%，比年初下降 0.82%。全年共处置不良贷款金额 2.9 亿元，其中累计现金回收、盘活上迁达 7511 万元，占不良贷款处置额的 25.8%，处置效益大幅度提升。全年信用卡发卡 64521 张，新增客户 40959 户，比上年同期多增 19811 户，在全省排名第一，其中年轻客户新增 24864 户，全省排名第二，公安便民卡累计出卡 22005 张，全省排名第二。分期业务交易额合计完成 99597 万元，比上年增加 4032 万元，全省排名第五；善融扶贫交易额完成 2338 万元，全省排名第三；金湘通累计 1978 户，较年初新增 1396 户，全省排名第二；实现结售汇量 44842 万美元，较上年新增 13625 万美元，四行占比排名第一。

【内控合规建设】2018 年，中国建设银行娄底分行内控合规基础管理进一步夯实，内控合规过程管理工作全年考核全省第一名，积分管理工作全省综合考核排名第一，反洗钱工作受到当地人民银行通报表扬。全年无重大风险案件发生，实现了监管“零处罚”。

【零售优先战略】2018 年，中国建设银行娄底分行重点打造老年服务品牌，老年客群月日均存款余额 65.2 亿，比年初新增 16.2 亿元，新增老年客户 30323 户，同比增幅50%以上。抓好代发工资客群拓展,全年开展上门代发工资活动120场,全面提升代发资金留存率,全年月均代发资金沉淀率19.36%,全省排名第2;用心经营私行客群,私行客户金融资产总量比年初新增3.87亿元,新增绝对额排名全省第五,完成率排名第三。

【深入推动"三大战略"】2018年,中国建设银行娄底分行成立普惠金融专业团队,注重客户推介与平台获客同步开展,注重贴现业务、抵押快贷等重点产品营销,全年累计投放普惠金融贷款11.19亿元。高度重视蓝海项目,住房租赁5个子平台率先在全省全面上线,新增租赁企业3户,新增房源1530户;营销"建融家园"2.3万余户,房源核验1.7万余户。大力推动金融科技成果应用,推进"中移"客群的落地,拓展代理商户200多户,代理商户拓展排全省第1;大力发展学费云等项目,成功营销学校56个,营销新化县委组织部、冷水江市委组织部以及华菱涟钢的党费云项目,为智慧金融打通渠道。

【重点项目推进】2018年,中国建设银行娄底分行密切关注与抢抓区域战略新机遇,积极跟进区域内重点建设项目、PPP项目、"一带一路"项目,加强与当地政府和项目业主单位的沟通,全年营销在手的项目18个,总金额92.6亿元,其中PPP项目6个,拟融资金额29.8亿元;棚改项目2个,拟融资金融6.7亿元;固贷项目6个,拟融资金额15.8亿元;其他项目4个,拟融资金额40.3亿元。

【不良资产处置】2018年,中国建设银行娄底分行全年处置不良贷款金额2.9亿元,其中累计现金回收、盘活上迁7511万元,占不良贷款处置额的25.8%,处置效益大幅度提升。个贷资产质量管控取得良好效果,集中力量做好重点不良贷款处置回收工作,全年核销不良个贷本金4885万元,不良证券化2203万元,现金回收不良1968万元,盘活上迁5083万元,全面超额完成个贷质量控制计划。

【关心关爱员工】2018年,中国建设银行娄底分行组织开展三八节主题活动、趣味运动会、读书、观影、征文演讲比赛活动等各类文体活动,在全行营造团结奋进、昂扬向上的浓厚氛围。做好员工帮扶和慰问工作,全年向省行申请救助困难人员28人,慰问生病住院人员37人次、金额2.2万元,慰问不幸家庭21人次、金额2.8万元。 (彭木兰)

2018年中国建设银行娄底分行先进集体(先进个人)一览表

表67

获奖集体(个人)	奖励名称	颁奖单位	颁奖时间
周余良	2018年度资产保全业务先进个人	建行湖南省分行	2019年4月
梁伟文、李萼楼、邬雄峰、周云新、贺 平	2018年中间业务"创收争先"竞赛活动先进个人	建行湖南省分行	2019年4月
罗利贞	全省个人最具创新力奖	建行湖南省分行	2019年4月
建行娄底市分行	综合金融服务方案奖	建行湖南省分行	2019年4月
陆冬竹	2018年度中国建设银行湖南省分行青年服务明星	建行湖南省分行	2019年4月
朱 琦	2018年度中国建设银行湖南省分行青年岗位能手	建行湖南省分行	2019年4月
建行吉星路支行	2018年度湖南省分行完善客户身份基本信息优胜网点	建行湖南省分行	2019年3月
建行城东支行	湖南省分行2018年度结算与现金业务先进集体	建行湖南省分行	2019年2月

续表 67

获奖集体(个人)	奖励名称	颁奖单位	颁奖时间
陈　瑛	知识交流互助一等奖	建行湖南省分行	2019 年 2 月
阳菲菲、周赛军	2018 年电子银行进校园营销活动营销能手	建行湖南省分行	2019 年 1 月
建行娄底分行	2018 年旺季营销信用卡商户收单营销先进单位	建行湖南省分行	2018 年 5 月
邓嘉炜、张　默、胡铁峰、贺卫平	2018 年旺季营销信用卡业务活动先进个人	建行湖南省分行	2018 年 5 月
开发区支行、涟滨支行、吉星路支行	住房金融二手房贷款“上量进位”竞赛活动突出贡献网点	建行湖南省分行	2019 年 3 月

中国工商银行娄底市分行

【概况】2018 年，中国工商银行娄底分行辖内有 9 个一级支行，8 个二级支行，27 个物理网点和 34 个离行式自助银行，在职员工 598 人。是年，娄底分行牢固树立新发展理念，准确把握高质量发展要求，不遗余力稳增长，多措并举调结构，刀刃向内抓改革，千方百计防风险，本外币储蓄存款时点比年初净增 12.12 亿元，对公存款比年初增加 7.5 亿元，各项存款余额 204.02 亿元，贷款余额 95.66 亿元，重点项目提款 17.11 亿元，实现拨备前利润 2.5 亿元。

【服务实体经济】2018 年，中国工商银行娄底分行成立普惠金融业务部和普惠金融业务推进委员会，通过专业化经营、差别化考核评价提升小微金融服务水平，强化对发展普惠金融实行一把手负责制，着实履行服务小微企业、支持“三农”、发力精准扶贫职能，解决小微企业融资难、融资贵的问题，为小微企业提供更加优质高效的服务，充分利用上级行在普惠金融的优惠政策，广泛开展小微金融“三联动”“三走进”活动，努力探索普惠金融新途径，做大做强普惠金融业务。至 12 月末，该行银监口径普惠小微贷款增速比各项贷款增速高出 27.01 个百分点；贷款户数比上年同期增加 5 户。至 12 月末，该行银监普惠口径小微贷款利率 5.25%，同比下降 0.29 个百分点；银监普惠口径小微贷款不良率 28.19%，同比下降 1.23 个百分点。6 月 21 日，娄底分行在“支持小微企业，服务实体经济”推进会上与 10 户小微企业签约，签约贷款金额 9517 万元，至 12 月 31 日，完成对签约客户中的 9 户小微企业发放贷款 10297 万元，完成签约户数的 90%，完成签约贷款金额的 108.2%。

【提升服务水平】2018 年，中国工商银行娄底分行完成网点装修项目 6 个，其中：完成续建项目 1 个（娄底金融街支行），新装网点 5 个（分行营业部、冷水江轧钢支行、双峰永丰支行、涟源城建支行、娄底商业街支行）。完成分行网络金融部、私人银行中心、分行职工食堂、分行进门大堂装修改造 4 个项目。微调网点布局 4 家（兴城支行、分行营业部、新化天华路支行、涟钢支行）。调整和更换 ATM 设备 19 台。

【培育竞争能力】2018 年，中国工商银行娄底分行推出“12345”工程：突出一个核心，坚持以效益为核心；打造两个引擎，打造竞争力提升引擎，打造创新转型发展引擎；培育三种精神，即培育担当精神、亮剑精神、工匠精神；开展党建知识、企业文化、纪检监察、内控案防合规 4 个专题教育；倡导五个崇尚，崇尚文明和和谐，崇尚知识和文化，崇尚拼搏和奉献，崇尚质量和绩效，崇尚勤俭节约和艰苦奋斗。对 6 个中心实行事业部制单独考核，成立私人银行中心，积极向省行申请开发私银专属理财产品，成立考核办，提出员工绩效增长目标，以人为本谋发展。

【队伍建设】2018 年，中国工商银行娄底分行突出人本，致力激发员工队伍活力。由党建办、团委负责人和省行指定讲师，在市分行本部、各支行开展党建知识、企业文化巡回宣讲。举行“我为工行献青春”主题演讲比赛，开展员工气排球积分循环赛300余场，举办中国工商银行湖南分行第三届员工气排球比赛，获一等奖。
（王爱平）

2018年中国工商银行娄底分行先进集体(先进个人)一览表

表68

获奖集体(个人)	奖励名称	颁奖单位	颁奖时间
金　晶	安全保卫工作先进个人	中国工商银行总行	2019年3月
王艳平	优质服务先进个人	中国工商银行总行	2019年4月
王　真	巾帼岗位标兵	中国工商银行总行	2019年3月
罗立群	票据业务能手奖	中国工商银行总行	2019年1月
娄底分行	票据融资业务先进单位	中国工商银行湖南省分行	2019年1月
新化支行	省分行级先进单位	中国工商银行湖南省分行	2019年4月
个人金融业务部	省分行级先进集体	中国工商银行湖南省分行	2019年4月
肖湘桂	省分行级先进个人	中国工商银行湖南省分行	2019年4月
肖亦黄	省分行级先进个人	中国工商银行湖南省分行	2019年4月
金　晶	省分行级先进个人	中国工商银行湖南省分行	2019年4月
黄兆辉	省分行级先进个人	中国工商银行湖南省分行	2019年4月
王　真	十佳青年	中国工商银行湖南省分行	2019年3月
申志健	个人贷款营销先进个人	中国工商银行湖南省分行	2019年3月
何细善	纪检监察先进个人	中国工商银行湖南省分行	2019年3月
陈　波	纪检监察先进个人	中国工商银行湖南省分行	2019年3月
聂建国	内控合规工作先进个人	中国工商银行湖南省分行	2019年1月
肖　歆	票据融资业务先进个人	中国工商银行湖南省分行	2019年1月
文冉冉	网络金融工作先进个人	中国工商银行湖南省分行	2019年3月
罗立群	资产负债管理工作先进个人	中国工商银行湖南省分行	2019年1月

中国农业银行娄底市分行

【概况】2018年，中国农业银行娄底分行在上级行和市委、市政府的正确领导下，主动回归本源、专注主业，把服务实体经济作为出发点和落脚点，不断创新金融产品和服务，倾力服务娄底经济社会发展。截至年末，各项存款余额228亿元，比年初净增15.3亿元，计划完成率居全省系统第一；各项贷款余额119亿元，实体贷款比年初净增13.5亿元，年增量居四大行第一。

【服务实体经济】2018年，中国农业银行娄底分行主动对接娄底产业项目建设年活动，积极向上级行争取信贷规模，重点支持国电投风电、龙琅高速、娄星工业园城中村改造等重点项目。全年对公实体贷款净增9.15亿元。搭建银政、银担、银保、银税四大营销平台，免收小微企业7项承诺类及12项顾问类费用，累计支持56户优质民营企业和小微企业，贷款余额27.5亿元。

【服务乡村振兴】2018年，中国农业银行娄底分行实施互联网金融服务"三农"一号工程，累计布放惠农服务点2503个，实现区域内行政村电子机具全覆盖，使广大农民"足不出村"就能享受现代金融服务。认真贯彻农总行服务乡村振兴战略部署，扎实推进服务乡村振兴"六大工程"和"十大行动"，县域信贷投放明显加强。年末，娄底农行县域各项贷款余额82.8亿元，比年初增加12.4亿元；涉农贷款余额63.7亿元，比年初增加10.6亿元。

【金融精准扶贫】2018年，中国农业银行娄底分行全面贯彻落实中央打赢脱贫攻坚战的部署要求，着力延伸服务网络，创新金融产品，增加贫困地区信贷投放。截至年末，在2个国家扶贫重点县设立人工网点16个，布放惠农通服务点1200个；国家扶贫重点县支行贷款余额55亿元，比年初增加7.09亿元；精准扶贫贷款余额26亿元，比年初增加4.33亿元。近三年金融精准扶贫专项考核保持全省系统前列，辖内新化支行被评为总行2016—2018年度金融扶贫工作先进单位。 （谢远丽）

中国农业发展银行娄底市分行

【概况】2018年，中国农业发展银行娄底市分行认真履行服务国家粮食安全、农业供给侧结构性改革、脱贫攻坚、乡村振兴战略和农业现代化等政策性职能，各项工作呈现良好发展态势。全年累放各类贷款36.33亿元，同比增加31.63亿元；累收贷款8.64亿元，同比少收1.59亿元。各项贷款余额55.75亿元，同比增加27.5亿元，增幅97.41%，增速在全市金融机构中排名首位；各项存款余额31.3亿元，同比增加12.19亿元，增幅63.7%。实现拔备后利润3361万元。不良贷款圆满实现"结零"目标。是年，全行在岗员工118人，其中党员85人，占比72%；党委班子成员4人，下辖6个党支部。

【业务发展】2018年，中国农业发展银行娄底市分行全力保障国家粮食安全，顺应粮食收储制度市场化改革趋势，认真做好粮油收储信贷工作，积极支持储备粮增储和轮换。全年发放粮棉油购销储贷款2.49亿元，支持企业收购粮食11.04万吨，充分发挥粮棉油收购资金供应主渠道作用，保障粮食安全和农民增收。大力支持产业扶贫，积极响应"万企帮万村"行动，通过支持肖老爷、天华等产业化龙头企业开展产业扶贫，带动当地农业产业化水平的提升，直接解决316人就业，推动当地农民特别是贫困人口加快脱贫增收步伐。积极对接"曾国藩故居""天门养老城医养项目"，探索"景区带村""公司+农户"等多种类型扶贫模式。截至年末，该行精准扶贫贷款余额6.83亿元，服务建档立卡贫困人数27.82万人。扎实做好驻村帮扶工作，建立驻村帮扶点4个，全辖选派5名优秀干部专职扶贫，帮扶贫困农户175户538人。重点做好棚改业务，全年获批棚改贷款项目10个，贷款金额48.4亿元，投放34.8亿元，年末棚改贷款余额34.71亿元，较年初净增32.71亿元，增幅1635%，支持安置拆迁居民6249户，涉及人口2.57万人。

【资产优化】2018年，中国农业发展银行娄底市分行不良贷款实现"结零"目标。清降不良贷款、化解风险贷款，与地方政府签订33亿元战略合作协议，用于支持娄底的棚户区改造、基础设施建设、水利建设等项目建设，达成银政互惠合作共识。成功清收2笔不良贷款3901万元，化解风险贷款1.28亿元，安全稳妥退出1家风险企业。扎实推进地方政府性债务清理，做好地方政府性债务清理认定工作。全力防控基金风险，全年稳妥退回基金项目8笔，收回基金1笔，4笔基金部分收回，收回金额3.92亿元。

【合规管理】2018年，中国农业发展银行娄底市分行扎实推进“合规管理标杆行”创建活动。制定下发“合规管理标杆行”创建活动专项考核办法，不定期开展现场督导，举办主题学习座谈会和合规知识竞赛，指导全员参与，全力抓好重要制度学习，并编发活动简报，实时归纳总结全辖在创建过程中的好做法、好经验，加强宣传推介，全行合规管理水平再上新台阶。全力做好深化市场乱象和内控综合治理行动。认真落实银监部门和上级行要求，对检查发现的问题，建立整改台账，加强条线工作指导，强化跟踪问效，全面整改问题。深入开展信贷队伍建设年活动。积极推进新化县支行“示范行”建设，通过“标杆引领”娄底市农村商业银行“示范带头”，以点带线、以线促面，做到按章操作，合规经营，不断夯实信贷基础，有效提升信贷管理水平。加强财务管理。利用财会辅导、坐班主任异地交流、财会对接突击检查、优化企业开户服务等有效举措，全面推动全市财会基础规范化管理。（吴　苗）

湖南省农村信用社联合社娄底办事处

【概况】2018年，湖南省农村信用社联合社娄底办事处以习近平新时代中国特色社会主义思想和中共十九大精神为指导，围绕“份额、质量、效益、安全”这条主线，积极面对业务经营中的风险和挑战，积极发挥管理、指导、协调、服务功能，立足于抓早抓实，调动一切积极因素，化被动为主动，坚守“服务三农，服务小微企业、服务地方经济”市场定位，坚守支农支小业务初心，各项工作均取得了较好成绩和稳健发展，辖内5家农商银行绩效等级均在A级以上，经营等级全面提升。在全省农信系统综合考核中，娄底办事处排名第1位，为全市经济发展做出积极贡献。

【党建工作】2018年，湖南省农村信用社联合社娄底办事处积极推动党委和党支部建设，完成双峰、冷水江、娄底三家农商行的换届工作，提拔调整党委班子8名，完成47个基层党支部的换届工作，更换党支部书记53名；积极开展标准化支部建设，有效开展主题党日活动，全市农商行106个党支部中有76个完成标准化建设，达标率71%，重点打造5个示范党支部，其中双峰农商行青树坪联合党支部获得省联社的授牌，基层支部的战斗堡垒作用得到有效发挥。

【存款贷款】2018年末，娄底市农商银行各项存款余额427.67亿元，比年初增加42.4亿元，增幅11%，市场份额22.4%，居全市金融机构第1位；全市各项贷款余额274.7亿元，比年初增加50.3亿元，增幅22.42%，市场份额27.63%，居全市金融机构1位，全年实现经营利润10.3亿元。

【业务发展】2018年，湖南省农村信用社联合社娄底办事处立足“四小”开展评级授信，评级6.5万户、授信5.1万户，授信109.88亿元；新增信贷客户4.24万户，新增存款客户14.25万户。通过化解存量、控住增量“两手抓”，不良贷款实现“双降”目标，不良贷款余额6.96亿元，占比2.53%，比年初下降1.37个百分点。资金业务趋向理性，全市实现资金业务收入9.4亿元，收益率4.5%。新业务产生新能量，福祥e支付集中存款3.4亿元，便民卡贷款余额74.5亿元，不良率为0.94%，低于表内贷款不良率1.59个百分点。

【社会贡献】2018年，湖南省农村信用社联合社娄底办事处坚持做小、做散和支农、惠农、利农的原则，全

娄底市农商行系统“压不良控风险”工作会议

（农村信用社联合社娄底办事处供图）

市农商行累放贷款383.8亿元，其中涉农贷款201.6亿元，实现“两增两控”目标；新增贷款50.31亿元，占全市金融机构新增贷款的50%；年内为6.49万户农户提供94.5亿元贷款支持，地方金融主力军作用有效显现。小额扶贫信贷有新作为，积极履行社会职责，发放扶贫贷款20957户、32525笔12.53亿元，让利750余万元，解决贫困农户生产资金困难。全年全市农商行缴税1.98亿元，成为市级纳税大户。

【企业文化】2018年，湖南省农村信用社联合社娄底办事处组织全市农商行“福祥·双峰杯”气排球比赛，开展“存款突破400亿”“金融知识万里行”“非法集资宣传”等主题活动，丰富员工业余生活。以关心关爱员工为主线，推动基层网点“五小”建设，全市216个网点中有160个网点完成“五小”建设，加强对网点建设、文明服务的督查，全市打造标杆网点5个，家园文化和品牌文化逐步形成。（黄荣强）

2018年湖南省农村信用社联合社娄底办事处先进集体(先进个人)一览表

表69

获奖集体(个人)	奖励名称	颁奖单位	颁奖时间
省联社娄底办事处	综合考核第一	湖南省农村信用社联合社	2019年1月

中国邮政储蓄银行娄底市分行

【概况】2018年，中国邮政储蓄银行娄底市分行持续深化“夯实基础、精细管理、转型升级、稳中求进”16字方针，以“三稳三强”为主线，立足自身特点，恪守锐意进取的责任，发扬不畏艰辛的精神，全年实现收入2.03亿元，同比增长18.02%，增幅排全省第4位；实现利润1.06亿元，同比增长108.73%，增幅排全省第1位；全市不良贷款余额7789万元、不良率2.33%，较年初分不良贷款余额下降2228万元、不良率下降1.5%。获得2018年邮政储蓄银行湖南省优胜二级分行和省分行2018年度运营管理工作先进集体称号。

【存款业务】2018年，中国邮政储蓄银行娄底市分行储蓄存款余额202.62亿元(自营余额50.14亿元，代理余额152.48亿元)，全年新增16.14亿元，净增增幅8.66%，市场净增占有率13.08%，排同业第三，自营净增4.94亿元。公司存款余额24亿元，日均余额26.07亿元，年净增3.76亿元，年净增计划进度排全省第一名。

【信贷工作】2018年，中国邮政储蓄银行娄底市分行通过开展“送贷下乡”“特定商圈调研走访”、创新“快捷贷+E捷贷+转期贷+计划还本”的产品组合营销策略等一系列活动进行精准走访营销，有目的、有针对地进行业务走访宣传。全年各项贷款余额33.89亿元(不含票据)。三农贷款余额6.9亿元，全年新增1.47亿元，排全省第二位，其中个商快捷贷全年净增1.03亿元，占个商规模的三分之一，且没有一笔不良贷款；小企业贷款余额2.59亿元，年新增5233万元，进度完成排名全省第四位，9月发放市分行第一笔政府采购贷款、第一笔小微易贷；消费贷款余额21.43亿元，年新增4.75亿元；通过开展“走政府、访客户、找项目”专项营销活动，公司贷款余额3亿元，年新增3亿元。

【网络金融】2018年，中国邮政储蓄银行娄底市分行新增手机银行激活客户数51844户；邮银电子银行交易替代率88.97%，较2017年提高3.09个百分点，其中自营交易替代率93.72%，全年提高2.89个百分点。12月，网点业务受理离柜率为82.36%。

【中间业务】2018年，中国邮政储蓄银行娄底市分行累计销售邮票金1884套。全市累计代理新单综合保费4608.96万元；全市累计期交保费1269.64万元。全市人民币理财年日均保有量40572万元；全市代销国债4272.04万元；全年发卡12042张，激活卡2.91万张，活跃户1.7万户。

【内控管理】2018年，中国邮政储蓄银行娄底市分行开展市场乱象专项整治活动及问题整改问责工作。全年排查发现问题125个，254户261笔，金额3842万元，问责187人/次；严格落实省行《娄底分行2017年内控评价意见书》文件要求，组织各相关条线及部门对144个一般问题及45个信贷高风险问题，逐条进行整改及问责，有效规范业务流程，推动全行内控管理水平的提升；推动案件风险联防联控体系建设。签署联防联保责任承诺书370余份、印制《内部违规违纪行为举报联系卡》200份，开通内部举报电话、微信、邮箱，填写《重点风险隐患个人自查情况报告表》376人，排查涉及风险隐患18人；切实落实全行制度梳理工作，下发风险提示4份。（闵艳红）

中国人民财产保险股份有限公司娄底市分公司

【概况】2018年，中国人民财险保险股份有限公司娄底市分公司（简称娄底人保财险）内设办公室、人力资源部、监察部/合规部、财务会计部、销管部、信息技术部、客户服务部、车险部、财货险部、责意险部、农险部、出单中心等15个部门，直管华菱涟钢团队、城区车商业务部、商非银保业务部、电子商务部/地面电销业务部等5个业务部，下辖娄星、冷水江、涟源、双峰、新化、涟钢6个支公司及娄星营销服务部，设有13个党支部，党员128人。公司建有17个三农营销服务部，3个城网营销服务部，在各乡镇建立农业保险办公室75个、村级服务点2056个，发展协保员2131人。公司经营的产品类型主要有车险、财产险、货运险、责信险、意健险、农险、社保7大类，100余个险种。全年实现保费收入58977万元，累计承担社会风险责任5000余亿元，处理各类赔案6万余件，赔付支出32239万元，缴纳各种税金5798万元，综合成本率90.81%，充分发挥保险的“助推器”和“稳定器”作用，为促进改革、保障经济、稳定社会、造福人民提供强大的保险保障和支持。

【脱贫攻坚】2018年，娄底人保财险开办扶贫特惠保、金农保等一系列扶贫保险项目，为50万余群众提供风险保障，支付赔款超过1000万元。其中，“扶贫特惠保”在5个区县推广，为超过25万户建档立卡贫困户提供超过1000亿元的风险保障，累计支付赔款751万元。10月，组织公司青年志愿者扶贫服务队在涟源茅塘镇大方村开展扶贫慰问活动，深化扶贫工作内涵。

【理赔服务】2018年6月，娄底人保财险率先与法院成立诉调对接中心，凡涉及保险的民商事纠纷，当事人向法院起诉的，法院立案人员将引导当事人优先选择诉前调解作为纠纷解决首要途径，解决诉讼难的问题。12月份，娄底人保财险与娄底市公安局交警支队开展警保合作，打造事故现场快速处理机制，减少事故现场处理等待时间，方便事故责任方快速处理事故。同时，进一步梳理客户投诉处理流程，严格执行客户投诉2小时响应机制，强化客户投诉快速处理机制、案件时效和案件处理率的考核，进一步提高案件处理率，缩短案件结案周期，让客户享受到更加优质便捷快速的服务。是年，公司理赔服务在系统内被评为AA级，省分公司理赔服务连续七年排行业第一。

【业务发展】2018年，娄底人保财险实现保费收入58977万元，同比增长15.05%，市场份额37.8%，位居娄底财险行业第一，且连续4个季度获省分公司奖励。6月初，娄底人保财险促成娄底市人民政府与人保财险湖南省分公司独家签订战略合作协议，外部发展环境显著优化，公司形象进一步彰显；县域发展取得进步，部分区域赶超市场和主要竞争对手；员工获得感得到提升，公司人气旺盛，干事创业氛围浓厚；商非业务快速发展，成为省分公司推介典型；公司客户数量不断积聚，业务结构不断改善，增速和占比提升连续两年位居全省前列；公司赢利能力趋稳，在连续两年消化大量遗留包袱的前提下，年度目标得以实现，现金流较为充足，排名全省第四；公司激励制度不断完善，以业绩论英雄的价值理念得到深化和践行，并成为业务发展的重大推手；公司职场装修改建，基本建设有效推进，办公舒适度得到提升。

（彭爱平）

2018年人保财险娄底市分公司先进集体（先进个人）一览表

表70

获奖集体（个人）	奖励名称	颁奖单位	颁奖时间
中国人民财产保险股份有限公司娄底市分公司	最佳宣传奖	湖南省地方金融监督管理局	2018年12月

中国人寿保险股份有限公司娄底分公司

【概况】2018 年，中国人寿保险股份有限公司娄底分公司(简称人保娄底分公司)坚决贯彻落实上级公司战略部署,坚持“队伍驱动业务”的指导思想,各项工作取得显著成绩。个险月均增员率排名全省第 3 名;银保保规师队伍月均增员率提升到 19.08%，客户经理留存率翻番。团险年度有效人力达成年度目标的 102%。个险月均三晋率同比增长 16.8%；银保 2017 年下半年新人晋升率由上半年的 34.7%提升到 40%，实现了 18 年新人晋升人数和留存人数的双增长。团险建立近 40 人的综拓专员队伍和 1600 余名民生志愿者队伍,获得省公司经验推广。

【转型升级】2018 年,人保娄底分公司在产品结构、销售模式和管理方式上实现转型升级。个险渠道从平台销售模式转变成互助式自展模式,实现保障型产品保费同比增长 5.5%。银保渠道由“搭船出海”转变为以直辖组为单位运作的小说会模式。团险渠道围绕“板块转型,模式升级”发展战略,大单和大量单双轮驱动,民生保险分销板块整体规模同比增长 14.47%;大短险增长及团险渠道增长全省排名靠前。是年,理顺管理链条,首次将三位一体、三大平台岗位人员配置到位。明确岗位职责,确保人人有事做,事事有人做。确定考核办法,先后出台岗位人员考核细则及职场管理办法,将指标达成情况与个人薪酬挂钩,功能组履职情况与职场费用挂钩,基本实现“331”管理链条延伸到职场,岗组联动架构初步形成。

【资源投入】2018 年，人保娄底分公司在资源配置时遵循倾斜基层、有保有压的原则,配置给支公司费用增幅 44.02%;职场费用投入增幅 143%,队伍建设投入同比增长 84.06%。员工薪酬逆势上涨,在职员工薪酬同比增长 5.75%。全市装修、改良项目 12 宗,总预算 431.2 万元,其中职场建设 8 宗,有 4 宗被评为省级优良标建职场,推动 10 个职场裂变。

【客户服务】2018 年,人保娄底分公司为近 12 万客户安装国寿 E 宝,国寿 E 店,云助理使用率 75%,全年累计 E 宝新增 10.75 万个,E 店有效活跃用户 3552 个,名列全省第二。

【风险防控】2018 年，人保娄底分公司建立和修正风险管理制度 34 个,建立“娄二十条风控基本法”。全年开展内外部检查和自查 15 次，每次检查要求建立问题清单,并要求对照清单限期整改到位。本部配备专职风控人员 6 人,系统配备内勤风控联系人员 36 名、外勤风控联系人员 82 名,建立风控联系人管理制度。全年分公司层面大型宣导 6 次,支公司和职场层面宣导近 300 次,员工培训 1500 余人次、营销员培训 3 万余人次。在分、支公司及 82 个职场设置“公司合规宣传专栏”,每周五为“合规宣传日”。

【社会责任】2018 年,人保娄底分公司深耕民生领域,在新农村合作医疗、城乡居民大病保险、女性特定疾病保险、老年人意外伤害保险、计生家庭保险、村干部保险、农村小额保险、学生儿童保险、全国公安干警保险、私人建房意外伤害保险等领域均有作为。是年,继续承办冷水江市和涟源市的城乡居民大病保险业务,年度参保人员 121.7902 万人，基金规模 5236.98 万元。是年承办双峰全部和新化部分医保意外伤害经办业务,总参保人员 118.68 万人,基金规模 3519.06 万元,截至年底,累计赔付 8474 人次,补偿意外伤害保险金 3688.77 万元。为全市 28 万建档立卡贫困人口提供“扶贫特惠保”保障,为全市近 26 万人次老人提供“尊享银龄”保障服务,为全市近 20 万计生家庭提供“计生家庭系列保险”保障、“失独家庭保险”等保障，为全市 4 万余名妇女提供妇女特定癌症保障,受到各级政府高度认可。 (曾　翠)

7 月 8 日,娄底分公司组织开展“7·8”全国保险公众宣传日活动 (人保娄底分公司供图)

2018年中国人寿保险股份有限公司娄底分公司先进集体(先进个人)一览表

表71

获奖集体(个人)	奖励名称	颁奖单位	颁奖时间
龚巍、李柳、易毅、龚燕	2018年度全省系统"优秀员工"	中国人寿保险股份有限公司湖南省分公司	2019年2月

市保险行业协会

【概况】2018年,娄底市保险行业协会在娄底市委、市政府和娄底银保监分局的正确领导下,在各级各部门的大力支持下,按照银保监会确定的基本思路"抓服务、严监管、防风险、促发展",稳中求进,积极应对经济环境变化和监管政策变化,强化风险防范,深入推进结构调整,着力转变发展方式,促进全市保险市场平稳健康发展。

是年,全市有市级保险机构28家,其中财产保险公司14家,人寿保险公司14家;保险中介机构15家;保险从业人员26000余人,全年净增就业人口超过2000人;设有道路交通事故快处快赔服务中心2家。全市保险业实现保费收入53.77亿元,比上年同期增加3.39亿元,同比增长6.73%;全市保险赔(给)付支出16.63亿元,同比增长0.25%;按统计数据,全市保险深度为3.48%,保险密度为1185元。全年累计上交和代收税费1.41亿元。

【保险宣传】2018年3月,娄底市保险行业协会组织全市保险业"3·15"宣传活动,各公司采取多种形式进行保险消费权益保护的宣传活动,并参加市消委组织的"3·15"大型户外宣传活动。"7·8"保险公众宣传日,组织会员公司开展宣传活动,并在7月8日组织保险机构在娄星广场进行户外集中宣传,提供保险知识普及和业务咨询,开展保险"进社区、进农村、进学校、进园区、进机关"等五进活动,通过户外广告屏、娄底日报、娄底新闻网等全方面开展保险宣传。

【精准扶贫】2018年,娄底市保险行业协会通过支持基础设施建设、捐款扶贫、派员驻村扶贫、"一对一"结对帮扶、大力推进"扶贫特惠保"及民生保险等一系列举措,将精准扶贫工作落到实处。是年,全市8家保险机构承担政府安排的扶贫任务,抽调14名扶贫专员驻村驻点,确定对口扶贫村(组)10个,通过走访慰问贫困老人、帮扶贫对象打开农产品销售渠道、开展职业培训帮助贫困村民再就业等,开展活动百余次,较好地完成全年保险扶贫任务。

(梁　巍)

2018年市保险行业协会先进集体(先进个人)一览表

表72

获奖集体(个人)	奖励名称	颁奖单位	颁奖时间
娄底市保险行业协会	2018年度优秀会员	湖南省保险行业协会	2019年3月

市兴娄融资担保有限公司

【概况】娄底市兴娄融资担保有限公司是经湖南省人民政府金融办批准,由娄底市人民政府国有资产监督管理委员会等8家政府机构和国有企业共同出资,具有独立法人资格的国有全资专业性融资担保公司。注册资本金3亿元,设立股东会、董事会、监事会,建立股东会、董事会、监事会和经营层相互支持协调、监督制约的运行机制。在健全完善法人治理结构的基础上,设有综合财务部、担保业务部、风险控制部、监察审计部等4个职能部门,在编人数30人。

【担保业务】2018年,市兴娄融资担保有限公司累计预审项目105个,金额5.99亿元,较2017年同期分别增长36.4%、3.6%;评审过会项目98个,金额4.66亿元,较2017年同期分别增长68.97%、13.67%;累计担保金额4.52亿元、担保户数90户,较2017年同期分别增长26.97%、50%;在保86户,在保余额4.23亿元，较 2017 年的同期分别增长 53.57%、22.97%。

【社会效益】2018 年，市兴娄融资担保有限公司担保的 86 户企业中，有机械、科技生产型等传统行业，有农机、电子陶瓷等特色产业，有生物医疗、新能源等新兴产业，通过担保增信，助推全市传统产业的转型升级、特色产业的做大做强和新兴产业的快速发展。2018 年通过为企业提供担保，撬动企业新增产值约 8 亿元，增加税费约 0.5 亿元，新增就业约 1000 人，进一步凸显担保社会效益。

【业务拓展】2018 年，市兴娄融资担保有限公司积极延长公司服务链。非融资担保业务正式成为公司业务之一，实现业务品种历史性突破。截至年底，非融资担保业务在保 4 户，在保余额 2717.36 万元。是年，公司成功跻身省商务厅担保公司名录（全省仅 6 家），并与农业银行娄底分行签订“湘汇贷”2:8 风险分担合作协议，进一步提高公司金融服务能力。

【内部管理】2018 年，市兴娄融资担保有限公司对涉及公司内部管理、业务开展、财务管理等多方面近 30 项制度进行修改和调整，进一步完善内部制度体系。针对内部管理精细化基本要求，开展既突出主要的专项、又兼顾全司系统的全面监督检查，监事会针对发现的问题提出整改意见和要求，督促各部门及时整改，落实精细化管理，初步实现年初向管理精细化发展的要求。

（黄　俊）

2018 年市兴娄融资担保有限公司先进集体（先进个人）一览表

表 73

获奖集体（个人）	奖励名称	颁奖单位	颁奖时间
娄底市兴娄融资担保有限公司	全省融资担保机构 A 类	湖南省地方金融监督管理局	2018 年 11 月
娄底市兴娄融资担保有限公司	交通银行湖南省分行担保公司管理水平评级第三名	交通银行湖南省分行	2018 年 2 月

市国有资本投资运营有限公司

【概况】2018 年，娄底市国有资本投资运营有限公司总部设 5 个部门：投资规划部、资产管理部、财务审计部、综合管理部（党群工作部）、法务风控部。员工 25 人，平均年龄 39 岁，拥有本科及以上学历 16 人，占员工总数的 64%；持有中、高级技术职称 12 人，占员工总数的 48%。

【内部管理】2018 年，市国有资本投资运营有限公司建立出资人授权董事会管重大决策、经理层负责日常运营、监事会负责监督机制。设置公司内部的组织机构，以组织建设为中心，建立以董事会为核心的公司治理模式，修订公司章程，将党的建设写入公司章程，完善公司内控制度，设置“三会一层”权限，合理配置董事会、经营层、监事会的职权。建立适合公司实际的合理分权、有效监督、相互协同、相互制衡的公司治理结构。

【业务发展】2018 年，市国有资本投资运营有限公司新增 2 家出资企业，湖南智慧政务区块链科技有限公司（参股）和娄底市聚合城乡开发有限公司（参股）。全年策划包装项目 20 个，其中区块链项目 8 个、医养大健康项目 6 个、基金项目 2 个、其他产业项目 4 个；谋划前期项目 10 个，其中 3 个项目完成投审会。与北京金股链公司成立智慧政务区块链公司，开发 2 大平台，申请发明专利 8 项目，其中远程工商税务登记平台引进互联网企业 100 家。不动产区块链信息共享平台于 11 月上旬试运行，并发放全国首张区块链不动产电子证书。与招商银行签订战略合作框架协议，在不动产抵押、贷前审查、抵押办理、贷后管理等方面进行合作。与娄星区城乡投合作成立聚合城乡开发有限公司，被娄星区授权唯一参与组织实施娄星区范围建设用地增减挂钩机构，2018 年复垦耕地 1046 亩，为娄底市人民政府新增可用于建设用地耕地指标 1000 亩。是年，公司成立“三供一业”项目工作小组，完成广铁集团、国网电力、中铁二十五局三公司、中石化娄底石油分公司、娄底大理石厂、娄底市植绒厂 6 家企业的项目签约。广铁集团、国网电力完成正式招标。（刘劲姿）

市交通建设投资开发有限责任公司

【概况】2018年，娄底市交通建设投资开发有限责任公司(简称娄底市交建投)在市委、市政府的正确领导下，坚持“至诚至简，行稳致远”核心价值理念，以党建为龙头，以项目为抓手，以融资为核心，攻坚克难、锐意进取，加快推进各项工作并取得一定的成绩。公司内设5个职能部室，下辖4家全资子公司，3家参股公司。是年，娄底市交建投主要建设项目有娄底市国省干线美丽公路项目、水府庙至曾国藩故居全域旅游景观道路项目、娄底大道慢行系统自行车道及综合景观道路工程项目、中心城区国省干线公路项目、娄底南站综合客运枢纽项目、城际公交一体化等。融资工作卓有成效，归集总资产逾32亿元。先后与国开行开展贷款业务，授信额度超过20亿元，还与国开证券、湖南资管合作设立了30亿规模的娄底市交旅基金。

【服务民生】2018年，娄底市交建投先后投资4000万元支持娄星区和双峰县娄底大道建设；投资2500万元购买新能源公交车，推进中心城区城乡公交一体化项目；主动对接县市区和相关单位，与双峰县、冷水江市、新化县对接洽谈交通基础设施建设开发，与娄底职业技术学院对接学校基础设施建设。

【重点项目】2018年，娄底市交建投抓好国省干线美丽公路建设PPP项目，上半年顺利动工并完成投资3亿元。仙女寨经水府庙至曾国藩故居全域旅游景观道路项目列入省交通运输“十三五”发展规划中期调整项目。高铁南站综合客运枢纽列入“十三五”国家交通运输规划。城区外环线相关项目前期快速推进，栗家塘至鱼岭公路(东外环)、娄底大埠桥至石龙公路(北外环)、G234娄底石井至喻家祠堂公路(西南外环)以及G234杉山至九仑公路工程按照干线公路改造模式加速推进前期工作，基本完成行业审查。加快乡村振兴战略项目谋划，娄底大道慢行系统自行车道及综合景观工程项目完成全部工可编制，娄涟段正在按招商引资方式推进，乡村健身步道(娄底中心城区至杨市)项目完成工可报告并组织完成专家评审。

【内部管理】2018年，娄底市交建投构建两会一层，调整充实董事会、监事会，完善经理层。先后成立通达、通旅、通能等3家子公司。注重党建引领，迅速成立党支部，将党建工作写入公司章程，强化党组织的决策核心和战斗堡垒作用，成为市委组织部党建“五化”建设示范基地。建立健全行政、人事、财务、工程等管理制度体系和风险防控机制。打造优秀团队，除董事长、总经理外，其余员工全部从社会公开择优招聘，做到严格招聘、宁缺毋滥，员工人均年龄34岁，学历全部本科以上。全面推行KPI绩效管理体系，极大激发员工的工作积极性，打造积极向上、履职尽责的优秀管理团队。(杨俊霞)

市金融投资有限公司

【概况】2018年，娄底市金融投资有限公司(简称市金融投)本部在岗职工13人，其中市管干部2人。是年，公司新增融资5.15亿元，完成投资4.55亿元，新开拓不良资产清收处置项目5个，化解不良债务额8.11亿元，股权投资项目2个。积极推进现代国有企业制度改革，成立娄底市金融投资有限公司临时党支部；建立健全日常行政、财务管理、人事管理、党建管理等风控体系制度；制定《公司转型发展方案》，剥离政府融资职能，基本理顺政府与公司关系，初步完成市场化转型。

【现代国有企业制度建设】2018年8月中旬，市金融投经市国资委党委批复同意，成立临时党支部并设党支部书记。建立并认真落实包括个人重大事项报告制度、党风廉政建设责任制度等在内的17项党建工作制度，严格开展党内组织生活及党员教育管理，全年未出现违纪违法案件，无受到党纪、政务处分人员。建立完善内部控制制度体系，着力规范权力运行流程，制定含会议管理制度、考勤管理制度、固定资产管理制度、财务管理制度等在内的38项制度，基本涵盖行政、财务、人事、党建、业务等内部管理各个方面，实现权力运行的过程制约、程序控制。

【市场化转型】2018年，市金融投根据市委、市政府指示精神和市国资委工作部署，制定《公司转型发展方案》,主动剥离政府融资职能,定位为“自主经营、自主决策、自负盈亏”市场化主体,初步完成市场化转型,明确到2020年,公司全面形成以做强不良资产处置业务,做大融资中介服务,探索股权投资、债权投资及资产管理业务为主的“2+1”主业格局。

【九龙集团民间融资风险化解】2018年,市金融投以市场化手段推进湖南九龙经贸集团有限公司等13家公司(以下简称“九龙集团”)所涉民间融资风险化解工作。与湖南省财信金控集团、市区相关企业、社会战略投资者合作,多方筹集资金,组建娄底市金弘投资企业(有限合伙)专项收购九龙集团个人民间融资债权,投资3.5亿元收购九龙集团个人债权近7亿元,使九龙集团债权人由1.1万人减少到不足0.4万人;收购农发行对九龙科技股份有限公司债权,本息合计0.2亿元;投资千万元共益债,为九龙破产重整提供流动性支持。

【其他不良资产清收处置】2018年,市金融投本部通过市场化手段收购湖南物美贸易有限公司不良资产包、湖南鸿政冶金材料有限公司不良资产包、华坤钢铁3户不良资产包,债权本息合计13033.7万元,其中华坤钢铁等3户不良资产包转让完成。协调参股子公司娄底市资产管理有限公司收购娄底市和信工贸有限公司等8家单位银行债权,本息合计18186.45万元。帮助化解全市除九龙集团外其他涉民间融资风险企业债务额3.12亿元。

【收购农商行股权】2018年,市金融投本部收购娄底市农商行股权2000万股,所持股份占比6.67%;收购双峰农商行股权1500万股,所持股份占比5%。

(彭　姝)

市文化旅游发展投资有限责任公司

【概况】2018年,娄底市文化旅游发展投资有限责任公司(简称娄底文旅)完成投资额3974.6万元,资产增值14.37%,签订招商引资协议1亿元,营业收入349.01万元,启动市重点项目3个。

【全域旅游】2018年,娄底文旅以建设全域旅游为工作重点,打造娄底市全域旅游自驾车房车运营及营地体系建设项目。公司利用自有资金完成项目投资3000万元,博盛、归古两个示范性营地高标准、高质量完成道路工程、绿化、钢结构别墅建设和部分房车采购。归古营地5月1日投入试运营,博盛营地10月份投入运营。9月19日至21日,第九届中国湖南旅博会上正式发布自驾车房车品牌“动房之旅”。“锦绣潇湘传奇娄底”卡在全市产生较好反响。全域旅游卡升级版——“传奇娄底”工会会员优惠卡在全市基层工会范围推广。全年全域旅游卡和工会会员卡销售近万张,完成营业收入200万元。落实文化创新“五名工程”促进文旅产业深度融合,9月份在西安承办“对接一带一路助力提质发展”娄底文化产业走进西安推介会。

【文旅项目】2018年,娄底文旅坚持规划先行,务实推进重大文旅项目前期工作。围绕“零碳主题”,专门谋划湖南(杨市)零碳田园综合体项目。邀请相关专家与意向企业到项目地现场考察数十次,完成规划设计单位采购,开展与意向合作单位精准招商对接洽谈,全力开展业态引入,聘请国务院扶贫办博士工作站蒋崇军担任该项目政策顾问。全年,该项目累计投资107.74万元。体育新城(原足球小镇)项目完成项目选址地约1222亩土地现状调查工作,邀请北京体银投资管理公司安福秀博士作为项目顾问,12月份和北大金秋新技术有限公司进行投资合作初步洽谈。荷叶家风研学旅游教育基地项目完成项目建议书及选址意见书。

【国企改革】2018年,娄底文旅搭建运营平台提升企业造血能力。4月,公司成立以汽车租赁系统、房车租赁、旅行社业务为核心竞争力的山水动房公司和以文化传播、活动策划为主的百艺汇公司,致力运营“动房之旅”旅游品牌和开发研学线路,培育核心竞争能力,形成具有较强造血功能的项目运营公司。搭建技术平台夯实数据支撑,6月与长沙数航信息科技有限公司合资搭建文化旅游物联网平台,满足智慧旅游系统工程需要。构建宣传平台提升品牌知名度。围绕“动房之旅”品牌完成市体育中心房车体验基地的规划设计和商标设计,并与同程旅游网和中国车船协会筹划举办中部六省自驾车房车峰会。

(孙洪波)

商贸·旅游

◎商务粮食
◎不良资产处置
◎供销合作
◎粮食储备
◎烟草专卖
◎盐　业
◎旅　游

商务粮食

【概况】2018年，娄底市商务粮食系统贯彻落实“创新引领 开放崛起”战略，围绕构建对外开放新格局，抓重点、补短板、促创新、扩开放，开放强市建设快速推进，粮食安全省长责任制全面落实，商务粮食事业和开放型经济工作实现高质量发展。先后获评“全省商务工作（外经）先进单位”“全省市场秩序先进单位”“全市综治工作优秀单位”“全市安全生产工作优秀单位”“全市产业项目建设年优秀市直牵头单位”“全市财源培植优秀市直单位”“全市全面建成小康社会推进工作优秀单位”“创文管卫工作先进单位”“年度全民义务植树与联村建绿优秀单位”等荣誉称号。全年完成批零税收20.8亿元，同比增长40.6%；全市招商引资项目年税收30.4亿元，税收贡献率35.2%。利用外资、内联引资、进出口总额、外经合作和社会消费品零售总额5项指标实现保位进位，增幅分别排全省第二、第十、第七、第二和第三位。其中实际利用外资53900万美元，同比增长16.7%，完成省年度计划的103.7%；内联引资700.4亿元，同比增长15.5%，其中省外境内311.8亿元，同比增长17.7%，完成省年度计划的103.9%；进出口额155553万美元，同比增长28.8%，完成省年度计划的111.8%；对外承包工程和劳务合作完成营业额17846.2万美元，同比增长44.7%，完成省年度计划的125.8%；社会消费品零售总额568.3亿元，同比增长10.4%，完成年度计划的99.0%。第九届“湘博会”吸引国内及美、日、东盟等国家与地区的569家企业、225名境外贵宾、107名境外采购商参会，签订国际贸易合同31个，总金额8.9亿元，招商引资项目50个，总投资351.5亿元，现场成交额1.7亿元。

【对外贸易】2018年，全市出口高速增长，同比增长103.8%，增幅排全省第一位。外贸结构得到改善，出口快速增长，占比39.7%，较上年增长14.6个百分点；民营企业进出口比重增加，占比增长至49%；机电和高新产品进出口平稳增长，同比增长108.1%。与东盟、中东等“一带一路”沿线国家进出口同比增长53.7%，对美贸易保持41.9%的增幅。外贸实绩企业157家，较上年增加59家，新引进40余家皮草企业，新印科技等61家企业破零，康麓生物等32家企业业绩翻倍。成功申报获批5个外贸综合服务中心，5个中心协助30家企业实现外贸业绩破零，协助15家企业业绩倍增，50余家企业外贸业绩增长10%以上；组织110多家企业参展首届“中国国际进口博览会”，签订进口协议3300万美元；海关监管场所、公共保税仓主体工程建设完成，娄底海关正式获批；国际贸易“单一窗口”标准版推广顺利，网上报关报检率近80%；打击走私取得优异成绩，在年度考核中成绩排全省第3位；出口食品农产品示范区建设有序推进，涟源市完成申报准备工作。全年完成加工贸易8974万美元，同比增长79.6%，完成年度任务的161.7%；新增金品电器等7家加贸企业，冷水江市、新化县首次“破零”。

【招商引资】2018年，市商务粮食局引进重大招商项目112个，总投资612亿元；合同项目82个，履约72个，履约率87.8%。引进葛洲坝、五洲国际、杭萧钢构、中铝集团、华新水泥、绿地集团、大唐集团等“三类500强”企业项目9个，总投资179亿元；引进总部企业120家，新增102家，实现税收11.8亿元。“全国知名民营企业携手湖南助推中部崛起大会”签约项目4个，总投资12亿元；“娄底市装配式建筑产业链专题招商会”签约项目16个，总投资42亿元；2018“京湘（娄底）高端产业合作暨军民融合产业链专题招商会”签约项目17个，总投资87亿元；湖南省“长三角洽谈周”签约项目10个，总投资18亿元；“娄底特色小镇建设招商推介会”签约项目28个，总投资139.8亿元；第九届“湘博会”签约项目50个，总投资351.5亿元。小分队招商对接客商100余次，引进上海耀森、香港首福集团等项目。首次聘请毕马威编制《娄底市投资环境要素分析报告2018》，中英文发布；升级招商宣传片，突出产业链招商，融入开放新理念；收集整理重大产业招商项目77个，编印中英文招商项目册；编印《娄底市招商引资政策文件汇编》，完善招商引资数据库。

【外经合作】2018年，全市对外承包工程和劳务合作新签合同额17826万美元，同比增长54%；对外承包工程和劳务合作完成营业额17866万美元（其中对外承包工程2098万美元），对外劳务输出4636人，同比增长16%；月末在外人数5185人，同比增长22.7%。泰国农民议会巴帕·班亚察叻主席代表团考察调研双峰农机企业，与双峰农友机械达成初步意向；4家农机企业赴老挝、柬埔寨、缅甸三国进行“2018湖南农机走进东盟经贸活动”，开展3场对接会，现场订购定源机械小型米机2000台。“走出去”再获新突破，三联数码复印机经营公司赴埃塞俄比亚、中南神箭赴柬埔寨、湖南永顺建材公司赴老挝投资建厂。境外承包工程逆势而上，湘江电力承包吉布提铁路供电项目、乌干达变电工程项目、加纳PK项目等16个项目，完成营业额27727万元。“湖南省赴以色列务工项目交流会”在新化对外劳务平台举行，外派劳务进一步规范；商务部合作司刘民强参赞赴新化县调研对外劳务扶贫工作。

【市场秩序】2018年，市商务粮食局保供应促安全，加强监测，及时调控，市场运行平稳。。应急预警机制、响应机制健全，冰灾、非洲猪瘟期间迅速启动应急预案，杜绝市场价格异常、脱销断档抢购现象。中心城区农贸市场分类提质改造完成市场调研、调查摸底、方案拟订等工作，市政府出台协调会议纪要。开展“娄底农产品质量安全行”“中国好粮油”“食品安全护老行动”等专项活动，严把市场准入关。建立商贸流通企业诚信档案及诚信奖惩制度，开展“诚信建设万里行”活动，营造诚信文化氛围；出台《关于娄底中心城区新建加油站实行“手续随地走”的通知》规范性文件，推动商务许可与土地招拍挂的无缝对接和加油站的规范管理有序竞争；狠抓商贸流通领域安全生产，全年没有发生一起安全生产事故，连续三年获评全市先进单位殊荣。

【市场运行】2018年，市商务粮食局围绕商贸流通“千百工程”和供给侧结构性改革，主动服务生产，衔接产需，扩大内需。初步形成以湘中物流园和诚通物流园两大生产性和生活性物流中心。五江·碧桂园、通程商业广场、宁邦文华里等大型商业综合体先后落户。举办各类节庆展会100余场次，培育“湘博会”“文印博览会”等品牌展会；组织参加第三届“食博会”，“三合汤”晋升为湖南“第三道湘菜”。2018年湖南名优商品（上海）展示交易周，300多家企业1500多种产品通过“湘品入沪”平台入驻上海市场，直接销售额近50亿元；2018年中国国际“食餐会”，娄底市参展企业现场成交560万元，签订省、市、县代理合同50余个，年增销售额8000万元以上。湘土味庄新开加盟店5家，贵州2家、湖北2家、株洲1家；步步高、百花等企业积极布局新店，市内门店超过10余家。

【电子商务】2018年，市、县（市、区）财政安排电子商务专项资金近2000万元，电子商务交易额突破140亿元，同比增长10%。全市拥有各类电商主体20000余家（含各类网店），其中电商企业超2000余家，行业覆盖钢铁、水泥、机械制造、家居建材、数码电子、酒类、休闲食品、工艺美术、竹木制品、农副产品等。新化、涟源和双峰争取省级电商扶贫统筹资金445.58万元；建成5个县级电商服务中心，1829个乡镇电商服务站和村级服务点，打通农产品上行通道；网销农产品SC认证农产品173个，农产品注册商标285个，白溪豆腐、永丰辣酱等特色农产品成为网络品牌和名片。引入农村淘宝、苏宁易购、京东等大型电商平台及厂家网、随手购、86077、邮乐购、网上供销、芒果生活、云采惠等省内外知名涉农电商平台加盟入驻，推进网店实行企业化、标准化、规范化管理。

【市场流通】2018年，市商务粮食局指导企业申报绿色仓储、绿色餐饮企业认证，双峰永福百货被评为全国绿色超市，娄底天虹纳入2019年全国绿色商场评选对象范畴。新化白溪豆腐、涟源曾泰顺游浆豆腐被认定为第四批“湖南老字号”。湘中物流园建设大集运云平台，优化整合物流资源，提高物流效率，物流成本进一步降低。特许经营行业管理逐步规范，注销1家典当企业，全年拍卖成交106场次，成交1.45亿元。家政服务业有新突破，“百城万村”推进有力，受商务部关注，商务部部长助理李成钢专程赴涟源实地考察调研；湖南省首届家庭服务业职业技能大赛，娄底代表队勇夺团体一等奖。中小商贸流通体系建设网络基本形成，平台入驻企业37家，各类商协会75个，新增11个联系点，在省厅中名列前茅。商务综合执法启动“双随机一公开”模式，全面推进汽车销售、家庭服务业和单用途商业预付卡管理执法行动，抽检企业25家，做到公正监管。

【粮食收储】2018年，市商务粮食局贯彻落实国家粮食安全省长责任制，积极组织粮食收购，规范化管理储备粮油，保障地方粮食安全。全年新增仓储仓容4万吨，完成省、市、县三级储备粮油轮换任务。政策性粮油金融风险化解实现重大突破，储备粮油贷款业务恢复正常。落实“一规定两守则”，压实安全储粮和安全生产责任，推广应用绿色储粮新技术，创新管理模式，储备粮数量真实、品质达标、储存安全、管理规范。应急储备体系进一步完善，恢复与加强中断多年的应急成品粮储备。坚守军粮入库“一批一检一报告”制度和供应“四好”要求，军粮供应质量合格率和部队满意率100%。

【粮油产业】2018年，全市完成粮油加工业总产值42.1亿元，同比增长15%，实现产品销售收入40.8亿元，完成利税2.52亿元。“优质粮油工程”全面推进，成效明显，双峰县受到省政府表扬激励。全市优质大米面条、食用油市场占有率分别为60.25%和56.84%，优质粮油市场占有率保持稳定并逐步提高。“好粮油”示范引领作用不断加强，全市优质粮食种植面积、重点示范企业订单农业面积不断扩大，优质粮食产量、优质粮油产品销售量大幅增加。市粮油质量检测中心、双峰县粮油质监站建成并运行。粮食产后服务体系建设初具规模，建成年烘干能力1600吨专业化的经营性粮食产后服务中心10家。全市6家国有粮食储备库全部纳入智慧粮食管理系统项目首批试点，11月底完成联网调试，成功运行。完成中央划转最低收购价粮食的销售出库工作，农机、米机、粮企依托第九届“湘博会”走出国门。

【粮食监管】2018年，市、县两级开展政策性粮食处置监管、粮食库存、军粮质量、粮食收购等检查执法388次，检查企业775个次，出动执法工作人员1800余人次，有效维护粮食市场流通秩序。粮食监督检查体系建设进一步完善，开通“12325”投诉举报电话和网络平台，畅通投诉举报渠道，与中储粮娄底直属库、娄底农发行建立政策性粮食协同检查机制。严厉打击索拿卡要、“打白条”等违规违纪行为，让农民售“舒心粮”。安全储粮和安全生产专项检查实现全覆盖，严格粮食质量检测，避免不合格粮食流入口粮市场。开展执法人员培训和执法经验交流，加强示范案例研究，提高执法人员案件查办能力。（邓　杰）

2018年市商务粮食局先进集体(先进个人)一览表

表74

获奖集体(个人)	奖励名称	颁奖单位	颁奖时间
娄底市商务粮食局	全省商务工作(外经)先进单位	省商务厅	2019年1月
娄底市商务粮食局	2018年市场秩序工作先进单位	省商务厅	2018年12月

不良资产处置

【概况】2018年，娄底市不良资产处置公司在市委、市政府和市商务粮食局党组的正确领导下，公司广大干部职工主动作为，全力推进全市中小商贸流通企业服务体系建设，为全市经济增长贡献自己的力量。

【平台基础建设】2018年，娄底市不良资产处置公司重基础，抓建设，市级公共服务平台和6个县市区（包括市经开区）服务工作站全面建立，市级服务中心、公共服务运营中心建成并正式对外开展工作。截至12月底，市中小商贸流通企业公共服务平台注册企业3827家，其中2018年新注册500家；入驻服务机构379家，其中2018年新入驻32家；各类商协会75个，在全市26个商贸聚集区设立联系点，是年新增9个联系点；覆盖全市各县市区的体系建设网络基本形成。平台网站发布各类咨询信息36条，发布各类服务产品843条；成功完成线下活动27次。

【支持实体经济】2018年，娄底市不良资产处置公司着力全市中小商贸流通企业服务体系建设。市级公共服务平台主动对接近50家有税收增长潜力，成长性好的税收大户的批零企业，从中遴选出5家左右企业建立重点企业联系制度，了解其在税收增长方面面临的困难和问题，并寻求解决问题的意见和建议。在全市“支持实体经济早春行”活动中，申报近60家企业，融资需求14亿元，其中湖南省回春堂药业有限公司和农业银行达成6000万的资金贷款，到位4700万。

服务商贸流通企业发展，配合建行“支持实体经济，对接民营企业市州行”活动，推荐有融资需求企业45家，融资总需求近6亿元，行业从传统的房地产、批零、农贸市场、食品加工等到新兴的电子商务、科技创新等全方面覆盖。（殷　钰）

供销合作

【概况】2018年，娄底市供销合作联社认真贯彻落实中央、省委、市委关于深化供销合作社综合改革的精神，围绕年初目标，积极融入乡村振兴战略，参与市委、市政府重点工作，深入推进供销合作社综合改革，各项工作取得较好成绩。全市供销社系统2018年完成总销售83.8亿元，同比增长17.35%；实现利润总额10468万元，同比增长18.7%。涟源市供销社获“全国供销合作社系统先进集体”称号。

【综合改革】2018年，娄底市供销合作联社争取市委、市政府重视，组织召开全市深化供销合作社综合改革涟源现场推进会，宣传推介涟源经验。坚持问题导向，整理综合改革问题清单16条，有力推动供销社综合改革。制定下发2018年工作要点和考核评分办法，细化分解改革任务12项，层层落实责任。认真贯彻2018年全省深化供销合作社综合改革现场推进会（岳阳）精神。9月30日，市委副书记华学健赴市供销社就深入推进供销社综合改革工作情况进行调研。10月17—19日，市综改领导小组办公室组成联合督查组赴五县市区调研督查，形成调研报告和综合改革通报。市委常委会专题听取汇报，研究供销改革工作。扎实推进综合改革试点示范工作，巩固双峰县综合改革试点成效，推进涟源市全省供销社惠农服务体系建设示范县工作，涟源市供销社综合改革形成实现三个转变，搭建四大服务平台经验。

【重点工作】2018年，娄底市供销合作联社在推进综合改革中牵头实施“农村垃圾分类回收体系建设”“娄底市现代农业发展有限公司组建”，重点参与农民专业合作社兴办公司。积极推进全市农村垃圾回收与处理工作，市供销社深入调查研究，制定《娄底市农村低值可回收物和有害垃圾回收处理暂行办法》。双峰县

9月26—28日，娄底市供销社系统在全市精选32家社属企业的100余类知名农特产品参加湖南省第九届湘博会　（娄底市供销合作联社供图）

供销社联合双峰县耀成再生资源有限公司组建县级集散中心，垃圾分拣场实现“三通一平”。筹建娄底市现代农业发展有限公司，起草娄底市现代农业发展有限公司组建方案（初稿），开展农村合作金融调研，进一步完善组建方案，确保顺利实施。安排部署专业合作社公司一体化工作，对全市系统专业合作社兴办公司情况进行调查摸底，将20家任务指标分解落实到各县（市、区）供销社。

【体系建设】2018年，娄底市供销合作联社不断发展社有企业队伍。按照“1+5”的模式，市、县区供销社共同入股成立娄底市新供销惠农电子商务有限公司。涟源市供销社独资或参股组建资产经营有限公司、家利多电子商务有限公司等7个公司（站），双峰县供销社组建新三湘现代农业服务、水府庙农林科技开发、双峰智创等多家公司。全市系统发展社有企业48家，资产总值27.74亿元，供销社全额控股社有企业10家，控股51%以上的企业10家，供销社参股35%以上的企业14家。年销售总额过亿元的企业8家。多种形式推进基层社建设。形成双峰县供销社“惠农服务中心+经营服务实体+X”、涟源市供销社“电商带动基层组织建设”和冷水江市供销社基层社标杆社等多种模式推进基层社建设。截至年底，全市系统发展乡镇基层社72家、村级综合服务社1290家、农民专业合作社162家。其中基层社实现乡镇全覆盖，综合服务社覆盖60%以上的行政村（社区）。加快筹建市级农村合作经济组织联合会。规范提升社有资产管理。参与成立办公大楼物业管理委员会的工作，完成电子商务公

司工商登记变更、食品流通许可证的办理，确保实缴资金到位。双峰、娄星、冷水江、新化先后成立资产管理公司或者资产管理委员会，涟源市供销社由管企业向管资本模式转变，资产年净收益300多万元，年增长在15%以上。

【为农服务】2018年，娄底市供销合作联社开展“保姆式”全托管、“菜单式”半托管等多种形式服务。土地托管服务面积25.9万亩，涟源盛达在该市七星街镇托管荒山和水田近5000亩。冷水江市景宜果业有限公司土地托管新建项目成功通过湖南省供销合作总社和省农开办联合评审，成为全市供销社第一家土地托管项目申报成功企业。是年，娄底市新供销惠农电子商务有限责任公司建好市级电商营运展示中心，100余种产品上架展示，“梅山农哥”系列产品10多种。作为推进农村电商区域品牌体系建设主体，在原有基层社（网、站点）基础上，配套邮政物流体系，对接全国供销合作总社新网工程“乡村第三屏”项目，与湘村万乐等电商平台合作开设社区店，打造线上线下相结合的“一站式服务”平台。帮助完善双峰、涟源两个供销e家县域营运中心建设。双峰县供销社电子商务公司营运中心被推荐省社作为示范店。涟源市供销社并购组建涟源市家利多电子商务公司打造全国电商示范（县）市。至年底，全市系统电商销售额4.9亿元。市社成功申报中国供销集团2018年度“新网工程”专项资金项目，积极申报全省综合改革整体推进市项目。双峰县惠农综合服务工程示范县项目验收合格，涟源市供销社成功申报2018年惠农综合服务工程示范县项目和南华投资项目，分获247万元和517万元省级扶持资金，自筹资金700余万元，将原农资公司6000余平方米仓库办公楼改造建成农村电商（农资）物流配送中心。由娄底市新供销惠农电子商务公司牵头所辖五县市区供销社和市直有关企业组团，在全市系统精选32家社属企业100余类知名农特产品参展湘博会。湘博会期间销售农特产品60余万元。（陈新颖）

粮食储备

【概况】2018年，娄底市国家粮食储备库以习近平新时代中国特色社会主义思想为指导，积极发挥粮食流通主渠道作用，自觉服从、服务于国家粮食宏观调控大局。承担省、市级储备粮油的收储管理任务。自筹资金建立市级应急储备成品粮体系。着力打造绿色优质粮油加工供给，加快构建更高质量的粮油安全保障体系，确保娄底人民粮油安全。

【粮安工程】2018年，娄底市国家粮食储备库智能粮食管理系统项目建设应用云计算、大数据、物联网等现代信息技术，顺利完成监控系统、粮情测控系统软件、机房装修和设备等安装和调试，准低温系统工程、智能通风系统完成单机测试；管理系统软件、监控系统、准低温系统和出入库系统投入试运行。实现“粮食进出可知，粮温粮情可调、粮源粮质可溯、资金流向可查、库区安全可控、粮证管理可循”的目标。以推动湖南省粮食仓储信息化建设、逐步实现粮库数字化、智能化，提高仓储管理水平。

【粮食储备】2018年，娄底市国家粮食储备库严格按照“一规定两守则”以及《湖南省地方储备粮管理办法》和《湖南省省级调节储备粮管理办法》等要求做好安全储粮和安全生产工作。加强对各级库存储备粮的管理，储存的粮油在全国质量普查中均符合国家质量标准，科学保粮率95%以上，20年安全生产零事故。

【粮食购销】2018年，娄底市国家粮食储备库扎实开展“牢记初心使命 推进收储制度改革 深化人性化服务”主题活动。把党的各项纪律要求贯穿于日常管理

省粮食局领导考察粮食安全储存情况

（市国家粮食储备库供图）

中，坚决杜绝“人情粮、关系粮”。设置党员示范岗、员工示范岗、亮明党员身份，发挥党员先进模范带头作用。增强为民意识，提升人性化服务水平。夏粮收购期间设置专门的休息室，供应茶水、中晚餐，配备防暑降温药品，加班加点，尽可能加快入库进度，缩短农民和司机的等候时间。确保收购结算规范化。全部采用“一卡通”收购，做到随结、实行网银支付，杜绝“打白条”拖欠粮款的行为发生。（陈 瑞）

2018 年市国家粮食储备库先进集体（先进个人）一览表

表 75

获奖集体（个人）	奖励名称	颁奖单位	颁奖时间
孙荣芳	2018 年湖南省“粮安之星”	湖南省粮食局	2018 年 10 月

烟草专卖

【概况】2018 年，娄底市烟草专卖局（公司）下辖新化、冷水江、涟源、双峰 4 个县（市）局（分公司），全市系统在职干部职工 380 人，其中在岗在编的全日制本科以上学历的 88 人。2018 年，市烟草系统以习近平新时代中国特色社会主义思想和党的十九大精神为指引，坚持稳中求进工作总基调，紧扣省局“十六字方针”和“五稳五进”思路举措，把握“四大要领”，聚焦“开创五个新局面”，深入推进“网要在、网要牢、网要强”，夺得“百日会战”全面胜利，全年完成销量 14.88 万箱、同比增长 0.31%。单箱均价 2.97 万元、同比增幅 5.73%。上缴税收 8.04 亿元、同比增幅 6.96%。全市零售户综合毛利率居全省第五。

【烟草营销】2018 年，娄底市烟草专卖局努力提升客户获得感，夯实营销转型升级五个基础。夯实“客户基础”，打响“百日会战”，市场秩序进一步向好，市场状态进一步稳定，客户盈利水平居全省前列。夯实“市场基础”，构建“2662”体系。打造“三个一”工程，“两个结合”（即线上与线下、工商零），促进市场提质升级。夯实“平台基础”，创建娄烟自律互助微平台，推广零售终端信息系统，市场管服技术平台不断拓展。围绕“六位一体”功能建成基层所（站）6 个，搭建三级网格 60 个、单元格 927 个，抓好“三员联动”，市场管服速度、质量逐步提升。夯实“物流基础”，娄底主导的 3 项物流标准获全省知识产权二等奖并列入省标，3 项运用于物流的发明正在申报国家专利，“6S”管理获行业上级肯定，“双 G 系统”、送货小票粘贴本全面运用，“三新物流”蓄势待发，物流费用指标持续趋好且多项居全省前列，分拣、配送零差错零投诉，地理信息采集在全省领先，物流质效不断提升。

【专卖监管】2018 年，娄底市烟草专卖局强力优化卷烟市场环境。内部监管有力，强化规范经营意识，逐月召开党组会调度，逐日监测卷烟销售数据，开展飞行检查 8 轮、暗访检查 2 次，督促整改专题检查、专项督查“回头看”、日常监管发现的问题。目标激励有力，紧盯“6+6+6”，推行专卖积分制考核，由“定性模糊”向“定量清晰”转变，结合工作业绩和岗位贡献兑现专项绩效奖惩，充分调动积极性。市场监管有力，开展“春雷 8 号”、“烈日行动”、异地交叉检查等专项行动，“一户一档一策”抓好日常监管；开展“摸家底”行动，推行“3447”工作法、无证户整治“四步法”，摸排登记无证户 2685 户，转化 1791 户、打击取缔 319 户。打击假私非有力，成立公安驻娄底市局警务室，联合邮管打击物流寄递环节涉烟违法行为，全年查处案件 688 起、同比增幅 24.41%；查获违法卷烟 2981.71 万支、同比增幅 226.56%、全省第一；查获网络案 8 起，涉案金额累计 5000 余万元，刑拘 36 人、批捕 12 人、直诉 1 人、判刑 11 人；真烟案件查获数占全省 6.07%，同比增长 52.9%，增幅全省第三，真烟查获数量全省第七、同比增长 3.21 倍。落实“放管服”有力，依法修订合理布局规定，推行负面清单制，开启网上办证申请受理，办证期限压缩 8 日以内，积极探索许可证后续监管。

【企业运转】2018 年，娄底市烟草专卖局制定实施局长周计划 52 期、局领导周计划 38 期，督办重点工作 129 项，完成“互联网+政务服务”平台对接，工作计划性、协调性不断增强。构建“两级三层”目标体系，推行分层分类对标，推进省局诊断反馈问题整改，查找阻碍高质量发展问题短板 600 余项，启用“PDCA 任务管理系统+看板协作系统”，突出重点、突出税利、突出成效抓考核，精益管理水平不断加强。设置“互联网+”事业部，探索“12345”规划，开启“互联网+娄底烟草”序幕。完善财务制度 10 个，统一市县会计核算口径与标准，全面清理往来账目，动态优化定额标准，实现预算管理、精益管理和对标管理有效对接，优化货币资金收益管理，组织资金安全自查及飞行检查，规范国有资产管理和处置，探索所站资源配置标准，财务管理规范有力。率先在全省实施电子结算专项考核，从年初 60.15%攀升至 99%以上、稳居全省前列，有效破解货款安全风险难题。狠抓 2017 年 35 项审计及检查问题整改，完成 2013 年至 2018 年(1—10 月)全市系统扶贫资金审计，完成市本级工程计算审计 24 个子项对量确认。积极推进全省系统采购管理信息系统上线运用，全面梳理采购领域关键节点和风险点，坚持办事公开民主管理，确保规范运行。积极稳妥推进“三供一业”分离移交改革，顺利完成阶段性任务。率先探索“案件评查”，广泛开展法治宣教，切实加强法律服务，案卷质量、合同管理继续走在全省系统前列，小组建设法律风险防控得到了省局领导肯定，妥善处置涉法涉诉事宜 3 起。稳步实现社会化用车模式改革，强化食堂、物业安全规范管理，两家单位分别荣誉省、市园林单位。行业内外推送政务信息 1503 篇、刊稿同比

12 月 26 日，娄底市烟草专卖局(公司)在新化县组织娄底市烟草系统高质量发展论坛。(彭玮　摄)

增长 14.33%并前移一位，更好地展示单位形象。探索“636”经营模式，盘活闲置资产，积极发挥形象店示范作用。逐季召开安委会会议，全面落实安全生产责任制和一岗双责，开展安全生产二级标准达标创建，严格开展重点巡查、专项督查、日常检查，组织安全隐患随手拍活动，开展安全宣教 50 余次，排查安全隐患 29 处、整改率 100%；依法加强网络安全管理，健全制度机制，查找应对各种网络安全隐患，实现全年“零事故”。严格落实信访维稳工作责任与制度，强化舆情监控，稳妥处置舆情 2 起、信访诉求 3 起、市长热线反馈问题 4 起，确保大局稳定。(潘震球)

2018 年娄底市烟草专卖局(公司)先进集体(先进个人)一览表

表 76

获奖集体(个人)	奖励名称	颁奖单位	颁奖时间
娄底市烟草专卖局(公司)	“省级园林式单位”	省住建厅	2018 年 9 月

盐　业

【概况】2018 年，湖南盐业股份有限公司娄底市分公司内设综合管理部、市场管理部、财务审计部 3 个部室，下辖双峰县、涟源市、冷水江市、新化县 4 个县市分公司和娄星批发部 5 个经营单位。在职员工 72 人，离退休人员 97 人，党员 106 人。是年，销售各类盐 18132 吨，完成年计划 16320 吨的 111%，销售小包盐 12188 吨，完成年计划 13520 吨的 90%，销售非基础盐 3565 吨，完成年计划 5408 吨的 66%，完成非盐销售收入 263 万元，完成年计划 2400 万元的 11%，实现非盐利润 20 万，完成年计划 60 万元的 33%。实现利润总额 5 万元。

【市场经营和管理】2018 年，湖南盐业公司娄底分公司以市场为导向，积极开展促销增销活动。狠抓市场占领和差异化经营两条主线，努力实现市场占领最大化和企业经营效益最大化。规范经营价格，设置流通渠道协议价和终端、商超、特通渠道批发价。参加“3·15”消费者权益保护活动和“5·15”防治碘缺乏病日宣

传活动。组织营销人员积极宣传新修订的《食盐专营办法》,为经销网点发放《食盐政策告知书》,配合职能部门对辖区内食盐零售网点进行规范管理,进一步规范食盐市场秩序,打击食盐制假贩假和违规转代批等行为。全年配合辖区内相关职能部门检查商店网点2560家、学校食堂335家。

【队伍建设】2018年,湖南盐业公司娄底分公司加强干部人才队伍建设。盐改以后,公司对县市分公司(批发部)班子成员进行调整和充实,提拔一名青年骨干进入县市分公司班子,解聘一名未履职尽责的中层干部职务,延长一名中层干部的试用期。加大对后备干部的培养力度,3名一线营销片区骨干进入后备干部培养库。向社会公开招聘9名劳务派遣制员工充实到各基层营销岗位,绩效与在岗员工同岗同酬,共同参与考核。改革工资发放管理办法,对岗位基础工资实行考核。岗位基础工资考核由综合基础工作管理、市场维护管理、财务基础工作三大部分构成,绩效工资则与各单位的销售挂钩,实行吨盐销售工资制。

【内部管理】2018年,湖南盐业公司娄底分公司修订出台相关制度,以刚性制度约束费用开支。重新修订业务费、差旅费、行政管理、办公用品、会议费等费用开支管理制度,进一步规范和控制费用支出,全年费用同比减少近6万元。加大费用管理调控力度,对县市分公司的水电费、业务费、办公用品等可控费用实行月进度控制,对维修专项经费则实行精打细算,全年各项可控费用同比下降近15万元。服务基层,实行网上报账审批制度,提高工作效率。制订规范的报账流程,县市分公司报账员通过"企业微信"上传报账单据,提交相关审批人员进行网上审核,解决基层报账员到分公司报账难问题。对有条件进行资产盘活的县市分公司办公用房进行了整合,促进企业效益提升。

【品牌宣传和服务】2018年,湖南盐业公司娄底分公司以尽责为初心,创新方式开展品牌宣传。在娄底市、冷水江市等县市的公交车辆制定车身广告,让"雪天"品牌成为流动驿站。制订和优化全年"三进"宣传活动。进一步明确各单位每月活动场次,指定城乡宣传分配数量,强调乡镇赶集宣传活动时间。推出微信新媒介宣传方式,通过关注"湖南盐业优生活""娄底盐业"微信公众号,转发信息集赞送礼活动,进一步拓宽宣传渠道和消费群体,提升宣传效果及影响。开展"6·28"产品升级路演宣传和雪天盐民间烹饪大师赛。8—10月,与娄底市广播电视台联合主办"寻找湘中美味"娄底市首届民间厨艺电视大赛。 (欧阳建华)

旅　游

【概况】2018年,娄底市旅游外事侨务局有行政编制17名,事业编制6名,在职人员23人,退休人员8人。设办公室、旅游规划发展办公室、旅游市场开发科、旅游管理科、外事科、侨务科、港澳事务科7个内设机构,下设娄底市旅游质量监督所和娄底市对外友好协会两个事业单位。承担旅游、外事、侨务、港澳工作。是年,市旅游外事侨务局认真贯彻落实全市"旅游兴市"的发展战略,紧密围绕五大发展理念,坚持"四个全面"战略布局,较好地完成全年的旅游产业工作任务。全年接待国内外旅游者4355.69万人次,同比增长33.36%,旅游收入331.03亿元,同比增长31.68%,实现旅游业快速发展。

【项目建设】2018年,市旅游外事侨务局坚持项目带动,旅游产业实现有效提质。全市旅游发展以项目建设为主线,带动整个产业提质升级。大力实施三年行动计划。全年重点推进24个项目,全年完成投资20.7亿元。市级领导挂点的重点项目加大建设力度,由5位市级领导挂点联系的梅山古镇、紫鹊界梯田、曾国藩故居等项目建设均有较大进展。旅游+交通建设稳步推进。"厕所革命"持续推进,全年完成新、改建旅游厕所62座。大湘西地区文化生态旅游精品线路公共服务设施建设项目争取补助资金1758万元;娄星区、涟源市、双峰县3个县(市、区)确定为全省旅游精品线路重点县市区,获得2000万元资金扶持;娄星区仙女寨、新化奉家桃花源等6个景区分别获得省旅游扶贫重点扶持项目资金300万元。

【创建工作】2018年,紫鹊界梯田获评"全球重要农业文化遗产"。涟源龙山入围首批国家中医药健康旅游示范基地创建单位。双峰县井字镇成功申报为湖湘风情文化小镇创建单位。新化县三联峒景区、蔡和纪念馆通过AAAA景区景观质量评定，蔡和纪念馆入围“潇洒红八景”。启动紫鹊界梯田、曾国藩故里创建国家AAAAA级景区。省第九届旅博会，获最佳展台奖、优秀组织奖，商品大赛获1金5银2铜，创历史最好成绩。

【脱贫攻坚】2018年，新化县渠江源、桃花源、油溪桥村，双峰县江口村、大街村，涟源市博盛生态农庄6个旅游扶贫典型在国家、省推广。2018年春节紫鹊界景区所在的锡溪村荣登央视，在中央台《新闻联播》头条新闻【不放松　不停顿　不懈怠　打赢脱贫攻坚战】播出，《中国旅游报》专版刊发娄底市旅游扶贫典型经验。

【旅游营销】2018年，市旅游外事侨务局坚持立体营销，旅游目的地形象日益凸显。“娄底旅游官方”微信公众号于2018年1月开通，保持每周三次更新频率，成为展示娄底旅游动态的前沿平台。全市举办油菜花等富有地方特色的旅游节庆活动10余场，其中在长沙举办“湘军故里　传奇娄底”2018年娄底旅游推介会，并组织境外旅行商及投资商、沪昆沿线及省内旅行商、网络平台代表、媒体代表走进娄底，开展2018“传奇娄底”踩线活动。首次承办湖南省秋季乡村旅游节，取得良好成效。做好娄底旅游形象整体广告宣传，在娄底市内、火车站、高铁南站设立娄底旅游形象广告，在娄底境内高速服务区设立旅游形象展示窗口。出台《娄底市旅游地接奖励政策》，充分调动旅游企业积极性，推动娄底旅游产业健康发展。

【行业服务】2018年，市旅游外事侨务局坚持环境整治，旅游服务质量全面提升。以创建文明城市为契机，开展文明旅游为抓手，全面整治旅游市场环境，提升旅游服务质量。严格行政执法，认真开展“利剑行动”，先后对旅行社等旅游企业开展执法检查5次，对32个单位进行检查，强力推进旅游企业落实安全生产主体责任。联合举办服务技能竞赛，有效发挥以赛促训、提高服务水平和技能技巧的作用，进一步规范旅游饭店行业服务和提升文明服务质量。开展文明旅游创建活动，组织旅游志愿者到娄底城区和全市主要景区进行咨询服务。抓好旅游安全，实行安全工作常态化管理，全年无安全责任事故。

【外事侨务】2018年，全市外事工作以积极有效扩大娄底对外开放为主题，着力实施“招商引资”“娄企出海”“人文交流”“魅力娄底”四大行动计划，努力开创对外交流合作新局面。2月27日，召开全市2018年第一次市委外事工作领导小组会议，专题研究全市外事工作有关问题。对市委外事工作领导小组进行调整充实。完成巴西、比利时等到娄考察交流代表团接待工作和娄底对外交流工作；做好省第九届湘博会中外客商参会参展服务等工作。把握“一带一路”发展机遇，就华侨国际健康城、“一带一路”大学生国际双创基地，冷水江市新城区冰莹国际华侨城项目达成合作意向。严格办理因公出国手续和APEC商务旅行卡。全年党政机关各单位申报计划134人次，受理出访团组手续46批118人次，其中党政领导干部101人次，企事业单位17人次。对每一批因公出访团组都进行行前纪律教育，并要求出访人员在回国七天内上交护照，一个月内上交出访报告，护照回缴率和出访报告收缴率100%。4月，市委副书记华学健率团赴德国、捷克参加2018年(湖南)欧洲投资贸易洽谈会。建立中国国际商会娄底商会驻德国代表处。新化县县长左志锋率团赴意大利参加“全球重要农业文化遗产国际论坛”并执行友城交流任务。5月，涟源市委书记谢学龙率团赴瑞士、法国开展经贸洽谈活动。9月，娄底代表团赴巴西、秘鲁、阿根廷开展经贸洽谈活动。就政府招商引资政策以及矿业、钢铁、建筑、农机、旅游等行业的互利合作、共同发展事宜进行合作洽谈，其中华菱连源钢铁有限公司与巴西国家钢铁有限公司就转让铁矿提取技术及进口铁矿石达成初步合作意向。

【港澳工作】2018年，全市与港澳地区的联络工作进一步加强，与港澳地区经济、技术、文化交流合作进一步提升。协调和联络做好港澳同胞在娄底捐赠公益事业的有关工作并依法维护在娄港澳同胞及其眷属的合法权益。引进香港基金会及爱心人士为15所学校、卫生院捐赠资金180万元，助力全市教育卫生事业发展。

（周益群　彭珊珊）

教育·科技

教　育

【概况】2018年，娄底市有各级各类学校1857所，教职工5.33万人，学生78.82万人。全市教育投入6.5亿元，实施学校建设项目45个，完成30所学校新建或改扩建工程，全市新增学位31820个，消除66人以上的超大班额1196个，义务教育班额全部控制在65人以下。大力推进“全面改薄”工程和农村教学点标准化建设，实施“厕所革命”，建好一批教师周转房和“放心食堂”，乡村薄弱学校全部达到“二十条底线”要求。持续实施“三通一覆盖”工程，建立网络直播课堂，让农村孩子享受城市一样的优质教学资源。全市招聘教师1300人，招收公费师范生1043人，安排应届免费师范生754人。开展教研教改，开展“一师一优课”“幼儿园教育能手”竞赛，课题研究与科研论文屡获国家、省级奖励。主动对接新高考，承办国培计划省级教师工作坊高中生物研修任务，举办娄底教育大讲堂等培训，轮训教师1.2万人次。选派89名教师到“三区”支教，选派10名教师到新疆支教，选派3名教师到印尼支教。实施乡村教师安心工程，提高班主任津贴，全市中小学教师全部纳入社会保险范围，市直、娄星区学校教师绩效工资纳入财政预算。召开庆祝第34个教师节大会，表彰奖励100名教育名师、50名优秀校长和100名优秀乡村教师。有力推进素质教育。积极推进未成年人思想道德建设，广泛开展阳光体育活动和艺术教育活动，提高学生实践能力。各级各类教育健康有序发展。大力推进城乡义务教育一体化发展，启动集团办学，以强校带弱校，促进城乡教育集团化、片区化发展。开展职业教育宣传周活动，完成涟源市职业教育中心新建、新化职专改扩建工程，全年开展职工培训18万人次，中职招生12100人、毕业11696人、就业11364人，就业率97%、对口就业率68%。推进民办教育内涵发展，办学规模不断扩大，引进和建设湖南师大思沁新化实验学校等一批名校。基础教育实现巩固发展，高考再创佳绩，获得国际青少年智能机器人奥赛金奖等多项荣誉。教育宣传影响力更广，《娄底教育》播出74期，播出新闻稿件1300条，20条被中央、省级媒体采用。

【教育经费】2018年，全市教育经费收入654721万元，比上年的628978万元增加25743万元，增加4.1%。其中公共财政预算安排的教育经费520253万元，比上年500939万元增加19314万元，增长3.86%。政府性基金预算安排的教育经费1335万元，企业办学中的企业拨款98万元，民办学校中举办者投入1525万元，事业收入121115万元，捐赠收入129万元，其他教育经费10265万元。全年教育总支出为658866万元，其中公用经费184526万元，占总支出的28%；基本建设支出5941万元，占总支出的0.90%，教育行政、事业单位支出20480万元，占总支出的3.11%。

学前教育

【概况】2018年，全市有幼儿园804所，其中公办幼儿园76所，民办幼儿园728所，普惠性民办幼儿园486所，公办和普惠性民办园占比69.90%。在园幼儿132406人，幼儿园教职工13832人。

【幼儿园“小学化”专项治理】2018年9月，市教育局出台《娄底市幼儿园“小学化”专项治理工作方案》，在全市所有幼儿园以及涉及幼儿的校外培训机构开展“小学化”专项治理。

【普惠性民办园认定】2018年，市教育局认定普惠性民办幼儿园27所，并在湖南省学前教育巡展平台进行信息公示。

义务教育

【概况】2018年，全市有普通中学285所(其中九年一贯制学校108所，十二年一贯制学校6所)，其中初级中学248所，高级中学37所；全市小学共738所，含小学教学点281个。普通高中在校学生数8.00万人，初中在校学生数15.49万人，小学在校学生数35.16万人。

【城乡义务教育一体化改革】2018年4月，市政府召开全市城乡义务教育一体化改革发展工作会议，各县市区长、教育局局长、市直相关单位负责人参加。

5月，市政府出台《娄底市统筹推进县域内城乡义务教育一体化改革发展的实施意见》，对县市区政府及市直相关部门的工作职责和任务予以明确。9月，市政府常务会专题研究教育，出台《娄底市中小学校布点规划》和《关于在全市中小学校实行集团化办学的意见》。

【义务教育阳光招生】2018年，市教育局制定并下发《2018年娄底中心城区义务教育阶段学校秋季招生工作实施方案》，对义务教育招生政策进行细化，责任到相关部门，对各县（市、区）提出明确要求。城区义务教育阶段学校实行阳光招生，提高城市义务教育招生入学工作的公信力；实现100%的义务教育阶段学校划片招生，就近入学；实现进城务工人员子女与城区学生享受同等受教育权利，100%免试就近入学；要求义务教育学校起始年级均衡编班，中心城区学校起始年级全部实行电脑随机编班。

【中招改革工作】2018年，市教育局制定《深化高中阶段学校招生考试改革实施意见》，从秋季入学的初一年级学生开始，全面推进改革，合理引导普职分流。严格组织中招工作，下发2018年中招实施方案，严格执行统一招生宣传、统一计划管理、统一组织考试、统一填报志愿和录取、统一办理新生注册和统一开学时间。是年中考，全市设6个考区23个考点2310个考室，参考人数91414人，录取定向培养师范生891人、普通高中生26204人。

【集团化办学】2018年，市教育局为积极改善农村学校和城镇薄弱学校办学条件，缩小中小学教育城乡和校际差距，全面推进娄底教育内涵发展和均衡发展，经市政府常务会专题研究，出台《关于在全市中小学校实行集团化办学的意见》，推动全市城乡教育由基本均衡向优质均衡迈进。

【“两整治一巩固”行动】2018年，市教育局以开展“两整治一巩固”行动暨暑期师德师风建设集中教育活动为抓手，重点开展违规经营学生食堂、违规补课整治，巩固教辅材料专项整治成果，重拳打击教育行业不正之风。全市查处违规征订教辅材料问题114人次，其中党纪政纪处分23人，诫勉谈话33人，免职6人，辞退1人，其他组织处理51人。对违规有偿补课及家教家养行为16条问题线索进行处理，立案19人，给予警告处分11人，记过处分5人。

【“新时代好少年”颁奖】2018年10月24日，市教育局等5家单位在娄底一中体育馆联合主办“扣好人生第一粒扣子”——娄底市“新时代好少年”颁奖典礼。3名湖南省“新时代好少年”、2名湖南省“最美孝心少年”、10名娄底市“新时代好少年”以及10名娄底市“新时代好少年”提名奖获得者受到表彰。

职业教育

【概况】2018年，娄底市有各级各类职业院校24所，其中高职学院2所，中等职业学校22所。全市职业院校有教师3053人，在校学生5.8万余人，其中中职学生在籍人数3.43万人。全国职业教育示范县市1个，全国中等职业教育改革发展示范学校2所，省级卓越创建校1所，省级示范性中等职业学校3所，省级示范性乡镇农民文化技术学校12所。

【中职阳光招生】2018年，市教育局组织召开全市中职学校阳光招生工作会议，传达湖南省中职学校阳光招生工作视频会议精神，对全市中职学校阳光招生工作进行安排部署，并提出具体要求。对全市22所中职院校的招生专业进行审核，在《娄底日报》向社会进行公示，编印《娄底市2018年高中阶段学校招生报考指南》，公布全市中职学校及主要专业，发放给初中应届毕业生；并在湖南省中等职业教育阳光招生信息平台公示。对全市民办中职学校进行全面清查，要求不规范、条件未达标的学校停止招生和限期整改。

成人教育

【概况】2018年，全市开展职工培训18万人次，有职业培训机构（含培训项目）89家，其中公办职业培训机构（含培训项目）36家，占培训机构总量的40.5%；各类企业的职工培训机构8家，占培训机构总量的9%；民办职业培训机构45家，占培训机构总量的50.5%。全市有13个经省厅批准备案的成人高等教育函授站，7000余人报名参加成人高考，录取6300

余人。

【成人高等函授教育】2018年,市教育局根据《湖南省普通高等学校成人教育函授站设置及管理办法》要求，对备案的13家在娄高等教育函授站进行年度办学审核与教学评估检查,其中2个因为招生等原因建议停办,未发现违法违规办学现象。

特殊教育

【概况】2018年，娄底市有在校残疾学生1706人,其中,随班就读1008人。特教学校5所,在校学生698人,教职工149人。全市适龄三类残疾少年儿童入学率92.7%。娄底市特教学校开设工艺美术、电脑、洗车等基础职业教育课程,职业和文体特色突出;冷水江市特教学校积极倡导“五心(即爱心、耐心、细心、恒心、责任心)教育”;双峰县特教学校发展成为中国残联承认的听障康复定点机构;涟源市特教学校突出弱智儿童教育,管理规范。

【湖南省第十届残疾人运动会】2018年，在湖南省第十届残疾人运动会上，娄底市特殊教育学校听障25班学生曹乾获得60级别男子跳远、男子三级跳远项目两块金牌和100米短跑第四名。

民办教育

【概况】2018年，全市有各级各类民办教育机构976所,其中民办高职1所、民办中等职业学校8所(含高职院校中职部1所)、民办中小学24所、民办幼儿园724所、民办培训学校220所。全年全市新审批民办学校126所,新增民办教育投入7.64亿元,民办教育机构固定资产总额66亿元。依法办理4件行政许可事项,其中新审批涟源市涟水中学、娄底市现代信息中等职业学校两所高中阶段的民办学校;批准娄底市和祺钻石街文化培训学校和娄底市电工焊工职业学校的更名申请。

【校外培训机构专项治理】2018年，市教育局开展校外培训机构专项治理,印发《娄底市校外培训机构专项治理工作方案》和《关于开展娄底市校外培训机构专项治理的通告》。将校外培训专项治理纳入全市教育重点工作,成立校外培训专项治理工作办公室,多次召开会议进行专题工作部署。取缔校外培训机构172家,对307 家校外培训机构下达停办通知书,对198家校外培训机构下达整改通知书。经过整改,73家校外培训机构获得教育部门的办学许可,列入“白名单”,在网上公示的培训机构220家,查处违规在校外培训机构兼职和从事有偿补课的中小学在职教师28名。8月1日,市教育局在全省校外培训机构专项治理工作现场推进会议上,进行经验介绍。娄底获得文化教育校外培训专项治理示范区建设资金30万元。

【民办学校办学】2018年，市教育局着力规范民办学校办学行为。建立由市教育局牵头,编办、发改委、公安局等14个部门参与的娄底市民办教育联席会议制度,协调解决民办教育发展中的重点难点问题。修改民办学校年度办学水平评估细则,对民办学校开展综合检查评估。市教育局、市民政局、市工商局联合印发《娄底市校外培训机构管理办法》,对校外培训机构的设置标准、组织活动、变更终止、审批登记、管理监督等方面作出规定。认真组织开展防范和处置民办教育领域非法集资工作,对民办学校非法集资情况开展全面排查摸底，建立民办学校非法集资风险隐患台账，根据监管职责分级建立民办学校管理档案。

基础建设

【中心城区学校建设】2018年，市教育局高度重视学校建设有关问题。中心城区新建华达学校基本竣工，娄底六中、娄底八中、娄底一职等6所学校新建教学楼、宿舍楼、食堂等竣工或基本完工;星星实验学校北校区,振翩学校等新建项目完成设计与招标。娄底三小、对江学校、华建学校等因地制宜新建教学楼,投入使用。

【中央投资项目】2018年,全市争取中央投资3613万元，地方投资949万元，建设项目14个，建设面积32525平方米。冷水江市义务教育学校建设项目1个300万元,建设面积2000平方米;双峰县义务教育学校建设项目2个293万元,建设面积1940平方米;涟源市义务教育学校建设项目5个1015万元，建设面积9890平方米,教师周转宿舍项目1个130万元,建设面积700平方米；新化县教师周转宿舍项目4个781万元,建设面积4375平方米,高中改造项目1个2043万元,建设面积13620平方米。

教师队伍建设

【师德师风建设集中教育活动】2018年，市教育局组织全市教育系统各级各类学校和所有教职员工开展暑期师德师风建设集中教育活动,10月15—19日组织对各县市区暑期师德师风建设集中教育活动进行督查。

【娄底教育大讲堂】2018年3月17日,娄底教育大讲堂开讲,全市近760名高中英语、化学教师参加各自学科的专场培训。3—4月,全市各学科3500余名高中教师分批、分科完成此次“充电”,帮助教师掌握最新教育发展动态,更新教育观念,顺应教育“核心素养”发展要求。

【招聘工作和人才引进】2018年5—8月,市教育局全面完成年度市直学校教师(校医)招聘和人才引进工作,新招聘的209名教师(校医)和通过人才引进的27名教师全部到岗教学。

【支教和银龄讲学】2018年，市教育局按照省厅关于做好2018年“三区”支教工作的安排,8月底选派的89名支教教师全部到岗到位。在全市范围选派陈可立、吴辉煌等10名教师到新疆吐鲁番支教,9月初全部赶赴支教学校。10月份按照省厅要求在新化、双峰、涟源市实施银龄讲学计划,招募38名退休教师到这3个县(市、区)的农村学校教学。

【公费师范生招生】2018年，全市公费师范生预分指标1044人,报考人数1620人,实际录取1039人。其中高中起点公费师范生指标145人，实际录取143人。初中起点公费师范生指标899人，实际预录取896人。将自愿放弃录取资格或者资格不符而未进入预录取名单的考生145人根据省厅有关文件要求全部补录入普通高中。

教学研究

【教学课题研究】2018年，娄底市师资培训中心组织的《湖南农村教学点教师专业发展研究》(肖四萍主持)等16个课题获省规划课题立项,冷水江师范学校组织的《师范生传承与创新民间剪纸艺术的实践与研究》(刘玉兰主持）等24个课题获省教育科研协会立项,娄底一中组织的《高中信息技术模块化教学研究》(毕政之主持)等6个课题结题。

【教学竞赛活动】2018年，市教育局积极组织开展各类教学竞赛活动，注重发现培养年轻的骨干教师,并推荐参加全省、全国的教学比武活动。全年60多名教师获得省级、国家级赛课一、二、三等奖。5月13日，在宁乡举行的“希望之星”英语风采盛典湖南总决赛中,娄底学子3人入围全国赛、9人获省特等奖、26人获省一等奖、78人获省二等奖、7人获省三等奖,获奖人数与奖项等级名列全省前茅。曾国藩学校3名选手在韩国世宗市举行的“2018年国际奥林匹克青少年智能机器人竞赛”上斩获1枚金牌、2枚银牌。

【教育信息化工作】2018年3月19日,市教育局召开全市信息化工作推进会,部署相关重点工作;建立项目评审专家库,发挥专家在教育信息化建设与应用上的指导与督促作用;确立省级课题6个、市级课题18个;遴选市教育信息化项目学校12所,在省级信息化专项资金中安排经费予以支持;建立8个市级“网络名师工作室”,为教师网上研修、培养青年教师、加强校际交流、提高教学质量发挥示范引领作用;组织全市青少年机器人及中小学电脑作品竞赛,获全省最佳组织奖;组织全市师生参加“最美板书传三湘”主题活动,选送的作品有91件获奖(一等奖14件、二等奖37件、三等奖40件)，获奖数量和质量都居全省前列;“一师一优课、一课一名师”活动获得全省优秀组织奖,16553名教师参加,晒课188333堂,评出市优课237堂,获得省优课47堂、国优课18堂;信息学奥林匹克竞赛获全国一等奖普通组30个、提高组6个，总成绩排全省前3名;教育教学作品征集、新媒体新技术课件制作、微课竞赛等活动教师参与面和国、省获奖率都有大幅提升；分别选送6名、50名校长参加国、省信息化领导能力提升培训，推送37名教师参加创客教育、3D打印专项培训。

【实验教学工作】2018年，市教育局组织召开全市中小学教学仪器装备与实验教学现场推进会，部署全市中小学实验教学质量抽查工作，促进教学仪器装备全面应用。积极组织调研，撰写题为《中小学教育装备管理应用调研报告》。组织全市幼儿园教玩具展评活动，26件作品参加展示，通过专家评审，有8件作品获一等奖、10件作品获得二等奖，选送6件作品到省参展均获省级三等奖。全面完成2018年初中学生实验操作考试。举办全市中小学实验教学说课活动和中学化学教师实验能手大赛。

教育考试

【普通高考】2018年，全市有30684人报名参加高考，比2017年增加3867人，增幅14.4%。其中文科考生10799人，理科考生17166人，职高对口考生2719人；应届生27569人，往届生3115人。全市提前录取考生4012人，本次考试参考考生26672人。全市设置6个考区、17个考点。

【高中学业水平考试】2018年，市教育局举行高中学业水平考试，全市学考报考25706人，比上年增加296人，设7个考区、16个考点、861个考室。

【硕士研究生招生考试】2018年12月12日，娄底市召开2019年硕士研究生招生考试安全工作暨部门联席会议。12月22—24日，硕士研究生招生考试笔试在娄底一中举行，全市报名总人数为3297人，比2018年增加868人，增长35.7%，准考3294人。

教育综合治理

【校园安全工程】2018年，市教育局下发《全市教育系统“落实学校安全工作主体责任”2018年实施方案》。开展校园安全演练，编印面向全市中小学生的安全教育读本，将安全知识纳入中考范围。下发《2018—2020年娄底市校园安全及周边环境综合整治行动方案》，开展全市校园及校车安全“隐患”清零行动，开展防溺水、交通、校园周边环境、校园扫黑除恶等专项治理，溺亡等意外安全事故大幅下降。强化传染病防控、校园食品和饮水安全监管，加强安全工作督查考核，严格实行“一单四制”。

【暑期学生安全工作会议】2018年7月18日，娄底市召开暑期学生安全工作会议，研究调度预防学生溺水工作。

教育督导

【“义务教育均衡发展”省级督导、国家验收】2018年4月20—25日，湖南省县域义务教育发展基本均衡县（市区）督导检查组第一组分4个小组对娄底冷水江市、新化县2县市的128所中小学进行实地督查。肯定两县市取得的成绩和做出的努力，同时也指出教育经费保障等方面的问题。12月27—28日，冷水江市接受义务教育发展基本均衡县(市区)国家评估验收，国家评估验收组分3个小组对该市被抽中的10所义务教育学校进行实地核查。

【办学条件达标整改】2018年，市教育局按照《省教育厅关于开展2018年全面改善贫困地区义务教育薄弱学校基本办学条件工作督导检查的通知》精神，对4所未达“20条底线”的学校进行跟踪督查，其中3所学校整改到位，星星实验学校图书数量不足问题，市教育局拨款50万元用于图书馆建设和图书采购。

【两项督导评估考核】2018年10月31日至11月3日，省督导评估考核组组长、教育厅副巡视员柴世钦带队对冷水江市开展第三轮县级教育工作“两项督导评估考核”。考核组分成7个小组针对学前教育、义务教育、高中教育、职业教育和经费投入5个方面进行实地考察。督查组对冷水江市委、市政府履行教育工作职责表示满意。

教育服务

【教育扶贫】2018年，市教育局全面开展“三帮一”劝学行动，劝返率90%以上。全面落实学生资助政策，全年全市资助建档立卡等贫困学生2.097亿元238572人次。开展“第五个扶贫日教育助学”活动，通过社会扶贫网给特别贫困学生每人捐助2000元，资助197人39.4万元。精心组织社会扶贫，全年资助1785万元。

【化解大班额】2018年，省政府给娄底下达的消除超大班额任务为982个，各县（市、区）统计的实际超大班额为1217个。市教育局创新学校建设审批模式，推行“只跑一次”改革，开辟“绿色通道”，创新经费筹措模式，积极争取市政府大力支持中心城区学校建设的资金需求，9月21日，市政府常务会议决定，市财政统筹2.1亿元、娄星区财政安排1.5亿元，保障第一期学校建设资金；各地推出城建投、安居投融资建设模式，实行“交钥匙”工程。全市累计消除义务教育66人以上超大班额1203个，超额完成化解大班额工作任务。

【教育基金会】2018年，市教育局争取省级基金会资助全市61名贫困大中小学生，资金19.3万元；资助全市20名优秀教师参加省“园丁之家”活动，资金12万元；资助全市50名因病致困的贫困老师每人1万元；评选全市两名优秀教师为全省最美乡村教师，奖励1.4万元。全年资助资金82.7万元。救助全市贫困教师43名、43万元，资助全市大学贫困新生120名、36万元，资助全市贫困高中生120名、24万元。资助全市贫困初中生50名、5万元，资助全市贫困小学生50名、5万元，奖励全市边远山区优秀教师30名、6万元。组织王本奎专项捐款用于捐赠新化师生，组织龚谷成将军母亲捐款专项奖励新化六中师生，30万元。市教育基金会资助金额149万元，省市教育基金会联动合计救助资金231.7万余元。截至年底，全市教育基金会基金总量4565.32万元，2018年投资回报收入237.35万元，公益性活动开支207万元，办公开支1.8万元。

【营养改善试点工作】2018年，娄底涟源市、新化县和双峰县纳入全国营养改善计划，实施试点工作学校1070所（小学886所、初中184所），受益学生253742人，其中小学179645人、初中74097人。

教育宣传

【概况】2018年，全市在中央、省级以上媒体刊发重要新闻稿件情况在全省市州位列第5名，国家级一般稿件25条，在新华社、《光明日报》、《中国青年报》、《中国教育报》、新华网、人民网、中国新闻网等中央主流媒体均有稿件被采用。是年，娄底在省级以上媒体发表的正面教育新闻712条，全年市级各类媒体教育新闻1800条。

【重大宣传活动和宣传报道】2018年，市教育局配合省教育厅开展全国教育大会、改革开放40周年等重大主题宣传活动，组织开展第34个教师节表彰、欢庆“六一”儿童节、师德师风建设、教育扶贫等市级层面的主题宣传活动。5月27日，双峰县教育局帮农村推销农产品助力脱贫致富的事迹在《湖南日报》头版刊发。6月1日娄底庆“六一”活动在中央电视台《新闻联播》播出；9月10日教师节，新华每日电讯05刊发《一门四代20人从教：长大后，我就成了你》，报道娄底六小方汞老师家一门四代20人从教的事迹，被新华社、新华网、中国新闻网、中国青年网、湘微教育等权威媒体广泛转载，新华社官微的点击浏览量110余万次。9月30日，涟源市王国华大爱筑起“家外之家”创办留守儿童之家的故事在《中国教育报》要闻版刊发。《湖南日报》发表的《一根粉笔传三代》，报道娄底一个教师家庭坚守山村50多年接力从教的故事。

【教育史志工作】2018年，市教育局完成《湖南省教育人物志（1978—2015）》（娄底部分）扫尾工作和《湖南教育年鉴》2018卷组稿工作；《娄底市志（1990—2017）·教育志》分志完成初稿；完成《娄底年鉴（2017）》和《娄底党委工作纪事（2017）》的组稿任务；按月编写《娄底教育大事记》，按时收集并保存教育史志资料。（张福利）

2018 年度市教育局先进集体(先进个人)一览表

表 77

获奖集体(个人)	奖励名称	颁奖单位	颁奖时间
娄底市教育考试院	2018 年度空军招飞工作先进单位	湖南省教育考试院、空军招飞局广州选拔中心	2018 年 11 月
杨中奇、曾依莎	2018 年度空军招飞工作先进个人	湖南省教育考试院、空军招飞局广州选拔中心	2018 年 11 月
娄底市教育局	2018 年度语言文字工作先进理事单位	湖南省语言文字工作者协会	2019 年 6 月
谢春锴	2018 年度语言文字工作先进工作者	湖南省语言文字工作者协会	2019 年 6 月
刘玉梅	2018 年度湖南省信访基础业务“百佳业务能手”	湖南省信访局	2019 年 2 月

娄底市第一中学

【概况】2018 年，娄底市第一中学在湖南省网络督导评估中得分 90.5 分，第四次跻身全省 154 所示范性学校前 25 强；学校微信公众号影响力全市排名第一名；初一新生暑假综合夏令营，将小升初衔接教育、生活教育、国学教育、军事教育融为一体，取得积极教育效果；以“五风”建设为突破口，积极开展“开学周教育”活动，初见成效，得到广大家长的肯定和支持；学校食堂管理多次得到上级表彰，并在《中国教育报》报道；扶贫工作扎实推进，教育扶贫成果得到新化县教育局和县委政府的赞扬；娄底一中教育集团春元中学和娄底一中教育集团春晖学校顺利挂牌，管理团队进驻学校开展工作；娄底一中“立人”教育思想的校本实践登上首届湖湘校长论坛讲台。

【教学成绩】2018 年，娄底市第一中学高考 600 分以上学生 63 人，一本以上 313 人，二本以上 706 人，陈谦益被清华大学录取，各项指标比率都有新突破。高二年级学考全科合格率 99.3%，合格率、人平总分均全市第三。初三年级学业水平考试各项指标综合评估城区初中第一名。秋季学期期末统考，初中各年级人平总分均名列参加统考学校第一，高中各年级均实现进阶突破。是年，学校数、理、化、生、信息学五大学科奥赛成绩有重大突破：获国家一等奖 18 人，国家二等奖 74 人，国家三等奖 34 人。各学科能力大赛中，1100 余学生(全校学生近六分之一)获得省、市级等级奖励。

【素质教育】2018 年，娄底市第一中学音、体、美特色教育成效显著。高二 1719 班参加全省第三届高中建制班合唱比赛获一等奖，实现连续三年均获省一等奖的荣誉。初 1811 班获全市初中建制班合唱一等奖第一名。高 1717 班学生李博达的书法作品《沁园春·赞十九大报告》获湖南省第六届中小学艺术展演艺术作品类一等奖，该生 7 月在北京参加全国第十届“叶圣陶杯”中学生新作文现场决赛中，以作品《魏老头的酱拌面》获一等奖。在全省第六届中小学生艺术展演活动中，学校获得三个一等奖，一个二等奖，三个三等

娄底一中开展送教下乡活动，助力教育扶贫

(市第一中学供稿)

奖。体育教育积极推进模块教学，竞技体育成绩优异，在跆拳道世锦赛和全国体育传统校项目竞赛、跆拳道锦标赛及省运会上获得金牌15枚，银牌13枚，铜牌19枚。成功举办第六届“挑战自我，飞扬青春”60华里远足活动、第七届体育文化节暨第35届田径运动会、第五届“凡星闪耀”师生舞台艺术展演和年度校园艺术节和学生书画摄影作品展等。

【人才培养】2018年，娄底市第一中学新时代品学兼优学生典范脱颖而出。高1717班的左藩源作为湖南青年学生代表出席共青团中央第十八次全国代表大会；初中1617班刘雅哲、肖卓然被评为“湖南省新时代好少年”，唐杨健乐被评为全省“三好”学生。

（胡方良）

2018年娄底一中先进集体（先进个人）一览表

表78

获奖集体(个人)	奖励名称	颁奖单位	颁奖时间
娄底一中	清华大学生源中学	清华大学	2018年12月
娄底一中	云南大学优质生源学校	云南大学	2018年12月
娄底一中	湖南省中小学德育工作优秀案例奖	湖南省教育厅	2018年12月
娄底一中	湖南省第三届中学生建制班合唱比赛一等奖	湖南省教育厅	2018年11月
刘雅哲	湖南省新时代好少年	湖南省文明办、湖南省教育厅	2018年4月
肖卓然	湖南省新时代好少年	湖南省文明办、湖南省教育厅	2018年10月

娄底市第五中学

【概况】2018年，娄底市第五中学（原名涟钢中学）有教学班72个，在校学生4300余人；教职工302人，有研究生学历40人，全部是本科以上学历；有正高级教师1人，特级教师2人，高级教师165人；全国优秀教师2人，国家级骨干教师1人，省级骨干教师12人，市级骨干教师20人。学校新建成科教楼，理化生实验装备达国家一类标准、装配5间计算机室、3D打印室、机器人制作室、智能互动室、心理咨询及训练室、多功能数字地理教室；教师办公桌、学生课桌椅得到更新，40个班安装教学用智能液晶平板；图书馆一楼改成校园书店和书吧；修建两个大型文化墙，硬化美化教学区周围道路路面；学校环境和文化氛围明显改善。

【德育工作】2018年，娄底市第五中学以立德树人为根本，践行社会主义核心价值观，狠抓学生养成教育和品德教育。学校根据不同年级学生特点、采取主题活动和常规德育活动相结合的方式开展德育教育。如每周一次升国旗仪式、国旗下的讲话和学生宣誓活动，高一、初一进行国防教育及入学教育，初二开展青春仪式、高三开展成人仪式等常规德育活动，各年级开展环保志愿者系列、学雷锋系列活动等等，每月每周各年级都有相对应的活动主题。学校成立五中青年志愿者服务团队，组织该团队多次走进社区、深入老年公寓、春节到火车站送温暖等公益活动。积极构建齐抓共管、“三位一体”的教育网络，学校成立家长委员会，建立家长微信平台，坚持以学校、年级、班级为单位召开学生家长座谈会，帮助家长树立科学的家教观念。请律师和第一人民医院的医师对学生进行“如何预防校园欺凌”及防传染病、防溺水讲座，请心理专家进行心理健康讲座，请交警、民警进行法制知识讲座，努力构建家、校、社会“三位一体”教育网络，创造齐抓共管的良好局面。

【教学教研】2018年，娄底市第五中学始终把教学工作作为学校的中心工作，采取校级领导蹲点年级组、教研组的工作方式，管理重心下移到两部和年级，落实了常规教育教学过程的督查，狠抓学风考风。是年高考，理科最高分674分（全市第八）、文科最高分659分（全市第二），高分有新的突破；一本上线75人，二本上线200人，600分以上14人，上线比例保持原有水平。高中学考合格率90.8%，初中毕业生1000分以上人数市直名列第二。学校先后承接了国培计划——湖南省高中生物教师名师工作坊的培训工作，娄底市中学教育大讲堂，娄底市物理、英语教学比武，娄底市英语、物理同课异构教学等教研活动。接待株洲市一中、新化一中、邵东物理名师工作室等6个学校、学术团体的来访并进行校级交流活动。全校派出200余名教师到省内外考察交流学习。教师获省级二等及以上奖项81人次。学校申报课题项目6个（其中国家级1个、省级5个）。学生在五大学科及作文、英语等竞赛中，获国家级、省级奖90余人次。

【体育工作】2018年，娄底市第五中学高度重视体育工作，全面落实课程计划，确保每周体育课时数、大课间、课外活动时间，保证学生每天一小时体育锻炼时间，积极开展校园体育活动。组织各种竞赛，如广播操比赛、拔河比赛、球类比赛、趣味体育比赛等。推进阳光体育运动，举办校园文化体育节。引导学生热爱体育，积极参与锻炼，用竞赛为学校体育搭建一个阳光舞台，养成终身体育的习惯。认真抓好运动队的训练与管理工作。学校田径运动员田立冬，代表娄底市参加第十三届省运会田径比赛女子甲组跳高比赛中获得金牌，是娄底市田径代表团拿到的第一块田径金牌。（周　逸）

冷水江工业中等专业学校

【概况】2018年，冷水江工业中等专业学校紧紧围绕提高教育教学质量为中心，狠抓学校内部管理和内涵建设，坚持通过项目建设推动学校基础能力建设为重点，不断推进校企合作夯实学校专业发展的基础，继续保持学校发展的良好态势。模具制造技术专业生产性实习基地通过验收；现代加工技术专业群进入第二年建设期。冷水江工业中等专业学校创业实习实训基地项目开工建设。

【教育教学质量】2018年，冷水江工业中等专业学校内抓管理，外树形象，教育教学质量不断攀升。是年对口高考报名150余人，其中90余人通过单招直接进入高职院校深造，其余60余人参加高考，有11人上本科线，其中谢潭同学以632分总分顺利考入湖南师范大学，其他学生全部顺利升入各大专院校继续学习。在娄底市技能竞赛中获得25个一等奖、10个二等奖、19个三等奖。在省技能大赛中，学校参赛队12人获奖、其中罗康同学获一等奖、陈嘉鹏同学获二等奖，另有罗佳琴等10人获三等奖。罗康获得的综合车削加工技术一等奖是娄底市在省技能大赛中第一个一等奖。

【师资队伍建设】2018年，冷水江工业中等专业学校在研课题10个，教师公开发表论文19篇。在省职成中职管理学会、省职成论文评比、省职成学会校企合作年会、省职成学会中职语文工作委员会上胡秋初、易娟、邓华、侯斌华、李丽等老师的20余篇论文分获一、二、三等奖，参编中职类专业教材5本。通过公开招考和人才引进补充15名专业教师，其中5名是研究生。通过组织教师不断进行理论学习和竞赛比武，教师专业水平有较大提升。是年，胡秋初获湖南省第五届黄炎培职业教育“优秀教师”奖。在娄底市2018年教师职业能力比赛中胡秋初获一等奖，3人获二等奖，4人获三等奖。

【学生管理】2018年，冷水江工业中等专业学校切实加强对学生的安全教育和管理。组织开展由校领导集中授课的学生行为规范知识讲座，引导和培养学生一种良好的生活行为习惯；开展军训、消防演练、蹲点领导下课堂教育、禁毒知识竞赛等安全教育活动；举办两次女生健康安全知识讲座，做好青春期教育和心理教育工作，促进学生健康成长。充分利用校园广播、社团活动课等定期宣传安全和法制知识，强化学生的安全与法律意识。结合班主任例会和实习班主任制度，坚持实行班级管理细则考核办法及班级竞赛月评比，利用班主任微信群开展经验、信息交流，整个学生管理队伍的素养有较大提高。

【校园生活】2018年，学校开展全校性的“中学生行为礼仪规范教育”“诗词诵读大会”“男子篮球比赛”和

“女子排球比赛”等大型活动，以及“学习贯彻党的十九大精神”“团的十八大精神宣讲”“爱国爱校爱专业”和“珍爱生命、远离毒品”等一系列主题班会活动。

（苏　旺）

2018 年冷水江工业中等专业学校先进集体（先进个人）一览表

表 79

获奖集体（个人）	奖励名称	颁奖单位	颁奖时间
胡秋初	第五届黄炎培职业教育奖评选“杰出教师”	湖南中华职业教育社	2018 年 8 月
邓　华	2018 年湖南省职业教育与成人教育优秀论文评选“一等奖”	湖南省职业教育与成人教育学会	2018 年 11 月
候斌华	2018 年湖南省职业教育与成人教育学会中职校企合作委员会论文征评“一等奖”	湖南省职业教育与成人教育学会	2018 年 11 月
邓　华	省中职语文教学专业 2018 年度论文评审“一等奖”	湖南省职业教育与成人教育学会	2018 年 12 月
李　丽	省中职语文教学专业 2018 年度论文评审“一等奖”	湖南省职业教育与成人教育学会	2018 年 12 月

娄底市第一职业中学

【概况】2018 年，娄底市第一职业中学凝心聚力，克难奋进，努力改善办学条件，不断强化学校管理，教育教学秩序稳定，各项工作都取得新的进步。是年，公开招考 19 名教师，招收新生 1280 人，在校学生人数稳定在 3600 人左右。学校食堂改扩建工程及新校门广场建设工作稳步推进，录播室、茶艺室投入使用。

【“三得”教育】2018 年，娄底市第一职业中学持续贯彻“三得”教育理念，进一步细化“三得”教育举措。实行三级考核、三级责任人、八级考评的量化考评机制，严格过程量化考核和结果评价，坚持做到有工作必有量化考核，有量化考核必有量化评价，将结果纳入年度考核量化计分，与职称晋升晋级量化考评、名师评比量化考评及评优评先挂钩。5 月份，市教育局“娄底教育大讲堂”专题介绍“三得”教育理念，在全市中小学推广。7 月 24 日，《中国教育报》作题为《“量”出大变化》的专题报道。

【比赛竞赛】2018 年，娄底市第一职业中学高度重视比赛工作，成立竞赛管理办公室，专项负责相关比赛的组织、训练、考核等工作，成绩优异。全国中等职业学校教师信息化教学设计和说课比赛中获得三等奖 1 个；湖南省首届中等职业学校学生建制班合唱比赛中获省一等奖、市一等奖；省市班主任基本功比赛中获市赛一等奖 2 个、省赛二等奖 1 个；娄底市教师职业能力比赛中获一等奖 4 个、二等奖 5 个、三等奖 5 个；娄底市中职学校学生技能竞赛中，取得一等奖 6 个、二等奖 3 个、三等奖 4 个；娄底市中学生田径运动会中职组获第一名；娄底市中职学生文明风采大赛体育类比赛获男子篮球第一名。

【教育教学】2018 年，娄底市第一职业中学抓学生行为规范，对学生实行“绷带式”全过程无缝隙管理。根据学生实际情况和管理要求，制定学生在校学习、生活的系列行为规范要求，通过“立规”“传规”“正规”三部曲，采取强制有效的措施，督促学生规范行为，学生行为习惯、文明礼仪、精神状态等明显提高。学校组织编写的《中职学生行为规范读本》在同济大学出版社出版。开展“写字、唱歌、普通话、五笔录入、劳动卫生、行为规范、文明礼仪”学生 7 项素养常训，推动班级、专业组、科室、学校的学生 4 级主题活动开展。班级主题活动每期至少 3 次，专业组主题活动每期一次，科室主题活动每年至少一次;学校主题活动为学生技能大赛、文明风采大赛、教学成果展、田径运动会、元旦晚会。

【德育工作】2018年，娄底市第一职业中学深化文明创建活动,加强爱国主义、前途理想、集体主义、文明礼貌、诚实守信等方面的正面教育力度。持续开展“八礼四仪”宣讲,组织经典诵读,弘扬中华传统文化;在重要时间节点开展“清明祭英烈”“向国旗敬礼”“重阳敬老”等主题教育宣传活动;开展“新时代好少年”“操行之星”“文明班级”“文明寝室”评选活动,培养学生争优创先意识,陶冶学生情操。班主任利用班会、团会和课余时间等渠道，不定期对学生进行思想品德教育、法制教育、安全教育、礼仪教育和心理健康教育等,注重提高养成教育的针对性和实效性。开展“学雷锋志愿者”“志愿文明劝导”“志愿环保”等活动,积极参与文明创建的实践工作。学校团委获得娄底市共青团工作先进单位。

【校企合作】2018年，娄底市第一职业中学积极开展校企联合办学，联合办学的专业有社会保障事务专业、汽车运用与维修专业、电子技术自动化专业(智能制造SMT)、平面设计等。扎实稳妥地开展了教学实训(理实一体)、跟岗实习(实践)、顶岗实习(工作)三段实习。实习管理做到制度化、规范化。学生实习稳定率在90%以上,在同类中职学校中处于领先位置,学生基本素养获得用人企业的高度认可。实习中直接留厂就业的比率80%以上。（胡　俊）

2018年娄底一职先进集体(先进个人)一览表

表80

获奖集体(个人)	奖励名称	颁奖单位	颁奖时间
娄底一职	湖南省职业教育学生管理10强中职学校	湖南省教育厅	2018年12月
娄底一职	全省首届中等职业学校学生建制班合唱比赛一等奖	湖南省教育厅	2018年12月
肖志文	全国中等职业学校素质教育课程创新杯教师信息化教学说课大赛三等奖	中职技术教育学会教学工作委员会	2018年11月
罗桂林	湖南省中职班主任基本功竞赛二等奖	湖南省职成教育学会	2018年11月
刘沛沛	全国“最美中职生”	团中央	2018年12月

娄底幼儿师范学校

【概况】2018年，娄底幼儿师范学校在编在岗教职工196人,其中高级教师68人,硕士研究生25人;在校学生3600余人,秋季招收新生892人。2018年顶岗实习供需见面会顺利组织实施,学生安置在娄底市区域内204人,占学生比例62%。年内,学校获“2018年度省级文明校园”“2018年第十四届湖南省中等职业学校‘文明风采’竞赛优秀组织奖”“2018年湖南省职业院校技能竞赛(中职职业英语技能)二等奖”“2018年湖南省职业院校技能竞赛（中职艺术专业技能)三等奖”“2018年度湖南省职业教育与成人教育学会先进分支机构”“2018年度全市综治工作考核评估优秀单位”“2018年度娄底共青团工作红旗单位”“2018年娄底市中等职业学校学生建制班合唱比赛优秀组织奖”等。

【教育教学】2018年，娄底幼儿师范学校扎实推动学校教育教学工作。组织学生利用录播、微格教室进行试讲与说课,提升教育教学能力;组织中专一年级、小幼教三年级学生观摩二年级和四年级学生的教学比赛活动;强化班级的“三字一话”的训练和达标,效果良好。狠抓教师资格证国考备考工作和学生技能竞赛,2016级学前教育330人参加“国考”，笔试通过187人,通过率57%。积极组织学生参加市职业技能大赛,分别获得英语技能、平面模特表演第一名,服装模特表演第二名，建制班合唱比赛第二名。在“第十四届全国文明风采大赛”中，获省级奖 19 项，市级奖 57 项，9 位教师被评为“全省优秀辅导老师”，学校获全省竞赛优秀组织奖；在 2018 年湖南省中职学校职业技能竞赛中，分别获得省二等奖和省三等奖。

【教研教改】2018 年，娄底幼儿师范学校成功承办湖南省中职语文研讨会；安排教学经验丰富的老教师对新进青年教师的培养，进行教学指导，促进青年教师迅速成长；通过帮扶指导、压担子、创建良好的平台等方式加强对骨干教师及名师的培养，以点带面促进教师队伍的整体提升；组内积极开展各种集体教研，精心组织公开课；开展各类知识讲座，提升师生的综合知识水平。组织教师积极参加各种教学比赛及论文评比活动。完成 5 个省级课题研究的开题工作，4 个省级课题研究工作正紧锣密鼓地进行。是年，李振家等 17 位教师参加全国、省市教学比赛获一等奖 2 项、二等奖 3 项、三等奖 1 项；刘红花等 10 位教师主编、参编教材 5 部，潘伟峰等 46 人发表论文 22 篇，获奖论文 36 篇。

【德育教育】2018 年，娄底幼儿师范学校扎实开展学生德育活动，促进学生素质多方位发展。全面落实文明礼仪教育，坚持督促学生养成良好的卫生文明习惯。举办中国古典诗词大赛、学生拔河比赛、三笔字比赛、学生干部校际交流活动、新生入学教育、“读书与成长”推荐会等校园活动。是年，学校心理咨询室正式成立并开展心理健康教育活动，通过给全体在校学生建立心理健康档案，开展“5·25”心理健康大型宣传活动，利用校园广播室开设心理健康教育专栏，每周开放两次面向全体学生的心理咨询活动等方式，使心理健康教育走向常态化。 （黄 卉）

2018 年娄底幼儿师范学校先进集体(先进个人)一览表

表 81

获奖集体(个人)	奖励名称	颁奖单位	颁奖时间
娄底幼儿师范学校	2017—2018 年湖南省中等职业学校“文明风采”竞赛“优秀组织奖”	湖南省教育厅	2018 年 5 月
娄底幼儿师范学校	2018 年湖南省职业院校技能竞赛(中职职业英语技能)二等奖	湖南省职业院校技能竞赛组委会	2018 年 1 月
娄底幼儿师范学校	2018 年湖南省职业院校技能竞赛(中职艺术专业技能)三等奖	湖南省职业院校技能竞赛组委会	2018 年 1 月
娄底幼儿师范学校	2018 年度湖南省职业教育与成人教育学会先进分支机构	湖南省职业教育与成人教育学会	2018 年 12 月
娄底幼儿师范学校	湖南省 2018 届文明校园	湖南省文明办	2019 年 7 月
李振家	2018 年中等职业学校美育课教师信息化教学设计和说课交流活动全国二等奖	中国职业技术教育学会	2018 年 12 月
谢俊玉、戴灿辉、李姣团队	2018 年湖南省中职学校技能竞赛教师职业能力比赛二等奖	湖南省教育厅	2018 年 7 月
曾颖、潘苗非等 34 位学生集体舞蹈	2017—2018 年湖南省中等职业学校“文明风采”竞赛歌舞一等奖	湖南省教育厅	2018 年 5 月
欧阳婧	2017—2018 年湖南省中等职业学校“文明风采”竞赛书法一等奖	湖南省教育厅	2018 年 5 月

续表 81

获奖集体(个人)	奖励名称	颁奖单位	颁奖时间
罗雯琪	2017—2018 年湖南省中等职业学校“文明风采”竞赛绘画一等奖	湖南省教育厅	2018 年 5 月
谭　源	2017—2018 年湖南省中等职业学校“文明风采”竞赛绘画一等奖	湖南省教育厅	2018 年 5 月
张　琴	2017—2018 年湖南省中等职业学校“文明风采”竞赛征文演讲一等奖	湖南省教育厅	2018 年 5 月

湖南人文科技学院

【概况】2018 年，湖南人文科技学院深入学习习近平总书记关于教育的系列重要论述和全国教育大会精神及新时代全国本科高等学校教育工作会议精神，广泛开展教育思想观念大讨论，启动高水平应用特色学院建设工作。学校跻身省“双一流”高水平应用特色学院建设行列。“马克思主义理论”“应用经济学”“植物保护”“计算机科学与技术”“材料科学与工程”五个学科被认定为湖南省“十三五”“双一流”应用特色学科。学校有 16 个教学学院(部)，56 个本科专业，1 个硕士专业学位点。全日制在校生 16603 人(硕士研究生 118 人、本科生 16114 人、专科生 389 人)，教职工 1152 人，其中专任教师 745 人，正高职称 82 人，副高职称 280 人，博士 122 人，硕士 491 人，享受国务院、省政府特殊津贴的专家 6 人，湖南省 121 创新人才工程 7 人，省级学科带头人 3 人，省级青年骨干教师 43 人。

【教学工作】2018 年，湖南人文科技学院出台《湖南人文科技学院外省艺术类专业校考招生管理办法》《关于开展严厉查处学生学位论文买卖、代写行为专项清查工作的通知》等制度和管理办法，进一步规范教学管理工作。材料成型及控制工程、物联网工程 2 个专业通过学士学位授予评估，3 个“十三五”综合改革试点专业通过省级中期检查，2 门在线开放课程获得省级立项，创建 2 个省级创新创业教育中心和 3 个省级校企合作创新创业教育基地。学生参加学科竞赛全年获得 160 个奖项，其中 1 个国家特等奖，7 个国家一等奖，15 个国家二等奖，12 个国家三等奖，11 个省级一等奖，41 个省级二等奖，71 个省级三等奖。研究生参加湖南省首届研究生电子设计大赛，获一等奖 1 个、三等奖 2 个，参加全国研究生数学建模竞赛，获三等奖 1 个。学生在创青春大赛中获 1 个二等奖、7 个三等奖，《鹅友圈》项目获国家银奖，学校分获国家级、省级优秀组织奖。在互联网+省赛中获 1 个二等奖、1 个三等奖。

【科研工作】2018 年，湖南人文科技学院省级科研项目立项 72 项，获批专利近 300 项，专利转化金额合计 50 万元。举办学术报告 100 余场。完成 20 个省级教改项目的结题工作，新立项中国高等教育学会教改课题 1 项、省级教改课题 24 项。举办“李续宾与晚清湘军”全国学术研讨会、2018 年湖南省科技论坛建材专题论坛暨省硅酸盐学会年会等。

【社会服务】2018 年，湖南人文科技学院组建 30 个社会服务团队，开展校企合作，服务行业企业，全年签订横向项目 138 个，合同金额 1856 万元，较 2017 年增加 1100 万元。校企双方开展深度合作，“ACCA 班”“跨境贸易创新班”相继组建，行业企业冠名班增加至 7 个。

【精准扶贫】2018 年，湖南人文科技学院在产业建设方面，种植茶树苗 70 亩，流转土地 200 多亩，发放奖补资金 43 万元，长石村光伏发电有限公司收益 4 万元，集体公益林收益约 6 万元。在改善基础设施方面，全年投入资金 1200 余万元，完成村级活动中心主体工程、饮用水工程等民生项目。长石村全年脱贫 25 户，81 人。

【师资队伍】2018 年，湖南人文科技学院引进正高职称人员 3 人、博士后 1 人、博士 21 人。送培 35 人外出攻读博士学位，选送 31 名教师下企挂职锻炼。以“推动信息技术与教育教学的深度融合，全面提升课堂教学质量”为主题，对全体教师开展教学技能培训。7 名教师入选湖南省 121 创新人才工程人选。聘有常驻外国教学专家 7 人，其中博士学位外国专家 3 人。全年选派 34 名教师赴国外访问研修。

【学生服务工作】2018 年，湖南人文科技学院 2 个省级“特色成长辅导室”通过验收，1 个“特色成长辅导室”立项成功。组织开展“5·25”心理情景剧、心理话剧等系列心理健康教育活动，干预并妥善处理 24 起心理危机事件。全年录取新生 4516 人(含专升本)，到校 4338 人，到校率为 96%，毕业生初次就业率 88.81%。办学条件进一步改善。新建学生宿舍 1 栋，对部分学生宿舍进行维修改造，所有学生宿舍均配备热水和空调。食堂顺利完成托管，就餐环境舒适。“四季有花”项目稳步推进，校园环境优美宜人。

【校庆工作】2018 年，湖南人文科技学院成功举办校庆 40 周年纪念活动。举办校史馆开馆、建校 40 周年纪念大会、文艺会演、高峰学术论坛、书画摄影作品展等纪念建校 40 周年系列活动，成立学校理事会并召开第一届理事会议。筹到校友各类捐款捐物 1300 余万元，签订一批校友校企合作项目。娄底市委书记、市长等市领导到校为学校改革发展排忧解难，进一步增强学校服务娄底经济社会发展的信心和决心。校庆各项活动取得圆满成功。 (彭旭军)

2018 年湖南人文科技学院先进集体(先进个人)一览表

表 82

获奖集体(个人)	奖励名称	颁奖单位	颁奖时间
湖南人文科技学院	2018 年全省学生军训工作先进单位	湖南省军区战备建设局 湖南省教育厅	2019 年 1 月
湖南人文科技学院	湖南省高校大学生心理健康教育研究与实践先进集体	湖南省高校大学生心理健康教育研究会	2018 年 4 月
湖南人文科技学院	湖南省高校辅导员工作研究与实践先进单位	湖南省高校辅导员工作研究会	2018 年 5 月
湖南人文科技学院	湖南省第七届辅导员素质能力大赛优秀组织奖	湖南省教育工委	2018 年 7 月
湖南人文科技学院纪委	2018 年度纪检监察工作先进单位(二等奖)	中共湖南省纪委湖南省监委驻省教育厅纪检监察组	2019 年 3 月
湖南人文科技学院	2018 年度全省教育行业不正之风专项整治工作先进单位	湖南省教育厅 湖南省委教育工委	2019年3月
危佳艳	2018 年度湖南省普通高校百佳大学生党员	湖南省委教育工委 湖南省教育厅	2018年6月
人事处(教师发展中心)	2017 年度湖南省高校教师岗前培训工作二等奖	湖南省高等学校师资培训中心	2018年11月
人事处	2017 年度湖南省职称评审优秀单位	湖南省教育厅	2018年10月
湖南人文科技学院工会委员会	2018 年度直属基层工会财务工作考核特等奖	湖南省教育工会	2019年6月

续表 82

获奖集体(个人)	奖励名称	颁奖单位	颁奖时间
肖　奔	2018 年度执纪审查先进个人	中共湖南省纪委湖南省监委驻省教育厅纪检监察组	2019年3月
李小平	2018 年度纪检监察卫士奖	中共湖南省纪委湖南省监委驻省教育厅纪检监察组	2018年12月
李　兰	2017 年度湖南省岗前培训工作先进管理者	湖南省高等学校师资培训中心	2018年11月
何玉孜	2018 年全省学生军训工作先进个人	湖南省军区战备建设局 湖南省教育厅	2019年1月

娄底技师学院

【概况】2018 年，娄底技师学院有班子成员 6 人，在校职工 146 人，党员 95 人，在籍学生 3923 人。学院坚持以科学发展观为指导，深入贯彻落实习近平新时代中国特色社会主义思想和党的十九大精神，全面落实党的职业教育方针，全院职工凝心聚力，履职尽责，各项工作平稳推进。全年招收各类新生 1229 人，顶岗实习安置率 100%，毕业生安置率 98%；开展各类培训 3542 人次，完成技能鉴定 4060 人次；成功承办省、市各类技能大赛 4 场；师生 82 人次在国家、省、市技能大赛中获奖，其中获国家技能大赛奖 7 人次，省级技能大赛奖 39 人次。

【政治建设】2018 年，娄底技师学院制定中心组理论学习计划，每月开展一次中心组专题学习，严格按照阅读学习书目并拟定发言提纲、做好专题辅导、组织中心发言、开展讨论交流、进行学习小结和点评、撰写学习综述有 6 个环节进行，并邀请讲师团进行巡听督导。全年围绕意识形态、党的十九大精神、习近平总书记系列重要讲话等内容组织中心组学习 12 次。认真学习习近平新时代中国特色社会主义思想和党的十九大精神，将党的十九大精神在学院党员干部和全体职工中进行层层传达和学习，利用校园网站、宣传橱窗、微信等新媒体，结合丰富的教育学习活动形式开展学习教育。积极推进“两学一做”学习教育常态化制度化，开展“不忘初心、牢记使命”主题教育。

【教育教学】2018 年，娄底技师学院始终坚持以教学为中心，通过“以赛促教、以赛促学”多手段、多方式强化教学管理，提升教师素质，提高教学质量。2018 年 7 至 10 月，学院先后承办娄底市就业创业服务年·全市职业技能大赛、第一届全国技工院校教师职业能力大赛湖南选拔赛公共类比赛、湖南省职工职业技能大赛、娄底经济技术开发区第三届职业技能大赛等各类比赛，并获省人社厅批准建设世界技能大赛智能制造专业集训基地。各类技能大赛喜获丰收，82 人次在国家、省、市技能大赛中获奖，其中获国家技能大赛奖 7 人次，省级技能大赛奖 39 人次。职工组的邹鹏、张吕超 2 名选手被省人力资源和社会保障厅授予“湖南省技术能手”荣誉称号，同时获省总工会颁发的“湖南省五一劳动奖章”；学生组的李佳豪、李鑫等选手获得相应职业的国家职业资格二级证书。

【技能下乡】2018 年，娄底技师学院作为省、市高技能人才定点培训机构，积极拓展校外培训市场，开展下岗职工、农村劳动力、高技能人才培训、创业培训和全市考评员培训。在全市开展“脱贫攻坚，技能下乡”技能培训活动，全年培训 3542 人次。在条件成熟的新化炉观镇、涟源桥头河镇建立固定教学点。

【院企合作】2018 年，娄底技师学院推进人才培养模式改革，坚持开展院企联合推送人才机制，先后与三十多家省内外知名企业签订院企合作协议，开展深入合作，同时加大“订单式”培训力度，先后推出“宝辉班”“美的班”“小天鹅班”“汉藤汽车班”“晋江酒店班”，在课程安排，专业设置等与企业接轨，培养企业需要的技能人才，为毕业学生不断拓宽就业渠道。并积极探索“企业新型学徒制”的校企合作新模式，力争走出一条特色办学之路。（赵蓉宁谨）

娄底职业技术学院

【概况】2018年，娄底职业技术学院两个校区占地900余亩，建筑面积37万平方米，固定资产61906.2万元，教学仪器设备值7477.7万元。建有全省一流的现代制造技术实训中心等19个实训中心，实验实训室271个，与300余家企业开展不同层面的校企合作。在职在编教职工961人，教授及正高级53人，副教授及副高级328人，全日制大中专学生18000余人。内设机构及附属单位42个，其中党政管理机构14个，教学单位16个，教辅单位6个，附属单位3个，纪检机构和群团组织3个。开设涵盖装备制造、资源环境与安全、农林牧渔、土木建筑、教育与体育、文化艺术、电子信息、财经商贸、旅游、医药卫生等大类的45个专业，其中省级特色专业1个，省级中高职衔接试点专业1个，央财支持提升服务产业能力专业2个，省级精品专业3个，省级改革试点专业4个，省级IT改革专业2个，省级专业教学团队3个，省级生产性实习实训基地（师资认证培训基地）4个，省级一流特色专业群2个。是湖南省办学规模最大的高职院校之一。

【办学条件】2018年，娄底职业技术学院出台《各专业群校内实验实训基地建设三年计划（2019—2021年）》，安排2336万元改善实验实训设施。北大门建设竣工，文化广场喷泉、篮球场、运动场和3栋学生公寓完成改造，校园环境和学生住宿条件明显改进。学校智慧校园建设进入规划和设计阶段，食品安全管理全年“零事故”。校园安全与综治工作保持较好状态，各类突发事件处置及时到位，教师村建设完成全部交房。

【教学改革】2018年，娄底职业技术学院出台《专业建设水平提升三年行动计划（2018—2020）》，新增动物医学等4个专业，撤销、整合矿山机电等3个专业，形成相对集中的10个特色专业群，农机智能制造、家庭农场2个专业群被确定为湖南省一流特色专业群。积极推进现代学徒制人才培养改革试点和医教协同教学改革试点，先后立项为湖南省第一批现代学徒制试点单位和国家第三批现代学徒制试点单位。9门课程入围省级精品在线开放课程建设项目。出台《教师教学基本规范》《教学事故认定与处理办法》，加大课堂教学与教师教学规范检查力度，课堂教育教学质量明显提高。教育教学工作富有成效，6项教学成果获得湖南省职业教育省级教学成果奖，其中获一等奖1项、二等奖2项、三等奖3项。5项课题被立项为省教育科学“十三五”规划2018年度课题。教师参加省级及以上职业能力竞赛获得国家级二等奖1项，省级二等奖7项、三等奖8项；学生参加国家级、省级技能竞赛获历史最好成绩，获得国家级三等奖2项，省级特等奖、一等奖3项、二等奖10项、三等奖7项。机械制造及自动化、电子商务、市场营销3个专业，学生参加全省毕业设计和专业技能抽查，合格率100%。

【科研工作】2018年，娄底职业技术学院获省厅级科研课题立项28项，省哲学社会科学基金项目1项，民盟湖南省委2018年参政议政委托课题立项1项，市科技计划项目立项13项，2018年度市社会科学成果评审委员会课题立项6项；结项省厅级9项。出版专著11部、专利41项及软件著作权97项。先后组织参加全国社科普及周、科技宣传周和科普日等大型科普活动，组织进工业园区和农村社区的科普宣传和社会服务调研，组织农林实训基地开展社会主义核心价值观宣讲活动，特色活动申报全国科普日典型案例。获2018年湖南省社科成果鉴定“省内先进”1项；获娄底市第十一届社科优秀成果奖6项，其中，一、二等奖各1项。

【师资建设】2018年，娄底职业技术学院进一步健全教师成长激励机制，出台《娄底职业技术学院师资队伍建设三年行动计划（2018—2020）》，出台优秀教师、优秀教育工作者评比办法、教职工岗位晋级办法、青年骨干教师遴选办法、高校教师系列职称评聘办法，进一步激发教师活力。全年引进博士1人，硕士研究生和副高职称人员13人。遴选培养省级青年骨干教师4人。大力开展教师能力提升培训，全年培训教师300余人次，师资队伍素质显著提升。

【招生就业】2018 年，娄底职业技术学院坚持依法阳光招生，合理编制招生计划，加大媒体宣传力度。全年到校学生人数 5859 人，其中三年制大专学生 4122 人，五年制高职生 900 人，三年制中职生 837 人。生源质量明显改进，三年制大专文科投档线高于全省最低控制线 120 分。做好全省基层卫生本土化人才培养 50 名护理专业新生招生录取工作，被省卫健委评为招生工作先进单位。三年制大专毕业生初次就业率为 88.43%。

【社会服务】2018 年，娄底职业技术学院承担涟源市白马镇建新村驻村帮扶工作，充分利用学校人才、技术资源优势，加强对贫困村的技术培训与指导，建好村级综合服务平台、图书室、党员活动室等便民设施，开发百合、红心柚 2 个种植基地，建新村整体退出贫困村。九三学社娄底职院支社多次开展扶贫义诊活动，被评为 2018 年度社会服务先进集体。启动湖南省高技能人才培训基础能力建设项目，培训规模不断扩大，培训社会人员近 10000 人次。（欧　芳）

娄底广播电视大学

【概况】2018 年，娄底广播电视大学（简称娄底电大）稳步发展远程开放教育，大力拓展非学历教育，全力打造终身教育品牌，矢志加速转型。推进人才队伍建设，教育信息化建设；健全管理制度，逐步完善办学功能，进一步提高人才培养质量、科研水平和社会服务能力；加强南校区建设，迎难而上，负重奋进，为娄底经济社会发展、推进学习型社会建设、脱贫攻坚和创建全国文明城市积极作为，较好完成全年各项工作任务。是年，娄底电大开放教育春季招生 1886 人（其中本科 303 人、专科 1583 人），秋季招生 3249 人（其中本科 324 人、专科 1838 人、农民大学生 1087 人），全年招生总人数 5135 人，在籍学历教育学生 12967 人。

【农民大学生培养】2018 年，娄底电大完善"农民大学生培养计划"学员管理办法、实践教学实施方案、教学工作管理办法和班主任考核机制等管理制度。加强对农民大学生的宏观指导和日常管理，确保面授教学、网上教学、实践教学等活动顺利开展。创新教学形式，提高学习效率。积极组织参与省校教学实践活动，在省电大首届大学生英语口语大赛中，非英语专业组有 1 人获"二等奖"、6 人获 "三等奖"；英语专业组有 1 人获"二等奖"、3 人获 "三等奖"。在参加省校组织的农民大学生优秀学员、湖南广播电视大学奖学金活动和国家开放大学开展的"希望的田野"、国家开放大学奖学金的评选活动，分别评选出 20 名优秀农民大学生、16 位优秀学员、8 名优秀农民大学生学员、16 名优秀开放教育学员。

【教务工作】2018 年，娄底电大为 12967 名开放教育学员注册课程 108618 门，报考 150576 门（含补考），其中农民大学生纯手工报考 25534 门。办理开放教育学生学籍异动 260 人，办理毕业证书 2638 个，申报学位证书 10 个，组织毕业生图像信息采集 2986 名。发放教材 46608 册。

【科研工作】2018 年，娄底电大做好科研管理工作，校长卢再新撰写的《弘扬君子文化　人人争做君子》作为研究成果被录入第四届君子文化论坛的《新时代新君子　新使命》论文集，陈凤贞撰写的《科技创新知识产权的司法保护研究》课题在湖南电大被立为重点课题，在各类学报报刊上发表学术论文数十篇。

【师资队伍】2018 年，娄底电大引进全日制硕士研究生 2 人；新增中级职称教师 1 人，23 名教师担任兼职班主任，承担育人主体责任。同时，不断加强教师队伍、管理队伍、技术队伍、科研队伍 4 支队伍建设。定期对教职工的岗位和职业能力进行培训，充实教学科研一线力量。定期选拔干部进党校、高校培训，到机关事业单位、农村、企业见习、挂职、对岗交流、扶贫等，提高职业技能与工作水平。

【校园文化】2018 年，娄底电大举办第六届电大系统教职工运动会暨乒乓球混合团体比赛，开展"庆教师节"气排球运动会，组织参加湖南电大系统教职工"友谊杯"气排球混合团体赛。

【办学条件】2018 年，娄底电大投入 8000 余万元，完成新校区（南校区）三号综合教学楼的建设、装修与配套设施的配备与启用，顺利完成校园绿化、亮化、美化工程和学校西边建设的可行性探索及3#综合楼南北面建设的初步设计。强化校园安全管理,实现校园重要区域、教职工生活区安全监管全覆盖。

【终身教育】2018年，娄底电大干部在线教育注册学习单位98个,在线注册学习人数7953人,比2017年增加1093人,在线学习参学率90%以上,人均学时超过70学时,在全省排名第五。组织全体在线学员参加省委组织部网上举办的“学习贯彻习近平新时代中国特色社会主义思想专题培训班”，收到学习体会与研究论文2100篇,评选出一等奖5篇,二等奖9篇,三等奖23篇,并向省校推荐37篇。以文化品牌助推社区教育，召开娄底市君子文化研究会成立大会,开展书法艺术展活动和首届君子文化研究会学术研讨。社区教育以点带面,逐步拓展,党委书记李国平于9月19日在小科社区宣讲《学习习近平新时代中国特色社会主义思想》,标志着“送课进社区”的社区教育大讲堂活动正式起航。积极参加第四届NERC杯全国社区教育优秀微课程评选活动,其中《水车冻鱼》获得三等奖,《新化三合汤》获得优胜奖。组织开展离退休干部“走进新时代 共筑中国梦”广场舞比赛等活动。开展乡村教师专业适岗培训,采取线上培训、线下研讨的管理形式,918人参训，学生通过网上学习和考核,通过率100%。（伍清玲）

科　技

【概况】2018年，娄底市实现高新技术产业总产值1150.71亿元，实现高新技术产业增加值244.99亿元,高新技术产业增加值增速居全省第四位;全市申请专利2730件,促成科技成果交易额突破1.5亿元。娄底科技创新引领工作在全省真抓实干表彰奖励中得到省人民政府肯定,成为全省该项工作4个获“真抓实干”表彰的市州之一;重点推进的湖南三迅新能源科技有限公司“高能量密度商用车动力电池系统集成产品的研发及产业化”重大科技创新项目在全省“5个100”项目中被评为优秀项目并在全省经济工作会议上获得表彰；科技扶贫工作得到省委领导充分肯定。同时,市科技部门在全省创新创业大赛、产业项目建设、防震减灾以及全市“七个三年行动计划”、安全生产、综合治理、联村建绿、建议提案办理等15项工作中分获表彰奖励。

【工业科技】2018年，娄底市培育推荐申报高新技术企业70家,其中65家通过认定,全市高新技术企业124家。全市实现高新技术产业总产值1150.71亿元,同比增长20.1%;实现高新技术产业增加值244.99亿元,同比增长18.2%,高于GDP增速9.6个百分点,高新技术产业增加值增速居全省第四位,高出全省平均增速4.2个百分点。创建国家高新区取得较大进展。涟源高新区获批更名为娄底高新区,正式取得创高主体资格;国家发改委将娄底高新区纳入《国家园区目录审核名录》；娄底高新区集约节约利用土地评价在全省园区中排名第26位，达到创高的基本要求。同时,孵化器、规划科技馆等硬件建设已进入扫尾阶段,园区的道路和标准厂房建设等配套设施也日臻完善,《产业发展规划》《发展战略规划》两个文本基本完成。科技部与湖南省政府的部省合作协议正式将支持娄底创建国家高新区写入其中,科技部成果转化与区域创新司、省政府、省科技厅等对娄底创高工作给予充分肯定。推荐上报68个项目申报国家、省科技计划项目,51项获立项支持，组织实施市级科技计划项目105项。推荐上报省“五个100”的3个科技重大项目全年完成投资4.381亿元，完成研发经费投入1.609亿元；遴选的10个重大科技创新项目和6个创新平台进入市“五个一批”,6个获立项支持。全年促成科技成果交易额突破1.5亿元。

【农业科技】2018年,娄底科技局依托“三区”科技人才工作,从省内大专院校和科研院所协调“三区”科技人才深入农村开展科技创新创业。累计为“三区”培养本土科技服务人员和农村科技创新创业人员100名以上;依托科技扶贫专家服务团工作开展,协调下派155名科技扶贫专家服务团成员,实现贫困村覆盖率100%。全市有省级农村农业信息化基层站点68个,科普示范基地400个,科技示范户1500户,农村科普e站120个,社区科普e站60个,开通一村一网服务点176个,实现贫困村科技特派员全覆盖。

【社会发展科技】2018年，娄底市新增省级工程技术研究中心、企业孵化器3个,星创天地4个(国家级2个);新化经开区成功升级为省级高新区,以桥头河现代农业综合产业园为核心区成功创建省级农业科技园区。全市有国家级技术创新平台8个,国家级院士专家工作站和博士后科研工作站各1个,省级院士专家工作站、重点实验室3个,省级工程技术研究中心和科技企业孵化器8个,省级众创空间和星创天地15个,省级企业技术中心14个。在第七届中国创新创业大赛(湖南赛区)暨湖南省创新创业大赛中,全市6项创新成果获奖,其中格仑新材的创新成果在国赛中获奖。在湖南省组织的科技进步奖评选过程中,娄底3项创新成果获奖。

【学术交流和科普活动】2018年,娄底科技局组织"科技下乡"、科技活动周等科普宣传活动,展出宣传图片312幅,实物展览290件,发放宣传资料46640份,接受咨询14666人次,接受服务人数2268人次。举办中国流动科技馆湖南娄底巡展双峰站暨市青少年机器人竞赛,全市30所学校,450余名选手参加竞赛。决出机器人竞赛项目一等奖72个、二等奖85个、三等奖122个。开展"健康科普知识进校园、进社区、进万家"系列活动,组织市内医院专家开展急救知识培训、女性生殖健康知识讲座、胃肠早癌筛查义诊等活动,增强民众的自我防病意识,促进公众身体素质提升。举办"保护鸟类资源,守护绿水青山"主题科普活动,通过视频宣讲、法律咨询、图片展示、科普知识讲座、发放宣传资料、集体宣誓和"保护鸟类资源,守护绿水青山"横幅签名、主题征文比赛等方式,向群众和中小学生全面宣传新野生动物保护法以及爱鸟护鸟的重要性和意义。

【知识产权】2018年,娄底科技局开展知识产权进校园、进社区、进企业活动,制定《2018年娄底市知识产权宣传周活动方案》,重点开展街头现场宣传咨询活动、区域宣传广告布置、知识产权联合执法专项行动等宣传活动。市"双打"办与科技部门牵头组织公安、工商、质量技术监督、市食品药品监督等部门多次开展联合执法。全市专利申请2730件,同比增长45.9%;其中发明专利申请453件,同比增长46.6%;全市专利授权1679件,同比增长46.9%。全市有效发明专利494件,每万人有效发明专利拥有量1.26件。加强知识产权保护,全市立案处理专利侵权纠纷案件13起,结案13起,立案查处假冒专利案件157件,结案157件;企业获得专利权质押融资1300万元。

【防震减灾】2018年,娄底科技局完善应急避难场所,对娄底城区明确的31个应急避难场所设施进一步完善,对部分避难场所进行改造升级,对所有应急避难场所标识标牌进行更新。加大地震应急演练力度,1月23日,在娄底市星星实验学校举行地震应急综合演练。加强地震预测预报管理,2019年度全省地震趋势会商报告评比获得全省优秀奖。抓好示范载体创建,娄底一中(城南中学)和吉星学校两所学校被评为湖南省防震减灾科普示范学校,冷水江市布溪街道办事处布溪社区被评为国家地震安全示范社区,娄底市实现国家级示范社区零的突破。娄星区乐坪办事处街心社区被评为湖南省地震安全示范社区。

(康利民)

2018年市科技局先进集体(先进个人)一览表

表83

获奖集体(个人)	奖励名称	颁奖单位	颁奖时间
娄底市科学技术局	第七届中国创新创业大赛(湖南赛区)暨第五届湖南省创新创业大赛优秀组织奖	省科技厅	2018年12月
娄底市科学技术局	2018年度市县防震减灾工作考核先进单位	省地震局	2018年12月

文化·体育

综 述

【概况】2018 年，娄底市文体广电新闻出版局以习近平新时代中国特色社会主义思想和党的十九大精神为指导，坚持以人民为中心的工作导向，紧紧围绕市委、市政府创新引领开放崛起战略和建设新娄底的时代新使命，健全工作清单责任机制，不断推进责任心教育，提高落实力，持续推动文体事业和文体产业高质量繁荣发展，全年工作取得良好成效。在市人大专项整改评议中文体广新工作被评为满意等次，获湖南省第十三届运动会体育道德风尚奖、运动员输送突出贡献奖。

【专业艺术】2018 年，娄底市地域文化传承研究中心创作的以环保为题材的大型现代花鼓戏《这方水土》在第六届湖南艺术节获“田汉新剧目奖”，冷水江市现代花鼓小戏《春回云崖岭》、涟源市湘剧《招贤记》参加第六届湖南艺术节剧目展演活动。全市选拔音乐舞蹈等类别 9 个作品参加第六届艺术节群众文化活动，获“三湘群星奖”金奖 1 个、银奖 5 个。在第六届湖南艺术节书法美术摄影比赛中，全市美术书法作品获“齐白石艺术”奖 5 个，占全省 20 个“齐白石艺术”奖的 1/4。全省“欢乐潇湘”群众美术书法摄影决赛中 4 人获一等奖。省文化综合发展专项资金资助文艺类项目 3 个。进入国家复评的国家艺术基金申报项目 1 个。

【公共文化服务】2018 年，全市文体场馆向社会全部实现免费或低收费开放。全市组建新时代乡村文艺宣传队 85 支，实现全市全覆盖并巡回演出，成为娄底乡村文化振兴重要载体，中国文化报作专题报道。市本级重点推出了广场舞、民族舞等 7 个文艺培训项目，培训学员 2 万人次。全市博物馆、纪念馆、美术馆分别举办专题展览 30 余个，接待观众 78 万人次。体育公园经常锻炼群众突破 100 万人次。全市完成送戏下乡演出任务 652 场次，送出美术、书法作品（春联、福）13000 多幅。完成农村公益电影放映 39228 场次。出台《娄底市推进县级文化馆图书馆总分馆制建设实施方案》，新化县成功创建全省公共文化服务体系示范区，双峰县申报全省图书馆文化馆总分馆制示范县。全市 3 个乡镇获“湖南民间文化艺术之乡”称号。公共文化机构学雷锋文化志愿服务活动深入开展，市本级创建示范点 3 个，组织举办四大主题文化志愿服务活动，贫困地区“阳光工程”农村文化志愿服务行动计划继续试点。

【基础建设】2018 年，娄底市在全国第六次公共图书馆评估中评定一级图书馆 3 个、二级和三级图书馆各 1 个。市图书馆空间优化设计和信息化设计方案基本完成。县级文化馆图书馆总分馆制建设积极推进，新建图书馆和文化馆分馆各 4 个、24 小时图书馆 2 个。为贫困地区 2 个文化馆配置流动文化车，6 个乡镇、12 个村配置公共文化数字设备。完成贫困地区村级文化活动室 700 余万元音响、乐器等文化设备配送工作。全市 75.7%的行政村建成合格村级综合文化服务中心，文化扶贫任务顺利完成。配合省体育局下拨健身路径 25 套、多功能运动场 1 套。分发社区和乡镇（村）自购健身器材 89 套。新建孙水公园沿河健身步道 5 千米。体育公园绿化进一步提质升级，体育公园成为娄底城市地标。完成全市行政村农家书屋图书补充工作。全市农村广播“村村响”工程除双峰县外全部完成，全市高山台站全面建成，更换农村数字电影设备 108 台。

【赛事活动】2018 年，娄底市文体广电新闻出版局推出“周末剧场”“群星大讲堂”等文化惠民品牌活动 50 余场，举办“世界杯看球季”“惠民音乐月”长周期型的大型文体惠民活动，文化体育高地效应已在体育公园和文化中心逐步凸显。重点打造体育舞蹈、武术、足球、排球四大类上规模的“高铁城市·直达娄底”自创精品赛事，“高铁城市·直达娄底” 赛事品牌在全省乃至全国的影响初步形成。承办全国体育教练员培训班、全国桥牌俱乐部锦标赛、全省健美操锦标赛、湖南省青少年武术、足球（甲组）、排球锦标赛、首届梅山武术邀请赛暨湖南传统武术展演等省级以上高规格赛事或培训，其中梅山武术邀请赛是近 30 年全省第一次开展的梅山武术会演。举办 2018 年娄底市新春交响音乐会、市委市政府新春团拜会、第九届湘博会地域文化表演、2018 年中国小篮球联赛（湖南娄底赛区）、“长沙银行杯”娄底市第四届机关、企事业单位足球联赛、娄底市老年人气排球比赛等文体活动 60 余场次。

【竞技体育】2018年，娄底籍运动员在第十八届亚运会上获金银铜牌各1枚，娄底籍运动员在亚运会上实现奖牌零的突破。第十三届省运动会青少年组娄底市代表团金牌总数获全省第6名，羽毛球、游泳、网球等项目在省运会首次夺金。颁发“二级裁判员”证173个，授予“二级运动员”称号45个。

【文化市场监管】2018年，娄底市文体广电新闻出版局依法行政能力不断加强，娄底在全省文化市场综合执法技能大比武活动中获得全省第四名。市场审批监管进一步加强，“互联网+政务服务”、文化市场黑名单制度、社会信用体系等全面实施，文化娱乐场所转型升级取得阶段性成效，市本级新审批网吧5家，年度核验记者证275个，审核刊型报型内部资料性出版物和准印证47家。“扫黄打非”进基层和软件正版化工作继续深入推进。广播电视安全播出全年无事故，实现零秒停播目标。市场监管进一步推进，平安文化市场创建、“扫黄打非”、非法卫星接收设施整治等省级综治重点工作全面强化，文化市场“扫黑除恶”专项斗争坚实推进。市本级查处违规经营歌舞娱乐场所1家，违规经营电子游戏场所2家，收缴违规电子游戏设备37台，停业整顿网吧72家次，关闭网络书店3家，收缴非法出版物近4万件，收缴“卫星锅”214个，办理全国、全省“扫黄打非”办挂牌督办案件各1起。

【文化遗产保护】2018年，全市投入文物保护管理经费1683万元。红二军团长征司令部旧址维修工程、蔡和森蔡畅故居消防安防工程正式启动，新化北塔壁画保护方案编制完毕。完成乐恺堂、罗盛教故居、六房院门楼、锡三堂等维修工程。国保单位富厚堂、新化北塔、蔡和森蔡畅故居、红二军团长征司令部旧址四有档案全部完成。第八批国保、第十批省保申报工作全面启动，全市申报全国重点文物保护单位12处，申报湖南省第十批文物保护单位22处。“非遗”保护传承扎实推进，非遗基础性保护工作进一步夯实。开展省级以上“非遗”项目及传承人保护传承情况的检查和市级以上“非遗”传承人考核。开辟“娄底非遗讲堂”，湖南卫视新春走基层栏目播出的《直播奉嘎山》集中展示梅山地区“非遗”文化，“非遗”文化传播影响力逐渐增强。新化县举办的两届梅山武术艺术节，成为娄底文化品牌。“非遗”进校园成果展工作成效明显。

【文体产业】2018年，娄底市文体广电新闻出版局制定《关于文化旅游及健康养老产业发展三年行动计划2018年度体育产业发展实施方案》等4个产业发展规范性文件。引进体育用品制造企业湖南茵浪体育发展有限公司，填补娄底市体育制造业和湖南省服装制造业的空白。积极组织产业项目申报工作，全市入选省重点文化产业项目3个、省特色文化产业项目8个、全国优选体育产业项目1个。体育彩票销量稳居全省前五。全市3家文化企业参加“湖南省第六届艺术节文化创意产品成果展”，其中新化文田砚雕刻获得文化创意产品成果展银奖。赛事经济发展进入快车道。开展项目建设年活动，娄底体育新城、体育路美食街等重大招商引资项目积极推进，主推全市产业转型升级。

（李海军）

2018年市文体广新局先进集体(先进个人)一览表

表84

获奖集体(个人)	奖励名称	颁奖单位	颁奖时间
娄底市文体广电新闻出版局	湖南省“扫黄打非”工作优秀集体	湖南省“扫黄打非”工作小组办公室	2019年1月
徐　森、胡　清、谭琪琳	湖南省“扫黄打非”工作优秀个人	湖南省“扫黄打非”工作小组办公室	2019年1月

文化市场综合执法

【概况】2018年，娄底市文化市场综合执法支队坚持以习近平新时代中国特色社会主义思想和党的十九大精神为指导，着力抓好娱乐、网吧、新闻出版、广电、体育、艺术品、“扫黄打非”等重点领域的市场监管整治。是年，被省文化厅评为先进单位；在全省执法技能大比武活动中，取得全省团体三等奖；查处8.22”利用邪教组织破坏法律实施案，被列为全国“扫黄打非”办挂牌督办案；被评为全省“扫黄打非”工作优秀集体。

【娱乐市场监管】2018年，娄底市文化市场综合执法支队积极开展演出市场、游戏游艺市场、高考学考、清无、扫黑除恶等专项整治行动。3—6月开展游戏游艺市场专项整治行动，收缴违规摆放的游戏游艺设备63台，规范游戏游艺市场秩序，净化学校周边环境。组织发放扫黑除恶应知应会资料700余份。执法人员走访入户，深入经营单位填写涉黑涉恶线索调查表300余份。利用各行业单位电子显示屏加大扫黑除恶宣传力度，发动人民群众检举黑恶势力违法犯罪线索。积极参加市禁毒委组织的“6·26”禁毒宣传活动，发放禁毒宣传资料共计2300余张(册)。将禁毒工作与日常巡查检查相结合，对辖区内的歌舞娱乐场所进行反复清查。全年出动执法车辆160余台次，执法人员600余人次，检查场所1150余家次。

【网吧市场监管】2018年，娄底市文化市场综合执法支队召开网吧行业业主会议专题培训16次，规范文化市场行为。对城区所有网吧进行A、B、C三档分类，并实行“一店一档”的数字化管理。开展“百日利剑”“校园周边”“高考、学考”“暑期专项”“创文管卫”“消防安全”“净化校园周边文化环境”“平安文化”等专项集中整治行动，对网吧违规经营特别是违规接纳未成年人行为始终坚持查处全覆盖、无死角、零容忍。与学校联合开展校园周边环境整治和对中小学生教育引导，印发《远离网吧，做文明好少年——娄底市文执支队致全市中小学生的一封信》30000余份。与消防部门联合，配合娄底平安文化市场建设，对城区网吧进行消防安全排查，消除安全隐患42处。邀请娄底电视台、娄底日报社等主流媒体参与日常监管和专项整治行动，全年查处网吧64家；组织动员87名热心人士担任义务监督员，参与网吧经营行为监督，同时发挥行业协会作用，加强行业自我管理和监督；在城区所有网吧内张贴“12318”举报电话，充分发挥平台作用，鼓励广大群众积极举报，实现上网服务场所管理的群防群治。全年出动执法人员6165人次，车辆1146台次，检查巡查网吧31561家次，给予警告455家次，停业整顿72家次，行政罚款67家次，罚款金额38.25万元，责令整改87家。

【新闻出版市场监管】2018年，娄底市文化市场综合执法支队加强监管和开展专项整治行动。根据省、市新闻出版(版权)工作要求，严密清查出版物市场、印刷复制行业、网络文化环境，扎实开展“印刷发行行业”“春秋季中小学教辅发行”“打击侵权假冒行为”“校园及周边文化环境”“剑网2018”等专项整治行动，严格把好各项关口，确保全市出版物市场规范有序，受到省“扫黄打非”办督查组的肯定。围绕“4·26”世界知识产权日宣传周”“绿书签·护苗2018”“志愿新时代共创文明城”“学雷锋志愿服务”等活动，深入开展普法宣传活动。狠抓大要案件查办，全年立案查处10起。其中查处2起擅自印制并在网上销售党和国家重要领导人盗版图书案，此案被列为省“扫黄打非”办大案要案。查处1起宣扬淫秽、赌博、暴力或者教唆犯罪，危害社会公德或者民族优秀文化传统案，移送娄底市公安局。联合娄底市公安局钢城分局办理的“8·22”利用邪教组织破坏法律实施案，此案被列为2018年全国“扫黄打非”办挂牌督办案。

【广电市场监管】2018年，市文化市场综合执法支队加大力度开展卫星电视广播地面接收设施、影院市场整治行动。从5月至年末，市文化市场综合执法支队与市公安局、工商部门多次开展地面卫星接收设施专项整治行动，收缴“卫星锅”214个，接收设施26套；拆除“卫星锅”58个，接收设施35套。根据群众举报，暴风影音私人影院无证播放电影。执法人员根据《电影促进法》《点播影院点播院线管理规定》，对该影院依法查处，责令停业整改，罚款7000元。

【体育、艺术品市场监管】2018年，市文化市场综合执法支队对娄底城区高危行业和艺术品市场进行巡查检查，出动执法人员225人次，出动车辆96台次，检查场所59家次，给予警告35家次，责令整改35家，行政处罚7家次，罚款2万元，市场逐步得到规范。

(胡君归)

2018年市文化市场综合执法支队先进集体(先进个人)一览表

表85

获奖集体(个人)	奖励名称	颁奖单位	颁奖时间
娄底市文化市场综合执法支队	湖南省文化市场综合执法技能比武活动团体三等奖	湖南省文化厅	2018年9月
娄底市文化市场综合执法支队	湖南省“扫黄打非”工作优秀集体	湖南省“扫黄打非”工作小组办公室	2019年1月

图书发行

【概况】2018年，湖南省新华书店有限责任公司娄底市分公司(简称新华书店)下辖涟源、冷水江、双峰、新化4个县(市)新华书店，设中心书城5个，在职职工272人。娄底市公司内设总经理室，下设综合管理部、资产财务部、党群人事部、市场一部、娄星分店、市场二部、市场三部、市场四部、实体门店项目部、研学业务部、物流配送部、图书城、碧桂园书城等13个部室，在职员工65人。市公司门店“娄底图书城”营业面积1900平方米，陈列图书品种数量4万余种。“碧桂园书城”营业面积为1500平方米，陈列品种数量3万余种。10家校园书店营业面积超2000平方米，其中有6家被授予娄底市“全民阅读示范基地”荣誉牌。新华书店作为出版物发行的前沿阵地，紧紧围绕履行国有文化企业社会责任，上下一心，充分发挥图书发行主渠道主阵地作用，坚持以服务教育事业为己任，努力创建优秀文化企业，打造读者精神文化家园，实现社会效益与经济效益双丰收。

【教材教辅发行】2018年，新华书店不断增强市场经营意识，拓展终端市场，完善工作程序，教材教辅发行稳中有升、规范有序。教材发行以提高服务水平，优化服务质量为出发点，用心做好细节工作，依托规范操作找立足点，严格遵循学生自愿原则，杜绝学校包办等违规操作现象，圆满完成“课前到书，人手一册”政治任务。新华书店作为大型国有文化企业，始终秉持以服务文化教育事业的宗旨，始终坚守使命、勇担责任，做市场秩序的维护者、优质产品的提供者、教育事业的支持者。

【一般图书发行】2018年，新华书店在助力全民阅读、门店形象打造等多个向度上齐抓并进，为娄底氤氲了浓厚的书香氛围。新华书店联合各市直机关单位建设机关阅览室80余家，150余家单位补充机关阅览室图书，扶贫学校(村组)50余个，捐赠图书110万元。通过精心组织和策划，与市委宣传部、市教育局等部门联合举办“书声琅琅”中小学阅读活动，通过开展“创意作文大赛”“国学知识大赛”“国学朗读者比赛”“汉字听写大赛”四个品牌活动，为全市5万余名教师、50余万在校师生搭建展示风采的舞台，实现两个效益双丰收。是年，新华书店严格按照农家书屋的收配方案，全力做好1835个网点的图书配送工作，为服务农家书屋，助力乡村文化振兴做出应有贡献。

【政治读物发行】2018年，新华书店充分发挥政治类图书发行的传统优势，认真组织市县两级做好时政类图书征订发行工作。通过科学制定考核方案，分组开展上门营销，全市发行《三十讲》8.5万册，《新时代面对面》1.5万册，《治国理政一》3.4万册，充分满足学生的需求，赢得较好的社会反响。

【实体书店】2018年，新华书店不断探索图书卖场文化职能，让“新华书店”这一老品牌成为新时代创建书香社会的闪亮名片。2月，新华书店碧桂园书城作为湖南省首家“绿色共享”书店面世，7月被中国新华书店协会授予“中国‘最美新华书店’”称号。新化思源实验校园店获得中国书刊发行业协会授予“年度校园书店"称号。全市新设13家校园书、4家智慧书店，深受广大读者的赞誉。各大实体书店在每周、每月、每个重大时间及事件都有不同的主题活动与陈列，组织唐浩明、谭谈等著名作家到店讲座签售，全年开展"朗读者""百家幼儿园参观最美书城"等各类公益文化活动近200场。市委主要领导对书城的建设和服务给予充分肯定。 （李 路）

《娄底日报》

【概况】2018年，娄底日报社紧紧围绕市委、市政府中心工作，政治建设不断加强，意识形态工作成效显著，统战工作重点突出，干部选拔任用工作良性发展，圆满完成年度工作目标任务。报社获"中国报业融合创新发展奖"，社党组书记、社长谭清华获全国报刊"品牌建设功勋奖""中国报业深度融合发展领军人物""改革开放四十年中国城市党报社长总编品牌建设十大突出贡献人物""湖南报业融合创新十佳个人"等称号。在2018年的中国地市报年会上，娄底日报社获"全国创新融媒体先进单位"。

【意识形态】2018年，娄底日报社加强社会主义核心价值观、中国梦等舆论主流宣传，开辟新闻专题和新闻专栏宣传，全年刊登意识形态工作方面的新闻稿件1800余条。加强对新闻工作者的业务培训，改进对会议和领导活动的报道。根据湖南省《新闻从业人员"十不准"》要求，出台《娄底日报社新闻从业人员"六不准"》，完善新闻发布制度和重大突发事件新闻报道快速反应机制，及时准确地引导社会舆论。成立网络安全领导小组，严格落实有关网络安全的各项管理规定，加大对新新网建设的投入，加快新媒体建设步伐，做大做强新新网、微信公众号等新媒体，建立安全防护墙，保障网络安全稳定高效运行。新新网对首屏进行改版，并及时变更内容，将习近平总书记的重要活动、重要讲话占据页首屏头条，使版面更加精美大气。

【新闻宣传】2018年，《娄底日报》开设"在习近平新时代中国特色社会主义思想指引下——新时代新作为新篇章""新时代新气象新作为——学习贯彻党的十九大精神""项目建设大比拼""七个三年行动计划""精准扶贫在娄底""乡村振兴战略在娄底""加速转型、奋力赶超""创建全国文明城市、建设美丽新娄底""落实中央八项规定精神在娄底""新时代热点话题谈心录·2018""娄底家风故事"等专栏，加大深度报道、重点报道、连续报道的分量；开设"楼迪新"评论专栏，加强评论引领作用，办报质量明显提升。强化全体采编人员的责任感和事业心，建立并完善差错处罚制度，基本消灭错别字。参加湖南省市州报好新闻评选、湖南新闻奖评选、中国城市党报好新闻评选，全社有80余篇作品获奖，其中一等奖25篇。《娄底晚报》注重社会民生，开设社会、民生、法制经纬、健康等专版和"微言大义""姜矮子观场"等评论专栏，做好"身边的温暖""凡人善举" 等社会主义核心价值观专栏报道，推出整版社会主义核心价值观公益广告，推出战略合作单位专栏报道，开设 "城管执法""人防之窗""健康生活""财经在线"等专栏，有效报道与百姓相关的生活、经济新闻。新新网牢固树立"新闻立网、民生兴网、活动强网、直播活网"的发展理念，开设"我为创文出把力大讨论活动""乡村振兴战略在娄底""新时代新气象新作为"等系列报道专题，唱好主旋律，弘扬正能量。利用新新网及报社官方微信等微信矩阵平台，及时推荐发布热点稿件，日均更新量100余篇。

【经营工作】2018年，娄底日报社发行《娄底日报》3万余份，《娄底晚报》发行近2万份，超额完成年度发行任务。实行采编与广告分离，取缔广告组稿费，深化战略合作，为客户提供宣传增值服务。建立4个县市工作站，拓展广告资源，延伸广告链条。成立娄底日报传媒有限公司，为发展非报产业搭建平台。成功举办乡村文化艺术节、农副产品交易会和三届汽车博览会。策划"2018第三届关爱孤残儿童'六一'公益会演活动""娄底市2018'就业政策惠民生'暨就业创业政策'五进'宣传月启动仪式"活动。

【内部管理】2018年，娄底日报社建立健全《娄底日报社采编管理制度》《娄底日报社广告管理制度》《娄底日报社目标管理考核记分标准》《娄底日报社绩效考核办法》等34个制度，做到以制度管人管事。基建工作平衡推进。按照市发改委2016年11月7日的批示，报社危房原址建设工程采取整体规划、分步实施的方式进行，建设规模19278平方米。市委常委会、市政府常务会多次开会研究。 （张长青 曾 璇）

广播电视

【概况】2018年，娄底市广播电视台内设办公室、人力资源部、财务广告部、宣传管理部、技术部、播出部、机关党委、保卫后勤部、监听监看部、网络传输部、工会、产业开发部和置换办等职能部室。领导和管理电视综合频道、公共频道、都市(教育)频道、综合广播频道、交通广播频道、娄底广播电视报、新媒体中心等媒体和娄底市电视发射台、湖南有线娄底网络有限公司等二级单位。湖南有线娄底网络有限公司的资产和经营由省网络有线集团公司管理，劳动用工实行企业管理，正式员工人事关系和编制归属市广播电视台。有员工(含聘用员工)450人，其中退休人员63人，中级以上专业技术人员38人。是年，市广播电视台先后评为娄底市创文管卫优秀单位、全民义务植树与联村建绿优秀单位、扶残助残先进集体、计划生育工作良好单位、安全生产工作良好单位，综合治理工作保留全市平安单位；在娄底市首届名记者、名编辑、名主持人评比中，5人当选为娄底市首届名记者、名编辑、名主持人，2人获提名奖。

全年娄底电视发射台各套节目累计播出12万小时，转播中央、省、市模拟电视节目5套，播出模拟调频广播节目5套、数字广播节目3套，地面数字电视22套。娄底电视台各频道合计播出19710小时，综合广播和交通广播合计播出12410小时。娄底广播电视报四开24版，全年出版报纸52期。湖南有线娄底网络有限公司数字电视前端播出8760小时，娄底中心城区有线电视网络现有有线数字电视注册用户13.9万户，2018年有线数字电视用户负增长，期末数字电视有效用户6.7万户，比上年减少0.7万户。宽带数据用户有所增长，达到1.34万户。新建楼盘全部实施光纤入户模式，网络双向化率95%，有线电视入户率95%，光缆主干线皮长1488千米，网内双向机顶盒9.1万台，高清机顶盒6.12万台，智能机顶盒(家盒)1.16万台，向全市有线电视用户提供高标清数字电视节目171套，其中基本节目70套，付费节目37套，高清节目63套，央视4K超高清节目1套。

【新闻宣传和品牌建设】2018年，市广播电视台以“纪念改革开放40周年”为主线，组织开展各种主题宣传、形势宣传、政策宣传、成就宣传、典型宣传。推出“在习近平新时代中国特色社会主义思想指引下——新时代新作为新篇章”“新时代热点话题谈心录”“十九大精神在娄底”主题专栏，组织开展“环保督察回头看”“脱贫攻坚在娄底”“扫黑除恶娄底在行动”“拼出精彩”“同心同力同创文明城”等重点报道和专栏。推出《致敬新时代——娄底见证》“又有新街初长成”“归田园居”“娄新评”等系列报道，有力服务重大主题和工作大局。旅游形象宣传片《湘军故里·传奇娄底》、公益广告片《清明·铭记》、特色小镇招商引资专题片《未来可期·小镇等你》和反腐警示教育专题片《警钟》，受到社会称赞和好评。增强品牌影响力，电视综合频道《娄底新闻联播》栏目实现直播，对电视综合频道、综合广播频道实行采编与经营分离，核减一线新闻采编人员创收任务及其相应经费260万元，保障重点新闻采编人员的基本收入，确保两频道有更多精力服务市委、市政府中心工作。纠正频道、栏目同质化现象，整合调整优化节目栏目，增设《娄底午间新闻》栏目，新开办《娄底政法》《娄底教育》《市长热线》《社科之光》等栏目。全年台属媒体发稿21116条(篇)，其中自采稿件12945条(篇)，重点报道218篇，系列报道164篇。对上报道487条，其中中央电视台上稿29条，中央人民广播电台上稿16条，湖南卫视上稿239条。6件作品获年度湖南新闻奖，9件作品获湖南广播电视奖，21件作品获娄底新闻奖。

【经营创收和事业建设】2018年，市广播电视台全面完成技改，两个广播频道实现数字化，3个电视频道实现高标清两套系统同播。投入180多万元，新购融媒体直播车，制订媒体融合方案，在机制建立、平台建设、交互宣传和品牌活动推广等方面进行系列尝试和探索。新媒体中心与台属媒体合作推出40余场网络直播活动。与技校置换的50.6亩商业用地以2.656亿元拍价实现摘牌，为娄底广电传媒大厦项目建设顺利推进打下基础。举办“湘博会”“书声琅琅”“中国梦·劳动美”“社区(乡村)文化节”“少儿才艺大赛”和“致敬好人·德润湘中”等60余场活动。第二届“满城都开文明车”活动融入“创文”主题，受到市主要领导的高度重视。“娄底市民喜逛美丽乡村”活动融入“乡村振兴”主题，充分展示娄底改革开放以来的农村新貌，受到广大市民热捧。网络公司的文化惠民工程取得新突破，有线电视收视维护费正式纳入单位集体列支，城区新建房屋有线电视线路设施安装费进入政务中心窗口统一收取，经营收入实现逆势增长，全年媒体创收完成2869万元(不含网络公司)。顺利完成纪念改革开放40周年等特护期的安播工作，完成发射台机房和院落整体改造，启动新发射塔项目建设。

【党建工作和内部管理】2018年，市广播电视台政治学习常态化，组织多场次以习近平新时代中国特色社会主义思想和党的十九大精神为主要内容的专题学习、主题党课；组织开展“大学习”政治理论应知应会知识考试、“不忘初心、牢记使命”主题党日和“强化责任心，提高落实力”最具责任心优秀共产党员评选；按基层党组织标准化建设要求，对机关党委进行补选，成立机关纪委，完成支部换届，做好新党员发展和入党积极分子培训工作，全年新发展2名预备党员，培训3名入党积极分子；加强硬件建设，党员活动室得到规范。党风廉政建设全面落实，全面开展落实中央八项规定精神“约法三章”自查自纠，清理办公用房、公务接待、差旅费用报销等问题50余人次。巡查整改工作全面开展，制定落实巡查整改实施方案，分门别类，建立台账，动态管理，挂账销号，明确时间表和任务书。采取领导联点包干，层层压实责任，大部分问题整改到位。娄底市天之成贸易有限公司、天成艺术培训中心和娄底广播电视广告有限责任公司等3家企业被注销。新一轮内部改革和竞聘顺利完成。内设机构按三定方案规范，设立监听监看部和网络传输部，组建新媒体中心；对媒体及部室负责人实行竞聘上岗，以全员聘用、双向选择为重点的人事制度改革和以效益优先、兼顾公平为重点的分配制度改革得到深化。内部管理制度修订完善，劳动用工进一步规范，安全生产和内部创文继续加强，审计整改基本完成；脱贫攻坚帮扶工作在精准识别和精准施策基础上，九龙村实现整体脱贫并退出；庆“记者节”、庆“五一”文艺晚会等工会活动丰富多彩。（汪伯雄）

电视发射

【概况】2018年，娄底市电视发射台有电视发射机12台，调频广播发射机5台，发射模拟电视节目5套(CCTV-1、CCTV-7、HNTV、HNETV、娄底电视台综合频道)，2个公益数字电视频道(CMMB、国家公益无线数字)，发射电视节目30套；发射模拟广播节目5套(中央人民广播电台“中国之声”与“经济之声”2套、湖南人民广播电台新闻频道、娄底广播电视台交通广播、娄底广播电视台综合广播)，发射数字音频广播节目3套(中央电台“老年之声”、“乡村之声”和“娱乐广播”)总发射转播功率为28.9千瓦，信号覆盖娄底大部分县市及宁乡、湘乡、邵东等周边县市部分地区，覆盖人口近400万人。

【安全播出】2018年，娄底市电视发射台把安全播出工作摆在重要位置，将党建工作活动成果有效运用到实际工作中，认真践行，学用合一。时刻紧绑安全播出之弦，扎实做好各类设备系统的日常维护和预检预测工作，将故障隐患消灭在萌芽状态，确保设备安全运行；切实抓好机房值班、设备巡查与台账记录及特护期应急保障工作，确保日常安全播出与春节、党的十九届二中、三中全会、第十三届全国人民代表大会及其他重要节假日安全播出万无一失。实现中央、省、市各级广播电视节目安全播出12万余小时无差错与台内停播率基本为零的工作目标。

【事业发展】2018年，娄底市电视发射台投入资金200余万元，开展技术改造升级与院落改造工作，提升安全播出和后勤保障能力。投资80万元对机房内部全面改造，重新对机房进行重新规划和全新装修，对播出设备和系统进行重新布局调整，机房面貌焕然一新，安全播出保障能力稳步提高。投资13万元对供水进行改造，因地处珠山公园山顶，市政无法直接供水，只能由半山腰的蓄水池接力抽水到山顶水塔，改造成增压泵直接供水后，有效解决水源二次污染问题。投资148万元对机房外部和整个院落进行全面改造，对陈旧的机房外部重新装修，院落地坪和道路3800平方米全部白改黑，改造大理石栏杆210米，改善干部职工工作生活环境，提升珠山公园整体形象。（吴迪江）

党　史

【概况】2018年，中共娄底市委党史资料征集办公室(简称市委党史办)在市委的坚强领导和上级党史部门的精心指导下，深入学习贯彻习近平新时代中国特色社会主义思想和党的十九大精神，围绕“存史、资政、育人”这一重要职责，坚持“一突出、两跟进”，认真履职。党史征编、文献整理迈出新的步伐，宣传教育拓宽新的领域，有力服务地方经济社会发展。是年获评“全省党史工作先进单位”“全市综治工作先进单位”“‘一切工作到支部’达标创优竞赛优秀支部”，继续保持“全市文明单位”称号。

【党史征编】2018年，市委党史办出版发行《中国共产党湖南省娄底历史(1949—1978)》，修订《中国共产党湖南省娄底历史(1921—1949)》初稿，编辑完成《娄底党委工作纪事》2018年卷。完成《湖南党委工作纪事》《湖南改革开放实录(2018年卷)》和省编《回忆录》等书籍娄底部分的资料编撰和上报。征集整理毛泽东、刘少奇等党和国家领导人与李聚奎等重要将领的手迹，征集蔡和森、成仿吾、陈正湘等老一辈革命家、重要将帅和著名烈士创作的“湖湘红色诗词”20余首。与双峰县合作编写《“各炒一道菜，共办一席酒”——双峰县涉农资金整合新模式回眸》一文在《湖南改革开放实录(2018年卷)》上发表。

【文献整理】2018年，市委党史办编纂完成近100万字的《中共娄底市委重要文献汇编(1977—1986)》。娄星区编辑出版《娄底市娄星区党代会文献资料》。冷水江市编辑出版《冷水江市党的文献选编·市委卷(三)》。涟源市编辑出版150万字的《涟源建置、撤县建市文献资料》《涟源土改、镇反、抗美援朝文献资料》《涟源社会主义三大改造、粮食统购统销文献资料》等3部资料汇编。

【宣传教育】2018年，市委党史办在《娄底日报》上发表《蔡和森的革命精神》《铭记红色历史，打造红色基地》《从商鞅方升谈人才政策的意义》3篇文章。4月为湖南广播电台提供蔡和森、成仿吾的小故事。10月正式开通“娄底党史”微信公众号。参与承办《湘中巨变——娄底市庆祝改革开放40周年纪实图片展》。重新拍摄蔡和森、蔡畅故居等9个红色遗址，整理推送与遗址相关的9个小故事。

【党史调研】2018年，市委党史办积极开展反对历史虚无主义的调研，形成《关于反对历史虚无主义的调查与思考》。开展全市党史工作“抓重点、强弱项、补短板”情况调研和姜齐贤少将史料考证。参与市委组织的“不忘初心、牢记使命”主题教育调研，对蔡和森的革命精神进行重新提炼。从党史角度提出打造贤母文化主题公园的建议，组织撰写《红色旅游与乡村旅游整合开发刍议》等调研文章。对全市范围内多处革命遗址进行调研，指导爱国主义教育基地和党性教育基地建设。《蔡畅：共产党人留给子孙后代好家风》一文在由市纪委举办的“娄底家风家训故事”征文活动中获一等奖，《改革开放催生娄底美丽新城》一文在由市委宣传部、市社科联主办的庆祝改革开放40周年“历史回眸·记忆娄底”有奖征文活动中获二等奖。11月14—15日，省人大常委会原秘书长、省党史联络组邵娄片组组长孙在田一行到娄底调研指导党史联络工作。孙在田充分肯定娄底党史工作在全省全国党史系统的地位和发挥存史、资政、育人的功能，强调在今后的工作中要巩固、发挥好党史联络组的作用，进一步加强党史部门的自身建设。（邓　姣）

2018年市委党史办先进集体(先进个人)一览表

表86

获奖集体(个人)	奖励名称	颁奖单位	颁奖时间
中共娄底市委党史资料征集办公室	全省党史工作先进单位	中共湖南省委党史研究室	2019年1月

地方志

【概况】2018年，娄底市地方志办公室贯彻落实国务院《地方志工作条例》《湖南省地方志工作规定》，以学习贯彻《全国地方志事业发展规划纲要(2015—2020年)》为契机，紧扣“两全目标”任务，认真落实“一纳入、八到位”要求，真抓实干，锐意开拓，“一年一鉴”与第二轮修志工作有序推进。

【市志推进】2018年，市地方志办公室以市地方志编委会名义下发《〈娄底市志(1990—2017)〉编纂方案》。3 月 15 日,市委、市政府下发《关于加速推进第二轮修志工作的通知》。3 月 28 日,市政府召开全市第二轮修志工作推进大会,省地方志编委会副巡视员杨盛让到会指导。5 月 11 日,市政府办党组召开会议专题研究地方志工作,强化工作保障,要求举全办之力集中攻坚,要求全办人员对方志工作有求必应。向市委秘书长、市政府分管副市长汇报地方志工作开展情况及面临的实际困难,解决地方志事业发展过程中人才、编制、经费等问题。对各县(市、区)地方志工作进行督查,对考评结果予以通报,表彰先进;对工作滞后的县(市、区),采取执法检查、协调领导、通报批评等方式,促使各级党委政府重视地方志工作;利用各县(市、区)召开乡镇志、部门志编纂工作启动会的机会,市志办派员先后到双峰县、新化县、冷水江市、娄星区督查指导第二轮志书编纂工作。

【志稿征集】2018 年,市地方志办公室通过总结涟源市贯彻《条例》完成“两全”任务的经验。把实施不力、进展缓慢的单位进行分门别类,动态管理,细化进度,精准督导;并把《条例》落实到市县两级方志机构,健全或建立各项制度,用制度提升效率、提升质量;尤其实行政府购买服务,从机关事业退休干部中的选聘热爱方志工作又具一定文字水平的同志承担方志编审工作。截至 12 月底,《娄底市志》111 个一级编承单位,有 92 家完成初稿撰写,修稿打磨字数超 500 万字,抓紧制作评审稿组织初审。《冷水江市志》《新化县志》提交送审稿,双峰县、娄星区志进入志稿征集阶段。

【年鉴编纂】2018 年,市地方志办公室将 85 万字《娄底年鉴(2017)》送方志出版社终审,12 底第一次公开出版发行 1000 册。《娄底年鉴(2018)》完成组稿,初稿篇幅超 100 万字进入编辑送审程序。《双峰年鉴》《娄星年鉴》创刊,完成资料收集,开始文字编辑工作;《涟源年鉴》《新化年鉴》《冷水江年鉴》从 2018 年开始“一年一鉴”,公开出版。

【业务培训】2018 年,市地方志办公室注重方志理论及编纂实务知识学习,把方志编纂业务培训纳入市委干部培训计划统筹安排,争取政策支持,使地方志业务培训常态化、制度化。先后组织 3 次编修业务专题讲座,近 200 主笔人员得到培训,为《娄底市志》编修工作开展奠定基础。

档　案

【概况】2018 年,娄底市档案局编制 20 名,周转事业编 1 名,实有 19 人。内设办公室、业务指导科、人事科、档案馆、政策法规科 5 个科(室、馆)。全市档案部门紧紧围绕中心服务大局,持续抓好“四个体系”建设,着力提高档案服务能力、服务水平、服务质量,充分发挥档案工作在服务经济社会发展中的独特作用。是年,市档案馆获评全省档案宣传工作先进集体、全市综合治理工作先进单位、全市文明单位。

【馆库建设】2018 年,市档案局加快推进馆库建设。针对市国家综合档案馆建设进度缓慢的问题,市领导多次率市委督查室、市政府督查室、市档案局负责人对市国家综合档案馆建设进度情况进行督查,要求市城投集团在保证质量的前提下加快施工进度,市委、市政府督查室按照市城投集团提出的时间节点对工程进度进行督查,确保早日投入使用。

【查阅利用】2018 年,全市各级档案馆接待档案查阅利用者 9300 人次,查阅档案 42000 册(卷),开具证明 4000 余份。其中市档案馆服务全市第二轮修志工作,接待 50 家单位的编写人员,查阅档案全宗 60 个,提供档案资料 9065 卷(件),复印文档 51878 页。

6 月 8 日,娄底市档案馆在孙水公园开展“档案见证改革开放”为主题的国际档案日宣传活动

(市档案局供图)

【业务指导】2018年，市档案局对市委党校、市城投集团等40多家单位进行档案业务指导，对14家档案中介服务机构进行初步规范。市档案局提早谋划机构改革档案处置工作，以市委办名义发文，明确要求档案处置工作要与机构改革工作同步推进，以业务指导和执法检查方式，提早介入有关单位，调查摸底，合理规划，制定《娄底市机构改革档案处置工作方案》。各县市区档案行政管理部门主动履职，深入基层单位，加大业务指导力度。全市各级档案部门深入贯彻落实《湖南省精准扶贫档案管理实施办法》，规范扶贫档案管理，坚持精准扶贫与档案工作同步部署、同步实施、同步检查、同步验收。其中双峰县档案局积极参与县脱贫攻坚领导小组办公室大数据平台建设，举办业务培训班，印发2万余册业务资料，开展业务督导，全县16个乡镇486个行政村、110多个县直驻村帮扶单位、18个行业扶贫部门、11个脱贫攻坚指挥部实现精准扶贫全部建档，43740建档立卡户实现“一户一档”。

【依法治档】2018年，市档案局利用“6·9”国际档案日、“七五”档案普法宣传、“12·4”国家宪法日等节点开展档案法制宣传活动，有效提升社会档案法治意识。全市全年开展两轮执法检查，对25家单位进行档案行政执法检查，现场反馈检查中发现的问题，并发放限期整改通知书，并跟踪整改。

【档案宣传】2018年6月上旬，市档案局联合市人社局等12单位在孙水公园广场开展以“档案见证改革开放”为主题的宣传活动，现场以图片形式展现改革开放40年娄底作为湖南最年轻的地级市在服务民生、城市建设、企业发展等多个方面取得的成就。全市全年档案部门向各级媒体报送信息200余条。

【学会工作】2018年，市档案学会开展论文评选活动，收到论文50篇，推荐36篇论文参加湖南省档案学会第26次论文评选活动，获得一等奖1名、二等奖1名、三等奖3名。市档案学会获湖南省档案学会第26次档案学术论文评选优秀组织奖。 （谭　海）

2018年市档案局先进集体(先进个人)一览表

表87

获奖集体(个人)	奖励名称	颁奖单位	颁奖时间
娄底市档案局	全省档案宣传工作先进集体	湖南省档案局	2018年10月

社会科学

【概况】2018年，娄底市社会科学界联合会(简称市社科联)以习近平新时代中国特色社会主义思想为指导，深入贯彻党的十九大精神，认真落实省委、市委决策部署，在市委宣传部和省社科联的有力指导下，团结娄底市社科界和广大社科工作者，围绕中心、服务大局，切实推进社科事业发展，在理论武装、组织建设、课题研究、决策服务、社科普及、阵地建设、学术交流等方面成绩显著，在全市绩效评估考核中被评为“优秀”，在全市综合治理考核中获评“全市综治工作先进单位”。

【党的十九大精神宣讲】2018年，市社科联先后组织全市社科理论界学习党的十九大精神座谈会、全市社科理论专家学习党的十九大精神电视访谈、参与编写《党的十九大精神应知应会100题》、参与全市党的十九大精神“三团一队”宣讲活动，党组书记张智倩、副主席彭杰辉分赴县市区、市直各单位宣讲10余场次。5月4日，娄底市社科理论界举办学习习近平总书记在纪念马克思诞辰200周年大会上讲话精神座谈会。会后，《娄底日报》开设专版、《湘中论坛》开设专栏刊发专家学者的学习体会文章。

【成立市社科联社会组织行业党委】2018年2月8日，市社科联组织召开中共娄底市社科联社会组织行业委员会成立暨第一次代表大会，成立市社科联社会组织行业党委。所属18家社科类学会、协会中，曾国藩研究会、至德文化研究会成立党支部，其他学会、协会均委派党建指导专员，做到党建工作全覆盖。

【举办“湘中论坛社科学术沙龙”】2018年3月12日，

市社科联主办、市教育学会承办首期“湘中论坛社科学术沙龙”。学术沙龙以“曾国藩家教家风思想与打造曾国藩故居AAAAA级景区”为主题,市教育学会、湖南人文科技学院、曾国藩研究会等单位和学会的14名专家学者参加本次沙龙,大家就如何在曾国藩故居建设中更多地融入家教家风等思想元素,助推曾国藩故居AAAAA级景区打造畅谈体会,献计献策。省社科联领导给予高度评价。

【重点课题立项及社科成果评奖】2018年4月16日,市社科联召开2018年重点课题评审会,评选出重点课题9项,一般课题12项,市财政首次安排社科课题专项经费20万元对重点课题予以扶持。9月6日,市社科联召开第十一届哲学社会科学优秀成果评审会,评出优秀社科成果一等奖、二等奖、三等奖、特等奖30项。10月,由市社科联组织申报的2019年湖南省社科评审委课题《义务教育阶段推进优秀传统文化进校园的路径研究》被立项为省级重点课题。

【理论研究】2018年,市社科联坚持集中优势力量,组织联合攻关,加强社科理论研究。先后有市委常委、宣传部部长、市社科联主席吴建平署名文章《坚持以人民为中心 推进党的创新理论武装工程》、党组书记张智倩和副主席彭杰辉联合署名文章《论基层理论武装工作》分别发表于国家级中文核心期刊《湖南社会科学》2018第1期、第5期。在2018年全省学术年会中,由娄底组织撰写并推荐的《领导干部廉政心态培育困境及路径优化》(王芬阳)获排名第一的特等奖,《地方名人资源在统战工作中的作用及其应用》(彭龙富)获二等奖。

【社科普及宣传周】2018年5月18日,市社科联举行2018年娄底市社科普及主题活动周启动式,活动以“深入贯彻党的十九大精神,稳步推进全国文明城市创建”为主题,同时开展“红色家风进万家”宣讲活动、“普及社会科学,建设美好娄底”系列社科普及活动、新时代.新湖南——生态文明主题广告设计作品展等社科普及活动,此次科普周系列活动获省社科联通报表彰。

【“社科之光”】2018年5月18日,市社科联与娄底电视台交通频道策划首档社科类宣传节目《社科之光》正式开播,该节目内容涵盖党的理论政策、社科研究动态、文明礼仪和娄底本土文化、风俗人情、历史人物等,技术手段上利用新媒体技术,通过广播、微信等做到音视图文融媒体传播,实现更快、更广的受众覆盖,成为全省利用“广播+新媒体”的形式持续宣传推介当地人文社科知识首创,被省社科联科普办列为2018年度重点支持项目。

【论坛讲座】2018年,市社科联根据省委巡视组关于加强社科意识形态阵地管理的反馈意见,市社科联代市委起草《关于进一步加强全市社科理论类论坛管理工作的通知》。强化对社科类论坛的平台、临时性举办的论坛审批,加强主讲人的审查和现场监听监管。全年审批涟源涟水大讲堂、新化梅山大讲堂、娄底电信公司全球通大讲堂等学术论坛、讲座10余场次,取消市民办教育学会申请的幼儿教育讲座等2场次,监听涟源“李续宾与晚清湘军”、娄底移动公司VIP大讲堂等学术论坛、讲座8场次。

【庆祝改革开放四十周年征文系列活动】2018年3月,市社科联发出庆祝改革开放四十周年“历史回眸·记忆娄底”有奖征文活动的通知,截至7月底,征文活动收到征文700余篇300万字。10月,组织社科专家对征文作品进行评选,编辑出版庆祝改革开放四十周年《湘中论坛》特刊和《庆祝改革开放四十周年“历史回眸 记忆娄底”征文作品选辑》。12月27日,组织召开全市社科理论界庆祝改革开放四十周年座谈会,娄底日报开辟两个专版对部分领导、专家的重点发言进行集中刊发。

【全省社科专家基层行活动】2018年11月18日至19日,由省社科联党组成员、副主席戴树源带队,省地方志编纂委员会党组成员、副主任黄俊军,湘潭大学副校长、教授、博导刘建平等社科专家学者组成的湖南省社科专家服务团走进双峰,开展以“弘扬优秀传统文化,打造家风家教普及基地”为主题的社科专家基层行活动,为双峰挖掘整理传统文化资源、打造曾国藩故居AAAAA级景区把诊问脉,并撰写《弘扬中华优秀传统文化,打造双峰家风家教AAAAA级旅游景区的对策建议》调研文章,对双峰县传统文化传承,家风家教建设起到良好的促进作用。

(李向红　蒋　兰)

体　　育

【概况】2018年，娄底市体育学校以科学选材、培训、输送优秀体育后备人才为宗旨，以备战湖南省第十三届运动会为重点，各项工作顺利开展。制定市体校备战省十三运会工作方案，成立市体校备战领导小组，领导小组成员分别担任项目领队和项目责任人，对重点项目、重点运动员给予重点保障、跟踪管理。输送重点运动员到省级以上高水平运动队强化训练，组织重点运动员参加各类比赛，以赛代练，增强实战经验，对运动员做好反兴奋剂工作的宣传和学习，在湖南省第十三届运动会上派出运动员181名、教练员16名代表娄底市参加田径、摔跤、柔道、跆拳道、射击、羽毛球、游泳、网球八个竞技项目，获金牌20枚、银牌22枚、铜牌25枚，总分1276分，羽毛球、游泳、网球3个新开设的项目均获得省运会金牌，实现历史性突破，在十八届雅加达亚运会上再次实现历史突破，由市体校输送的田径运动员黄瑰芬和柔道运动员朱雅入选亚运代表团，并取得优异成绩。

【省级比赛成绩】2018年，市体校备战湖南省第十三届运动会，取得较好成绩。柔道获3金1银4铜，团体总分127.5分，位居全省第六。跆拳道获3金7银8铜，团体总分214分，位居全省第五。摔跤获4金7银5铜，团体总分243分，位居全省第五。羽毛球获4金1银2铜，团体总分136分，位居全省第五。游泳获1金2银3铜，团体总分218分，位居全省第七。田径获2金3银3铜，团体总分112.5分。网球获1金，团体总分77分，位居全省第六。射击获2金2银3铜，团体总分148分，位居全省第七。

【全国比赛成绩】

2018年市体育学校各项目全国及全国以上比赛成绩一览表

表88

竞赛名称	时间、地点	姓名	项目	名次
2018年全国青年羽毛球锦标赛	5.8—16　苏州	彭建钦	男乙单打	3
2018年全国青年羽毛球锦标赛	5.8—16　苏州	彭建钦	男乙双打	3
2018年全国青年羽毛球锦标赛	5.9—16　苏州	彭建钦	男乙团体	3
2018年全国羽毛球U16-18比赛	11.23—12.2　东莞	彭建钦	男乙团体	5
2018年全国冠军赛暨国家队国际比赛选拔赛	1.3—19　福建莆田	郭　卫	女子双向飞碟	5
全国跆拳道锦标系列赛第一站	3.30—4.30　无锡	吴　娟	女子62kg级	2
全国跆拳道锦标系列赛第一站	3.30—4.30　无锡	彭　姗	女子49kg级	2
全国跆拳道锦标系列赛第一站	3.30—4.30　无锡	吴　凯	男子80kg级	1
全国跆拳道锦标系列赛第二站	5.10—13　无锡	彭　姗	女子49kg级	2
全国跆拳道锦标系列赛第二站	5.10—14　无锡	吴　娟	女子62kg级	2
全国跆拳道锦标系列赛第三站	7.5—8　无锡	吴　娟	女子62kg级	5
全国跆拳道锦标系列赛第四站	9.9—12　无锡	向若铭	男子74kg级	1

续表 88

竞赛名称	时间、地点	姓名	项目	名次
全国跆拳道锦标系列赛第一站	4.23—26	张健毓	女子 44kg 级	5
全国跆拳道锦标系列赛第二站	5.30—6.1　运城	陆念鹏	男子 73kg 级	5
全国跆拳道锦标系列赛第三站	8.4—6　吕梁	陆念鹏	男子 73kg 级	2
全国跆拳道锦标系列赛第三站	8.4—7　吕梁	张健毓	女子 44kg 级	5
全国跆拳道锦标系列赛第三站	8.4—8　吕梁	周　莹	女子 44kg 级	5
全国青年锦标跆拳道总决赛	10.17—20　江安	周　莹	女子 44kg 级	2
全国青年锦标跆拳道总决赛	10.17—21　江安	陆念鹏	男子 73kg 级	3
全国跆拳道冠军总决赛	12.29—1.3　江苏无锡	向若铭	男子 74kg 级	5
全国跆拳道冠军总决赛	12.29—1.3　江苏无锡	彭　珊	女子 49kg 级	3
全国跆拳道冠军总决赛	12.29—1.3　江苏无锡	吴　娟	女子 62kg 级	5
全国跆拳道冠军总决赛	12.29—1.3　江苏无锡	吴　凯	男子 80kg 级	3
2018 全国女子自由式摔跤锦标赛	4.10—13　内蒙古包头	康艳霞	女子 50kg 级	5
2018 年全国 U17 古典式摔跤锦标赛	6.5—8　江西	曹　旷	男子 55kg 级	2
2018 年全国 U20 女子自由式摔跤	5.10—13　山东	康艳霞	女子 54kg 级	2
2018 年全国三跤总决赛	12.24—26　河北迁安	李密贵	男子 60kg 级	8
全国柔道锦标赛	4.13—17　河北迁安	黄　玲	团体赛	2
2018 全国柔道锦标赛	10.10—13　西安	朱　雅	女子 70kg 级	5
全国柔道青年锦标赛 U18U20	6.13—17　重庆	黄　玲	女子 57kg 级	3
全国柔道大奖赛	7.30—8.1	朱　雅	女子 70kg 级	1
第十八届亚运会	8.18—9.2　雅加达	朱　雅	女子 70kg 级	5
第十八届亚运会	8.18—9.3　雅加达	朱　雅	女子 70kg 级	3
2018 年全国田径锦标赛	9.14—17　山西太原	黄瑰芬	女子 100 米	3
2018 年全国田径锦标赛	9.14—17　山西太原	黄瑰芬	女子 200 米	3
2018 年全国田径锦标赛	9.14—17　山西太原	黄瑰芬	女子 400 米	4

续表 88

竞赛名称	时间、地点	姓名	项目	名次
2018 年全国田径锦标赛	9.14–17　山西太原	黄瑰芬	女子 4×400 米接力	1
2018 年全国田径冠军赛暨大奖总决赛（亚运会选拔赛）	6.15–17　贵州贵阳	郭　斌	女子 4×400 米接力	1
2018 年全国青年(U20)田径锦标赛	5.11–13　江西南昌	郭　斌	女子 100 米	7
2018 年全国青年(U20)田径锦标赛	5.11–13　江西南昌	郭　斌	女子 4×400 米接力	7
2018 年全国青年(U20)田径锦标赛	5.11–13　江西南昌	郭　斌	女子 4×400 米接力	2
第十八届亚洲运动会	8.18–9.2　雅加达	黄瑰芬	女子 400 米	5
第十八届亚洲运动会	8.18–9.2　雅加达	黄瑰芬	男女 4×400 米混合接力	4
第十八届亚洲运动会	8.18–9.2　雅加达	黄瑰芬	女子 4×400 米接力	2
第十八届亚洲运动会	8.18–9.2　雅加达	黄瑰芬	女子 4×400 米接力	4
2018 田径世界杯	7.15　英国	黄瑰芬	女子 200 米	8

（伍　晖）

全民健身

【概况】2018 年，娄底市全民健身服务中心按照国家体育总局指示，全面落实体育场（馆）“免费（低收费）开放工作”。游泳馆两个室外池、两个室内池，全年对身高 1.2 米以下的儿童免费、1.2~1.4 米的青少年半价优惠开放，夏季 6 月、7 月、8 月实行周五、周六上午免费开放，同时对成人游泳票价实行低收费，单次票价只相当于本市其他游泳场馆的八折。在夏季经营期内，每周星期五、六两天上午分别将室外池向广大市民免费开放（每天 300 人）。体育场二楼健身步道全天免费向公众开放，体育场内每天上午 6 时到 8 时、下午 5 时到晚上 10 时免费向市民开放，免费开放项目有健步走、慢跑、羽毛球、篮球，每天到体育场健身休闲市民上千人次。体育馆免费开放篮球、气排球、太极拳、柔力球、健身操等项目，免费开放时段为每天上午 8 点到下午 6 点，低收费开放时段为晚上 6 点至 10 点，开放 14 个小时，全年接纳健身人数 13 万人次。随着场馆开放力度的加大，市民参与健身人数不断增加。

【赛事活动】2018 年，市全民健身服务中心各场馆成

1 月 8 日至 1 月 14 日，湖南省青少年足球锦标赛（男子甲组）在娄举行

（市全民健身服务中心供图）

功协助完成国际级赛事2次，国家级的赛事活动6次，省级赛事活动8次，市级赛事活动20余次。1月8日至1月14日，湖南省青少年足球锦标赛（男子甲组）在娄底市体育中心举行，参与队伍30支，人数700人。最终由长沙市雅礼中学获得冠军，麓山国际实验学校夺得亚军。4月29日至5月1日，第四届CEFA国际标准舞全国大奖公开赛在娄底市全民健身服务中心体育馆举行，活动得到CEFA国际标准舞专业委员会和CEFA国际标准舞湖南考级中心的支持，参与队伍110支，参与人数过万。5月19日，2018中·塞“一带一路”“中国移动杯”国际男篮对抗赛在娄底市体育中心体育馆开赛，中国NBL联赛季军金健米业队和塞尔维亚明星队进行对决。6月12日，娄底市创建全国文明城市誓师大会在体育中心篮球馆召开，6000余名干部群众参加。5月23日，长沙银行杯”娄底市直单位第四届足球联赛开幕式在娄底市体育中心体育场举行，22支队伍参赛，其中市直行政事业单位14支，县市区行政事业单位和企业单位8支。8月20日，2018“高铁城市·直达娄底”第二届武术节、2018年梅山武术邀请赛暨湖南传统武术展演、中国国际跆拳道公开赛开幕式在娄底体育馆举行，5支梅山武术的代表队、8个省级以上传统武术非遗项目和马来西亚、新加坡以及国内各省市的72支代表队近2000名运动员进行同台展演。10月28日至11月5日，第七届娄底市直机关“长沙银行杯”男子篮球赛开幕式在娄底市全民健身服务中心举行，29支队伍300多名篮球爱好者参加。 （刘清乾）

2018年市全民健身服务中心先进集体(先进个人)一览表

表89

获奖集体(个人)	奖励名称	颁奖单位	颁奖时间
娄底市全民健身服务中心	湖南省十佳体育场馆	湖南省体育局	2018年12月

医疗卫生

综　述

【概况】2018年，娄底市卫生计生委机关内设科室18个，另设机关党委和离退休人员管理科。下设市地方病防治领导小组办公室、市计划生育药具管理站2个内设机构，下属市公共卫生应急救援指挥中心、市医学会医疗事故技术鉴定工作办公室、市医疗仪器服务站、市计划生育三优培训服务中心、市信息统计中心、市医疗纠纷调解中心等6个二级单位。全委有在职在编人员85人，离退休人员65人。市直医疗卫生单位9个，编制数4195个，在编工作人员2197人，人事代理人员1556名，合同制人员1445名。市直单位中正处级单位1个(市中心医院)，副处级单位6个(市卫生计生综合监督执法局、市疾病预防控制中心、市妇幼保健院、市第一人民医院、市第二人民医院、市中医医院)，科级单位2个，分别是市中心血站(高配副处级)、市骨伤医院。全市有医疗卫生机构3872个，其中医院112个，乡镇卫生院73个，社区卫生服务中心17个，村卫生室3385个，诊所、卫生室、医务室262个，妇幼保健机构6个，疾病预防控制中心6个。卫生技术人员21202人，其中执业医师及执业助理医师9553人，注册护士8139人。医疗卫生机构床位25033张，其中医院17779张，乡镇卫生院5423张，妇幼保健机构1088张，社区卫生服务中心678张。全市无偿献血连续八年获得全国先进，青少年健康发展高分通过国家中期评估，灭蝇达标高分通过省级复审，疾病预防工作在全省创造了十大亮点，计划生育工作获得全省先进。

【医药卫生体制改革】2018年，全市二级以上公立医院开展106个按病种付费的医保支付方式改革，全市公立医院药占比降至29.35%，居民个人卫生支出占卫生总费用比重降至28.86%。以市第一人民医院为试点，创新推进公立医院薪酬制度改革，较好体现医疗行业特点和医务人员技术劳务价值。深化“放管服”改革，下放行政审批事项，城区范围内个体诊所许可权限下放至娄星区。放宽医疗市场准入，全力支持社会办医，多元化办医格局基本形成。积极推进分级诊疗，全市共建成医联体8个，县域医联体4个，专科联盟1个，辐射带动力实现全覆盖。现代医院管理、药品供应保障等取得初步成效。

【健康扶贫】2018年，娄底市卫生计生委通过全科医生驻村、公共卫生提质、出生缺陷防控、行业资源整合四种模式，建立健康扶贫体系。举行家庭医生签约服务“春天行动”，出动团队485个1650人次，服务群众160万人。实施健康扶贫“三个一批”行动计划，全年全市大病集中救治1.7万余人，重病兜底保障2654人，慢病签约覆盖6.4万人，签约率与救治率均100%。全年全市农村贫困人口专项救治病种新增13种大病，新增后专项救治病种数27个。全市各县市区均启动“一站式”结算服务，全市县域内住院贫困患者大病救治率90.03%。扎实开展扶贫帮困工作，组织全市卫健系统对扶贫点开展健康义诊和扶贫活动，为全市贫困群众送医、送药、送健康。举办“防治出生缺陷，助力健康扶贫”宣传活动，得到国家卫健委、中国出生缺陷干预救助基金会、省卫健委领导高度评价。中央电视台《新闻联播》专题报道娄星区的“健康快车”，湖南省委“6大措施推进精准扶贫之一”的健康扶贫引用娄底经验。

【医疗卫生服务】2018年，娄底市卫生计生委实施进一步改善医疗服务行动计划，全市26家二级及以上医疗机构(含中医医院、妇幼保健院)出台改善医疗服务事项。加强医生本土化培养和规范化培训，全市307名全科医生转岗学员进行轮科培训，建立全科专业住院医师规范化培训基地和助理全科医生培训基地。是年，市中心医院通过评定，确认为国家医师资格考试实践技能考试基地。落实全面两孩政策，做好妇幼公共卫生服务，全市出生缺陷发生率降至万分之

3月6日，娄底举行《湖南·娄底市人口和计划生育志》首发仪式　（市卫生计生委供图）

8月16日，娄底市举行首届"中国医师节"庆祝大会暨娄底市"最美医师"表彰大会，对100名娄底市"最美医师"进行表彰　　（市卫生计生委供图）

96.79，远低于全国万分之560的发生率。娄底被中国出生缺陷救助基金会认定为遗传代谢病救助基地。全面加强应急体系建设和培训演练，不断提升免疫规划工作水平，全市未发生甲类传染病，未发生大面积的传染病暴发流行。重点加强艾滋病患者、肺结核患者免费治疗。强化职业病防控，全市新增职业病发病人数下降21.9%。全市公共卫生安全形势总体趋好。加快中医药事业发展，全市所有综合医院、乡镇卫生院均开设中医科（门诊）和中药房，启动全国基层名老中医传承工作室建设。中医药特色优势得到充分发挥，市中医医院确立针灸推拿科、心血管科等一批省中医重点专科。积极推进健康乡村建设，强化农村公共服务卫生，加强基层卫生服务体系建设，改善乡镇卫生院医疗条件，全市建成587个标准化村卫生室。家庭医生签约服务提质扩面，全市签约服务183.4万人。

【民生健康】2018年，娄底市卫生计生委大力推进项目建设，完成固定资产投资18.6亿元。市第二人民医院儿科综合楼项目主体和市疾控中心检验检测综合用房改扩建工程主体封顶。天门健康小镇中医养生基地、达安基因娄底医养中心等项目稳步推进。全科医生驻村全覆盖行动扎实推进，全市培育全科医生或助理全科医生1127名，每万城乡居民拥有全科医生2.9名，排名全省第一，提前实现"十三五"规划目标。超额完成农村适龄妇女"两癌"免费检查和孕产妇免费产前筛查两项重点民生实事。计划生育特殊家庭扶助关怀政策有效落实，计划生育家庭奖励扶助保障制度惠及9.5万人。流动人口卫生计生均等化服务水平明显提升。以市政府名义出台《关于鼓励医养结合型养老服务业发展的意见（试行）》，医养结合有序推进。深入开展爱国卫生运动，试点推进"厕所革命"，全市卫生厕所改造率85.59%。

【行业作风建设】2018年，娄底市卫生计生委全面加强行业作风建设，落实行风建设"九不准"规定，创新开展公立医院医疗机构药品带量采购，重拳整治"过度医疗"。全市公立医疗机构实行药品带量采购后，药品采购价格总体降幅12%，全市公立医院节约药品采购费用近1.5亿元。全市医疗总费用同比下降1.16%，住院人均费用同比下降2.06%，大大减轻老百姓负担，费用降幅全省领先。　　（成丽辉）

2018年市卫生和计划生育委员会先进集体（先进个人）一览表

表90

获奖集体（个人）	奖励名称	颁奖单位	颁奖时间
娄底市妇幼保健院门诊团支部	全国五四红旗团支部	共青团中央	2018年5月
陈　洁	第二届"绿动新智慧，起搏世界杯"全球总决赛获优胜奖。第二届中国起搏疗法技能大赛全国总决赛亚军	中国医师协会心律学专业委员会 中华医学会心电生理和起搏分会	2018年6月
娄底市医疗纠纷调解委员会	全省"三调联动解纠纷防控风险促发展"专项调解活动先进集体	省司法厅	2018年7月
娄底市中心医院	全国改善医疗服务行动计划先进单位	国家卫健委	2018年12月

卫生计生综合监督执法

【概况】娄底市卫生计生综合监督执法局是全额拨款的副处级参照公务员法管理的事业单位，核定编制32人。2018年，有在职职工29人，内设2个管理科室和7个业务科室。

【打击“非法行医”】2018年，市卫生计生综合监督执法局以“城中村”、城乡接合部等流动人口聚集地为重点地段，严厉打击未取得“医疗机构执业许可证”擅自开展诊疗活动的无证“黑诊所”。以零售药店为重点，严厉查处未取得“医疗机构执业许可证”擅自聘用医师或非医师从事坐堂行医的行为。全年立案查处各类违法案件66起，罚没金额502563元，取缔黑诊所56家。

【公共场所、饮用水、学校卫生监督检查】2018年，市卫生计生综合监督执法局对辖区内公共场所经营单位进行监督检查。全市住宿业、游泳业、美容美发业卫计监督量化分级管理率100%，卫生许可证的办证率100%；从业人员上岗持证率100%，从业人员卫生知识知晓率100%，五病调离率100%。对抽检的公共场所和饮用水供水单位进行卫生抽检，抽检覆盖率100%，合格率100%。对辖区内学校和托幼机构进行卫生监督执法检查，出动监督员262人次，车辆122台次，对存在的问题下达卫生监督意见书，要求各学校对生活饮用水安全问题做出书面承诺，并对各县市区开展学校卫生监督进行专项评估。

【传染病防治监督】2018年，市卫生计生综合监督执法局以手足口病防治工作为重点，加强对市直管医疗机构传染病防治管理组织、制度、应急预案、发热门诊、预检分诊、传染病疫情报告、医院消毒管理、临床用血、医疗废物和医院污水处置等情况监督管理。全年检查医院52家，责令限期整改12家、立案查处12家、下达书面整改意见90余份、现场点对点指导110余户次。

【专项整治工作】2018年，市卫生计生综合监督执法局开展医疗卫生机构医疗废物和医院污水专项督查。重点对辖区内医疗机构的医疗废物收集、暂存、运送、处置和集中处置情况、医院污水处置整改落实情况、医院污水是否达标排放等进行全过程监督。开展墙体医疗广告清除专项整治工作。先后对市中心医院、娄底东方医院、娄底现代医院、娄底丽人妇产医院、娄底阳光医院等20余家重点发布医疗广告的单位逐一进行检查，逐步实现医疗广告规范化、制度化，有效净化医疗广告市场。开展血液透析专项整治工作。对12家医疗机构进行专项执法检查，对个别单位存在的血透用房不规范等问题下达监督意见书。开展餐饮具集中消毒服务单位专项整治工作。全市监督检查餐饮具集中消毒服务机构17户次，抽检餐饮具样品57个，合格57个，合格率为100%。同时针对在专项监督检查过程中发现存在问题的餐饮具集中消毒服务机构，出具卫生监督意见书6份。开展全市集中式供水卫生安全隐患排查。针对全市乡镇集中式供单位多(300余家)，合格率较低的情况，市、县两级开展全市集中式供水卫生安全隐患排查整治。对检查中发现的不符合要求的供水单位责令其限期整改，并建立整改台账，对整改落实情况进行追踪复查，对未落实整改的严厉依法查处，确保全市人民群众饮用水卫生安全。

【创文管卫工作】为2018年，市卫生计生综合监督执法局重点加强对美容美发店、歌舞厅、洗浴室、旅馆等各类公共场所单位的卫生监督管理。出资20余万元用于制作、发放各类创文宣传标语、标识、宣传牌、公示牌，添置各种创文管卫设备设施，开展各级各类公共场所负责人与从业人员创建全国文明城市专题培训等工作。

【“双随机”工作】2018年，市卫生计生综合监督执法局根据省、市相关文件要求制定“双随机一公开”实施细则及抽检方案，建立执法人员和市场主体名录库及专人负责制度，根据实施细则对公共场所、生活饮用水、学校及医疗机构规范执业等进行双随机监督检查。（曾琼阳）

疾病预防控制

【概况】2018年，娄底市疾控中心深入贯彻“预防为主”的卫生工作方针，全面落实重大疾病防控措施，全力提升传染病防治水平，经受住长春长生疫苗事件、流感防控等各种考验，完成各项指令性工作任务，全市未报告甲类传染病，没有发生大面积的传染病暴发流行。参加全省寄生虫病防治技能竞赛，获全省团体第一，在全省率先印发《娄底市流行性感冒防控技术方案》。全省职业健康体检机构质量考核中，综合考核结果排名第四，实验室盲样考核优秀，排名第二。参加的其他19项国家级和省级质控样考核均达到优秀（合格/满意）水准。被省疾控中心评为"2018年度湖南省疾控系统健康教育和新闻宣传工作先进单位"。

【疾病防控】2018年，娄底市疾控中心报告乙类传染病17种，报告病例数11875例，报告发病率为304.95/10万，发病率同比下降0.79%；报告死亡45例，累计报告死亡率1.16/10万，死亡率同比上升12.5%；其中，非典、脊灰、人感染高致病性禽流感、炭疽、流脑、白喉、新生儿破伤风、钩体病、人感染H7N9禽流感等9种乙类传染病无病例报告。报告丙类传染病6种，报告病例数19305例，报告发病率495.75/10万，同比上升7.32%；死亡1例，报告死亡率0.026/10万，死亡率同比下降66.7%。全年有效处置各类突发公共卫生事件36起。加强疫苗流通和预防接种管理工作，在全市范围内开展脊髓灰质炎灭活疫苗补种工作，按照新版《疫苗储存和运输管理规范》对全市进行专项督导，开展流感疫苗供应情况报送工作。全市结核病防治工作各项主要指标全部达标，艾滋病防治工作指标均居全省前列，结核病、艾滋病诊疗转型任务全面完成。积极推进慢性病防控示范区建设，打造高品质支持性环境。全市健康教育工作网络实现市、县（区）、乡镇（社区）、村全覆盖。

【卫生监测】2018年，娄底市疾控中心完成国家双随机抽检监测工作。根据国家及省里下发的2018年双随机抽检监测工作任务及要求，保质保量完成对市直及开发区公共场所50余家单位、各（县、市）区39所中小学校的卫生监测工作，并对各被监测单位进行卫生学评价，对学校传染病和常见病的防控、食品安全管理等方面进行指导，保障学生身体健康安全。抽查全市16所幼儿园和学校5614名学生的视力筛查和调查问卷工作，通过此次视力调查，掌握娄底儿童青少年的总体近视率（48.54%）。是年，完成中心城区160个水样的监测工作，完成农村饮用水556个水样8万余条数据的审核上报工作，任务完成率123%。建立城市饮用水监测网络，为全市生活饮用水安全管理工作提供有力技术支撑。推动"厕所革命"，完成对全市农村995325户、农村公厕2213所、农村医疗机构3090所、农村学校1080所的农村改厕专项调查工作。是年，娄底市疾控中心全面完成《2018年湖南省食品安全风险监测方案》及实施细则的监测要求，食品化学污染物和有害因素监测、食品微生物及其致病因子监测任务完成率100%。审核上报2525例病例信息；完成121例食源性疾病生物标本检测数据上报。审核上报食源性疾病暴发事件42起，无学校群体性食物中毒事件发生，食源性疾病暴发事件不明原因率未超过全省平均水平。是年，新增报告医院90家，其中19家医院进行病例信息报告。根据《2018年湖南省空气污染对人群健康影响监测工作方案的通知》要求，PM2.5现场监测全年采样84天，采集样品1680份。

【职业病防治与职业卫生技术服务】2018年，全市报告新发职业病422例，其中尘肺病例418例，占报告总例数的98.8%，职业性噪声聋2例，职业性慢性苯中毒1例，职业性慢性镉及其化合物中毒1例，尘肺晋期病例58例。报告疑似职业病297例，职业禁忌证466例，农药中毒21例，均为非生产性中毒。全市累计完成对160家企业的23858人职业健康体检。全市职业病报告及时率100%。全年完成3279的体检个案录入（含直接录入省信息平台数据），工作覆盖到全市5个县（市、区），实现重点职业病监测工作全覆盖。

【卫生检验】2018年，娄底市疾控中心检验样品6118份，检测项目约24230项。其中：流感监测样1153份、疑似禽流感样21份、禽流感环境样306份、手足口病样本335份、食安样359份、水质分析样186份、消毒监测样30份、尿碘和水碘样900份。职业卫生样154份，公共场所样92份，食源性疾病病例样67份、艾滋病CD4监测样1487份、艾滋病确认样303份、艾滋病初筛样350份以及其他样品375份。

【职业病防治医院】2018年，娄底市疾控中心加强医用耗材、检验试剂集中采购工作，与配送企业签订年度医用耗材、检验试剂购销合同。门诊部加强肝病专科、尘肺病专科等特色专科建设和尘肺病患者的门诊治疗，积极创造条件开展尘肺病农民工住院康复治疗。狂犬病暴露后预防处置及时、规范、有效,全年处置动物伤患者6000余人,狂免用量11160支,狂苗用量24000支,均按规范处置,未发生免疫失败病例。全年接种乙肝疫苗5600余人次,HPV四价疫苗700余人次,HPV二价30余人次,流感疫苗300余人次,23价肺炎疫苗20余人次等,破伤风疫苗1000余人次。HIB疫苗200余支,未发生医患纠纷。2月初,适龄儿童国家免疫规划疫苗接种及管理工作移交给乐坪社区卫生服务中心 。一类疫苗退还娄星区CDC,二类疫苗全部接种完成,未报废一支疫苗。接种资料随平台实现顺利迁移。开通"娄底市职防医院健康管理中心"微信公众号,让体检者足不出户就可以详细了解自己的检查结果。全年接待体检单位约100余家,承接体检人员3.9万人,体检收入600余万元,其中健康体检4800余人、职业健康体检12840余人、放射人员体检340余人,从业人员体检19954余人、驾驶证体检10795人次,学生体检7685人,职业病诊断515人次。

【质量管理】2018年,娄底市疾控中心按照新版质量体系文件对有关科室进行内部质量控制考核;对传染病防制、病媒生物防制、职业卫生、放射卫生、学校卫生等学科的监测标准进行查新。全年发放检测报告单3352份,其中艾滋病监测1454份、流感887份、生活饮用水630份、公共场所检测249份、其他132份,对评价报告进行审核签发,严把质量关,抽检合格率100%。 (蒋 媛)

2018年娄底市疾病预防控制中心先进集体(先进个人)一览表

表91

获奖集体(个人)	奖励名称	颁奖单位	颁奖时间
市疾控中心	2018年湖南省寄生虫病防治技术竞赛团体奖第一名	省卫生计生委	2018年6月
市疾控中心	2018年全年传染病网络直报系统信息报告质量统合评价并列第二名	省疾控中心	2019年1月
市疾控中心	2018年湖南省艾滋病防治工作先进单位	湖南省疾控中心	2019年3月

娄底市中心医院

【概况】2018年,娄底市中心医院接诊门急诊病人137万余人次,年出院病人7.87万余人次,获全市应急演练及应急联动优秀单位、全市工会工作考核红旗单位、消防工作先进单位、内部治安保卫工作先进单位、网络问政良好单位等荣誉。

【医疗质量管理】2018年,娄底市中心医院院领导开展调研走访和查房150余场次,职能科室开展各种形式的质量安全督查200余次,组织开展疑难病例全院大讨论、临床医技科主任和护士长会议等150余场次,开展科间病历大讨论和互学互评活动80余场次,举办各级、各类培训70余场次,开展理论、操作考核90余场次。在全院开展医疗安全专项整顿活动,持续改进医疗质量和医疗安全管理。5月,医院成功申报国家卒中中心,全省胸痛中心12月通过专家审核。同时,深入开展优质护理服务,全院床护比1:0.4,优质护理服务率100%。是年,在国家卫健委开展的全国医院满意度调查工作中,医院住院患者满意度在全省58家三甲医院中排名第十位,患者满意度总分位居第16名,满意度各项指标在全市各级参评医院中位居第一位。医院获全国母婴安全优质服务单位、全国改善医疗服务行动计划先进单位、湖南省优质护理服务表现突出医院、全省流感监测工作先进单位、全省急救操比赛亚军、全省肿瘤多学科综合诊疗比赛一等奖、全市产科技能比武一等奖、全市"中国医师节"健康科普大赛冠军等多项荣誉。

【科技创新】2018年,娄底市中心医院获省科技厅科研立项7项,省卫健委科研立项2项,娄底市科技局科研立项15项。获国家实用新型专利2项。干部职工发表论文103篇,其中,SCI论文1篇,有7篇论文获娄底市第十届自然科学优秀论文奖。在第三届湖南省医院协会护理管理专委会护理技术创新大赛中,1项发明获护理技术与管理创新项目一等奖,2项发明获护理产品创新项目二、三等奖。在全省率先开展经皮经肝胆囊穿刺保胆取石术，在全市率先开展粪菌移植治疗炎症性肠病、心脏复律起搏除颤仪（ICD）植入术、鼻内镜下咽鼓管球囊扩张术、切割球囊技术、翼管神经高选择性切断术、多影像融合导航下激光消融术等新技术新项目近20项。12月4日，院士专家工作站完成续签，2全年与中南大学湘雅检验所合作开展孕妇外周血胎儿游离DNA产前检测1400余例，开展抗高血压药物、肿瘤靶向药物等个体化基因检测100余例，其中医院独立开展华法林个体化用药基因检测20余例，直接经济效益260余万元。承办全省心脏康复基层系列巡讲、全省呼吸慢病管理及COPD规范化诊疗巡讲、全省肿瘤微创精准医疗超声介入培训班、全省高血压与脑卒中高峰论坛及市医学会耳鼻咽喉头颈外科学、疝与腹壁外科学、泌尿外科学、新生儿医学、麻醉学、急诊医学、检验、放射、血液净化专业委员会年会等省市学术活动27场次；全国基层妇产科医师培训工程湖南妇科内分泌培训基地落户医院，市医学会围产医学、健康管理学、临床药学专业委员会暨临床用药质量控制中心成立并挂靠医院。全年招收10名全日制临床硕士研究生，完成8名2015级全日制硕士研究生和6名同等学力研究生毕业论文答辩和学位评定工作，接收20所学校医疗医技类实习生325人、护理类实习生319人，接收外院进修医师37人、进修护士12人，带教本科生147名，培养基层全科医生、住院规培医生413名。医院顺利通过国家医师资格考试实践技能考试基地复评，成为全省五家国家医考基地之一。

【硬件建设及6S精益管理】2018年，娄底市中心医院依法依规依程序购置一批先进、必需的医疗设备，其中全自动生化检验设备、西门子彩超、眼前节分析诊断系统等高端仪器均投入使用。科教楼旁的立体停车场投入使用。进一步巩固和发展6S精益管理成果，医院6S精益管理工作得到省卫健委相关领导以及业内同行的充分肯定，为医院通过"三甲"医院复评打下坚实基础，并受邀在全省医疗管理暨改善医疗服务工作会议上作典型发言。

【对口支援和精准扶贫】2018年，娄底市中心医院选派4批13名专家到麻阳苗族自治县人民医院开展精准帮扶工作。该院学科建设得到明显加强，基本上做到苗族同胞大病不出县。医院对口帮扶工作获国家卫健委专家组的充分肯定。派遣6名主治医师到新化等地乡镇卫生院开展"医卫特派员"工作，选派16名主治医师前往市监管中心、市纪委办案中心等地开展医疗服务工作；对冷水江市人民医院等7家医联体合作单位给予全面支持；全年救治"明天计划"残疾孤儿22例，为11名白内障患者实施免费复明手术；组织专家开展急救知识等培训宣讲近40场次，开展各种义诊35场次，全年为门诊病人减免诊疗费895万余元。医院全年自筹扶贫资金20余万元，争取、整合扶贫资金60万元，开展村级服务中心建设、村道拓宽、贫困户危房改造、农田电排修缮等基础建设项目。全院43名党员干部对49户建档立卡贫困户实行"全覆盖"结对、"一对一"帮扶，医院主要领导4次入村调研帮扶，分管院领导10次入村指导，开展结对帮扶及下乡义诊活动5次；通过"以奖代投"发展产业，全村建档立卡贫困户均以入股分红的形式加入合作社，稳定贫困群众收入。

【队伍建设】2018年，娄底市中心医院依法依规招收硕士研究生16名，对10名军转干部、退役军人及随军家属进行接收安置，先后对2015—2017年专业技术人员的职称进行聘用，对16名"最美医师"进行评选表彰，邀请国内著名医学专家到院开展学术讲座40余场次，选派医疗技术骨干外出进修500余人次，人才队伍素质进一步提高，涌现许多先进典型和服务标兵。

【党风廉政建设和行业作风建设】2018年，娄底市中心医院组织召开警示教育大会4场次，组织新进人员进行医德医风岗前培训6场次，组织观看电教片2场次；充分运用"四种形态"监督执纪，全年开展谈心谈

10月30日，由省卫健委主办的全省"救"在身边——急救操比赛在省人民医院举办，娄底市中心医院获比赛亚军　（市中心医院供图）

12月4日，中国工程院院士周宏灏工作站续签仪式暨个性化医疗新进展学术研讨会在娄底市中心医院E区六楼会议室举行　　（市中心医院供图）

话5502人次，提醒约谈595人次，诫勉谈话26人次，做到"咬耳扯袖、红脸出汗"常态化；加大药品、耗材带量采购力度，压缩药品、耗材不正当操作空间，开展过度医疗专项整治，对发现的12例不合理检查、5例不合理使用高值耗材进行全院通报和相应处罚；按规定暂停药物品种4个，限半量采购药物品种3个；停掉留置针、输氧宝等19个品牌，相关平均费用下降35.5%，各试剂、普通耗材价格下降20%，全年平均住院日为10.4天，次均住院费用较2017年降低10.78%，抗菌药物使用各项指标均控制在省卫健委规定范围之内。同时，加大违纪问题的查处力度，全年开展作风建设专项督查10余场次，处理违纪违规案件6起，对8名违纪违规工作人员给予取消评先评优资格、行政警告、党内警告等处分。　　（黄小红）

2018年娄底市中心医院先进集体（先进个人）一览表

表92

获奖集体（个人）	奖励名称	颁奖单位	颁奖时间
娄底市中心医院	湖南省优质护理服务表现突出医院	湖南省卫计委 湖南省中医药管理局	2018年4月
娄底市中心医院	湖南省2016—2018年度流感监测工作先进单位	省卫疾控处	2018年6月
娄底市中心医院	医院文化建设先进单位	省医院协会、省医院协会医院文化专业委员会	2018年6月
娄底市中心医院	湖南省2016—2018年度流感监测工作先进单位	省卫疾控处	2018年6月
娄底市中心医院	全省"最美扶贫人"微视频创作竞赛二等奖	省委党员干部现代远程教育工作管理办公室	2018年7月
张称奇	湖南省优质护理服务表现突出个人	湖南省卫计委 湖南省中医药管理局	2018年4月
贺华经	2018年十佳急诊医生	湖南省医学会急诊医学专业委员会	2018年5月
	湖南省院前急救管理质量控制中心2018年度先进个人	湖南省院前急救管理质量控制中心	2018年8月
陈　洁	湖南好医生	湖南省医生协会	2018年8月
曾秋华	年度学科卓越贡献奖	湖南省重医药和中西医结合学会医学影像专业委员会	2018年12月
易慧娟	2014—2018年度湖南省高压氧医学先进个人	省高压氧控制中心 省医学会高压氧学专业委员会	2018年12月

娄底市妇幼保健院

【概况】2018年，娄底市妇幼保健院坚持内涵建设和技术升级，强化创新驱动和文化引领，全方位全周期保障妇女儿童健康。医院整体搬迁项目建设稳步推进，争取到国家发改委全民保障工程中央预算内投资资金2500万元，综合楼一期（门诊楼）完成阶段性竣工验收，项目综合楼二期、医技楼完成施工招标。加入湖南儿科医联体、湖南妇幼健康服务联盟、湘雅产科联盟、湖南家辉遗传专科医院和湖南生殖专科医院联盟单位等五个上级医联体，成为中国妇幼保健协会“1+N全国基层妇产科医师培训工程”项目“1”基地和中国出生缺陷干预救助基金会的出生缺陷干预救助基地。获全国五四红旗团支部、湖南省五四红旗团支部、中国妇幼保健协会“她健康”优秀团队、2015—2017年改善医疗服务行动先进科室等十余项荣誉。职工418人，其中在编人员116人、合同制人员302人、中级以上技术职称115人、副高以上职称53人。全年接诊门急诊病人22万余人次，年住院病人12000余人次。

【妇幼保健】2018年，娄底市妇幼保健院全力保障母婴安全，孕产妇死亡率控制在1.26‱，同比下降1.1个万分点；婴儿及五岁以下儿童死亡率分别控制在3.14‰和6.49‰；出生缺陷综合防控全省领先，产前筛查率92.96%，产前诊断率76.90%，确诊的36例畸形胎儿均进行医学干预，全市出生缺陷发生率降至9.68‰，远低于全国56‰的发生率；高效完成两项民生实事，其中农村适龄妇女“两癌”免费检查目标任务完成率102.99%。

【科研教学】2018年，娄底市妇幼保健院承担国家级科研课题维生素A、E与孕期子痫前期及儿童呼吸道感染相关性研究，第一期圆满完成；承办国家级、市级学术论坛讲座5次，其中由中国妇幼保健协会主办的第一届全国“1+N”基层妇产科医师培训工程“1”基地培训会议，推动全市妇产学科新发展；在国家级、省级刊物发表论文30篇；加强医教协同合作，与娄底职业技术学院护理学院举办助产班。开展复发性流产中医药及针灸保胎治疗、乳腺微创旋切术等新技术10余项。

【医疗服务】2018年，娄底市妇幼保健院顺利通过市级危重孕产妇救治中心复核评估。完善升级信息系统，掌上医院微信端上线，预约、挂号、缴费、查询功能一机办理。严格控制药占比，规范抗菌药物使用，全年全院药占比控制在30%以下。大力推行临床路径管理，继续保持入径疾病10种；建立多学科诊疗模式，实行同级医疗机构检查、检验结果互认，促进合理检查，降低患者就诊费用。护理品管圈全面铺开增至11个，推进优质护理，改进护理质量。

【公益民生】2018年，娄底市妇幼保健院建扶新化曹家镇玉溪村，选派复转军人担任村第一支书，扎实推进精准扶贫，圆满完成扶贫任务，实现整村脱贫。积极争取中国出生缺陷干预救助基金会项目资金360万元，免费为全市2万名新生儿进行多种遗传代谢病疾病筛查检测。推出14项惠民利民优惠措施，减免群众看病支出近100万元。推动优秀医疗资源下沉，组织专家到各县市区及农村社区开展送医送药义诊科普活动10余场次，免费发放药品10余万元。选派技术骨干对口支援新化水车卫生院、琅塘卫生院。大力开展医院志愿服务，服务时间上万小时，其中首倡开展的“守护成长 呵护花蕾”关爱留守儿童公益项目，走进10余所学校；免费开展月嫂培训3期，输出专业人才近200名，促进下岗女工和农村剩余劳动力再就业，推荐就业率95%以上。

【行业作风】2018年，娄底市妇幼保健院多措并举抓行业作风建设。签订党风廉政建设和行业作风建设责任书以及个人承诺书。开展作风建设专项督查6次、提醒谈话9人次、履责约谈2人次、谈心谈话1228人次。以“行业作风整治年”为抓手，着力整治行风，百元医疗收入（不含药品收入）中消耗的卫生材料降为20.7元，后勤物资的采购通过公共资源交易平台批量采购，节约成本30%；实行药品带量采购，整体平均降幅15%。全年医务人员主动拒收红包礼金50余次，收到患者的感谢信和锦旗20余封（面）。

（袁益华）

2018年市妇幼保健院先进集体(先进个人)一览表

表93

获奖集体(个人)	奖励名称	颁奖单位	颁奖时间
娄底市妇幼保健院	全国五四红旗团支部	共青团中央	2018年5月
娄底市妇幼保健院	省五四红旗团支部	共青团湖南省委员会	2018年5月
娄底市妇幼保健院产二科	2015—2017年改善医疗服务行动先进科室	省卫生计生委	2018年1月

娄底市第一人民医院

【概况】2018年，娄底市第一人民医院编制床位1200张，职工800余人，其中高级职称专家130余人、中级职称220余人、本科及研究生以上学历500余人。设有烧伤整形外科、泌尿外科、骨外科、呼吸内科、心血管内科、儿科等20余个临床重点专科。

【医疗业务】2018年，娄底市第一人民医院门诊服务30万余人次，出院人次2.5万余人次。组织院长行政医疗查房23次，院领导巡查20次，医疗质量与安全不断增强；完成全科医生转岗培训临床技能考核；为涟钢等10余家单位2万余人次提供体检服务。

【学科建设】2018年，娄底市第一人民医院得到北京安贞医院支持并筹建高标准介入中心，成立“北京大学人民医院脊柱外科专家工作站”和“北京海鹰脊柱健康公益基金会湖南救助中心”，联合湘雅医院成立骨科娄底合作病区，成立娄底市医学会创面伤口修复专业委员会并任主委单位，成为湖南环境生物职业技术学院附属医院，承办娄底市基层卫生人才能力提升和超声医生适用技术培训班、“湖南省医学会重症医学基层行”、市神经外科学术年会等省市级学术活动和年会，举办“空中120”应急救援技能培训等。烧伤整形外科主任周勇获娄底市市长质量奖唯一个人奖。

【健康扶贫】2018年，娄底市第一人民医院通过建立医联体、推广医联快车等方式开展健康扶贫。在驻点扶贫村青山湾村开展医疗帮扶和产业脱贫，是年整村脱贫，村民脱贫59户186人。为全市20名建档立卡需要手术的严重髋(膝)关节疾病贫困户提供免费人工关节置换术(总价值约200万元)。

【医疗合作】2018年，娄底市第一人民医院加强与娄底经开区合作，推进医联体和分级诊疗，“一院两翼”架构业已成型。派出20名专家到医疗联盟单位开展急诊急救知识培训班17期，1352人次。派出专家团队389人次进行技术指导185次。开展“医联快车”进农家活动85次。双向转诊病人500余人，上转421人，下转100余人。多部门携手共建卫康室，当好居民健康“守门人”。

【行风建设】2018年，娄底市第一人民医院以“过度医疗”专项整治为重点，以“人事薪酬改革、带量采购专项整治、药品耗材医保综合治理、最美医师评比”等为抓手，严实开展行业作风整治和“三合理一规范”行动。全年纪律处分3人；住院药比降至30%以内，同比下降15%；药品采购超计划目标1.11%，降幅17.11%；普通和高值耗材在中标价基础上平均降幅超过20%；百元医疗收入(不含药品)消耗的卫生材料同比下降5%；进一步规范公车管理，清理办公用房19间，清理并整改68.19平方米，腾退8间；整改超标公务接待23起，补缴10663元；进一步规范医务人员医疗执业及服务行为，表彰医联体33名“最美医师”，含省、市级各2人；评选表彰获市级和省级三十年护理奉献奖的7人、7名“最美护士”和35名“优秀护士”，患者满意度明显提高。(鄢　婷)

娄底市第二人民医院

【概况】2018年，娄底市第二人民医院在职职工369人，其中高级专业技术人员50人、中级专业技术人员

104人，初级专业技术人员174人，管理和工勤岗位人员41人。是年，医院坚持“以病人为中心”的服务理念，以争创二级甲等综合医院为契机，改善医疗环境和诊疗条件、丰富优质服务内涵、完善便民惠民措施，成功创建二级甲等综合医院，获市平安医院示范单位荣誉，医院综合实力有所提高。

【硬件设施】2018年，娄底市第二人民医院积设备完好率为92%以上，检验合格率95%。新引进腹腔镜器械、手持肺功能仪、手术无影灯、血球分析仪、电解质分析仪、细菌鉴定仪、移动式空气消毒机、试剂冷柜、血液流变测试仪、呼吸机以及120车载担架等医疗设备(器械)18台，加强后勤保障工作，确保临床需要。

【技术创新】2018年，娄底市第二人民医院积成功完成首例永久人工心脏起搏器植入术；内三科糖尿病足病科研项目申报成功，实现医院“科研项目”零的突破；外一科微创手术有新进展，开展完全乳晕入路原发甲状腺癌腔镜下双侧甲状腺次全切除术、无辅助切口完全镜下直肠癌根治术两项独立新手术，拓展输尿管软镜手术；外二科开展人工髋关节、膝关节置换手术成功治愈首例高龄粉碎性股骨骨折患者，并开展皮肤牵张技术治疗、四肢难愈性溃疡、椎间孔镜下腰椎间盘摘除术等多项手术项目；内四科开展溶栓技术，被娄底市定为“卒中中心”；护理部创新实习生带教考核模式，带教内容加入临床科室接诊新入院病人考核，要求护士树立人文关怀理念，提高日常沟通能力、健康宣教水平、急救意识和快速反应处置能力，考核更全面、更系统；全院发表学术论文12篇。

【优质服务】2018年，娄底市第二人民医院积推进合理用药、合理检查和合理治疗，规范抗生素使用管理，降低医疗总费用，减少病人开支。加强病历质量考核、推行出院病人定期回访，开展职业道德和诚信教育，全面营造优质服务氛围。8月，掌上医院微信端上线，开通门诊当日挂号、预约挂号、诊间缴费、查询检验报告单、院缴费、查询住院基本信息及住院费用明细等多种功能。是年，内三科被市卫生计委授予“2015—2017年全市改善医疗服务行动先进单位”；李江被省卫生健康委和省中医药管理局授予“护理服务表现突出个人”称号；李波获“全省卫生计生工作先进个人”荣誉；曾铭被评为省优秀医考官。院门诊、住院患者满意率分别为92.2%、93.5%。

【医疗任务】2018年，娄底市第二人民医院积完成业务收入6211.48万元，比上年减少914.38万元，同比减少12.83%。完成门诊诊次49346人次，比上年增加10754人次，增长27.87%；出院病人完成8002人次，比上年减少940人次；病床使用率65.9%，比上年下降8.6%；病床周转次数27.8，比上年减少10.32%；出院者平均住院日8.7天，比上年增加0.4天。手术台数1207例，比上年增加128台。药占比为37.73%，比上年下降1.27个点，次均住院费6041.83元，比上年减少346.76元。

【带量采购】2018年，娄底市第二人民医院积极推行药品、耗材带量采购，采取院内公开竞价招标的形式，邀请药品供应商、医疗设备耗材供应商参加多轮价格谈判，实现采购价格大幅降低。其中对血液净化类、医学影像类及其他一次性卫生材料等400余种医用耗材逐一进行现场竞价招标，招标后减少耗材成本25%以上；骨科高值耗材降低成本22%。

【人才培养】2018年，娄底市第二人民医院开展院内讲座30余场次，参加人次3500余人次。每月进行一次低年资(3年内)医生考试，每季度进行一次全院医务人员“三基考试”。大小应急演练30余次。选送10名医师和9名护士到上级医院进修学习，选送50余人次参加省内外短期培训，带教进修、实习人员100余人次。

【行风整治】2018年，娄底市第二人民医院加大对医疗方面和医疗购销领域侵害群众利益行为有关问题处罚力度。定期组织领导干部查房，深入临床一线主动解决问题。严格控制“三公”经费支出。全年无因公出国，发生公务接待费25288元，比上年减少约75%；因车辆老化，公务用车维护费142867.27元，比上年增加36468.44元。全年处理违章违纪和被投诉人员39人次，收到锦旗、感谢信62人次，拒收红包金额14000余元。

（赵维力）

娄底市中医医院

【概况】2018年，娄底市中医医院对物资、药品、耗材采购及出入库进行规范，耗材采购价格在原有基础上整体下降11%。对门急诊工作进行规范化管理，重新规划分区，开设专科门诊，科学理顺门诊与住院部的关系，设置ICU。开展名老中医进病房工作，让更多患者得到优质中医服务，中医技术得到更好传承。对内部环境进行美化，完善标识系统，加强健康知识宣教。同时，引入现代医院管理理念，开展"6S"现场管理，营造整洁、高效、安全有序的工作环境，职工精神振奋，医院面貌焕然一新，患者满意度进一步提升。

【人才队伍建设】2018年，娄底市中医医院大力加强人才队伍建设。科学制定《娄底市中医医院人才队伍建设规划》及《娄底市中医医院中医药人才队伍建设规划》，明确中医药人才队伍建设具体措施和重点项目工程。选拔一批学术能力较强、临床经验丰富、有专业特长、具有一定管理能力的技术骨干担任学科带头人，并按照鼓励机制给予政策倾斜，为提升重点学科发展层次提供人才保障。全院中医类别执业医师占执业医师比例64%。中药专业技术人员占药学专业技术人员的比例60.6%。护理人员系统接受中医药知识和技能岗位培训的占85%。

【临床科室建设】2018年，娄底市中医医院按规范设置21个临床科室、9个医技科室，新开设娄底市第一个中医肿瘤专科。积极开展中医药特色治疗方法与优势病种诊疗方案的临床研究，制定46个常见病及优势病种中医诊疗方案、15个常见病种围手术期中医干预诊疗方案应用于临床。定期对诊疗方案实施情况和临床疗效进行分析、总结及评估，制定解决难点的具体措施。各病区均设立中医综合治疗室，采用多学科、多专业一体化诊疗服务模式，为病人提供服务。推行MDT多学科联合诊疗模式，对疑难病例和危重病例及时有效处置。为所有临床科室配备12类、38种、180台次中医诊疗设备，有效提升中医诊疗技术水平。采用非药物中医治疗方法的临床应用。医院开展中医医疗技术项目82项。各临床科室均应用3项以上中医特色疗法，非药物中医技术诊疗人次占门诊总人次比例13%。

【中医护理】2018年，娄底市中医医院着力开展中医优质护理工作。定期开展护理人员基础护理理论考试及中医护理知识竞赛活动，集中开办"中医基本知识与技能"培训班，对中医基础理论、中医诊断学等进行集中授课培训。突出专科中医特色护理，以开展护理优质示范工程为载体，不断优化流程。全院开展中医护理技术项目12项，临床科室开展中医护理技术项目平均4项以上。统一卫生宣教流程，完善科室特色宣传资料，满足患者知情需求。是年，内二科获"湖南省优质护理服务表现突出科室"，护士长刘建文获"湖南省优质护理服务表现突出个人"称号。

【药事管理】2018年，娄底市中医医院完善中药饮片采购、验收制度、调剂制度和中药饮片调剂操作规范。成立药品质量监督管理委员会，保障临床中药安全规范使用。全年门诊处方中，中药处方比例为67.32%；中药饮片处方占门诊处方总数的比例为37.06%，中药饮片处方数占门诊人次的比例54.9%。积极开展临床药学服务，促进临床安全合理用药，配备5名临床药师。建立中药安全性监测管理和中药不良反应事件报告制度，定期开展中药处方评价工作。配备中药煎药机、液体均分包装机等中药煎药设备，为患者提供快速便捷的急煎服务。积极参加国家中药普查工作，成立中药资源普查队，对娄星区范围内药用植物的品种、分布点、蕴藏量进行系统调查，对中药材样品与种子进行收集与保存。

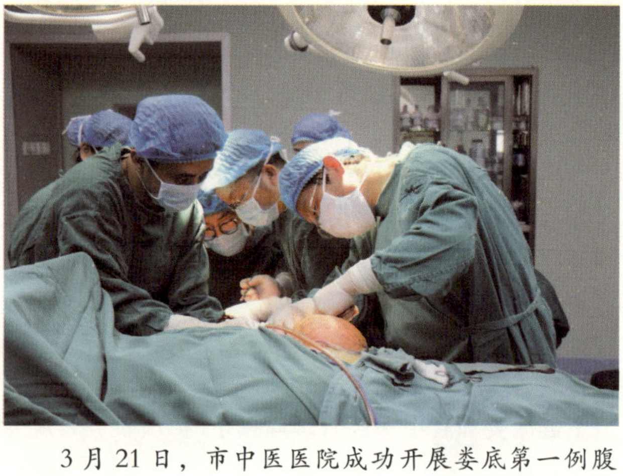

3月21日，市中医医院成功开展娄底第一例腹部扩张皮瓣转移一次性修复术　（市中医医院供图）

【科研教学】2018 年，娄底市中医医院接收实习生 88 名，进修生 24 名，全科医生 80 名。积极开展中医药特色诊疗技术与临床科研工作，开展 4 项省级科研课题，发表国家级论文 25 篇。开展首届医师节活动、医疗核心制度知识竞赛、医疗技术比武等多项活动，参与承办中医中药中国行娄底站宣传活动，召开娄底市艾灸专业委员会成立大会，娄底市中医药学会治未病专业委员会学术交流会，举办首届中医药膏方养生文化节、中华中医药学会脾胃病分会专家娄底站义诊活动。

【治未病工作】2018 年，娄底市中医医院搭建治未病服务平台，设立独立的服务区域，包括信息采集区域、健康状态辨识及风险评估区域、健康咨询与指导区域、健康干预区域、辅助区域等。配备专职医护人员 12 人，其中中医类别人员达 64.2%。采取中医养生调护方法，开展膏方、穴位贴敷、针灸、推拿、刮痧、拔罐、蜡疗、中药足浴、药膳食疗、养生等传统疗法服务。

【对口支援】2018 年，娄底市中医医院对口支援涟源渡头塘卫生院、涟源市中医院，与黄泥塘卫生院、双江卫生院、大科社区卫生服务中心签订医联体协议。通过与对口支援单位在临床医疗、人员培训、适宜技术推广和建立双向转诊绿色通道等方面合作，建立广泛的区域医院合作网络。帮扶协议签订以后，医院派出中高级技术人员 11 人到各帮扶单位开展医疗服务，指导开展手术 30 余台次，学术讲座 5 次，义诊 5 次，免费培训进修生 12 人次。（周　敏）

2018 年市中医医院先进集体（先进个人）一览表

表 94

获奖集体（个人）	奖励名称	颁奖单位	颁奖时间
针灸推拿科	2018 年湖南省首届中医药职业技能大赛推拿赛项团体三等奖	湖南省中医药管理局	2018 年 10 月
内二科	湖南省优质护理服务表现突出科室	湖南省中医药管理局	2018 年 10 月
刘建文	湖南省优质护理服务表现突出个人	湖南省中医药管理局	2018 年 10 月

娄底市计划生育协会

【概况】2018 年，娄底市计划生育协会（简称市计生协）机关编制 9 名，副处级以上领导干部 3 人，设有办公室、生育关怀部、基层服务部 3 个部室。是年，市计生协完成理事会换届选举工作，成立党支部，大力开展宣传服务活动，计生特殊家庭帮扶工作经验在全国、全省推介，娄底市为中国计生协计生特殊家庭帮扶项目试点市，娄星区为中国计生协“暖心家园”项目试点单位。娄底市连续 5 年被评为全省计生协工作模范单位。

【组织建设】2018 年，市计生协召开第六次全市会员代表大会，会议选举产生新一届理事会、常务理事会，市人大常委会副主任彭增光当选为市计生协会长。4 月，成立中共娄底市计生协机关支部。5 月，市计生协机关党支部召开党员大会，选举产生支部书记、组织宣传委员、纪律检查委员。

【宣传教育】2018 年，市计生协组织开展各类宣传服务活动 2300 余场次，参与人数 42 万余人次，义诊和生殖健康普查 5.6 万余人次，免费发放避孕药品 4.5 万份，表彰一批计生幸福家庭、计生协工作先进单位和先进个人，慰问一批计生困难家庭和基层困难计生工作者，免费为计生群众购买计划生育系列保险 200 余万元。5 月 23 日，市本级在驻点扶贫村双峰县沙塘乡沙河村举办“关爱计生家庭，助推脱贫攻坚”主题活动，市政协副主席席伏应出席并发表讲话。5 月 16 日，双峰县委、县人民政府举行“最美协会人”先进事迹巡回报告启动仪式，省计生协专职副会长胡新凡出席活动并讲话，市委常委、宣传部部长吴建平宣布活动启动。组织开展“世界避孕日”大型宣传服务活动，开展“免费义诊”，发放计生用品和宣传手册。市计生协在《娄底日报》以《贯彻改革精神 拓展服务网络》为题，报道改革开放后，娄底市计生协工作所取得的辉煌成就。各级计生协在国家、省、市媒体上刊发稿件600余篇，其中省级及以上200余篇。市计生协门户网站全年上稿600余篇。

【青春健康教育、优生优育指导】2018年5月，湖南省计生协"青春健康教育"巡讲活动启动仪式在新化县举行。市计生协和湖南人文科技学院合作，创作青春健康剧《青春那些事》参加全国大学生青春健康舞台剧大赛湖南赛区决赛获一等奖，市计生协获最佳组织奖。11月，市计生协联合娄底职业技术学院，举办大学生青春期生殖健康知识进校园活动，2000余师生参与活动。全市县级计生协在中学举办青春健康教育专题讲座39场次，受益学生12000余人。市计生协在《娄底广播电视报》开辟"优生优育与生殖健康"专栏，每周刊发一至两篇科普文章，读者反响良好。各地计生协同妇幼保健等医疗卫生机构联合开展了优生遗传健康检查、遗传病筛查、孕产期保健及优生优育知识进万家活动。

【生育关怀】2018年，全市计生协系统广泛开展走访慰问计生困难群众、计生贫困母亲、失学女孩和困难计生工作者活动。春节和"5·29"活动期间，市、县两级计生协投入资金500余万元，关怀慰问计生困难群众4000余人。持续推进金秋助学行动，冷水江市连续7年开展"生育关怀-金秋助学"活动，累计投入120万元资助380名独生子女和农村两女户子女上大学。年内创办"生育关怀——三结合"项目10个，小额贴息贷款项目45个。4月，市计生协分组入乡进村进行项目运行情况督查，确保项目运转良好，惠民实效。为广大计生群众购买计划生育系列保险，全年有1082户计生家庭获得保险理赔，理赔金额444.2万余元。全市全年为678名计生特殊家庭成员发放住院护理补贴92.22万元。新化县的住院护理补贴工作在全省推进会上做经验介绍。

【志愿服务】2018年，全市各级计划生育协会(简称计生协)共发展志愿服务组织53个，为计生困难家庭开展生产、生活、心理和健康帮扶。市计生协重点支持娄星区馨美聚爱服务中心开展关爱计生特殊家庭公益活动。馨美聚爱服务中心156名志愿者，对娄底市中心城区及周边乡镇的458个计生特殊家庭开展集中服务和结对帮扶相结合的系列帮扶活动。娄星区馨美聚爱服务中心为计生特殊家庭开展的志愿服务工作经验在全省经验交流会上作典型发言，得到中国计生协党组书记、常务副会长王培安高度认可，并在《人口与计划生育》等媒体报道。

【计划生育基层群众自治】2018年，市计生协不断完善骨干会员队伍建设机制、联系户制度、例会制度，由骨干会员一对一联系重点服务对象。市县两级将计划生育基层群众自治工作纳入计生协工作考核，采取"以奖代投"的方式，对达到要求的乡(镇、街)和村(居、社区)实行奖励，全面提升全市计生协能力建设和基层群众自治水平。娄星区成功创建全国计生基层群众自治示范区，新化县获评全省计生基层群众自治先进单位。

(李　倩)

2018年市计生协先进集体(先进个人)一览表

表95

获奖集体(个人)	奖励名称	颁奖单位	颁奖时间
娄底市计划生育协会	湖南省计划生育协会绩效考核模范单位	湖南省计划生育协会	2019年1月

社会生活

◎人力资源和社会保障
◎民政管理
◎安全生产监督管理
◎消防救援
◎扶贫
◎住房公积金管理

人力资源和社会保障

【概况】2018年,娄底市城镇新增就业3.85万人,失业人员再就业1.84万人,创业带动城乡就业2.21万人,新增农村劳动力转移就业3.96万人,新增创业担保贷款8936万元,贫困家庭"两后生"技能培训982人,城镇登记失业率2.94%,为历年最低水平。全市企业养老保险征缴基金865295万元,机关事业单位养老保险在职参保人数10.03万人,城乡居民养老保险征缴17353万元,城镇职工基本医疗保险征缴基金122185万元,工伤保险参保人数40.85万人,征缴基金20567万元,生育保险征缴基金7878万元,失业保险参保人数33.5万人,征缴基金6852万元。全市社保卡持卡人数为316.2万人。全市引进创新科技人才12人,新增高技能人才758人。是年,市人社局有33项工作在全国、全省、全市获得先进,3项工作在全省人社系统工作会议上做经验介绍,2项工作被人社部办公厅和省委办公厅专题推介,娄底市在全省绩效评估工作中首次获得优秀等次。

【就业创业】2018年,市人社局以开展"就业创业服务年"10个专项活动为工作主线,扎实开展促进就业创业系列工作,就业质量持续提高。组织开展创业带动就业示范典型申报评选活动,获评省级示范典型36家,获得奖补资金近300万元。组织实施各类职业培训4.72万人,1.67万人次通过鉴定晋升职业技能等级。积极组团参加省级职业技能竞赛,获团体一等奖1个、二等奖2个,娄底市选手代表湖南省参加国家级技能大赛,获二等奖2个。大力推进社保降费减负,为企业社保缴费减负5580余万元,发放社保补贴和公益性岗位补贴超2000万元。

【社保惠民】2018年,全市基本养老保险、基本医疗保险、失业保险、工伤保险、生育保险参保人数分别为245.9万人、386.7万人、33.5万人、40.85万人、20.62万人。全市企业退休职工待遇连续14年上调,人均养老金1935元/月;城乡居民基础养老金上调至103元/月;城镇职工医疗保险年度内最高支付限额提高至30万元,城乡居民医疗保险最高支付限额为45万元,失业保险待遇提高至960.5元/月;老工伤保险待遇支付增加至1336万元,五大社会保险待遇总支出91.88亿元。全市五大社会保险基金征缴总收入114.8亿元,同比增长107%,各项社保待遇均按时足额发放。

【人事人才】2018年,全市机关事业单位养老保险制度改革走在全省前列,新办法计发工作完成进度91.62%;职称制度改革不断深化,职称评审权限进一步下放;公立医院薪酬制度改革稳步推进,机关事业单位暑期集中休假制度首试成功,出台支持和鼓励事业单位专业技术人员创新创业指导性意见,继续保持人事考试"零事故"。积极对接省"芙蓉人才计划",出台《娄底市人才行动计划》,引进省"五个100"优秀科技创新人才1名,获批省级引进境外智力项目9个,引进博士等高层次人才近100名,考录公务员454人,公开招聘事业单位工作人员738名,新增高技能人才758人,招募"三支一扶"高校毕业生20名。

【劳动关系】2018年,全市工业企业劳动合同制度实现全覆盖,劳动合同签订和劳动用工备案率均为100%,已建工会的工业企业集体合同签订率91.9%;全面推行工资集体协商制度,已建工会的工业企业工资集体协商建制率91.9%,累计签订集体合同4476家,涉及职工27万余人。扎实开展人力资源市场秩序整顿专项行动,从源头上规范用工关系,专项行动获评全国人社系统先进。全年处理劳动人事争议案件4175件,调解成功率72%,争议案件当期结案率100%。标本兼治推进"治欠保支"工作,全市按月足额支付工资项目达到在建工程项目的100%,政府工程项目拖欠农民工工资案件全部处理到位。

【人社扶贫】2018年,市人社局深入开展"311"就业服务,为3000余名贫困劳动力开展职业培训,850人通过线上人岗匹配实现就业;组织贫困劳动力专场招聘活动40余场,1100余名贫困劳动力成功实现转移就业;建立就业扶贫车间33个,吸纳贫困劳动力655人;新增认定市级就业扶贫基地17个,开发扶贫岗位2500余个,吸纳建档立卡贫困劳动力稳定就业1000余人。持续推进医保精准扶贫,不断提高贫困人口的医疗保障待遇,在"报销比例提高10%、大病保险报销起付线减半"基础上,将大病保险支付比例再提高5个百分点,并启动健康扶贫"一站式"结算。全市

18.6 万人次的贫困人口享受基本医疗报销比例提高10%的待遇,8955 人次的贫困人口享受大病保险起付线减半待遇。

【行风建设】2018 年,市人社局全面深化“放管服”改革,大力推进“马上办、网上办、就近办、一次办”,发布便民惠企八个方面举措,取消、下放行政许可事项 3 项,明确就近办理公共服务事项 7 项,梳理政务服务办理实行“只跑一次”事项 75 项,124 项依申请类事项 100%实现网上办理。推进全面从严治党,扎实开展党支部“五化”建设,认真履行党建工作责任。深入开展调查研究,组织开展“大学习大调研大提升”“行风建设人人谈”等主题活动,全市人社系统服务质量和效率不断提升。 (欧阳婧)

2018 年市人社局先进集体(先进个人)一览表

表 96

获奖集体(个人)	奖励名称	颁奖单位	颁奖时间
市人力资源和社会保障局	2018 年度《中国劳动保障报》新闻宣传工作做得好的单位	人力资源和社会保障部	2018 年 8 月
市人力资源和社会保障局	中国人事报刊宣传工作成绩突出单位	人力资源和社会保障部	2018 年 9 月
市劳动监察局	2018 年全国清理整顿人力资源市场秩序专项行动取得突出成绩单位	人力资源和社会保障部	2018 年 7 月
市就业局	2018 年度就业宣传工作先进单位	就业促进会(部级)	2018 年 1 月
市人力资源和社会保障局	第三届“中国创翼”创业创新大赛湖南省选拔赛优秀组织奖	省人社厅	2018 年 9 月
娄底市人事考试中心	省人事考试工作目标管理考核优秀单位	省人社厅	2019 年 1 月
娄底市人力资源服务中心	湖南省人力资源服务机构示范单位	省人社厅	2019 年 1 月

民政管理

【概况】2018 年,娄底市民政系统推进“人本化、法治化、标准化、信息化、社会化”建设年。完善城乡社会救助体系;提升防灾减灾救灾综合能力;推行农村低保制度与扶贫开发政策衔接;加强基层社会治理创新与完善城乡社会治理体系;创新发展社会组织服务;统筹养老事业产业发展和出台老年人照顾服务政策;加快发展福利慈善事业及落实重点民生项目;提高孤儿基本生活保障标准;深化殡葬改革;积极支持军队和国防改革。

【社会救助】2018 年 1 月 1 日,全市城市低保对象 22949 人,保障保准提高到 430 元/月,比上年提高 2.3%;农村低保对象 87758 人,保障标准提高到 284 元/月,比上年提高 5.9%。城乡低保月人均救助水平分别不低于 320 元/月和 170 元/月,比上年提高 6.4%和 26.58%,超过省核定标准,月人均救助金 321.67 元和 183.64 元,发放城乡低保资金 3.35 亿元。全市保障特困人员 21408 人,其中城市“三无”人员 556 人,基本生活标准提高到 6708 元/年,比上年提高 2.3%;农村特困人员(五保对象)20852 人,提高人均 4430 元/年,比上年提高 5.9%,发放特困资金 9600 万元。全年全市临时兜底救助困难群众 65586 人次,发放临时救助资金 6096 万元,城乡大病医疗救助困难群众 141065 人次,发放救助资金 5754.6 万元。

【减灾救灾】2018 年,全市遭受各种自然灾害 13 次,累计受灾 40.9 万余人,紧急转移安置 1820 人,紧急生活救助 11075 人,发放救灾资金 300 余万人次,发放被子513条。因灾倒房重建228户，在春节前全部竣工，灾民搬进新居。冬春荒救助38.9万余人，发放救助资金2300万元、棉被4000条、大衣2300件、棉衣5352件、大米17600千克、油800桶。全市创建减灾示范社区10个，其中国家级4个，省级6个。

【社会组织】2018年，全市登记注册社会组织1759个。其中社会团体678个，民办非企业单位1078个，基金会3个。党委下管党支部25个，党员362人，其中直管党员34名，流动党员328名。孵化入驻社会组织46个，出壳46个，处缔非法社会组织5家。

【双拥工作】2018年，市民政局慰问走访重点优抚对象，对重点优抚对象短期疗养10批次720余人，对光荣院等3000余名优待对象进行医疗巡诊。清明节祭奠烈士活动10万余人次，有160余名伤残军人通过鉴定，提高伤残等级。

【退役安置】2018年，市民政局完成退役军人和其他优抚对象的信息采集暨悬挂“光荣牌”工作。符合政策安置的退役士兵继续实行“阳光安置”，上岗率100%。举办就业推介会2场，推荐退役士兵就业。举办汽车维护等培训班8期，培训适用人才，培训合格率、获证率为98%，就业率为92%。

【养老事业】2018年，市民政局新建社区日照中心30个、小型养老机构4个，改扩建3所敬老院，新增养老床位1250张。全市开展“健康养老”三年行动计划，完成养老产业固定资产投资15.8亿元，产业总收入10亿元。至年末，拥有养老床位2.45万张，每1000名老人拥有床位36.2张。全市28家县级以上养老机构中，内设医疗机构4家，内设医务室3家，与医疗机构签订合作协议18家。办理老年人优待证40654个，对65岁以上享受低保的失能和半失能老人发放补贴每人每月50元，发放补贴金352.48万元。对80~89岁老年人，发放高龄补贴每人每月50元；90~99岁的老年人，每人每月发放100元；100岁以上的老年人，发放长寿保健金每人每月不少于400元(各县、市、区发放标准有区别)。

【福利慈善事业】2018年，全市福利彩票发行3.85亿元。其中市本级7000万元、娄星区7702万元、涟源市5234.9万元、新化县7800.3万元、冷水江市6021.8万元、双峰县4733.3万元。筹集公益金1.05亿元，比上年增长5.2%，增长排名全省第一，娄底市评为“全省福彩绩效工作先进市”。“精准扶贫”1250户，提供大病致贫困难家庭救助金200万元；“百骏肾病救助”项目救助患者900人，救助资金400万元；“金叶慈善医疗卡”项目为城乡1200名低保对象提供救助金60万元；对幸存的70名抗战老兵，每人每月发放生活援助金600元，发放援助资金50.4万元。

【未成年人保护】2018年，全市新建“儿童之家”506所，其中市级示范“儿童之家”8所。开展“爱满娄底·与您‘童’行”帮扶活动，1.1万余名农村留守(困境儿童)得到救助，救助资金112万元。同时，对集中供养的孤儿低保生活费提高到1200元/月/人，散居孤儿低保生活费提高到800元/月/人。

【残疾人两项补贴】2018年1月1日起，市民政局对全市32715名符合生活困难残疾人发放补贴，补贴标准从2017年每人每月50元提高到每人每月55元，累计发放两项补贴3018.97万元。对集中供养的孤儿、残疾人生活保障标准从1000元/月/人提高到1200元/月/人，散居孤儿、残疾人生活保障标准由600元/月/人提高到800元/月/人。

【殡葬改革】2018年，全市火化遗体3402具，比上年增加162具，增幅5%。在殡仪馆办理丧事1305场，比上年增加140场，增幅12%，全市生态安葬率63%。娄底市率先举办“首届节地生态葬”活动，免费提供节地生态墓穴140个，惠及群众1440人，惠民金额634万余元。

【婚姻登记】2018年，全市婚姻登记工作总量90470对，其中结婚登记41731对、补办登记1043对、离婚登记18224对、补发结婚证9709对、补发离婚证1519对、出具婚姻登记49对、补录历史数据18195对。办理涉港澳结婚12对、离婚2对。

【基层政权和社区建设】2018年，市委宣传部、市民政局下发《关于在全市农村做好制订完善村规民约工作的通知》，全市1834个村，村务公开宣传栏覆盖率为100%。投入建设资金1600万元，为全省进度最快的市州之一。将“婚事新办、丧事简办”纳入村规民约内容，规定治丧时间不能超过 3 天，晚上 10 点后不能放音乐，席数不超过 30 桌，经费控制在 4 万元以内，140061 名党员带头签订《文明节约操办婚丧喜庆事宜承诺书》。（谢养民）

2018 年市民政局先进集体(先进个人)一览表

表 97

获奖集体(个人)	奖励名称	颁奖单位	颁奖时间
市民政局	2018 年度社会工作宣传先进单位	中国社会报	2019 年 1 月
龚刚强	社会组织新闻宣传工作先进个人	中国社会报	2018 年 10 月

安全生产监督管理

【概况】2018 年，娄底市安监系统认真贯彻国家、省和市关于加强安全生产工作的决策部署，通过深入开展落实企业安全生产主体责任年行动、安全监管“强执法防事故”行动、安全生产“十大战役”攻坚行动、“打非治违”专项行动等，全市安全生产形势总体稳定趋好，事故起数、死亡人数保持双下降。全年全市发生事故 30 起，死亡 39 人，同比分别下降 6%和 9%，遏制了较大事故，实现年初提出的“三个坚决”（坚决杜绝重特大事故，坚决遏制较大事故，坚决控制一般事故）和“三个下降”（事故起数、死亡人数和新增职业病人数下降）安全生产工作目标。

【改革发展】2018，市委、市政府高位推动，明确要求娄底市在 2020 年建设全国安全发展示范城市。出台《关于推进安全生产领域改革发展的实施方案》，市财政每年预算安排安全生产发展专项资金 600 万元，用于保障安全生产检查、重大安全风险管控、应急救援和政府购买安全技术服务等。组建 11 个安全生产专业委员会，进一步建立健全政府和部门安全生产监管责任制度，推动安全生产责任和措施落实。

【供给侧结构性改革】2018 年，市安全生产监督管理局坚定不移淘汰不安全落后产能。2007—2017 年，全市关退煤矿 450 处，去产能 1848 万吨/年（其中，2014—2017 年，关闭煤矿 172 处，去产能 988 万吨/年），关闭非煤矿山企业 52 家，关闭烟花爆竹生产企业 45 家，注销 8 家危险化学品生产企业的安全生产许可证。2018 年，关退煤矿 21 处，关闭非煤矿山企业 2 家，吊销 28 家非煤矿山安全生产许可证。至 2018 年底，全市保留煤矿 56 处，数量为 2007 年初的 1/10，煤矿产能不到 2007 年的 1/3。

【“强执法防事故”行动】2018 年，市安全生产监督管理局组织“强执法防事故”执法活动 17997 次，出动执法人员 96713 人次，检查生产经营单位 52121 家，立案调查 1944 起，作出经济处罚 2142.2667 万元，责令停产停业整顿（企业）605 家，暂扣或吊销证照 51 个，取缔关闭（生产经营单位）151 处，问责领导干部 13 人，行政拘留 77 人，抓捕涉嫌犯罪人员 77 人。市委、市政府高度重视，成立以市安监局、国土局、公安局、电业局和娄底煤监分局等部门牵头组成的多个煤矿安全生产“打非治违”执法督查组，聘请省内外煤炭科研院所专家，连续开展多轮不间断的“打非治违”执法大检查和县、市、区交叉互检，形成煤矿安全监管高压态势，有力确保全市煤矿安全生产。

【“十大战役”】2018 年，市委、市政府在全市矿山、道路和水上交通、危化品、烟花爆竹、建筑施工、特种设备、工贸行业、校园校车、消防、旅游等 10 个行业深入开展大检查大管控大整治大督查，彻查安全隐患，堵塞管理漏洞。是年，市安委办相继组织开展道路交通、旅游、校车、建设工程、雷电等专项安全督查，下达督查通报 7 份。除道路交通外，其他行业没有发生较大事故。

【基层基础】2018 年，全市安全标准化建设稳步推进，安监部门直管的规模以上企业158家标准化建设达标（其中危化行业67家、工贸行业62家、煤矿17家、非煤矿10家、烟花爆竹批发企业2家）；建造全省一流的校车监控平台；建成电梯安全平台监控系统；旅游行业企业的标准化建设基本完成；运输企业的标准化建设全面启动；国家安全发展示范城市建设和安全生产示范创建工作、安全生产网格化工作正在有序推进。

消防救援

【概况】2018年10月，根据中央改革部署，全国消防部队集体退出现役，成建制由公安系统转隶划归应急管理部消防局实行垂直管理为主，地方党委和政府的双重领导体制。娄底消防支队团结带领全市消防指战员心无旁骛干事创业，确保队伍思想不乱、工作不断、干劲不减，圆满完成了各项目标任务。娄底连续13年未发生重大以上火灾事故，支队被部局评为改革教育整训工作和安全工作先进单位，连续6年被评为安全生产和依法行政先进单位，连续3年被评为市级文明单位。在2018年的全省整建制现役中队比武中，支队获得4个单项第一名、2个单项第二名。是年，全市消防机构检查社会单位14132家，督改火灾隐患28593处，临时查封380家（处），责令“三停”190家（处），拘留43人。全市火灾起数378起，死亡0人，受伤3人，直接财产损失690万元。

【执勤训练】2018年，市消防支队坚持全员普训、科学施训和实战引训，编定冬训工作指导手册，出台11条练兵硬举措，举行实战实装灭火救援综合演练12次，组织班长骨干、体能教练员等各类培训8次，组建6支专业建设队伍。支队在2018年全省整建制现役中队比武中夺冠，主导研发的《消防VR模拟训练系统》获省公安厅2018年科技计划项目立项批复。高度重视信息化，依托单兵图传设备和公安天网系统，建立视频智能指挥系统，为全市警情研判、力量调度、指挥决策、案情跟踪等提供决策支撑。加强与综治、公安、气象等有关部门的联勤联动，建立信息互联互通、资源共建共享的应急联动机制，不断健全综合救援行动的信息联动保障。全年全市消防救援队伍接警出动1307起，出动车辆2111辆，出动警力14619人，抢救被困人员307人，疏散被困人员4344人。

【防火监督】2018年，市消防支队按照“分行业领域治理消防安全突出问题”的思路，依托安委会组建住建、交通等部门牵头的9个专业委员会，统筹行业消防安全监管。修订完善消防安全委员会议事章程，建立形势研判、联席会议、联合执法、信息通报、跟踪督办等机制，及时研究解决重大消防安全问题。年内，市县两级党政主要领导带头开展消防安全检查23次，联合民政、教育等12个行业部门开展检查70余次，以消安委名义下发督办通知书5份，市委党校将实施办法纳入处干班、科干班、青年班进修培训课程。开展电气火灾等6个专项治理，对市区所有城市综合体开展“地毯式”排查，立案查处单位近20家，推动21家久拖未改的重大火灾隐患整改销案。支队冬防工作获评全省优秀等次，全市全年未发生亡人火灾事故。推广安装独立式火灾探测报警装置2000余个，将全市42家火灾高危单位和535家高层建筑全部接入远程监控系统并依托电信大楼建成监控指挥平台，实现监管手段从单纯人防向人技结合的精准防控。

【政治建队】2018年，市消防支队坚持把学习贯彻党的十九大精神作为首要政治任务，依托3个驻地红色思想政治教育基地举办文化讲堂，拍摄微电影《淬火初心》，筹办“从心开始、从新出发”主题文艺晚会，举办“七一”表彰、警衔晋升仪式和先进典型事迹报告会。统筹开展改革教育和集中整训活动，向队员讲清改革政策，讲明发展前景，解决思想疑虑，增强改革信心。解决7名干部家属随军随调、23名官兵子女入学入托，慰问救济37名家庭受灾的困难指战员，选派30名指战员参加部局或总队疗养，妥善协调消防救援人员优先优待事项。

【后勤保障】2018年，市消防支队大力开展“装备建设攻坚年”活动，全年6台消防车、4606件套装备器材和50吨灭火药剂配发基层，4套应急通信保障装备、7台无人机等高精尖装备投入使用，完成全市接口统型、举高类车辆性能检测和有毒气体探测仪标定等一系列动作。按照基层中队正规化建设100%达标目标，完成营房改建，篮球场和公寓楼改造。消火栓建设与城区22条道路“白改黑”捆绑推进。调整万宝芭蕉消防站投资概算，并将消防训练基地、战勤保障大队、特勤中队“三合一”项目列入2019年度政府投资计划，为改制转隶后综合保障能力提升打下坚实基础。

【消防宣传】2018年，全市打造755个“村村响”消防宣传小广播，243名各行各业的代表人物成为“消防宣传代言人”，7家企业将消防元素融入品牌宣传，举办10期消防控制室培训班培养1125名消防安全明白人，娄底涟钢专职消防队段武兰获得第四届全国119消防奖先进个人，支队《淬火初心》主题微电影获消防局二等奖，中央级媒体报刊16次报道娄底消防工作。（黄修斌）

扶　贫

【概况】2018年，娄底市扶贫办深入学习贯彻习近平总书记扶贫重要论述，按照党中央、国务院和省委、省政府的决策部署，以扶贫领域作风建设年为抓手，全力整改脱贫攻坚中存在的突出问题，扎实推进脱贫攻坚“七大行动”和“七大扶贫工程”，全市脱贫攻坚工作取得显著成效。全年减少113875名建档立卡贫困人口，223个贫困村整体退出，双峰县脱贫摘帽，市委、市政府《不变通不打折不走样，打出脱贫攻坚翻身仗》、涟源市《探索三化管理，落实精准精细要求》、双峰县《打造稳定增收脱贫“发动机”》等典型经验和做法在省委《工作情况交流》刊发。

【产业扶贫】2018年，娄底市扶贫办为每个贫困县确定1个特色产业，实施省级重点产业项目20个，与新型经营主体建立利益联结关系的贫困人口195962人，实施旅游扶贫示范项目8个，实施大湘西旅游精品线路扶贫项目5个，直接扶持贫困人口1489人，带动贫困人口6042人。建成县级农村电子商务服务中心5个，乡镇服务站和村级服务点1969个，培育农产品销售网店（含湖南电商扶贫小店）4185个，全市农产品网络销售额9亿元。283个村级光伏扶贫电站全部建成并网，运转正常。

【易地搬迁扶贫】2018年，全市易地搬迁24341名贫困人口（其中娄星区119人、冷水江960人、涟源市7781人、双峰县2745人、新化县12736人），建设住房6608套，集中安置项目79个（娄星区1个、冷水江市7个、涟源市17个、双峰县14个、新化县40个），完成投资14.2722亿元。完成10257户建档立卡贫困户的危房改造任务。

【教育扶贫】2018年，全市资助建档立卡贫困学生33.58万人次，全市无一人因贫失学、因贫辍学。

【健康扶贫】2018年，全市建档立卡贫困人口实现100%参保。实现“一站式”结算86702人次，结算金额37516.8万元，县域内住院医疗费用个人实际报销比例85%以上。

【劳务协作脱贫】2018年，全市完成贫困劳动力转移就业5218人，完成贫困家庭“两后生”技能培训982人，选聘1286名贫困人口担任生态护林员，补助奖金按标准按月发放。

【社会兜底保障】2018年，全市农村低保标准由3216元/年提高到3408元/年，农村低保救助水平不低于170元/月，精准核实全市农村低保对象87558人，发放低保补助16990.4万元。

【完善基础设施】2018年，全市完成8.63万名建档立卡贫困人口的农村饮水安全；完成贫困村电网改造198个；完成自然村通水泥（沥青）路建设1691.142千米，完成农村公路提质改造302千米；新建合格村级综合文化服务中心417个，累计建成1391个；科技专家联村帮扶实现498个贫困村全覆盖；4G覆盖率和光纤通达率实现行政村全覆盖。

【社会扶贫】2018年，娄底市扶贫办扎实开展“扶贫日”系列活动，向全市手机用户发送宣传短信300余万条、发放宣传资料16万余份；开展“我想有个家”安居工程公益募捐活动，募集公益资金520余万元；开展“教育助学”活动，资助特困学生197人，资助金额39.8万元；开展扶贫家政培训月活动，培训学员1800余人，其中建档立卡贫困户学员近400人；开展贫困地区农产品进食堂活动，全市机关、学校食堂、帮扶单位干部职工购买贫困户农产品金额1000余万元；开展“光明行”社会公益活动，为4450名白内障患者实施免费手术；开展“湘雅名医下基层”大型义诊手术活动，为10名贫困患者免费实施人工关节置换手术等。扎实推进“中国社会扶贫网”应用工作，累计注册爱心人士数量242805人，累计注册贫困户数量148651人，捐赠资金1539832元。

【财政人员保障】2018年，全市安排财政专项扶贫资金13339.28万元，3个重点县整合涉农资金13.87亿元，增派11支市级驻村帮扶工作队，实现贫困村和100名以上贫困人口非贫困驻村帮扶全覆盖。全年分级分类举办培训班888期，培训县乡党政领导干部、扶贫系统干部、行业部门干部、驻村工作队队员、结对帮扶干部、贫困村干部9.5万余人次，各级干部的政治水平和业务能力显著增强。

【驻村帮扶】2018年，娄底市扶贫办坚持因村选人组队，精心挑选，精准选派，把熟悉党群工作的干部派到基层组织软弱涣散的贫困村，把熟悉经济工作的干部派到集体经济薄弱的贫困村，把熟悉社会工作的干部派到矛盾纠纷突出的贫困村，优先安排优秀年轻干部和后备干部。全年增派11支市级驻村帮扶工作队，实现贫困村和100名以上贫困人口非贫困驻村帮扶全覆盖。按照“六个一”要求，全部实现203个软弱涣散的基层党组织整顿提升（其中贫困村32个），在全市村党支部书记中开展争当“脱贫致富带头人”活动，涌现范信恒等1100余名贫困村创业致富带头人。

【专项治理】2018年，娄底市扶贫办深入开展脱贫攻坚作风建设年活动，紧紧围绕“四个意识”不够强、责任落实不到位、工作措施不精准、资金管理项目实施不规范、工作作风不扎实、考核监督从严要求不够6个方面28类问题进行专项治理。从5月开始，由市委巡察组牵头，成立3个巡察小组，开展为期3个月的脱贫攻坚专项巡察，1—12月，全市立案查处扶贫领域腐败和作风问题案件685件，查处1618人。

（龙田泗）

2018年市扶贫办先进集体(先进个人)一览表

表98

获奖集体(个人)	奖励名称	颁奖单位	颁奖时间
娄底市扶贫办	2018年度全省扶贫宣传信息工作先进单位	省扶贫办	2019年5月
袁若宁	湖南省脱贫攻坚先进个人	中共湖南省委 湖南省人民政府	2018年10月

住房公积金管理

【概况】2018年，娄底市住房公积金管理中心垂直管理5个县市区的住房公积金管理工作，设有市直单位、钢城、娄星区、涟源市、冷水江市、双峰县、新化县7个管理部，综合科、计划财务科、归集提取科、信贷科、稽核监察科、法制科6个机关科室。干部职工140人，退休9人。党总支辖8个党支部，党员72人。是年，市直单位管理部获“娄底市五一劳动奖状”，冷水江市管理部保留“湖南省2015年文明窗口单位”称号，并获全省住房城乡建设系统2018年度单项工作通报表扬，新化县管理部被评为文明单位，涟源市管理部、娄星区管理部、双峰县管理部保留“娄底市文明单位”称号。

【资金归集】2018年，全市18.33万人缴存住房公积金，正常缴存单位2687个。新增开户单位252个，新增缴存职工16768人。覆盖率为52.84%(统计口径以职工基本养老保险人数为准)。全市归集住房公积金243770.92万元，完成年计划的110.50%，同比增加43285.02万元，增长21.59%。全市住房公积金缴存总额1542066.29万元。归集余额758998.08万元，同比增加 113249.66 万元，增长 17.54%。市住房公积金管理中心严格规范银行业缴存，按不超过上一年度职工月平均工资 3 倍的 12%标准执行。全市财政拨款单位职工缴存住房公积金的比例是工资包含津补贴的 12%，娄星区为 11%。

【提款贷款】2018 年，市住房公积金管理中心发放贷款 5087 户，贷款金额为 162569 万元，占年归集总额的 66.69%，同比增加 9250.10 万元，增长 6.03%。资金个贷比为 83.52%，同比下降 1.05 个百分点，较年初目标下降 1.48 个百分点。是年，提取住房公积金 40819 人次，提取金额 130521.26 万元，同比减少 4347.95 万元，下降 3.22%，占全年归集额的 53.54%。通过提取和贷款，为房地产市场注入资金 29.30 亿元，为促进住房消费、全市房地产业健康发展做出积极贡献。

【资金运营】2018 年，市住房公积金管理中心严格依法依规管理资金，没有违法违规发放贷款、转移资金、理财资金行为，资金整体安全完整，风险准备金余额 19018.20 万元。全年回收个人贷款 74714.66 万元，同比增加 8016.40 万元，同比增长 12.02%。个贷逾期率为 0.06%，逾期金额 352.63 万元，逾期笔数 49 笔。完成增值收益 12685.72 万元，同比增长 3831.57 万元，增长 43.27%。

【文明服务】2018 年，市住房公积金管理中心严格执行服务工作规范、考核办法。与干部职工签订《文明服务责任状》，全面推行规范服务、文明服务。依托现代科学信息技术，不断完善住房公积金电子政务平台、“智慧住房公积金”建设，为缴存职工提供更优质、更便捷、更低成本的公共信息服务。基础数据和银行结算系统实现住建部双贯标，提取实现“秒到账”，完成档案电子化建设、服务渠道和省综合服务平台的对接，对住房公积金网站进行升级改版，新上线网上服务大厅、微信公众号、微博，发表缴存职工多渠道、便捷、精准地办理各项业务。设立“绿色通道”，开展预约服务、延时服务、上门服务，不断提高服务效率和服务质量。推行“一站式”服务。开展“只跑一次，有事请找我”活动，加强与不动产登记部门协调沟通，所有管理部全部实现不动产登记部门进驻，恢复“一站式”服务。（刘慧燕）

县(市、区)

◎娄星区
◎冷水江市
◎涟源市
◎双峰县
◎新化县

娄星区

【概况】2018年,娄星区地处湘中腹地,为娄底市中心城区所在地。是国家园林城市、国家卫生城市、全国绿化模范城市、全国科技进步先进县市(区)、省级文明城市、湖南省教育强区、全省新农村建设先进县市(区)、全省开放型经济先进县市(区)、全省城乡环境卫生十佳县市(区)。全区辖5镇1乡7个街道办事处,1个农林场双江洪家山省级森林公园。总面积628.42平方千米,耕地面积16.86千公顷。森林覆盖率35.69%。年末常住人口61.99万人,其中城镇人口34.5718万人,城镇化率为76.25%,人口出生率12.77‰,人口自然增长率6.83‰。年平均气温17.9℃,年平均最高气温22.3℃,年平均最低气温14.6℃,总降水量1189.7毫米。

地区生产总值(新口径,以下同)503.4亿元,同比增长8.9%,人均地区生产总值81400元;其中一、二、三产业分别增长3.9%、8.3%、10.2%,三次产业结构调整为3.5:51.8:44.7,其中,第一、二产业比重分别比2017年下降1.6个、1.3个百分点,第三产业比重上升2.9个百分点。全区区属完成财政总收入12.1亿元,比上年增长21.2%;区属地方财政收入6.6亿元,比上年增长10.2%。

全区实现农林牧渔业总产值28.1亿元,实现农林牧渔业增加值18.3亿元。湘村高科入选农业产业化国家重点龙头企业,有26家市级以上农业龙头企业,其中有2家属于国家级、6家属于省级、18家属于市级。发展农民专业合作社5个。

全区全部工业实现增加值224.2亿元,比上年增长7.9%。其中区属规模以上工业总产值301.9亿元,比上年增长16.1%;区属规模以上工业增加值71.3亿元,比上年增长7.6%。其中主导工业钢铁深加工产业总产值126亿元,军民融合产业总产值30亿元,资源循环再利用产业36亿元。有1个工业园区娄星区工业集中区。

全区社会消费品零售总额125.0亿元,比上年增长10.2%;其中城镇社会消费品零售总额114.7亿元,比上年增长11%;乡村社会消费品零售总额10.3亿元,比上年增长2.1%。全年全区完成进出口总额16374万美元,完成目标任务的103.5%;实际利用外资6185万美元,内联引资41.5亿元;旅游总收入69.08亿元,同比增长20.6%;接待国内外游客总人数757.3万人次,同比增长19.3%。

全区区属固定资产投资比上年增长2.5%。其中产业投资和工业投资分别占全区固定资产投资的34.95%和18.11%。全区完成建设项目投资110.5亿元。实施重点项目110个,年度计划投资110亿元,其中重大产业项目54个,年度计划投资41.8亿元。

全区交通运输、仓储和邮政业增加值19.7亿元,同比增长3.9%;金融业增加值18.5亿元,同比增长2.6%。全区完成交通项目建设投资5.7亿元(不含高速公路建设),其中干线公路5.0亿元,农村公路建设0.69亿元。全区公路已通硬化路里程1242.2千米,其中省道41.5千米、县道276.7千米、乡道352千米、村道572千米。

全区有文艺团体85个,其中群众业余文艺团体80个,馆办文艺团体5个。群众文化馆1个,文化站11个,组织文艺活动70次,举办训练班35次。公共图书馆1个,藏书13.4万册。博物馆1个,文物藏品数2537件,其中二级品4件、三级品72件,举办陈列展览8次。

全区有医院40所,其中三甲医院1所、乡镇卫生院6个、社区卫生服务中心(站)5个、妇幼保健院2个。标准病床位7729张(其中区管医院是2179张)。执业医师(其中包括执业助理医师)3517人,注册护士5486人。

城镇居民人均可支配收入32199元,比上年增长9.3%;农村居民人均可支配收入18497元,比上年增长11.4%。全区城镇养老保险参保74146人,职工养老保险参保35331人,离退休人员参保29983人;其中企业养老保险参保29650人,其他人员44496人。

全区基础教育校(园)264所,中小学83所,其中小学66所,九年一贯制学校3所,初级中学14所。全区基础教育毕业学生24903人,其中小学毕业生6465人,初中毕业生5176人;招生27008人,其中小学招生7546人,初中招生6102人;在校生91476人,其中小学在校生40713人,初中在校生17615人。全区小学适龄儿童入学率100%,毕业生升学率为100%;初中适龄人口入学率为100%,初中毕业班学生毕业率100%。

全区有高新技术企业12家,高新技术产业增加值为128亿元。全年组织申报省级科技计划项目2

个，市级科技计划项目13个，区级科技计划项目6个，全年专利申请607件，授权306件；其中发明专利申请113件，授权39件。

娄星区获评全省动物疫病防控绩效考核先进县市区，全省农民权益维护和农民负担监督管理工作先进单位，全市工业提振优秀县市区，全市天蓝水净地绿优秀县市区和全市推进污染防治攻坚战真抓实干成效明显单位，全市产业项目建设年优秀县市区，全市中心城区提质扩容优秀县市区，全市粮食安全责任制考核优秀单位。

【风险防范】2018年，娄星区积极稳妥化解政府隐性债务风险，加强财政综合保障能力评估，确保重点项目建设快速推进，综合债务率未列入全省预警名单。有效防范化解民间融资风险，九龙集团司法重整和债权流转有序实施。非洲猪瘟防控成效突出，获评全省动物疫病防控绩效考核先进县市区。

【脱贫攻坚】2018年，娄星区开展脱贫攻坚作风建设年活动，全年实现3095名贫困人口脱贫、10个省级贫困村出列，贫困发生率由2017年的2.24%下降至1.20%。产业扶贫整合投入资金1809万元，逐步形成湘村黑猪、肉牛、黑山羊、花卉苗木等扶贫特色产业和特色农产品品牌。发展电商扶贫小店195家。完成易地扶贫搬迁12户14人。健康扶贫、教育扶贫、就业扶贫、金融扶贫等行业扶贫全面完成任务，兜底保障、社会扶贫等有序推进。

【环保治理】2018年，娄星区抓实中央环保督察“回头看”、省级环保督察和市委环保领域专项巡察反馈问题整改，中央环保督察交办36个信访件全部办结。对辖区内33家采石场和12家碎石场采取有力措施开展专项整治。关闭涟水养猪场89家，退养生猪8497头，拆除栏舍3.46万平方米。完成城区黑臭水体治理、坳头山磺矿区域土壤污染治理等重点环保项目12个。严格落实“河长制”，整改涉水环境问题24个，主要饮用水源地孙水河水质连续4年达到二类标准。中心城区空气环境质量优良天数比例为90%。

【网信实现“分钟办理”】2018年，娄星区着眼优化政务服务环境，加强探索创新，成功开发融12345市长热线、问政湖南、市长信箱、区长信箱以及微信公众号信箱等平台数据于一体的网上服务投诉举报平台，并于6月1日起上线运行。实现数据互联互通，在提醒交办平台中建立全区60个部门一、二、三责任人的工作小组，部门成员通过手机即时对收到信件进行办理。收到各类来信1315件，回复率、办结率均为100%，满意度95%以上。 （莫小燕）

2018年娄星区先进集体(先进个人)一览表

表99

获奖集体(个人)	奖励名称	颁奖单位	颁奖时间
区委办	2018年度全省党委信息工作先进单位	省委办公厅	2019年2月
区防线办	2018年度湖南省基层防线办先进单位	湖南省国安厅	2019年1月
区公安分局	安保维稳“百日会战”优秀单位	湖南省公安厅	2018年11月
区公安分局人口与出入境管理大队	2018年度全省人口与出入境部门成绩突出单位	湖南省公安厅	2019年2月
区公安分局禁毒大队	全省三年禁毒大行动先进集体	湖南省禁毒委员会	2018年10月
区计生协	全省计划生育协会工作先进集体	湖南省计划生育协会	2019年4月
区计生协	2018年度全省计划生育协会工作创新奖	湖南省计划生育协会	2019年1月
区计生协	2018年度全省计划生育协会工作模范单位	湖南省计划生育协会	2019年1月

续表 99

获奖集体(个人)	奖励名称	颁奖单位	颁奖时间
区计生协	计划生育基层群众自治示范县	中国计划生育协会	2018 年 12 月
娄星区	落实促进工业高质量发展成效明显的市、县市区	湖南省人民政府办公厅	2019 年 1 月
娄星区	新增规模工业企业工作力度大,净增规模工业企业数量排名全省前 8 位或各市州排名第 1 位的县市区	湖南省人民政府办公厅	2019 年 1 月
娄星区	2018 年度全省工业经济运行监测协调工作先进单位	湖南省工业和信息化厅	2018 年 12 月
娄星区	全国法治县(市、区)创建活动先进单位	全国普法办公室	2018 年 6 月
娄星区	全省脱贫攻坚优秀县市区	省委办公厅、省人民政府办公厅	2019 年 4 月
娄星区	全省人口与计划生育工作优秀县市区	省委办公厅、省人民政府办公厅	2018 年 12 月

冷水江市

【概况】2018 年，冷水江市辖 1 乡 5 镇 4 个街道办事处和 1 个经济开发区，土地面积 437.9 平方千米，耕地面积 7.14 千公顷。年末常住人口 34.89 万人，其中少数民族 5000 余人，城镇人口 20.5 万人，人口出生率 12.22‰，自然增长率 6.64‰。年内气温最高 38.6℃，最低-5.0℃。年降水量 1274.8 毫米。

地区生产总值 267.9 亿元，其中第三产业增加值 117.8 亿元，增长 11.5%，第一、二、三产业比重为 3.3:52.7:44。财政总收入 20.37 亿元，其中地方财政收入 10.42 亿元。

农林牧渔业总产值 15.28 亿元，农业龙头企业 36 家，与 2017 年持平，农业合作社 475 家，年内新增 33 家。铎山镇眉山村被中华人民共和国农业部评为“一村一品”示范村，金竹山镇新田蓝莓基地被评为湖南省绿色农产品标准化生产示范基地。

冷水江有钢铁、有色、建材、化工、煤炭、电力六大主导产业。实现工业增加值 128.22 亿元，规模工业 130 家，规模工业总产值 328.7 亿元。高新技术企业 9 家，高新技术产品产值 203.14 亿元。专利申请 38 件，专利授权 14 件。

社会消费品零售总额增长 10.5%。固定资产投资增长 6.2%。进出口总额 5.12 亿美元。实际利用外资 2379 万美元，新增外贸企业 19 家。引进建设项目资金 67.2 亿元，引进建设重点项目 8 个资金 63 亿元。有 3 个景区，其中，波月洞、资江旅游度假区为国家 AAA 级景区，大乘山为省级风景名胜区，接待游客 356 万人次，实现旅游收入 30.64 亿元。

交通和邮电事业有序推进，湘黔铁路、沪昆高铁、娄怀高速穿境而过，资水常年通航，全市公路总里程 1062 千米，大交通格局逐步形成。邮电业收入完成 4.35 亿元。

三大攻坚战稳步推进。全面摸清政府债务底子，清理调整在建、拟建项目 34 个，减少投资 77 亿元，完成还本付息 7.5 亿元；推进融资平台公司转型，将 13 家政府融资平台公司整合成 2 家。3861 名贫困人口脱贫，完成 1000 户农村“四类重点”对象的农村危房改造任务，960 人易地扶贫搬迁，所有贫困村全部出列。城市空气优良天数达 326 天，同比增加 36 天，在锡矿山地区启动综合治理项目 41 个，环境治理做法及进展成效多次被央视《新闻联播》《人民日报》《湖南日报》等主流媒体报道推介。

是年，获全国全面小康百强县级市、全国社会治理创新示范县市、全省发展开放型经济优秀县市等多项省部级以上称号，"放管服"改革、义务教育均衡发展、公立医院综合改革等工作得到省政府表彰。

存在的主要问题：综合实力、产业结构、发展效益与高质量发展要求还有较大差距；新兴产业和新动能支撑能力仍然不足，资金、土地等要素制约日益凸显；教育、医疗、文化等优质公共资源供给不够充足；重大风险化解、污染防治、安全生产、信访工作压力依然巨大等。

【转型发展经验在全国推介】2018 年 12 月 12—13 日，冷水江市作为湖南省唯一代表在全国资源枯竭城市转型发展会上作先进典型经验发言。企业强化技改，冷钢、金电、华新水泥等传统支柱企业均实现满负荷生产，全市实现工业利润 24.69 亿元。省"五个 100"重大科技创新项目之一的鼎晟光电子、益盛新材料、京科科技、黎辉科技超高纯石英砂、闪星锑业黄金生产线等一批有市场前景的工业项目正式投产。天宝紧固件采用国际先进标准生产的六角螺栓螺母产品打入"一带一路"高铁建设领域市场。华融湘江银行正式运营，省农信担保公司在冷水江设立办事机构。电子商务创业园新增入园企业 18 家，全年交易额突破 15 亿元，电商产业园被评为省电子商务重点培育项目。省级农业科技园、省级科技成果转移转化示范县等科技项目通过评估验收，三 A 新材料科技有限公司"博士后工作站"挂牌成立运行，华科高新成为国际特殊钢行业耐火材料制品供应商，鑫达耐火实现 30%产品出口，冷水江与全球 60 多个国家和地区建立贸易往来，获评全省发展开放型经济优秀县(市)。

【获评全国社会治理创新示范市】2018 年，冷水江市创新社会治理，巩固安全生产的"冷水江机制"、积案化解的"冷水江模式"、警务改革的"冷水江品牌"，相关经验在第四届全国加强和创新社会治理成果交流会上作重点推介，获评"全国社会治理创新示范市"。以"强执法防事故"行动为重点，着力开展打非治违百日行动、落实企业主体责任年、"十二大战役"攻坚行动等活动，持续推进"一单四制"消除隐患，保持打非治违高压态势，淘汰落后不安全产能，安全生产基层基础夯实，没有发生较大以上事故，安全生产形势持续稳定，获评全省安全生产良好县市。深入开展"无上访乡镇(街道)""无上访村(社区)"创建活动，全市信访总量明显下降，化解信访积案 96 件。推行公安"放管服"改革，通过社区警务机制改革、"一村一治安队"建设和交管业务下放边远派出所等，权力下放、警力下沉，社会治安效能提升。在农村安装楼栋牌，绘制村里建筑物、交通道路"电子地图"，群众安全感增强。是年，继续保持省级"平安县市"称号。

2018 年冷水江市先进集体(先进个人)一览表

表 100

获奖集体(个人)	奖励名称	颁奖单位	颁奖时间
冷水江市	全国人民调解工作先进集体	司法部	2018年4月
冷水江市人社局	2018 年度新闻宣传工作先进单位	人力资源和社会保障部 中国劳动保障报社	2018年10月
冷水江市	2018 中国县级市全面小康指数排第 67 位	中国信息协会	2018年11月
冷水江市	全国县级防震减灾工作综合考核先进单位	中国地震局	2018年12月
冷水江市价格认证中心	先进价格认定机构	国家发展改革委价格认证中心	2018年12月
冷水江市交通运输局	2018 年全省春运工作先进单位	湖南省春运工作领导小组	2018 年 3 月
冷水江布溪资江社区	全省民主法治示范社区资江社区	湖南省人民政府	2018 年3 月

续表 100

获奖集体(个人)	奖励名称	颁奖单位	颁奖时间
冷水江市	全省 2018 年度体育彩票工作县级销售突出贡献单位	湖南省体育局	2018 年 4 月
冷水江市地方税务局	全省地税系统先进基层税务分局	湖南省地方税务局	2018 年 4 月
冷水江市文体广新局	全省农家书屋全面建设十周年先进集体	湖南省新闻出版广电局	2018 年 5 月
冷水江市三尖镇人民调解委员会	湖南省优秀人民调解员会	湖南省司法厅	2018 年 6 月
冷水江市禁毒委员会办公室	2015—2018 年湖南省三年禁毒大行动先进集体	湖南省禁毒委员会	2018 年 9 月
冷水江市高级技工学校	2018 第二届全国智能制造应用技术技能大赛湖南选拔赛突出贡献奖	湖南省人力资源和社会保障厅	2018 年 10 月
冷水江市疾病预防控制中心	县级乙等疾病预防控制中心	湖南省卫生健康委员会	2018 年 10 月
冷水江市档案局	2018 年度“全省档案宣传工作先进集体”	湖南省档案局	2018 年 10 月
冷水江市	2017—2018 年全省发展开放型经济优秀县市区	湖南省发展开放型经济领导小组	2018 年 11 月
冷水江市文体广新局	2018 年基层文化志愿服务示范项目	湖南省文化和旅游厅	2018 年 11 月
冷水江市	省发展开放型经济优秀县市区	湖南省发展开放型经济领导小组	2018 年 11 月
冷水江市	湖南省首届“健康湖南”全民运动会最佳竞赛组织奖	湖南省体育局	2018 年 12 月
冷水江市	全省养殖业工作目标管理考核先进县	湖南省畜牧水产局	2018 年 12 月
冷水江市	全省平安县市区	湖南省委、湖南省人民政府	2018 年 12 月
冷水江市	2018 年度全省养殖业工作先进县市区	湖南省畜牧水产局	2018年12月
冷水江市疾病预防控制中心	2018 年湖南省饮用水监测工作先进单位	湖南省疾控中心	2018年12月
冷水江市经科信局	2018 年湖南省中小企业运行监测工作先进单位	湖南省工信厅	2018年12月
冷水江市经科信局	湖南省经信系统规范行政执法示范单位	湖南省工信厅	2018年12月

续表 100

获奖集体(个人)	奖励名称	颁奖单位	颁奖时间
冷水江市	2018 年度全省人口和计划生育工作良好单位	中共湖南省委办公厅	2018年12月
冷水江市	2018 年度安全生产良好县市区	中共湖南省委办公厅	2018年12月
冷水江市人社局	2018 年度城乡居民保险经办管理服务工作优秀单位	湖南省城乡居民社会保险管理服务中心	2019年1月
冷水江市	深化“放管服”改革等工作成效明显的县市区	湖南省人民政府办公厅	2019年1月
冷水江市	公立医院综合改革成效较为明显的县市区	湖南省人民政府办公厅	2019年1月
冷水江市	落实开放崛起等政策措施成效明显的县市区	湖南省人民政府办公厅	2019年1月
冷水江市	县级乡村财政财务管理工作先进单位	湖南省财务厅	2019年1月
冷水江市财政局	2018 年度全省财政系统信息宣传工作先进单位	湖南省财政厅	2019年1月
冷水江市	2018 年度动物疫病防控先进县市	湖南省防治重大动物疫病指挥部	2019 年1 月
冷水江市妇联	2017—2018 年度先进单位	湖南省妇联	2019 年1 月
冷水江市	2018 年计生协工作模范县市区	湖南省计划生育协会	2019 年1 月
冷水江市	全省农村承包地确权登记颁证工作先进单位	湖南省农村土地承包经营权确权登记颁证工作组	2019 年1 月
冷水江市商务粮食局	2018 年度全省商务工作先进单位	湖南省商务厅	2019 年1 月
冷水江市人民政府	县级人民政府教育工作优秀等次	湖南省教育督导委员会	2019 年2 月
冷水江市	教育强县	湖南省教育督导委员会	2019 年2 月
冷水江市	省电商扶贫专项行动优秀县市区	湖南省商务厅	2019 年 3 月
冷水江市	湖南省科技特派员工作先进单位	中共湖南省委人才工作领导小组办公室	2019 年 3 月
冷水江市毛易国有林场	全省十佳国有林场	湖南林业局	2019 年 3 月
冷水江市铁路护路办	2018 年度全省铁路护路联防工作先进集体	湖南省铁路护路办	2019 年 4 月
冷水江市审计局	2018 届湖南省文明标兵单位	湖南省政府、湖南省文明委	2019 年 4 月

续表 100

获奖集体(个人)	奖励名称	颁奖单位	颁奖时间
冷水江市扶贫开发办公室	全省扶贫宣传信息工作先进单位	湖南省扶贫开发办公室	2019 年 5 月
冷水江市	2018 年度全省禁毒工作先进县市区	湖南省禁毒委员会	2019 年 5 月
郭远红	全国人民调解工作先进个人	司法部	2018 年 5 月
刘祖应	国家技能人才培育突出贡献个人	中华人民共和国人力资源和社会保障部	2018 年 11 月
李灿瑜	湖南省司法行政系统岗位标兵	湖南省司法厅	2018 年 1 月
郭东平	全省优秀人民调解员	湖南省司法厅	2018年5月
苏建华、苏祥康	湖南省优秀人民调解员	湖南省司法厅	2018 年 6 月
邓　苗	湖南省司法厅法制工作技能比武岗位标兵	湖南省司法厅	2018年7月
欧本文	2015—2018 年湖南省三年禁毒大行动先进个人	湖南省禁毒委员会	2018 年 10 月
阮劲松	全省三大攻坚战积极担当作为党员干部	中共湖南省委组织部	2018 年 12 月
张媚红	全省扶贫宣传信息工作先进个人	湖南省扶贫开发办公室	2019 年 5 月
彭旭东	第一届“湖南最美基层生态环保铁军人物”	湖南省生态环境厅	2019 年 6 月

涟源市

【概况】2018 年,涟源市辖 19 个乡镇街道、1 个高新技术产业开发区,504 个村(社区)。土地总面积 1830 平方千米。年末户籍总人口 114.6 万人,其中城镇人口 22 万人。人口出生率 9.3‰,自然增长率 4.6‰。最高气温 38.4℃,最低气温-4.4℃,年降水量 1125.0 毫米。地区生产总值 290.6 亿元,同比增长 8.2%。其中,第一产业增加值 36.3 亿元,增长 3.5%;第二产业增加值 126.9 亿元,增长 8.1%;第三产业增加值 127.4 亿元,增长 9.8%。三次产业结构比为 12.5:43.7:43.8,一、二、三产业对 GDP 增长的贡献率分别为 5.7%、46.8%、47.5%。完成财政总收入 131454 万元,同比增长 8.5%。地方财政收入完成 69800 万元,同比下降 9.9%,其中国税部门完成 32120 万元,增长 44.4%;地税部门完成 21235 万元,下降 21.6%。全口径税收占财政总收入的比重为 87.5%。

【工业】规模工业总产值 332.5 亿元,同比增长 18.0%;增加值 83.9 亿元,增长 7.7%;营业收入 328.2 亿元,同比增长 18.7%;利润总额 27.3 亿元,增长 32.9%。规模以上工业企业 147 家,其中新增规模企业 28 家。产值过亿元的规模以上企业 74 家,产值 300 亿元,增长 19.2%。规模以上工业产销率 100%。主要产品产量:规模以上工业企业原煤产量 105.3 万吨,水泥产量 258.7 万吨,发电量 25.3 亿千瓦时,焦炭产量 57.5 万吨。省级高新技术企业 23 家,实现增加值 29.4 亿元,培育战略性新兴企业 19 家,涉及医药制造、节能环保等行业。园区企业132家，其中规模以上工业企业54家。完成园区规模工业企业增加值54.9亿元，占全市规模工业增加值比重65.5%。全市资质以上总承包和专业承包建筑企业14家，实现建筑业增加值15.3亿元，同比增长11%。

【农业】农业总产值60.1亿元，同比增长3.5%。农业增加值37.6亿元，增长3.7%。畜牧业总产值23.8亿元。粮食播种面积6.41万公顷。农产品加工企业316家，龙头企业63家，其中省级龙头企业7家、娄底市级龙头企业56家。农产品加工企业实现销售收入132亿元，同比增长11.6%，实现利润总额5亿元，同比增长11.3%。新增回春堂药业股份有限公司、猴哥食品等9家农产品加工规模以上企业，全市规模以上农产品加工企业总数51家。推广各类农机具7300多台(套)，其中遥控飞行喷雾机、高速插秧机、大型轮式拖拉机、履带式旋耕机、精量施肥机、油菜免耕直播机等大中型新机具116台(套)，农机总动力82.75万千瓦，13.39万台(套)。水稻生产耕、种、收综合机械化水平74.36%。主要产品产量：粮食总产量39.2万吨，出栏生猪88.08万头，牛4.16万头，羊17.21万只，出笼家禽349.85万只，水产品总产量1.8万吨。

【投资】固定资产投资施工项目291个，完成固定资产投资126.2亿元，同比增长0.3%，其中5000万元以上投资项目完成66.6亿元，下降30.7%，5000万元以下投资项目完成54.8亿元，增长145.0%，房地产投资完成4.7亿元，下降35.4%。开工建设87个市本级重点项目，完成投资98亿元，约占全市投资总额的80%；58个"项目建设大比拼"活动项目全部开工建设。回春堂药业、康麓生物、艾威尔新能源3个项目纳入全省"五个100"重大产业项目，全部开工建设，其中回春堂、艾威尔竣工投产。建筑面积4万平方米的涟商总部全面竣工，扶贫产业园投入使用，成功签约进驻11家公司；智慧湘军产业园主体竣工，中亮光电、乐讯电子等一批高新企业签约入驻。

【消费】完成社会消费品零售总额132亿元，同比增长10.4%，其中城镇完成112.6亿元，增长10.3%；乡村完成19.4亿元，增长12.3%。外贸进出口总额2452万美元，增长16.0%。接待游客538万人次，旅游收入40.95亿元。

【金融】金融机构本外币各项存款余额264.5亿元，同比增长4.9%；各项贷款余额145.2亿元，增长20.4%。保险费收入54013万元，同比增长6.2%。投资龙琅高速工程7亿元，湄江连接线0.63亿元，二广高速娄底连接线涟源段1.17亿元。实施农村公路窄路加宽项目26个57.282千米、安保工程199.629千米、危桥及渡改桥7座。

【通信】固定电话用户39657户，减少2218户；移动电话用户72.2万户，增加10万户；互联网宽带用户12.6万户，增加0.6万户。

【教育】中小学校359所，其中普通高级中学7所、中等职业学校3所、小学联校201所、初级中学38所、九年一贯制学校13所、特殊教育学校1所、教学点96个。在籍中小学生113279人，其中小学生62358人、初中生28867人、普高生16804人、中职生5250人。在职教师7235人，离退休教师4492人。有幼儿园176所，其中乡镇中心幼儿园16所、民办幼儿园160所，在园幼儿28937人。

【科技】全社会研究与试验发展经费投入2.85亿元，占GDP比重0.97%。专利申请量435件，同比增长61.1%，专利授权量295件，同比增长110.7%；科技进步贡献率高于年度目标值35%。新增高新技术企业7家；创建1家省级"星创天地"、1个省级科普基地、1个娄底市工程技术中心。康麓生物、艾威尔新能源获省创新创业大赛优胜奖。

【文化】加强对全市地域文化的研究，校注出版《李继宾史料三种》，举办"李继宾与晚清湘军"全国学术研讨会。积极选送作品参加娄底市、湖南省"欢乐潇湘"群众文化节，获娄底金奖11个，获湖南省一等奖1个、二等奖1个，群舞《养老院的朋友圈》在省第六届艺术节决赛中获金奖。举办《"书声琅琅"国学经典诵读》等全民阅读活动，开展送春联、送戏曲、送书"三送"下乡惠民活动，送出春联4000幅，送出图书2万册，送戏下村200场，农村公益电影放映2万场。市图书馆被评为国家"一级图书馆"。

【医疗卫生】进行产前筛查7246例，筛查率89.87%，新生儿疾病筛查7772人，筛查率95.9%；重点民生工作免费孕前优生健康检查人数7248对，农村适龄妇女免费“两癌”检查30043人。开展家庭医生签约服务，组建家庭医生服务团队149个，签约城乡居民55万人，其中建档立卡贫困户、计生特殊困难家庭签约率100%，重点人群签约率超过61%。儿童疫苗接种率96%，流动儿童疫苗接种率95.7%。总投资近5000万元的市中医院门诊住院综合大楼完成主体工程封顶，在市人民医院、市中医院和19个乡镇(中心)卫生院进行远程诊室建设，全面建成覆盖城乡、功能完备的远程医疗体系。

【体育】全市公共文化体育设施面积186万平方米，人均1.87平方米。举办湖南省老年人象棋围棋赛、“巅峰湖南·2018”六大名山连登积分联赛涟源龙山“药王杯”登山赛、首届“健康湖南”全民运动会涟源10项海选赛，举办2018年球友俱乐部篮球锦标赛(BCBC)“三一重卡”杯全国总决赛，被评为湖南省“篮球之乡”。运动员参加湖南省第十三届运动会比赛，获3.25枚金牌、2枚银牌，总分206分。

【居民生活】城镇居民人均可支配收入22255元，同比增长9.5%，农村居民人均可支配收入10125元，增长11.3%。居民消费价格指数102.2%。新增城镇就业人员6818人，失业人员实现再就业3522人，就业困难对象实现再就业1123人，新增创业主体带动城乡就业人员2850人，新增创业主体带动城镇就业人员1420人。新增农村劳动力转移就业9116人，其中新增贫困劳动力转移就业1950人，为116名符合小额创业担保贷款条件的失业人员发放小额创业担保贷款1014万元，城镇登记失业率控制在4.3%以内。

【城市建设】2018年，涟源市推进中心城区提质改造、黑臭水治理工程、城东路网基础设施、棚户区改造、滨江国际城等23个重点工程建设，启动御景花园、涟水明珠、涟水华府等房地产项目建设，完成投资23.38亿元。城市规划面积拓展到24.88平方千米，城市供水普及率100%，燃气普及率95%，城市污水处理率92.8%，城镇化率42.8%。

【环境保护】2018年，涟源市环境空气质量优良天数为323天，PM2.5年均浓度40微克/立方米，PM10年均浓度67微克/立方米，空气质量综合指数4.15，同比降低0.22。5个水质监测断面(点位)水质均达到或优于Ⅲ类标准，其中水厂、二水厂有10个月达到Ⅱ类标准。大气主要污染物二氧化硫、氮氧化物和挥发性有机物总量分别削减521.56吨、1565吨、2.33吨，废水中主要污染物化学需氧量、氨氮总量分别削减546.01吨、58.1吨。高新区工业污水处理厂自动在线监控设备投入使用。汇源煤气有限公司投资1亿元，完成焦炉烟气净化、余热锅炉与除尘系统项目。华润电力投入3400万元，完成1#和2#机组超低排放改造。海螺水泥完成水泥生产线烟气升级治理。中源新材料公司涂装技术升级项目完成设备安装。全市65座加油站全部完成油气回收改造任务。新增51台新能源公交车；主城区天然气管道铺设范围超过70%。

【涟商总部项目竣工】2018年，涟商总部大厦竣工，近20万平方米标准化厂房建成。涟商总部经济园和标准化厂房二区项目于2015年开工，总投资5.5亿元人民币，占地168亩。涟商总部大厦让涟商企业集群入驻，提高土地集约利用水平，减小企业创业成本，让中小微企业迅速投产。（吴树叶）

2018年涟源市获省级以上先进集体(先进个人)一览表

表101

获奖集体(个人)	奖励名称	颁奖单位	颁奖时间
涟源市供销合作社	全国供销合作社系统先进集体	人力资源和社会保障部 中华全国供销合作总社	2018年1月
涟源市侨联	全国侨联系统先进组织	全国归国华侨联合会	2018年8月
涟源市人民法院工会委员会	全国模范职工之家	中华全国总工会	2018年10月

续表 101

获奖集体(个人)	奖励名称	颁奖单位	颁奖时间
湖南五江轻化集团	全国“万企帮万村”精准扶贫行动先进民营企业	国务院扶贫办社会扶贫司	2018年10月
涟源市司法局	2018 年度人民调解宣传工作先进集体	中华全国人民调解员协会	2018年12 月
涟源市国家农村产业融合发展示范园	全省首批国家农村产业融合发展示范园	国家发展和改革委员会、农业农村部、工业和信息化部 财政部、自然资源部、商务部、文化和旅游部	2019年2月
涟源市妇联	全国三八红旗集体	中华全国妇女联合会	2019年3月
涟源市	2018 年全省扶贫领域腐败和作风问题专项治理工作考核为贫困县一类	中共湖南省纪委办公厅	2018年5月
涟源市图书馆	湖南省一级图书馆	文化和旅游部	2018年5月
涟源市	湖南省五化民政建设先进县(市区)	湖南省民政厅	2018年6月
湄江镇黄罗湾村	省级同心美丽乡村	中共湖南省委统战部	2018年9月
金石镇	湖南省平安农机示范乡镇	湖南省农机局、湖南省安监局	2018年11 月
长郡蓝田中学	湖南省安全文明校园	湖南省教育厅 中共湖南省委教育工委	2018年11 月
涟源市档案局	2018 年度全省档案宣传工作先进集体	湖南省档案局 湖南教育报刊集团	2018年11月
涟源市财政局	2018 年度全省财政税政法制工作绩效评价先进单位	湖南省财政厅	2018年11月
渡头塘镇	湖南省安全生产示范乡镇	湖南省安全生产委员会办公室	2018年12 月
涟源市	护路联防工作先进县市	湖南省护路联防工作领导小组	2018年12 月
蓝田街道龙湖村、胡家村、建中村	湖南省卫生村(社区)	湖南省爱国卫生委员会	2018年12月
涟源市交通驾校	湖南省文明交通示范驾校	湖南省交通运输厅	2018年12 月
涟源市公安局	执法质量考评优秀单位	湖南省公安厅	2018年12 月
六亩塘镇	2018 年湖南省“扫黄打非”进基层示范点	湖南省“扫黄打非”工作小组办公室	2018年12 月

续表 101

获奖集体(个人)	奖励名称	颁奖单位	颁奖时间
涟源市	2018 年度全省综治工作先进县市区	中共湖南省委办公厅 湖南省人民政府办公厅	2018年12月
涟源市	2018 年度全省工业经济运行监测协调工作先进单位	湖南省工业和信息化厅	2018年12月
涟源市财政局	全省 2018 年行政事业单位国有资产年度报表工作通报表扬单位	湖南省财政厅	2018年12月
中国移动涟源分公司	湖南省巾帼文明岗	湖南省妇联	2018 年
涟源市财政局	全省 2018 年地方政府性债务投资项目资产清查登记工作通报表扬单位	湖南省财政厅	2019年1月
涟源市农机局	2018 年全省农机工作先进单位	湖南省农业机械管理局	2019年1月
涟源市	2018 年度全省粮食生产先进县	湖南省农业农村厅	2019 年 1月
涟源市	全省深入推进农业“百千万”工程和贯彻落实粮食安全省长责任制成效明显的县市区	湖南省人民政府办公厅	2019年1月
娄底高新区	全省落实创新引领战略等政策措施成效明显的高新区	湖南省人民政府办公厅	2019年1月
涟源市财政局	2018 年度全省财政系统信息宣传工作先进单位	湖南省财政厅	2019年1月
涟源市	国安工作先进县市	湖南省国安厅	2019年2月
涟源市委办公室	2018 年度全省党委信息工作先进单位	中共湖南省委办公厅	2019年2月
涟源市委督查室	2018 年度全省党委督查工作先进单位	中共湖南省委办公厅	2019年2月
涟源市信访局	全省信访工作基础业务“百佳业务规范单位”	湖南省信访局	2019年3月
涟源市卫生计生局	湖南省卫生健康依法行政示范单位	湖南省卫生健康依法行政示范单位	2019年3月
涟源市公安局	“净网 2018”专项行动成绩突出单位	湖南省公安厅	2019年3月
涟源市公安局	2017—2018 年全省公安政治工作成绩突出单位	湖南省公安厅	2019年4月
涟源市农机技术推广中心	全省农业机械化技术推广先进县市区推广站	湖南省农业机械管理局	2019年

续表 101

获奖集体(个人)	奖励名称	颁奖单位	颁奖时间
涟源市公安局信访室	2018 年度全省公安机关信访工作成绩突出集体	湖南省公安厅	2019年
娄底高新区	在湖南省省级工业主导型开发区土地集约利用程度综合排序表中排名第三	湖南省自然资源厅	2019年
六亩塘镇人民政府	2018 年湖南省“扫黄打非”工作优秀集体	湖南省“扫黄打非”工作小组办公室	2019年
涟源市纪委监委	全省纪检监察系统先进集体	中共湖南省纪委 湖南省人力资源和社会保障厅	2019年
邓希安家庭	第十一届全国五好家庭	全国妇联	2018年5月
李庆华家庭	湖南省“最美家庭”	湖南省妇联	2018年3月
谭文忠家庭、傅成玲家庭	湖南省“书香之家”	湖南省妇联	2018年6月
彭志兵、肖业成、肖安江	湖南“百名最美扶贫人物”	湖南省扶贫办	2018年10月
李庆	2015—2018 湖南省三年禁毒大行动先进个人	湖南省禁毒委	2018年10月

双峰县

【概况】2018 年，双峰县辖 12 个镇 3 个乡，辖区面积 1591.93 平方千米，辖区内另设 1 个经济开发区。耕地面积 50.11 千公顷。年末常住人口 82.74 万人，其中常住城镇人口 31.07 万人，城镇化率 37.55%；人口出生率 11.18‰，自然增长率 6.54‰。年内气温最高 37.8℃，最低-4.6℃；年降水量 1192.1 毫米。在习近平新时代中国特色社会主义思想指引下，全县上下以“脱贫摘帽决胜年、产业项目建设年、基层治理能力建设年”为总抓手，扎扎实实，排除艰难，取得了新的进步。全年全县地区生产总值 233.57 亿元，同比增长 8.5%。其中，第一产业增加值 45.72 亿元，增长 3.9%；第二产业增加值 96.55 亿元，增长 8.2%；第三产业增加值 91.29 亿元，增长 11.6%。三次产业结构比例为 19.6:41.3:39.1 。地方财政收入 6.64 亿元，增长 9.1%。城乡居民、农村人口人均可支配收入达到 21206 元、12073 元，分别增长 8.9%、11.7%；11 项主要经济指标全市排名均进入前三。获评全国“好粮油国家级示范县”“全国生猪调出大县”“全国科普日活动优秀组织单位”“全国第三批率先基本实现主要农作物生产全程机械化示范县”等荣誉称号。

【工业】2018 年，双峰县工业增加值 83.94 亿元，增长 7.8%，对经济增长贡献率 34.9%，其中规模工业增加值增长 7.5%。年末，全县规模以上工业企业 160 家。建筑业增加值 12.62 亿元，增长 11.3%。全县资质以内建筑企业完成产值 30.16 亿元，房屋建筑施工面积 193.2 万平方米，房屋建筑竣工面积 149.4 万平方米。农友股份在新三板挂牌上市，并首次为三一配套生产零部件，劲松、五丰等农机企业产销两旺，中国机械工业联合会授予双峰县“中国农业机械之乡”称号，中南神箭、海人科技获中国驰名商标，威嘉生物、中南神箭入围湖南省新材料企业，海螺水泥全年税收首次突破 2 亿元，成品鞋制造、不锈钢产业持续发展。县经开区在全省 142 个省级园区中综合排名第 25 位，较 2017

年前进4位。

【农业】2018年，全县完成农业总产值72.73亿元，比上年增长3.9%。粮食播种面积111.59万亩，增长0.18%，其中稻谷面积95.9万亩，同比下降0.64%。粮食总产量501652吨，增长3.71%，其中稻谷产量433338吨，增长3.28%。全年出栏肉猪108.02万头，增长0.32%；出栏牛1.75万头，增长5.42%；出笼家禽219.68万羽，增长2.42%；水产品产量26162.4吨，增长7.27%。全年财政农林水利事务支出9.01亿元，增长20.3%。粮食生产获丰收，再次获评“中国好粮油”国家级示范县，红心脐橙、药材、淮山等特色种植业，以及黑牛、黑猪、黑斑蛙、娃娃鱼、龙虾等特色养殖业初具规模；全年认证“三品一标”无公害食品品牌17个、绿色食品品牌9个，新上规模以上农产品加工企业16家，被列为农业生产社会化服务示范县、全国主要农作物生产全程机械化示范县，全力防控“非洲猪瘟”成功，连续十二年获评“全国生猪调出大县”。

【第三产业】2018年，全县社会消费品零售总额87.75亿元，增长10.4%。全年到位县外境内资金120亿元，增长16%；到位境外资金7564万美元，增长10.6%。接待国内游客634.5万人次，同比增长30%，实现国内旅游收入42.6亿元，同比增长27%；接待入境游客2814人次，同比增长32%，实现国际旅游收入1400万美元，同比增长32%。推进全域旅游发展，获批湖南省精品旅游线路重点县，纳入大湘西文化精品旅游线路，成功收回曾国藩故居经营权。三塘铺镇入选“中国最具特色魅力乡镇”，井字镇入选第四批“湖湘风情文化旅游小镇”，青树归古成功创建AAA级旅游景区、省五星级乡村旅游区，蔡和森纪念馆成功创建AAAA级旅游景区，并获评“潇湘红八景”。推进商贸物流发展，新增入统商贸流通企业17家，新开发综合农产品市场、青树坪农贸市场投入使用，建成5个电商扶贫农产品销售示范服务中心，纳入统计的农产品电商销售额1.3亿元。

【三大攻坚战】2018年，全县统筹安排扶贫资金6.35亿元，落实四大主导种植产业基地235个、1.77万亩，106个贫困村村级光伏电站全部并网发电，教育、医疗、兜底、就业等政策全部精准落实到户到人，扶贫小额信贷做到应贷尽贷、应收尽收，建设易地扶贫搬迁14个集中安置点34栋安置楼，改造农村危房3634户，完成143千米村组道路硬化、168千米农村公路提质改造、683千米自然村通水泥（沥青）路和58千米“交通项目空白”非贫困村村组道路建设，建成28个退出贫困村和26个无活动场所村服务平台。全年脱贫29160人，实现50个贫困村退出，易地扶贫搬迁工作全省年度考核连续三年排名第一。全县成功实现整体脱贫摘帽。控降政府性债务工作有力有效推进，坚持“开前门、堵后门、筑围墙”，切实加强债务管理，“停、缓、调、撤”项目57个，减少投资39.02亿元；加快平台公司的整合与市场化转型；向干部职工的融资在4月底全部归还，化解政府负有偿还责任的债务6.83亿元，有效防控民间融资风险。严格落实河长制，被评为全省河长制工作先进单位；关闭煤矿3家，关闭、停产采石场21家；巩固中心城区“禁燃禁爆”成果；完成关闭退养猪场170家，实施规模猪场粪污治理226家，完成3处黑臭水体治理；水府庙水库网箱、钓鱼平台基本清除，全县所有常规水质监测点位均达到Ⅲ类以上标准；城镇空气质量在全省排名靠前。

【项目建设】2018年，双峰县固定资产投资增长10.4%。施工项目345个，其中新开工项目223个，投产项目56个。实施市县重点项目169个，其中推进重大产业项目88个，完成投资60亿元，占全年项目建设总投资的53%。风力发电、玻纤滤纸建成投产，农友南区加速推进，杭萧钢构装配式钢结构产业基地第一期项目即将建成投产，宏辉国际商贸城完成征地拆迁，甘棠220万米管桩生产线项目开工建设。积极争取新增建设用地面积112亩，金融支持实体经济发展新增贷款10亿元以上，征地拆迁清零清障行动拆除房屋174栋，实现24个项目征拆清零。

【深化改革】2018年，全县“三集中、三到位”改革深入推进，窗口受理事项从242项增加到617项，“只跑一次”分批落实，“互联网+政务服务”全面铺开，“一窗一体式”改革、“多证合一”“证照分离”改革稳步推进。投资项目从立项到许可由166个工作日缩短到45个工作日，公布920项“只跑一次”目录清单。被评定为湖南省首批普惠金融示范区，农地抵押贷款试点工作在全省作经验交流。行政区划调整、税务体制改革、社区改革、园区体制改革有序推进。

【民生福祉】2018年，双峰县财政民生支出占比84%，省下达的重点民生实事项目全部完成。投入1.15亿元，新建、维修改造校舍5万平方米，消除危房3万平方米，改造学校82所，全面完成教育行业扶贫的办学条件改造工作。全力推进标准化教学点建设，全年创建30所标准化教学点。投资2.1亿元，新建改建学校2.9万平方米，添置设施设备5000余台套，完成新建湾田学校和改造永丰中学两大项目。引导民营企业家投资1.2亿元捐建九年一贯制学校——丰茂学校。投资0.6亿元，启动学校改扩建工作。全面完成教育信息化“三通两平台”建设，宽带网络校校通比例100%。建成合格村级综合文化服务中心104个，落实农村体育健身路径60条。组织“脱贫攻坚送戏下乡”全县巡演32场次，完成送戏下乡80场次、公益电影放映12000余场次。县人民医院、县妇幼保健院整体搬迁项目完成主体工程，县人民医院成功创建二甲医院，花门镇获评全国智慧健康养老示范乡镇。全面解决被征地农民养老保险问题，征地拆迁安置工作基本完成，全力抓好扫黑除恶、安全生产、信访维稳、社会治安综合治理等工作，社会大局保持总体稳定，获评省安全生产工作先进县、省综治工作先进县。

（谢军红）

2018年双峰县先进集体(先进个人)一览表

表102

获奖集体(个人)	奖励名称	颁奖单位	颁奖时间
双峰县科协	2018年全国科普日活动优秀组织单位	中国科协办公厅	2019年1月
双峰县	2018年全国生猪调出大县	财政部、农业农村部	2019年
双峰县	2018年好粮油国家级示范县	国家粮食和物资储备局 财政部	2019年
双峰县	全国第三批率先基本实现主要农作物生产全程机械示范县	农业农村部办公厅	2019年
双峰县	落实开放崛起等政策措施成效明显的县	湖南省人民政府	2019年1月
双峰县	落实粮食安全责任制工作成效明显的县	湖南省人民政府	2019年1月
双峰县	就业工作成效明显的县	湖南省人民政府	2019年1月
双峰县	落实省委、省人民政府重大决策部署，创造性开展工作，有关典型经验做法肯定并推广的县	湖南省人民政府	2019年1月
双峰县	2018年度全省综治工作先进县	湖南省委办省政府办	2019年1月
罗满泉	第二次全国地名普查先进个人	国务院第二次全国地名普查领导小组	2019年4月
王云轩	全省三年禁毒大行动先进	湖南省禁毒委员会	2018年10月
曹革文	全省民政系统先进个人	湖南省人力资源和社会保障厅、湖南省民政厅	2019年6月
双峰县	2018年度安全生产工作优秀单位	湖南省委办、湖南省政府办	2019年
谭贡献	2018年度全省扶贫宣传信息工作先进个人	湖南省扶贫办	2019年

新化县

【概况】2018年,新化县位于湖南省中部偏西,娄底市西部,在雪峰山东南麓,跨资水中游两岸。东北至东南与涟源、冷水江市交界,南至西南与新邵、隆回县为邻,西至西北与溆浦县接壤,北与安化县毗连。总面积3636平方千米。全县辖上梅、上渡、枫林3个街道,石冲口、洋溪、槎溪、水车、文田、奉家、游家、炉观、西河、孟公、琅塘、桑梓、曹家、吉庆、温塘、田坪、白溪、圳上18个镇,科头、维山、天门、金凤、荣华、坐石、油溪7个乡,大熊山、古台山2个国有林场,1个经济开发区。设48个社区,639个村委会。户籍总户数473416户,户籍总人口1518487人。耕地面积65650公顷,其中水田49750公顷、旱地15690公顷。

全年完成地区生产总值251.0亿元(新口径)、同比增长8.3%,其中一、二、三产业增加值分别为43.2亿元、84.5亿元、123.4亿元,分别同比增长3.8%、8.2%、10.2%,三次产业结构比为17.2:33.7:49.1。实现规模工业增加值55亿元,同比增长7.3%;完成固定资产投资149.2亿元,同比增长15.0%;实现财政总收入15.7亿元、地方财政预算收入8.9亿元,分别同比增长22.3%、12.7%,税收占比分别为79.4%、63.5%;社会消费品零售总额111.7亿元,增长10.3%;金融机构各项存、贷款余额分别为388.3亿元、184.1亿元,分别增长10.6%、24.3%;城镇居民、农村居民人均可支配收入分别为20944元、8871元,分别增长8.7%、12.0%。12项主要考核经济指标中,固定资产投资、一般公共预算收入、农村居民人均可支配收入、进出口总额4项指标增速排名全市第一;在全省县域旅游经济、金融竞争力排名中,分别排名第五位、第九位。

【农业】2018年,新化县完成农业总产值694299万元,按可比价比2017年增长3.8%。实现农业增加值444981万元,按可比价比2017年增长3.9%,种植生产全面丰收。全年农作物总播种面积为114600公顷,增长2.75%。年内投入水利工程资金4.93亿元,新增节水灌溉面积1070公顷,治理水土流失面积15.7平方千米。完成琅塘小农水项目、78个村人畜饮水安全工程、炉观坝灌区节水配套改造等水利项目建设,实施白溪河二期工程等中小河流治理和车田江水土保持工程。基本完成农村土地承包经营权确权登记颁证和农村集体产权制度改革清产核资工作。“3+5+2”农业产业(扶贫)体系加快发展。建设高标准农田5.1万亩,新建种养示范基地23个,农产品加工企业、农民合作社、家庭农场分别发展到254家、2400家、400家。粮食播种面积78000公顷,增长1.09%,总产量472089吨,增长3.47%,粮食生产获全省标兵县。全年出栏生猪100.4万头,同比增长0.3%;出栏牛10.8万头。严防死守非洲猪瘟,确保县域内清净无疫。在全国糖酒食品交易会上成功举办新化水酒发布会暨第三届新化水酒文化节,成功开展湖南省中华茶祖节暨新化红茶推介会、湖南新化黄精高峰论坛等活动,与湖南人文科技学院共同建立新化水酒研究所,新增王爷山食品为省级龙头企业,新化红茶进入全省“一县一特”和“湖南十大名茶”名录,渠江薄片认定为湖南省名牌产品,新化水酒列为中国黄酒三大品系之一,新化红茶、新化黄精、白溪豆腐成功注册国家地理标志证明商标。槎溪镇油坪溪村以黄精入选全国科技示范村,奉家镇渠江源村因茶叶获全国一村一品示范村,吉庆镇油溪桥村入选全国“100个特色村庄”,新化县成为全国农村一、二、三产业融合发展先导区创建单位。

2月8日,第六届2018中国·新化文印产业博览会开幕　　(新化县供图)

【工业】2018年,新化县规模以上工业总产值2083912万元,增长14.4%,规模以下工业增长8.1%,全年全部工业实现增加值602300万元,同比增长7.3%。扎实开展“产业项目建设年”活动,加快推进优质园区建设。完成园区固定资产投资24亿元、园区规模工业增加值25.9亿元,新建标准化厂房22万平方米、员工宿舍9000平方米，园区污水处理厂竣工并投入使用，特种陶瓷展览馆、特种陶瓷驻北美(洛杉矶)办事处等园区公共服务平台建成运营，格林美塑木生产线、科舰能源、新印科技等13个项目竣工投产，新引进10万吨再生塑料颗粒生产线、10万吨高谷维素米糠油生产线、1万吨亚克力循环经济利用等产业链项目，启动特种陶瓷产业园二期建设。工业发展平台更加夯实、动能持续增强。文旅(上市)小镇累计引进企业39家，实现先导能源、湖南卫成、中民筑友、湘中石油等企业实体入驻并投产，新增税收2.3亿元；雄利皮草等8家外贸加工企业和8家汽车配件企业落户新化；引进北京网库信息技术公司实施特种陶瓷电子商务基地建设，全年引进项目36个，签约资金52.6亿元。成功举办"2018先进陶瓷走向世界"研讨会等。电商产业园开园纳商，建成村级电商服务站点156家，县域电商交易额28亿元；完成外贸进出口总额3799万美元、外经营业额5894万美元，分别为年度任务的249.6%、128%；内联引资118亿元、利用外资7480万美元，分别增长15%、7.2%，经济开放度大幅提升。

【全域旅游建设】2018年，新化县加快紫鹊界AAAAA景区创建工作，完成景区旅游环线炒砂路建设；完成紫鹊界梯田、三联峒、龙凤山等景区游客服务中心和大熊山蚩尤谷游步道、天门黄金谷飞拉达攀岩等项目建设，梅山龙宫完成人工湖环湖栈道和停车场提质改造，上梅古镇、桃花源等景区建设和通景公路提质、旅游厕所革命等工作有序推进，雅天景区、三联峒分别创建为国家AAA级、AAAA级景区，紫鹊界梯田荣膺全球重要农业文化遗产。成功举办"新春走基层·直播奉嘎山"、2018年湖南省秋季乡村旅游节暨娄底新化首届农民丰收节、中青旅联盟大会、大熊山户外精英挑战赛等节会活动，接待游客1828.6万人次，实现旅游综合收入133.7亿元，分别增长12%、11.9%。

【城乡建设】2018年，新化县坚持"完善功能、规范秩序、美丽宜居"建设主方向，区位基础条件不断优化。城市功能日益完善。启动县城总规评估及修编、资江生态廊道规划编制，完成县城给水专项规划、城镇燃气发展规划等。拆除违法建筑12万余平方米，奉家、天门、古台山等8个乡(镇)实现违法建设零增长。完成城西防洪堤及城东防洪堤(三期)防洪主体工程建设，实施白沙洲西路改扩建(二期)和学府南路、清水塘路等提质改造工程，基本完成北塔、学府南路等6个安置区建设；稳步推进县城污水处理厂提标改造、雨污分流、黑臭水体整治、县城二水厂、天然气门站及气化站等工程建设，启动北塔公园及北塔区市政道路设施建设。完成土地征拆1658.3亩，挂牌交易土地686.6亩，实现土地收入7.8亿元。琅塘镇、温塘镇、高铁新城等特色小城镇建设有序推进，卫生文明创建持续升温。新增城镇人口3.5万余人，城镇化率提高到34.7%。交通、电力建设发展。紫鹊界连接线提质改造完成2/3、新溆高速大熊山连接线、娄底大道新化段基本建成通车，龙琅高速、琅天公路、石冷公路建设稳步推进，完成新化南一级客运站、大熊山客运站建设，完成733千米农村公路安保设施建设和9个危桥改造项目；资江四桥及接线工程、娄底春田机场等项目前期工作推进顺利。完成149个村电网升级，启动云溪35千伏变电站建设。美丽乡村建设稳步推进。全面完成美丽乡村总规和4条通景公路、4个创建乡镇和70个创建村的美丽乡村规划，实现农村垃圾分类处理全覆盖，完成100个县级美丽乡村创建村的绿化和环境整治，移民美丽家园整村推进和避险解困工作成为全国典范；吉庆镇油溪桥村、奉家镇下团村成功创建省级美丽乡村示范村，天门乡土坪村获评中国美丽休闲乡村，水车镇上溪村、琅塘镇琅塘社区进入中国传统村落名录。

【脱贫攻坚】2018年，新化县突出"基础条件、基础产业和基础保障"重点，整合财政涉农资金5.7亿元，集中全力推进"十大扶贫工程"。新建、维修、改造贫困村通自然村公路、主干公路及连接公路等1882.8千米，

9月28日，"2018年湖南秋季乡村旅游节暨首届娄底新化农民丰收节"在紫鹊界梯田举办

(新化县供图)

完成3874户贫困户农村危房改造，新增4.2万余人解决饮水安全问题，实现所有贫困村电力保障达标，至年底全县累计建成124个集中安置点、完成34412名建档立卡贫困人口的易地搬迁；新增茶叶、油茶林、中药材等种植面积4.2万亩；构建了贫困人口“基本医疗保障、大病保险、医疗救助”三重医疗保障体系，实现贫困户子女教育就学补助全覆盖；就业扶贫、生态扶贫、社会扶贫等有力有序推进。完成77个贫困村、42633名建档立卡贫困人口脱贫退出，贫困发生率下降到3.5%。

【污染防治】2018年，新化县坚持问题导向，积极开展全国第二次污染源普查，强力推进中央和省委督察交办件和反馈问题整改。完成湖南海螺等企业的污染治理，持续实施了农村生活污水处理、垃圾处理、面源污染防治、畜禽养殖污染物防治等建设工程，完成杨家山、古台山矿区环境综合治理与重金属污染治理工程、遗留砷碱渣场安全监管加固及土壤修复工程，完成4个乡镇污水处理厂建设、36家规模以上养殖场粪污处理设施改造和105个行政村的农村环境综合整治。实施打卡巡河管理和“双河长”制，完成3千米资江生态廊道建设，绿化造林4.7万亩，修复退化林3.7万亩、湿地4.2万亩，生态环境持续好转。

【重大风险化解和防控】2018年，新化县建立健全互联网金融监管机制，强化金融风险事项分类处理，30起金融案件移送法院23件、审理判决20件，金融形势安全稳定；光大银行新化支行入驻运营，金融扶贫通过省级金融精准扶贫示范区验收，整合转型现有投融资平台，成立国有企业性质的新化县经济发展投资集团有限公司。切实加强政府存量债务清理甄别，“调、停、缓、撤”一批政府投资建设项目，确保政府性债务风险可防可控。

【社会事业】2018年，新化县民生支出57.4亿元，占财政总支出的71.7%，全面小康实现程度为88.5%。加快补齐基础教育短板。引进湖南沁园春投资公司建设思沁实验学校，学校完成一期工程并招生；完成上渡中心小学、新田学校、明德中心学校等7所学校改扩建和25个标准化教学点建设，义务教育阶段新增学位1.1万个、补充教师833名、消除超大班额589个，基本完成新化一中和县职业中专改扩建任务，教育教学质量稳步提升。健全基本公共文化体系。完成29个乡镇综合文化站达标建设，新建117个村级文体活动中心，成功申报以新化山歌命名的“湖南民间文化艺术之乡”；持续推进新化山歌、梅山武术进校园，积极开展足球场、篮球场等体育场所建设，扎实开展送戏下乡活动，人民群众文化生活更加丰富。持续改善医疗健康基础条件。深入推进药品采购“两票制”(指药品从药厂卖到一级经销商开一次发票，经销商卖到医院再开一次发票)，建立健全“三医联动”(即医保体制改革、卫生体制改革与药品流通体制改革联动)体制，强力推进医联体和中医药服务能力建设，建档立卡贫困户和计划生育特殊家庭医生签约率100%；完成县疾控中心整体搬迁项目建设，县中医医院整体搬迁、县人民医院上梅分院、25家乡镇卫生院基层远程诊室等建设工作有序推进，人口计生服务工作总体稳定。强化社会基础保障。战略引进急需紧缺高层次人才52人，培训贫困村致富带头人245人，完成劳动技能培训1.9万人次，举办6场就业推介会和第四届创新创业大赛，新增城乡就业2.5万人；追讨农民工工资611万元，征缴养老、医疗、就业等各类社会保障基金19亿元，保障城乡低保对象30927人，医疗救助、特困供养、防灾减灾救灾及养老服务等社会保障水平不断提升。着力夯实基层基础治理。抓实“十大战役”和“强执法、防事故”综合执法，安全生产获省、市先进。稳步推进平安创建、“三无”创建(指无进京非访登记和进京重复越级访，无到省级以上集体访，无极端恶性事件的创建活动)，排查调处社会矛盾纠纷18075起，化解信访积案162件；启动强制隔离戒毒所建设，纵深推进“扫黑除恶”，破获刑事案件849起，社会大局和谐稳定。(周向娟)

2018年新化县先进集体(先进个人)一览表

表103

获奖集体(个人)	奖励名称	颁奖单位	颁奖时间
新化县梅山文化演艺有限公司	第七届全国服务农民、服务基层文化建设先进集体	中宣部、文化和旅游部、国家新闻出版广电总局	2018年1月

续表 103

获奖集体(个人)	奖励名称	颁奖单位	颁奖时间
娄底市烟草公司新化县分公司工会	全国模范职工小家	中华全国总工会	2018年9月
新化县机关事务管理局	国家级节约型示范单位	财政部、国家发改委、国家机关事务管理局	2019年2月
新化县总工会财务部	2017 年度市级工会财务工作先进单位	中华全国总工会	2018年10月
新化县	第一批省级现代公共文化服务体系示范区	湖南省文化厅	2018年2月
新化县公安局交通警察大队	2018 年春运先进集体	湖南省公安厅	2018年3月
新化县人民医院	2015—2017 年全省改善医疗服务行动示范医院	湖南省卫健委	2018年3月
新化县	湖南民间文化艺术之乡(新化山歌)	湖南省文化厅	2018年5月
罗盛教故居和纪念馆	湖南省中小学生研学实践教育基地	湖南省教育厅	2018 年 10 月
罗盛教纪念馆志愿服务队	2018 年文化志愿服务工作先进单位	湖南省文化和旅游厅	2018年11月
新化县审计局	新化县 2016 年度财政预算执行和其他财政收支审计项目获省优秀审计项目	湖南省审计厅	2018年11月
新化县公安局交警大队明德中学护学岗	湖南省文明交通优秀护学岗	湖南省公安厅交警总队	2018年11月
新化县	全省人口和计划生育工作良好单位	中共湖南省委办公厅	2018年12月
新化县公安局交通警察大队	2018 年全省公安交警系统抗击冰雪雨雾恶劣天气成绩突出集体	湖南省公安厅交警总队	2019年1月
新化县计生协会	全省计生协绩效考核模范单位	湖南省计划生育协会	2019年1月
新化县文化市场综合执法大队	2018 年湖南省“扫黄打非”工作先进集体	湖南省“扫黄打非”办	2019年1月
新化县	2018 年度真抓实干成效明显单位(推进新型城镇化和“双修”“双改”等工作成效明显县市区	省人民政府	2019年1 月
新化县农村经营管理局	2018 年度全省农村经营管理工作先进单位	省农业委员会农村经营管理处	2019 年 1月
新化县农村经营管理局	2018 年度全省农村集体“三资”管理工作先进单位	省农业委员会农村经营管理处	2019年1月

表 103

获奖集体(个人)	奖励名称	颁奖单位	颁奖时间
新化县移民局	2018 年度全省移民工作先进单位	湖南省水库移民开发管理局	2019年2月
新化县人民检察院	集体一等功	最高人民检察院	2018年11月
曾志文	全国乡镇卫生院优秀院长	国家卫生健康委员会	2018年9月
贺　朝	全国气象部门扶贫先进个人	中国气象局	2018年12月
伍福常	湖南省“双百工程”二等奖	湖南省教育厅	2018年2月
陈育华	全省移民工作内部审计先进个人	湖南省水库移民开发管理局	2018年2月
高红宁	全省十佳养路工	湖南省公路局	2018年3月
彭黄松	全省十佳路政员	湖南省公路局	2018年3月
刘博隆	2018 年春运先进个人	湖南省公安厅	2018年3月
周冬根	2015—2017 年度省派驻村帮扶工作优秀驻村干部	湖南省扶贫开发领导小组	2018年3月
刘新平、李传车	全省现代公共文化服务体系示范区创建工作先进个人	湖南省文化厅	2018年5月
康罗中	湖南省脱贫攻坚先进个人	中共湖南省委 湖南省人民政府	2018年10月
何小艳	2018 年度全省农村集体产权制度改革工作先进个人	省农业委员会农村经营管理处	2019年1月
杨黎军	2018 年湖南省“扫黄打非”工作先进个人	湖南省“扫黄打非”办	2019年1月
黄　双	公益诉讼先进个人	湖南省人民检察院	2019年2月
李任香	2018 年全省交警网校应用管理工作成绩突出个人	湖南省公安厅交警总队	2019年3月

人　物

◎全国“五一劳动奖章”获得者
◎全国优秀共青团干部
◎“中国好人”

“全国五一劳动奖章”获得者

曹革新，男，汉族，1966年3月出生，湖南新化人，中共党员，大学本科，经济师，1987年7月参加工作。现任湖南博长控股集团有限公司下属冷水江钢铁有限责任公司经理兼办公室主任。系冷水江市人大代表，曾获娄底市劳动模范、湖南省企业文化建设十大功勋人物等荣誉。

该同志政治立场坚定，讲学习，讲政治，讲正气，宗旨意识强，政治站位高，始终勤政廉洁，公道正派，诚实守信，创造性地把党的路线、方针、政策变成企业的发展之策、致富之路。他始终把企业当成自己的家，把全部的时间、全部的精力、全部的智慧投入企业的生存与发展当中，近10年，他每天至少有14个小时用在生产经营管理上，没有星期天，也没有节假日，足迹遍布企业基层一线的每一个角落，对企业每时的生产经营情况都了如指掌，对每个岗位上的员工都像兄弟姐妹一样亲如一家人，每年拨出近100万元走家入户慰问困难员工、家属，每年春节除夕和初一都坚持到岗位看望员工，跟员工在一起吃年夜饭。他大胆管理，锐意改革创新，推出一系列人事、分配、用工制度改革新举措，大力挖掘员工内在智慧、潜力，激发员工拼命奋斗的工作热情，企业的凝聚力、向心力增强。他始终把提升企业效益牢记心底，牢牢抓住企业降成本主题，采取了一系列“落小落细落实”降成本的新举措，取得了较好的社会效益和经济效益。他有强烈的社会责任感，热心社会公益事业，不给政府添麻烦，恪守“不以降低员工工资来降成本，而要以降低成本来保证员工工资”的原则，不论企业效益好坏，企业始终做到了不裁员、不减薪和增创国家税收。他注重安全、环保、设备、质量等工作的精细化管理，近三年，未发生轻伤以上事故，实现了环保达标排放，是湖南省高新技术企业，公司产品成为湖南省名牌产品和全国质量检验稳定合格产品。

全国优秀共青团干部

彭雅，女，汉族，1982年1月出生，中共党员，大学本科文化，湖南省邵阳市新邵县人，共青团娄底市委宣传部部长。她在团干岗位工作十九年，先后担任娄底团市委办公室主任、希望工程领导小组办公室主任，2011年7月至2011年10月任上海虹口团区委书记助理（挂职）。她业务知识熟练，对团的章程、入团誓词、入团的程序和流程、团的组织活动原则等与团工作相关的知识烂熟于心，随时随地脱口而出、对答如流、得心应手。是一位全能型的新时代共青团干；她工作扎扎实实，任劳任怨，能以积极的姿态、饱满的热情对待每一个岗位，常常是“5+2”“白+黑”，被娄底共青团系统称为“拼命三郎”“女汉子”；她工作能力强，组织开展的“团旗飘飘——我为城市添光彩”志愿者主题实践系列活动、“马路牛皮癣清除大行动”“创卫湘中行”万名志愿者劝导活动、“青春雷锋”志愿者服务活动、湖南“吉祥人寿杯”第六届环湘自行车比赛志愿服务活动、“交通文明劝导周”活动，“我为城市添光彩，洁净美好庆新春”卫生大清扫等活动，得到娄底市委、市政府充分肯定及社会各界的好评。由她发起组织的湖南省首届关爱留守儿童夏令营活动刊载在《中国教育报》头版头条，《湖南日报》、搜狐网、新浪网、中国新闻网等媒体纷纷予以转载和报道。她多次被评为先进工作者、优秀共产党员，被娄底市政府记三等功一次。2019年5月，获2018年度“全国优秀共青团干部”称号。

“中国好人”

黄其焕，男，汉族，1973年9月出生，中共党员，大学本科文化，娄底市公安局娄星分局民警。2018年8月30日凌晨0时10分，娄星公安分局涟滨派出所接到报警称，茅塘社区一栋楼房内有人挥舞菜刀到处砍人。黄其焕立即带领两名辅警迅速赶赴现场进行处置。处警时，面对持刀歹徒，黄其焕主动置换人质，被歹徒限制人身自由长达5小时，身受20余处刀伤，并遭歹徒泼食用油、多次点火、开煤气要同归于尽等危急情况。此过程中，与歹徒不断周旋拖延时间，最终与外围战友配合成功抓获持刀歹徒。黄其焕同志在该起警情中表现出了公安民警无惧危险、不怕牺牲的优秀品质，在群众生命财产安全受到威胁时奋不顾身、勇往直前，与犯罪嫌疑人斗智斗勇，用自己的生命践行了“忠真智勇、奉献为民”的真谛，成功入选“2018年敬业奉献中国好人”。

邹勇松，男，1990年出生，中共党员，娄底市新化县人。长沙理工大学计算机与通信工程学院15级研究生。他出身农村，家境贫寒，自幼患慢性肾炎，2017年6月开始依赖透析维持生命。为了不耽误科研和节省医疗费用，邹勇松自己每天在出租屋阳台的帐篷做腹膜透析4次，一次要用2千克透析液。即使在住院期间，他都争分夺秒地用手机写程序、做研究。近两年获得的6项发明专利和软件著作权，均立足现实生活运用。毕业前夕，他毅然向红十字会登记捐献自己的器官和眼角膜，成为第183877位志愿登记者。邹勇松身患重病自强不息，以顽强意志谱写青春奋进之歌的事迹经媒体报道后，在全社会引起强烈反响，引爆无数读者、听众、观众泪点，成功入选“2018年敬业奉献中国好人”。

附录

◎文件辑录

◎重要文件选登

文件辑录

娄底市人民代表大会常务委员会工作报告

——在娄底市第五届人民代表大会第三次会议上

谢志雄

（2019年1月9日）

我受娄底市第五届人民代表大会常务委员会的委托，向大会报告工作，请予审查，并请列席会议的各位同志提出意见。

2018年主要工作

2018年，在中共娄底市委的坚强领导下，市人大常委会深入学习贯彻落实习近平新时代中国特色社会主义思想，特别是习近平总书记关于坚持和完善人民代表大会制度的重要论述，务实作为，扎实工作，圆满完成了市五届人大二次会议确定的目标任务，为推进全市民主法治建设和经济社会发展作出了积极贡献。

一、强化政治意识，在贯彻党委决策部署上坚定有力

常委会坚持把党的领导作为人大工作的根本原则，贯彻到人大工作全过程，全力推动中央、省委、市委各项决策部署坚决贯彻落实，确保了人大工作正确的政治方向。

坚定不移维护核心。认真抓好政治学习，强化理论武装，常委会党组、机关党组围绕习近平新时代中国特色社会主义党建、意识形态、民主政治、经济建设等重要思想及文化自信、深化改革、脱贫攻坚等重要主题，组织17次专题学习研讨活动，切实提高政治站位、提升思想境界，真心实意认同核心、发自内心热爱核心、旗帜鲜明拥戴核心。

始终坚持党的领导。坚决维护市委统揽全局、协调各方的领导地位，凡重大事项和重要活动开展前、重要意见和重要决定作出前、重要文件和重要制度出台前，人大常委会党组都坚持向市委请示汇报，积极取得市委对人大工作的领导和支持。一年来，市委常委会议先后就工作评议、立法计划、学习培训、预算联网监督、人代会召开等议题听取人大常委会党组的情况汇报。

坚决贯彻市委决策。始终把人大工作置于全市工作大局中进行定位、谋划和推进，围绕市委重大战略，紧扣市委决策部署决定重大事项，就财政预决算、市本级相关棚改项目纳入政府购买服务计划等依法作出决议决定。坚持党管干部与人大依法任免有机统一，任免国家机关工作人员25人次，保证了省委、市委人事意图圆满实现。按照市委的统一部署，主任(党组)会议成员坚持深入一线，靠前指挥，积极参与脱贫攻坚、美丽乡村、社区建设、创文管卫、重点项目、全域旅游、“三进”春天等中心工作，共同促进和推动政府工作的开展。

二、强化大局意识，在助推经济社会发展上精准有效

常委会坚持把促进经济发展、社会进步作为重大使命，坚持发展导向，回应民生关切，正确监督，有效

监督，不断加大监督力度，确保人民群众共享改革发展成果。

强化财经监督，力促高质量发展。加强经济运行情况监督，听取和审议市人民政府关于2018年上半年计划执行情况、"十三五"规划纲要中期评估情况及调整方案等报告，审查和批准"十三五"规划纲要调整方案，支持政府适度调整"十三五"规划纲要主要经济指标和重大项目。认真贯彻落实中央、省委关于严控政府性债务增长、防控金融风险的部署要求，听取和审议2018年市本级政府投资计划及调整方案、娄底中心城区PPP项目建设内容整改调整情况等报告，要求政府科学铺排项目，做实前期工作，规范项目管理，提高投资效益。围绕建立全面规范透明、标准科学、约束有力的预算制度，加强对政府全口径预决算审查监督，依法审查和批准2017年市级财政决算和2018年财政预算调整方案，提请市委常委会议审议通过《娄底市人大常委会预算联网监督工作实施方案》，市人大预算监督联网系统已正式启用。全力推进国有资产监督工作改革，提请市委常委会议审议出台《中共娄底市委关于建立市人民政府向市人大常委会报告国有资产使用情况的意见》，为加强国有资产管理和治理体系建设奠定了坚实基础。认真实施《关于建立和完善审计查出问题整改情况向市人大常委会报告机制的意见》，分别听取和审议2016年度、2017年度市本级财政预算执行和其他财政收支审计整改工作情况报告，并对整改责任单位进行满意度测评，进一步夯实了审计整改责任，提升了审计整改效果。

深化工作评议，力促依法行政。几年来，常委会坚持以问题为导向，精心组织对政府工作的专项评议，取得了很好的成效。2018年，市委常委会议专题研究，决定利用3年时间，对市人民政府副市长所分管的工作进行评议。常委会对3名副市长所分管的工作和教育、经济和信息化、公安、司法、住房和城乡建设、交通运输、水利、旅游外事侨务8项工作进行专项评议。为提高评议工作实效，常委会领导带队，成立11个评议调查组，深入开展评议调查，并督促评议对象做好边查边改工作。常委会第十六次会议进行公开评议和满意度测评，并针对存在的22个突出问题进行现场交办，要求评议对象限期整改并报告整改情况。加强对2017年度政府6项工作评议交办问题整改工作的督办，听取整改情况报告并进行整改情况满意度测评，均被评为满意，脱贫攻坚、规划刚性执法、文体中心功能发挥、审计质量、法治政府建设、电梯安全监管等重点交办意见均取得良好的整改效果。

加强民生监督，力促民生改善。为让群众吃得更安全、更放心，常委会听取市人民政府关于食用油安全监管工作情况的报告，要求政府加强综合监管，开展专项整治。控违拆违事关民生和发展，常委会第十四次会议听取了市人民政府关于控违拆违情况的报告，与政府共商良策，建议政府在营造良好氛围、形成工作合力、压实工作责任、强化执法保障等方面出硬招、求实效。为加强环境保护工作，听取和审议了环境保护年度目标完成情况及万宝新区托塘井水资源保护情况、城市黑臭水体治理情况等报告，要求政府认真贯彻习近平生态文明思想，转变发展观念，推进环境共治，实现"天蓝水净地绿"。持续监督大班额化解工作，督促政府采取有力举措，基本消除66人以上超大班额，新生班额控制在58人以下。选择乡村振兴战略、养老服务体系、农村村民违法占地建房、农村生活垃圾处置、文化旅游等课题进行专题调研，听取情况汇报，提出意见建议，为美丽乡村建设贡献人大力量。

监督监察司法，力促公平正义。市监察委员会选举产生一年来，认真学习贯彻《监察法》，严格履行监督调查处置职责，主动接受人大常委会监督，首次向市人大常委会报告工作，得到了组成人员的充分肯定。执行难是影响法院工作公信力的重要因素。常委会及时听取市中级人民法院关于执行工作情况的报告，根据常委会的审议意见，市中级人民法院进一步完善执行联动、惩戒失信、严厉打击"拒执罪"等措施，一批久执未果的案件得到妥善解决。公益诉讼制度确立以来，全市检察机关以保护国家利益和社会公共利益为出发点，聚焦重点领域，积极履行公益保护职能，取得阶段性成效。常委会听取了市人民检察院关于公益诉讼工作情况的报告，提出营造支持公益诉讼工作的良好氛围、提升公益诉讼影响力等建议，助推公益诉讼工作健康有序发展。

持续开展"五行"，力促社会和谐。环保世纪行紧盯工业企业排污、饮用水源保护、农村垃圾处理，创新开展志愿者活动,推动突出问题解决。安全生产保障行持续开展现场督查和明察暗访,督促政府整改了一批安全隐患。农产品质量安全行重点关注安全监管检测体系建设,围绕餐桌上的安全,开展非洲猪瘟、蔬菜农药残留等专项检查。用互联网思维推进农民健康行,投资3000万元的人工智能辅助诊疗系统顺利上线,在全市10个村社卫生室推广应用。民族团结进步行以示范村建设为抓手,加大对冷水江木瓜村、新化县土坪村的帮扶力度,促进民族大团结。

三、强化责任意识,在加快法治娄底建设上积极作为

常委会坚持高举法治旗帜,深化法治理念,践行法治精神,凝聚法治共识,强化法律监督,切实担负起法治娄底建设维护者、实践者、推动者的光荣职责。

有序推进地方立法。法律是治国之重器,良法是善治之前提。在立法工作中,切实加强党的领导,充分发挥人大的主导作用,坚持科学立法、民主立法、依法立法。9月30日,常委会审议并表决通过了《娄底市湄江风景名胜区条例》,条例经省十三届人大常委会第八次会议审查批准,于2019年2月1日起施行。完成了《娄底市仙女寨生态公园保护条例》第一次审议工作,扎实做好《娄底市大熊山森林公园保护条例》《娄底市曾国藩故居保护条例》等四个调研项目的调研论证工作。牢牢把握立法质量,注重扩大公民的有序参与,在制定《娄底市湄江风景名胜区条例》时,2次通过媒体公布草案全文,定向发函62份,召开座谈会、专家论证会等12次,围绕执法职责、生态补偿、保护机制等焦点、热点问题向社会公开征集意见500余条,修改草案19次,广泛汇聚民意、吸纳民智,着力把人民群众的新需求新期盼融入到法规中,切实增强立法的"民主底色",努力使法规符合宪法精神、反映人民意志、得到人民拥护。同时,积极配合省人大常委会做好《湖南省物业管理条例》《湖南省湘江保护条例》《湖南省乡镇人民代表大会工作条例》《湖南省森林防火若干规定》等法规草案的立法调研工作,提出意见建议36条。

深入推动法律实施。宪法是国家的根本大法,具有最高的法律地位。为引导全社会尊崇宪法、学习宪法、实施宪法,5月29日,全市召开了高规格的深入学习宣传和贯彻实施《中华人民共和国宪法》座谈会,通过领导干部模范带头,引导全市人民争当宪法的忠实崇尚者、自觉遵守者和坚定捍卫者。《娄底市孙水河保护条例》是我市制定的第一部地方性法规。为使条例得到切实执行,常委会加大宣传力度,并对条例贯彻实施情况进行了视察,主任会议进行专题研究,就水域岸线划定、工业废水污染、面源污染、非法捕捞等问题向政府进行交办。按照省人大常委会的部署,常委会组织开展《中华人民共和国大气污染防治法》《湖南省大气污染防治条例》贯彻实施情况的检查,市委书记组织相关人员开展执法检查"零点行动",常委会组成2个执法检查小组分赴各县市区开展明察暗访,列出12个重点问题,督促政府推进防治体系建设,加强综合治理,努力解除老百姓的"心肺之患"。

着力维护法制统一。常委会站在保障公民合法权益、维护社会和谐稳定的高度,加强规范性文件备案审查和信访工作。坚持"有件必备、有备必审、有错必纠"的原则,对市人民政府报备的34件规范性文件进行审查,发现《娄底市政府和社会资本合作项目监管办法》和《娄底市工伤保险实施办法》中的部分条款与上位法相抵触,及时与制文单位沟通,督促其纠正,2个规范性文件已分别修改或宣布失效。着力改善信访工作环境,规范信访工作程序,坚持主任会议成员接访制度,全年共受理群众来信612件,接待群众来访1365人次,通过努力,妥善办结了一批涉及征地拆迁、民间融资、国企改制等信访案件,较好地解决了一些群众反映的实际困难和问题,为化解社会矛盾、维护社会稳定发挥了积极作用。

四、强化主体意识,在充分发挥代表作用上求实创新

常委会坚持把代表作为人大工作的根基,加强代表联系和服务,着力引导、支持、规范和保障代表依法履职,激发广大代表代表人民管理国家和社会事务的主动性、积极性。

提高履职服务水平。不断规范人大代表联系群众工作站(点)建设和管理,全市共建站(点)1291个,各级人大代表进驻工作站(点),定期定点接待选民和人

民群众，收集意见建议1662条。着力提升代表小组活动水平，精心组织部分全国人大代表和省、市人大代表围绕发展动能转换、乡村振兴战略实施、锡矿山地区环境综合治理等进行专题调研，形成调研报告呈送全国和省人大常委会，并指导市代表小组开展形式多样的小组活动，撰写调研报告25份。加大履职培训力度，对38名省十三届人大代表进行初任培训，组织53名市代表小组长及乡镇人大主席赴浙江大学进行履职能力提升培训。不断扩大代表对常委会工作的参与，邀请217名人大代表列席常委会会议、参加工作评议、视察调研等活动，充分保障代表的知情权、参与权、表达权和监督权。

着力打造责任代表。在全市各级人大代表中深入开展"使命、责任、担当"学习教育活动，通过加强学习、开展讨论、力行实践，教育代表敬畏职务守底线，模范遵守宪法法律，不断提升代表的使命感、责任感，树立敢于担当、为民代言的代表形象。持续开展"常委会组成人员联系代表、代表联系原选举单位和人民群众""脱贫攻坚，人大代表在行动"等活动，全市各级人大代表深入经济建设主战场，实现组成人员联系代表、代表联系群众的常态化。严格代表履职管理，落实代表履职登记、报告、评价和辞职制度，持续推进代表述职工作，激发代表履职活力。

增强建议督办实效。进一步完善代表建议督办机制，审议出台《娄底市人民代表大会代表建议批评和意见工作办法》和《娄底市人民代表大会代表建议批评和意见办理评议暂行办法》，对建议提出和处理、办理情况评价等工作进行规范。努力提高代表议案建议办理水平，对市五届人大二次会议以来收到的1件议案和130件建议进行分类交办，确定6类7件事关发展大局和群众利益的建议作为重点督办建议，由主任会议成员牵头、相关专门委员会对口跟踪督办。《关于加快推进"医养结合"事业产业发展的议案》的办理，正在稳步推进，政府常务会议审议通过了《关于鼓励医养结合型养老服务业发展的意见（试行）》，明确到2020年，全面建立以居家为基础、社区为依托、机构为补充、医养相结合的社会养老服务体系。加强中心城区犬类管理、化解村级债务、强化仙女寨生态保护、优化经济发展环境等重点建议的办理，均取得较好的效果。

五、强化担当意识，在全面加强自身建设上固本提质

常委会坚持把自身建设作为做好人大工作的基本保障，紧扣时代脉搏，内强素质，外树形象，汇聚勇于担当的正能量，努力提升履职能力，推动人大工作有序开展。

党建引领，夯实基础。人大及其常委会是党领导下的重要政治机关。一年来，常委会坚持以党建为引领，始终把政治建设摆在首位，扎实开展"践行初心和使命"突出问题清理、"强化责任心提高落实力"专题讨论及"两学一做"学习教育暨责任心教育常态化制度化等活动，狠抓"五化"党支部建设，充分发挥机关党组、机关党委和各党支部的战斗堡垒和全体党员的先锋模范作用。扎实开展省级文明单位创建活动，全员参与新化县大熊山林场金龙村脱贫攻坚，引导全体干部职工遵纪守法，爱岗敬业，廉洁从政。

加强学习，提升素质。按照市委的统一部署，开展"大学习大调研大提升"活动，努力做到知行合一。成功举办全市县乡人大负责同志学习班，市、县、乡三级人大183名干部在市委党校进行为期四天的封闭式学习，省人大常委会和市委领导围绕地方人大工作高质量发展进行授课，效果很好。坚持集中学习制度，中心组理论学习、机关干部学习达54次，组织开展政治理论知识考试、党的十九大精神知识抢答赛等活动，激发学习热情。

强化宣传，扩大影响。注重宣传导向，抓好宣传策划，把握主动权，唱响主旋律，宣传工作卓有成效。集中力量办好《娄底人大》杂志和娄底人大网站，力求有特色、有创意、有影响。发挥党报、党网的主阵地作用，加强与新闻媒体的合作，办好"民主与法治"专版、"人大之窗"和"人大之声"专栏，全方位、多渠道宣传全市人大工作新举措新成效。积极参与上级人大好新闻评选和理论研讨活动，获奖等次和数量均居全省前列。

协调联动，形成合力。主动争取上级人大工作指导，积极配合省人大常委会来娄开展执法检查、立法调研和专项工作调研。坚持与县市区人大联系互动，邀请县市区人大常委会负责人列席常委会会议，召开县市区人大常委会主任座谈会，继续开展人大工作目

标管理考核，促进全市人大工作均衡发展。扩大与外地人大的联系交流，组织常委会部分组成人员、县市区人大常委会主任、部分市人大代表等相关人员到广东清远、浙江杭州等地考察学习，借鉴外地人大的好做法、好经验。

过去一年，市人大常委会所取得的成绩，是市委正确领导的结果，是全体人大代表、常委会组成人员和人大常委会机关工作人员共同努力的结果，是市人民政府、市监察委员会、市中级人民法院、市人民检察院密切配合的结果，是市政协、娄底军分区、各县市区人大常委会、社会各界大力支持的结果。在此，我代表市人大常委会向大家表示衷心的感谢和崇高的敬意！

回顾过去一年的工作，对照宪法和法律赋予的职责，对照市委要求和人民期望，我们深感常委会工作还存在一些不足，主要是：立法质量有待进一步提高，监督工作的刚性和实效有待进一步增强，决定重大事项有待进一步抓实，代表服务保障和议案建议办理质量有待进一步提升，人大机关干部和人大代表两支队伍建设有待进一步加强等等。我们将在市委的坚强领导下，高度重视，敢于直面，勇于解决，不断提高。

2019年工作任务

2019年，是中华人民共和国成立70周年。做好今年工作，以优异成绩向建国70周年献礼，意义重大。在新的一年里，常委会工作的总体要求是：以习近平新时代中国特色社会主义思想为指导，全面贯彻落实党的十九大精神，按照中央、省委、市委的决策部署和要求，坚持党的领导、人民当家作主、依法治国有机统一，依法行使各项职权，锐意进取，励志图强，努力推动全市人大工作高质量发展，为娄底加速转型、奋力赶超作出新的贡献！常委会将重点抓好五个方面的工作：

一、践行新思想，更加坚决地维护党的领导

深入持久地学习习近平新时代中国特色社会主义思想，特别是习近平总书记关于坚持和完善人民代表大会制度的重要论述，真正做到学懂、弄通、做实。通过思想认识的再提升、思想境界的再深化，不断增进政治认同、价值认同、情感认同，更加自觉地服从中央、省委、市委的领导，始终紧扣党委决策部署决定重大事项，紧扣党委中心工作开展监督工作，紧扣党委人事意图进行选举任免，确保党的主张通过法定程序成为人民群众的共同行动，确保党的各项决策得到有效贯彻和实施。

二、顺应新期待，更加有力地推动改革发展

坚持以人民为中心的发展思想，正确监督，有效监督，推动经济社会高质量发展，努力让人民群众过上更加幸福的生活。加强对国民经济和社会发展计划的监督，力促经济发展质量变革、效率变革、动力变革。加强全口径财政预决算监督，推动人大预算审查监督重点向支出预算和政策拓展，建设好市、县两级预算联网监督系统，发挥在线审查监督功效，加大审计查出问题整改工作的监督力度，着力打造阳光财政、高效财政。对发展和改革、科技、民政、财政、城管、林业、卫计、人防等8项政府工作及2名副市长所分管的工作进行专项评议，促进政府工作有序开展。紧盯政府工作报告确定的重点工作、重大项目，依法履行决定、监督等职权，推动政府工作报告落实落地。持续对“三大攻坚战”、产业项目建设、城乡规划、乡村振兴战略、国有资产管理、化解大班额、饮用水源保护等工作进行监督，持之以恒，抓出成效。加强对人大及其常委会的决议决定、审议意见和2018年工作评议意见的跟踪督办，以抓铁有痕、踏石留印的精神抓好落实。创新开展“五行”活动，解决一批群众反映强烈的问题。依法行使重大事项决定权，确保重大事项依法提请人大审议决定。依法开展人事任免工作，为改革发展提供人才保障。

三、贯彻新部署，更加有为地推进依法治市

围绕党的十九大对全面依法治国的新要求、新部署，充分发挥人大在法治建设中的重要作用。强化普法工作参与和督促，深入开展宪法及相关法律法规宣传教育活动，进一步提升全民法治意识。坚持科学立法、民主立法、依法立法，加强党对立法工作的领导，

强化人大的主导作用，进一步完善立法工作机制，注重立法能力建设，审议出台《娄底市仙女寨生态公园保护条例》，审议通过《娄底市大熊山森林公园保护条例》，统筹抓好立法计划中的其他立法项目。加强对法律法规实施情况的监督，推动《娄底市孙水河保护条例》《娄底市湄江风景名胜区条例》的贯彻实施，对《娄底市孙水河保护条例》贯彻实施情况进行执法检查。听取和审议市中级人民法院、市人民检察院的专项工作报告，促进公正司法。做实备案审查工作，依法撤销和纠正违宪违法的规范性文件，坚决维护法制统一。以法治理念做好信访工作，切实维护群众权益。

四、强化新举措，更加充分地发挥代表作用

尊重代表主体地位，科学谋划代表工作，不断深化代表工作内容，着力提高代表工作质量。加强代表学习培训，继续开展“使命、责任、担当”主题教育活动，引导全体代表聚焦工作大局，关注民生福祉，积极行使职权，反映群众意愿。进一步规范人大代表联系群众工作站（点）建设和管理，充分发挥代表小组的作用，努力实现代表活动常态化。深入开展“双联”活动，密切常委会组成人员与代表、代表与人民群众的联系。认真落实代表建议工作办法和评议办法，加大议案、建议的办理力度，切实提高办理质量。不断创新代表履职服务保障机制，多方式、多层面、多渠道为代表依法履职搭建高效、便捷的服务平台。

五、树立新形象，更加全面地加强自身建设

以“两个机关”建设为目标，进一步加强思想政治建设、党风廉政建设、组织制度建设、履职能力建设和作风效能建设，全面提升人大工作的制度化、规范化、科学化水平。大兴学习调研之风，组织常委会组成人员和国、省、市人大代表开展专题培训，进行专题调研，以大学习大调研大提升促进履职能力建设。加快推进信息化建设，全面开启“互联网+人大”新模式，打造智慧人大。扎实做好新闻舆论和理论研究工作，精心办好《娄底人大》杂志，不断巩固新闻舆论阵地，及时、生动传播好娄底人大声音。加强与上下级人大、“一府一委两院”的联系交流与业务协同，形成强大的工作合力。

蓝图在前，重任在肩。时代赋予我们崇高使命，人民寄予我们殷切期望。让我们紧密团结在以习近平同志为核心的党中央周围，不忘初心，牢记使命，在中共娄底市委的坚强领导下，履职尽责，攻坚克难，不断开创全市人大工作新局面，为加快建设富饶美丽健康祥和新娄底而努力奋斗。

中国人民政治协商会议
娄底市第五届委员会常务委员会工作报告

——在政协娄底市第五届委员会第三次会议上

姚　兵

（2019年1月7日）

我代表政协娄底市第五届委员会常务委员会，向大会报告工作，请予审议，并请列席会议的同志提出意见。

2018年的工作回顾

2018年，市政协坚持以习近平新时代中国特色社会主义思想和中共十九大精神为指导，在中共娄底市委的坚强领导下，认真贯彻习近平总书记关于加强和改进人民政协工作的重要思想，牢牢把握团结和民主两大主题，忠实履行政治协商、民主监督、参政议政职能，锐意创新，扎实工作，精准建言，为建设富饶美丽健康祥和的新娄底展示了新担当，贡献了新力量。

一、加强学习，注重引领，着力画好思想同心圆

把学习习近平新时代中国特色社会主义思想作为首要政治任务，注重在学懂弄通做实上下功夫，以理论大学习切实增强"四个意识"，以思想大武装不断提升"四个自信"。

坚持勤学为先，领会精神实质。按照市委"大学习大调研大提升"工作要求，结合政协实际，把习近平新时代中国特色社会主义思想、中共十九大精神、习近平总书记关于加强和改进人民政协工作的重要思想作为学习重点，并把组织开展"不忘初心、牢记使命"主题教育，"两学一做"学习教育暨责任心教育常态化制度化贯穿其中，确保全年主题突出、阶段各有侧重、重在贯彻落实。通过全会期间邀请全国政协专家讲课，常委会议专题学习，委员学习小组分头学习，市政协党组理论学习中心组、市政协主席会议组织16次集中学习，编发学习资料，举行闭卷考试等，切实抓好理论学习，夯实思想基础，力求做到通精髓、懂要义、明实质。

坚持研讨为基，提升思想境界。组织开展习近平总书记关于加强和改进人民政协工作的重要思想学习研讨活动，通过座谈讨论、主题党日、理论征文、学习分享会等系列活动，力争做到学深悟透、内化于心、融会贯通。活动共收到研讨文章35篇，有6篇入选省政协论文专辑或在省级以上媒体刊发。其中市政协撰写的《论人民政协协商民主的特殊地位、基本要求与实施路径》一文，入选全国政协学习理论研讨会，并派员作为14个市州政协唯一一名代表，赴全国政协参加研讨会议。

坚持践行为本，注重宣传应用。为推动习近平新时代中国特色社会主义思想宣传贯彻落实，组织机关干部开展"三进春天"行动，深入企业工地、社区村组进行宣讲；动员参加人民政协的各民主党派、各团体、各界别举办报告会、研讨会等，组织党派成员和界别群众进行学习；利用《政协之窗》、政协云、门户网等广为宣传，更好地引导各界别团体、各方面人士，坚决维护习近平总书记核心地位，坚决维护党中央权威和集中统一领导，不断夯实团结奋斗的共同思想政治基础。在履职实践中，注重以习近平总书记关于加强和改进人民政协工作的重要思想对标对表，进一步发挥人民政协作为社会主义协商民主重要渠道和专门协

商机构的重要作用。

二、着眼转型，矢志创新，倾心发出议政好声音

紧紧围绕娄底“创新引领、开放崛起”战略，充分发挥人民政协人才荟萃、智力密集优势，引导广大委员踊跃发出议政好声音，不断注入发展新动力。

拓展平台，让协商渠道更宽广。积极用好市政协五届二次全体会议协商平台，12 位委员的大会发言分别获得市委、市政府主要领导批示，并获与会人员好评；将与会委员的建议编发简报 5 期，及时呈送市委、市政府。围绕“七个三年行动计划”推进实施，举办市政协委员“知情明政大讲堂”，组织开展了专题协商；围绕加快推进军民融合产业发展，对接“一带一路”战略、推动我市开放崛起，城区停车位建设与管理，加快我市中医药产业发展，中心城区网格化管理等课题，组织开展了 5 次对口协商；围绕农村义务教育发展、加强职业教育发展、推进地下综合管廊建设、耕地提质增效、孙水涟水流域生态保护与建设等课题，组织开展了 5 次界别协商，为党派团体与广大委员提供了广阔的协商舞台、充分的建言机会。

抓实调研，让协商建言更精准。把调查研究作为提升协商水平、确保建言质量的基础和前提。为搞好 10 次对口协商与界别协商的调查研究，每次实地调研前，都精心挑选调研人员，认真制订调研方案，主动学习上级政策；每次实地调研中，都由主席会议成员带队，采取现场察看、数据分析、座谈讨论、个别访谈等形式，摸清第一手情况，掌握第一手素材；每次实地调研后，都要通过多次会商、集中研讨、反复论证，确保提出有思想、有深度、有见地的建议意见，10 个调研报告有 8 个获得市委、市政府主要领导批示。

坦诚交流，让协商沟通更深入。在 7 月中旬召开的“七个三年行动计划”推进实施专题协商会议上，市委、市政府主要领导率相关部门负责人，与广大委员面对面协商、点对点沟通，认为这次协商监督活动调查研究深、问题抓得准、对策建议实，要求相关部门认真用好协商成果，迅速列出问题清单，切实抓好吸纳转化。在市政协组织的对口协商和界别协商会议中，相关市委、市政府领导及部门负责人与广大委员交流互动、共商对策、共促发展。

推动办理，让协商效果更扎实。市委、市政府领导高度重视市政协和市政协委员意见建议吸纳办理工作，全年对市政协大会发言、调研报告、建议案、社情民意信息等作出批示 36 次。为办理好关于加快发展区块链产业的建议，市委、市政府主要领导亲自批示调度，亲自带队招商，促成万宝新区引进区块链企业 5 家，建成国内第九家、省内第一家区块链产业园，获得全球首张不动产区块链电子凭证，该项目入选“第四届中国‘互联网+政务’50 强”。根据市政协关于兴办沪昆高铁沿线体育赛事联盟的建议，我市成功举办“直达娄底·高铁城市”全国青少年足球比赛，以及其他 3 场大型赛事。

三、关注民生，共促和谐，广泛汇聚发展正能量

始终坚持以人民为中心的发展思想，充分调动一切积极因素，为改善民生咨政建言，为共促和谐献计出力。

切实发挥提案作用。全年收到提案 181 件，经审查立案 177 件，均由市委、市政府及时进行交办，并采取“市长领办、部门承办、沟通商办、督查催办、考核促办”的方式进行办理。由市政协主席会议成员牵头，对《进一步加强我市电梯安全管理》《稳步推进特色小镇建设，助力娄底经济转型升级》等 12 件重点提案进行了督办。于 9 月召开市政协常委会暨民主评议提案办理工作会议，对住建、规划、公安、发改、教育等 5 个市直部门的提案办理情况进行公开评议，有力有效地推动了提案办理工作。目前，177 件提案均已办复，委员满意率为 100%。《严禁中小学校及周边出现“三无”食品》《扎实推进健康扶贫》等一批民生提案的办理落实，赢得了群众的认同与点赞。

不断拓展监督渠道。调整充实 7 个民主监督小组，进驻相关市直部门，围绕市政协精准扶贫建议案整改落实、“七个三年行动计划”推进实施，开展委派监督，提出监督建议，推动工作落实。首次组织开展“政协委员进纪委监委”活动。围绕产业园区建设、锡矿山环境治理等，组织开展 3 次主席会议视察，并组织住娄省政协委员赴株洲异地视察。编报《社情民意专报》40 期，有 16 期获市委、市政府领导批示或被采纳应用；被全国政协、省政协采用信息 13 条，采用量居全省 14 个市州政协第 4 位。用好用活政协云，打造实时互动、永不落幕的监督议政平台，政协云安装率达 100%，登录情况、参与情况、贡献情况分别居全省第 7 位、第 6 位、第 1 位；“云”上收到委员微建议 110

条，通过“市长信箱”等途径办复104条，在《娄底日报》、娄底新闻网开设“微建议大晒台”，探索政协民主监督与新闻舆论监督的有机结合。

积极参与脱贫攻坚。按照市委、市政府统一部署，市政协主席会议成员联系指导扶贫重点乡镇10个，并带头结对帮扶建档立卡贫困户。积极配合省政协开展产业扶贫调研活动，调研报告获省政协好评。安排3名机关干部，驻新化县西河镇三新村专职扶贫，积极挖掘委员资源，组织医生定期进村开展义诊，主动联系高校志愿者，为中小学生开展暑期素质教育，多方筹资建好村级服务中心和文体活动广场，硬化村组公路9.6千米，发展合作社6个，年内帮扶对象中有34户114人实现脱贫。动员引导市、县两级1387名政协委员，积极参与助力脱贫攻坚“三个一”行动，共结对帮扶建档立卡贫困户2136户，帮助解决就业836人，扶助贫困学生704个。

四、增进团结，发扬民主，努力形成最大共识度

充分发挥人民政协代表性强、联系面广、包容性大的优势，积极促进各方面关系和谐，努力把人民政协打造成团结之家、民主之家、和谐之家。

用好统战法宝，搭建聚力平台。坚持大团结大联合，尊重和保障各民主党派、无党派人士在政协各种平台协商建言、发表意见的权利。五届二次全会有8名非中共委员作大会发言，占大会发言委员的75%；全年收到民主党派工商联集体提案15件、非中共委员提案124件，共占所立提案的78.5%；在《社情民意专报》编发民主党派工商联及其成员信息20期，获市委、市政府领导批示10人次。认真学习贯彻民族宗教政策，不断巩固和发展民族团结、宗教和睦的良好格局。

注重联络交流，凝聚发展合力。组织开展了市政协主席会议成员走访市政协常委、市政协常委走访市政协委员活动，及时了解委员的思想、工作与生活情况。协助承办第五届娄商大会、异地娄底商会会长会议，指导成立上海市娄底商会，目前已有异地娄底商会13家。积极服务“娄商返娄”战略，市政协机关招商引资小分队已引进落户燕达新材、奥莱电器等3个工业项目，资金9亿元。加大联络联谊，共接待调研考察来宾18批次，在交流协作中取长补短、共赢发展。

做实文史宣传，促进同心同行。远赴兰州、西安、成都等地，广泛搜集、努力挖掘清代63位娄底籍风云人物的史料史实，编辑出版《涟水湘山多豪杰——〈清史稿〉中的娄底人》，有效地弘扬了娄底精神，增强了文化自信。在省级以上媒体、市级主流媒体分别刊播市政协工作宣传稿件100余篇、500余篇，广泛宣传统战主张，讲好政协故事，促进同心同行。

五、强基固本，改进作风，有效塑造队伍新形象

立足“懂政协、会协商、善议政”，着眼“守纪律、讲规矩、重品行”，全面加强队伍建设，不断夯实履职根基。

激发委员履职潜能。充分发挥各专门委员会对委员的组织、联络作用，通过为委员履职搭建平台、开展委员学习小组活动、用好用活政协云，进一步发挥委员主体作用；切实加强委员履职管理，督促交好“委员作业”，市本级选送42人次外出培训，组织开展委员年度述职述评和优秀政协委员、优秀政协提案、优秀调研报告等评选表彰活动；全年辞免委员12人，撤销委员资格2人，增补委员34人，促使广大委员进一步练好履职基本功，用好议政麦克风，传播满满正能量。

加强机关内部管理。调整优化市政协各委室工作职责，制定完善意识形态责任制、党组中心组理论学习、机关考勤等10余项规章制度，并狠抓贯彻执行。组织机关党委换届，选举产生机关纪委，适当调整支部成员，积极支持市纪委派驻市政协机关纪检组履行职责，“三会一课”、主题党日、作风整治、“一切工作到支部”达标创优竞赛等活动有序推进。“三办”（办文办会办事）工作提质增效，工会活动丰富多彩，“创文管卫”、人事后勤等工作严谨规范，机关服务水平有效提升。

指导基层政协工作。通过“三级联动”、县市区政协主席座谈会、委室对口交流、目标管理考核等形式，切实加强对县市区政协工作的联系和指导，推动基层政协工作不断创新发展。娄星区政协在“两院”设立民主监督工作室，通过委员旁听庭审、座谈评议等方式开展民主监督；冷水江市政协采取主席会议成员、委室主任轮流讲课，与高校联合办班等形式，创新委员培训方式；涟源市政协编纂《烽火弦歌——抗战时期涟源的学校教育》文史书籍，大力弘扬地域文化；双峰县政协围绕招商引资、智库建设等议题履职建言，切实服务中心工作；新化县政协通过献计献策、挂点帮扶等，积极助力脱贫攻坚。所有这些，有力推动全市政

协工作齐头并进、亮点纷呈、健康发展。

各位委员、同志们，一年来，中共娄底市委高度重视人民政协工作，多次听取市政协工作汇报，进行专题研究，制定下发《关于加强新时代人民政协党的建设工作的实施意见》(娄办发〔2018〕29 号)、《关于进一步加强和改进人民政协民主监督工作的实施意见》(娄办发〔2018〕28 号)，为做好政协工作指明了前进方向。市领导积极参加市政协全会，认真听取委员建言；市委、市政府领导先后有 38 人次参加市政协其他重要会议与履职活动，为开展民主协商发挥了示范带动作用。市政协党组切实承担实现党对人民政协领导的重大政治责任，通过政治引领、思想引导、组织保障、党员带动，推动人民政协事业在继承中创新，在创新中发展。在全省政协系统工作经验交流会、党的建设工作座谈会、新闻宣传工作会议上，市政协分别作典型经验介绍。

过去一年工作成绩的取得，是市委坚强领导、高度重视的结果，是市人大常委会、市人民政府、娄底军分区、各位离退休老领导和社会各界鼎力支持、热忱帮助的结果，也是市政协各参加单位、全体市政协委员及县市区政协同心协力、团结奋斗的结果。在此，我谨代表市政协常委会，向重视、关心、支持政协工作的各位领导、各位委员、各位同志和社会各界表示衷心的感谢，并致以崇高的敬意！

回顾一年来的工作，我们也清醒认识到，与新时代、新要求和人民群众对政协工作的新期待相比，市政协工作还存在一些不足，譬如，协商建言的广度与深度还不够；民主监督工作还需进一步强化；政协委员的界别优势和主体作用还需进一步发挥，等等。对于这些问题，我们将在今后的工作中认真研究，着力加以解决。

2019 年的工作安排

2019 年，是中华人民共和国建国 70 周年、中国人民政治协商会议成立 70 周年，是娄底建市 20 周年、市政协成立 20 周年，是我市全面建成小康社会关键之年。市政协工作的总体要求是：高举中国特色社会主义思想伟大旗帜，以习近平新时代中国特色社会主义思想为指导，在中共娄底市委的坚强领导下，忠实践行新发展理念，矢志推动高质量发展，认真落实市委经济工作会议精神，围绕深入实施“创新引领、开放崛起”战略，加快推进供给侧结构性改革，聚焦“加速转型、奋力赶超”，打赢“三大攻坚战”，更好保障和改善民生，把协商民主贯穿政治协商、民主监督、参政议政全过程，为建设富饶美丽健康祥和的新娄底汇智聚力、再建新功。

一、突出政治建设，进一步加强思想引领，广泛凝心聚力

人民政协是政治组织，履行的是政治职能；政协委员是政治身份，肩负的是政治责任，必须进一步把牢政治方向，提高政治站位，增强政治定力，在合作共事中发挥好思想引领与凝心聚力作用。要切实抓好政治理论学习，完善全体会议集中学习、常委会议专题学习、委员学习小组分头学习、党组和主席会议经常学习等为重点的学习制度体系，采取报告会、研讨会、学习分享会等多种形式，持之以恒抓好思想大武装，进一步学深悟透习近平新时代中国特色社会主义思想、习近平总书记关于加强和改进人民政协工作的重要思想，引导参加人民政协的各党派团体、各方面人士，不断增进对中国共产党和中国特色社会主义的政治认同、思想认同、价值认同与情感认同，努力寻求最大公约数，画好最大同心圆。要切实加强政协党建工作，认真贯彻落实市委《关于加强新时代人民政协党的建设工作的实施意见》，坚持和加强党的全面领导，充分发挥市政协党组把方向、管大局、保落实重要作用，组织召开政协党建工作推进会，建立完善市政协党组成员分头联系界别和党员委员、党员委员联系党外委员制度，加强对新经济组织、新社会组织等组织中党员委员的管理，实现党的组织对党员委员全覆盖、党的工作对政协委员全覆盖，更好发挥各级党组织的战斗堡垒作用和党员委员的先锋模范作用，教育、引领广大委员紧密团结在以习近平同志为核心的党中央周围，努力形成大团结、大联合的良好局面，不断巩固和发展最广泛的爱国统一战线。

二、发挥协商优势，进一步提升建言质量，服务发展大局

人民政协处于凝心聚力第一线、决策咨询第一线、协商民主第一线、国家治理第一线，是社会主义协

商民主的重要渠道和专门协商机构，必须进一步尊重协商规律，发挥协商优势，为服务发展大局多建良言、多谋善策。要搭好协商议政平台。紧扣我市“三大攻坚战”、推动高质量发展、民生保障等重点，广泛征求各党派、各方面意见，精心选择协商议题。根据市委、市政府、市政协共同确定的协商监督计划，不断丰富“知情明政大讲堂”内容，围绕打好污染防治攻坚战，整合协商、监督职能，组织开展专题协商；围绕推进乡风文明建设，着眼产业链建设、加强招商引资，“乡村振兴15条”推进实施，加快中心城区公立幼儿园建设，机构改革后续配套完善工作等议题，组织开展对口协商；围绕加强非物质文化遗产保护、加强中心城区背街小巷建设与管理、医疗卫生领域推广应用区块链、培育农村经济合作组织发展、推动支持民营经济发展政策落地落实等课题，组织开展界别协商；选择重点提案，由市政协主席会议成员领衔，组织开展重点提案办理协商。组织开展助力脱贫攻坚“三个一”行动，助推新发展、建设新娄底“六个一”活动（提出一条可行建议、抓实一次民主监督、帮扶一个贫困农户、联系一个企业或项目、开展一次走访活动、创造一份崭新业绩）。跳出部门（行业）局限，着眼发展大局，认真撰写政协提案，反映社情民意，有效防范“为己代言”“自提自办”现象。要提升协商建言质量。在协商前加强调查研究，真正深入基层、深入一线，问情于百姓，问计于实践，问策于专家；在协商中理性发声，精准建言，深度议政，以“说得准”实现商以求同，以“说得好”确保协以成事。

三、创新民主监督，进一步推动工作落实，助力民生改善

作为一种协商式监督和非权力监督，人民政协民主监督是我国社会主义监督体系的重要组成部分。要认真贯彻市委《关于进一步加强和改进人民政协民主监督工作的实施意见》，切实推动政协民主监督工作制度化、规范化、程序化发展。要明确监督重点。着眼中央、省、市重大决策部署落实落地，重点围绕10件为民办实事事项，搭建“有事好商量”监督平台，开展调研监督，组织民主评议，促进民生改善。继续委派民主监督小组，跟踪监督脱贫攻坚，倾力服务小康建设。要创新监督方式。通过在大会发言、政协提案、对口协商、界别协商、专题调研、社情民意信息中增加监督性议题，组织开展“政协委员走进纪委监委”活动，利用政协云提交微建议、开展微监督等，实现监督形式多样化、监督内容多元化。要整合监督力量。探索以界别、委员学习小组为单位，开展集体监督；对市委、市政府主要领导批示的市政协建言建议落实情况，实行跟踪监督；围绕食品安全等议题，组织2~4次主席会议视察，进行重点监督；联合督查部门、新闻媒体等协同发力，实施联动监督，推动政协民主监督进一步扩大影响力，增强实效性。

四、坚持以人为本，进一步打造过硬队伍，增强履职能力

政协委员是政协工作的主体。政协机关干部队伍是人民政协履行职能、发挥作用的重要支撑。必须高度重视政协委员和政协机关干部“两支队伍”建设，不断提升政协委员的履职能力和机关干部的服务水平。以庆祝中华人民共和国成立70周年、人民政协成立70周年，建市20周年、市政协成立20周年为契机，编辑出版《娄底政协20年》，组织开展相关宣传纪念活动，引导各民主党派、各界别重温光辉历史，不忘合作初心，继续携手前行。以专委会为依托，以界别为基础，以委员学习小组为载体，进一步丰富委员履职活动，强化委员履职管理，切实提升广大委员的政治把握能力、调查研究能力、联系群众能力、合作共事能力，着力增强履职尽责的积极性、主动性、创造性，做一名合格的人民政协制度参与者、实践者、推动者。以省政协“三级联动”为抓手，积极组织、联动开展重点调研协商监督、党的建设、学习培训、政协理论研究、政协云履职、开办委员工作室、政协宣传等工作，推动全市政协工作广泛多层制度化发展。以提升机关服务水平为重点，深入推进“两学一做”学习教育暨责任心教育常态化制度化，加强机关党建，规范内部管理，支持市纪委派驻市政协机关纪检组开展工作，继续抓好市政协机关驻村扶贫工作等，为市政协工作提质增效夯实坚实基础。

风正海阔，自当扬帆破浪；任重道远，更需策马扬鞭。让我们更加紧密地团结在以习近平同志为核心的中共中央周围，高举中国特色社会主义思想伟大旗帜，深入学习贯彻习近平新时代中国特色社会主义思想，在中共娄底市委的坚强领导下，锐意进取，团结拼搏，忠实履职，以新时代奋斗者的姿态和干劲，为建设富饶美丽健康祥和的新娄底做出新的更大贡献。

中国共产党娄底市第五届纪律检查委员会工作报告

——在中国共产党娄底市第五届纪律检查委员会第四次全体会议上

毛健刚

（2019 年 1 月 21 日）

我代表中共娄底市第五届纪律检查委员会常务委员会向第四次全体会议作工作报告，请予审议。

这次全会的主要任务是：认真学习习近平新时代中国特色社会主义思想，深入贯彻党的十九大、十九届中央纪委三次全会和十一届省纪委四次全会精神，总结去年工作，部署今年任务。刚才，市委书记作了讲话，对深入推进全面从严治党，巩固和发展反腐败斗争压倒性胜利提出了明确要求。我们要认真学习领会，坚决贯彻落实。

2018 年的主要工作

2018 年，是贯彻党的十九大精神的开局之年，也是市县两级监委成立后开展工作的第一年。全市纪检监察机关在省纪委和市委的坚强领导下，紧扣“四个统一”，聚焦“三个效果”，强化精准思维和“细活意识”，全面从严治党取得明显成效。

一、用好“四种形态”特别是“第一种形态”，监督执纪综合效果明显增强

坚持把监督挺在前面，抓早抓小、及时提醒纠正。协助市委修订完善了《关于运用监督执纪“第一种形态”开展党内谈话的实施办法》。全市运用“四种形态”处理党员干部 4132 人次，其中“第一种形态”2277 人次，占 55.2%；“第二种形态”1440 人次，占 34.8%；“第三种形态”340 人次，占 8.2%；“第四种形态”75 人次，占 1.8%。“倒金字塔”分布结构更加明显。

二、狠抓作风建设，形式主义、官僚主义得到有效整治

把落实中央八项规定精神、狠刹“四风”作为重要政治任务，对违规公款吃喝、违规使用办公用房、收送红包礼金等突出问题开展专项治理。共发现问题 625 起，问责 966 人，其中给予党纪政务处分 322 人。协助市委出台《关于防止和克服形式主义、官僚主义的具体规定》，全市立案查处形式主义、官僚主义问题 549 起，问责 929 人，其中给予党纪政务处分 164 人。

三、规范审查调查，把提高办案质量、加强办案安全摆在第一位

在不断加大办案力度的同时，不断增强规范、精准、安全理念。实行《执纪审查领导包案责任制》，对案件全程负责。建立健全《执纪监督监察工作办法》，规范各环节操作。出台《领导班子成员带队值班制度》，

签订办案安全责任状。全市立案1874件(其中县处级干部36人),给予党纪政务处分1826人,移送司法机关13人,挽回经济损失1.89亿元。严肃查处了市房产局原党委书记、局长吴景祥,市中级法院原执行局长肖学军等一批典型案件。

四、公开通报曝光,加强警示教育,做好审查调查"后半篇"文章

发挥公开通报的震慑作用，全市发出典型案例通报152期,涉及790余人。广泛开展警示教育,市本级召开共有1200余名市管干部参加的警示教育大会，播放以肖扬等8起典型案例为题材的警示教育片《警钟》。各县市区、市直各单位结合实际开展警示教育活动,共有2万多人次参与。在全市范围内开展《纪律处分条例》专题学习,组织《监察法》考试,举办法规知识竞赛。推进家风建设,召开正处职以上领导干部家属家风教育座谈会，引导家属加强对领导干部的监督。

五、坚持治标治本一体推进,解决群众身边的腐败和作风问题成效明显

深入开展国家公职人员在项目指挥部、协会学会兼职取酬和单位集资问题三个专项整治。全市清退违规兼职取酬款1468万元、违规集资款4.7亿元。着眼从源头防治基层腐败,建立健全村级小微权力风险防控工作机制,被央视新闻联播报道。自该工作于2017年11月在全市推行以来，基层腐败得到有效遏制。2017年11月至2018年11月,全市接收农村涉纪信访举报3526件次，反映的问题发生在2017年11月后的为132件次;全市立案查处违反廉洁纪律、涉贪腐的乡、村干部381人,违纪问题发生在2017年11月后的为19人。

六、加大信访办理力度,全力化解基层涉纪信访矛盾

针对我市基层问题较多,重信重访和越级上访突出的实际情况,选取119件典型信访件开展"开放式"办信。出台《实名举报办理告知反馈制度》,对1871件实名举报件进行了办理告知反馈。推行《失实举报了结澄清制度》，对326起失实举报进行了结澄清,对35起失实举报典型事例进行公开通报。

七、创新巡察方式,巡察"利剑"作用进一步彰显

高度重视中央巡视组和省委巡视组反馈意见的整改落实工作。市县两级共收到中央巡视组交(转)信访件229件次,省委巡视组交(转)信访件1641件次,均已办结。对20家市直单位开展3轮常规巡察。围绕"三大攻坚战"等重大决策部署,开展环保领域、扶贫领域和民生项目资金领域专项巡察；对多个常委单位开展落实中央八项规定精神专项巡察。探索开展县市区交叉巡察。对前三轮已巡的8家市直单位开展巡察整改"回头看"。全市发现问题5266个,移交问题线索654件。针对省委巡视、市委巡察发现的问题线索,问责党员干部900余人,立案623件,给予党纪政务处分549人，其中县处级干部16人,彰显了"利剑"锋芒。

八、积极争取各方理解支持,凝聚反腐合力

注重“开门反腐”，通过不断扩大纪委监委开放度,进一步巩固和发展反腐齐抓共管的良好局面。向市人大常委会报告了监察体制改革专项工作情况,向市政协和民主党派通报了相关工作情况。举行了市政协委员进纪委暨第二次“踏石留印·娄底市纪委监委开放日”活动。加强反腐败协调,合力形成扫黑除恶的高压态势。全市受理涉黑涉恶腐败和"保护伞"问题线索315件,立案40件,给予党纪政务处分和组织处理41人。严肃查处了冷水江市渣渡镇双丰村原党支部书记张学仟、原村主任朱和国等涉黑涉恶腐败案,涟源市政协原主席贺顺清充当李军耀涉黑涉恶犯罪团伙"保护伞"案等典型案件。

九、强化队伍建设,执纪"铁军"形象进一步树立

市纪委监委从领导班子自身抓起，以身作则、率先垂范。强化内部监督管理,落实请示报告制度。规范线索处置、谈话函询、初步核实、审查调查、案件审理等各环节程序。认真执行《湖南省纪检监察干部监督

执纪“十不准”》,防止“灯下黑”。全市受理纪检监察干部问题线索217件,立案24件,给予党纪政务处分24人。纪检监察干部履职能力有效增强,比学赶超、争先创优的工作氛围日趋浓厚。

一年来,我市党风廉政建设取得了显著成效,反腐败斗争夺取了压倒性胜利。这与全国、全省总体形势是保持一致的。但也要看到,我们的工作还任重道远,还存在亟待解决的突出问题。主要表现在“两个责任”意识仍需进一步加强,政治生态方面的问题没有完全解决,基层涉纪信访举报量居高不下,对部分重点领域和部门的监管仍不到位。从纪检监察队伍来看,政治能力和业务本领有待提高,监督执纪问责不够精准,纪法贯通、法法衔接不够顺畅,个别纪检监察干部作风不实。对这些问题必须高度重视,在以后的工作中切实加以解决。

2019年重点工作

经验告诉我们,做好纪检监察工作,要始终坚持和加强党的全面领导,认真协助党委推进全面从严治党;始终做到严字当头,把严的要求落实到党风廉政建设各个方面;始终坚持以人民为中心,着力解决群众反映强烈、损害群众利益的突出问题;始终保持反腐败的高压震慑,构建不敢腐、不能腐、不想腐的有效机制;始终做到打铁必须自身硬,以改革创新精神加强纪检监察机关自身建设。

今年工作的总体要求是:坚持用习近平新时代中国特色社会主义思想武装头脑,深入贯彻党的十九大精神,以党的政治建设为统领,协助党委全面从严治党,忠实践行“两个维护”,坚持稳中求进工作总基调,把握好“四个统一”,坚持好“四个精准”,一体推进不敢腐、不能腐、不想腐,巩固发展反腐败斗争压倒性胜利,进一步打造纪检监察“铁军”,推动新时代纪检监察工作高质量发展,推进全面从严治党不断向纵深发展。

一、以政治建设为统领,切实加强政治监督

围绕严明政治纪律和政治规矩,严肃查处“七个有之”“五个有的”等行为,坚决清除“两面派”“两面人”。围绕确保政令畅通,加强对三大攻坚战、市县机构改革等落实情况的监督检查,开展以“最多跑一次”为主要内容的全市营商环境专项监督检查,实打实、硬碰硬地落实减税降费等政策,对执行中央和省委、市委决策部署不力的,严肃查处。围绕严肃党内政治生活,督促党员干部认真执行组织生活各项制度,用好批评和自我批评武器,督促各级党组织切实扛起主体责任,把全面从严治党不断引向深入。

二、以狠刹“四风”为抓手,坚决整治形式主义、官僚主义

深入开展形式主义、官僚主义问题集中整治。严肃查处以会议贯彻会议、以文件落实文件,矛盾上交、责任下卸,搞假经验、假典型等突出问题。进一步规范检查考核、调查研究等活动。对新官不理旧账、差别化对待各类所有制企业等问题,坚决予以纠正。深挖细查“四风”隐形变异问题,对违规收送红包礼金、违规公款吃喝、“一桌餐”、收送名贵特产类特殊资源谋取私利等行为露头就打。深入整治“提篮子”、在金融和涉砂涉矿等领域违规谋取私利问题,领导干部发现以自己名义“提篮子”的,必须坚决制止并及时报告。坚持“一案双查”,对问题背后落实主体责任和监督责任不力的,一律严肃处理,典型案例一律通报曝光。

三、以探索创新为动力,深化纪检监察体制改革

加强党委对本级管理干部审查调查及处置的决策把关。强化上级纪委对下级纪委的领导,落实案件查办、干部提名“两个为主”。加强对派驻(派出)机构和国有企业、高校纪检监察机构的直接领导、统一管理和具体指导,实行派驻机构人、财、物、事由纪委监委机关统管。进一步加强机关纪委建设。支持非公企业党组织成立纪检组织。推动监察权向基层、村居延伸,向乡镇派驻监察员,探索建立村居监察联络员队伍。深化县乡纪检监察工作一体化建设。全要素、宽领域推进监察实践,推动形成监察机关与审判机关、检察机关、执法部门相互配合、相互制约的体制机制。

四、以强化监督措施为重点，认真履行监督第一职责

聚焦“关键少数”和重点领域、关键环节，重点加强对一把手的监督。用好“四种形态”特别是“第一种形态”，落实《运用监督执纪“第一种形态”开展党内谈话的实施办法》，提高运用谈话措施处理问题线索的比例，加大函询结果抽查核实力度。督促领导干部及时如实报告重大事项。探索开展政治家访，进家门、进社区，深入了解党员干部“八小时”以外的生活圈、朋友圈。建立廉政档案，严把“党风廉政意见回复”关。督促各级党组织把严格监督落实到全面从严治党各方面，充分发挥党委工作部门的职能监督作用。加强反腐败协调，推动成员单位各司其职、协作配合。将党内监督同国家机关监督、民主监督、司法监督、社会监督和舆论监督有机结合，着力营造共同监督的浓厚氛围。

五、以强化审查调查为手段，保持惩治腐败高压震慑

坚持无禁区、全覆盖、零容忍，坚持重遏制、强高压、长震慑，坚持行贿受贿一起查，聚焦党的十八大以来着力查处的重点对象，把在党的十九大后仍然不知敬畏、胆大妄为者作为重中之重，严惩不贷。深入推进公共资源交易、工程招投标、选人用人、执法司法、金融、国有企业经营管理、财政资金管理使用等重点领域腐败治理。严肃查处违规举债、工程建设项目超概算等背后的腐败问题。推动构建亲清新型政商关系，促进非公经济健康发展和非公经济人士健康成长。坚持把准政策、宽严相济，对主动投案、主动交代问题的宽大处理，对拒不交代、欺瞒组织的从严处理。

六、以增强“三个效果”为着力点，做好审查调查“后半篇文章”

坚持政治效果、纪法效果、社会效果相统一，把加强思想政治工作，贯穿监督执纪工作始终。在注重执纪执法结果的基础上，更加突出效果，做好审查调查“后半篇文章”。进一步加强警示教育，用查处的典型案例教育全市党员干部，通过强化震慑，达到查处一案、警示一片、规范一方的效果。及时下发纪律检查建议书、监察建议书、巡察反馈意见及督办函，督促整改落实，杜绝问题复发。针对监督执纪、审查调查、巡视巡察等工作中发现的共性问题，深入挖掘背后根源，从制度层面研究防治对策，做到源头防腐。加强对处分决定落实情况的监督检查，通过维护党纪国法的严肃性，警醒党员干部不碰红线、不踩底线。对受到处分的同志及时回访，鼓励重整旗鼓再出发，继续为党和人民服务。

七、以政治巡察为引领，构建全市巡察一盘棋工作格局

深化政治巡察，着力发现在增强“四个意识”、践行“两个维护”、执行中央八项规定及其实施细则精神等方面存在的政治问题、腐败问题。以市直单位为重点，采取“三合一”形式，分两轮对 30 家单位党组织开展常规巡察。适时安排扫黑除恶、防止和克服形式主义官僚主义、民生保障、项目建设等领域专项巡察。对县市区“四大家”和常委所在单位开展 1~2 轮提级交叉巡察。探索“机动式”巡察。通过“巡乡带村”等方式，推动巡察向村居延伸。狠抓巡察整改，适时开展整改“回头看”。指导县市区巡察机构建立完善配套工作制度，实行下级巡察机构定期向上级巡察机构报告工作。探索建立巡察工作约谈、考核评价、责任追究等机制。

八、以人民群众为中心，坚决整治群众身边腐败和作风问题

继续深入整治扶贫领域腐败和作风问题。围绕生态扶贫、产业扶贫、教育扶贫、基础设施建设、民生项目资金管理使用等领域，加大案件查办力度，开展“一季一专题”专项治理。深化村级小微权力+“互联网+监督”工作，建好、管好、用好娄底特色平台，进一步发挥该项工作对基层腐败的遏制作用。聚焦教育医疗、环境保护、食品药品安全、低保养老、住房及物业管理等民生领域，严肃惩治侵害群众利益的“微腐败”。开展村级财务大整顿，加强村级财务任期审计。全面巩

固中小学教辅资料违规征订、学校食堂违规经营、国家公职人员违规参与涉矿等经营性活动专项整治成果。开展财政惠农卡、医疗诊疗卡专项治理，深入整治医院拿回扣问题。深挖彻查涉黑涉恶腐败及其“保护伞”，严肃查处向黑恶势力通风报信、干预案件调查处置等行为。对涉黑涉恶犯罪案件逐案过筛，“保护伞”“关系网”没有查清的决不放过。抓好初信初访办理，着力解决重复访、越级访疑难问题。

九、以严管厚爱为原则，为担当者担当、负责者负责

坚持严管和厚爱结合，激励和约束并重，按照“三个区分开来”要求，贯彻落实中央和省委、市委关于进一步激励广大干部新时代新担当新作为的文件精神，建立和落实《容错免责会商办法》。结合不同阶段不同情况，对在改革创新、担当作为中出现偏差失误的干部和组织进行综合分析，从错误性质、主观动机、政策依据、客观条件、决策程序、问题后果、事后态度等方面，客观全面地进行评价。属于应该容错的大胆容错，对受到错告诬告的及时澄清正名。为担当者担当、为负责者负责、为干事者撑腰，理直气壮地支持敢闯敢干、锐意进取的干部，引导广大党员干部心无旁骛、义无反顾地撸起袖子加油干，专心致志为党和人民干事创业、建功立业。

十、以创先争优为导向，努力提升自身建设水平

坚持打铁还须自身硬，按照“四个铁一般”、“五个过硬”的要求，加强机关党的建设。重点加强队伍能力建设，坚定理想信念，提升思想政治工作水平，切实增强政治能力；运用法治思维和法治方式反腐败，严格执行《监督执纪工作规则》，切实增强依规依纪依法履职能力；树立精准思维和“细活意识”，坚持实事求是，坚决防止断章取义、层层加码，切实增强精准发现和处置问题的能力；坚持纪检监察工作神圣而不神秘，继续举办纪委“开放日”活动，加大干部交流力度，完善领导包案、全天候驻点值班等制度，以“零容忍”态度打扫庭院、纯洁队伍，切实增强自我监督能力。

让我们紧密团结在以习近平同志为核心的党中央周围，在省纪委和市委的坚强领导下，不忘初心、牢记使命，履职尽责、攻坚克难，以更加扎实的作风、更高质量的工作，为建设富饶美丽健康祥和新娄底作出新的贡献，以全面从严治党的新成效，迎接新中国成立70周年的到来。

娄底市中级人民法院工作报告

——在娄底市第五届人民代表大会第三次会议上

罗筱玲

（2019年1月9日）

现在，我代表市中级人民法院向大会报告工作，请予审查，并请各位政协委员和其他列席人员提出意见。

2018年的主要工作

2018年，市中级人民法院在市委的坚强领导，市人大及其常委会的有力监督，市政府、市政协的大力支持下，坚持以习近平新时代中国特色社会主义思想为指导，深入学习贯彻党的十九大精神，牢固树立大局意识，勇于强化责任担当，各项工作稳中有进，整体工作持续向好。全市法院受理案件56299件，审（执）结50566件，同比分别上升2.00%、17.07%；市中院受理案件6210件，审（执）结5722件，结案数创历史新高，同比上升4.40%，结案率同比上升10.99%，法官人均办案数同比上升3.90%。在案件数量继续增长、审判工作压力不断加大的情况下，全市法院取得可喜成绩。市中院获“全国法院司法警察先进集体”“湖南省文明窗口单位”“全省诉讼服务建设示范法院”等集体荣誉，市中院刘琦同志获评“全国法院家事审判工作先进个人”荣誉称号。全市法院有22个案例入选中国司法案例库。

一、充分履行审判职能，服务娄底改革发展稳定大局

（一）强化刑事审判，维护社会和谐稳定。全市法院办结各类刑事案件3445件，判处罪犯4755人；市中院办结321件，判处罪犯654人。一是深入推进扫黑除恶专项斗争。全市法院四次集中公开宣判涉黑涉恶案件39案133人，有力打击和震慑了黑恶势力犯罪，审结黑恶势力犯罪案件103件271人；市中院审结33件160人。由新化法院一审、市中院二审审结的曾宪波等27人犯罪集团案入选全国扫黑办7个指导性案例之一。二是严惩严重暴力、多发性犯罪，审结杀人、抢劫、绑架等案件356件。市中院成功审结社会和媒体高度关注的“新化陈建湘故意杀人案”，一审判处其死刑。三是依法严惩职务犯罪。全市法院审结贪污、贿赂、渎职犯罪案件56件66人；市中院审结23件33人。市中院成功审结了衡阳市委原书记李亿龙、株洲市政协原副主席王建平、益阳市政府原党组成员李霖、常宁市委原书记曾义国、娄底市房产局原局长吴景祥等一批贪腐案，推动反腐败斗争深入开展。四是保持高压态势打击毒品犯罪。全市法院一审审结涉毒犯罪案件672件746人，判处10年以上有期徒刑66人，无期徒刑以上刑罚15人；市中院审结重大毒品犯罪案件82件，判处罪犯102人。五是加大对危害食品药品安全犯罪惩治力度。全市法院审结相关案件12件，努力保障人民群众生命健康安全。六是严厉打击侵害妇女儿童权益犯罪。依法审理强奸、猥亵、拐卖妇女儿童等案件81件。针对校园欺凌等社会关切，全市法院开展了“送法进校园”活动，通过模拟法庭、法制课堂，播放法制微电影等引导青少年增强法治意识和自我保护意识。七是依法严惩集资诈骗等涉众型犯罪。成功审结湖南红太阳公司周红阳、冷水江金海公司吴雄华、娄底宇森汽贸公司潘杰、娄底鑫美格公司

肖文求、湖南牧羊人集团公司曾雯、湖南鸿冠集团公司石江泳等非法集资案，涉案金额达70余亿元。涟源法院成功审结了公安部督办的被告人数达127人的“7·11”特大电信诈骗集团犯罪案。

（二）强化民商事审判，促进经济转型发展。全市法院受理民商事案件26816件，办结23868件；市中院办结2672件。一是切实维护劳动者合法权益。开设“快立快审快执”绿色通道，审结劳动争议案件和拖欠农民工工资案件1156件。市中院审理的龙某等50余名农民工诉北京某工程公司等劳务纠纷案被省高院作为典型案例予以发布。冷水江法院受理的刘某等79名农民工追索劳动报酬纠纷系列案，于立案当日即结案。二是切实维护生态环境安全。全市法院开展了依法保护“母亲河”“母亲湖”专项集中审判执行“春雷行动”。市中院组织召开了《娄底市孙水河保护条例》贯彻实施情况暨环境公益诉讼座谈会。双峰法院审结我市首例环境保护公益诉讼案。三是依法维护金融秩序安全。全市法院审结金融借款、民间借贷等案件7520件。四是切实服务供给侧结构性改革。民营企业破产审判工作全面推开，全市法院破产申请立案56件，已裁定受理32件，包括九龙集团、东方房地产、剑成置业公司等一批具有重大社会影响的企业。

（三）强化行政审判，助推法治娄底建设。全市法院审结各类行政诉讼案件2143件，审查国家赔偿案件75件；市中院办结322件，法定审限内结案率为98.08%。一是全面推行行政机关负责人出庭应诉制度，实现行政主体应诉常态化。二是对行政机关在具体行政行为中的违法违规行为严格执行司法审查标准，判决撤销行政行为或确认行政行为违法67起。三是坚决支持行政机关依法行政。成功审结了以市人民政府为被告的城中村改造系列土地征收行政管理案，确保了城市更新的顺利进行。四是推进行政诉讼集中管辖制度改革，申报双峰县人民法院和涟源市人民法院为集中管辖法院。

二、向执行难发起总攻，让人民群众有更多的司法获得感

（一）争取各方支持，举全院之力攻坚执行难。全市法院执结案件17706件，同比上升30%，执行到位金额22.1亿余元，同比上升20%。市中院“决胜执行难战役”取得的成绩得到市委的充分肯定。一是积极汇报协调，争取最广泛支持。形成了“党委领导、政法委协调、人大监督、政府支持、法院主办、部门配合、社会各界参与”的攻坚执行难工作大格局。市委常委会议两次听取攻坚执行难工作汇报，市委、市政府和各县市区党委政府在人财物上给予了充分保障。二是两级法院院长亲自抓，坚持日询问、周调度、月督办，确保全市执行工作稳步平衡发展。三是充实执行办案力量，集中优势力量攻坚。全市法院执行办案力量从180人增加到370人，通过将执行案件分流到其他审判业务部门办理，院、局长带头办执行案件等方式，举全院之力将解决执行难工作推向从未有过的高度。广大参战干警夜以继日、废寝忘食，白加黑、五加二成为工作常态，付出了辛勤的努力。

（二）全力攻坚克难，让胜诉权益得到及时兑现。一是对劳动报酬、赡养费、抚恤金、医疗损害赔偿、工伤保险等涉民生类案件作为执行重点。2018年以来，全市的涉民生案件已执结95%以上。二是将涉及地方稳定、关乎地方发展的案件列为难点，采取慎重的态度、多策并举的方法解决。如我市近2000件涉煤矿关闭奖补资金、涉“打处非”刑事案件、涉企业破产等案件的执行均实现了市委要求“既不影响地方稳定和发展，又不影响解决执行难”的目标。三是将涉党政机关为被执行人的案件列为焦点。全市有涉党政机关为被执行人案件10件，目前已全部执行完毕，在全省处于领先水平。

（三）加大惩戒力度，让失信者寸步难行。全市法院采取信用惩戒措施21450人次，以涉嫌拒执罪向公安机关移送62件，其中司法拘留449人次，对16556人适用了限制高消费，将4045人纳入了失信被执行人名单，并通过市信用办在“信用娄底”平台向社会公布，让失信被执行人“一处失信、处处受限”。

三、坚持以公正高效为导向，深化司法体制改革

（一）推进司法责任制改革，进一步压实工作责任。一是将裁判文书由过去的“审签制”全部改为“签署制”，“让审理者裁判、由裁判者负责”得到全面贯彻落实，案件承办人对案件质量终身负责。二是强化院庭长

监督管理职责。院庭长对“四类案件”加强事中监督管理，做到放权不放任。三是落实院庭长带头办理疑难复杂案件制度。坚持入额必办案，切实发挥院庭长办案示范和导向作用。全市法院入额院领导办案3984件，占全部受理案件数的8.05%，其中中院684件。

（二）推进内设机构改革，进一步提升工作效能。全市两级法院仅用一个月时间在全省法院率先完成内设机构改革。各基层法院均不超过10个庭室或团队。市中院原有的26个部门庭室按审判执行类和综合保障类2个大类整合为11个团队，精简幅度达57.7%。改革后，广大干警情绪稳定，工作积极性得到有效调动。省委常委、省委政法委书记黄关春在全省全面深化司法体制改革推进会上予以表扬。

（三）推进司法便民举措，进一步满足群众需求。坚持以人民为中心的司法理念，市中院建成全省一流的诉讼服务中心，大力推进网上预约立案和一站式窗口服务。利用12368短信平台，实现与当事人诉讼权利密切相关的流程节点自动告知。全市法院裁判文书在“中国裁判文书网”上网33615篇，通过“中国庭审直播网”直播庭审582场。

四、以习近平新时代中国特色社会主义思想武装头脑，打造过硬法院队伍

（一）加强法院党的建设。一是确立了“先导、融合、创新”的党建工作方针。把党的建设、队伍建设、审执业务建设融为一体，通过创新体制机制，激发广大党员干警的工作热情。二是强化党员第一身份意识。党员干警勇挑重担，冲锋在前，办理重大疑难复杂案件，积极参与脱贫攻坚，2018年共结对帮扶111户。三是组织开展“强化责任心、提高落实力”“三整顿、三提升”等7个专题教育活动，引导干警铸牢信仰之基、把稳思想之舵。

（二）加强业务能力建设。一是抓好对新法律法规的学习和实践。对新修订的《刑事诉讼法》和新出台的《人民陪审员法》等法律法规及时组织干警学习，做到第一时间融会贯通。如娄星区法院率先采用3名法官、4名人民陪审员组成七人合议庭审理案件。二是针对重大疑难案件和新类型案件，及时召开部门法官会议、专业法官会议、审委会进行集体研究探讨，积极总结类案审判经验，统一法律适用和裁判尺度。三是实行传帮带制度。资深法官担任导师，切实提升青年法官实践能力和理论素养。四是加大教育培训力度。全市法院干警参加刑事审判、民商事审判、执行、司法技能等政治业务培训28期121人次，组织临聘书记员培训230人次。

（三）加强纪律作风建设。一是查处违法违纪问题无禁区。配合和协助娄底市纪委、监委严肃查处了市中院执行局原局长肖学军和原副局长刘景星涉嫌严重违纪违法问题。全市法院共立案查处违纪违法干警31人。二是把监督执纪的关口和防线前移。开展纪律作风建设年活动，健全完善《廉洁司法风险防控措施》等10余项规章制度，对苗头性、倾向性问题坚持抓早抓小、防止问题发展蔓延。三是加强廉政警示教育，筑牢干警拒腐防变思想防线。坚持把纪律和规矩挺在前面，运用监督执纪“四种形态”，提醒谈话和批评教育66人，让红脸出汗成为常态。

五、主动接受人大监督，努力提升司法公信

不断强化宪法意识，自觉接受市人大及其常委会的法律和工作监督，市中院向市人大常委会专题报告了全市法院执行工作情况。邀请人大代表、政协委员见证执行17次78人，进一步增强法院执行工作透明度，着力化解执行难题。全市法院共开展人大代表、政协委员旁听案件庭审活动50场361人次，召开人大代表、政协委员征求意见座谈会18场，答复代表、委员意见建议9件。开展“代表委员进法院”“法院公众开放日”活动29次，让代表委员零距离接触法院，感受法院发展变化，切身体会司法为民、公正司法。

各位代表，过去一年全市法院工作取得的新发展新进步，是市委正确领导、市人大有力监督，市政府、市政协和社会各界关心支持的结果，是在座各位代表、委员理解和支持的结果。在此，我谨代表市中级人民法院表示衷心的感谢并致以崇高的敬意！

我们也清醒地认识到，法院工作还存在不少问题和困难：一是娄底法院案件数量持续增长，连续两年突破5万件，但司法改革后的部分法官、法官助理的司法能力水平还不能适应新的常态；二是法官履职保障还需加强，司法环境有待进一步改善；

三是法院干警违纪违法问题仍有发生，从严治院需要进一步加强；四是基层基础及信息化建设存在薄弱环节，司法与科技的融合有待加强。对此，我们将采取有力措施，认真加以解决，也恳请各位代表和社会各界继续关心、支持法院工作，推动法院工作更好发展。

2019年的工作思路

2019年全市法院的主要工作思路是：以习近平新时代中国特色社会主义思想为指引，全面学习贯彻党的十九大，十九届二中、三中全会精神，按照中央、省委和市委工作部署，坚持稳中求进工作总基调，坚持新发展理念，围绕中心服务大局，认真履行审判职能，深入开展“审判质效提升年”活动，努力让人民群众在每一个司法案件中感受到公平正义，为建设富饶、美丽、健康、祥和的新娄底提供更加强有力的司法服务和保障。

一是坚持以习近平新时代中国特色社会主义思想为指导，确保法院工作正确政治方向

提高政治站位，持续深入开展“不忘初心、牢记使命”主题教育，牢固树立“四个意识”，坚定“四个自信”，坚决做到“两个维护”，旗帜鲜明讲政治，始终在政治立场、政治方向、政治原则、政治道路上同以习近平同志为核心的党中央保持高度一致。认真学习贯彻《中国共产党政法工作条例》，坚持党对法院工作的绝对领导，把党的领导贯彻落实到人民法院工作各方面、全过程，确保全市法院沿着正确的政治方向砥砺前行。

二是坚持服务大局，促进经济持续健康发展和社会大局稳定

围绕推进高质量发展，主动对标对表，抓好党的各项政策、决策在法院工作中的全面落地。深入推进“扫黑除恶”专项斗争，严惩“保护伞”，打垮“关系网”；加大财产刑判罚力度，摧毁黑恶势力经济基础；严格适用减免缓刑，依法从严惩处。充分发挥法院在“防范化解重大风险、精准脱贫、污染防治”三大攻坚战中的重要作用，精准施策、持续发力。针对娄底实际，坚决防范化解金融风险，从严打击非法吸收公众存款、集资诈骗、电信网络诈骗等涉众型犯罪，防止金融风险扩散。加强破产案件审理，加快“僵尸企业”退出市场，促进全市产业结构调整。落实习近平总书记重要讲话精神，平等保护民营企业和企业家合法权益，依法审慎适用强制措施，决不允许超标的、超范围查封、扣押、冻结涉案财物，坚决防止将经济纠纷当作犯罪处理，坚决防止将民事责任变为刑事责任，让企业家专心创业、放心投资、安心经营。严惩脱贫攻坚领域的腐败案件，积极服务乡村振兴战略。加强环境资源案件审判工作，支持环境公益诉讼，促进全市生态文明建设。

三是坚持以人民为中心，满足人民群众多元司法需求

扎实“开展审判质效提升年”活动，着力解决久拖不决、久拖不执、案件质量不高等问题，让人民群众感受到公平正义更及时、更有形。高度重视老百姓的生命健康安全，严厉惩处食品药品犯罪。加强对妇女、儿童、老年人等弱势群体的司法保护，最大限度地维护其合法权益。巩固攻坚执行难成果，推进执行长效机制建设。落实普法责任制，拓宽新媒体宣传平台，丰富宣传形式，讲好法治故事，推动全社会形成尊法学法守法用法的良好氛围。推进“阳光法院”“智慧法院”建设，提升法院信息化运用水平，加速全市法院诉讼服务中心提质升级，让司法更加贴近人民群众。

四是坚持推进改革创新，提升司法规范化水平

坚定改革定力，巩固以司法责任制为核心的基础性改革成果，努力解决新旧机制转换中的突出问题。完善审判权运行机制，发挥新型审判团队更大作用。完善员额法官业绩考核评价和责任追究制度，实现员额进出常态化制度化。深入推进以审判为中心的刑事诉讼制度改革以及多元化纠纷解决机制等各项改革，切实增强改革的系统性、协调性。

五是坚持全面从严治院，打造忠诚履职的法院队伍

继续坚持以党建带队建、以党建促业务，确保广大干警在政治上站得稳、靠得住。通过邀请专家学者来院授课、选派干警参加脱产培训等方式，持续为干警“充电蓄能”。加强年轻干部培养锻炼，大胆提拔使用真干事、能干事、干成事的干部。强化履职保障，在干警身心健康、职级待遇、权益保护等方面下更大功夫，让长期超负荷工作的广大干警切实感受到组织温暖。加强全市法院文化建设，激发干事创业热情。严格落实省高院“十二条禁令”，始终保持正风肃纪的高压态势，以刮骨疗毒、壮士断腕的勇气，坚决把党风廉政建设和反腐败斗争进行到底，建设一支忠诚、干净、担当的高素质法院队伍。

六是坚持主动接受各界监督，共谋法院工作新发展

坚持向人大报告重大事项、重要工作部署，认真贯彻市人大及其常委会通过的各项决议，认真抓好人大代表、政协委员建议、提案办理工作；进一步增强接受人大、政协、检察机关和社会各界监督的自觉性，有针对性地改进法院工作。保障律师充分行使诉讼权利，积极发挥律师在促进司法公正、保障群众权益方面的作用。

各位代表！新时代催人奋进，新征程任重道远，全市法院将在市委的坚强领导下，在市人大及其常委会的有力监督下，认真贯彻执行本次大会决议，不忘初心，牢记使命，忠诚履职，锐意进取，努力开创娄底法院工作新局面，以优异成绩向新中国成立70周年献礼。

娄底市人民检察院工作报告

——在娄底市第五届人民代表大会第三次会议上

李芳芳

（2019年1月9日）

现在，我代表市人民检察院向大会报告工作，请予审查，并请各位政协委员和其他列席人员提出意见。

2018年检察工作情况

2018年，全市检察机关坚持以习近平新时代中国特色社会主义思想为指引，认真学习贯彻党的十九大精神，在市委和省检察院的正确领导下，在市人大及其常委会的有力监督和市政府、市政协的大力支持下，按照改革、转型、发展三同步思路，全面履行检察职能，各项工作取得新进展。全市检察机关办理各类案件13354件，同比增长21%，其中审查批捕起诉案件7040件，诉讼监督案件4528件，公益诉讼案件324件，案件质量评查1462件。市检察院先后获湖南省巾帼建功先进集体、湖南省三年禁毒大行动先进集体，全市绩效考核优秀单位，维稳、综合治理、安全生产、民间融资风险处置及打处非等工作先进单位，连续4年全省综治民调满意率居市直政法机关第一。基层检察院建设成果显著，分别获得全国文明单位、全国检察机关集体一等功、全国检察文化建设示范院、湖南省园林式单位等荣誉。

一、坚定正确政治方向，发挥检察职能服务发展大局

始终坚持党对检察工作的绝对领导。深入学习贯彻习近平新时代中国特色社会主义思想和党的十九大精神，增强“四个意识”，做到“两个维护”。以“书吧+讲堂+座谈研讨+征文评选”相结合的方式，深入推进“两学一做”学习教育暨责任心教育常态化制度化建设，开展“不忘初心、牢记使命”主题教育。认真落实重大事项请示报告制度，书面向市委和省检察院党组报告工作10余次，专题向市委常委会报告院党组工作情况，紧紧依靠党的领导把握方向、破解难题、推动发展。

着力服务党委重大决策部署。围绕市委、市政府关于坚决打好防范化解重大风险、精准脱贫、污染防治攻坚战工作部署，出台服务和保障“三大攻坚战”十五条意见。围绕扫黑除恶专项斗争工作部署，出台《关于在扫黑除恶专项斗争中强化法律监督和工作协作的意见》，批捕涉黑涉恶犯罪254人，起诉266人，办理了刘新民父子等5人、匡文平等22人恶势力团伙案等一批案件。围绕脱贫攻坚，立足检察职能，严肃惩处支农惠农和扶贫开发领域职务犯罪。围绕保障经济平稳健康发展，继续落实保障和促进非公有制经济健康发展十项措施，批捕强行阻工、强装强卸、强揽工程以及“市霸”“行霸”等犯罪61人。

有效推进社会综合治理。落实宽严相济刑事政策，对轻微刑事案件，不批捕314人，不起诉452人。传承和弘扬“枫桥经验”，落实刑事和解、检调对接、律师代理申诉等制度，促成刑事和解247人，邀请律师参与化解信访矛盾和代理申诉案件60件。落实“谁执法谁普法”责任，推行检察官以案释法、法律文书说

理、案件公开审查等制度，开展法治进校园、进乡村、进社区等活动，引导全社会增强法治观念，养成守法习惯。

二、坚决维护社会和谐，聚焦法治娄底建设履职尽责

严厉打击刑事犯罪。批捕各类刑事犯罪2811人，起诉4396人，其中批捕故意杀人、强奸、敲诈勒索及“两抢一盗”等严重暴力、多发性侵财犯罪616人，依法办理了新化县陈建湘故意杀人案、娄星区长青商业街谢方伟故意杀人案等一批有重大社会影响的案件。坚持把办理涉众型经济犯罪与化解风险、维护稳定结合起来，起诉集资诈骗、非法吸收公众存款犯罪32件121人，办理了百雄堂集团熊卫华等11人、东方房地产有限公司谢月良等6人非法集资类案件。积极参与打击治理电信网络新型违法犯罪专项行动，批捕电信网络诈骗、传销等犯罪492人，办理了“7·11”特大电信诈骗案、“兆云金”虚拟货币传销案等案件。助力娄底创建全国禁毒示范城市，批捕毒品犯罪746人。

严厉惩处职务犯罪。继续履行检察环节反腐败工作职责，对接监察委员会职务犯罪调查工作，明确职务犯罪检察专门机构，率先实行“捕诉一体”工作机制，建立完善职务犯罪案件提前介入、联席会议等制度。全市检察机关受理职务犯罪案件54件69人，起诉37件54人，依法对湖南兴湘投资控股集团有限公司原党委书记、董事长黄明(副厅级)、娄底市房产局原党委书记、局长吴景祥等领导干部贪腐受贿案提起公诉。

维护特殊群体合法权益。注重对未成年人权益保护，与市直有关单位联合签订保护未成年人工作意见，形成保护合力。两级院检察长和检察官共12名同志兼任中小学法治副校长，参与平安校园建设。严厉惩处侵害妇女、未成年人合法权益犯罪166人，办理了公安部挂牌督办的杨运寿等28人拐卖、收买被拐“越南新娘”案。注重人文关怀，向确有生活困难的刑事被害人或其近亲属发放司法救助金26万元。

三、坚守法律监督主业，维护公平正义彰显司法权威

强化刑事诉讼监督。监督侦查机关立案59件，监督撤案61件，监督行政机关移送涉罪案件32件。纠正侦查行为违法191件次，纠正漏捕126人，办理的周海华等人涉嫌聚众斗殴案，通过提前介入引导取证，督促侦查机关追捕到案10人。纠正漏诉156人，追诉王俊贩卖毒品案，一审被判处有期徒刑十五年。监督刑事审判活动，提出抗诉13件，已改判6件。

强化刑事执行监督。继续开展清理判处实刑罪犯未执行刑罚、社区矫正防脱管漏管等专项活动，监督纠正刑罚执行和监管活动违法38件。开展羁押必要性审查案件128件，建议变更强制措施110件。监督清理判实刑未收监罪犯75人，监督纠正提请减刑、假释、暂予监外执行不当案件263件，监督纠正社区矫正不当案件73件，办理的罪犯李佩收监执行监督案，通过对收监执行不当行为持续一年的跟踪监督，最终将判处有期徒刑十一年的罪犯裁定收监。

强化民事行政诉讼监督。受理各类民事行政监督案件434件，发出检察建议189件。办理生效裁判类监督案件145件，提请抗诉26件，发出再审检察建议3件。办理民事行政执行监督案件74件。强化行政检察监督，办理督促行政机关履行职责案件98件。履行支持起诉职能，办理支持起诉案件38件。

四、坚持推进检察公益诉讼，维护公共利益促进依法行政

构建双赢多赢共赢工作格局。作为新增检察职能，以市委办市政府办出台《关于支持检察机关依法开展公益诉讼工作的意见》为指导，推动形成公益诉讼工作合力。全市立案公益诉讼案件324件，其中环境资源类案件144件，食品药品安全类案件41件，国有土地出让类案件7件，国有财产保护类案件132件。发出诉前检察建议277件，向人民法院提起刑事附带民事公益诉讼11件。

保卫“舌尖上的安全”。紧盯食品、药品等群众关

注度高的领域，督促行政机关查处销售假冒伪劣食品5481千克，价值62.55万元；督促查处假药和走私药品2种，价值3万元。先后办理了全省首例食品领域和药品领域刑事附带民事公益诉讼案件。加强对“菜篮子”领域检察监督力度，开展中小学校园及周边食品安全护苗行动、城乡农贸市场专项检察等活动。针对“问题疫苗”事件、“非洲猪瘟”疫情，积极与食药监、卫生防疫、畜牧等部门对接开展检察工作，切实保障人民群众生命健康权。

守护蓝天绿水青山。围绕市委、市政府“天蓝水净地绿三年行动计划”，通过诉前建议和提起诉讼，督促恢复被污染被毁土地460.4亩，督促保护治理被污染水源50亩，督促关停整治排污企业4家，督促清理生活垃圾、固体废物1万余吨。办理的新化县荣华乡露天垃圾场行政公益诉讼案，通过检察建议督促行政机关依法履职，退还被占用土地6.7亩，垃圾场现已关停，并进行消毒覆土处理，制订绿化造林计划，取得良好效果。

保护国有财产安全。对国有土地使用权出让、国有财产保护等领域，违法行使职权、怠于履行职责的情形进行监督，加强国有资产监管。督促保护、收回国有财产和权益价值198.25万元，正督促相关部门追缴土地出让金6400余万元。开展公租房和廉租房行政执法法律监督专项行动，对破坏保障性住房运营秩序的违法行为立案112件，推进国有财产使用分配有序公平，维护社会公共利益。

五、坚持全面从严治检，强化自身建设提升队伍素质

稳步推进司法体制改革。既落实“谁办案谁负责、谁决定谁负责”司法责任制，保障检察官独立行使检察权；又坚持放权不放任，加强对检察官办案的监督管理，出台案件质量评查、办案流程监控等制度，实现监督制约动态管理、全程留痕。建立健全改革配套机制，出台检察官等级晋升方案、绩效管理考核办法。两级院检察长带头直接办案，列席同级人民法院审判委员会会议，入额院领导办案实行季度通报制度。

从严从实抓好纪律作风建设。制定党组履行全面从严治党、全面从严治检主体责任清单，切实担负起管党治党责任。认真接受省检察院党组巡视，敢于担当、全面整改。持续整治“四风”和司法作风突出问题，制定进一步贯彻落实中央八项规定精神实施办法，市检察院开展廉政谈心谈话200余人次，抽查干警办理婚丧喜庆事宜5人次，查处违纪检察人员3人。

着力提升队伍素能。开展“讲政治顾大局谋发展重自强”学习调研实践活动，出台“创建学习型机关、争当学习型干部”活动实施方案，组织专题培训、办案能手和优秀公诉人竞赛等岗位练兵活动30余次，选送300余人次参加中央、省市培训。组织全市首届十佳青年检察官评选活动，推出一批优秀青年检察官，谢新星同志见义勇为事迹，受到省市党委、省检察院主要领导批示肯定，被授予全国模范检察官、湖南好人等称号。

大力推进“双基”建设。建立以市检察院为主导、基层检察院为主体的抓基层、强基础工作机制。深化市院领导对口帮扶基层院制度，“菜单”式梳理基层问题，逐一督办落实。建立青年人才库，出台青年干部双向挂职锻炼管理办法，通过人才培养储备、干部上下交流，缓解业务骨干供需矛盾，夯实发展基础。落实科技强检战略，稳步推进智慧检察建设，建成办案信息化系统。

六、坚信监督是最好的支持，确保检察权依法正确行使

真诚接受人大及各界监督。认真贯彻市五届人大二次会议决议，全面梳理对检察工作的意见和建议，逐条整改，及时反馈。积极配合市人大常委会开展专题调研，向市人大常委会报告公益诉讼工作，认真落实审议意见。加强与人大代表、政协委员、人民监督员和特约检察员的联系，主动走访468人，邀请参加“检察开放日”等各类检务公开活动10次，组织人民监督员监督评议案件24件。

狠抓执法规范化建设。推进规范司法行为常态化长效化建设，以信息化带动司法办案规范化。依托业

务应用系统,实现办案信息网上录入、办案流程网上管控,受理、审查、分流案件12215件,纠错188件次。开展案件质量评查,对查摆出的问题深入剖析,举一反三,逐一整改到位。执法质量进入全省先进行列。

全面推进检务公开。建成网上网下一体的“12309”检察服务中心,向群众提供“一站式”检察服务。通过人民检察院案件信息公开网向社会公开程序性信息7276件、法律文书2487份、重要案件信息181件,接待律师阅卷785人次。两级院微博、微信、门户网站发布检察动态信息千余条,检察宣传作品获全国检察机关第三届新媒体创意大赛金奖等荣誉。

各位代表!过去的一年,全市检察机关在多重改革叠加背景下振奋精神、砥砺前行,取得了一定的成绩和进步。这是市委和省检察院坚强领导,人大有力监督,政府大力支持,政协民主监督,以及各位人大代表、政协委员、社会各界关心、支持的结果。在此,我代表全市检察机关表示衷心的感谢!

面向新时代新要求,检察工作仍存在一些问题和不足:一是发挥检察职能,服务保障娄底加速转型奋力赶超的实效还有待加强,运用法治方式防控风险、化解矛盾的水平有待提升。二是民事行政检察监督短板亟须补强,检察公益诉讼等新增职能还需加大推进力度。三是深化检察体制改革的任务依然艰巨,改革过渡期、磨合期衍生出的新情况新问题将逐步显现,统筹推进检察改革需要进一步攻坚克难。四是随着司法体制改革的逐步推进,队伍素质还不完全适应新形势要求,全面从严治检还存在薄弱环节。对这些问题,我们将保持清醒头脑,强化责任担当,认真加以解决。

2019年检察工作思路

2019年,全市检察机关将以习近平新时代中国特色社会主义思想为指导,深入贯彻党的十九大和十九届二中、三中全会精神,认真领会习近平总书记对湖南工作重要讲话指示精神,紧紧围绕市委和省检察院决策部署,坚持政治引领,强化法律监督,深化检察改革,锻造过硬队伍,切实担负起维护社会大局稳定,促进社会公平正义,满足人民美好生活向往的职责使命,为娄底经济社会发展提供有力的司法保障。

一是更加注重党的政治建设

始终坚持把党的政治建设作为根本性建设,更加自觉地用习近平新时代中国特色社会主义思想武装头脑、指导实践。继续开展“不忘初心、牢记使命”主题教育,提升检察人员政治素质。落实新时代党的建设总要求,开展对基层检察院党组巡察工作,夯实全市检察机关政治建设基石。充分运用政治思维和政治智慧,把讲政治落实到检察业务全过程各环节,实现执法办案的政治效果、法律效果和社会效果相统一。

二是更加注重融入发展大局

深入开展扫黑除恶专项斗争,严厉打击黑拐骗黄赌毒等违法犯罪,推进更高水平的平安娄底建设。全面融入全市坚决打好“三大攻坚战”工作,找准检察工作切入点,依法履行检察职责。服务和保障实体经济振兴、科技创新和民营经济发展,严格执行查办涉企案件经济影响评估制度,切实保护守法企业和企业家的合法权益,为区域经济发展营造良好法治环境。完善检察环节预防和化解社会矛盾机制,积极参与社会治理体系建设。

三是更加注重提升监督效能

认真落实新修改的宪法、刑事诉讼法和人民检察院组织法,加强和改进检察监督工作。加大对立案、侦查、审判、执行等环节法律监督,不断完善行政执法与刑事司法衔接机制,增强行政执法活动监督的针对性和有效性。进一步深化检察改革,以全面落实司法责任制为主线,统筹推进司法体制综合配套改革和内设机构改革。大力推进轻微刑事案件快速办理、检察建议刚性化等工作机制改革。加强职务犯罪检察工作,对司法工作人员利用职权实施侵犯公民权利、损害司法公正的犯罪依法履行侦查职能,密切与监察机关的协调衔接,强化反腐合力。

四是更加注重保障民生民利

深刻领会习近平总书记“检察官作为公共利益的代表”重要论述,牢牢把握公益这个核心,通过诉前检察建议、支持起诉、提起公益诉讼等方式,依法维护国家利益和社会公共利益,推动法治政府建设。持续巩固食品药品领域和环境资源领域两个专项立案监督成果,保障人民群众生命健康安全。依法严惩就业、社保、住房等领域犯罪。加强对未成年人、残疾人、老年人等弱势群体的司法保护,努力让人民群众有更多获得感、幸福感、安全感。

五是更加注重检察队伍建设

加强学习型机关建设和学习型干部培养,推进文化育检工程。探索建立与正规化专业化职业化要求相适应的教育培训模式,提高新形势下的履职能力。严格落实管党治党、管检治检主体责任,持续纠正“四风”突出问题,完善员额检察官办案监督机制,推进规范司法行为专项整治,以坚如磐石的决心推动全面从严治党、全面从严治检走向严紧硬。

六是更加注重夯实发展基础

加强信息化人才培养和技术应用培训,以人力和科技的深度融合,解放办案力量,提升办案质效。加强基层检察院建设,引导基层院积极开展示范创建工作,全面推进基层院业务、队伍、管理、保障四项建设。切实履行“谁执法谁普法”责任制,同步推进网上网下普法宣传,增强群众法治素养和依法维权能力。

各位代表!走过改革开放和检察机关恢复重建的40年,从筚路蓝缕到方兴未艾,我们懂得:唯有接续奋斗才能不负重托!站在新的历史起点上,全市检察机关将继续忠实履行法律监督职责,认真执行本次会议决议,以更加饱满的热情,更加昂扬的斗志,不忘初心,继续前进,为建设富饶美丽健康祥和新娄底做出检察机关新的更大贡献。

重要文件选登

中共娄底市委
娄底市人民政府
关于实施乡村振兴战略
奋力开创新时代“三农”工作新局面的意见

娄发〔2018〕1号

实施乡村振兴战略，是党的十九大作出的重大决策部署，是决胜全面建成小康社会、全面建设社会主义现代化国家的重大历史任务，是新时代“三农”工作的总抓手。为更好贯彻落实党的十九大精神，加快推动乡村振兴战略深入实施、落地见效，根据《中共中央国务院关于实施乡村振兴战略的意见》（中发〔2018〕1号）和《中共湖南省委湖南省人民政府关于实施乡村振兴战略开创新时代“三农”工作新局面的意见》（湘发〔2018〕1号）精神，结合娄底实际，提出如下实施意见。

一、总体要求

——指导思想。全面贯彻党的十九大精神，以习近平新时代中国特色社会主义思想为指导，按照产业兴旺、生态宜居、乡风文明、治理有效、生活富裕的总要求，统筹推进农村经济建设、政治建设、文化建设、社会建设、生态文明建设和党的建设，加快推进农业全面升级、农村全面进步、农民全面发展，奋力建设富饶美丽健康祥和新娄底。

——基本目标。到2020年，乡村振兴取得重要进展，制度框架和政策体系基本形成。到2035年，乡村振兴取得决定性进展，农业农村基本实现现代化。到2050年，乡村全面振兴，农业强、农村美、农民富全面实现。

——基本原则。坚持党管农村工作，坚持农业农村优先发展，坚持农民主体地位，坚持乡村全面振兴，坚持城乡融合发展，坚持人与自然和谐共生，坚持因地制宜、循序渐进，坚持规划先行、突出重点。

二、推进强农行动，培育产业发展新动能

（一）加快构建现代农业产业体系。从根本上改变农业产业以粮、猪为主的结构，加快建立主导产业、支柱产业、特色产业相互促进的现代农业产业体系。重点培育和打造柑橘、茶叶、蔬菜、肉牛、油茶等支柱产业。着力培育特色水果、田鱼、辣椒、油菜、竹木、花卉苗木等区域特色产业。调优粮油、畜禽等主导产业结构，大力发展优质稻和黑猪生产。大力发展农副产品精深加工，延长产业链条，提高质量效益。（责任单位：市农委、市林业局、市畜牧水产局、市农机管理局、市商务粮食局、市经信委）

（二）大力建设以精细农业为特色的优质农副产品供应基地。对接全省“百千万工程”，大力发展精细农业，调优调精调特农业生产布局，按照区域化、规模化、标准化要求，五年内培育100片精细优质农副产品供应基地。按照“一县一特”“一特一片”发展思路，创建一批国家级、省级特色农产品优势区。深入推进现代农业产业园区建设，支持县市区申报国家级、省级特色农业产业园区（产业集聚区）。（责任单位：市农委、市发改委、市林业局、市畜牧水产局、市农机管理局）

（三）全力打造高端休闲农业和乡村旅游基地。以三产融合为手段，充分发挥区位优势，建设全域休闲农业和乡村旅游基地。推进农旅结合，依托农业基地、田园风光、山水资源、乡土文化，以现代农业公园、森林公园、湿地公园、特色村镇、民宿建设为突破口，开发高端精品休闲旅游项目、线路、区域，打造有特色、有品位、有效益的休闲农业和乡村旅游升级版。五年内重点建设特色核心片区20个，创建100个特色农旅基地。（责任单位：市农委、市旅游外事侨务局、市林业局、市畜牧水产局、市住建局、市国土资源局、市规

划局、市供销合作联社）

（四）大力推进质量强农行动。深入贯彻落实国家质量兴农战略，大力发展绿色、安全、优质农产品。推进农业可持续发展示范区和农业绿色发展试点先行区建设试点。支持龙头企业、行业协会制定高标准质量评估体系，所制定标准成为行业标准的进行表彰奖励。深入开展农业标准化生产，支持国家级、省级农业标准化示范区建设，探索开展市级农业标准化示范区建设，大力发展“三品一标”农产品。健全农产品质量安全监管体系，加强农产品质量安全追溯体系建设，推进国家级、省级农产品质量安全县创建，加强食品药品安全乡镇监管标准化建设，重点提高基层监管能力。（责任单位：市农委、市畜牧水产局、市商务粮食局、市质监局、市财政局、市食品药品监督管理局）

（五）大力推进科技强农行动。加快推进智慧农业、林业、水利工程，建设智慧农业农村。大力发展农村电子商务，推进“互联网+农业”，解决农产品销售瓶颈。加快建设农业科研、农技推广、新型职业农民“三支队伍”，着力增强农技创新、转化、应用“三大能力”，鼓励和支持新品种、新技术的引进和推广应用，全面提升农业科技进步贡献率。推进我市农机装备产业转型升级，加快研发经济作物、养殖业、丘陵山区农林机械。完善农技推广体系，推动科技人员服务农业农村发展。（责任单位：市科技局、市农委、市水利局、市农机管理局、市商务粮食局、市经信委）

（六）大力推进品牌强农行动。启动“娄品创建”工程，支持龙头企业、产业联盟和行业协会创建农产品区域公用品牌、企业品牌和特色农产品品牌，鼓励申报国家地理标志保护产品。每个优势产业集中打造1–2个主打品牌，形成以“三品一标”农产品为基础、企业品牌为主体、区域公用品牌为龙头的农产品品牌体系。着力打造湘村黑猪、湘中黑牛、新化红茶、永丰辣酱、桥头河蔬菜、新化黄精等特色品牌。深入实施“娄品出娄”工程，支持品牌企业在大中城市开设专柜专销、直供直销。加强农产品品牌保护，对认证和授权的品牌产品实行动态监管，建立市场准入和退出机制，严厉打击侵权行为。（责任单位：市农委、市畜牧水产局、市科技局、市商务粮食局、市质监局、市工商局）

（七）大力推进产业融合强农行动。深入实施农产品加工业提升行动，大力发展农产品精深加工，加快农产品转化增值。每个特色优势产业重点扶持3–5家全产业链标杆性龙头企业。引入竞争机制，对市域内国家、省、市级农业产业化龙头企业实行动态监测管理。支持涉农企业对接资本市场，推进一批股改挂牌企业通过IPO、定向增发、资产重组等途径上市。大力开发农业多种功能，将农业基地打造成休闲、旅游基地。加快发展特色小城镇，引导农村二、三产业向县城、重点乡镇及产业园区等集聚。支持整县推进农村一、二、三产业融合发展试点创建，支持建设农村产业融合发展示范园。（责任单位：市发改委、市经信委、市农委、市畜牧水产局、市商务粮食局、市旅游外事侨务局、市政府金融办、市供销合作联社、中国邮政娄底分公司）

（八）大力推进开放强农行动。对接“娄商返娄”战略，积极优化环境，创造条件，以“乡情”为纽带，吸引娄商投资兴业。完善政策，吸引在外务工经商人员返乡就业创业。落实国家特色优势农产品出口提升行动，加强出口食品农产品质量安全示范区建设。鼓励企业发展国际业务，积极出口创汇，对年创汇500万美元以上企业进行奖励。大力发展会展经济，积极组织参加展会活动，推介产业、企业和产品。加大农业领域招商引资力度，重点引进世界500强农业企业和全国食品工业百强企业。（责任单位：市商务粮食局、市农委、市供销合作联社、韶山出入境检验检疫局娄底工作组、市农机管理局）

（九）大力推进新型主体培育强农行动。对接全省“百企”工程，提升农业产业化程度，提高农业经营主体综合素质。对接全省“千社”工程，加快发展农民专业合作社，大力支持专业合作社兴办公司，支持龙头企业领办合作社。对接全省“万户”工程，加大家庭农（林）场、种养大户扶持力度。继续坚持适度规模经营，鼓励新型农业经营主体发展多样化的联合与合作。培育各类专业市场化服务组织，推进农业生产全程社会化服务。完善利益联结机制，充分发挥新型农业经营主体在生产组织、市场对接、销售渠道、风险防控上的优势，把小农生产引入现代农业发展轨道，促进小农户与现代农业发展有机对接。（责任单位：市农委、市工商局、市发改委、市农机管理局）

三、推进绿色发展，落实生态宜居新要求

（十）加强农村生态体系建设。把山水林田草作为一个有机共同体，进行统一保护、统一修复。逐步实施耕地轮作休耕制度。实行水资源消耗总量和强度双控行动。深入开展国土绿化行动，推进荒漠化、石漠化、水土流失综合治理、交通干线“裸露山地”绿化攻坚。

继续实施退耕还林，深入开展全民义务植树，大力推进“联村建绿”。全面停止天然林商业性采伐，实施森林质量精准提升试点示范，加大古树名木保护力度，推进认建认养工作。加强湿地保护和恢复。全面推行河长制、湖长制、探索实行林长制，推进“四水”及两岸生态治理，构建“四水”生态廊道，开展水库及骨干山塘综合整治和修复，打造“千湖盆景”，开展山坪塘清淤，打造“十万微田园”。（责任单位：市农委、市畜牧水产局、市林业局、市环保局、市国土资源局、市水利局）

（十一）加强农村突出环境问题综合治理。实施农村人居环境整治三年行动计划，开展“好山好水好人家”评选。全面推进农村垃圾分类处理及回收系统建设，深入推进“厕所革命”，同步实施粪污治理。巩固农村墙体广告清零行动成果。开展集镇区“六乱”治理。加强农业面源污染防治。加强农村水环境治理和农村饮用水水源保护，实施农村生态清洁小流域建设，严格水功能区和入河排污口监督管理。加强农村环境监管能力建设，落实县乡两级农村环境保护主体责任。严禁工业和城镇污染向农业农村转移。推进农村可再生能源开发利用。实施农民新居引导工程，加大特色小镇培育发展力度，健全传统村落保护机制，持续推进宜居宜业美丽乡村建设。（责任单位：市住建局、市发改委、市规划局、市环保局、市卫生计生委、市林业局、市水利局、市整建办、市国土资源局、市畜牧水产局、市文体广新局）

四、推进文化繁荣，培育乡风文明新气象

（十二）加强农村思想道德建设。以社会主义核心价值观为引领，坚持教育引导、实践养成、制度保障三管齐下，采取符合农村特点的有效方式，深化中国特色社会主义和中国梦宣传教育。建立道德讲堂，开展道德评议，培育健康、向上、向善的乡风、敬老孝亲的家风。推进诚信建设，强化农民的社会责任意识、规则意识、集体意识、主人翁意识。（责任单位：市委宣传部、市农委、市文明办）

（十三）传承农村优秀传统文化。立足乡土文化，吸取城市文明及外来文化优秀成果，在保护传承的基础上，创造性转化、创新性发展，不断赋予时代内涵、丰富表现形式。深入挖掘曾国藩耕读文化蕴含的优秀思想观念、人文精神、道德规范，充分发挥其在淳化民风中的重要作用。划定乡村建设的历史文化保护线，保护好紫鹊界梯田、曾国藩故居、上梅古镇等历史文化遗产。支持梅山武术、新化山歌等民间文化的传承与发展，形成一批文化地理标识。（责任单位：市委宣传部、市文体广新局、市旅游外事侨务局）

（十四）加强农村公共文化建设。发挥县级公共文化机构辐射作用，推进基层综合性文化服务中心及村级文化广场等建设，实现乡村两级公共文化服务全覆盖，提升服务效能。深入推进文化惠民，公共文化资源重点向乡村倾斜，提供更多更好的农村公共文化产品和服务。组建乡村文艺宣传队，支持“三农”题材文艺创作生产，鼓励文艺工作者不断推出反映农民生产生活优秀文艺作品。培育挖掘乡土文化本土人才，开展文化结对帮扶，引导社会各界人士投身乡村文化建设。（责任单位：市委宣传部、市文体广新局、市发改委）

（十五）开展移风易俗行动。充分发挥村规民约作用，倡导喜事新办、丧事简办、小事不办，遏制大操大办、厚葬薄养、人情攀比等陈规陋习，培育和睦互助的邻里关系。深入开展自强自立行动，选树“勤劳致富模范”“勤俭持家模范”等典型，引导形成艰苦奋斗、创业自强的良好风气。抵制封建迷信，推广殡葬改革。深入开展“无上访乡镇”“无上访村”创建活动，推进信访法治化改革，引导农民合法理性表达诉求。打击邪教、非法宗教及宗教极端主义。（责任单位：市委宣传部、市文明办、市委政法委、市信访局、市委610办、市文体广新局、市民政局）

五、夯实基层基础，构建治理有效新格局

（十六）加强农村基层党组织建设。深入推动抓党建促脱贫攻坚、乡村振兴和基层治理，全面推进农村基层党支部建设标准化、组织生活正常化、管理服务精细化、工作制度体系化、阵地建设规范化“五化建设”，着力解决农村基层党组织弱化、虚化、边缘化问题。选优配强驻村工作队和第一书记，实现村党组织第一书记全覆盖。落实国家农村带头人队伍整体优化提升行动，注重吸引高校毕业生、农民工、机关企事业单位优秀党员干部、退休党员干部到村任职。全面落实村干部待遇和村级组织运转经费保障政策。推行村级小微权力清单制度，持续开展“雁过拔毛”式腐败问题专项整治行动。（责任单位：市委组织部、市纪委、市农委、市财政局）

（十七）推动农村科学民主自治。加强村务监督委员会规范化建设，推动村务公开“亮栏”工程，推动村级事务阳光运行。依托村民会议、村民代表会议、村民议事会、村民理事会、村民监事会等，形成民事民议、

民事民办、民事民管的多层次基层协商格局。大力培育服务性、公益性、互助性农村社会组织，积极发展农村社会工作和志愿服务。发挥农村“老党员、老战士、老教师、老模范、老专家”的积极作用。集中清理对村级组织考核评比多、创建达标多、检查督查多等突出问题。（责任单位：市委组织部、市民政局、市农委）

（十八）建设法治乡村。深入开展法治乡村创建活动。加强农村法治宣传教育。建立健全乡村调解、县市仲裁、司法保障的农村土地承包经营纠纷调处机制。完善农村人民调解工作机制，健全多元纠纷解决机制。抓好农村公共法律服务站和志愿点建设，健全农村公共法律服务体系，加强对农民的法律援助和司法救助，逐步实现城乡公共法律服务均等化。（责任单位：市委政法委、市司法局、市农委）

（十九）提升乡村德治水平。深入实施公民道德建设工程，推进社会公德、职业道德、家庭美德、个人品德建设。建立道德激励约束机制，制订道德模范评选标准和文明行为准则，开展寓教于乐和潜移默化的道德宣传活动。培育和弘扬地方性优秀道德传统，积极发挥新乡贤作用，引导村民崇德向善。（责任单位：市委宣传部、市文体广新局、市文明办、市妇联、团市委）

（二十）加强平安乡村建设。开展“平安乡镇”“平安村（社区）”创建活动，大力推进农村社会治安防控体系建设，建立完善县乡村三级综治中心功能和运行机制，全面推行社会治理网格化服务管理，提升农村社会治理能力和水平。深入开展扫黑除恶专项斗争，严厉打击黄赌毒盗拐骗等违法犯罪。强化农村刑释人员、社区矫正人员、涉毒人员、肇事肇祸精神病人等特殊人群服务管理，推进社会心理服务体系建设。依法加大对农村非法宗教活动和境外渗透活动打击力度。加强交通、消防、安全生产工作，提升农民安全意识和能力，坚决遏制重特大安全事故。加强农村流动人口服务管理。推进乡村“雪亮工程”建设。（责任单位：市委政法委、市中级人民法院、市人民检察院、市公安局、市司法局、市安监局）

六、提升农村民生保障水平，建设美丽幸福新乡村

（二十一）加大农村基础设施建设力度。大力推进农村公路、供水、供气、电网、物流等基础设施建设全面提升。全面推进“四好农村路”建设，三年内五县市区创建省级“四好农村路”，实施“农村断头路打通三年行动计划”，着力打通自然村通水泥沥青路建设的“最后一公里”，集中力量建设一批旅游路、产业路。加大道路管护体制改革力度，创新“群众性养护体系”。科学有序推进水利基础设施建设，打造“小水源、微田园”，开展山塘清淤三年行动计划，三年内全面完成“四水”生态廊道建设。全面推进农村电网改造升级“三覆盖一提升”。城市天然气向城郊和有条件的乡镇延伸。提升气象为农服务能力。加强农村防灾减灾救灾能力建设。加快建设冷链物流设施和农产品集散中心，三年内基本建成覆盖县、乡、村三级的现代化农村物流网络。加强农村宽带网络建设，三年内实现行政村光纤通达率98%、4G网络覆盖率99%以上。（责任单位：市发改委、市经信委、市交通运输局、市水利局、市农委、市住建局、市文体广新局、国网娄底供电公司、市气象局、中国移动娄底分公司、中国电信娄底分公司、中国铁塔娄底分公司）

（二十二）促进农民就业增收。多渠道拓宽农民增收渠道。加强农民工职业技能培训，提高就业质量。健全覆盖城乡的就业服务体系，加强基层平台建设，着力开展“春风行动”“就业援助月”等活动。大力发展现代家政服务业，建立具有一定规模的“月嫂”培训基地，鼓励支持创建一批农业“星创天地”和农民工返乡创业示范基地，鼓励就地就近就业。建立健全整治拖欠农民工工资长效机制。完善农民工工资正常增长机制，保持农村居民收入增速快于城镇居民。深入贯彻农村残疾人“阳光增收计划”。（责任单位：市人社局、市住建局、市科技局、市公安局、市农委、市妇联、市残联）

（二十三）优先发展农村公共事业。优先发展农村教育事业，使每一个农村孩子都能享受到公平而有质量的教育。两年内每个乡镇至少办好1所公办乡镇中心幼儿园。继续实施农村中等职业教育攻坚计划，打造一批卓越职业院校和特色专业。统筹城乡师资，建好配强农村教师队伍。推进健康乡村建设，深入实施乡镇卫生院、村卫生室建设三年行动计划，三年内实现建制村标准化卫生室和全科医生团队签约服务全覆盖。加强农村社会保障体系建设，完善统一的城乡居民基本医疗保险制度和大病保险制度。加强农村社会优抚工作。加强农村公共卫生与疾病预防控制工作。健全农村留守儿童和妇女、老年人以及特殊群体关爱服务体系。充分发挥社会力量在办学、办医、养老、社会救济等方面的作用。探索推进农村社区建设试点。（责任单位：市教育局、市编办、市民政局、市财政局、市人社局、市卫生计生委、市妇联、市残联、市供

销合作联社）

七、决战决胜脱贫攻坚，夺取全面小康新胜利

（二十四）瞄准贫困人口精准施策。按照“五个一批”“六个精准”要求，扎实推进脱贫攻坚“七大行动”，确保到2020年我市现行标准下农村贫困人口全部脱贫，贫困村全部退出，贫困县全部摘帽，稳定实现贫困人口“两不愁三保障”。实施“一村一品”产业扶贫推进行动。有序推进教育扶贫、健康扶贫、易地扶贫搬迁和危房改造、生态扶贫、科技扶贫。全面深化就业扶贫，扎实做好转移就业，开展贫困家庭“两后生”职业技能培训，实现有劳动能力的贫困人口稳定脱贫。对完全或部分丧失劳动能力的特殊贫困人口，综合实施保障性扶贫政策，确保病有所医、残有所助、生活有兜底、住房安全有保障。做好农村最低生活保障工作的动态化、精细化管理，把符合条件的贫困人口全部纳入保障范围。（责任单位：市扶贫办、市发改委、市教育局、市民政局、市人社局、市农委、市卫生计生委、市林业局、市畜牧水产局、市科技局、市住建局、市政府金融办、市残联）

（二十五）集中力量补齐短板。全面改善贫困地区生产生活条件，加快补齐基础设施和公共服务短板，确保贫困地区基本公共服务主要指标接近全国平均水平。加大财政投入和涉农资金整合力度。加大对基础相对薄弱的贫困村特别是深度贫困村农村公路、安全饮水、电网等公共基础设施项目以及建设用地指标的支持力度。广泛动员一切社会力量参与脱贫攻坚，推进社会扶贫网提档升级，深入实施全市统一战线聚力脱贫攻坚 “115计划”。统筹推进贫困县与非贫困县、贫困村与非贫困村面上脱贫攻坚，加大对非贫困村的帮扶力度。（责任单位：市委统战部、市财政局、市国土资源局、市交通运输局、市水利局、市卫生计生委、市扶贫办、市经信委、市文体广新局）

（二十六）激发贫困人口内生动力。继续在全市贫困群众中深入开展“人穷志不穷、脱贫靠自身”自立自强行动，推动贫困群众依靠自己的辛勤劳动和致富技能实现脱贫。坚持扶贫与扶志相结合，引导贫困群众克服“等、靠、要”思想，逐步消除精神贫困，促进形成自立自强、争先脱贫的精神风貌。坚持扶贫与扶智相结合，加强贫困群众农业生产、务工经商等基本技能培训，帮助贫困户量身定制脱贫措施，总结推广贫困地区致富带头人的成功经验，增强贫困群众自我发展能力。大力宣传依靠自身努力脱贫致富的先进典型，树立脱贫光荣的鲜明导向。进一步改进帮扶方式，积极推行生产奖补、劳务补助、以工代赈等帮扶举措，探索建立惠及贫困群众的利益固定分成、入股分红、定价收购等农企联结模式。（责任单位：市农委、市扶贫办、市委组织部、市委宣传部、市财政局、市人社局）

（二十七）强化脱贫攻坚责任和监督。按照省负总责、市县抓落实、乡村实施的工作机制，强化党政一把手负总责的责任制。强化县级党委作为全县脱贫攻坚总指挥部的关键作用。探索推进小微权力防控+互联网+监督工作，全面推行省、市、县、乡、村扶贫资金项目安排使用公告公示制度，从严查处挪用和贪污扶贫资金行为。开展扶贫领域作风问题专项治理，实施最严格的扶贫成效考核，坚决杜绝“数字脱贫”“假脱贫”“被脱贫”现象。关心爱护战斗在扶贫第一线的基层干部，加强驻村工作队选派管理，健全保障激励机制，保护和调动他们的工作积极性。按照“脱贫不脱责任、脱贫不脱政策、脱贫不脱帮扶、脱贫不脱监管”的要求，建立脱贫攻坚长效机制，促进贫困地区经济社会发展和贫困人口收入持续稳定增长。（责任单位：市纪委、市委组织部、市扶贫办）

八、深化农村综合改革，激活乡村振兴新动力

（二十八）巩固完善农村基本经营制度。坚持最严格的耕地保护制度和节约集约用地原则，编制完善乡村土地利用总体规划。认真落实第二轮土地承包期再延长30年的政策，有序推进农村承包地“三权分置”。稳妥推进耕地、山林有序流转，促进适度规模经营。加快推进房地一体的农村集体建设用地和宅基地使用权确权登记颁证。完善农民闲置宅基地和闲置农房政策，探索宅基地所有权、资格权、使用权“三权分置”。严格禁止下乡利用农村宅基地建设别墅大院和私人会馆。鼓励各地利用城乡建设用地增减挂钩政策推进农村空心房、废弃建设用地整治复垦，探索推进土地增减挂钩结余指标网上流转交易。（责任单位：市农委、市司法局、市国土资源局、市财政局、市供销合作联社）

（二十九）深化农村集体产权制度改革。全面开展农村集体资产清产核资，科学确认集体经济组织成员身份，加快推进经营性资产股份合作制改革。继续深化集体林权制度改革，深化小型农田水利工程产权制度改革，推行农田水利工程设施不动产登记。深入实施发展壮大农村集体经济五年行动，全面建立农村集体经济组织，支持开展多种形式的经营活动。维护进

城落户农民土地承包权、宅基地使用权、集体收益分配权,加强与省联合产权交易所的合作,引导进城落户农民依法自愿有偿转让上述权益。加快建立县、乡、村三级农村产权交易体系。(责任单位:市农委、市编办、市国土资源局、市水利局、市林业局、市供销合作联社)

(三十)全力推进农业供给侧结构性改革。面向市场,从消费端着眼,从供给侧着手,加快推进农业由增产导向转向提质导向,突出农业绿色化、优质化、特色化、品牌化,推进产销对接,走质量兴农、绿色兴农之路,加快构建现代农业产业体系、生产体系、经营体系,充分发挥乡村的生态涵养、休闲观光、文化体验等多种功能,实现农村经济多元化。(责任单位:市农委、市农机管理局、市林业局、市水利局、市畜牧水产局)

(三十一)深化农村"放管服"改革。继续压减农业农村领域审批发证,清理规范涉农行政审批中介服务。加强农村市场规范整顿,严厉打击坑农害农行为。加快建设"一门式办理""一站式"综合服务平台。加快粮食收储制度改革,完善储备粮食管理制度。深化供销合作社综合改革。做好农村综合改革、农村改革试验区等工作。(责任单位:市发改委、市编办、市国土资源局、市交通运输局、市水利局、市农委、市林业局、市商务粮食局、市供销合作联社)

九、广泛汇聚力量,强化乡村振兴人才保障

(三十二)大力培育新型职业农民。实施新型职业农民培育工程,发展爱农业、懂技术、善经营的新型职业农民。健全新型职业农民培训机制。加强驻娄高校、中等职业学校涉农学科专业建设。支持新型职业农民通过弹性学制参加中、高等农业职业教育。探索新型职业农民职称评定工作。落实国家相关税收优惠政策,完善财政、金融信贷政策,加大对新型职业农民创业扶持力度。(责任单位:市农委、市教育局、市财政局、市人社局、市地税局、市政府金融办、市农科所)

(三十三)加强农业人才队伍建设。实施农村科研人员培育工程,加快领军人才培养和创新团队建设,加大专业人才引进力度,三年内引进300名高层次农业科技人才,建立农业类院士专家工作站3个。加强农技推广人才队伍建设,实施"农技推广骨干培养计划"。做好农业科技特派员选派工作。建立城乡专业人才交流挂职制度,全面建立城市医生、教师、科技文化人员等定期服务乡村机制。实施"扎根基层优秀人才支持计划"。继续实施"三支一扶""特岗教师计划""农村教师公费定向培养计划""卓越农业人才教育计划"。实施乡村工匠培育工程和农业领军人才培育计划。(责任单位:市委组织部、市编办、市农委、市教育局、市科技局、市科协、市财政局、市民政局、市人社局、市文体广新局、市卫生计生委、市农科所)

(三十四)引导社会力量投身乡村振兴。盯住能人,广泛发动能人投身乡村振兴。建立有效激励机制,以乡情乡愁为纽带,吸引支持各类人才进村下乡服务乡村振兴事业。支持各类人才回乡下乡创新创业。研究制定管理办法,允许符合条件的公职人员回乡任职或兼职。引导和支持新乡贤返乡创新创业。发挥党的群众组织和各民主党派、工商联、无党派人士在乡村振兴中的积极作用。大力实施"同心乡村"工程、乡村振兴"巾帼行动"和"青春建功新农村"等行动计划。(责任单位:市农委、市委统战部、市委组织部、市教育局、市科技局、市人社局、市妇联、团市委)

十、拓展筹资融资渠道,强化乡村振兴资金保障

(三十五)持续加大财政金融支持力度。建立健全实施乡村振兴战略财政投入保障制度,各级政府每年对"三农"的财政投入视财力情况保持一定增幅。调整完善土地出让收入使用范围,提高农业农村和脱贫攻坚投入比例,保持年均增幅5%以上。建立健全县(市)域全覆盖的政府性融资担保体系,设立省农担公司的分支机构。充分运用支农再贷款、扶贫再贷款等央行货币政策工具支持乡村振兴。建立健全银企对接沟通机制,灵活运用风险补偿、担保贴息、奖励补助等政策措施,激励金融机构加大支持乡村振兴力度。通过发行一般债券及争取试点发行专项债券支持乡村振兴。(责任单位:市财政局、市发改委、市农委、市政府金融办、人民银行娄底市中心支行、相关金融机构)

(三十六)拓宽资金筹集渠道。坚持发挥政策引导和财政资金"四两拨千斤"作用,撬动更多社会资本投入乡村振兴。改进耕地占补平衡管理办法,推进增减挂钩,通过拆旧建新和土地复垦等措施,增加城市建设用地面积,加强农村宅基地管理,拓宽增减挂钩指标来源,充分利用贫困地区增减挂钩项目结余指标可上市交易的政策,为乡村振兴提供资金保障。鼓励农民对直接受益的乡村基础设施建设投工投劳。稳妥推进政府和社会资本合作。制定鼓励引导规范工商资本参与乡村振兴的意见,落实和完善融资贷款、配套设施建设补助、税费减免、用地保障等政策。强化金融机构涉农普惠金融服务。把金融机构涉农贷款"三个不

低于"纳入考核内容，对辖区内涉农贷款连续2年排名前2名的予以表彰奖励。创新金融产品服务，探索开展农村"两权"抵押贷款。积极发展小微金融机构。探索开展土地流转保险试点，创新农业保险工作机制，着力解决农业保险最后一公里的问题。发展农业信贷担保。探索推进农产品期货市场建设，支持涉农企业改制上市。(责任单位：市政府金融办、人民银行娄底市中心支行、娄底银监分局、市国土资源局、市发改委、市财政局、市农委、市工商局、市农开办、市保险协会、相关金融机构)

十一、加强和改善党对"三农"工作的领导

(三十七)完善党领导乡村振兴的体制机制。健全党委统一领导、政府负责、党委农村工作部门统筹协调的农村工作领导体制，做好党的"三农"工作机构设置和人员配置工作，理顺职责分工，把乡村振兴战略的责任任务分解细化，明确到具体部门。市委成立实施乡村振兴战略领导小组，市委书记担任组长，市长任第一副组长，市委专职副书记任常务副组长，领导小组下设若干工作组。按照五级书记抓乡村振兴的要求，建立乡村振兴战略责任制，落实党政一把手第一责任人制度。县(市、区)委书记要当好乡村振兴"一线总指挥"，专职党委副书记要具体分管乡村振兴工作。乡镇党委、政府要把实施乡村振兴战略作为核心任务和主要职责来抓，充分发挥村支两委的战斗堡垒作用。(责任单位：市委办、市政府办、市纪委、市委组织部、市编办、市农委、市扶贫办)

(三十八)加强"三农"工作队伍建设。严格按照懂农业、爱农村、爱农民的要求，加强"三农"工作干部队伍的培养、配备、管理、使用，形成人才向农村基层一线流动的用人导向。探索建立干部交流机制，选拔一批市直优秀干部到县市区任职，选派优秀乡镇干部到市县两级机关挂职锻炼，拓宽县(市、区)级"三农"干部来源。加强教育培训，以提升落实力为重点，不断深化责任心教育。抓好"万名村干基层组织力"大培训，全面提升"三农"干部队伍的能力和水平。加强乡镇农技站、经管站建设，适当提高基层农技人员补助标准。拓宽乡镇干部来源渠道，健全从优秀村党组织书记中选拔乡镇领导干部、考录乡镇公务员、招聘乡镇事业编制人员制度。大力关心基层干部，切实减轻基层负担，让基层干部工作有动力、待遇有保障、事业有奔头。(责任单位：市委组织部、市编办、市人社局、市农委)

(三十九)切实做好乡村振兴规划。坚持规划先行，各地各部门要结合实际制订切实可行的专项规划或方案，形成城乡融合、区域一体、多规合一的整体规划体系。在地势相对平坦、人口相对集中、基础设施条件相对较好的区域，重点培育扶持一批功能完善、特色鲜明、宜居宜业的示范集镇，强化集镇在城乡结构体系中的节点纽带作用。拓宽发展思路，把小城镇建到高速公路边上去，建到农民的家门口去，着力打造一批产业重镇、旅游强镇、文化名镇、风情小镇，既让农民就近享受城市的发展成果，又能基本保持原有的生产生活方式。突出抓好村庄布局规划和村庄建设规划，以中心村、空心村、自然村作为基本单元，以方便群众生产生活需要为出发点，有序引导村民集中连片建房。(责任单位：市发改委、市规划局、市国土资源局、市住建局、市农委、市林业局)

(四十)着力营造浓厚氛围。大力宣传实施乡村振兴战略的政策措施，积极总结推广好经验好做法，每年评选表彰一批"五好乡村"。建立乡村振兴专家决策咨询制度，组织智库加强理论研究。结合"大学习大调研大提升"活动，深入开展乡村振兴调研活动。(责任单位：市委宣传部、市委政研室、市政府研究室、市民政局、市农委、市文明办)

(四十一)强化督查考核。把落实乡村振兴战略工作纳入对各县市区和各部门的绩效考核范围，所占分值不低于考核总分的10%。把抓党建促乡村振兴作为县乡党委书记抓基层党建述职评议考核重要内容。严格奖励问责机制，强化考核结果运用。各县市区党委、政府每年向市委、市政府报告实施乡村振兴战略进展情况。建立实施乡村振兴战略督查机制。自今年起，每年对全市乡村振兴战略实施工作进行验收和总结。(责任单位：市委办、市政府办、市委组织部、市委政研室、市农委、市统计局、市人社局)

中共娄底市委办公室

2018年5月15日印发

中共娄底市委办公室
娄底市人民政府办公室
关于印发《娄底市支持深度贫困村脱贫攻坚实施方案(2018—2020年)》的通知

娄办〔2018〕48号

各县市区委,各县市区人民政府,娄底经开区党委、管委会,市直机关各单位:

《娄底市支持深度贫困村脱贫攻坚实施方案(2018—2020年)》已经市委、市人民政府同意,现印发给你们,请结合实际认真组织实施。

中共娄底市委办公室
娄底市人民政府办公室
2018年5月21日

娄底市支持深度贫困村脱贫攻坚实施方案(2018—2020年)

为深入贯彻党的十九大和习近平总书记在深度贫困地区脱贫攻坚座谈会上的重要讲话精神,根据《中共湖南省委办公厅湖南省人民政府办公厅印发〈湖南省关于支持深度贫困地区脱贫攻坚实施方案〉的通知》(湘办〔2017〕67号),结合我市实际,制定本实施方案。

一、总体要求

以习近平新时代中国特色社会主义思想为指导,深刻认识深度贫困村脱贫攻坚的艰巨性和重要性,坚定打赢打好脱贫攻坚的决心和信心。坚持精准扶贫精准脱贫基本方略,坚持省负总责、市县抓落实的领导管理机制,坚持专项扶贫、行业扶贫、社会扶贫"三位一体"大扶贫格局,盯住最困难的地方,瞄准最困难的群体,以解决突出制约问题为重点,以重大扶贫工程和到村到户帮扶措施为抓手,以补齐短板为突破口,以抓党建促攻坚为组织保障,强化支撑保障体系,加大政策倾斜力度,集中力量攻坚,万众一心克难,确保深度贫困村和贫困群众同步迈入全面小康社会。

二、区域范围

省扶贫开发领导小组确定我市新化县水车镇荆竹村、田家村,奉家镇坪上村、墨溪村,游家镇黄家岭村,孟公镇天盆村,天门乡留心村、金石村,大熊山国有林场大礼工区等9个贫困村为深度贫困村。

各级党委、政府要实事求是,坚持脱贫标准,科学制定减贫规划和年度计划,力争在2019年、确保到2020年深度贫困村全部脱贫退出。

三、政策举措

各级各部门要坚持问题导向,统筹整合各类资源,对深度贫困村加大财政、金融、土地政策、生态扶贫、干部人才支持力度,加大产业扶贫培育力度和易地扶贫搬迁实施力度,项目布局、驻村帮扶和社会帮扶向深度贫困村倾斜,集中力量解决本区域、本行业的深度贫困问题。

(一)解决因病致贫问题。建立健康扶贫保障机制,支持推进健康扶贫工程。全面实施"三个一批"行动计划,认真落实"三提高、两补贴、一减免、一兜底"综合保障措施,农村贫困患者在县域内城乡居民基本医疗保险定点医疗机构(含社会办医疗机构)看病住院实行先诊疗后付费和"一站式"结算。在2018年底前,实现深度贫困村全科医生(助理全科医生)驻村全覆盖。(市卫生计生委、市人社局、市民政局分别牵头负责)

(二)解决因残致贫问题。科学建立贫困人口动态管理机制,将符合条件的残疾人及时纳入建档立卡贫困户和农村低保范围。把建档立卡贫困家庭中的重度残疾人全部纳入医疗救助范围。将残疾人基本康复服务纳入公共卫生服务体系，使残疾人享受一对一个性化签约康复服务。建立残疾儿童康复救助制度、基本型辅助器具适配补贴制度，使有需求的0–6岁残疾儿童、建档立卡贫困持证残疾人免费享受基本康复服务和基本型辅助器具适配服务。严格落实困难残疾人生活补贴制度和重度残疾人护理补贴制度。对16周岁以上有长期照料护理需求的贫困重度残疾人，符合特困人员救助供养条件的纳入特困人员救助供养；不符合救助供养条件的，有条件的地方可通过政府购买服务，采用托养等多种方式为其提供集中或社会化照料服务。采取多种方式，逐一安置贫困家庭未入学适龄残疾儿童、困境未成年人接受义务教育。推进建档立卡贫困残疾人家庭享受资产收益扶贫政策。（市残联、市民政局、市卫生计生委、市教育局分别牵头负责）

（三）*保障贫困户饮水安全*。加快实施农村饮水安全巩固提升工程，加大对深度贫困村的支持力度。对于深度贫困村水利建设，根据水利相关专项规划，优先推进项目前期工作，优先向国家、省申报项目，优先安排资金投入，优先在水利规划、前期工作、工程建设和技术管理等方面给予指导帮助，提升水利扶贫效果。严格执行《湖南省"十三五"农村饮水安全巩固提升工程财政奖补暂行办法》（湘财建〔2016〕73号），加强对贫困县和贫困村农村饮水安全巩固提升工程项目建设的指导，加大资金扶持力度。（市水利局牵头负责）

（四）*保障贫困户住房安全*。农村危房改造任务安排向深度贫困地区倾斜。提高农村贫困户危房改造补助标准，整合涉农资金，加大资金筹措和配套力度。根据贫困户贫困程度，实施差异化补助政策。大力推广加固改造等低成本改造方式，鼓励通过统建农村集体公租房，加固、置换或长期租赁闲置房屋等方式，兜底解决贫困户等重点对象住房安全问题。（市住建局、市财政局分别牵头负责）

（五）*加大教育扶贫力度*。完善贫困地区控辍保学工作机制，落实"一提高、两降低"教育扶贫政策，建立健全建档立卡贫困家庭学生从幼儿园到研究生全覆盖的资助体系，组织干部、教师、家长"三帮一"劝返复学行动，防止失学辍学。加大"雨露计划"力度，将补助标准由每人3000元/年提高到5000元/年，确保建档立卡贫困家庭"两后生"职业学历教育或职业技能培训全覆盖。支持推动"'一家一'助学就业?同心温暖工程"项目和"泛海助学行动"。为贫困家庭学生就读职业学校开辟招生绿色通道，优先招生，优先选择专业，优先安排在校企合作程度较深的订单定向培训班和企业冠名班，优先落实助学政策，优先安排实习，优先推荐就业。加强农村寄宿制学校建设，优先满足贫困生寄宿需求。严格按照"五限"要求，规范中小学教辅材料征订，减轻贫困家庭教育负担。（市教育局、市人社局、市财政局、市委统战部、市扶贫办分别牵头负责）

（六）*加大就业扶贫力度*。支持贫困县开发就业岗位，促进贫困家庭劳动力就地就近就业。加强对深度贫困地区贫困家庭劳动力技能培训和就业服务，提升培训服务针对性和有效性，确保贫困家庭劳动力至少掌握一门实用技术。推进"规模企业进园区，小微企业进乡村"，倡导企业在生产用工上优先吸纳符合条件的贫困劳动力。深入开展劳务协作，对有就业能力和就业意愿的建档立卡贫困劳动力，建立就业扶贫任务清单，对已转移就业的贫困劳动力建立稳岗清单，在任务清单和稳岗清单的基础上，明确输出、输入地各方责任，建立责任清单。市政府驻外办事处与县市区建立对接机制，提供就业岗位信息，开展就业帮扶，做好建档立卡贫困劳动力的稳岗和相关服务工作。落实就业扶贫政策，对符合条件的企业给予就业创业服务补贴、岗位补贴、社保补贴，鼓励企业吸纳贫困劳动力就业。充分发挥家政服务业吸纳贫困地区富余劳动力的作用，组织开展家政扶贫试点。积极开发护林绿化、乡村保洁和道路维护、社会治安协管、孤寡老人和儿童看护、搬迁安置区物业管理等公益性岗位，优先聘用就业困难的贫困劳动力，确保有劳动力的贫困户就业有保障，实现"一人就业、一户脱贫"。（市人社局、市国资委、市扶贫办、市政府各驻外办事处分别牵头负责）

（七）*加强兜底保障工作*。做好农村低保制度与扶贫开发政策有效衔接，确保全市农村低保标准不低于国家扶贫标准，实行动态管理，逐步提高农村低保救助水平。完善农村低保制度，对无法依靠产业扶贫和就业帮助脱贫的家庭实行政策性保障兜底。对农村低保家庭中的老年人、未成年人、重度残疾人和重病患者等重点救助对象，采取多种措施提高救助水平，保障基本生活。在深度贫困村优先实施“和谐乡村”三年行动，加快推进农村综合服务平台建设，逐步完善老年人日间照料、城乡基层养老服务设施、社区小型养老机构、老年人活动中心及农村留守儿童关爱保护等配套设施建设。建立防范因灾致贫返贫长效机制，保障因灾致贫返贫群众基本生活。（市民政局、市发改委分别牵头负责）

（八）加强基础设施建设。加快推进贫困地区建制村和撤并建制村通硬化路任务。优化通村硬化路路线走向，优先在深度贫困村实施农村公路“窄加宽”工程和自然村通公路工程，力争到2019年底实现25户以及100人以上的自然村通水泥（沥青）路。加强贫困地区公路安全保障工程建设，提升偏远山区道路安全保障水平。加快实施贫困地区农网改造升级工程，在2018年底前全面完成深度贫困村电网改造，在2019年底前对所有深度贫困村按不同方式实施光伏扶贫工程全覆盖。发挥国家电信普遍服务补偿资金的引导作用，强化政策支持，加大推进力度，实现90%以上深度贫困村有宽带网络覆盖，80%以上有信息服务站。全面实施贫困村提升工程，着力解决水、电、路、网等基础设施和教育、卫生、文化等公共服务建设滞后问题，加大建新拆旧、“厕所革命”、垃圾治理、污水处理力度，改善人居环境和生产生活条件；因村因地发展特色优势产业，提高产业扶贫组织化程度，培育壮大村集体经济；培育创业致富带头人，吸引本土人才返乡创业，创新农村社区治理机制，发挥村规民约作用，改变陈规陋习，培育健康文明生活方式。（市财政局、市发改委、市经信委、市交通运输局、国网娄底供电公司、市委组织部、市农委、市扶贫办分别牵头负责）

四、保障机制

发挥社会主义政治优势和制度优势，强化保障，压实责任，以较真从严、用心用脑、精细精准的作风，推进深度贫困地区脱贫攻坚决战决胜。

（一）加强组织领导，压实攻坚责任。建立市级领导联县制度，每个县市区明确一名市级领导联系指导，主要抓好顶层设计、督促检查等工作，研究帮助解决突出问题。贫困县党委和政府要切实以脱贫攻坚统揽经济社会发展全局，以落实“三走访、三签字、三联系”为载体，层层压实攻坚责任，强化政策落地，做到人员到位、责任到位、工作到位、效果到位。发挥县级“一线指挥部”作用，统筹做好进度安排、项目落地、资金使用、人力调配、推进实施等工作。每个深度贫困村至少安排一名县（处）级干部定点联系指导。各行业部门要结合自身职能，积极支持深度贫困地区脱贫攻坚。

（二）坚持精准方略，夯实精准基础。贫困县各项基础设施、公共服务、产业发展等工程项目，要尽量向进村入户倾斜，确保贫困人口参与和受益，坚决防止以区域发展之名代替精准扶贫，搞缩小版的“大水漫灌”。支持贫困县脱贫攻坚的各项政策举措都要聚焦贫困人口脱贫。要做实做细建档立卡，加强贫困人口精准识别和精准退出，实现动态管理，不断提高识别质量，打牢精准基础。加强部门间数据比对、信息共享和数据分析，为贫困县脱贫攻坚提供有力基础支撑。（市扶贫办牵头负责）

（三）抓实基层党建，促进脱贫攻坚。保持贫困县党政正职稳定，进一步建强干部队伍，推动优秀干部人才资源向脱贫攻坚一线倾斜，把贫困村作为培养锻炼干部、考察识别干部的重要平台。建强农村基层党组织，配齐配强贫困村党组织书记，支持党员带头脱贫致富、带领脱贫致富。对深度贫困村“两委”班子进行全面摸排，对软弱涣散村党组织分类集中整治。由市或市以上工作队进驻深度贫困村驻村帮扶，选派得力干部担任深度贫困村第一书记，各级党委组织部门分级负责、备案管理，县市区党委组织部和乡镇党委明确专人负责，加强管理考核和保障支持，确保选得准、下得去、融得进、干得好。加强贫困村后备干部培养力度，确保每个贫困村储备1至2名后备干部，注重发展年轻党员。加快乡镇“五小”建设和周转房建设，完善村级组织运转经费保障机制，将村级组织运转经费逐步提升至13万元/年。加强对脱贫攻坚一线干部的关心关爱，政治上激励、工作上支持、待遇上保障、心理上关怀。在脱贫攻坚期内，按规定程序每年表彰一批脱贫攻坚先进集体和优秀个人。（市委组织部、市人社局分别牵头负责）

（四）强化资金监管，提升使用效益。改进扶贫资金使用方式，支持各地采用生产奖补、劳务补助等方式开展项目建设。严格按照关于涉农资金统筹整合规定的范围和用途，优先保障贫困人口直接受益的产业发展资金需求。推进县级脱贫攻坚项目库建设，保证资金围绕脱贫攻坚目标任务精准使用。完善项目资金公告公示制度，提高资金使用效益和透明度。建立扶贫资金常态化监管机制，完善扶贫资金使用绩效考核评价，提升扶贫资金使用管理水平。（市财政局、市审计局、市扶贫办分别牵头负责）

（五）坚持群众主体，激发内生动力。全面落实《关于在全市贫困群众中倡导开展“人穷志不穷、脱贫靠自身”自强自立行动的意见》等四个意见。建立生产奖补、以工代赈、劳务奖补等正向激励机制，坚持扶贫与扶志、扶智、扶技相结合，将帮扶政策措施与贫困群众参与挂钩，培育贫困群众发展生产和务工经商的基本能力。弘扬中华民族劳动光荣、勤俭持家、邻里和睦、孝亲敬老等传统美德，教育和引导贫困群众用自己的双手光荣脱贫、勤劳致富、服务社会、贡献国家。严禁有能力却不履行赡养义务、为享受农村低保或扶贫政策分家立户遗弃老人，加大法律援助力度，帮助维护老年人权益。大力宣传脱贫攻坚先进典型，讲述好故事，弘扬正能量，奏响主旋律。（市文明办、市委宣传部、市司法局、市扶贫办分别牵头负责）

（六）坚持较真从严，推动工作落实。以贫困县、贫困村为重点，实施常态化督查暗访。实行最严格的考核评估，对不严不实、弄虚作假、违纪违规的严肃惩处。坚决克服形式主义，减少填表报数、检查考评、会议活动、发文数量，规范调查研究，减轻基层负担，不断提高各项工作的有效性。加强扶贫监督执纪问责，强化脱贫攻坚纪律保障，持续开展“雁过拔毛”式腐败专项整治行动，着力查处扶贫领域的不正之风，筑牢扶贫资金管理使用“高压线”。（市委督查室、市政府督查室、市纪委市监委、市委组织部、市扶贫办分别牵头负责）

各级各部门要强化责任担当，加大工作力度。市直相关部门要根据责任分工研究出台具体政策，支持深度贫困村、解决深度贫困问题，相关县市要层层落实责任和任务。市扶贫开发领导小组要加强组织协调和工作指导，重大情况及时向市委、市政府报告。

中共娄底市委办公室
2018年5月22日印发

中共娄底市委办公室
娄底市人民政府办公室
关于印发《娄底市产业项目建设年活动2018年推进“五个一批”总体实施方案》《娄底市产业项目建设年活动联席会议制度》《娄底市产业项目建设年活动调度督查方案》的通知

娄办〔2018〕49号

各县市区委，各县市区人民政府，娄底经开区、万宝新区党委、管委会，市直有关单位：

《娄底市产业项目建设年活动2018年推进“五个一批”总体实施方案》《娄底市产业项目建设年活动联席会议制度》《娄底市产业项目建设年活动调度督查方案》已经市委、市人民政府同意，现印发给你们，请认真组织实施。

中共娄底市委办公室
娄底市人民政府办公室
2018年5月18日

娄底市产业项目建设年活动2018年推进“五个一批”总体实施方案

建设一批重大产业项目，新增一批重大科技创新项目和科技创新平台，推进一批重大产品创新项目，对接引进一批重大招商引资项目，引进一批科技创新人才（简称“五个一批”）是市委、市政府深入贯彻落实省委、省政府关于开展产业项目建设年活动决策部署的重大举措和主要抓手。为确保“五个一批”取得明显成效，切实发挥“五个一批”的引领、示范、带动作用，力争全面完成产业项目建设年的各项任务，特制定本实施方案。

一、总体思路

全面贯彻党的十九大精神，以习近平新时代中国特色社会主义思想为指导，深入实施“加速转型、奋力赶超”战略，以振兴实体经济、建设现代化经济体系为目标，以供给侧结构性改革为主线，以智能制造和现代服务业为重点，以产业园区为载体，以“五个一批”为抓手，以正向激励为导向，在更高层次、更深程度，加强产业项目建设，加快产业转型升级步伐，不断提升产业核心竞争力，推动质量变革、效率变革、动力变革，发展壮大12大产业链，促进提升10个特色园区。

二、总体原则

（一）突出重点、精准发力。聚焦12个有产业基础、有龙头企业、有研发力量，并具有突破性技术的产业链条，围绕延链、补链、强链，精准推动资源合理配置和要素高效集聚，加快新产业、新技术、新业态在我市布局和扩展。

（二）因地制宜、注重实效。充分依托现有资源优势和产业基础，因地制宜科学确定重点产业和重点项目，突出引领性、创新性、规模性和应用性，以竞争优势、科技含量、创新能力、前期工作等为衡量标准，建立上下结合、横向协作的项目生成机制和择优筛选机制。

（三）协同作战、整体联动。强化分工协作、分级负责、分类实施，着力构建项目、技术、产品、企业、人才“五位一体”、契合紧密、各有侧重、整体推进的工作格局。充分调动和发挥地方、部门、园区和企业“跳起来摘桃子”的积极性、创造性，在全市营造齐心协力谋产业、众志成城抓项目的浓厚氛围。

（四）服务企业、激发活力。尊重市场规律，充分发挥市场在资源配置中的决定性作用，引导、推动企业成为项目建设和技术创新的主体。更好地发挥政府作用，通过政策支持、机制保障、环境优化等，激发市场主体内生动力，形成各方共推产业项目建设年落地的生动局面。

(五)示范引领、持续推进。坚持把产业项目建设年活动作为振兴我市实体经济、推动产业转型升级的一项系统工程,项目遴选、工作推进既立足当前,又着眼长远,持续发力,久久为功。切实增强“五个一批”的辐射、示范和带动效应,真正走出一条符合我市实际的产业发展之路。

三、总体目标、重点任务、责任分解

2018 年,通过开展产业项目建设年活动,实施“五个一批”,确保全市产业投资占全部投资的比重较上年提高 5 个百分点以上,规模工业增加值增长 8.5%。建成一批技术先进、特色突出、市场竞争力较强的现代化产业项目,研发一批国内一流、适应市场、引领发展的创新成果,培育一批国内先进、具有市场潜力的优质创新产品,引进一批拥有核心技术、产业带动力强、综合实力雄厚的现代化领军企业,打造一批高素质、高技能、复合型的现代化人才队伍。

(一)建设一批重大产业项目

1. 工作目标:围绕巩固和发展优势产业链、建设特色产业园,突出抓好由市领导挂点的 30 个投资规模大、带动性强的市级以上重大产业项目。预期总投资 500 亿元以上,其中 2018 年完成投资 50 亿元以上,并以此示范带动、加快推进 300 个市县级重点产业项目。

2. 重点任务:(1) 编印重大产业建设项目清单。(2)完善常态化的市领导联系重大产业项目机制。(3)分别在上、下半年组织一批项目集中开工,并督促有关部门、各县市区组织项目集中开工。第四季度,对具备竣工条件的,组织开展集中竣工。(4)召开全市重大产业项目建设工作现场观摩会,并由书记、市长进行现场讲评。(5)根据进展情况召开重大产业建设项目协调推进会,切实解决项目建设中的困难和问题。

3. 牵头部门:市发改委。

4. 责任单位:市经信委、市财政局、市规划局、市国土资源局、市环保局、市旅游外事侨务局、市商务粮食局、市住建局、市交通运输局。

(二)培育一批重大科技创新项目

1. 工作目标:通过部门、县市区和园区征集、专家咨询论证、调研与凝练设计,精心遴选和培育 10 个重大科技创新项目,建设 6 个省级以上科技创新平台。通过加大综合支持力度,攻克一批关键核心技术,取得一批引领性技术创新成果,培育一批新产业、新业态、新模式。

2. 重点任务:(1)积极对接省科技创新战略。围绕新材料、新能源、新一代信息技术、生物医药、机器人、先进轨道交通、重大装备、生态环保、航空产业、现代农业(现代种业)、现代农机、先进陶瓷、应急救援、军民融合产业等重点特色领域,积极争取一批国家和省重大科技专项、重点研发计划、重大科技基础设施和重大创新平台在我市布局。(2)有机融合市级科技创新计划。将重大科技创新项目需求纳入市级科技创新计划申报支持范围,统筹市科技重大专项、重点研发计划、重大科技成果转化项目及企业科技创新创业团队支持计划。(3)全面实施全社会研发经费投入三年行动计划,鼓励引导企业、高校、科研院所等组织参与项目建设。(4)优先对项目承担单位开展科技金融试点、高新技术企业培育、技术创新成果双向交易补贴、研发投入后补助等政策试点示范。

3. 牵头部门:市科技局。

4. 责任单位:市委组织部、市发改委、市经信委、市人社局、市财政局。

(三)推进一批重大产品创新项目

1. 工作目标:以产品创新为重点,突出抓好 20 个带动性强、附加值高、市场容量大、经济效益显著的新工艺、新成果、新产品。预期总投资约 70 亿元,力争 2018 年推动全市规模工业企业新产品销售收入达到 5 亿元,实现增品种、提品质、创品牌。

2. 重点任务:(1)围绕制造强省建设和转型升级的 12 大重点产业领域及 20 个工业新兴优势产业链,以我市 2018 年“产业项目建设年”市领导联系 12 大产业链、10 大特色园为重点,编印重大产品创新项目清单。(2)紧密对接“中国制造 2025”等发展战略和相关规划,以及中央预算内增强制造业核心竞争力、技术改造等专项,积极支持企业申报列入国家相关重大专项计划。(3)积极争取制造强省、工业转型升级、中小企业发展、军民融合产业发展、省预算内产业链创新、省预算内“双创”示范建设等省级专项资金,以及首台(套)重大技术装备、首批次新材料应用奖励政策，对符合条件的重大产品创新项目，按政策给予优先支持。(4)搭建平台，鼓励重大产品创新项目与金融机构、投资基金等机构合作。

3. 牵头部门：市经信委。

4. 责任单位：市发改委、市财政局、市科技局、市商务粮食局、市质监局。

(四)对接引进一批“500强”企业(项目)

1. 工作目标：坚持引资与引技引智并重，聚焦重点产业，以产业链为抓手，以重大项目为载体，以园区为主阵地，力争2018年引进“500强”企业(项目)8个以上，总投资规模80亿元以上。其中，引进世界“500强”企业(项目)1个以上，总投资规模10亿元以上；引进中国“500强”和民营“500强”企业(项目)7个以上，投资规模70亿元以上。娄星区、冷水江市、涟源市、双峰县、新化县、万宝新区各引进1个，娄底经开区引进2个(其中1个必须是世界“500强”)。园区引进“500强”企业(项目)任务纳入所在县市区，每个省级园区至少引进“500强”企业(项目)1个。

2. 重点任务：(1)务实开展“系统化、专业化、精准化”招商。面向“500强”企业精心包装项目，定期编制《娄底市重大产业招商项目册》。结合我市产业发展现状、规划和优势，建立健全“500强”重点关联企业名录，并进行实时化、动态化管理，精准锁定拟引进的目标“500强”企业，找准项目合作点，制定招商线路图和专门招商方案，开展小分队精准招商。(2)在依托“沪洽周”“港洽周”“珠洽会”“中博会”“投洽会”“湘博会”“湘商会”“娄商会”等大型招商平台实行对接洽谈的同时，开展主题招商活动。(3)突出市场化招商，委托境内外专业中介机构、商协会开展代理招商。(4)建立健全市领导跟踪联系调度、挂点联络服务等制度，提供全程优质服务，促进项目履约落地。

3. 牵头部门：市商务粮食局。

4. 责任单位：市发改委、市经信委、市财政局、市国资委、市农委、各县市区人民政府、各省级以上园区。

(五)引进一批科技创新人才

1. 工作目标：按照“按需引进、突出重点、市场导向”的原则，围绕我市优势主导产业和战略性新兴产业以及经济发展需求，面向省外和国(境)外引进10名左右(其中各县市区、娄底经开区、万宝新区各1名)具有国内外领先学术技术水平，能够突破关键技术、发展高新产业的高层次人才，重点引进新能源、新材料、新一代信息技术、生物医药、现代农业、文化创意、电子商务、生态环保等重点产业领域高层次科技创新人才。

2. 重点任务：(1)抓紧制定引进计划，明确目标任务、时间进度和工作要求等，发布遴选公告。对紧缺急需科技创新人才引进，可按特事特办、“一事一议”的方式启动评选程序。(2)依托“娄商返娄”“百人计划”等，给予引进人才科研经费资助、购房补贴、奖励性生活补助、医疗保险、配偶安置、子女入学以及薪酬待遇、编制使用、职务职称等方面的政策支持。(3)依托国际人才智力交流协作中心设立引进人才服务窗口，对入选人才提供“一站式”服务。

3. 牵头部门：市人社局。

4. 责任单位：市委组织部、各县市区人民政府、娄底经开区管委会、万宝新区管委会、市编办、市财政局、市教育局、市卫生计生委、市住建局。

四、保障措施

(一)加强组织领导。加强部门协同，建立专职履责与联席办理相结合的工作模式。建立娄底市产业项目建设年活动联席会议制度，各县市区根据实际相应成立协调推进机制，切实加强对产业项目建设年活动的领导。(责任单位：市委办、市政府办、市委组织部、市委宣传部、市发改委、市科技局、市经信委、市商务粮食局、市人社局、市国土资源局、市财政局、各县市区、娄底经开区、万宝新区等)

(二)明确责任分工。按照“市统筹、县为主”的原则，构建分工协作、齐抓共管的责任体系。全面落实市委经济工作会议、市政府工作报告及有关文件精神，按照“统筹部署、分步实施”的思路，分年度制定工作方案、明确责任分工。各牵头单位要切实负起主导责任，切实把目标任务分解到项目、落实到岗位、量化到个人。充分发挥“链长制”“园长制”的推动力，压实责任狠抓落实，确保工作任务落地生根。各县市区和园区作为产业项目建设年活动的主阵地，负责制订项目关键节点、进度计划和招商引资，实行“一个项目、一名领导、一套班子、一个方案、一抓到底”的工作机制，切实履行好主体责任，确保项目早开工、活动早见效。（责任单位：市政府办、市发改委、市科技局、市经信委、市商务粮食局、市人社局、各县市区、娄底经开区、万宝新区等）

（三）落实要素保障。优先将符合条件的“五个一批”项目纳入市重点建设项目及争取中央、省专项支持的范围。在建设用地计划指标、耕地占补平衡指标、占用征收林地定额、林木采伐指标等方面，优先支持“五个一批”。积极推进银企对接，引导金融机构扩大有效信贷投放。鼓励金融机构创新信贷产品和服务方式，加大对“五个一批”项目的信贷投入，支持相关产业项目通过挂牌上市、发行非金融企业债务融资工具等直接融资方式筹集资金。加大市级财政投入，2018年安排产业项目建设年专项资金3000万元，列入财政预算，以后逐年增加，重点投向“五个一批”项目。（责任单位：市发改委、市财政局、市科技局、市经信委、市商务粮食局、市人社局、市旅游外事侨务局、市国土资源局、市规划局、市农委、市林业局、市政府金融办）

（四）强化政策引导。贯彻落实近年来国家和省出台的支持产业项目建设的系列优惠政策，整合梳理现有产业政策，形成政府经济工作5张清单（权力清单、责任清单、政策清单、收费清单、负面清单），做到阳光、公平、规范、有序、高效。围绕优化营商环境，全面落实《对接“北上广”优化大环境行动导则》。完善和落实民间投资支持政策。深入推进“放管服”改革，进一步精简审批流程，开辟“绿色通道”，提升政务服务质量。全面清理在招商引资、项目建设过程中与企业签订的各类合同及协议，对未履约到位的事项，采取有效措施限期解决。围绕降低企业成本，建立存量建设用地盘活利用激励机制。支持园区直供电，有序扩大直供电范围。落实阶段性降低社会保险费率、缓缴基本养老保险费、稳岗补贴等政策。（责任单位：市委办、市政府办、各县市区人民政府、娄底经开区管委会、万宝新区管委会、市发改委、市财政局、市科技局、市经信委、市商务粮食局、市人社局、市规划局、市住建局、市国土资源局、市环保局）

（五）突出考核奖惩。将省“五个100”和市“五个一批”推进情况纳入市委、市人民政府督查计划及全市绩效考核范畴，实行“一季一调度、半年一督查、全年一考核”。分类细化考核指标，科学设置对县市区、园区的考核办法。对重视不够、推进不力、进度滞后的，予以通报批评、公开约谈、挂牌督办、园区摘帽等处罚。对考核结果进行通报，设立产业项目建设奖励资金，根据考核结果予以奖励。（责任单位：市政府办、市人社局、市财政局、市发改委、市科技局、市经信委、市商务粮食局、市旅游外事侨务局）

（六）加大舆论宣传。围绕“扬底气、刷亮点、展蓝图”，在娄底日报社、娄底广播电视台、娄底新闻网等新闻媒体开辟“产业项目建设年”和“五个一批”专栏专题，集中聚焦和宣传报道娄底产业、娄底企业、娄底项目、娄底制造、娄底品牌、娄底人才、娄底质量，不断坚定决心，提振信心，增强凝聚力，扩大影响力，在全市上下营造“撸起袖子加油干，凝心聚力抓产业”的良好氛围。（责任单位：市委宣传部、市发改委、市科技局、市经信委、市商务粮食局、市人社局）

娄底市产业项目建设年活动联席会议制度

经市委、市人民政府同意，建立产业项目建设年活动联席会议（以下简称联席会议）制度。

一、联席会议职责

（一）统筹协调推进产业项目建设年活动相关工作，研究和协调推进产业项目建设年活动及“五个一批”项目实施过程中遇到的重大问题，加强对活动开展及项目实施工作的指导、监督和评估。

（二）加强县市区、部门和企业之间在开展产业项目建设年、实施“五个一批”活动的信息沟通和相互协作，及时向市委、市人民政府报告有关工作进展情况，研究提出政策措施建议。

（三）完成市委、市人民政府交办的其他事项。

二、联席会议办公室职责

（一）承担联席会议日常工作，认真落实产业项目建设年活动确定的各项任务和联席会议议定事项。

（二）协调产业项目建设年活动具体推进工作中遇到的问题，督促落实联席会议做出的各项决定。

（三）定期调度“五个一批”项目进展，对全市开展产业项目建设年、实施“五个一批”活动进行管理、监督、检查和评估。

三、成员单位

联席会议由市委书记、市长任总召集人，常务副市长任常务召集人，其他副市长任召集人。

联席会议由市委组织部、市委宣传部、市发改委、市科技局、市经信委、市公安局、市财政局、市人社局、市国土资源局、市环保局、市规划局、市住建局、市交通运输局、市农委、市水利局、市林业局、市商务粮食局、市文体广新局、市卫生计生委、市审计局、市旅游外事侨务局、市统计局、市政府金融办、市人防办、市国资委、市国税局、市地税局、国网娄底供电公司、人民银行娄底市中心支行等29个部门和单位组成。

联席会议成员单位主要负责同志为联席会议成员（名单附后）。联席会议成员因工作变动需要调整的，由所在单位提出，联席会议确定。联席会议办公室设在市发改委，由市发改委主任兼任联席会议办公室主任，市发改委、市科技局、市经信委、市财政局、市人社局、市商务粮食局相关负责同志兼任联席会议办公室副主任。联席会议设联络员，由各成员单位有关科室负责同志担任。

四、工作规则

联席会议原则上每半年召开一次全体会议，由总召集人、常务召集人或召集人主持。可根据工作需要，临时召开会议。成员单位根据工作需要可以提出召开会议的建议。研究具体工作事项时，可视情况召集部分成员单位参加会议，也可邀请其他部门参加会议。联席会议以会议纪要形式明确议定事项，经与会单位同意后印发有关方面。重大事项要及时向市委、市人民政府报告。联席会议办公室承担联席会议日常工作，定期或不定期召开会议，研究具体推进工作事项，抓好各项工作落实。

五、工作要求

市发改委要会同市科技局、市经信委、市财政局、市人社局、市商务粮食局等部门切实做好联席会议各项工作。各成员单位要按照职责分工，认真落实《娄底市产业项目建设年活动2018年推进“五个一批”总体实施方案》确定的各项任务和联席会议议定事项，主动研究推进产业项目建设年、实施“五个一批”项目相关工作，及时制定政策措施或提出政策措施建议；要互通信息，密切配合，相互支持，形成合力，充分发挥联席会议作用，形成高效运行的长效工作机制。联席会议办公室要及时向各成员单位通报情况。

娄底市产业项目建设年活动调度督查方案

为落实市委、市人民政府关于开展产业项目建设年活动的决策部署，进一步做好产业项目建设年活动开展以及“五个一批”项目推进实施的调度、督导和督查工作，制定本方案。

一、职责分工

产业项目建设年活动“五个一批”的调度、督导和督查工作由市产业项目建设年活动联席会议（以下简称“市联席会议”）负责统筹。市联席会议办公室负责综合汇总、调度、督导情况。各牵头部门分别负责各自入围“五个一批”项目的调度和督导工作。市委督查室、市政府督查室牵头负责产业项目建设年活动的督查工作。

二、调度工作

（一）“五个一批”项目牵头部门对各自牵头的项目每季度调度一次，并于每季度第一个月5日前，将调度结果以调度表格和文字材料的形式（纸质版和电子版）报市联席会议办公室汇总。

（二）调度主要内容

1. 项目立项等前期工作开展情况；

2. 项目建设进度、投资完成情况；

3. 项目建设过程中资金筹措、政策落实、外部环境、质量安全等情况以及存在困难和问题；

4. 县市区及园区推进产业项目建设年活动情况。

（三）市联席会议办公室汇总后，将调度情况于每季度第一个月8日前书面报告市委、市人民政府，并予以通报。

三、督导工作

（一）“五个一批”项目牵头部门加强对产业项目建设年活动的督促、指导，以问题为导向加强调查研究和现场协调，及时解决项目建设中的困难和问题。

（二）督导主要内容

1. “五个一批”项目投资完成和建设进度，以及推进过程中存在的困难和问题；

2. 联点领导、牵头部门协调确定事项、交办事项的落实情况；

3. 县市区及园区开展产业项目建设年、推进“五个一批”项目工作情况。

（三）督导工作应有计划的安排，可采取现场督导和召开协调推进会议督导等多种方式。全年督导活动不少于两次，原则上上半年、下半年各组织一次。“五个一批”项目牵头部门分别于 6 月底和 11 月底前，将督导情况报送市联席会议办公室。

四、督查工作

（一）市委督查室、市政府督查室将产业项目建设年活动推进工作纳入年度督查计划，加大监督检查问责力度。督查工作半年一次，在 6 月份和 11 月份实施，由市委督查室、市政府督查室负责牵头，市联席会议成员单位配合。

（二）督查主要内容

1. 县市区及园区构建产业项目建设年活动推进机制情况；

2. 县市区及园区“五个一批”项目建设进展情况；

3. 县市区及园区推进产业项目建设年相关政策措施配套落实情况；

4. 县市区及园区优化产业项目建设环境等情况。

（三）为确保取得督查实效，市联席会议办公室应预先理出重点问题清单，适时提出督查方案，将督指标与督重点任务相结合，有目的、有重点地组织督查。督查结果作为对县市区政府绩效考核和对县市区奖惩、项目奖补的重要依据。

本方案由市联席会议办公室负责解释。

中共娄底市委办公室

2018 年 5 月 25 日印发

中共娄底市委办公室
娄底市人民政府办公室
关于印发《2018年度娄底市全面建成小康社会推进工作考核办法》的通知

娄办〔2018〕82号

各县市区委,各县市区人民政府,娄底经开区党委、管委会,市直有关单位:

《2018年度娄底市全面建成小康社会推进工作考核办法》已经市委、市人民政府同意,现印发给你们,请认真组织实施。

中共娄底市委办公室
娄底市人民政府办公室
2018年10月30日

2018年度娄底市全面建成小康社会推进工作考核办法

为确保完成2018年度全面建成小康社会推进工作目标任务,根据《2018年湖南省县(市、区)全面建成小康社会监测考评实施办法》(湘康办〔2018〕1号)精神和中共娄底市委〔2018〕第36次常委会会议纪要的决定,特制订本办法。

一、考核对象

(一)县市区(6个单位)

娄星区、冷水江市、涟源市、双峰县、新化县,娄底经开区(单列市里的考评)。

(二)组织、协调和监测单位(5个单位)

市委办公室、市委政研室、市小康办、市统计局、国家统计局娄底调查队。

二、考核内容

(一)县市区、娄底经开区

考核完成年度目标任务情况、全面小康总实现程度的提升情况、监测联络日常工作情况等三个方面的内容。

(二)组织、协调和监测单位

考核组织、协调和监测工作的开展、督查督办指导及其成效等方面的内容。

三、考核计分办法

实行100分制考核。考评计算过程保留四位以上小数,最后结果保留一位小数,从高到低进行排名。

(一)县市区、娄底经开区

1. 完成2018年度市里目标任务,占20分。以完成2018年度全面小康社会实现程度目标任务的百分比情况计分,即该项得分为:20(分)×完成2018年度目标任务的百分比。

2018年度全面小康社会实现程度目标任务(省监测结果):娄星区88.7%、冷水江市95.5%、涟源市91.3%、双峰县92.05%、新化县88.9%,娄底经开区(市监测结果)96.6%。

2. 全面小康实现程度提升幅度,占60分。以2017年度省监测结果为基础计50分,按2018年度省小康办考核的净提升(下降)的百分点加(减)分,该项得分为:50(分)±净提升(下降)的百分点×2。

3. 全面小康监测联络工作,占20分。由市小康办根据平时台账登记情况考核计分(具体考核计分细则见附件1)。

4. 考核总得分为以上3项得分之和。

(二)组织、协调和监测单位

由市小康办根据平时台账登记及工作成效情况考核计分(具体考核计分细则见附件2)。

四、考核等次和结果运用

(一)考评等次

优秀、良好、合格、不合格四个等次。

(二)等次的评定

1. 县市区、娄底经开区。年度考评总得分90分以上的评定为优秀等次;总得分85分以上至90分的评定为良好等次;总得分80分以上至85分的评定为合格等次;总得分80分及以下的评定为不合格等次。在全省的年度考评中被评为先进、优秀的县市区,直接评定为优秀等次。监测实现程度在全省同类县市区排位退后的,不能评定为优秀、良好等次。

2. 组织、协调和监测单位。年度考评总得分90分以上的评定为优秀等次;总得分85分以上至90分的评定为良好等次;总得分80分以上至85分的评定为合格等次;总得分80分及以下的评定为不合格等次。

(三)考核结果运用

1. 考核结果以市委办公室、市人民政府办公室名义通报。

2. 对优秀、良好等次单位发放奖金,其中县市区优秀等次奖励50万元,良好等次奖励30万元;娄底经开区得分达到优秀等次奖励20万元,达到良好等次奖励10万元;组织、协调和监测单位优秀等次奖励5万元,良好等次奖励3万元。对获奖单位授予奖励证书。奖金用于激励获奖单位加快发展,不奖给个人。奖金由市财政专项安排。

3. 对考核结果为优秀、良好等次的单位,如因有关底线工作被一票否决的,则按有关规定不予奖励。

4. 具备以下二种情形之一的,在市委办公室、市人民政府办公室考核通报中予以点名批评,并按娄办发〔2018〕20号文件有关规定在全市年度绩效评估中扣0.5~1分:市小康考评定为不合格等次的,在全省全面小康推进工作考评中被通报批评的。

五、考核组织

全面小康工作考核在市委、市人民政府和市全面建成小康社会推进工作领导小组的领导下,由市小康办具体组织实施。

附件:1. 2018年度小康监测联络工作考核计分细则

2. 2018年度组织、协调和监测单位考核计分细则

索 引

N

Q

R

S

T

W

X

Y

Z